제6판

PRINCIPLES OF

EVENT

MANAGEMENT

이벤트 개념, 이벤트 관리 및 이벤트 관광을 설명하고 있는 이벤트 교과서

이벤트학원론

이경모 저

백산출판사

머리말

'이벤트학'은 서구에서 1980년대 말부터 관광을 연구하는 학자들을 중심으로 연구 논문이 발표되기 시작했고, 우리나라에서는 1990년대에 이벤트현상에 대한 학문적 접근이 이루어지기 시작해 비교적 학문적 접근 기간이 짧은 분야라고 할 수 있다. 1994년 북미 중심으로 발간한 국제학술지인 FMET(Festival Management and Event Tourism)는 몇 년간 관광 중심의 연구 논문이 게재되었으나, 1998년부터 논문집의 명칭을 EM(Event Management)로 바꾸면서 그 연구 영역도 국제회의, 인센티브여행, 문화공연, 스포츠 등을 포함하는 범위로 확장하였다. 이제 이런 연구의 틀을 형성한 지 20여 년이 지나고 있으나, 아직도 학문의 틀이 제대로 구성되지 않아 '이벤트학'이란 용어가 조금은 낯설고 왠지 친숙하지 않다는 느낌이 많다.

저자는 10여 년간 현업에서 세계 각국의 축제, 산업전시회, 국제회의, 스포츠이벤트, 공연이벤트 등의 현장에 참가하면서 유형의 관광자원이 부족한 우리나라에 무형의 관광자원으로서 다양한 이벤트들이 관광경제에 활력을 불어넣을 수 있는 산업이라는 확신을 갖게 되었다. 이런 확신과 다양한 이벤트에 참가했던 경험을 바탕으로 이벤트의 개념과 관리(management)이론을 정리해 2002년 본서의 초판을 발행하였다.

그 후 20여 년간 본서의 초판을 바탕으로 이벤트 관련 강의와 연구를 통해 학문에 대한 체계적 접근을 시도하며 이번 개정판을 발행하게 되었으나, 아직도 관련 지식의 부족함을 절실히 느끼면서 '완성'을 향해 가는 길은 불가능할 수도 있다는 무거운 마음 금할 길이 없다. 초판 발행 시 '이벤트학원론'이라는 제목을 써도 될지 깊은 고민에 빠졌으나, 坐井觀天의 결과물일지라도 이벤트학문의 발전에 조금이라도 도움이 되었으면 하는 희망으로 감히 '原論'의 이름으로 출간하였다. 그러나 아직도 본서의 제목에 대하여 저자로서 최선을 다했느냐에 대한 후회와 반성을 늘 갖는다.

우리나라는 물론 세계적으로도 이벤트 관련 '현장실무 지침서'는 많았으나 '이벤트학' 전공 교과서로 채택할 수 있는 문헌은 그리 많지 않았다. 특히 우리나라에서는 그동안 광고개념과 공연물 제작개념의 실무서적들이 중심을 이루어 이벤트가 주로 특정 분야의 관점에서 접근되어 왔고, 이로 인해 교과서 채택에 많은 어려움을 겪었다. 그러나 이들의 출간활동 덕택에 그나마 일반인들에게 이벤트를 긍정적으로 인식시키는 데 많은 기여를 하게 되었다.

1990년대 말부터 캐나다, 미국, 영국, 호주 등에서 교과서 성격의 서적들이 출간되기 시작하였으며, 이런 서적들은 본서의 출간에 많은 도움을 주었다. 특히 2000년 초반부터 호주 UTS(University of Technology)대학과 ACEM(Australian Centre for Event Management; 호주이벤트경영연구소) 교수인 Rob Harris 박사와 그의 저서 FSEM(Festival & Special Event Management)은 본서의 발행에 많은 영향을 주었다. 그와의 이벤트 교육과정에 대한 깊은 토의와 이벤트학의 본질에 대한 공동의 고민 등은 본서의 내용을 구성하는 데 중요한 결정을 하게 해주었다.

본서는 이벤트기획자, 운영관리자, 프로그램 디렉터 등 관리자에게 이벤트경영과 관리의 지식이 될 수 있는 내용을 중심으로 구성하였다. 제1편에서는 이벤트의 개념과 발달배경, 개최효과 및 관광과의 관련성에 대해서 다루었고, 제2편에서는 이벤트 관리자에게 기본적인 지식이라고 판단되는 이벤트의 거시계획과 이벤트조직 및 인사관리, 이벤트 마케팅, 이벤트 재무관리, 스폰서관리, 리스크관리, 이벤트 행사장에서의 운영관리, 프로그램연출, 이벤트 평가에 대해 다루었다. 끝으로 제3편에서는 분야별 각 이벤트의 개념과 특성을 중심으로 축제이벤트, 회의이벤트, 산업전시이벤트, 스포츠이벤트, 문화공연이벤트, 레크레이션이벤트, 인센티브여행 등을 포함시켰다.

본서는 크게 이벤트의 이해, 이벤트 관리, 이벤트 분야의 세 분야로 구성되었으나, 저자의 부족함으로 책의 내용이 부족하다. 특히 이벤트관리자에 맞추어 내용을 구성하다보니 이벤트 운영실무 차원의 기술적인 문제들을 거의 다루지 못하였다. 책 내용에 대한 많은 관심과 지적을 부탁드리며, 앞으로 이벤트에 관심이 있는 많은 연구자들이 다양한 방면의 후속연구를 수행하여 학문정립에 정진했으면 하는 바람이다.

본서의 발간은 무엇보다 학문적 정립이 현업의 위상정립에 도움이 될 것이라는 확신을 주었던 이벤트업계 여러분의 영향도 컸다. 감사의 말씀을 드린다. 또한 한국이벤트컨벤션학회에서 15년간 함께 연구활동을 수행하며, 아무도 걷지 않았던 '이벤트학 연구'의 길을 함께 해준 선후배 연구자와 대학원 석박사 과정생들에게는 어떠한 고마움의 인사도 충분치 않을 것이라 생각한다. 아울러 이벤트라는 主題를 축으로 제대로 된 교과서 하나 없이 도전적 전공을 선택하여 4년을 공부했던 경기대학교 이벤트학 전공 학생들에게 항상 미안함이 앞선다.

초판을 발행했을 때 편집과 자료 정리를 도와주고, 지금은 학계와 업계에서 왕성한 활동을 하고 있는 연구원들과 백산출판사의 편집실 및 진욱상 사장님께도 깊은 감사를 드린다.

2023년 8월

저자 씀

차례

Principles of Event Management

제 1 편

이벤트의 이해

CHAPTER 1

이벤트 개념의 이해

제1절 이벤트 개념

1 이벤트의 사전적 개념

이벤트의 어원은 라틴어 e-(out, 밖으로)와 venire(to come, 오다)의 합성어로 evenire, eventus로 사용되다가 event로 사용되었다. 이벤트(event)란 용어는 사전적으로 '현존(現存)하고 있는 것과는 다르게 무언가 발생되는 일(anything that happens distinguished from anything that exists)' (Simpson, 1998), 또는 '발생된 중요한 일(a noteworthy occurrence, especially one of great importance)'이라는 의미를 갖는다.

따라서 사전적 의미의 이벤트란 무언가 중요한 의미를 갖고, 자연적으로 발생되는 현상을 포함하여 여러 가지 형태의 일 또는 각종 행사, 사건, 사고 등 인간생활의 일상사에서 나타나는 모든 일의 다양한 의미를 내포하고 있음을 알 수 있다. 이러한 총체적 개념의 이벤트는 뉴스이벤트(news event)라 할 수 있다.

② 이벤트의 현상적 개념

그러나 우리가 일반적으로 사용하고 있는 이벤트라는 용어를 실제로 사용하는 개념은 사전에 나타난 의미와 달리 "사람이 모이도록 모임을 개최하여 정해진 목적을 실현시키기 위해서 행해지는 행사"라는 뜻을 내포하고 있다. 여기서 현상적 의미가 사전적 의미와 다르게 사용되고 있는 것은 사전적 개념이 자연적으로 발생하는 개념을 포괄하고 있는 것과 달리 현상적 개념은 인위적으로 계획하여 발생시키는 일이라는 제한적 개념을 지니고 있는 것이다.

이 때문에 이벤트(event)라는 용어의 어원(語源) 발상지인 서구에서는 용어의 의미를 정확히 전달하고자 할 때 자연발생적인 개념을 포함시키지 않기 위하여 이벤트라는 용어 대신에 스페셜이벤트(special event)라는 말을 사용하기도 한다.

〈표 1-1〉 이벤트의 사전적 개념과 현상적 의미

구분	이벤트의 의미	이벤트의 범위
사전적 의미	현존(現存)하고 있는 것과는 다르게 무언가 발생되는 일, 또는 발생된 중요한 일	자연적으로 발생하는 개념을 포함하고 있으며, 사건, 행사, 시합, 경기, 특별한 사건 등 매우 포괄적인 의미를 포함
현상적 의미	사람들이 모이도록 모임을 개최하여 정해진 목적을 실현시키기 위하여 행해지는 행사	인위적으로 발생시키는 일이라는 제한적인 의미를 지니고 있음

자료: 저자 작성

본서에서는 사전적 개념에서 내포하고 있는 '사람의 인위적 통제가 불가능한 자연발생적 이벤트(news event)'를 제외하고, 현상적 개념에서 나타나 있는 '인위적으로 계획된(planned) 이벤트'만으로 한정하여 다루고자 한다. 이렇게 인위적으로 계획된 이벤트는 자연발생적으로 발생하는 이벤트와 구분하기 위하여 스페셜(special)을 앞에 붙여 칭하기도 하며, 이때 '스페셜'은 '계획된'의 의미를 지닌다고 할 수 있다. 현상적 개념에서 이벤트의 특성과 구성요소는 다음과 같다.

③ 이벤트 특성과 구성요소

1) 이벤트의 특성

(1) 계획성

흔히 우리가 사용하고 있는 이벤트라는 용어는 서구사회에서 '스페셜이벤트(special event)'라는 용어로도 통용되고 있다. 즉 이벤트란 '주어진 시간에 특정 목적을 달성하기 위하여 인위적으로 계획된(planned) 행사'라는 개념을 지니고 있다. 이는 자연적으로 발생하는 일을 이벤트라고 부를 수 없는 이유이기도 하다. 따라서 홍수, 지진 등과 같이 자연적으로 발생하는 사건을 이벤트라고 칭할 수 없으며, 운동경기나 축제 등과 같이 인위적으로 특별히 계획된 활동만을 이벤트라고 부를 수 있는 것이다.

(2) 긍정성

위에 언급된 인위적 계획성만을 이벤트의 특성으로 고려하여 이벤트의 범주를 설정한다면, 그 포함범위는 매우 넓을 것이다. 예를 들어 치밀하게 계획된 전쟁, 나쁜 의도로 계획된 범죄, 싸움이나 화재, 회사의 부도 등과 같이 부정적인 의미를 지니고 발생되는 일도 이벤트의 범주에 속한다고 할 수 있는 것이다.

즉 이벤트(event)란 영어를 직역하면 사건, 행사, 시합, 발생한 일을 포함하고 있지만, 실제 사회에서 통용되고 있는 '이벤트'라는 용어의 개념은 부정적 의미의 사건(affair)이나 사고(accident)와는 다른 개념으로 사용된다. 이는 '사건'이나 '사고'가 부정적인 의미를 내포하고 있으나, 이벤트는 긍정적 의도를 전제로 발생되는 일이라고 할 수 있다.

따라서 이벤트는 즐거움, 좋은 일에 대한 축원, 바람직한 목적을 달성하기 위한 수단 또는 발전지향 등의 긍정적 개념을 바탕으로 발생되는 의미가 함축되어 있다고 할 수 있으므로 이벤트는 긍정적 의미의 특성을 지니고 있다.

(3) 비일상성

긍정적인 개념과 인위적으로 계획된 개념을 지니고 있다 하더라도 일상적으로 행해지는 활동이거나 일상생활 주변에서 늘 접할 수 있는 경험이라면, 이는 일반적으로 통용되는 이벤트의 범주에서 벗어난다고 할 수 있다.

이러한 개념은 우리가 '출퇴근'이나 매일 접하게 되는 '일상적인 저녁식사', 또는 '일상적인 업무처리' 등을 이벤트라고 부를 수 없는 이유이다. 따라서 이벤트는 일상생활과 구별되어 빈번히 발생되지 않는(outside the normal experience) 개념의 일 또는 행사라고 할 수 있으며, 매일 부딪히게 되는 일상적인 활동은 이벤트로 간주할 수 없기 때문에 비일상적인 특성을 지니고 있다.

위에서 언급된 이벤트의 특성 즉 긍정성, 계획성 및 비일상성을 토대로 이벤트로 간주될 수 있는 것과 그렇지 않은 사례를 예시하면 다음의 표와 같다. 본서에서는 이러한 개념을 바탕으로 이벤트의 범주에 속하는 부분을 중심으로 이론과 예를 다루고자 한다.

〈표 1-2〉 이벤트인 것과 아닌 것

이벤트인 것 (Special Event)	이벤트가 아닌 것		
	부정적 개념	자연발생적 개념	일상적 개념
축제, 환영회, 제례, 운동경기, 맞선, 공연	화재, 싸움, 전쟁, 회사의 부도, 교통사고	홍수, 지진, 우연한 만남	출퇴근, 일상적 식사

자료: 저자 작성

이벤트의 특성으로 가장 많이 언급되고 있는 것은 일상적이지 않은 독특함(uniqueness)이지만, 위에 언급된 것 외에도 소멸성(perishability), 무형성(intangibility), 의식성(ritual & ceremony), 분위기(ambience), 인적교류(personal interaction), 노동집약성(labour intensiveness), 정해진 시간척도(fixed timescale) 등을 특성으로 언급하기도 한다(Shone & Parry, 2004).

2) 이벤트의 구성요소

이벤트를 구성하고 있는 요소는 매우 다양할 수 있으나, 이벤트의 개최와 운영을 위해 반드시 필요한 몇 가지 요소가 있다. 이러한 구성요소들은 각종 이벤트를 기획할 때 고려되어야 할 중요한 요인으로 작용되고 있으며, 그 중 다음의 구성요소는 이벤트의 성패를 좌우하는 기본요소로 인식되고 있다.

(1) 이벤트 기간

이벤트가 언제(when) 개최되느냐 하는 것은 매우 중요한 사항이라고 할 수 있다. 이벤트는 제한된 기간에 개최되기 때문에 참가자의 관심과 접근성을 최대화하거나 또는 제한시킬 수 있는 중요한 요소로 인식되고 있다. 따라서 이벤트 개최기간을 설정하기 위해서는 계절별 특성, 시간대별 특성, 개최횟수 등이 고려되어야 한다. 대부분의 이벤트는 시작하는 날자(또는 시간)가 정해져 있고, 아울러 끝나는 날자(또는 시간)가 정해져 있어 이벤트가 개최되기 전 해당 이벤트의 개최기간을 알 수 있다.

(2) 이벤트 개최장소

이벤트 개최장소는 이벤트참가 대상자에게 접근성을 부여하는 직접적인 요소라고 할 수 있다. 모든 이벤트는 개최되는 장소가 정해져 있으며, 이 장소에 참가자들이 모이게 되는 것이다. 따라서 이벤트가 어디에서(where) 개최되느냐에 따라 이벤트 참가자의 구성 또는 분포가 달라질 수 있다.

이벤트의 개최장소는 크게 두 가지로 이벤트가 개최되는 지역(地域, region)과 이벤트 프로그램이 운영되는 특정 장소(또는 會場, venue)로 나눌 수 있는데, 전자는 이벤트의 접근성을 결정하며, 후자는 이벤트운영에 필요한 환경을 결정하는 요소라고 할 수 있다.

(3) 이벤트 참가대상

누가(who) 누구를(whom) 위하여 개최하는 이벤트인가 하는 것은 이벤트 개최 전 기획 및 운영의 개념을 설정하는데 있어 매우 중요한 요소라고 할 수 있다. 특히 이벤트의 참여대상에 따라 해당 이벤트의 운영프로그램 전체가 달라질 수 있고,

누구를 모이게 할 것이냐에 따라 이벤트의 성격과 개최목적이 좌우될 수 있기 때문이다.

따라서 참가자의 인구통계적 · 사회적 · 경제적인 범위를 설정하여 이를 바탕으로 표적화(targeted)된 참가대상자로서의 시장(target market)과 방문객(visitor, participant)은 이벤트의 중요한 구성요소라고 할 수 있다. 본서에서는 이벤트의 참가대상에 대하여 7장 이벤트마케팅관리에서 상세히 다루고자 한다.

(4) 이벤트 개최목적

이벤트를 왜(why) 개최하느냐 하는 것은 모든 이벤트의 개최목적 또는 개최목표와 관련되는 것으로 이벤트개최의 개념(concept)을 설정하는 요소라고 할 수 있다. 이벤트 개최목적에는 지역주민 단합, 개최지 이미지 고양 등 지역사회와 관련된 목적과 판매촉진, 기업의 인지도 제고 등 기업의 촉진목적, 메가이벤트 개최를 통한 국가이미지 제고, 경제적 효과의 기대 등 매우 다양한 목적이 있다. 따라서 이벤트의 개최목적에 따라 이벤트의 나머지 구성요소에 대한 수준이 달라질 수 있으므로 이벤트 개최목적을 명확히 하는 것은 이벤트 개최를 성공으로 이끌 수 있는 중요한 요소라 할 수 있다.

(5) 이벤트 내용

이벤트의 내용은 흔히 이벤트에 대하여 일반 참가자가 가장 오랫동안 기억하는 구성요소라고 할 수 있다. 이는 이벤트의 주제, 주제를 뒷받침 해주는 각종 프로그램과 운영 · 연출방법, 참가자를 위한 서비스요인 등이라 할 수 있으며, 독특한 아이디어와 체계적인 준비에 따라 그 수준이 결정되는 이벤트 구성요소라고 할 수 있다.

[그림 1-1] 이탈리아 베니스카니발에 사용되는 가면과 호주 캔버라 플로리아드의 꽃은 참가자들이 오래 동안 기억하는 이벤트 구성요소라고 할 수 있다.

4 이벤트의 정의

1) 본서의 정의

이벤트의 정의는 '이벤트' 개념에 접근하는 방향과 유형에 따라 다양하게 내려질 수 있다. 그동안 관광중심의 이벤트관련 연구물이 많이 발표되면서 '관광' 또는 '촉진'의 개념이 중시된 정의가 널리 인용되었지만, 이벤트 자체에 관한 연구활동이 활발해지면서 이벤트의 개념과 영역, 개최효과 및 적용범위 등이 과거보다 광범위하고 거시적인 측면에서 연구되고 있다. 본서에서는 거시적 개념의 틀에서 위에 설명된 이벤트의 구성요소와 특성을 바탕으로 다음의 그림과 같이 이벤트를 정의하고자 한다.

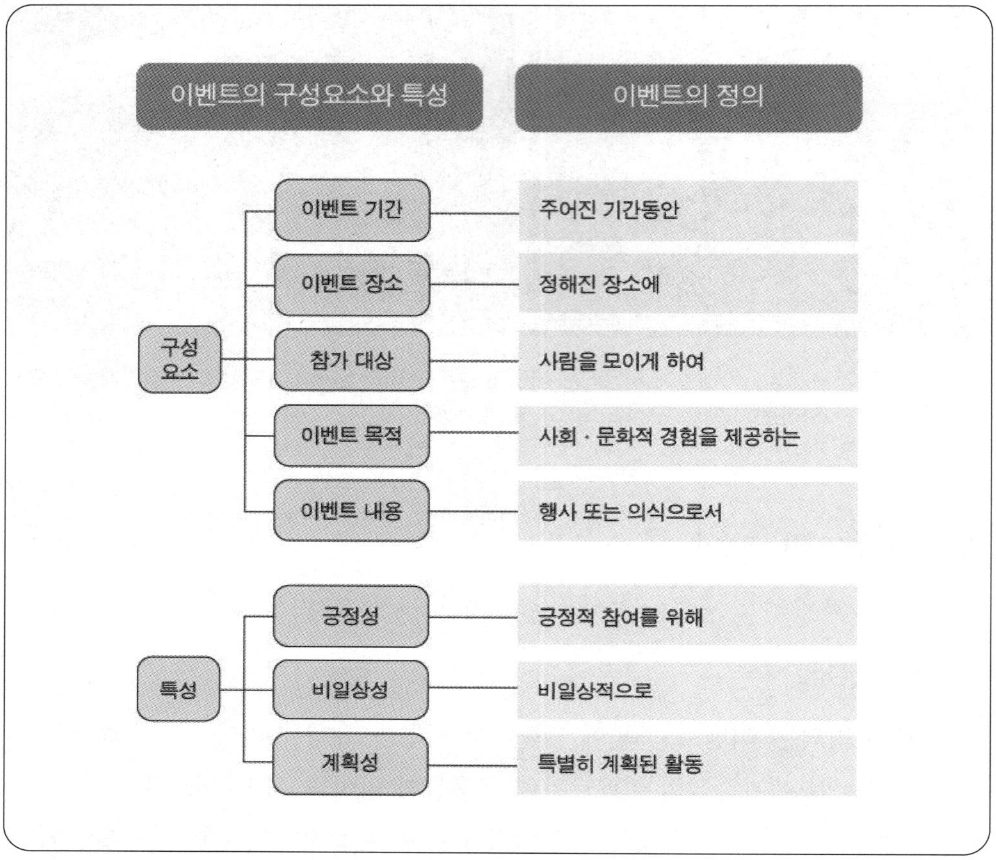

자료: 저자 작성

[그림 1-2] 이벤트의 정의

따라서 이벤트 구성요소와 특성을 바탕으로 한 본서에서의 이벤트 정의는 다음과 같다.

> 주어진 기간 동안 정해진 장소에 사람을 모이게 하여 사회 · 문화적 경험을 제공하는 행사 또는 의식으로서 긍정적 참여를 위해 비일상적으로 특별히 계획된 활동

그간 우리나라에서 이벤트의 개념은 주로 마케팅과 판매촉진(SP; sales promotion) 및 방송 · 연예중심의 관점에서 설정되어 온 것이 사실이다. 그러나 최근 들어 이벤트연구가 비교적 다양한 측면에서 접근되면서 특정 분야 중심의 개념과 정의보다

포괄적인 관점에서 접근된 개념과 정의가 국제적으로 일반화 되어가고 있다.

2) 서구의 정의

우리나라에서 현상적인 의미로 사용하고 있는 '이벤트(event)'라는 용어는 서구에서 사전적 의미의 포괄적 개념과 구별하기 위하여 '스페셜 이벤트(special event)'라는 용어로도 사용하고 있다. 따라서 서구에서 사용되고 있는 스페셜 이벤트란 '긍정적인 개최목적을 지니고 인위적으로 계획된 비일상적인 행사'라는 의미로, 우리나라에서 사용하는 「이벤트」나 일본에서 사용하고 있는 「イベント」(이벤트)와 동일한 의미를 지니고 있는 용어이다.

서구에서도 자신이 속한 분야에 따라 이벤트는 다양하게 정의되고 있으나, 이벤트를 포괄적인 개념으로 접근하는 서구 이벤트학자들로 호주의 Allen, O'Toole, McDonnell, Harris, 캐나다의 Getz, 미국의 Goldblatt 등이 있으며, 이들은 비교적 포괄적인 개념의 정의를 내리고 있다.

〈표 1-3〉 서구의 이벤트 정의

정의자	내 용	
Allen, O'Toole, Harris and McDonnell	특정 사회 · 문화적 목표나 기업의 목표를 달성하기 위하여 또는 특별한 일을 기념하기 위하여 의식적으로 계획된 특정 의식, 프레젠테이션, 퍼포먼스 또는 축하행사	
Donald Getz	개최자 입장	개최자 또는 스폰서의 비일상적인 프로그램 또는 활동으로 일회성 또는 자주 반복되지 않는 행사
	방문객 입장	일상적 경험 또는 일반적인 선택범위에서 벗어난 레저 · 사회 · 문화적 경험의 기회
Anton Shone and Bryn Parry	일상생활의 정상적인 활동에서 벗어나 인간집단의 경험을 알리거나 축하하거나 즐거움을 제공하거나 도전할 목적으로 여가, 문화, 개인 또는 조직의 목표를 지니고 비일상적 형태로 나타나는 현상	
Joe Goldblatt	특정 욕구를 충족시키기 위해 형식과 의식을 갖추어 거행되는 독특한 순간(unique moment)	

자료: Allen, O'Toole, McDonnell and Harris(2008), Getz(1997), Shone & Parry(2004), Goldblatt & Nelson(2001)

대부분의 학자들은 일반적으로 이벤트는 특정 목적의 달성을 위해 사람을 모이게 하는 모든 모임의 총체적 개념 중심(Fenich, 2005)의 정의가 중심이 되고 있으며, '특정 사회 · 문화적 목표나 기업의 목표를 달성하기 위하여, 또는 특별한 일을 기념하기 위해 의식적으로 계획된(consciously planned) 특정의식, 프레젠테이션, 퍼포먼스 또는 축하행사'라고 스페셜이벤트를 정의(Allen외, 2005) 하기도 한다.

서구학자들은 이러한 스페셜이벤트에 국경일 및 경축일, 중요한 시민행사, 독특한 문화공연, 주요 스포츠대회, 기업의 행사, 산업의 촉진행사와 상품설명회 등을 포함시키고 있다. 또한 성장추세에 있는 스페셜이벤트는 그 분야가 방대하여 다양성과 관련분야를 포함하는 정의를 내리기가 어려운 점이 있다. 이 때문에 이벤트의 개최빈도가 증가하면서 일상에서 이를 빈번하게 접할 수 있게 되고, 그 범위가 매우 넓기 때문에 이벤트의 다양성을 모두 고려한 정의를 내리는 것은 가능하지 않다고 언급하는 학자(Bowdin외, 2001)도 있다

이에 비해 Getz(1997)는 개최자와 방문객의 두 관점에서 정의를 내리고 있으며, 아울러 '스페셜이벤트'라는 용어에서 '특별한(special)'이라는 단어가 지닐 수 있는 속성으로 다양한 목표(multiplicity of goals), 축제의 기분(festive spirit), 기본욕구의 충족(satisfying basic needs), 독특함(uniqueness), 품질(quality), 정통성(authenticity), 전통(tradition), 탄력성(flexibility), 환대성(hospitality), 유형성(有形表出性; tangibility), 주제성(theming), 상징성(symbolism) 등을 제시하고 있다.

Uysal 외 2인(1993)은 이벤트를 '방문객의 성공적인 유인을 가능케 하는 한 시대의 문화자원(cultural resources)'이라고 정의하였으며, Wilkinson(1988)은 '주어진 시간동안 특정 욕구를 충족시키기 위하여 계획된 일회성 행사'로 이벤트의 개념을 설정하였다. Goldblatt와 Nelson(2001)은 '특정 욕구를 충족시키기 위해 형식과 의식을 갖추어 거행되는 독특한 순간(unique moment)'으로 항상 계획에 따라 기대감을 유발시키며, 특정 동기와 함께 발생한다고 정의하였다.

3) 일본의 정의

일본의 이벤트 정의는 제례로서의 접근, 미디어로서의 접근 및 판매촉진 측면의

접근에 따른 개념으로 내려진 경우가 많으며, 일본 통상산업성(日本通商産業省) 이벤트 연구회의 정의, 일본이벤트산업진흥협회 고문인 고사까 센지로(小坂善治郎)의 정의, 도비오카 겐(飛岡健)의 정의 및 구마노(野卓司)의 정의를 중심으로 다음의 표와 같이 정리할 수 있다.

〈표 1-4〉 일본의 이벤트 정의

정의자	내 용
일본 통상산업성 이벤트연구회	무엇인가 목적을 달성하기 위한 수단으로서의 행사
도비오카 겐(飛岡健)	어떤 목적을 위해서 어떤 조직이 대중동원을 꾀하는 것으로 이벤트는 대중동원의 마술
고사까 센지로(小坂善治郎)	뚜렷한 목적을 가지고 일정한 기간동안 특정한 장소에서 대상이 되는 사람들에게 각각 개별적이고, 직접적으로 자극을 체험하는 미디어
구마노(熊野卓司)	무엇인가 이변을 일으키는 의도된 것, 즉 기업이나 단체가 그 목적을 달성하기 위해서 행하는 비일상적인 특별한 활동

자료: 日本通商産業省(1987), 小坂善治郎(1996), 飛岡健(1994) 및 熊野卓司(1988)

4) 공통현상 중심의 접근 필요성

이와 같이 이벤트에 관한 정의는 매우 다양하다. 동양과 서양의 정의가 다르고, 학자별로도 다르며, 정의를 내리고 있는 사람이 주로 관여하고 있는 이벤트분야에 따라서도 서로 다른 주장을 하고 있다. 이처럼 이벤트의 정의가 아직 명확히 설정되어 있지 않은 것은 학문으로서의 '이벤트'에 관한 연구가 비교적 짧은 편이며, 매우 다양한 각 분야의 이벤트를 학계나 업계에서 자기중심의 서로 다른 시각으로 해석하고 있기 때문이라고 할 수 있다.

공연을 중심으로 한 이벤트 프로그램을 주로 수행하는 이벤트 프로듀서의 경우 이벤트의 개념을 공연 · 연예 · 운영기술부문에서 찾고 있으며, 전시회 조직자의 경우 산업전시회나 일본의 견본시(見本市), 또는 교역전 등에 초점을 두고 있고, 우리나라 이벤트업계에서는 1990년대 초기까지만 해도 기업의 판매촉진 이벤트나 레크레이션 이벤트에 많은 비중을 두었다. 또한 자신이 속해 있는 분야에 따라 아직까지도 이벤트란 경영학이론의 마케팅믹스 중 촉진도구(promotion tools) 중 판매촉진수단(sales promotion tools)의 하나로만 이벤트를 한정시켜 해석함으로서 그 범위를 매우 제한시키는 경우도 있다.

따라서 이벤트라는 현상이 반드시 관광이나 마케팅, 체육, 미디어, 예술 등에 종속되어 발생한다는 편견이나 독선적 사고를 지니는 것은 편협된 접근방법이라고 할 수 있다. 이보다는 이벤트 개최시 위에 언급된 각 분야별로 공통적으로 나타나는 현상이 무엇이며, 각 현상들이 어떻게 연계되어 있는지, 긍정적 개최효과를 최대화시킬 수 있는 공통점은 무엇인지에 대한 보편적 사실을 주지하는 것이 중요하다. 이를 토대로 각 분야별 연구가 지속될 때 이벤트학문이나 이벤트산업의 발전이 이루어질 것으로 보여진다.

5 이벤트에 관한 접근개념

이벤트에 대한 개념적 접근방법은 매우 다양하다. 이벤트 연구와 관련된 대표적 학문분야로는 관광, 경영, 민속, 미디어, 체육 및 문화예술 등을 들 수 있다. 최근 이벤트의 범주와 형태가 다양해지고, 현상이 복잡해지면서 접근방법도 다양한 형태로 나타나고 있다. 본서에서는 축제와 관련성이 높은 제례론적 접근, 매체로서의 이벤트 기능을 중시하는 미디어론적 접근, 예술적인 측면이 강조되는 문화예술론적 접근 및 경제활동으로서의 이벤트 기능이 중시되는 산업론적인 접근방법 등으로 개념적 접근유형을 구분하여 설명하고자 한다.

1) 제례론적 접근

이벤트에 관한 개념적 접근도 다양한 형태로 이루어지고 있다. 먼저 제례론(祭禮論)적 접근의 이벤트는 인간의 능력으로 통제할 수 없는 초자연적 현상을 인간의 생활 속으로 끌어들여 제례나 전통행사 등이 발전했으며, 이러한 전통행사가 현대 이벤트의 근원이 된다는 개념이다. 이는 이벤트를 사학(史學)적 · 문학적 · 민속학적인 측면에서 접근하는 개념이라고 할 수 있다.

2) 미디어론적 접근

둘째로 미디어론적 접근은 이벤트가 주최자와 참여자간의 쌍방향 의사전달(interactive communication)이 가능한 미디어로서 성장하였고, 사회의 변화에 따라 커뮤니케이션 미디어로서 발전하고 있다는 개념이다. 이는 이벤트를 심리학적 · 마케팅 · 매체론적으로 접근하는 것을 포함하고 있다.

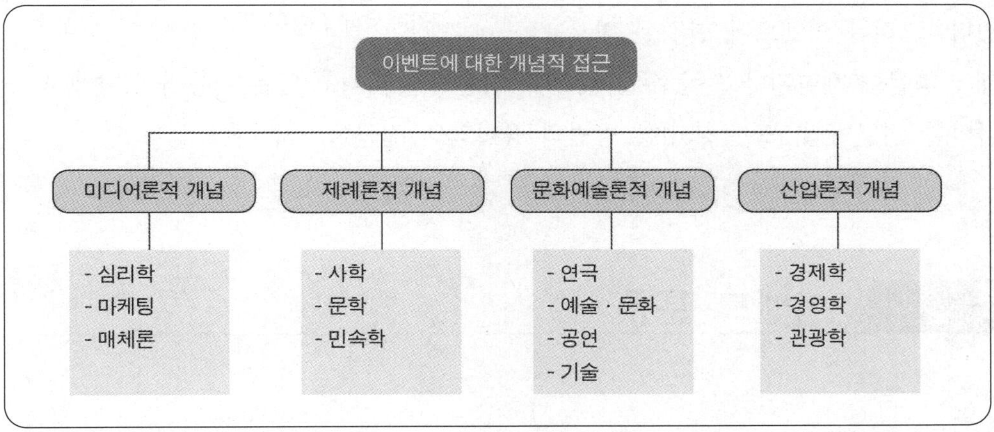

자료: 小坂善治郎, 1996에서 저자 재구성

[그림 1-3] 이벤트에 대한 개념적 접근

3) 문화예술론적 접근

셋째로 문화예술론적 접근은 이벤트가 그 자체로서 문화성과 예술성을 지니고 있고, 이를 강조하기 위해서는 연출, 기술, 엔지니어링 등의 조화를 통해 예술적으로 승화시킨다는 개념으로 이는 이벤트를 준비하고 운영하는 작업을 하나의 예술행위로 간주하고, 예술적 · 문화적 · 기술론적으로 접근하는 것이라고 할 수 있다.

4) 산업론적 접근

끝으로 산업론적 접근은 이벤트가 복합적 성격을 지닌 분야로서 여러 종류의 산업과 연계되어 융합되고 네트워크화되어 새로운 산업의 형태로 형성된다는 개념의 접근이다(小坂善治郞, 1996). 이는 주로 경제학적 · 경영학적 · 관광학적 개념으로 접근이 시도되고 있다.

[그림 1-4] 마당극 형태의 야외탈춤공연은 다양한 학문적 시각에서의 접근이 가능하다.

위에서와 같이 이벤트는 학문적으로 다양한 분야에서 접근될 수 있다. 그러나 이벤트가 한정된 몇 개의 학문에 제한된다고 볼 수는 없으며, 이벤트가 지니고 있는 기능과 영향에 따라 다양한 접근방법, 또는 그러한 방법의 융합적인 접근이 가능하다.

제2절 이벤트 분류

세계 각국에서 매우 다양한 이벤트가 개최되는 있는 만큼 이벤트의 분류도 매우 다양한 방법으로 행해지고 있다. 이벤트의 분류에 있어 가장 중요한 것은 이벤트의 형식, 또는 이벤트의 내용에 의한 분류라고 할 수 있지만, 그 외에도 이벤트의 주최자에 따라 분류하는 방법과 이벤트의 규모 및 개방성에 따라 분류하는 방법, 참가자의 관점에서 이벤트를 분류하는 방법 등 다양한 분류형태가 있을 수 있다.

이벤트 유형 분류 체계(typology)를 결정하는 중요한 점은 이벤트를 어떤 개념으로 접근하느냐에 따라 달라질 수 있다. 개념적 접근방법에 따라 미시적으로 또는 거시적으로 분류할 수 있으며, 분류자 자신의 주관이 강하게 표출되어 편향된 분류의 오류를 범할 수도 있다. 본서에서는 ① 이벤트의 규모별 분류와 ② 이벤트 형식별 분류를 고찰하고, ③ 이벤트를 구성하고 있는 프로그램의 유형과 ④ 기타 분류방법 및 ⑤ 외국에서의 분류방법에 대해 알아보고자 한다.

① 이벤트 규모에 따른 분류

규모에 따른 이벤트의 분류는 '규모(size, scale)'의 척도가 무엇이냐가 중요한 변수가 된다. 이벤트의 규모를 측정하기 위한 척도는 이벤트개최에 따른 경제적 효과, 방문객의 수, 표적시장의 크기, 필요로 하는 재정 투입수준, 매체의 관심도, 시설 건설비용, 규모에 대한 인지도 및 명성 등 다양하며, 이러한 기준 척도중 어느 것을 사용했느냐에 따라 이벤트의 규모는 서로 다른 순서로 나타나게 될 것이다.

서구에서는 이벤트를 규모에 따라 메가이벤트(mega-event), 홀마크이벤트(hallmark event), 메이저이벤트(major event) 및 지역이벤트(local event)의 순서로 구분하고 있으며(Allen 외, 2005), 이벤트의 개최영향을 규모의 척도로 사용하고 있는 경우가 많다. 여기서 개최영향의 세부기준은 참가자, 미디어, 시설물, 개최비용 및 개최편익에 두고 있다. 이러한 분류는 개념적 구분으로서의 의미는 지니고 있으나, 구분된 각 이벤트의 계량적 경계가 존재하지 않아 실제로 이벤트를 구분하는데 한계가 있다는 문제점이 있다.

본서에서는 참가인원의 규모, 국제적 명성, 매체의 관심도, 개최에 따른 지역경제효과, 대외 인지도 등의 긍정적인 개최효과와 시설물에 대한 중앙정부 · 지방정부의 투자규모, 필요 인력의 투입, 개최에 필요한 자본비용의 규모와 시설물 건설 등의 개최비용을 기준으로 다음의 그림과 같이 규모에 따라 이벤트를 분류하였다. 메가이벤트와 홀마크이벤트는 유형 구분이 비교적 명확한 편이지만, 국제이벤트, 지역이벤트, 커뮤니티이벤트 및 개인이벤트의 경우 계량적 기준치가 제시되지 않았기 때문에 개념적 범주에 따라 상호 중복되는 경우가 있을 수 있다. 이러한 전제를 바탕으로 이벤트의 개최영향과 개념적 크기를 기준으로 ① 메가이벤트, ② 홀마크이벤트, ③ 국제이벤트, ④ 지역이벤트, ⑤ 커뮤니티이벤트 및 ⑥ 개인이벤트의 6단계로 분류하고자 한다.

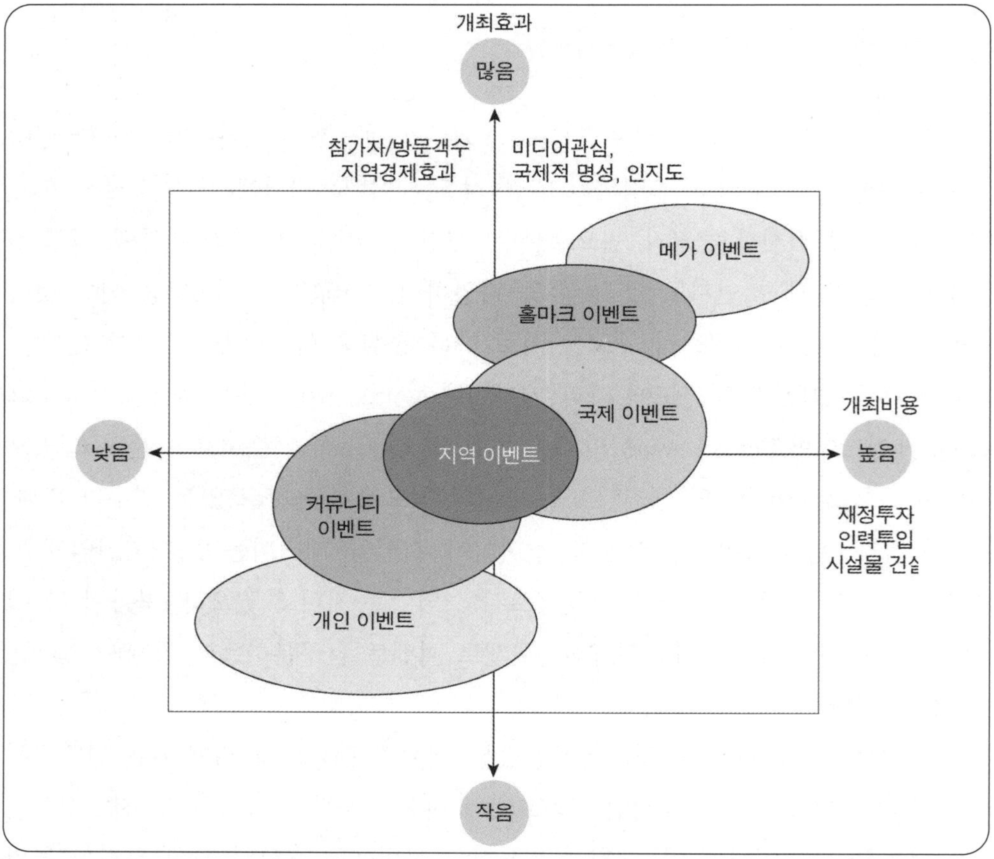

자료: 저자 작성

[그림 1-5] 이벤트 규모에 따른 분류

1) 메가이벤트(mega-event)

메가(mega-)라는 용어는 결합사로서 그리스어의 '크다'라는 뜻에서 유래하여 사전적 의미로 '대규모의', '중요한', '최고의' 등의 뜻을 지니고 있으나, 아울러 '백만(million)'의 의미로 메가톤(MT; megaton), 메가바이트(MB; megabyte), 메가헤르츠(MHz; megahertz), 메가와트(Mw; megawatt) 등으로도 사용되고 있다.

1980년대 중반까지만 해도 일부 학자들이 메가이벤트와 홀마크이벤트의 개념을 동일시하여 사용하기도 하였으며(Ritchie, 1984), 1980년대 말에 이르러 메가이벤트를 '제한된 기간동안 개최되는 중요한 일회성 행사이거나 반복 개최되는 행사로서 장단기적으로 개최지에 인지도 · 매력 · 수익성(awareness·appeal·profitability)를 향상시키는데 기여하는 이벤트'라는 개념(Ritchie & Yangzhou, 1987)이 등장하였으나, 계량적 범위를 제시하지는 않았다.

캐나다에서 개최된 국제관광전문가협회(IATE; International Association of Tourism Experts) 회의에서 Marris(1987)는 메가이벤트(mega-event)에 대하여 방문객의 수와 개최비용 및 심리적 기준의 3가지 관점에서 그 범위를 설정해 발표하였다. '방문객의 규모가 100만명 이상, 개최와 관련된 자본비용이 5억불 이상, 심리적으로 반드시 볼만한 행사로서의 명성을 지닌 이벤트'로 정의하였다. 하지만 같은 회의에서 Vanhove와 Witt(1987)는 메가이벤트의 기준으로 비용과 규모, 이미지보다는 '이벤트가 전 세계 매체로부터의 주목을 받을 수 있는가'에 중점을 두어 발표하기도 하였다.

[그림 1-6] 메가이벤트는 개최지 이외의 지역에서도 많은 영향을 미치고 있다. (월드컵 응원모습)

이에 비해 이벤트와 관광을 연구하는 학자인 Hall(1997)은 메가이벤트를 '특별히 국제관광시장에 표적화된 행사로서 방문객, 표적시장, 공적 재정의 투입수준, 정치적 효과, TV방송범위, 시설 건설 및 지역사회의 사회 · 경제구조에 미치는 영향 등 7개 분야의 규모에 의하여 구분'될 수 있다고 주장하고, 올림픽과 월드컵, 세계엑스포 등을 메가이벤트의 예로 제시하였다.

한편 Getz(1997)는 메가이벤트를 '규모나 중요도에 있어 개최지에 매우 높은 수준의 관광, 미디어보도, 명성과 경제효과를 가져오는 이벤트'라고 정의하였다. 또한 Allen외의 학자(2005)들은 '전체 경제에 영향을 미치고, 세계의 미디어에 반향을 불러

오는 규모의 이벤트'라고 정의하고 있다.

이상에서 살펴본 바와 같이 메가이벤트에 대한 개념은 측정가능한 규모의 계량적 범주가 명확치 않기 때문에 이벤트의 상대적 중요도가 고려되어 주관적인 관점의 평가를 중심으로 하고 있다. 따라서 메가이벤트는 ① 높은 국제적 명성을 지니고, ② 개최지에 중요한 사회 · 문화 · 경제적 영향을 미치며, ③ 가장 높은 수준의 개최비용이 투입되고, ④ 세계 각국 미디어의 관심을 끌어 ⑤ 다양한 국가로부터 대량의 방문객이 참가하는 이벤트라고 할 수 있다.

2) 홀마크이벤트(hallmark event)

홀마크(hallmark)라는 용어는 영국 런던의 Goldsmiths' Hall에서 금은과 같은 귀금속의 순분을 검증한데서 유래되었다. 사전적으로는 순분인증각인(純分認證刻印), 사물의 우량보증(優良保證) 및 사람이나 사물의 특질 · 특징 등을 의미하며, 영어로는 'most typical quality or feature of something or someone(사람이나 사물의 전형적인 특성)'의 의미를 지니고 있다.

이러한 사전적 의미를 바탕으로 1980년대에 홀마크이벤트는 '장단기적으로 관광목적지의 인지도 · 매력 · 수익성(awareness·appeal·profitability)을 향상시키는 것을 주된 목적으로 개발되어 제한된 기간동안 개최되는 중요한 일회성 행사이거나 반복 개최되는 이벤트'라고 정의(Ritchie, 1984)되어 관광목적지 중심의 개념으로 접근되었다.

1990년대에는 '전통 · 매력도 · 이미지 · 퍼블리시티 측면에서 행사장소(venue)와 지역사회(community) 및 개최지(destination)에 경쟁우위(competitive advantage)를 제공할 수 있을 정도로 중요한 의미를 지니고 반복적으로 개최되는 이벤트'라고 정의(Getz, 1997)되어 개최지에 기여하는 역할이 중시되는 개념이 사용되기도 했다.

그러나 2000년대에 들어서면서 홀마크이벤트에 대한 좀 더 명확한 정의로'특정 마을이나 도시, 또는 특정 지역의 지명(地名) 이미지와 동일한 기질(spirit), 또는 기풍(ethos)을 지니고, 폭넓게 알려진 이벤트'로 정의(Bowdin 외, 2001)되어 특정 지역의 특성을 나타내는 이벤트로서의 개념을 중시하게 되었다.

따라서 홀마크이벤트는 '개최지역의 상징적 중요자원이 이벤트의 주제로 표출되어 개최지의 지명과 이벤트의 명칭이 일치되어 연상되는 이벤트'라고 할 수 있다. 리우데자네이루의 '리오카니발', 독일 뮌헨의 '옥토버페스트(Oktoberfest)', 일본 삿뽀로의 '눈축제', 스코틀랜드의 '에딘버러 축제' 미국 뉴올리언즈의 '마디그라(Mardi Gras)' 등의 유명 축제들은 전형적인 홀마크이벤트라고 할 수 있다. 아울러 영국의 '윔블든 테니스대회'와 같은 스포츠이벤트, 미국 라스베이거스의 'CES'와 같은 산업전시회도 홀마크이벤트의 의미를 지니고 있다고 할 수 있다.

3) 국제이벤트(international event)

참가자가 다수의 국가로부터 참여하는 이벤트로서 특정국가에서 조직하여 한 국가내에서만 정기적으로 개최되는 경우와 국제적으로 조직되어 여러 국가에서 번갈아 개최되는 경우로 구분할 수 있다. 모두 다수 국가의 참가자 및 방문객이 참여하는 이벤트로서 개최국에 사회, 문화, 경제, 정치적으로 영향을 미치기도 하며, 개최지에서는 자긍심 고취와 연대감 형성에 기여하고, 여러 국가로부터 많은 방문객과 매체로부터의 관심 등을 유발시킨다.

4) 지역이벤트(local event)

지역이벤트는 국내 타지역 참가자들을 대상으로 개최되는 경우와 개최지 및 인근 지역주민을 대상으로 개최되는 경우로 구분된다. 전자의 경우 개최지역의 경제활성화와 이미지제고를 목적으로 하는 경우가 많으며, 후자의 경우 지역주민을 대상으로 친선 · 즐거움 · 여가활동의 기회로 활용되는 경우가 많다. 지역이벤트의 경우 국제이벤트와 마찬가지로 지역사회의 자긍심 형성과 개최지에 대한 소속감 및 연대의식의 강화를 통해 개최지 주민의 애향의식 형성에 기여한다. 아울러 지역이벤트는 지역문화를 개발하고 전통을 계승하는 목적으로 개최되기도 한다.

5) 커뮤니티이벤트(community event)

커뮤니티는 사회조직체로서 공간적 · 지역적 단위 및 이러한 단위와 관련된 심리학적인 결합 또는 소속감을 지칭하는 용어로서 여기에서는 특정 지역에 한정된 단체, 또는 특정 목적을 지닌 회원제도의 단체가 개최하는 이벤트를 지칭하며, 현대사회에서는 취미활동과 여가활동의 증가로 커뮤니티이벤트 개최도 증가하고 있는 추세이다. 또한 특정집단(community)의 경우 그 분야가 사회, 문화, 경제 등 다양하게 존재하고 있어 헤아릴 수 없을 정도의 많은 이벤트가 세계적으로 매일 개최되고 있다. 커뮤니티이벤트는 대부분 소속된 회원 또는 구성원만을 대상으로 실시되는 경우가 많으며, 다양한 사회문화 단체들이 개최하는 이벤트가 좋은 예라고 할 수 있다.

[그림 1-7] 캔버라 플로리아드 축제 행사장

6) 개인이벤트(private event)

개인이벤트는 개인주최 연회와 파티, 기념회와 기념모임 등과 같이 주변의 친지나 지인들을 초청하는 사적인 이벤트로서 대부분의 경우 비공식적인 모임을 지칭한다. 그러나 파티의 경우 우리나라에서도 전문화가 진행되면서 개인이벤트는 물론 커뮤니티이벤트로서의 위치를 확보해가고 있어 전문적인 파티플래너의 사회적 수요가 증가하고 있다.

② 이벤트 형식에 따른 분류

이벤트형식에 따른 분류는 다음의 표와 같이 크게 여덟 가지로 구분할 수 있으며, 각 이벤트형식의 성격에 따라 다시 소분류와 세분류로 구분할 수 있다. 제시된 표의 유형은 주로 이벤트가 개최되는 현상적 측면에 기초하였으며, 주요 이벤트만을 분류대상으로 하였으나, 그 이외에도 이벤트 개념에 관한 접근방법에 따라 다양한 유형 분류 체계(typology)가 있을 수 있다. 본서에서는 아래 표의 이벤트유형 분류를 바탕으로 책 내용을 구성하였으며, 이를 중심으로 이벤트에 대한 이해와 관리 및 실제 이벤트의 기획과 개최에 따른 접근을 시도해 보고자 한다.

〈표 1-5〉 이벤트 유형 분류

<table>
<tr><th>대분류</th><th colspan="2">소분류</th><th colspan="2">세 분 류</th></tr>
<tr><td rowspan="5">축제이벤트</td><td colspan="2">개최기관별</td><td colspan="2">지역자치단체주최 축제, 민간단체주최 축제</td></tr>
<tr><td colspan="2">프로그램별</td><td colspan="2">전통문화축제, 예술축제, 종합축제</td></tr>
<tr><td colspan="2">개최목적별</td><td colspan="2">주민화합축제, 문화관광축제, 산업축제, 특수목적축제</td></tr>
<tr><td colspan="2">자원유형별</td><td colspan="2">자연, 조형구조물, 생활용품, 역사적 사건, 역사적 인물, 음식, 전통 · 민속문화</td></tr>
<tr><td colspan="2">실시형태별</td><td colspan="2">축제, 지역축제, 카니발, 축연, 퍼레이드, 가장행렬</td></tr>
<tr><td rowspan="8">전시·박람회 이벤트</td><td rowspan="4">전시회</td><td rowspan="2">전시목적별</td><td>교역전시</td><td>교역전, 견본시, 산업전시회</td></tr>
<tr><td>감상전시</td><td>예술품전시회, 문화유산전시회</td></tr>
<tr><td>개최주기별</td><td colspan="2">비엔날레, 트리엔날레, 카토리엔날레</td></tr>
<tr><td>전시주제별</td><td colspan="2">정치, 경제, 사회, 문화 · 예술, 기술, 과학, 의학, 산업, 교육, 관광, 친선, 스포츠, 종교, 무역</td></tr>
<tr><td rowspan="4">박람회</td><td rowspan="3">BIE인준별</td><td>BIE*인준</td><td>인정(전문)박람회, 등록(종합)박람회</td></tr>
<tr><td>BIE비인준</td><td>국제박람회, 전국규모박람회, 지방박람회</td></tr>
<tr><td colspan="2">*BIE; Bureau Internationale des Expositions(國際博覽會 事務局)</td></tr>
<tr><td>행사주제별</td><td colspan="2">인간, 자연, 과학, 환경, 평화, 생활, 기술</td></tr>
<tr><td rowspan="5">회의이벤트</td><td colspan="2" rowspan="2">규모별</td><td>대규모</td><td>컨벤션, 콘퍼런스, 콩그레스</td></tr>
<tr><td>소규모</td><td>포럼, 심포지움, 패널디스커션, 워크숍, 강연, 세미나, 미팅</td></tr>
<tr><td colspan="2">개최조직별</td><td colspan="2">협회, 기업, 교육 · 연구기관, 정부기관, 지자체, 정당, 종교단체, 사회봉사단체, 노동조합</td></tr>
<tr><td colspan="2">회의주제별</td><td colspan="2">정치, 경제, 사회, 문화 · 예술, 기술, 과학, 의학, 산업, 교육, 관광, 친선, 스포츠, 종교, 무역</td></tr>
<tr><td colspan="2">계최지역별</td><td colspan="2">지역회의, 국내회의, 국제회의</td></tr>
<tr><td rowspan="2">문화이벤트</td><td colspan="2">문화주제별</td><td colspan="2">방송 · 연예, 음악, 예능, 연극, 영화, 예술</td></tr>
<tr><td colspan="2">경쟁유무별</td><td colspan="2">경연대회, 발표회, 콘서트</td></tr>
<tr><td rowspan="2">스포츠이벤트</td><td colspan="2">상업성유무별</td><td colspan="2">프로스포츠경기, 아마추어스포츠경기</td></tr>
<tr><td colspan="2">참여형태별</td><td colspan="2">관전하는 스포츠, 선수로 참여하는 스포츠, 교육에 참여하는 스포츠</td></tr>
<tr><td rowspan="2">기업이벤트</td><td colspan="2">개최목적별</td><td colspan="2">PR, 판매촉진, 사내단합, 고객서비스, 구성원인센티브</td></tr>
<tr><td colspan="2">실시형태별</td><td colspan="2">신상품설명회, 판촉캠페인, 사내체육대회, 사은서비스</td></tr>
<tr><td>정치이벤트</td><td colspan="2">개최목적별</td><td colspan="2">전당대회, 정치연설 군중집회, 후원회</td></tr>
<tr><td rowspan="2">개인이벤트</td><td colspan="2">규칙적 반복</td><td colspan="2">생일, 결혼기념</td></tr>
<tr><td colspan="2">불규칙적</td><td colspan="2">파티, 축하연, 특정모임</td></tr>
</table>

자료: 저자 작성

③ 이벤트 수행을 위한 프로그램 분류

흔히 우리는 이벤트 유형과 이벤트 프로그램의 분류를 혼동하는 경우가 많다. 이벤트란 위에서 언급된 것처럼 다양한 분야에서 인위적으로 계획되어 수행되는 행사로서 어느 분야에서 어떠한 목적으로 개최하느냐에 따라 분류되어지지만, 이벤트프로그램은 위에서 정의된 각 분야의 이벤트를 수행하기 위하여 설정된 내용물(content)이라고 할 수 있다.

따라서 축제, 전시회, 박람회, 회의, 문화이벤트, 스포츠이벤트, 기업이벤트, 정치이벤트, 개인이벤트 등은 이벤트의 유형, 또는 하나의 형태라고 할 수 있으나, 이와 달리 공연, 퍼레이드, 연회, 파티, 게임 등은 그 자체가 이벤트가 되는 경우도 있지만, 대부분 여러 이벤트의 내용물로서 구성되는 경우가 많다.

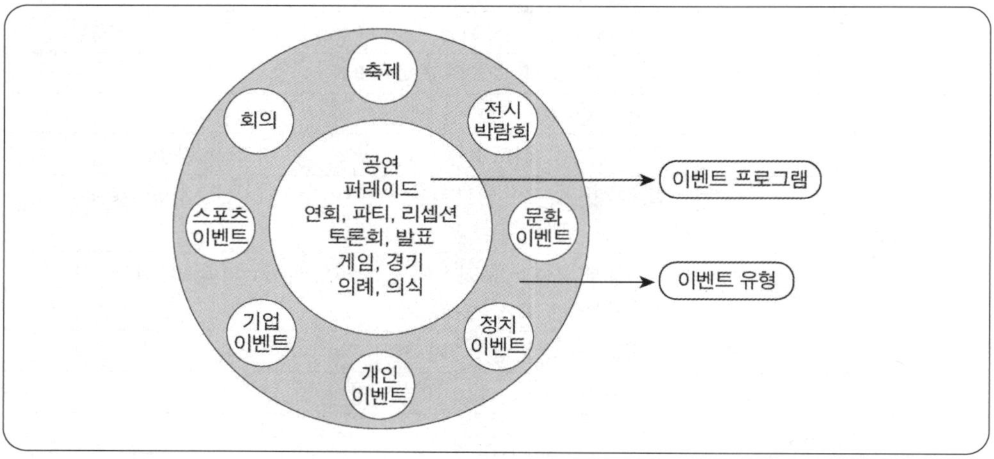

자료: 저자 작성

[그림 1-8] 이벤트의 유형과 이벤트 프로그램

따라서 이러한 이벤트 프로그램은 엄밀히 보면 이벤트를 수행하기 위해 설정된 내용물로서, 다시 말해 이벤트 실행의 구성요소 또는 도구라고 말할 수 있다. 즉 이벤트의 유형에 따라 프로그램믹스가 달라질 수 있으며, 균형있는 프로그램믹스 구성에 따라 이벤트의 내용이 결정되는 것이다.

④ 기타 분류

1) 주최와 목적에 따른 분류

이벤트의 주최자와 개최목적에 따라 공적(公的) 이벤트와 사적(私的)이벤트로 구분할 수 있다. 공적 이벤트는 정부 또는 공공기관에서 일반 국민을 대상으로 실시하는 이벤트로 공공(公共)이벤트(public event, civic event)라고도 할 수 있다. 공적 이벤트는 지역의 진흥과 활성화, 지역의 이미지 고양, 지역주민의 단결, 커뮤니티 의식의 고취, 산업 · 기술의 진흥과 교류 등을 목적으로 하는 경우가 많다.

사적 이벤트는 기업이나 단체, 또는 개인이 개최하는 이벤트로서 주로 기업이나 단체의 이미지 고양과 PR, 기업이익의 사회환원과 고객서비스, 고객의 조직화, 상품 · 서비스의 판매와 촉진, 조직의 활성화와 인센티브 등의 목적으로 실시되고 있다.

2) 이벤트 개방성에 의한 분류

참가 개방성에 따라 이벤트를 개방형 · 폐쇄형 · 중립형으로 구분할 수 있다. 개방형 이벤트는 문화관광축제와 같이 일반 대중이 아무런 제한없이 참가할 수 있는 유형인 반면, 폐쇄형 이벤트는 초청자 중심의 리셉션과 같이 특정자격을 갖춘 참가자, 특정단체의 구성원 및 회원, 또는 초청된 경우에만 참여할 수 있도록 참가의 범위를 한정하는 형태이다. 중립형 이벤트는 이벤트의 기간, 또는 장소를 구분하여 개방형과 폐쇄형을 함께 적용하는 경우라고 할 수 있다.

3) 참가자 입장에서의 분류

참가자 입장에서의 이벤트 분류는 주로 이벤트 참가동기와 관련되는 것이 많다고 할 수 있다. 일반적인 즐거움(fun) 및 단순감상 등을 목적으로 참여하는 감상형 이벤트, 이벤트에 직접 참여하여 체험을 얻고자 하는 체험형 이벤트, 지식 · 건강 및 성취감 등 자신의 욕구를 만족시키기 위하여 참여하는 욕구만족형 이벤트, 정보와 지식을 얻고자 참여하는 정보취득형 이벤트 등이 있을 수 있으며, 이는 다음의 표와 같이 분류될 수 있다.

〈표 1-6〉 참가자입장의 이벤트 분류

성격별	내용
감상형 이벤트	보고 즐기는 유형의 이벤트(오락, 교양, 공연, 전시 등)
체험형 이벤트	직접체험을 통해 함께 행동하고 창작함으로써 즐거움을 찾는 유형의 이벤트(축제, 예술, 스포츠, 파티 등)
욕구만족형 이벤트	자신의 욕구를 만족시키기 위하여 참여하는 유형의 이벤트 (교육이벤트, 회의이벤트, 스포츠이벤트, 컨테스트, 경연대회)
정보취득형 이벤트	이벤트참여를 통해 정보와 지식을 얻는 유형의 이벤트 (회의이벤트, 전시회 등)

자료: 저자 작성

5 외국에서의 이벤트 분류

1) Getz의 이벤트분류

서구의 이벤트관련 학자인 Donald Getz는 이벤트를 다음의 표와 같이 8개의 유형으로 분류하고, 각 유형별로 관련 이벤트를 예시하고 있다.

〈표 1-7〉 Getz의 이벤트 분류

성격별	해당 이벤트
문화이벤트	축제, 카니발, 종교행사, 퍼레이드, 문화유산 관련행사
예술 · 연예이벤트	콘서트, 공연이벤트, 전시회, 시상식
상업이벤트	박람회, 산업전시회, 전람회, 회의, 홍보, 기금조성이벤트
스포츠이벤트	프로경기, 아마추어경기
교육 · 과학이벤트	세미나, 워크숍, 학술대회, 통역수행 이벤트
레크레이션 이벤트	게임, 운동놀이, 오락이벤트
정치이벤트	취임식, 수여식, 부임식, VIP방문, 정치적 집회
개인이벤트	기념일행사, 가족휴가, 파티, 잔치, 동창회, 친목회

자료: Getz, D., Festival Management & Event Tourism, Cognizant Communication Corporation, New York: 1997.

아울러 Getz는 이벤트관련 국제학술지인 Festival Management & Event Tourism 논문집(1998: 167-169)에서 인센티브여행도 이벤트에 포함되어야 한다는 주장을 하고 있으며, 더 나아가 모든 형태의 여행이 이벤트의 유형에 포함된다는 개념을 설명하고 있어, 매우 넓은 개념으로 이벤트의 범위를 설정하고 있다.

2) 일본 이벤트산업진흥협회의 분류

이벤트백서(白書)를 발간하고 있는 일본의 대표적인 이벤트관련 협회인 이벤트산업진흥협회는 일본 내의 이벤트를 다음의 표에서와 같이 7가지로 분류하고, 각 이벤트별로 분류방법과 관련된 특징적 내용을 기술하여 통계치 작성에 활용하고 있다.

〈표 1-8〉 일본 이벤트산업진흥협회의 이벤트 분류

분류	내용
박람회	엑스포 및 그에 준하는 지방박람회
페스티벌	지방자치단체 · 공공단체가 기획하는 복합형 이벤트로서 박람회에 포함되지 않는 지방의 소형박람회, 축제, 퍼레이드, 경관에 관련되어 개최되는 벚꽃축제 등의 행사, 또는 다양한 형태의 이벤트
見本市 · 전시회	일반 민간기업 · 단체가 전시하는 見本市 · 전시회
회의이벤트	2개국 이상의 참가자가 있는 국제회의, 업계 · 학회 등의 각종 단체가 개최하는 여러 단체개최 국내회의, 지방자치단체가 개최하는 지자체개최 국내회의
문화이벤트	민간단체 또는 기업을 스폰서로 하는 음악 · 연극이벤트 및 특별미술전, 지자체 주도의 일반적인 문화이벤트
스포츠이벤트	민간단체 또는 기업을 스폰서로 하는 일반적인 스포츠이벤트, 국가 또는 체육관련조직이 주최하는 경기대회, 지자체 주도의 스포츠이벤트 등
판촉이벤트	기업 판촉활동의 일환으로 행해지는 店頭이벤트, 신제품발표회, 단독전시회, 周年행사, 式典, 판매점대회 등

자료; (社)日本イベント産業振興協會, イベント白書'99, (社)日本イベント産業振興協會, 1999.

제3절 이벤트 학문과 연구활동

① 이벤트 학문영역

1) 광의의 영역

이벤트학은 다음의 그림에서와 같이 시행단계별로 다양한 학문과 관련될 수 있다. 이벤트 계획단계에서는 관광학, 경제학, 경영학, 지역개발학, 법학 등의 학문을 기초로 이벤트의 효과와 개최시의 문제점 등을 예견할 수 있으며, 이벤트준비단계에서는 행정학, 건축학, 토목학, 도시공학, 환경학 등의 도움으로 효율적인 준비를 수행할 수 있기 때문에 이벤트학은 복합적인 학문의 성격을 지니고 있다.

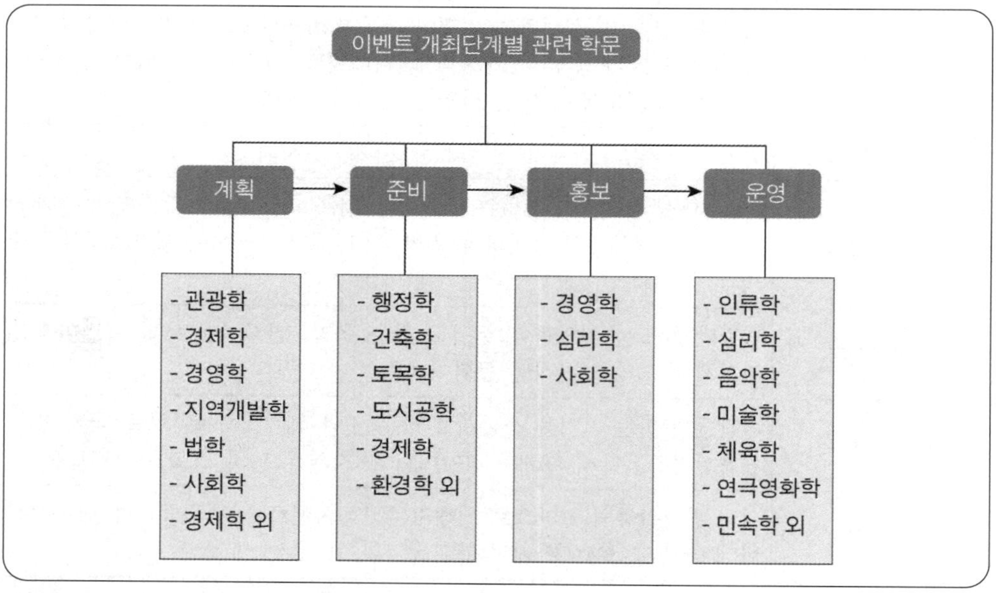

자료: 저자작성

[그림 1-9] 이벤트 개최단계별 관련 학문의 예

이벤트홍보에 있어서는 방문자 참여 독려를 위한 심리학, 효율적인 홍보를 위해 필요한 마케팅측면의 경영학 및 이벤트개최에 따른 사회적 현상을 이해할 수 있는 사회학 등이 필요하다. 또한 이벤트운영에 있어 서로 다른 문화를 이해할 수 있는 인류학, 참여군중의 마음을 끌어들이고 위험요소를 제어시킬 수 있는 심리학, 프로그램운영에 필요한 음악, 미술, 공연, 체육학, 연극영화학 등이 인접학문으로서 필요하다.

아울러 이벤트의 현상을 이해하기 위해서는 경제 · 사회 · 문화측면에서의 다양한 학문적 접근이 가능하다고 할 수 있다. Getz(2007)는 이벤트학을 수행하기 위해 기초가 되는 몇 가지 주요 학문분야를 제시하였다. 여기에는 인류학, 사회학, 인지심리학, 환경심리학, 사회심리학, 철학, 종교학, 경제학, 경영학, 정치학, 법학, 사학, 인류학, 미래학 등이 포함되어있다. 아울러 이벤트 개최와 관련해 밀접하게 연관된 분야로 레크레이션과 여가, 관광, 호스피탤러티, 교육, 커뮤니케이션, 공연과 문화, 스포츠, 극장학 등을 제시하였다.

2) 협의의 영역

이벤트 개최를 계획하고 운영하는데 있어 관리자로서 필요한 지식은 위에서 언급된 것처럼 이미 체계가 형성된 기존의 인접학문을 필요로 하기도 하지만, 이벤트 자체의 특성을 고려한 다양한 지식들을 필요로 하기도 한다. 이는 이벤트 마케팅과 재무관리에 중요한 영향을 미치는 스폰서십관리를 비롯해 군중, 재무, 운영 등에서 발생할 수 있는 이벤트리스크관리, 이벤트행사장의 계획과 운영에 관련된 행사장 · 시설관리, 위험요소를 줄이고 효율적 운영을 위한 군중관리, 이벤트운영에 있어 중요한 인적자원 분야인 자원봉사자관리, 개최계획 수립에서 규모를 판단하기 위해 필요한 이벤트수요조사, 짜임새 있는 운영을 위한 이벤트연출 등 이벤트만의 고유속성과 관련된 고유학문 영역을 필요로 하기 때문이다.

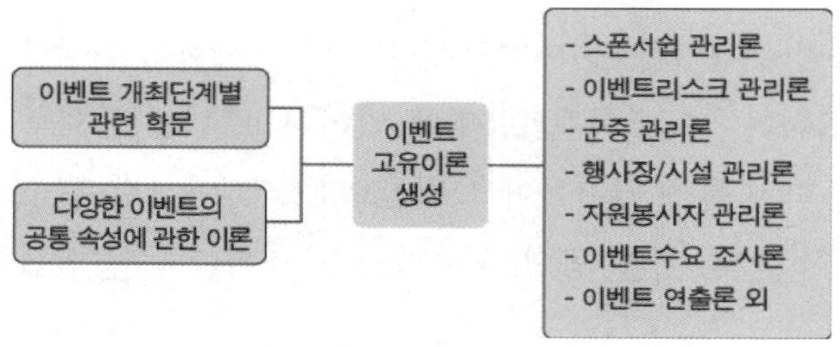

[그림 1-10] 이벤트 고유이론 생성개념

② 이벤트학의 단계별 교육영역

이벤트 교육영역은 위에서 언급된 바와 같이 다양하게 구성될 수 있으며, 특히 교육수요 대상의 성격에 따라 그 영역은 상이하게 구성될 것이다. 이러한 교육수요 대상은 주로 학생 집단과 실무를 중심으로 하는 현업 종사자집단, 학문으로서의 이벤트를 연구하는 연구자 및 이벤트와 관련된 정책을 입안하고 실행하는 행정직 종사자 등이 있다. 이들에게는 다음의 그림에서와 같이 서로 연결되어 있기는 하나, 서로 다른 영역의 교육과 훈련이 필요하다.

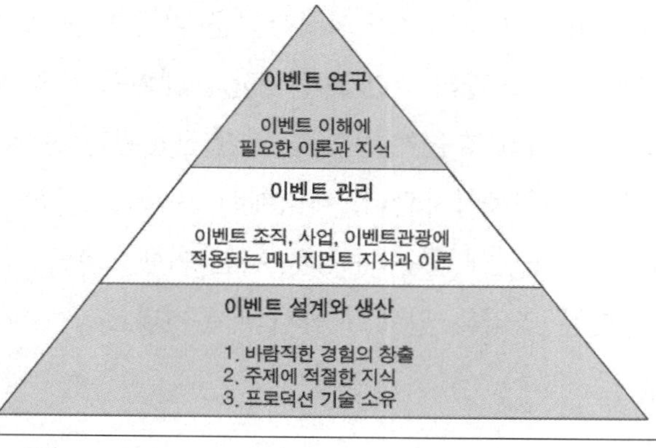

자료; Getz, D(2007), pp.3-4

[그림 1-11] 이벤트 교육의 3단계 수준

이벤트 관련 교육과정은 주로 미국과 호주, 영국, 뉴질랜드 등에서 진행되고 있다. 미국에서는 George Washington 대학에서 처음으로 비정규과정인 이벤트관리프로그램(Event Management Program)을 개설하여 운영하였다. 또한 영국과 호주 등에서는 많은 대학들이 이벤트 관련 전공, 또는 다양한 형태의 교육과정을 제공하고 있으며, 이벤트전공의 학위과정을 비롯해 단기과정, 세미나과정, 국제교육프로그램, 연구과정 등의 다양한 교육과정을 제공하고 있다. 특히 이들이 제공하고 있는 이벤트업계프로그램(Event Executive Program)은 많은 업체 종사자들이 수료증을 받아 업계에서 활동하고 있어 산학협력의 표본이 되었다.

[그림 1-12] 호주 ACEM 마크

③ 이벤트 연구활동

1) 국외연구

국외연구는 1970년대에 소수의 이벤트연구가 등장하였고, 1980년대에 들어 본격적인 이벤트 연구가 이루어진 것으로 보이며, 당시의 주요 연구분야는 이벤트 개최에 따른 경제적 영향에 관한 연구와 비즈니스관광(business tourism)의 측면에서 다룬 컨벤션 연구 등이 중심이 되었다. 그러나 1990년대 들어 전문학술서적으로서 이벤트관련 서적이 Getz(1997)와 Goldblatt(2002)에 의해 발간되기 시작하면서 연구 주제의 다양성이 확대되었다. 이와 함께 이벤트 영역을 전문적으로 연구하게 된 시기도 1990년대 말에 시작되었다.

서구의 경우 지역축제를 중심으로 주로 관광학에서 연구되어 오다가 점차 이벤트에 대한 관심이 증가하면서 1994년 캐나다 학자인 Donald Getz와 미국 학자인 Bruce

Wicks가 중심이 되어 국제학술지인 Festival Management & Event Tourism을 창간하여 축제와 관광이벤트 중심의 논문이 게재되었다. 그러나 이벤트의 개념적 범위가 넓어지면서 이 학술지는 1998년 Event Management로 학술지의 명칭을 바꾸었고, 연구논문의 영역도 국제회의와 인센티브여행 및 문화공연, 스포츠 등을 포함하는 광범위한 개념으로 다시 설정하여 활동하고 있다.

[그림 1-13] 국제학술지 EM

또한 2010년에는 Leo Jago와 Jack Carlsen 등 영국과 호주 등의 학자들을 주축으로 한 International Journal of Event and Festival Management(IJEFM)가 창간되어 다양한 국가의 연구자들이 참여함으로써 이벤트연구의 세계적인 확장추세를 반영하고 있으며, 이러한 학술지들은 이벤트의 고유한 학문적 영역확보에 주력하고 있다. IJEFM은 축제와 메가이벤트, 컨벤션, 전시회 및 그 이외 이벤트 산업의 다양한 분야의 연구물을 다루고 있으며, 각 이벤트의 학문영역으로는 마케팅, 기획과 디자인, 이벤트 교육, 이벤트 평가, 전략적 관리와 크리에이티브 리더십, 스폰서십과 기금 모금, 자원봉사와 인적자원관리, 프로그래밍, 리스크관리, 이벤트 재무관리 등의 영역을 다루고 있다.

최근 들어 세계 각국의 지역 특성에 따른 이벤트의 개최가 증가하고, 종류가 다양해짐에 따라 미국과 유럽 및 일본을 중심으로 지역축제와 국제회의 및 메가이벤트를 중심으로 다양한 연구가 전개되고 있다.

2) 국내 연구활동

우리나라는 1990년대 말 몇몇 대학에서 이벤트관련 전공이 개설되면서 학문연구가 시작되었으며, 2005년 한국이벤트컨벤션학회의 학술지인 이벤트컨벤션연구가 발간되면서 학술논문이 본격적으로 연구되기 시작했다.

국내 이벤트전문학술지인 『이벤트컨벤션연구』에서 5년간 발간된 78편의 논문을 내용분석하여 연구의 동향을 파악한 결과(손선미, 2010), 이벤트분야별로 MICE가 25편,

[그림 1-14] 이벤트에 대한 연구활동이 증가하면서 국내 학회 활동도 증가하고 있다.

이벤트산업이 18편, 축제가 18편, 문화이벤트가 6편, 스포츠이벤트가 4편의 순이었으며, 연구이론별로 방문객 행동(41%), 마케팅(16.7%), 운영(15.4%) 등의 순으로 조사되었고, 대부분의 연구(76.8%)가 실증분석 중심이었기 때문에 연구의 분야나 주제 및 연구방법 등의 편향성에 대한 비판적인 논의를 하였다. 또한 2000년대 후반 5년간 관광학술지에 게재된 이벤트관련 연구논문79편을 분석한 결과, 다음의 표에서 나타난 바와 같이 이벤트유형으로는 축제(50.6%), 연구이론으로는 행동연구(32.9%)가 가장 많은 것으로 조사되었다.

〈표 1-9〉 국내 이벤트관련 연구물 동향

구분		논문수	비율(%)	구분		논문수	비율(%)
유형	축제	40	50.6	연구이론	행동	26	32.9
	MICE	29	36.7		운영	17	21.5
	스포츠	3	3.8		마케팅	15	19.0
	프라이빗	2	2.5		정책	8	10.1
	메가	2	2.5		이론전반	7	8.9
	판매촉진	1	1.3		경제	6	7.6
	문화	1	1.3	연구방법	질적연구	17	21.5
	이벤트전반	1	1.3		실증연구	62	78.5

자료: 손선미 · 이경모(2011)

REFERENCE 참고문헌

손선미 (2010). 이벤트학술지의 연구동향과 비판적 고찰: 『이벤트컨벤션연구』誌를 중심으로. 『이벤트컨벤션연구』, 6(1), 81-97.

손선미 · 이경모 (2011). 관광이벤트 연구 30년. 『관광학연구』, 35(10), 57-72.

한국관광공사 (1994). 『이벤트산업활성화방안』. 서울: 한국관광공사.

Allen, J., O'Toole, W., Harris, R., & McDonnell, I. (2008). *Festival and Special Event Management*, 4th ed.. John Wiley & Sons.

Ballantyne, R., Packer, J., & Axelsen, M. (2009). Trends in tourism research. *Annals of Tourism Research*, 36(1), 149-152.

Bowdin, G., McDonnell, I., Allen, J., & O'Toole W. (2001). *Events Management*, Oxford: Butterworth Heinemann, 17.

Fenich, G. (2005). Meetings, Expositions, Events and Convention, New Jersey: Pearson Prentice Hall, 178~179.

Getz, D. (1997). *Festival Management & Event Tourism*, New York: Cognizant Communication Corporation.

Getz, D. (1998). Editorial, *Festival Management & Event Tourism*, 5.

Getz, D. (2007). *Event studies: theory, research, and policy for planned events*. Oxford: Elsevier, 3-5.

Getz, D. (2008). Event tourism: definition, evolution, and research. *Tourism Management*, 29, 403-428.

Goldblatt, J. (1990). *Special event: The art and science of celebration*. New York: Van Nostrand Reinhold.

Goldblatt, J., & Nelson, K. S. (2001). *The International Directory of Event Management*, 2nd ed., New York: John Wiley & Sons, 181.

Hall, C. M. (1997). *Hallmark Tourist Event: Impacts, Management and Planning*, Chichester: John Wiley & Sons, 5.

Marris, T. (1987). The role and impact of mega-events and attractions on regional and national tourism development: Resolutions of the 37th Congress of the AIEST, Calgary. *Revue de Tourisme*, 4, 3-12.

Gove, P. B. (1986). *Webster's International Dictionary*, Merriam-Webster Inc..

Ritchie, J. R. B. (1984). Assessing the impact of hallmark events: Conceptual and research issues. *Journal of Travel Research*, 23(1), 2-11.

Ritchie, J. R. B., & Yangzhou, J. (1987). The role and impact of mega-events and attractions on national and regional tourism: A conceptual and methodological overview, *Paper for 37th AIST Congress*, Calgary: Association Internationale d'Experts Scientifiques du Tourisme, 20.

Shone, A., & Parry, B. (2004). *Successful Event Management; a practical handbook*, Thomson Learning.

Simpson, J. A., & Weiner, E. (1998). *The Oxford English Dictionary*, second edition, Oxford: Clarendon Press.

Uysal, M., Gahan, L., & Matin, B. (1993). An Examination of event motivations: A case study. *Festival Management and Event Tourism*, 1, 5-10.

Vanhove, D., & Witt, S. (1987). Report of the English-speaking group on the conference theme. *Revue de Tourisme*, 4, 10-12.

Wilkinson, D. (1988). *A guide to effective event management and marketing*. Ontario: The Event Management and Marketing Institute.

(社)日本イベント産業振興協會 (1999). 『イベント白書'99』. (社)日本イベント産業振興協會.

case study

인도 쿰브멜라

인류 최대의 종교축제

인도에서는 인류 최대의 축제 '쿰브멜라'(Kumbh Mela)때문에 정확히 12년마다 인도전역의 기차와 철도는 엄청난 홍역을 치른다. 실핏줄처럼 전국에 퍼진 열차 노선은 한곳의 행선지를 향해 사람을 실어 나른다. 모든 기차역은 인도 북부 갠지스 강변의 성지 '알라하바드'로 향하는 사람들로 넘친다. 신성한 갠지스 강물에 자신의 죄를 씻고, 윤회의 굴레로 벗어나 영생을 얻으려는 수천만 영혼의 이동이 시작되는 것이다.

가장 큰 규모의 힌두교 순례축제인 쿰브멜라의 쿰브는 '주전자, 항아리'의 뜻이며, 멜라는 '축제' 또는 '시장'을 가리킨다. 아주 오랜 옛날, 힌두교 경전에 따르면 이들 장소는 신들과 악마들이 신비한 영약인 암리타가 들어 있는 주전자(kumbh)를 차지하기 위해 12일간 싸우던 중 주전자에서 흘린 생명수 암리타 네 방울이 갠지스강과 다른 두 강의 네곳에 떨어졌다. 천상의 시간 12일은 지상의 시간으로는 12년, 힌두교도들은 지상에 떨어진 생명수를 기념하기 위해 그 4곳에서 3년마다 축제를 벌인다. 그리고 최고 성지 알라 하바드에서 12년째 가장 큰 '마하' 쿰브멜라를 여는 것이다. 즉, 축제기간 중 음력으로 계산되는 성스러운 기일에 강물에 몸을 담그는 자들은 자신의 죄를 씻어낼 수 있다고 하여 신자들은 죄를 정화하기 위해 이들 강에서 목욕을 한다. 성지 알라 하바드가 힌두교 최고 성지인 까닭은 '강가'와 또 다른 신성한 강 '야무나'그리고 신화속의 강 '사라 스와티'가 만나는 곳이기 때문이다. 이렇게 강이 만나는 곳을 '상감'이라고 부르며, 이곳에서 열리는 '쿰브멜라'가 가장 많은 신도를 불러 모은다.

인도 북부의 자그마한 도시 '알라하바드'의 갠지스 강변에 12년만에 열리는 '쿰브멜라'를 위한 모래 위에 세워진 40일간의 임시 도시 하나가 세워지면, 힌두교 최대의 축제인 '쿰브 멜라'를 찾은 7천만명의 순례자들을 위해 1,200헥타르(약 여의도 면적의 4배)의 행사 장소에 조직위에서 준비한 텐트만 해도 30만개로 갠지스 강변 '알라하바드'는 사람들의 강으로 범람한다.

11억명의 인도인 중 힌두교는 약 9억명으로 그중 12년마다 열리는 이 축제의 순례를 꿈꿔보지 않은 사람은 없다. 기네스북은 1989년의 '쿰브멜라'를 1천5백

만명이 모인 인류 최대의 종교 집회라고 기록했으나, 그 기록은 2001년에 간단히 갱신됐다. 그러나 워낙 많은 사람들이 몰리다 보니 압사 사고 등 불상사도 종종 일어나 1820년에는 430명이 인파에 깔려 숨졌으며, 1954년에는 300여명이 질식사했다.

평균 수명이 65세인 인도에서 12년 주기의 마하 '쿰브멜라'에 참여할 수 있는 기회는 평생 5번에 불과하다. 1인당 국민소득이 500달러인 상황에서 지방의 가난한 사람들이 기차여행비용과 기타 경비를 마련하기가 쉬운 일이 아니다. 그래서 힌두교에게 '쿰브멜라' 순례길은 평생의 소원이다. 또한 힌두교도들에게 '쿰브멜라'는 성지순례이기도 하면서 즐거운 축제이기도 하다. '쿰브멜라'는 근엄한 표정과 고행을 요구하지 않으며, 신성한 강물에 죄의 무거운 옷을 벗어버린다는 것은 경쾌하고 기쁜 일이기 때문이다.

42일 동안 진행되는 쿰브멜라 축제기간 가운데 순례자들이 가장 많이 갠지스강에 몰리는 날은 700만명이 넘기도 하는데, 점성술사들이 별의 위치를 보고 '상서로운 목욕의 날'로 정하는 날은 더욱 그러하다. 인터넷 업체들은 여러 개의 '사이버 쿰브멜라' 사이트를 개설해 행사에 참석하지 못한 사람들에게도 축제 진행상황을 소개하고 있다.

사진자료; www.kmp2001.com, www.jobworld21.co.kr, www.kumbhmela.com

CHAPTER 2

이벤트 발전 배경

제1절 현대 이벤트의 성장요인

관광을 국가의 중심산업으로 하고 있는 많은 서구국가의 경우 1980년대부터 이벤트를 통해 더욱 적극적으로 관광객을 유치하려는 노력을 경주하고 있으며, 1990년대 이후에는 이러한 경향이 더욱 뚜렷이 나타나 아시아 국가에서도 이벤트 개최가 증가하는 현상을 보였다. 선진국의 경우를 볼 때 이벤트의 증가는 경제성장 및 여가활동의 증가와 비례관계를 나타내고 있다.

전 세계적으로 이벤트 개최가 증가하고 활발한 이벤트활동이 진행되는 요인으로 크게 경제적 영향요인, 문화적 영향요인, 사회적 영향요인 및 인구통계적 영향요인을 들 수 있다. 세계 각국에서 이벤트 붐이 형성되고 있는 배경을 주요 영향요인별로 살펴보면 다음의 그림과 같다.

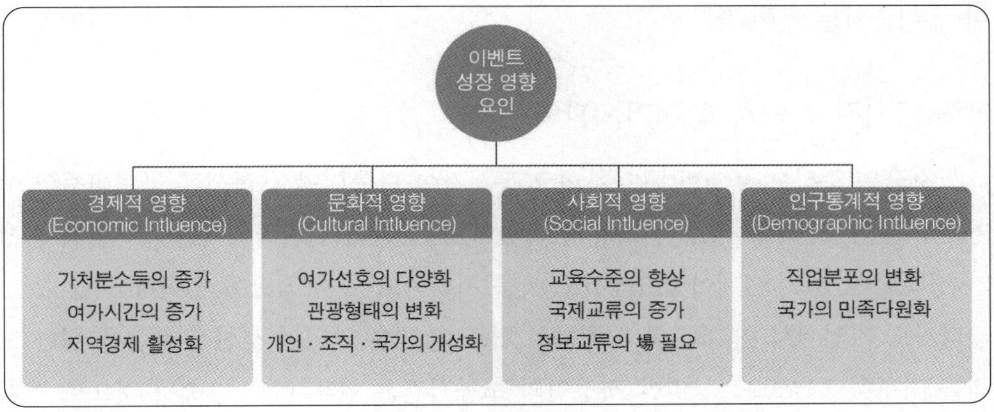

자료: 저자 작성

[그림 2-1] 이벤트 성장 영향요인

① 경제적 영향요인

1) 경제발전과 가처분 소득의 증가

낮은 소득수준으로 인해 소득을 얻기 위해 필요한 활동(living-earning activity)이 생활시간구조의 대부분을 차지하고 있는 경우 인간의 욕구는 단순한 생리적 차원에 한정되어 있다. 그러나 가처분소득이 증가해 풍요로운 경제력을 누리게 될수록 인간은 정신적인 풍요를 찾게 된다.

경제적인 여유와 물질적인 충족은 심리적 안정을 꾀하게 되고, 이를 바탕으로 사람들은 각자의 다양한 관심분야에 시간을 할애할 수 있게 되어 여러 종류의 이벤트 참여가 가능한 것이다. 경제발전과 가처분 소득 증가와 관련되어 이벤트에 영향을 미치게 되는 시기는 1인당 국민소득이 7천 달러 이상의 수준이라는 지적하고 있음을 고려할 때 우리나라도 이미 이벤트 활성화 단계를 지나고 있음을 알 수 있다.

또한 가처분소득의 증가로 거주 지역 사회내에서 개최되는 이벤트 참가뿐만 아니라, 소득수준이 높아질수록 이질성이 높은 타지역 및 외국의 이벤트 참가를 높이게 된다. 즉 소득수준이 높아질수록 여행지에서 개최되는 각종 이벤트에 참여하는 것이 용이해지는 것이다.

2) 노동시간의 단축과 여가시간의 증가

선진국을 중심으로 일반 근로자의 노동시간이 단축되면서 형성된 국민대중의 여가욕구는 다양한 여가활동을 가능케 하였다. 대부분의 선진국에서는 주 5일제 근무가 정착되어 있고, 아시아국가에서도 이를 시행하고 있는 직장이 늘어나고 있다. 우리나라도 기업에서 이 제도를 시행하고 있으며, 많은 기업이 생산성 향상을 위한 노력을 경주하고 있으므로 일반 직장인의 노동시간은 향후 더욱 단축될 것으로 기대되고 있다.

따라서 과거 일상생활 중 노동시간을 제외한 짧은 여가시간을 이용해 비교적 소극적인 휴식을 취했던 일반대중은 노동시간의 단축과 여가시간의 증가로 인해 주어진 여가시간을 적극적으로 활용하고자 하는 경향이 나타났다. 즉 여가활동은 일상생활의 연장이며, 생활을 정신적으로 건전하고 풍부하게 만드는 활력소로서 작용하는 것이다.

개개인의 여가시간이 늘어나고 소득수준이 증가함에 따라 근로활동, 가사활동 및 여가활동에 대한 시간할당에 변화가 발생하게 된다. 따라서 각 활동에 대한 시간할당과 활동내용의 구성을 통해 어떻게 하면 각자 삶의 질을 높일 수 있는가를 생각하게 되고, 평소 자신의 관심분야를 찾아 여가시간을 즐기고자 하는 노력이 발생하며, 이로써 각종 이벤트에 참여하는 일반대중이 증가하게 되는 것이다.

3) 지역 · 국가경제 활성화노력

1980년대 이후 많은 국가들이 경제활성화 또는 경제전반에 걸친 긍정적 파급효과를 얻기 위해 대규모의 이벤트를 유치하거나 새로운 이벤트를 개발하여 외래 관광자를 유치하려는 노력을 하고 있다. 특히 메가이벤트의 경우 외래 방문객의 소비지출을 통한 직접적인 경제효과는 물론 생산과 고용 및 지역홍보 등 간접적인 파급효과가 크기 때문에 많은 국가들이 메가이벤트의 자국유치에 노력을 경주하고 있다.

아울러 국가내의 지역사회도 개최지역의 경제적 상승효과를 기대하여 기존의 이벤트를 유치하거나 새로운 지역사회의 이벤트를 개발하여 외래 방문객을 유인하는 수단으로 활용하고 있다.

일반적으로 하나의 이벤트가 개최되기 위해서는 개최전 이벤트를 준비하기 위한 다양한 경제활동이 증가하게 되며, 개최중에는 외래 방문객의 소비활동이 증가하게 되고, 개최후에는 개최지역의 이미지제고로 교역활동이 증가하게 되어 지역경제 활성화에 많은 영향을 미치게 된다. 따라서 많은 국가와 지역에서 다양한 이벤트를 개최하여 지역경제를 활성화시키고자 하는 노력은 이벤트의 공급과 수요를 증가시키는 영향요인으로 작용하고 있다.

[그림 2-2] 여수엑스포 친수환경 공연 모습– 경제적 요인과 지역 활성화는 지방도시의 메가이벤트 유치에도 영향을 미친다.

② 문화적 영향요인

1) 여가선호의 다양화

가처분소득과 여가시간의 증가는 깊이 있는 여가활동을 행할 수 있도록 해주었을 뿐만 아니라, 개인기호에 따른 다양한 여가활동이 가능하도록 하였다. 과거에는 비교적 단순한 문화활동, 스포츠활동 등의 범위가 한정되어 있던 여가활동이 최근 들어 매우 다양해짐으로써 이러한 여가에 대한 욕구를 충족시키기 위한 방법도 다양해지고 그 범위도 넓어지게 되었다.

이에 따라 스포츠, 음악, 미술, 컴퓨터 및 그 외 다양한 분야의 개인기호에 따른 이벤트 범위가 확대되고, 이에 대한 정보나 동일한 기호를 갖는 사람끼리의 접촉과 모임이 빈번해져 각종 이벤트가 활성화되는 요인으로 작용하고 있다. 이는 각 분야의 이벤트 개최와 운영되는 이벤트프로그램의 다양화를 촉진하여 이벤트산업이 더욱 발전하고, 다른 산업과 복합적으로 발달하는 양상을 띄게 된다.

2) 관광형태의 변화

앞에서도 언급된 바와 같이 세계의 관광은 수동적인 관광활동에서 적극적인 관광활동, 즉 체험을 중심으로 한 형태로 변화하고 있다. Krippendorf(1987)는 다음의 표에서와 같이 서구의 생활양식별 관광세분시장의 변화를 예측하였다.

〈표 2-1〉 서구 관광시장의 변화

세분시장 생활양식	여 행 동 기	시장점유율	
		1980년대	2000년대
생업지향적 (Work-oriented)	• 재충전(휴식, 비활동, 일상생활로부터의 전환) • 자유로움(일상직무, 걱정거리, 과제로부터 탈피)	10~20	≈10

쾌락추구형 (Hedonistic lifestyle)	• 새로운 경험추구, 탐구, 변화모색 • 즐거움, 위락추구 • 적극적인 여행, 타인과의 만남 • 스트레스 없는 휴식과 즐거움 • 자연, 손상되지 않은 환경 및 자연과 인접	≈60	45~60
생업/여가 중간형 (reduced polarity between work and leisure)	• 견문확대, 새로운 것을 배움 • 자기성찰 및 타인과의 교류 • 단순한 것과 자연에 대한 회귀 • 창의적이고 개방적인 여행동기 • 체험하고자 하는 여행동기	20~30	30~45

자료: Krippendorf, 1987

위의 표에서도 알 수 있듯이 여행의 동기는 자신의 견문을 확대하고, 새로운 것을 배우며, 체험을 위주로 하는 적극적인 관광으로 변화하고 있다. 이러한 변화는 '있는 것'을 감상하는 유형 관광자원의 관람이라는 과거형태에서 벗어나 여행지의 문화나 관습을 직접 체험하고, 새로운 정보를 취득하여 자신의 발전에 도움을 주는 적극적인 관광활동이다.

이러한 현상은 직접적인 체험을 제공하는 문화이벤트와 같은 경험추구형 관광활동이나 산업정보와 기술정보 등을 습득할 수 있는 지식 · 정보취득의 겸목적 관광활동을 증가시키고, 여행지의 다양한 이벤트를 증가시키는 영향요인으로 작용하고 있다.

3) 사회구성원과 집단의 개성화

흔히 가장 지역적인 것이 가장 세계적인 것이라는 역설의 표현을 사용한다. 이는 각 지역이 고유의 정체성(identity)을 지니고 있고, 이러한 정체성을 통해 독특한 개성을 표출하고 있는 것이다.

현대사회에 있어 이러한 정체성과 개성은 특정지역에 국한되는 것이 아니고, 개인과 가족, 기업, 학교 그리고 국가에 이르기까지 모든 사회구성원과 조직이 지니고자 노력하는 것이 되었다. 또한 자신이 지니고 있는 개성과 정체성을 어떻게 표현할 것인가를 생각하고, 표현의 능력을 개발하려고 노력하고 있다.

이에 따라 개인은 생일이나 결혼 등 생활속의 각종 이벤트를 통해 자신의 독특한 개성을 표출하고, 기업은 상품설명회 또는 전시회를 통해 이름을 알리고자 하며, 지역이나 국가는 고유의 문화를 유지하고, 외래 방문객에게 이를 알리고자 지역문화축제 또는 엑스포 등 다양한 이벤트를 통해 개최지역의 개성과 정체성을 알리고자 노력하고 있다.

4) 여가시설의 부족

경제적으로 풍요로운 사회가 되어 가정의 생활용품이나 기업의 생산활동에 필요한 물품이 풍부해져도 개인적인 여가활동을 즐길 수 있는 시설이 주변에 충분히 있는 것은 아니다. 우리나라는 놀이문화의 부재라는 지적을 자주 하고 있으나, 실제로 개인이 주위에 여가시간을 활용할만한 공간이나 시설은 찾아보기 어려운 현실이다.

이러한 상황에서 정신적 가치를 추구하고, 여가시간을 활용할 수 있는 계층을 대상으로 여가활용을 목적으로 한 각종 모임의 공간을 제공하는 사업이 사람들에게 흥미를 끌게 되었다. 이에 따라 각종 이벤트는 이에 관심을 가지고 있는 사람뿐 아니라 여가시간을 활용할 수 있는 집단에게 부족한 여가시설의 대안으로 활용되고 있다.

3 사회적 영향요인

1) 교육수준의 향상

교육수준의 향상과 함께 사람은 부(富)로부터 얻게 되는 만족에 그치지 않고, 지식으로 습득하여 간접적으로 인식하고 있던 역사와 문화 및 기술에 관한 지식과 정보를 직접 현장에서 재확인하고 체험해 보고자 하는 욕구가 강해지게 되었다.

이러한 욕구는 문화적 색채가 강한 타지역의 이벤트에 직접 참여하여 자신이 지니고 있는 문화 · 역사 · 관습에 관한 지식을 확인하려는 형태로 나타나기도 하고, 최신의 산업정보를 필요로 하여 외국의 선업전시회 또는 국제회의 등에 참여해 최근의 정보를 수집하고 자신의 지식을 넓혀 나가는 기회로 활용하려는 형태로 나타나기도 한다.

따라서 교육수준의 향상은 더 많은 지식과 정보수집에 대한 욕구를 자극하게 되고, 이러한 욕구를 충족시키기 위해 다양한 분야의 이벤트가 행해지고 있어 교육수준이 높아질수록 이벤트의 종류는 더욱 다양해지고, 개최빈도도 더욱 높아질 전망이다.

2) 국제교류의 증가

지역간 이동에 필요한 교통수단의 발달, 세계화를 촉진하는 미디어의 발전, 신속한 정보전달 환경 등으로 인해 사람들은 타지역의 문화 · 역사 · 관습 등을 쉽게 접할 수 있는 기회를 갖게 되었고, 지역간의 경제 · 문화 · 사회 · 정치적 국제교류가 점점 많아지고 있다.

이로 인해 각 지역 또는 국가의 유사성을 갖는 단체들끼리 비정기적이거나 정기적인 모임을 통해 정보를 교환하거나 유대관계를 맺는 회의 및 전시회 등의 이벤트 개최가 증가하고 있다.

또한 개인차원의 국제교류도 증가하여 메가이벤트 개최시 민박과 자원봉사의 중요성이 강조되고 있으며, 이에 관심을 갖는 사람도 늘어나고 있다. 이러한 전반적인 국제교류 증가현상은 이벤트의 개최를 용이하게 하고, 참가자의 폭을 넓히는데 기여하고 있다.

3) 정보교류의 場 필요

매우 빠른 속도로 변화하고 있는 현대 산업사회의 새로운 기술과 정보는 미디어와 정보망의 발달로 지구촌의 관련산업 종사자들에게 대부분 실시간으로 전달되고 있으며, 새로운 기술과 정보를 습득하고자 하는 사람들은 각종 교역전, 전시회, 또는 상품발표회 등에 참가하여 기업활동에 필요한 유무형의 지식자산을 축적하고 있다.

또한 이벤트는 그 자체가 미디어수단으로도 이용되어 새로운 기술과 신상품 또는 새로운 서비스를 소개하고 홍보하는 의사전달의 매체로 활용되기도 한다. 곧 세계의 수많은 기업들은 자사의 상품이나 서비스를 구매잠재력이 높은 고객을 대상으로 소개하고, 판매할 수 있는 기회를 필요로 하는 판매자가 있으며, 다른 한편에서는 새로운 기술과 새로운 상품을 찾고 있는 구매자가 있다. 이를 위해 각종 산업전시회나 교역전 및 국제회의 등은 참가자들끼리 새로운 정보를 나눌 수 있는 이벤트로서의 역할을 하고 있다.

4) 교통수단의 발달

1950년대 이전 유럽과 미국을 중심으로 개최된 국제이벤트의 경우 주로 육상과 해상의 교통수단을 이용하여 이벤트에 참가할 수 있었다. 그러나 이러한 교통수단은 낙후된 기술로 인해 이동에 따른 노력과 시간을 요구하는 것이 대부분이었기 때문에 일반대중으로서는 이벤트의 참여가 용이한 일이 아니었다.

[그림 2-3] 관광교통수단

대형 항공기가 출현한 1970년대 이후 항공교통수단의 고속성 · 쾌속성 · 안전성 · 경제성의 향상으로 대량 운송능력이 향상되었고, 고속운항에 따른 시간절약과 운임의 저렴화가 가능하게 되었다. 아울러 고속열차 및 자가용 소유증가 등의 육상교통수단과 여객운송선박 등의 해상교통수단도 발달하여 항공교통과 함께 현대의 교통수단은 국제이벤트의 개최는 물론 이벤트참가자의 범위를 넓히는데 크게 기여하고 있다.

5) 일상생활로부터의 탈피

문명의 이기를 이용한 산업사회가 급속히 진행되면서 대량생산과 대량소비 및 대량교육으로 인한 상품의 규격화와 획일적인 교육은 현대인을 동질화시켜 획일화된 대중사회를 만들고 있다. 이러한 현상으로 인해 건조한 일상생활로부터 벗어나 정신적 풍요를 느끼고자 하는 욕구가 발생하게 된다.

축제는 일상생활의 단절이라는 고전적 의미를 지닌 대표적인 전통이벤트로 일상적이지 않은 시간을 통해 일상생활에서 용납되기 어려운 과격한 행위나 무례한 행동 또는 파괴를 행함으로써 흥분과 희열을 경험하는 특성을 지니고 있다.

4 인구통계적 영향요인

1) 직업분포의 변화

직업분포에 있어서 제조업의 반숙련 노동자와 기술자의 비중이 줄어들고 전문직 및 기술직 그리고 연구직의 비율이 높아지고 있다. 곧 블루칼라가 감소하는 대신 고급인력으로 이루어진 전문직, 기술직, 과학자, 연구원, 엔지니어 등의 화이트칼라가 중요한 직업집단으로 부상하고 있다. 이러한 화이트칼라집단은 자신이 관심을 갖는 분야에 초점을 맞추어 직접 경험하고 참여할 수 있는 관광활동을 선호(정석중외 8인, 1999)한다.

따라서 이들 집단의 증가와 함께 이들이 선호하는 활동이나 관심분야에 관한 이벤트도 다양해지고, 개최빈도도 높아지는 양상을 띠게 되는 것이다.

2) 국가의 민족다원화

서구의 국가들은 다양한 민족으로 구성된 다민족국가가 많고, 이들은 서로의 민족문화를 인정하면서 서로 다른 민족끼리 하나의 국가를 형성하고 있다. 이러한 국가내에서 서로 다른 민족의 문화를 쉽게 체험할 수 있는 것이 각 민족이 그들의 삶을 표현하고 있는 축제라고 할 수 있다. 이는 연중 정기적인 축제, 퍼레이드, 모임 등 다양한 형태로 나타나며, 각 민족의 정체성을 보여주는 이벤트라고 할 수 있다.

제2절 이벤트 발전과정

1 우리나라의 발전과정

1) 이벤트의 기원

문헌고찰을 통해 우리나라 이벤트의 기원을 알아볼 수 있는 것은 국가적인 행사로 제례의 의미를 지니고 있는 제천의식이다.

우리 민족은 축제의 민족이었다. 무천이나 영고, 동맹의 고천제의(告天祭儀)는 봄·가을 혹은 겨울로 접어드는 계절의 고비에 하늘과 산천에 제사를 드린다. 동시에 그 신성한 제수(祭需)의 음복을 통해 술과 고기와 떡으로 배를 채우고 노래와 춤으로 몇 날을 밝힌 배달의 겨레는 분명 축제의 민족이 아닐 수 없다(이상일, 1998: 321).

3세기경의 한반도를 중심으로 여러 부족의 생활상태를 기록한 삼국지위지 동이전과 기타 중국사적의 단편적인 기록들에 의하면 어느 부족사회에서나 1년에 한두 차례의 국중대회(國中大會)를 열고 제천(祭天)과 아울러 부족의식을 연마하고 가무백희(歌舞百戲)를 연행하였다고 보이는데, 여기서 우리는 우리나라의 원시적 축제를 볼 수 있다. 부여의 영고(迎鼓), 고구려의 동맹(同盟), 예의 무천(舞天), 마한의 춘추제(春秋祭) 등을 그 대표적인 고대 제의(祭儀)로 들 수 있는데, 그것은 연일음주가무(連日飮酒歌舞) 또는 주야음주가무(晝夜飮酒歌舞)하는 축제였으나, 아직 의례에서 분화되지 않은 단계였다고 보인다. 이러한 제천의례의 전통은 국가적 행사인 공의(公儀)로서와, 민간의 마을굿(도당굿·별신굿·단오굿·동제 등)의 두 갈래로 전승되어 오면서 우리나라 축제의 맥을 이어왔다(이두현, 1996: 157)고 할 수 있다.

[그림 2-4] 고대올림픽

2) 이벤트의 발전

축제의 전통은 삼국통일을 거쳐 고려, 조선조를 지나 개화기, 일제의 침탈기, 그리고 해방이후의 이념적 대립과 6 · 25를 거쳐 오늘날 근대화 · 산업화의 격동기를 겪으면서도 면면히 살아 있으며, 민족문화 · 전통문화의 수맥으로서 그 정신은 시들 줄 모른다. 조선조의 유교문화는 가난과 근엄의 도덕윤리로 축제의 난장판을 규제하려고 하였다. 일본 제국주의는 축제의 공동체의식을 두려워하여 자기 나라 축제는 지원하면서 우리의 축제는 미신행위로 탄압하였다. 해방 이후의 경제적 핍박과 6 · 25 전쟁의 참화는 민족문화와 전통의 축제에 대한 기반을 거의 허물어 버린 것이 사실이다. 그리고 근대화와 산업화과정에 드러나는 기계화 · 도시화 · 획일화는 축제의 천적(이상일, 1998: 321)이었다.

국가적인 공식의례의 쇠퇴는 일본 제국주의라는 이민족의 민족문화 말살정책으로 인하여 극대화되었다. 민간행사로 전승된 세시풍습의 민속 · 향토 축제 또한 극도의 소외로 사라질 위기를 맞이하였다.

그것은 이민족에 의한 정책적 탄압에다 이른바 미신타파라는 이름의 계몽주의와

1960년대식 근대화과정에 있어서의 서구식 합리주의, 과학만능사상에 의해 많은 영향을 받게 되었다.

모진 역사의 시련을 겪고 간신히 명맥을 유지한 한국의 향토 · 민속축제 가운데서 1970년대 공식적으로 정부지원을 받은 축제는 스무 일곱 개였다. 그 축제들은 문화제라든가 예술제라는 이름을 혼용하고 있다.

이민족 지배하의 20세기 초반, 그리고 근대화 · 산업화가 급격히 휘몰아치던 6 · 70년대에 전승된 향토 · 문화축제는 위축될 수밖에 없었고, 그런 상황속에서 민족문화의 핵심으로서 축제정신은 불씨를 지켜 나온 셈이다.

2 우리나라 이벤트 단계별 발전과정(현대)

현대적 의미의 우리나라 이벤트는 1960년대 들어 시작되었다고 할 수 있으나, 최초의 근대이벤트로 1926년 한국 최초로 조선박람회가 경복궁에서 개최된 것으로 나타나 있다. 우리나라의 현대적 개념의 이벤트 발전과정을 살펴보면 다음의 표와 같다.

〈표 2-2〉 우리나라 이벤트의 단계별 발전과정

단계별	해당시기	주요 이벤트 및 발전과정
이벤트 태동	1960~1970년대	• 수출 · 경제부흥중심의 이벤트 • 전문전시회 또는 산업박람회 형태 • 종합전시장 개장과 국제규모 전시회수용
이벤트 초기	1980년대 전반	• 경제부흥 · 문화 · 국제회의 이벤트 중심 • 정부주도형 정치 · 문화이벤트 '國風 81' 개최 • 국제회의의 유치와 국제이벤트 개최노력
이벤트 발전	1980년대 후반	• '86 아시안게임, '88 서울 올림픽 개최 • 국제이벤트 개최 기반조성 • 스포츠 · 문화이벤트의 증가
이벤트 활성화	1990년대 전반	• '93 대전엑스포 개최로 이벤트참여 증가 • '94 한국방문의 해 이벤트로 외래관광객 유치 • 국제이벤트 활성화와 개최 자신감형성

이벤트 다양화	1990년대 후반	• 홍보 · 경제활성화 목적의 지역축제 확대 • 이벤트소재 및 지역의 다양화 • 양적 확대에 따른 질적 개선 필요
국제 이벤트 다변화	2000년대	• 국제컨벤션이벤트 개최 증가 • 정부의 지속적인 축제 평가 • 다변화된 대형 국제이벤트 개최 증가

자료 : 저자 작성

1) 이벤트의 태동단계 – 1960~1970년대

국가의 최우선 정책이 경제부흥에 초점을 맞추었던 1960년대와 1970년대는 정부 주도로 경제부흥을 실현하기 위해 총력을 기울이는 시기였다. 이 시기에는 공업화와 수출에 의존한 수출 · 경제부흥이 중심개념이었으므로 스포츠 · 문화이벤트를 시행할 환경이 조성되지 못하였고, 공산품 중심의 산업전시회 정도의 이벤트가 행해졌다. 1962년에는 국가재건과 경제부흥을 도모하기 위한 산업박람회가 개최되었고, 공산품 제조업중심의 전문전시회 또는 산업박람회 형태의 행사가 개최되었다.

산업전시회를 전문적으로 개최할 수 있는 시설을 갖추지 못했던 우리나라에 1979년 3월 한국종합전시장이 개관되어 국제규모의 전시회를 수용할 수 있는 능력을 갖추게 되었으며, 이를 바탕으로 우리나라에서도 각 산업부문의 국제전시회가 한국종합전시장을 중심으로 개최되기 시작했다.

2) 이벤트개최의 초기단계 – 1980년대 전반

정부의 경제부흥정책에 따라 우리나라는 1980년대 들어 경제적으로 안정기반을 확보하였으나 정치적으로는 불안정한 상태였다. 이 시기에 불안정한 정치적 배경을 안고 있던 정부는 일반국민을 대상으로 우리나라 최초의 정부주도형 정치 · 문화이벤트인 '國風 81'을 개최하게 된다. 이는 일반국민의 정부에 대한 긍정적 정서를 형성시키는 목적을 가진 이벤트였으나, 국민을 대상으로 실시된 전국규모의 첫 번째 문화이벤트로서의 의미를 갖기도 한다.

1970년대 말에 이어 1980년대에 들어서면서도 SITRA'82(서울 국제무역박람회)와 같이 무역부문에 초점을 맞춘 산업전시회는 계속 이어졌으며, 문화이벤트 개최 및 국제회의의 유치 등에도 노력을 경주해 우리나라도 국제이벤트를 개최하는 초기단계로 접어들게 되었다.

3) 국제이벤트 개최의 발전단계 – 1980년대 후반

메가이벤트인 아시안게임과 올림픽게임이 개최된 1980년대 후반은 우리나라 이벤트 발달과정에서 매우 중요한 의미를 갖는다고 할 수 있다. 이 시기에는 메가이벤트를 개최했다는 자신감과 이를 바탕으로 이벤트산업 전반에 걸친 발전의 계기가 형성되었다. 특히 메가이벤트 개최에 따른 국가이미지 제고와 성공적 수행에 따라 우리나라도 대규모 국제이벤트를 개최할 수 있다는 자신감과 개최기반이 조성된 시기라고 할 수 있다.

[그림 2-5] 서울올림픽 휘장과 마스코트

이러한 메가이벤트 개최이후 우리나라에서는 스포츠 · 문화이벤트의 증가현상이 뚜렷이 나타났으며, 기업에서 행하는 각종 이벤트와 정부 · 지방자치단체 주도의 공공이벤트의 개최가 증가하고, 이벤트 내용이 발전되는 모습을 보이게 되었다. 문화예술축전 및 다양한 부대행사를 동반했던 메가이벤트의 개최로 인하여 1980년대 말은 이벤트산업의 다양한 분야에 걸친 발전은 물론 우리나라에서 개최될 메가이벤트의 전기를 마련한 시기라고 할 수 있다.

4) 이벤트의 활성화단계 - 1990년대 전반

올림픽 개최 이후 발전하기 시작한 이벤트산업은 1990년대에 들어 스포츠이벤트 이외의 분야에서 외국인을 대상으로 하는 국제규모의 이벤트를 개최하게 된다. 또한 1992년 지방자치제도의 시행으로 각 지역의 특성을 나타내고자 지역축제가 활성화되어 외래방문객을 유치하는 수단으로 작용하기 시작한다.

1993년에는 '새로운 도약에의 길(The Challenge of a New Road to Development)'라는 주제로 대전엑스포가 개최되어 국내관람자의 이벤트참여를 촉진시키고, 스포츠이벤트 이외의 분야에서 새로운 평가를 받을 수 있는 기회를 마련하였다.[1)]

대전세계박람회에 이어 1994년에는 한국관광공사가 추진한 '한국방문의 해'가 이어졌다. 이 행사를 통해 정부는 국민이 적극적인 참여할 수 있도록 대국민 홍보활동을 강화하였으며, 다양한 이벤트가 국가의 관광사업과 연결되어 우리나라를 세계에 알리고, 외국인 관광객을 유치하는 수단으로 활용되었다.[2)] '1994년 한국방문의 해' 행사에는 외래관광객과 관련된 다양한 이벤트가 준비되어 외국인 관광객을 위한 이벤트를 시험해 보는 좋은 기회가 되었다. 그 이외에도 1995년 광주 비엔날레가 개최되어 문화부문에서도 우리나라에 국제이벤트시대가 도래하면서 국제이벤트 개최에 대한 자신감형성과 함께 이벤트가 활성화되는 계기를 맞게 되었다.

5) 이벤트의 다양화 및 지역확대단계 - 1990년대 후반

1990년대 들어 이벤트산업이 활성화되면서 정부주도 또는 전국규모의 대규모 이벤트에서 지방자치단체가 주최하는 지역이벤트가 발전하기 시작했다. 지역이벤트는 주로 지역홍보와 지역경제 활성화를 목적으로 한 지역축제가 중심이 되었으며, 중심주제가 뚜렷하지 않은 종합적인 성격의 지역축제에서 개최지역의 특성을 갖고 다양한 소재를 중심으로 한 축제가 개최되기 시작하였다. 축제의 소재는 주최지역의 음식, 역사인물, 토산품, 전통문화, 음악 등 매우 다양한 형태를 띠게 되었으며,

1) 대전세계박람회가 개최된 1993년은 우리나라가 도자기와 기와집 등을 전시하여 세계박람회에 처음으로 참가했던 1893년 시카고엑스포에 참가한 지 100년이 되는 해였다.
2) 1994년 한국방문의 해는 서울천도 600주년이 되는 해로 정부에서는 이를 기념하기 위해 1990년에 한국방문의 해를 선포하고 이를 외국에 홍보하였다.

특정지역에 국한되지 않고 전국의 도 · 군 · 시단위의 지역으로 확대되어 개최지역을 홍보하고, 외래방문자를 유치하는 주요 수단으로 활용되었다.

이와 같이 지역별로 이벤트가 다양하고 양적으로 증가되었다는 긍정적인 측면에 비해 지역축제의 프로그램구성이 개최지역마다 유사하여 축제의 주제를 나타내는 프로그램이 취약하다는 비판도 함께 나타났다. 이는 지방자치단체에서 충분한 계획이나 준비없이 타지역의 축제를 모방하여 행사를 운영함으로써 발생되는 문제로 축제참가자에 대한 서비스의 질적인 개선과 지역의 개성에 따른 축제 프로그램의 차별화가 요구되고 있다.

6) 국제이벤트의 다변화단계 – 2000년대

컨벤션 분야는 1990년대 후반 지역별로 컨벤션센터 건립이 붐을 이루면서 공급과잉 문제가 제기되기는 하였으나, 국제수준의 시설 확충이 이루어졌고, 국제회의 육성에 관한 특별법 제정과 컨벤션기획사 시험제도 도입 등으로 국제 행사 유치의 기반을 마련하였다. 이를 토대로 우리나라는 ASEM, APEC등 대형 국제컨벤션이벤트를 유치하게 되었다.

축제 분야에서는 중앙정부의 지속적인 축제 평가와 이를 반영한 축제 등급화가 이루어지면서 지역 축제의 정착단계에 들어섰다고 할 수 있다.

또한 문화예술 이벤트 분야에서는 문화상품의 중요성 인식, 이로 인한 문화예술 공연의 증가로 다양한 공연은 물론 지역별(부산, 전주, 부천 등)로 영화제 개최가 증가하는 모습이 나타났다. 아울러 UNESCO 인류구전 및 무형유산 걸작에 종묘제례, 판소리, 강릉단오제, 남사당놀이, 줄다리기 등이 등재되어 전통문화에 대한 관심도 높아지는 계기가 되었다.

또한 2002년 한일월드컵으로 시작된 거리응원문화는 새로운 한국식 광장 문화로 자리 잡는 계기가 되었고, 이를 통해 메가이벤트와 일반국민이 좀 더 가까워지게 되었다.

이와 같이 2000년대 들어 이벤트 전반적인 분야의 성장과 함께 국내에서 세계육상선수권대회, 여수엑스포, G20정상회의, 유니버시아드대회, 동계올림픽 등 다변화된 국제이벤트를 개최하는 기회가 많아졌다.

3 이벤트 발전의 계기 – 1988년 올림픽의 개최

우리나라에서 개최된 1988년 하계올림픽은 우리나라 이벤트 발전에 많은 기여를 했으며, 국가의 사회 · 문화 · 경제적 측면에서도 발전의 계기를 마련한 메가이벤트라고 할 수 있다. 당시 한국은 경제성장을 바탕으로 사회문화적 발전과 국제사회에서 적극적인 참여를 꾀하고 있었으며, 올림픽의 개최는 이를 실현시킬 수 있는 도구로 작용하였다.

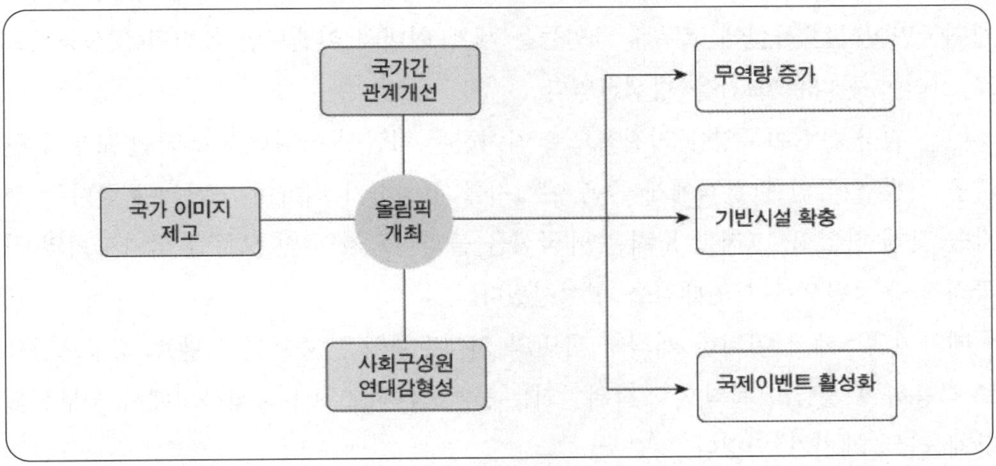

자료: 저자 작성

[그림 2-6] 서울올림픽 개최의 의미

1) 국가간 관계개선

국가의 경제적인 성장과 함께 개최된 메가이벤트 올림픽은 이벤트산업의 발전은 물론 정치적 · 이념적으로 단절 또는 일정 거리를 유지하고 있었던 국가와의 관계를 좁히는 역할을 하였다. 특히 올림픽을 통해 중국, 소련, 동구권 국가 등과의 새로운 관계를 설정하여 외교적인 성과를 이룩할 수 있었던 것은 국제이벤트의 긍정적인 효과를 입증하는 기회가 되었다.

이와 같이 미수교국과의 관계에서 외교적 기반을 확대하며 제3세계 국가들과의 관계를 증진시켜 전반적으로 국가이미지를 제고할 수 있는 바탕을 마련하였다. 아울러 올림픽을 계기로 이념의 벽을 넘어 경제교류와 문화교류를 증진시키기도 하였다.

이러한 국제교류의 양적 · 질적 증가는 무역에도 영향을 미쳐 우리나라 상품의 신뢰도향상과 함께 교역규모를 확대시키는 중요한 역할을 하였다.

2) 사회구성원의 연대감 형성

세계적인 메가이벤트의 개최를 경험하지 못했던 우리나라는 올림픽을 통해 국민의 적극적인 관심과 참여를 권장하는 대국민 홍보활동을 시행하였다. 또한 올림픽 개최국민이라는 사실에 고무된 국민들은 세계 최대의 이벤트인 올림픽을 성공적으로 치러야 한다는 교감을 형성하였다.

이는 결국 올림픽운영에 직접적으로 참여하는 사람이 아니더라도 국민 모두가 한국을 찾는 외국인 관광객에게 좋은 이미지를 형성하기 위하여 노력해야 한다는 생각을 갖게 하였고, 그러한 노력은 애국심을 불러일으켜 국민 모두를 국가사회의 적극적인 구성원으로서 연대감을 형성시켰다.

메가이벤트에서 이러한 개최지 국민의 연대감형성은 중요한 이벤트 성공요인으로 작용하여 올림픽 개최후 조직위원회는 물론 국민 모두가 국제사회에서 자부심을 갖게 하는 계기가 되었다.

3) 국가발전의 계기

올림픽의 개최는 사회 각 분야에 매우 긍정적인 영향을 미쳐 국가발전의 계기를 마련하였다. 특히 관광산업분야에서는 국가의 인지도향상과 관광이미지 홍보강화로 외래관광객의 유치에 긍정적 영향을 끼치게 되었다.

또한 올림픽개최를 위하여 기존의 시설을 활용하기도 했으나, 도로 · 숙박시설 · 통신시설 등 사회 각 분야의 기반시설 확충과 정비로 인해 환경개선이 이루어지기도 했다. 아울러 올림픽개최 이후 국가이미지 제고로 수출이 증가하는 효과와 함께 스포츠 · 레저산업이 성장하는 효과를 가져왔다.

4 이벤트 활성화의 계기 – 1994년 한국방문의 해

1) 한국방문의 해의 의미

자국민과 함께 외국인 관광객을 대상으로 이벤트를 개최하는 서구와 달리 우리나라는 외국인 관광객을 표적으로 홍보하는 뚜렷한 이벤트가 없었다. 1994년 한국방문의 해에는 정부가 중심이 되어 한국의 문화를 알릴 수 있는 각종 이벤트를 선정하고, 이를 외국에 홍보함으로써 이벤트를 외국인 관광객 유치에 활용하는 발판을 마련하였다.

태국의 1987년, 말레이시아와 뉴질랜드의 1990년 및 인도네시아의 1991년 등 이미 아시아 및 서구지역에서 시행한 바 있는 자국방문의 해 선포는 외국관광객 유치 및 관광매력 제고의 수단으로 이용되어 왔다. 우리나라는 1994년 외국관광객 450만명 유치와 50억 달러의 외화수입이라는 목표아래 각종 이벤트를 개최하여 관광목적의 이벤트사업 발전에 크게 기여하였다고 할 수 있다.

2) 한국의 외래관광산업과 이벤트

유형 관광자원의 국제경쟁력이 비교적 취약한 우리나라의 경우 고유의 문화나 무형의 자원을 이벤트화하여 관광상품으로 만들어야 한다는 주장은 학계나 업계에서 공통적으로 지적되어 왔다. 또한 지역별로 민간에서 전래되어 온 축제의 경우 주로 지역주민들이 참여하여 운영되지만, 외국관광객을 유인하기 위한 시설과 환경이 준비되어 있지 않은 상황이다.

따라서 유형 관광자원의 취약성으로 인한 국가 관광경쟁력 열세를 벗어날 수 있는 방법 중 하나는 외래관광객을 대상으로 한 국제이벤트의 개최라고 할 수 있다. 이 방법은 두 가지의 형태로 실행될 수 있을 것이다. 그 하나는 외래관광객을 위한 새로운 이벤트의 개발이고 또 다른 하나는 지역축제와 같은 기존 이벤트의 개선이다. 즉 외국관광객이 함께 참여할 수 있도록 교통 · 숙박 · 행사장시설 등을 보완하거나 개선하여 지역주민, 국내 방문자 및 외국관광객도 함께 즐길 수 있는 이벤트로 다시 탄생시키는 것이다.

기존의 이벤트를 활용하여 외국인관광객에게 관광매력을 증대시키는 것은 이미 1994년 한국방문의 해에 각종 지역축제, 연날리기대회, 마라톤대회, 눈축제, 음식축제 등을 통해 경험한 바 있으므로 그 중요성이 인식되고 있다.

5 일본의 발전과정

1) 이벤트의 기원

일본에서 이벤트의 기원은 우리의 축제와 비슷한 성격의 마쯔리(祭り)에서 찾아볼 수 있다. 일본은 지금도 지역마다 많은 수의 마쯔리 개최를 통해 지역주민의 연대의식 형성과 외래방문객 유치에 이용하고 있다.

일본의 마쯔리는 어림잡아 그 가지수만 해도 3천을 헤아린다고 한다. 일본 대도시의 마쯔리로 유명한 것은 도쿄 간다(神田)마쯔리, 오사카의 텐진(天神)마쯔리와 교토의 기온(祇園)마쯔리를 드는데, 그중 기온마쯔리는 7월 한달 내내 계속되어 미꼬시(新輿)를 메는 등 직접 참가자가 1만 2천여명, 전국 각지에서 몰린 구경꾼만도 150여만명을 헤아리는, 세계에서도 유수한 규모의 축제(이두현, 1996: 166)이다.

일본 비도시적 축제의 대표적인 농촌축제는 일본의 농경 사이클에 맞춘 일련의 행사에 따라 행해져 왔다. 즉 봄의 경작 · 파종에 앞서서 작물의 순조로운 생육을 기원하고 태풍 등과 같은 풍수해나 병충해로부터의 보호를 신에게 기원하는 예축 의례로 한해가 시작된다. 이것이 춘제(春祭)이다. 그리고 가을에는 풍요로운 수확을 기뻐하고 신에게 감사하는 수확의례가 행해지게 된다. 이것이 추제(秋祭)이다. 이러한 농촌축제들은 오랜 전통속에 다양한 변형을 거치면서 일본사회 전역에 분포해 있다. 이들과는 대조적으로 오랫동안 도시를 중심으로 행해져 온 이른바 도시축제는 여름에 행해진 것이 많았다. 전통적으로 여름에 행해져 온 이들 축제는 도시에 모여 사는 사람들이 가장 무서워한 전염병에 대해서 강한 신들의 위광(威光)으로 접근하지 못하게 하고, 또 태풍 · 홍수 등의 천재를 피하도록 기원하는 행위에서 유래하는 것이라고 말할 수 있다.

일본의 유명 지역축제로는 교토(京都)의 기온 마쯔리(祇園祭, 7월 14~17일)[3], 오사카의 텐진사이(天神祭, 7월 2일~25일), 도쿄의 산쟈 마쯔리(三社祭, 5월 15일~18일)[4], 센다이의 타나바타 마쯔리(仙台七夕祭) 등과 같은 것이 있다(김양주, 1999: 185-187).

[그림 2-7] 일본의 마쯔리

또한 일본 이벤트의 또다른 줄기는 연극공연에서 찾아볼 수 있다. 일본의 연극은 중세에 태어나 오늘날까지도 살아있는 연극으로서 공연되고 있는 노오(能)라든가, 근세의 서민들이 탄생시켜 육성해온 가부끼(歌舞伎)도 제사에서부터 태어나 그 모습을 오늘날까지 전해오고 있다(大笹吉雄, 1996: 143).

---

3) 이들 여름축제는 교토라는 수도를 중심으로 전국에 분포하고 있다. 이러한 기온 마쯔리의 계통으로는 아이치현(愛知縣) 츠시마(津島)시의 츠시마가와제(津島川祭), 하카다 기온야마 카사제(博多祇園山笠祭)와 같은 것이 있다.
4) 아카사카 히에신사(赤坂日枝神社)의 산왕제(山王祭, 6월 15일), 5월 12~16일의 칸다 묘오진(神田明神)의 칸다 마쯔리(神田祭)와 함께 에도의 3대 마쯔리로 불리고 있다.

2) 이벤트의 발전

일본은 1964년의 동경올림픽과 1970년 오사카 만국박람회를 성공적으로 개최한 이후, 이벤트가 국가의 지역사회 발전에 결정적인 도움이 된다는 인식이 형성되어 정책적으로 이벤트산업을 집중 육성하여 왔다. 특히 일본의 이벤트는 행정주도형의 이벤트가 많은 것이 특징이라고 할 수 있는데, 지난 30여년간 통산성(通産省), 자치성(自治省), 농림수산성(農林水産省) 등을 중심으로 각 지방자치단체, 각종 기업, 매스컴기관에 이르기까지 다양한 이벤트를 개최하여 이벤트 관련산업의 진흥에 적극적으로 힘써 왔다(이호영, 2001: 174). 일본의 이벤트는 전통의 민속이벤트인 마쯔리와 산업전시회 및 판촉이벤트 등의 분야에서 많은 발전과 문화의 계승 발전을 지켜오고 있다.

일본에서 현대적 축제는 도시 사회에 새로이 등장한 축제들인데, 우선 그 도시의 이름을 쓴 축제를 시작으로 박람회 · 페스티벌 · 카니발 등의 이름이 붙은 축제들이 이에 해당된다. 이들은 시가지 · 광장 · 공공시설 · 가설무대 · 운동장 등과 같은 시설을 중심으로 퍼레이드 · 콘테스트 · 바자 · 쇼 · 경기 등을 행한다. 이러한 축제의 기획과 운영조직은 보통 '축제실행위원회'라는 이름을 가지게 되는데, 지방자치단체 · 관광협회 · 청년회의소 · 상공회의소 · 자치회 등이 그 실체가 된다. 이 새로운 축제들의 목적과 내용은 지역활성화, 관광홍보와 유치, 지역이미지 진작, 스포츠진흥, 교육 · 문화진흥, 과학기술 · 산업진흥, 건강 · 환경문제 등 계몽, 국제교류의 활성화 등으로 대단히 다양하다. 이러한 현대적 축제는 특히 1970년대 중반 이후 80년대에 걸쳐서 폭발적으로 만들어져 왔다. 일본 사회에서 70~80년대의 현대적 축제의 번성에는 50~60년대의 고도 경제성장의 부산물로서 지방정부의 '과소'와 중앙정부의 '일극 집중'이라는 위기 의식이 밑에 깔려있다고 해도 과언이 아닐 것(김양주, 1999: 185-187)이다.

또한 일본에서 발전된 이벤트분야 중 하나가 산업전시회이다. 일본에서 전시회의 본격적인 역사가 시작된 것은 실제로 제2차 세계대전 후이다. 패전에 의한 괴멸로 생산능력을 잃은 일본은 1945~1954년의 부흥기를 거쳐 30년간의 고도 성장기에 이르는 동안 근면한 국민의 노력으로 산업을 활성화하고 무역도 확대되어 갔다(김성혁·유동근, 1994: .25).

이와 같이 일본은 전통 민속이벤트인 마쯔리를 계승 · 발전시켜 왔으며, 그 외에도 산업전시회와 지역 · 국제 · 만국박람회의 개최 등을 통해 다양한 이벤트분야의 발전을 도모하고 있다. 또한 기업의 판매촉진수단으로서 이벤트가 발달하여 많은 기업이 소비자를 겨냥한 판촉이벤트를 개최하고 있다.

6 서구의 발전과정

1) 기원

서구문명의 발상지이자 여행량이 많았던 지중해 인근 국가에서는 B.C.2000년경부터 교역을 위한 모임이나 종교적 행사 또는 축제 등에 참석하기 위하여 여행을 했다. B.C.776년 그리스는 올림픽경기를 통해 외국인 방문객을 받아들였고, 참가자들은 당시 메가이벤트에 참여한다는 기쁨과 축제적인 분위기를 만끽한 것(McIntosh, 1995: 33)으로 알려지고 있다. 고대 유럽지역의 이벤트는 주로 교역에 관련된 것이거나 종교적인 것에 관련된 것이 대부분인 것으로 알려져 있다(Holloway, 1989: 22).

[그림 2-8] The Great Exhibition(London: 1851)

2) 이벤트의 발전

유럽에서는 로마제국이 5세기 후반에 멸망하기 시작하면서 7세기경까지 상업활동이 일시적으로 중단되었다. 그후 아랍인, 유태인, 색슨인 등에 의한 상업지배가 있었고, 주로 교회를 중심으로 물물교환의 장소가 설치되었다. 이것이 후에 발전해

지방시장이 탄생하고 사람들이 모이기 쉬운 장소나 축제때에 시장이 열리게 되었다.

전시회(exhibition)라는 용어가 사용된 것은 17세기에 들어오면서 로마에서 행해진 미술전람회가 최초였다고 한다. 마찬가지로 1662년 파리에서 왕실회화 · 조각아카데미가 미술전을 열었으며, 1699년에는 파리의 루브르에서 일반미술전이 거행되었다. 런던에서도 1761년 왕립예술협회가 예술장려책으로서 미술전람회를 개최하는 등 붐을 이루었다.

1851년 런던 크리스탈 궁(Crystal Palace)에서 개최된 세계 최초의 만국박람회는 약 7만 4천평방미터의 장소에 1만 3천의 회사와 6백만명의 방문자가 모여 성황을 이루었다. 프랑스에서는 영국의 만국박람회의 영향을 받아 1878년 파리 중심지에 약 66에이커의 회장에 당시 최대 규모의 전시회를 개최하여 1600만명의 방문객을 유치(김성혁·유동근, 1994: 21-23)하였다.

1851년 영국 런던에서 개최되어 큰 성과를 얻은 런던 엑스포가 근대적 의미에서 박람회의 효시이다. 박람회가 처음 기록에 나타난 것은 B.C. 5세기경 고대 페르시아로 아하스 페로스왕이 국력과 부귀영화를 과시해 인접국가의 세력을 제압할 목적으로 6개월간 열렸던 '부의 전시'이다.

박람회의 형태는 자연발생적으로 형성된 시장에서 물물교환이나 특산물거래 등의 상행위로 출발했으나, 아이디어나 기술을 제시하고 평가하는 시장으로 점차 발전하게 된 것이다.

또한 경제가 발전하고 교통이 발달함에 따라 대규모의 상품전시회로 발전하여 그 후로는 기술과 발명품이 축적되면서 비로소 엑스포의 성격을 갖춘 전시회가 가능(김성혁·유동근, 1994: 15)해졌다.

또한 서구에서는 축제가 혁명을 기념하여 정치적으로 이용되기도 하였는데, 이러한 현상은 프랑스혁명과 러시아혁명에서 뚜렷하게 나타났다. 프랑스혁명과정에서의 최초의 축제는 1789년 9월 27일, 노트르담에서 파리 국민군 깃발의 축복을 위한 축제로부터 시작하여 10월 5~6일의 파리와 베르사이유 사이의 인간행렬 축제로 이어졌다. 10월혁명 이후의 러시아에서도 축제가 정치적 · 예술적 삶에서 중요한 역할을 하기 시작했다. 혁명 후 최초의 축제는 1918년의 메이데이 축제였고, 이어 혁명

1주년 기념제가 11월 7일에 전국적으로 열렸다. 이 두 기념제는 이후 소련의 핵심적인 축제가 되었을 뿐만 아니라, 세계 사회주의 국가나 식민지 등에 많은 영향을 미쳤다. 혁명 러시아에서 축제는 소비에트 권력을 위한 가장 강력한 선동수단이었을 뿐만 아니라, 밝고 흥분된 형식들 속에서 미래의 꿈을 구체화하는 것이었다. 이렇게 혁명과 축제가 연결되는 것은 축제적 열정이 혁명을 수행해 가는데 있어서 매우 중요한 요소이기 때문이다. 혁명을 수행하는 권력자들은 축제가 대중들의 혁명적 열기를 불러일으키거나 지속시킨다는 것을 알았기 때문에 의도적으로 축제를 기획하고 장려(정근식, 1999: 53-55)하였다.

서구에서 근대 올림픽 운동이 시작된 것은 프랑스의 피엘 드 쿠베르탱(1863~1937)에 의해 제안되면서부터이다. 쿠베르댕은 1894년 파리 스포츠회의 때 근대올림픽을 제창하여 국제올림픽위원회(IOC)가 설립되었으며, 1896년 아테네에서 제1회 근대올림픽이 개최되었고, 그 후로 4년에 1회 간격으로 근대올림픽이 개최되었다.

REFERENCE 참고문헌

김성혁 · 유동근 (1994). 『이벤트전시회』. AMI컨설팅그룹.

김양주 (1999). '마츠리'와 지역사회.지역활성화: 일본의 '요사코이' 예를 중심으로. 『축제, 민주주의, 지역활성화』. 도서출판 새길.

大笹吉雄 (1996). 祭祀의 演劇化 ― 日本의 경우. 『놀이문화와 축제』 성균관대학교 출판부.

이두현 (1996). 한국축제의 방향 ― 역사민속학적 고찰. 『놀이문화와 축제』. 성균관대학교출판부.

이상일 (1998). 『축제의 정신』. 성균관대학 출판부.

이호영 (2001). 일본 이벤트 관련산업의 특성에 관한 고찰. 『관광경영학연구』, 11.

정근식 (1999). 러시아혁명과 축제. 『축제, 민주주의, 지역활성화』. 도서출판 새길.

정석중 외 8인 (1999). 『관광학』 백산출판사.

도비오카 겐 (1991). 『이벤트의 마술』- 최유진 · 이두엽 역. 김영사.

Allen, J., O'Toole, W., Harris, R., & McDonnell, I. (2008). *Festival and Special Event Management*, 4th ed.. John Wiley & Sons.

Holloway, J. C. (1989). *The Business of Tourism*, 3rd ed.. Pitman.

Krippendorf, J. (1987). *The holiday makers: Understanding the impact of leisure and travel.* London: William Heinemann.

McIntosh, R.W., Goeldner, C., & Ritchie, J. R. B. (1995). *Tourism Principles, Practices and Philosophies*, John Wiley & Sons Inc..

case study

서울 국풍'81

• 행사개요

1981년 5월 28일 오전 10시 여의도광장 중앙에 세워진 상징탑 장승백이 앞에서 위액을 물리치는 지신밟기를 시작으로 4박 5일간 개최된 '국풍 '81'은 우리나라 역사상 정치적인 목적으로 이용된 최초의 대규모 문화축제이다. 각종 전통예술과 민속놀이를 중심으로 시민들이 참가한 행사에는 여러대학의 학생들을 출연시키고, 국민적인 축제 분위기를 조성시키려고 노력하였다. 이 행사를 통해 국민들 사이에 전통에 대한 관심을 불러일으키고, 가요제를 통해 새로운 가수를 배출하기도 했지만, 신군부 정권이 국민의 불신을 희석시키기 위해 계획한 정치목적의 이벤트였다는 평가가 지배적이다.

개최보고서에 따르면, 닷새동안 광장에 모여든 인파는 연인원 1천여만명을 기록했고 대학생과 시민 총 3백32개팀 1만 5천여명이 참가하여 총 6백 95회의 공연을 가졌다. 7천 7백톤의 쓰레기가 발생되어 트럭 2백 20대, 환경미화원 연 2천5백명이 동원되었으며, 질서유지를 위해 하루평균 2천 3백명씩 연 1만1천5백명의 경찰병력이 동원되었고, 소매치기와 폭력등 형사사건이 62건, 보안사범이 54명이었다. 응급치료실을 거쳐간 부상자는 모두 5백 72명으로 이 중 치료를 받고 즉시 귀가한 사람이 5백 50명, 중상자는 15명, 미아발생은 6백 50명이었던 것으로 보고되었다.

행사의 총예산은 6억 5천만원으로 당시 금액으로는 매우 높은 예산으로 그중 3억 5백만원은 행사장의 영업권 판매, TV특집광고, 옥외광고 및 기업광고 등 행사 자체의 수입이었고, 나머지 3억 4천 5백만원은 KBS 예산으로 충당되었다.

• 행사프로그램

'국풍81'은 한국신문협회가 주최하고 KBS와 MBC 양 방송사가 행사준비와 운영을 맡아개최되었으며, 행사 내용을 보면 개막행사, 민속제, 전통예술제, 젊은이 가요제, 연극제, 학술제 등의 행사가 펼쳐졌다.

국풍'81 행사프로그램

프로그램별	내 용
국풍 81 큰잔치	① 민속제-탈춤, 농악민속놀이 ② 전통예술제-정악, 민속음악, 무용 ③ 가요제-독창, 중창, 그룹사운드 ④ 연극제-창작극, 번역극 ⑤ 씨름판-중등부, 고등부, 대학일반부, 장사부
팔도명물장	① 팔도명물시장 ② 팔도미락정
젊음의 축제	① 전야제-참가서클, 인기연예인, KBS 전속단체 총출연 ② 팝페스티벌-외국저명 그룹사운드 초청공연, 국내 인기그룹사운드 총출연 ③ 민속놀이-진도시킴굿, 강릉단오굿, 차전놀이, 고싸움, 기세배, 농악 등
일반시민 참가 및 관람행사	① 전국남녀 궁도대회 ② 줄다리기 ③ 그네뛰기 ④ 줄타기 ⑤ 가장행렬 ⑥ 8도굿 시범 등

옛 시골장터의 정취를 되살렸다는 '팔도풍물시장'에는 민속품과 토속품이 전국에서 집산되었고, 팔도의 음식과 토속주를 판매하였다. 이는 현재 지역축제에서 나타나는 팔도음식 판매장의 난립, 축제 행사장마다 문제점으로 인식되고 있는 행사장 주류판매로 인한 사고발생, 과음으로 인한 파손, 이벤트의 부정적 이미지 발생의 모태가 되었다.

• **문제점**

국풍'81은 당시 젊은층의 관심을 축제(잔치)라는 행사로 유도하기 위해 행사명을 '전국대학생의 민속 큰잔치'라 하고, 연구보조금을 지급하면서까지 대학생의 각종 공연을 무대에 올릴 정도로 '젊은 층 달래기'의 수단으로 활용했다는 지적이 많다. 또한 5월은 농번기이고, 당시 가뭄으로 고충이 많을 때였는데 축제를 개최한 것도 빈축을 살 일이었다. 그 이외에도 행사장 무질서, 교통혼잡, 과다한 쓰레기발생, 비위생적인 음식물 판매 등이 문제점으로 지적된 행사였다.

자료: 조선일보 기사(1981.3월~6월; 멋과 신명의 민족한마당-국풍'81), admin.police.go.kr/intro/history, cuvic.chungnam.ac.kr

CHAPTER 3

이벤트와 관광

제1절 이벤트관광의 개념

① 세계관광의 추이

과거 세계의 관광현상은 문화유산이나 명승지 및 유적지 등을 방문하여 감상하는 정적인 형태의 관광활동이 주류를 이루었다고 할 수 있다. 그러나 소득수준의 향상, 교통수단의 발달 등으로 인해 관광자들은 더욱 빈번한 관광기회를 갖게 되었고, 기회가 많아질수록 서로 다른 지역의 문화를 직접 체험해 보고자 하는 욕구가 발생하였다.

이로 인해 감상, 관람, 안내에 의한 설명청취 등의 정적이고 수동적인 관광활동에서 문화체험, 학습, 스포츠활동, 지식습득 등의 적극적 관광활동을 추구하는 관광자가 증가하게 되었다. 관광산업 분야에서는 이러한 관광자의 새로운 욕구를 충족시키기 위하여 동적인 관광활동을 지원할 수 있는 관광상품을 제공하게 되어 관광자를 대상으로 한 이벤트가 성장하고, 관광상품이 이벤트화 되며, 이벤트관광상품의 개발이 증가하고 있다.

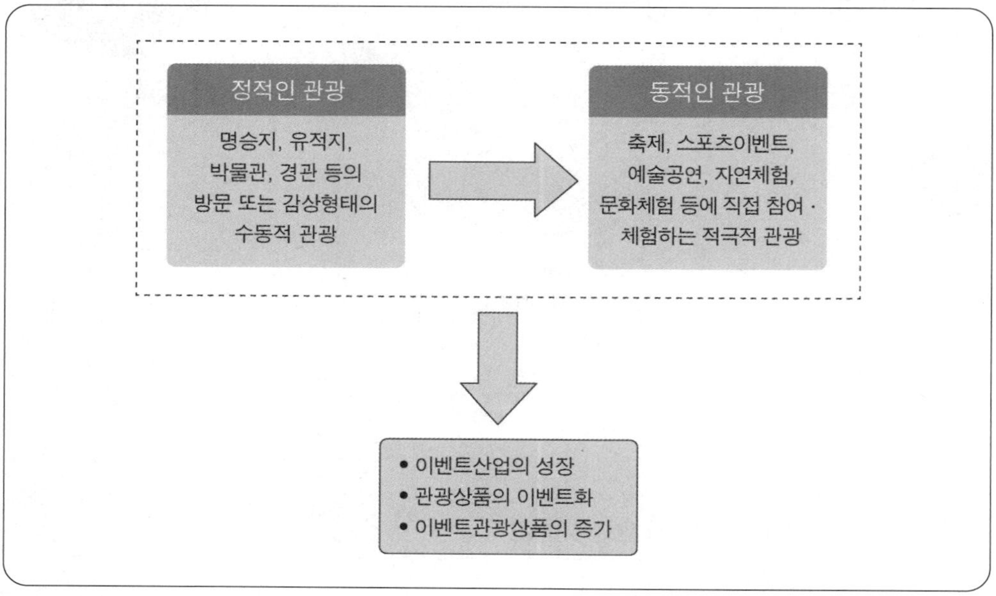

자료: 저자 작성

[그림 3-1] 관광형태의 변화

관광자의 동적인 관광활동은 다른 지역의 축제참여, 스포츠이벤트의 관전 또는 직접 참여, 다른 나라의 예술관련 이벤트의 참여, 자연체험, 독특한 외국문화의 직접적인 체험 등을 포함한다.

따라서 관광자들이 참여하는 이러한 이벤트는 그 범위가 매우 다양하고, 범주를 한정시키기 어렵다. 또한 대부분의 관광자는 방문지역에서 개최되고 있는 모든 이벤트에 관심을 갖으며, 이벤트참여를 희망하는 경우가 대부분이라고 할 수 있다.

관광이라는 개념 자체가 인간의 이동을 전제로 발생하는 현상을 대상으로 하는 것이고, 대부분의 이벤트는 참여자가 일상의 거주지 또는 일상생활로부터 벗어나 비일상적인 활동에 참여하는 현상을 가리키므로 이벤트와 관광은 매우 밀접한 관계이다.

따라서 이러한 이유 때문에 '관광이벤트'라는 용어를 사용하여 마치 관광의 성격만을 갖는 별도의 이벤트가 있는 것처럼 특정이벤트를 정의할 수 없는 것이며, 대부분의 이벤트는 관광자가 관심을 갖고 있는 관광이벤트라고 할 수 있는 것이다. 다만, 이벤트 참가자의 구성에 있어 지역 거주민과 외래방문객의 비율이 어느 정도냐에 따라 관광적 개념이 강한 이벤트인지 아닌지를 구별할 수는 있을 것이다.

2 이벤트관광의 개념

이벤트관광은 주로 지역사회 또는 관광지를 중심으로 그 중요성이 확대되고 있다. '이벤트관광'은 1980년대부터 새롭게 사용되고 있는 용어로 특수목적관광(SIT: special interest tourism)의 주요 구성요소이며, 관광지 마케팅전략(tourism destination marketing)의 중요한 역할을 수행하는 요소라고 할 수 있다.

따라서 대부분의 주요 관광지들은 이벤트를 기획하고 개최함으로써 관광지의 매력을 높이고, 이를 통해 지역사회의 사회 · 경제 · 문화적인 수준을 향상시키는 효과를 얻고 있다.

1) 이벤트관광의 의미

이벤트관광은 종전의 보는 관광에서 함께 참여하고 직접 체험하는 관광이 될 수 있도록 기존의 관광지 또는 새로운 관광지에 관광매력을 더하는 각종의 축제나 다양한 행사를 마련함으로써 관광이미지를 창출하는 것이라고 할 수 있다. 즉 주어진 관광자원에 특정한 연출을 가미해 관광측면의 부가가치를 극대화하는 가치창조의 작업이라고 말할 수 있다.

이벤트관광은 계획 · 홍보 · 조직 · 운영에 있어 전문적인 지식과 경험을 필요로 하지만, 지역사회 발전에 기여하고, 해당지역 이미지 향상 및 관광수요의 재창출, 상업교류의 촉진, 다양한 산업에 종사하는 사람을 서로 만나게 하여 급격한 기술혁신과 신상품개발로 연결되는 기회를 제공하는 역할도 한다.

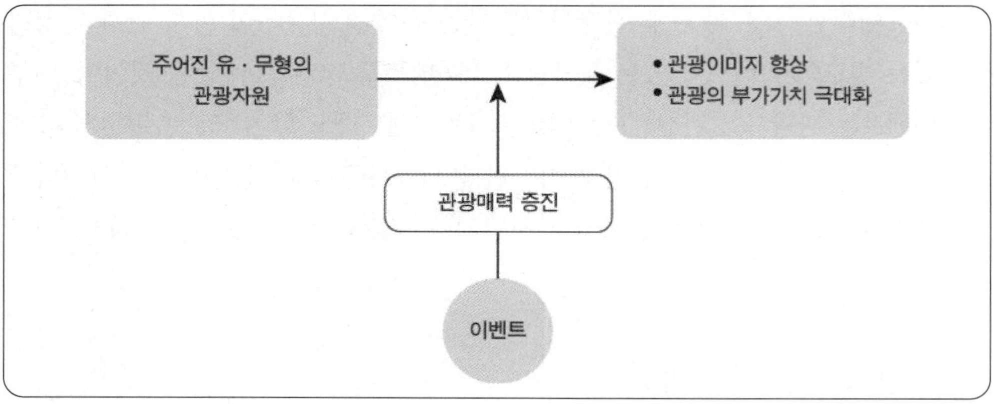

자료: 저자 작성

[그림 3-2] 관광목적지에서 이벤트의 역할

Getz는 이벤트관광을 관광지의 가치증대, 관광지 이미지 제고, 지역개발 촉진 및 관광매력물로서 이벤트의 체계적인 계획 · 개발 및 마케팅활동이라는 개념으로 설명하고 있으며, 이벤트관광은 특수목적관광(SIT)의 주요 구성요소이자 관광지 마케팅 전략의 중요 요소로서의 자리를 확고히 해왔다고 역설하고 있다.

또한 최근 세계 각국의 지역사회와 유명 관광목적지는 점점 경쟁이 심화되고 있으며, 경제 · 사회 · 환경의 각 부문별 목표를 달성하고 관광(시장에서의 경쟁우위를 확보하기 위하여 기존의 대량관광)개념에 반대되는 특수목적관광 시장에 의존하고 있는 것이다.

2) 이벤트관광의 특성

이벤트관광(event tourism)에 참여하는 관광자의 입장에서 보았을 때 이벤트관광은 일반적인 대량관광(mass tourism)의 성격과 달리 몇가지 독특한 경험을 제공한다.

먼저 이벤트관광은 관광자가 일상생활 또는 관광지에서 맛볼 수 없는 특별한 체험과 감동을 제공한다. 즉 이벤트관광은 '놓여있는 것을 보는' 형식의 기존 관광형태가 아니고, '관광지에서 계획된 행사에 참여하는' 형식으로 관광자 자신의 직접적인 체험을 자극하는 관광형태라고 할 수 있다. 또한 이벤트관광은 해당 이벤트에 참여하는 관광자에게 동일한 관심을 갖고 있다는 특정 관심분야에 관한 소속감(belonging)을 갖게 하여 참여자로서 유대감과 동질성을 형성케 하는 특성을 지니고 있다. 이는 이벤트에 참여하는 관광자가 동일한 문화적 연대(sharing)의식을 갖게 함으로써 관심 분야에 더욱 적극적으로 유입될 수 있는 기회를 마련해준다.

끝으로 이벤트관광은 체험을 통한 교육적 효과를 제공하는 특성을 지니고 있다. 대부분의 이벤트는 문화적 체험 또는 정보·지식의 전달을 제공하는 미디어로서의 역할을 수행하고 있다. 따라서 관광자는 이벤트의 참여를 통해 교육적 체험을 얻는 기회를 갖게 되는 것이다.

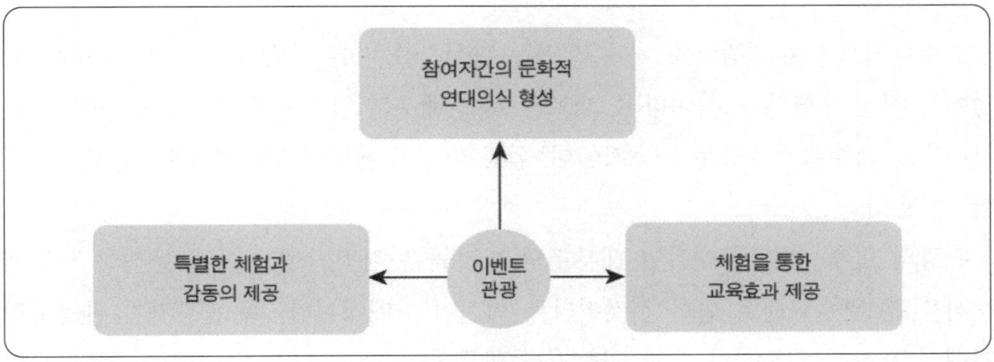

자료: 저자 작성

[그림 3-3] 이벤트관광의 특성

[그림 3-4] 상해엑스포의 한국관은 이벤트를 통해 한국을 체험하고 교육할 수 있는 기회를 제공하였다.

제2절 특수목적관광과 이벤트

1 특수목적관광의 개념

1) 동적인 관광과 정적인 관광

특수목적관광은 관광자가 가지고 있는 관심사를 다른 사람과 함께 또는 다른 환경에서 직접 체험하고, 참여하며, 새로운 것을 배우는 일련의 활동이 포함되어 있다. 그러므로 특수목적관광은 능동적이며, 활동적이고, 체험이 위주가 되는 관광이라고 할 수 있다.

관광의 향후 추세에 대하여 대부분의 학자들은 정적인 활동에서 동적인 활동에 중심을 둔 관광형태로 변화할 것이라는 의견이 지배적이다. 즉 관광자가 관광목적지에서 휴식을 취하거나 유명 관광지를 방문하여 관람을 위주로 하는 활동보다는 방문지에서 개최되는 특정활동에 참여하고, 배우고, 체험하는 형태의 관광이 증가할 것이라는 것이다.

2) 특수목적관광의 형성배경

개인소득과 여가시간의 증가로 인하여 국제관광시장은 과거와는 다른 변화된 모습을 보여주고 있다. 사회활동 연령의 확대, 맞벌이 부부, 자식을 갖지 않은 부부, 독신층의 증가 등 사회인구통계학적인 변화에 따라 관광자의 유형과 욕구가 다양하게 변화(Martin and Mason, 1987, 113)하고 있다.

이와 같은 사회적 변화는 일반대중이 좀더 많은 여행을 할 수 있는 환경을 조성하고, 늘 같은 형태의 관광활동이 아닌 새롭고 적극적인 활동을 모색하게 한다. 여기에 개인이 관심을 갖는 분야에 대한 활동욕구가 예술 · 문화 · 환경 · 자연 · 과학 · 스포츠 등과 관련된 관광활동을 증가시키고, 관광사업체는 이러한 여행자의 욕구를 충족시키기 위하여 체험형 · 활동형의 관광상품과 프로그램을 제공함으로써 특수목적관광(SIT: Special Interest Tourism)을 증가시키는 요인이 되는 것이다.

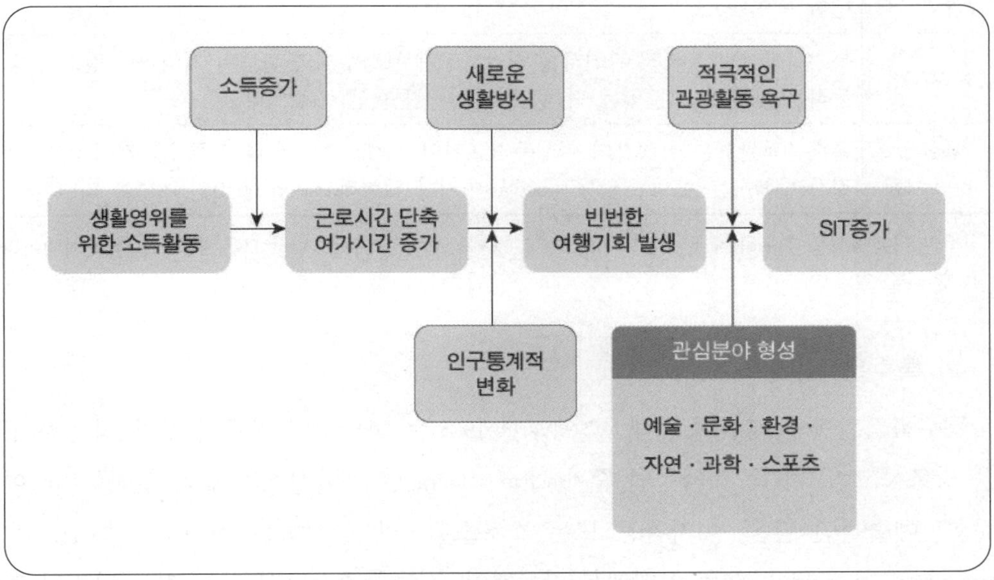

자료: 저자 작성

[그림 3-5] 특수목적관광의 형성배경

3) 특수목적관광의 정의와 개념

(1) 특수목적관광의 정의

특수목적관광의 정의는 매우 다양하지만, 일반적인 관광과 구분될 수 있는 것 중 하나는 관광자가 여행을 하면서 특별한 관심사를 가지고 있느냐는 것이다. 일반적으로 특수목적관광(SIT: Special Interest Tourism)은 관광자가 특정분야에 관심을 갖고, 여행지에서의 체험을 통해 자신의 욕구를 충족시키는 활동이라고 할 수 있다. 특수목적관광은 다음의 표에서와 같이 Read(1980), WTO 및 Weiler & Hall(1992)의 정의에서도 그 내용이 나타나 있다.

〈표 3-1〉 특수목적관광의 정의

학자별	개념 설명
Read	특수목적여행은 특정 지역이나 목적지에서 추구할 수 있는 특별한 관심을 가지고 행하는 여행
WTO	특수목적관광은 특정 관심사를 개발하고자 특정주제와 관련된 지역이나 장소를 방문하는 개별관광자 또는 단체관광자의 전문화된 관광이다.
Weiler and Hall	특수목적관광은 여행자의 여행동기요인이나 결정요인이 주로 특수목적에 의한 결정시 발생하는 것으로 활동적(active)이거나 체험적(experiential)인 여행을 의미한다.

* 질적인 여행경험을 추구하는 것이 일반적인 SIT의 형태라고 말할 수 있지만, 모든 SIT가 고품질 여행이라고 할 수는 없다.

(2) 특수목적관광의 요소

특수목적관광의 개념에 대해 WTO(WTO, 1985)는 적극적인 활동이 주가 되는 여행을 강조하고 있다. 즉 적극적인 휴가(active holidays)란 자아성취와 인격도야를 위하여 문화·예술적인 활동, 여가활동 또는 스포츠활동에 참여하는 것이라고 하였으며, Heywood(Heywood, 1990)는 여행에서 활동적인 요소가 증가하고 있는 것은 관광의 경향이 자연보호, 학문탐구, 과학과 환경에 대한 인식으로 흘러가고 있기 때문이라고 하였다.

그러나 특수목적관광을 특별한 분야의 관심을 지니고 여행하는 것으로 정의한다면 일반대중 대부분은 자신의 관심분야를 지니고 있기 때문에 일반적인 관광과의 구분이 명확하지 않을 수 있다. 이러한 일반적인 관광과의 구분을 용이하게 해 줄 수 있는 것이 특수목적관광의 요소라고 할 수 있다. 다음의 표에서와 같이 Read(1980), Tabata(1989), Hall(1991), Zeppel(1990) 등의 학자는 방문지 환경에 대한 적극적인 관여를, WTO는 방문지에서의 일체감조성과 사회·문화생활에 대한 관여를 제시하고 있다.

〈표 3-2〉 특수목적관광의 요소

학자별	특수목적관광의 요소
Read, Tabata, Hall and Zeppel	여행자가 그들이 방문하는 지역의 문화 · 물리적인 환경에 대한 적극적인 관여는 특수목적여행의 핵심요소이다.
WTO	활동적인 관광과 특수목적관광의 핵심요소는 교통과 숙박만으로 관광상품이 구성될 수 없다는 것이며, 관광체험을 풍부하게 하기 위하여 방문지에서의 일체감조성과 방문지의 사회 · 문화생활에 대한 충분한 관여활동을 제공하는 것

(3) 특수목적관광의 전망

John Naisbitt는 그의 저서 Global Paradox를 통해 사회인구통계학적 변화는 관광산업에 매우 커다란 영향을 미칠 것이며, 경험이 많은 여행자들은 그들의 특정욕구를 충족시키고자 노력할 것이라고 언급(Naisbitt. 1994)하고 있다. 이러한 전망은 관광이 지금까지의 위락추구(pleasure-seeking)의 형태에서 관광자가 지니고 있는 관심사에 대한 체험과 새로운 것을 배우는 형태로 발전될 가능성이 높음을 암시하고 있다.

관광학자들도 동일한 의견을 주장하고 있는데, Read는 특수목적관광이 다음 세대의 전망있는 관광산업이 될 것이라고 전망하고 있고, Pearce(1988)는 체험 · 학습 · 참여에 중점을 두어 관광의 경향을 예측하고 있다.

〈표 3-3〉 특수목적관광의 전망

학자별	전 망 내 용
Read	특수목적여행은 관광이 성장할 수 있는 중요한 원동력이며, 다음 세대의 가장 전망있는 관광산업이 될 것이고, 예전에는 없었던 관광자의 만족을 충족시켜 줄 수 있는 여행
Pearce	향후 관광의 경향은 여행자가 목적지에 단순히 '가는 것'이 아니라 그들이 방문하는 목적지를 '경험하고, 배우며, 참여하는 것'과 관련된 형태가 될 것이다.

4) 특수목적관광의 유사용어

때로 우리나라에서 테마여행이라고도 불리는 특수목적관광은 학자들의 용어선택에 따라 직역의 형태로 '특별분야관심관광'이라고 칭해지기도 한다. 또한 교육적 관광의 의미로 도덕적 관광(ethical tourism), 교육적 관광(educational tourism)이라고 불린다.

〈표 3-4〉 특수목적관광 유사용어

구분	용어
교육적 관광의 의미	ethical tourism, educational tourism
대안관관광의 의미	secondary tourism, alternative tourism
자연보존의 의미	eco-tourism, environmental tourism, nature-based tourism, sustainable tourism
진정한 여행의 의미	appropriate tourism, real tourism

자료: 저자 작성

관광의 향후추세에 있어 대안관광의 의미로 2차적 관광(secondary tourism), 대안적 관광(alternative tourism)이라고도 사용하며, 자연보존의 의미로 생태관광(eco-tourism), 환경관광(environmental tourism), 자연친화적 관광(nature-based tourism), 자연환경 파괴가 없는 관광(sustainable tourism) 등으로 불린다. 또한 진정한 여행의 의미로 적절한 관광(appropriate tourism) 또는 진정한 관광(real tourism)으로 불리기도 한다.

2 특수목적관광과 이벤트

1) 특수목적관광과 이벤트

특수목적관광의 성장에 따라 관광의 형태가 정적인 형태에서 동적인 형태로 발전하면서 관광활동은 과거 명승지와 유적방문 중심에서 방문지의 문화를 직접 체험할 수 있는 형태로 변화되어 가고 있다.

따라서 관광의 목적도 과거에는 단순한 위락추구(pleasure-seeking)의 목적이 많았으나, 자신이 선호하는 취미활동의 지식과 경험을 풍부하게 하고, 관련분야의 최근 정보를 습득하는 특수목적관광과 겸목적관광이 증가하고 있다. 이러한 현상은 관광자의 사회 · 문화적 체험활동이나 지식 · 정보의 제공을 위한 장(場)이 마련되어야 하고, 이를 위해 관광자를 위한 이벤트는 지속적으로 증가되어야 할 것이다.

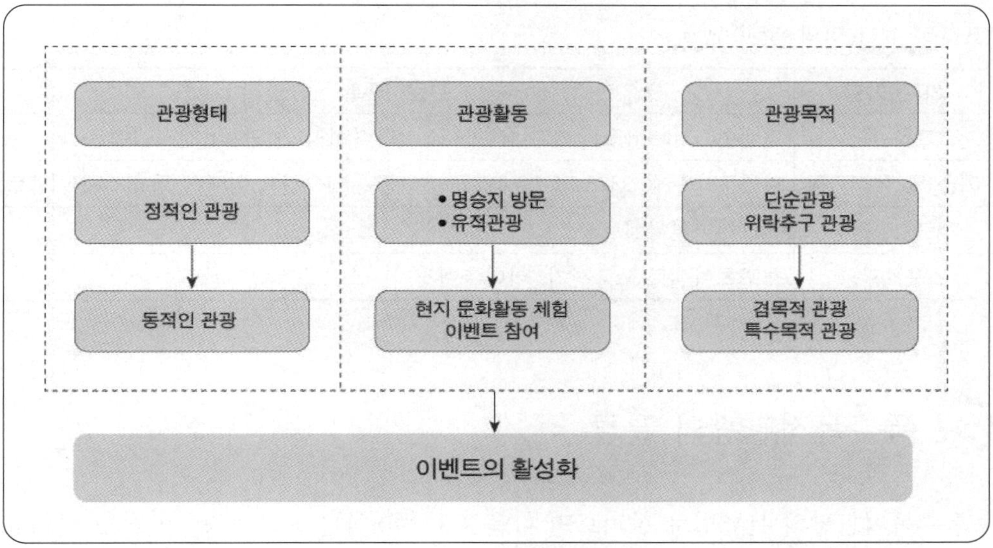

자료: 저자 작성

[그림 3-6] 관광의 추이와 이벤트

이벤트관광은 특수목적관광의 중요한 구성요소이자 관광지 마케팅전략의 중요요소로서의 자리를 확고히 해왔다. 특히 점점 경쟁이 심화되어 가고 있는 지역사회와 관광지는 경제 · 사회 · 환경분야에서 주어진 목표를 달성하고 경쟁우위를 확보하기 위해서 특수목적관광시장에 의존하고 있으며, 특수목적관광수요의 욕구를 충족시키기 위하여 이미 많은 이벤트를 개발하고, 관광객유치를 위한 노력을 기울이고 있는 것이다.

2) SIT실현수단으로서의 이벤트

이벤트는 위에서 언급된 특수목적관광을 실현시키는 가장 주요한 역할을 수행한다. 이는 특수목적관광의 가장 커다란 특징 중 하나가 체험성이고, 이벤트는 체험성을 제공하는 관광상품이기 때문이다.

〈표 3-5〉 SIT분야의 관련이벤트

SIT분야별	관련이벤트
교육관광	컨벤션(convention), 세미나(seminar), 학술회의, 박람회, 전시이벤트
예술 및 유적관광	지역문화축제(regional festival), 공연이벤트, 예술전시 이벤트, 유적전시 이벤트
모험관광	레크레이션이벤트
스포츠관광	스포츠이벤트(프로경기, 아마추어경기), 스포츠강습이벤트

③ 특수목적관광의 분류

특수목적관광의 분류별로 살펴보면 다음 〈표 3-6〉처럼 교육관광, 예술 및 문화유산관광, 종족생활관광, 자연관광, 모험관광, 스포츠관광, 건강관광 및 기타 특수목적관광으로 분류할 수 있다.

〈표 3-6〉 특수목적관광 분류

주요분류	내 용	
교육관광 (Educational Tourism)	특정분야에 대한 배움의 욕구를 충족시켜 줄 수 있는 경험을 포함하는 관광	
예술 및 문화유산 관광 (Arts and Heritage Tourism	예술관광	미술, 조각, 연극, 공연, 기타 창조적 형태의 경험을 목적으로 하는 관광
	문화유산 관광	유·무형의 다양한 문화적 유산에 대한 경험을 목적으로 하는 관광

종족생활체험관광 (Ethnic Tourism)	인공적으로 꾸며지지 않은 자연의 종족생활체험을 목적으로 하는 관광
자연관광 (Nature-Based Tourism)	손상되지 않은 자연환경에 접하는 것을 목적으로 하는 관광
모험관광 (Adventure Tourism)	모험성이 강한 야외활동을 즐기기 위한 관광
스포츠관광 (Sports Tourism)	스포츠의 관전, 스포츠 강습, 또는 스포츠경기에 직접 참여하는 것을 목적으로 하는 관광
건강관광 (Health Tourism)	건강회복 또는 건강증진을 목적으로 하는 관광

1) 교육관광(Educational Tourism)

교육관광은 특정 관심분야에 대한 배움의 욕구를 충족시켜 줄 수 있는 경험을 목적으로 하는 관광으로서 매우 넓은 범위의 개념을 지닌 형태라고 할 수 있으며, 주요 수요자는 배움에 대한 관심과 욕구가 있거나 교육적 경험에 관심이 많은 일반인 계층이다.

교육관광의 주된 만족대상은 ① 다른 국민, 다른 언어, 다른 문화에 대한 호기심, ② 다른 국민, 다른 언어, 다른 문화에 대한 지적 욕구의 만족, ③ 다른 나라, 또는 국민의 최근 지식에 대한 정보습득, ④ 예술, 음악, 건축, 민속, 문화유산, 역사적 장소, 자연환경, 경관, 동식물에 대한 지식습득 등이다.

교육관광에 해당되는 것으로는 세미나, 연수, 훈련 등과 같이 교육목적을 지닌 이벤트에 참여하기 위해 행하는 관광, 어학 또는 기술연수를 위해 행하는 여행, 자료조사를 위해 행하는 여행 등이 모두 포함된다고 할 수 있다.

2) 예술 및 문화유산 관광(Arts and Heritage Tourism)

세계관광기구(WTO)의 문화관광(culture tourism)에 대한 정의를 보면, 문화관광이란 공연예술을 비롯한 각종 예술감상관광, 축제 및 기타 문화행사 참가, 명소 및 기념물 방문, 자연 · 민속 · 예술 · 언어 등의 학습여행, 순례여행 등 어떠한 형태건 문화적

동기에 의한 사람의 이동을 말한다. 따라서 문화관광은 교육여행과 종족생활 체험관광 등을 상당부분 포괄하는 매우 폭넓은 개념이다. 그러나 문화의 개념을 협의로서 예술 및 전통문화로 한정할 경우 예술 및 문화유산관광(Arts and Heritage Tourism)을 문화관광이라고 부를 수 있다.

예술관광은 미술, 조각, 연극, 공연 및 기타 창조적 형태를 경험하는 것을 목적으로 하는 관광이며, 문화유산관광은 유·무형의 다양한 문화적 유산에 대한 경험을 목적으로 하는 관광으로 문화유산이란 기념물과 같이 형태가 있는 유적뿐만 아니라 민속축제나 생활습관과 같은 무형의 유산도 포함하고 있다.

따라서 문화유산관광이란 다양한 문화적 환경을 경험하려는 욕구를 주제로 한 관광이라고 할 수 있는데, 이와 같이 광의로 해석된 문화유산관광은 문화관광의 범위에 속할 수 있다.

3) 종족생활체험관광(Ethnic Tourism)

종족생활체험관광은 인공적으로 꾸며지지 않은 자연의 종족생활체험을 목적으로 하는 관광으로서 박물관이나 문화센터를 방문하여 간접적으로 느낄 수 있는 특정 종족의 생활을 보다 자연스러운 환경에서 직접적으로 체험하고자 하는 욕구를 만족시켜 주는 관광이라고 할 수 있다.

[그림 3-7] 종족생활체험관광은 공연프로그램 형태로도 이루어진다.

종족생활체험관광의 주요 수요자 계층은 일반적으로 연령이 젊은 층으로서 고등교육을 받은 전문직업인이 주류를 이루고 있다.

4) 자연관광(Nature-Based Tourism)

자연관광은 손상되지 않은 자연환경에 접하는 것을 목적으로 하는 관광으로서 비교적 손상되지 않은 자연을 훼손시키지 않으면서 직접적으로 즐길 수 있는 관광이라고 할 수 있다. 자연관광은 자연 또는 생태계를 활용한다는 점에서 「자연여행(Nature Travel)」, 「자연지향적 관광(Nature-Oriented Tourism)」, 「생태관광(Eco-Tourism)」이라고도 부르며, 자연을 훼손시키지 않기 위해 노력하는 관광이라는 점에서 「책임지는 관광(Responsible Tourism)」, 「녹색관광(Green Tourism)」, 「자연환경 파괴가 없는 관광(Sustainable Tourism)」이라고도 부른다.

이러한 자연관광의 실행형태로는 하이킹, 트렉킹, 조류관찰, 야생사파리, 캠핑, 식물관찰, 곤충채집 등이 있으며, 자연관광의 주요 대상지역으로는 호주, 뉴질랜드, 케냐, 네팔, 탄자니아, 갈라파고스와 남미일대 등이 많이 지적되고 있다.

5) 모험관광(Adventure Tourism)

모험관광은 모험성이 강한 야외 레크레이션 활동을 즐기기 위한 관광으로서 1980년대 초부터 서구세계, 특히 호주와 북미를 중심으로 잡지, 저널, 장비제조업, 관련 여행용품업 등이 매우 빠른 속도로 성장한 관광형태라고 할 수 있다.

모험관광에 참여하는 관광자의 사회인구통계적 특징으로 성별로는 남성, 학력은 대학이상의 고등교육을 받은 사람, 직업은 전문직 종사자, 연령으로는 25~30세 사이의 관광자들이 많은 것으로 나타나고 있으나(Hall, 1991), 이는 활동유형과 활동을 행하는 장소에 따라 남녀 참가비율 및 다른 부분의 통계적 특성이 상이하게 나타나고 있다.

모험관광은 상대적으로 덜 발달된 자연환경에서의 야외활동이므로 상당한 위험을 수반하는 것이 특징이다. 이러한 모험관광의 예로 뉴질랜드 퀸스타운 지역중심의 번지점프, 스카이다이빙 및 래프팅 등의 활동이 있으며, 그 외에도 배낭여행, 행글라이딩, 사냥, 낚시, 자전거여행, 카약, 암벽등반, 세일링, 카약 등이 있다.

6) 스포츠관광(Sports Tourism)

스포츠관광은 스포츠의 관전, 스포츠 강습, 또는 스포츠경기에 직접 참여하는 것을 목적으로 하는 관광으로서 비상업적인 목적으로 스포츠를 즐기거나 관전하기 위해 거주지를 벗어나 관광하는 것이라고 할 수 있다.

스포츠관광은 경쟁과 조직성, 신체단련의 주된 특징 때문에 모험관광과 상당한 유사성을 지니며, 개인의 건강을 유지하기 위하여 행한다는 특징 때문에 건강관광과도 유사성을 갖는다.

스포츠관광의 대표적인 유형으로는 스키와 골프, 테니스, 등산, 마라톤 등 매우 다양한 경기가 있으며, 이러한 경기에 직접 참여하거나 또는 관전하기 위하여 여행하는 것을 스포츠관광이라고 할 수 있다.

7) 건강관광(Health Tourism)

건강관광이란 건강회복 또는 건강증진을 목적으로 집을 떠나 여가를 즐기는 관광이라고 할 수 있다. 건강관광의 대표적 유형으로는 온천여행이 있을 수 있는데, 이는 로마시대부터 시작되어 현대 리조트탄생의 기반이 되기도 하였다.

주요 건강관광의 종류에는 ① 태양과 휴식을 즐기는 여행, ② 건강에 도움이 되는 활동을 즐기는 여행(스포츠관광과의 유사성이 있음), ③ 건강 향상을 위한 환경변화 여행(유람선 항해, 다른 기후를 즐기는 것), ④ 사우나, 마사지, 온천 등을 위한 여행, ⑤ 지병 치료 및 요양을 위한 여행 등이 있다.

8) 기타 특수목적관광

위에서 언급된 특수목적관광의 종류 이외에도 관광자의 관심사가 다양화됨에 따라 특수목적관광의 종류도 많아지고 있다. 세익스피어, 찰스 디킨스, 마크트웨인 등 세계 유명 문학가의 작품배경이 된 지역을 방문해 주위환경을 둘러보고, 그 분위기를 직접 경험해 보는 문학관광(literary tourism), 유럽지역의 다양한 건축물을 시대별로 나누어 건축양식의 특성을 연구하는 건축관광(architecture tourism), 부처나 예수가 활동했던 지역, 즉 자신이 믿는 종교의 현장을 방문하는 종교순례여행(pilgrimage tourism) 등도 모두 특수목적관광에 속하는 유형이다.

[그림 3-8] 종교순례는 참가자에게는 여행과 이벤트의 경험을 동시에 제공하는 경우가 많다.

제3절 이벤트와 관광산업

① 이벤트와 관광산업의 역할

세계 각국은 관광지와 관광명소의 경쟁이 심화되어가고, 새로운 매력으로서의 무형관광자원을 개발하기 위하여 이벤트관광을 통해 외래 관광객의 유치에 힘쓰고 있다. 이벤트 개최환경에서 이러한 관광산업의 역할을 보면 다음의 그림과 같이 설명할 수 있다.

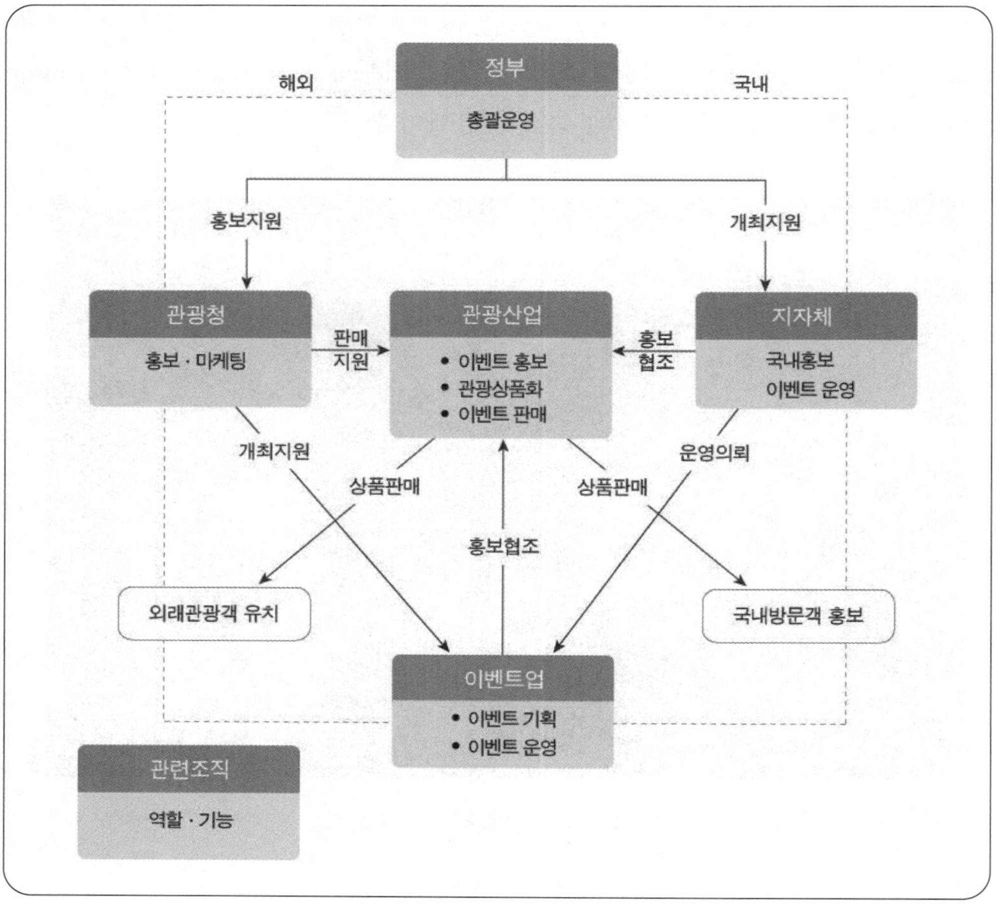

자료: 저자 작성

[그림 3-9] 이벤트와 관광산업의 역할

② 이벤트별 관광산업의 역할

1) 지역축제

지방자치단체 또는 상공회의소와 같은 지역사회의 경제 · 사회 · 문화단체에서 지역의 경제활성화와 지역홍보를 위해 개최하는 지역축제의 경우 다른 이벤트와 비교해볼 때 관광산업과의 관련성이 매우 높다.

개최지원대상이 되는 지역축제는 그 나라의 NTO(National Tourism Organization)가 외국 관광업계에 홍보활동을 시행하며, 국내 여행업체는 내국인의 이벤트 참여를 위한 홍보활동과 함께 이벤트를 핵심요소로 한 여행을 관광상품화하여 참가자를 모집함으로써 국내에 판매한다. 또한 외국인 참가자 모집을 위해 외국 여행업체에 홍보하고 판매하기도 한다.

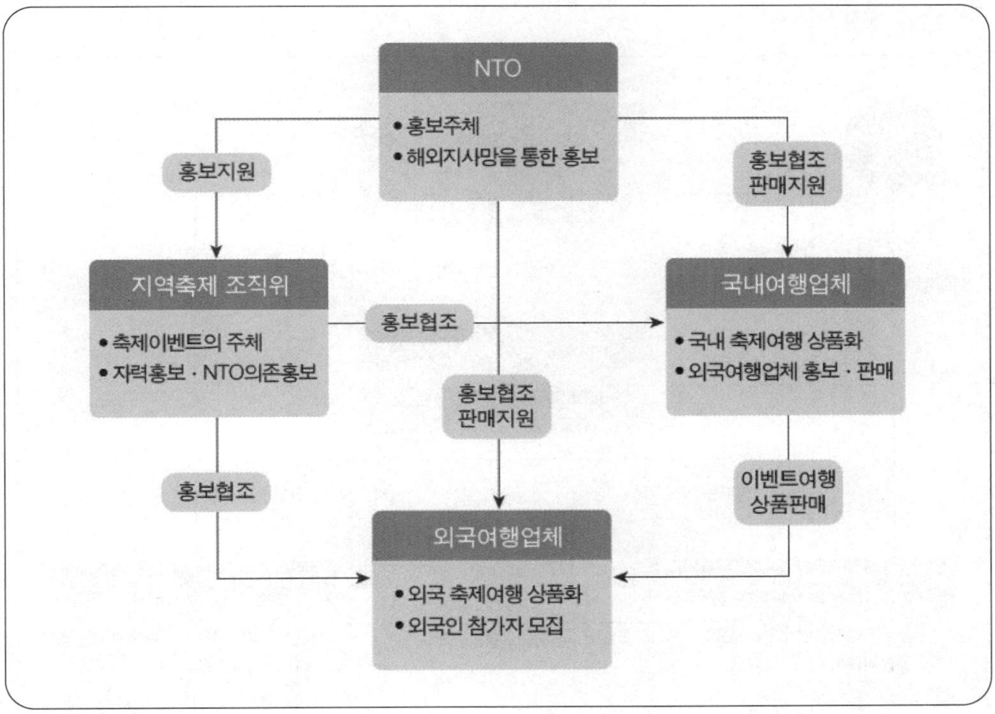

자료: 저자 작성

[그림 3-10] 지역축제와 관광산업의 역할

2) 국제회의

최근 국제회의는 관광 선진국에서 높은 관심을 갖는 분야로 각 국의 NTO에서는 국제회의 유치와 운영에 따른 적극적인 지원을 아끼지 않고 있다. 이는 일반 관광객에 비해 국제회의 개최를 통한 경제적 효과가 클 뿐만 아니라 사회 · 문화적, 정치적인 개최효과도 높기 때문이다. 이에 따라 우리나라도 국제회의 유치를 위한 기반시설의 확보가 이루어지고 있다. 그러나 미국, 유럽국가 및 일본과 싱가폴 등 국제회의 개최 강국과 경쟁하기 위해서는 기반시설의 확보와 함께 소프트웨어 측면의 CVB(Convention & Visitor's Bureau) 및 PCO(Professional Convention Organizer)의 육성과 지원에 힘써야 할 것이다. 국제회의 개최에 있어 관광산업의 역할은 다음의 그림과 같이 설명할 수 있다.

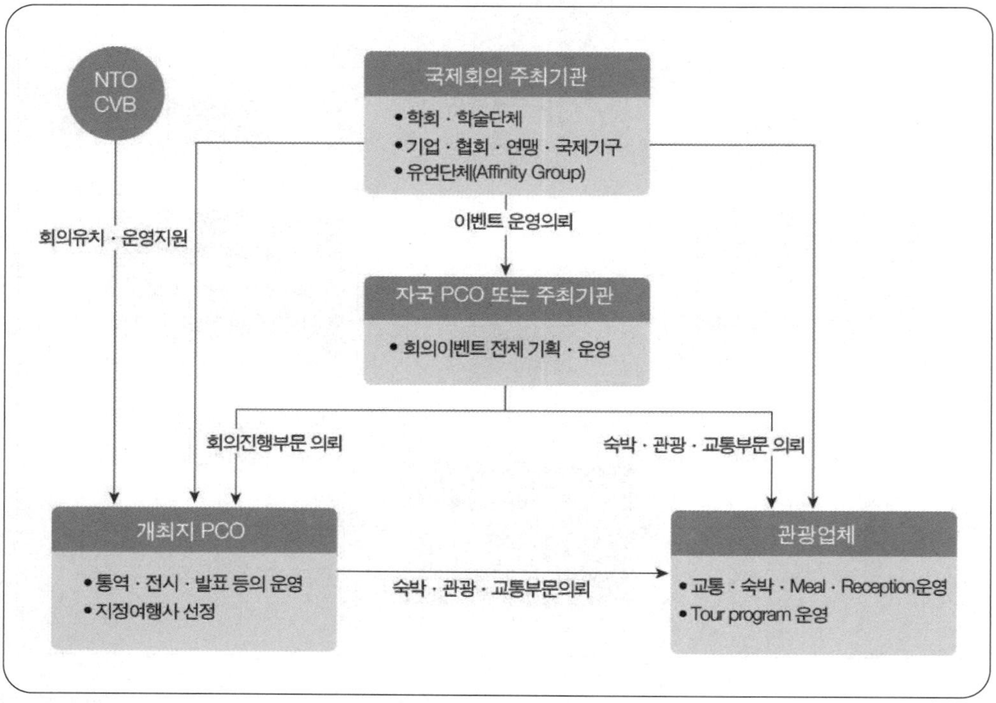

자료: 저자 작성

[그림 3-11] 국제회의와 관광산업의 역할

위의 그림에서와 같이 국제회의의 개최에는 개최지 NTO 또는 CVB의 국제회의 유치지원 및 운영지원과 자국 PCO 및 개최지 PCO의 회의 기획 및 운영, 공식 지정 관광업체의 숙박 · 관광 · 교통부문의 운영이 조화를 이루어야 한다.

특히 PCO의 회의기획 및 운영능력은 국제회의의 성패를 좌우하는 중요한 요소라고 할 수 있다. 간혹 중소규모 국제회의의 경우 PCO와 공식지정 관광업체가 동일한 경우도 있으나, PCO 및 관광업체의 선정이 이루어지는 과정은 다음의 그림과 같이 설명될 수 있다.

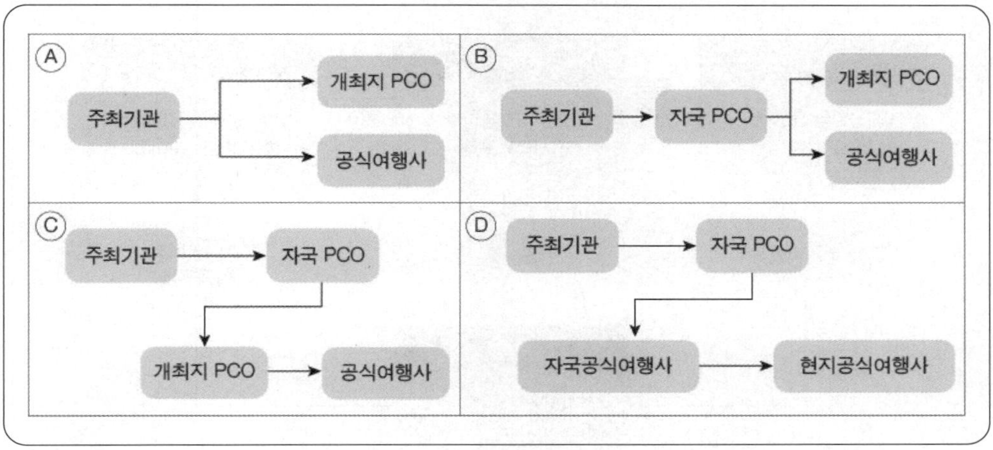

자료: 저자 작성

[그림 3-12] PCO 및 관광업체 선정과정의 예

3) 산업전시 이벤트

세계 각국에서 개최되는 산업전시회의 경우 전시회에 전시업체(seller)로 참여하는 기업이 자발적으로 전시회에 방문할 가능성이 높은 방문업체(buyer)를 대상으로 홍보하기도 하지만, 산업전시회 또한 국제회의처럼 경제적 효과가 비교적 높은 이벤트이기 때문에 NTO, 무역·통상업무를 담당하는 정부부처, 관련업계 및 상공회의소 등 경제관련단체 등이 함께 홍보에 참여하는 경우가 많다.

전시회개최의 강국이라고 할 수 있는 유럽과 미국, 일본 등에서 개최되는 대형 산업전시회(exhibitions, fairs)의 경우 많은 나라로부터 참가자가 방문하고, 이를 위해 많은 여행업체들이 전시회 방문을 목적으로 한 여행상품을 조직하고 있다. 또한 산업전시회 방문과 함께 산업체방문여행(industrial tour)을 조직하기도 한다. 산업전시 이벤트와 관광산업의 역할은 다음의 그림과 같이 설명할 수 있다.

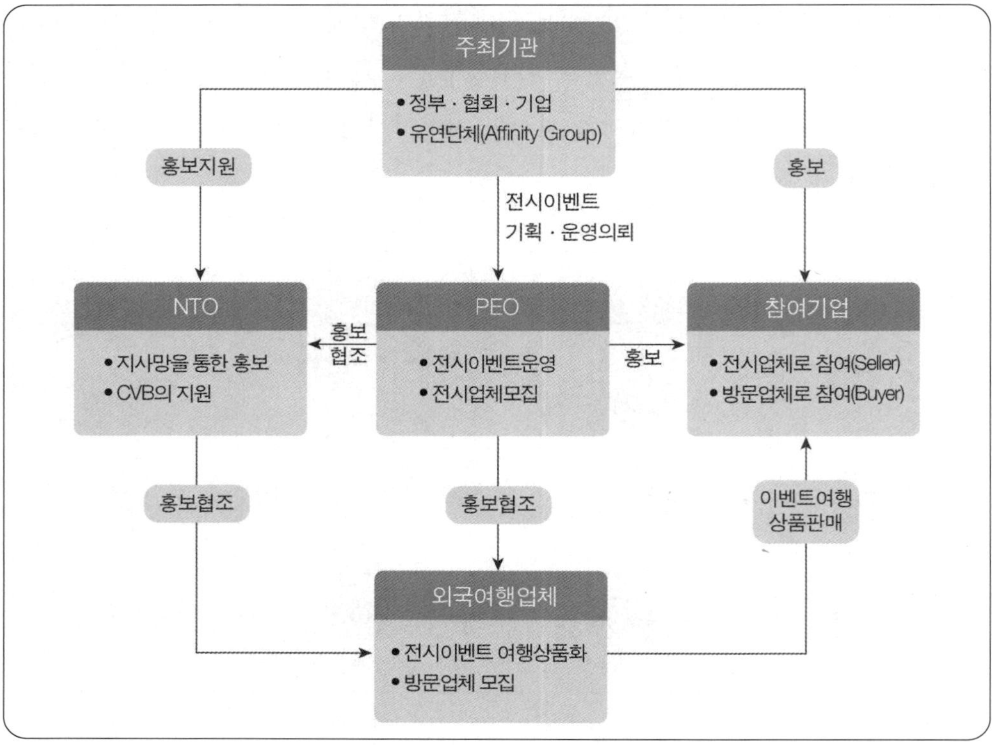

자료: 저자 작성

[그림 3-13] 산업전시(産業展示) 이벤트와 관광산업의 역할

4) 인센티브여행

흔히 마이스산업(MICE industry)의 한 부류로 분류되는 인센티브여행은 서구의 기업에서 촉진도구 또는 인사관리 도구로 이용되어 대중화된 것으로 기업구성원에게 동기를 유발시키는 촉진제로서의 역할을 해왔다.

또한 인센티브여행은 과거 국제회의 및 산업전시회와 연관되어 시행된 경우가 많았으며, 인센티브여행에 참여권한을 받은 기업의 구성원인 관광객의 지출규모가 일반 관광객보다 많아 관광수익이 높은 것으로 평가되고 있다. 이로 인해 각국의 NTO는 인센티브여행의 유치를 위해 별도의 고급스러운 홍보물을 제작 · 배포하는 등 많은 노력을 기울이고 있다. 이와 같이 인센티브여행을 유치하기 위한 관광산업의 노력을 설명하면 다음의 그림과 같다고 할 수 있다.

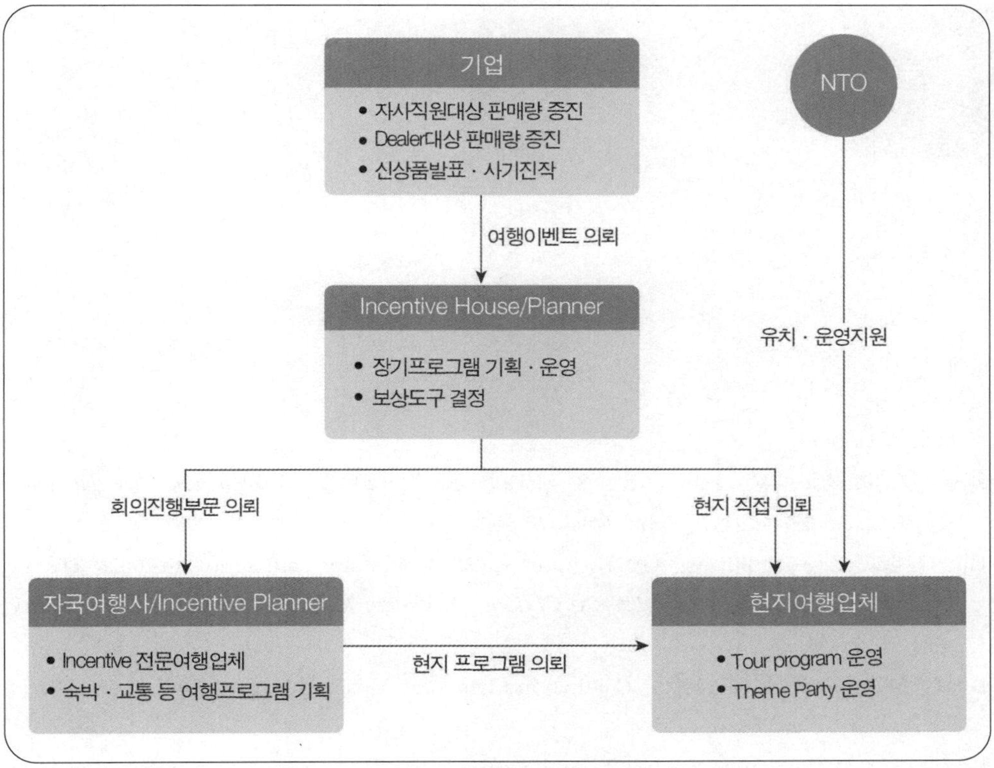

자료: 저자 작성

[그림 3-14] 인센티브여행과 관광산업의 역할

REFERENCE 참고문헌

Allen, J., O'Toole, W., Harris, R., & McDonnell, I. (2008). *Festival and Special Event Management*, 4th ed.. John Wiley & Sons.

Hall, C. M., & McArthur, S. (1991). Commercial whitewater rafting in Australia: History, development and profile. *Leisure Options: Australian Journal of Leisure and Recreation*, 1(2), 25-30.

Hall, C. M., & Zeppel, H. (1990). Cultural and heritage tourism: the new grand tour?. *Historic Environment*, 7(3/4).

Heywood, P. (1990). Truth and beauty in landscape - trends in landscape & leisure. *Landscape Australia*, 12(1).

Martin, W. H., & Mason, S. (1987). Social Trends and Tourism Futures. *Tourism Management*, 8(2), 112-114.

McIntosh, R., Goeldner, C., & Ritchie, B. (1995). *Tourism: Principles, Practices, Philosophies*, 7th ed.. John Wiley & Sons.

Naisbitt, J. (1994). *Global Paradox*, New York: William Morrow and Company Inc..

Pearce, P. L. (1988). *The Ulysses factor: evaluating visitors in tourist settings*. New York: Springer-Velag.

Read, S. E. (1980). A prime force in the expansion of tourism in the next decade: special interest travel. *Tourism marketing and management issues*, Washington D.C.: George Washington University.

Tabata, R. (1989). Implications of special interest tourism for interpretation and resource conservation. Heritage Interpretation, 2. London: Bellhaven Press.

Weiler, B., & Hall, C. M. (1992). *Special Interest Tourism*. London: Bellhaven Press.

World Tourism Organization(1985). *The role of recreation management in the development of active holidays and special interest tourism and consequent enrichment of the holiday experience*. Madrid: World Tourism Organization.

case study

청도 소싸움 축제

• 행사개요

인전통축제로 지역주민에 의해 발생하여 민간에 전해 내려오는 대표적인 예로 청도 소싸움대회, 제주도 조랑말싸움, 고싸움놀이, 택견대회, 궁도대회 등이 있는데, 이는 현대에 들어와 전통문화 축제로 활성화되어지고 있다. 청도 소싸움은 해를 거듭하면서 규모있는 축제로 발전하기 시작했으며, 행사장소로 청도군 이서면 서원천변 둔치에서 시작하여 전용소싸움장을 신축할 정도로 성장하였다. 매년 5월초에 개최되어 5일간 개최되며, 청도군에서 주관하고, 문화관광부, 한국관광공사, 경상북도에서 후원하고 있다.

행사명	청도 소싸움축제 KOREA BULLFIGHTING FESTIVAL CHEONGDO
행사장소	경북 청도군 소싸움 경기장
행사기간	매년 3월 말 또는 4월 초
행사주최	청도 소싸움축제 추진위원회
행사주관	청도군
행사후원	문화관광부/한국관광공사/경상북도

• 성장배경

소싸움은 농경문화의 유산으로서, 소에게 풀을 뜯어먹게 하려고 산이나 들로 몰고 나가서 소꼴이나 술을 걸고 소끼리 싸움을 시키는 즉흥적인 놀이에서 유래되었다. 우리나라의 소싸움은 소가 한곳에 모여 풀을 뜯다가 서로 머리를 맞대고 힘을 겨루게 되고, 소의 주인도 자기 소가 이기도록 응원하던 것이 발전하여 사람이 보고 즐기는 소싸움으로 변하게 되었다.

청도 소싸움은 1990~1994년까지 영남 민속투우대회를 거치다가 1995년에 전국 민속투우 대회로 발돋움하였다. 1999년부터는 청도 소싸움축제로 명칭을 변경, 문화관광축제로 지정되었다.

• 행사프로그램

청도 소싸움의 행사는 크게 주요프로그램과 테마프로그램으로 구성되어 있다.

주요프로그램에는 개막식과 폐막식 및 오랜 전통을 가진 소싸움경기로 구성되어 있다. 전국의 투우들이 한자리에 모여 힘과 기술을 펼치는 전국 소싸움대회와 한 · 일 양국의 친선교류를 더욱 확대시킨 양국 투우들의 자존심을 건 한판승부를 겨루는 한 · 일 친선 소싸움경기, 한우 로데오 경기, 청도 소싸움 축제의 마스코트, 살아 있는 캐릭터쇼를 볼 수 있는 애드립 공연 그리고 청도 소싸움 축제 사진촬영 대회 등이 모두 주요 프로그램이다.

테마프로그램에는 소와의 친숙함을 느끼고 청도 또는 우리 고유의 전통문화를 체험할 수 있는 체험 파크(park)와 소달구지 타기, 이쁜소 선발대회, 소싸움의 각종 자료들을 전시해 놓은 전시 파크 등이 있다.

• **이벤트 캐릭터**

카우와 붕가(파도 마루에 올라탔을 때의 외침)는 "자! 간다. 해냈다!"의 뜻을 가진 의성어이다. 카우와 붕가(COW & BUNGA)는 농경문화의 대표적인 소를 통해 적대적 관계가 아닌 협동과 상부상조하는 우리 민족을 대표하는 캐릭터이다. 이는 청도소싸움축제가 전국 민속투우대회에서 청도소싸움축제로 명칭을 변경하여 문화관광축제로 지정되던 1999년 1월에 디자인하여 발표되었다. 카우와 붕가는 청도소싸움축제를 세계의 문화예술 축제로 성장시키기 위하여 상징적인 이미지로 개발된 캐릭터로서 이를 통하여 보다 폭넓은 홍보와 더불어 관련상품의 개발로 '붐'을 조성하고 경제적 이익까지도 발전시켜 나가야 할 것이다.

CHAPTER 4

이벤트 개최효과

일반적으로 지역사회가 개최하는 이벤트와 국가가 개최하는 국제규모의 대형이벤트는 지역사회발전에 파급효과가 큰 것으로 조사되고 있다.

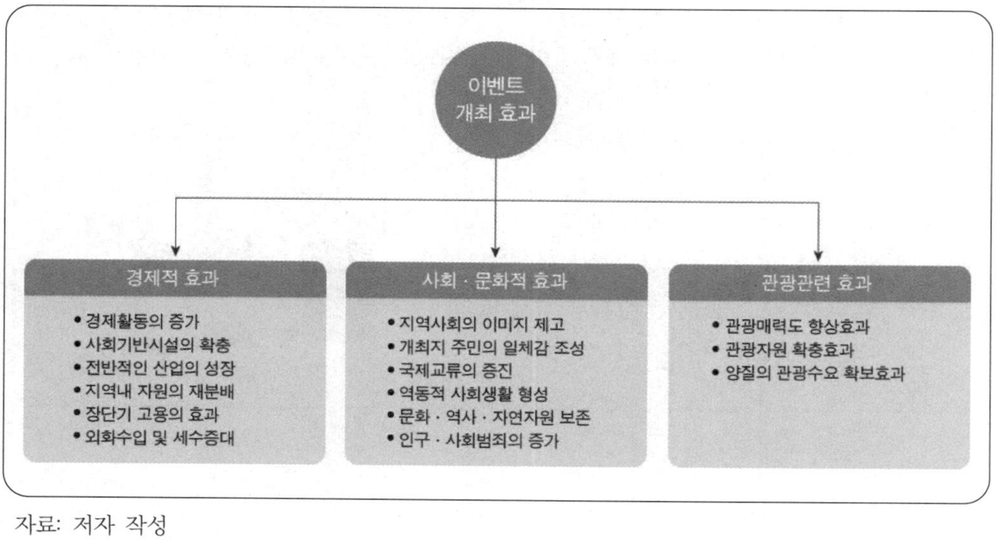

자료: 저자 작성

[그림 4-1] 이벤트 개최효과

지금까지 이벤트의 개최효과는 주로 경제적인 측면에서 다루어졌으나, 사회 · 문화적 효과도 중요한 고려요소라고 할 수 있다. 또한 대부분의 이벤트는 관광산업과의 연계를 통해 개최지역의 관광산업발전에 기여하고 있다.

제1절 이벤트의 일반적인 개최효과

1 이벤트의 경제적 개최효과

1) 경제활동의 증가

최근 개최되는 많은 수의 이벤트는 경제활성화를 목적으로 시행되고 있다. 이벤트개최를 통한 경제활성화는 개최 전에 나타나는 효과와 이벤트 개최 중에 나타나는 효과, 그리고 개최 후에 나타나는 세 가지 효과 측면에서 검토할 수 있다.

이벤트 개최 전에 나타날 수 있는 경제활동의 증가는 이벤트개최를 위해 투자하는 경제활동, 즉 대규모의 이벤트를 개최하기 위해서는 그에 따른 사회 하부구조시설의 개선을 위해 중앙정부와 지방자치단체의 투자와 지출이 병행되고, 이로 인해 일반경제가 활성화되며, 지역 내의 경제활동이 증가하게 되는 것이다.

이벤트 개최 중에는 이벤트 방문객이 소비하는 직 · 간접적 지출로 인해 발생하는 것으로 직접적으로는 이벤트의 입장수입, 스폰서 수입 등이 있을 수 있고, 간접적으로는 이벤트 개최지역을 방문한 관광객이 소비하는 각종 관광지출이 있어 개최지역의 경제활동이 증가하는 효과를 얻게 된다.

이러한 이벤트 개최지역 내 경제활동의 증가는 전반적인 산업성장과 산업경제의 활성화로 연결될 수 있으며, 이벤트의 장기계획과 성과에 따라 지속적인 경제활동 증가의 효과를 얻을 수 있다.

2) 사회기반시설의 확충

올림픽이나 월드컵, 세계박람회 등과 같이 메가이벤트가 개최되는 경우 사회인프라의 개선과 이벤트개최를 위해 새로운 시설의 구비 등을 필요로 하여 개최지역의 재개발계획을 촉진시키는 효과가 있다.

이는 도로시설의 정비, 숙박시설의 확충, 기타 관광시설의 개선 등을 포함하는 광범위한 도시개발의 효과를 가져오며, 이벤트가 개최된 후에도 다른 유형의 대규모 이벤트를 수용할 수 있는 시설로서의 역할을 수행하게 되어 결국 사회기반시설을 확충하는 기회로 활용될 수 있는 것이다.

흔히 서구에 비해 지방의 사회기반시설이 취약한 우리나라의 경우 지방도시에서 개최되는 지역축제에 참여한 방문객 대부분은 축제 개최지의 관광시설 취약성을 문제로 지적하고 있는 경우가 많다. 따라서 최근처럼 각 지방자치단체가 이벤트를 통해 경쟁적으로 외래관광객을 유치함에 있어 경쟁력 있는 이벤트가 되기 위해서는 사회기반시설의 개선과 확충이 전제되어야 할 것이다.

3) 전반적인 산업의 성장

앞에서 설명된 바와 같이 이벤트 개최로 경제활동이 증가하는 효과를 갖게 되는데, 이와 함께 지역사회의 이벤트개최는 전반적인 산업의 성장을 가져오는 경우가 많다. 물론 개최되는 이벤트의 성격에 따라 그 영향이 큰 경우도 있고, 적은 경우도 있겠으나, 지금까지 연구된 결과를 보면, 이벤트개최로 인해 서비스업을 포함한 대부분의 산업이 성장하는 것으로 발표되고 있다.

월드컵에 관한 조사내용(경기개발연구원, 1997)에 따르면, 직접투자수요에 의한 파급효과분석에서 광고, 기계 · 장비임대 등이 포함된 부동산 및 사업서비스부문이 가장 큰 생산유발효과와 부가가치 유발효과가 있는 것으로 나타났고, 그 다음으로 건설업, 음식점업, 숙박업, 오락 및 문화서비스를 포함한 사회 및 개인서비스부문, 금융 및 보험순으로 생산유발효과와 부가가치유발효과가 큰 것으로 조사되었다.

4) 지역내 자원의 재분배

이벤트는 개최지역과 이벤트가 개최되는 인근의 관광지역에 재개발촉진의 계기를 제공하므로 도시중심 또는 특정지역중심의 자원안배에서 이벤트 개최와 함께 그 인근지역으로 자원을 분배하는 효과를 갖는다. 또한 특정지역에 이벤트가 개최될 경우 이를 준비하고 운영하는 인력이 인근지역으로부터도 공급되므로 인력자원의 분배에 있어서도 지역적 확산효과를 갖는다고 할 수 있다.

5) 장단기 고용효과

이벤트의 개최는 고용창출면에서 서비스부문에서 그 효과가 높다고 할 수 있다. 이러한 고용효과는 숙박업, 음식점업, 오락 및 문화서비스업 등 주로 관광관련산업에서 비교적 뚜렷이 나타난다고 할 수 있다. 특히 메가이벤트의 경우 이벤트개최준비나 개최중의 사회 및 개인서비스부문의 고용창출효과가 높을 뿐만 아니라 개최 후에도 개최지의 경제활성화와 산업성장의 효과로 인해 고용기회가 확대되는 효과를 얻을 수 있다.

따라서 올림픽이나 월드컵 등의 메가이벤트 개최시 가장 커다란 사회 관심사중 하나는 장기적 고용효과라고 할 수 있다. 1994년 릴리함메르 동계올림픽이 개최된 노르웨이의 경우(Spilling, 1998) 1980년대 후반 매우 높았던 실업률은 동계올림픽이 개최된 1994년 이후 하향곡선으로 변화하는 모습을 보여 주었다. 이는 이벤트 준비기간과 운영기간 중에도 고용효과가 발생하지만, 이벤트개최가 끝나더라도 고용효과가 지속될 수 있다는 점을 시사하고 있다.

6) 외화수입 및 세수의 증대

이벤트에 참여하고자 하는 외래관광객 방문으로 인한 외화수입의 증대는 이벤트가 갖는 긍정적 효과의 대표적인 것이라 할 수 있다.

국제회의나 산업전시회 등과 같이 방문객의 소비지출이 높은 이벤트의 경우 일반관광객에 비해 외화수입의 효과가 크기 때문에 세계 각국의 국제회의 유치기관(CVB:

Convention & Visitor's Bureau)들은 이러한 수요를 확보하고자 노력을 경주하고 있는 것이다.

또한 위에서 언급된 바와 같이 이벤트 개최는 경제활성화의 계기가 될 수 있고, 이에 따라 지역사회 및 국가의 세수(稅收)가 증대되는 효과를 가져오게 된다. 이벤트 개최를 통한 지방세입 증가는 우리나라뿐 아니라 서구의 국가에서도 지방자치단체가 관심을 갖는 부문이라고 할 수 있다.

2 이벤트의 사회 · 문화적 개최효과

1) 지역사회의 이미지 제고

이벤트는 이를 개최하는 지역사회의 이미지 제고와 관광지로서의 이미지를 부각시키는 효과가 있으며, 이벤트개최를 통한 미디어 노출로 개최지의 관광이미지를 강하게 형성시키는 효과가 있다.

최근 우리나라의 지방자치단체들은 경영마인드를 도입하고 자체의 자원을 마련하기 위하여 지역 특유의 상품이미지를 부각시키려 노력하고 있다. 최근 우리나라 지방자치단체의 대부분은 한 개 이상의 브랜드를 보유하고 있으며, 이는 자치단체들이 그 지역의 특산물 등을 관광상품화하여 자치단체 주민 공동으로 마케팅수단으로 이용하고 있음을 보여주고 있다(특허청, 2000).

이와 같이 지역사회의 이미지를 부각시키고, 지역특산품의 홍보 등으로 이용하기 위하여 지역축제를 비롯한 다양한 이벤트가 개최되고 있다. 지방자치단체에서 특허청에 등록한 제주도의 '한라산눈꽃축제', '성산일출제' 및 진도의 '영등축제' 등은 지역이미지 부각을 위해 이벤트를 활용하고 있는 좋은 사례라고 할 수 있다.

이렇게 이벤트개최를 통해 지역이미지를 강화하고 관광목적지로서의 이미지를 창출하는 것은 서구와 일본 등에서도 관광지 마케팅의 대표적인 수단이 되어 왔으며, 유명 관광지의 경우 관광매력을 향상시키는 수단으로서 활용되기도 한다.

2) 개최지 주민의 일체감 조성

이벤트는 개최지역의 주민 단합기회를 제공하고, 지역주민들 자신이 갖고 있는 동일문화에 대한 일체감을 확인하는 기회를 제공하여 지역주민의 연대의식을 강화시키는 효과가 있다. 즉 이벤트를 통하여 외래방문자에게 개최지역의 전통문화를 알리고 개최지역주민의 고유문화에 대한 자긍심을 고취시켜 주는 것이다.

대부분의 이벤트는 개최지역의 독특한 고유문화의 정체성을 보여주려 노력하는데, 이 과정에서 지역주민의 단합된 준비와 적극적인 참여가 이벤트의 성패를 좌우하는 경우가 많기 때문에 이벤트개최라는 기회를 통해 지역민의 결집과 연대감을 조성하는 효과가 발생되는 것이다.

3) 국제교류의 증진

국제규모 또는 외래방문객이 참여하는 이벤트는 세계 각국의 정치, 사회, 문화, 체육, 예술, 산업분야 등 각계의 참여자들이 회합하는 장소이므로 국가간, 기업간 또는 민간부문에서 개인간의 활발한 국제교류를 촉진시키는 효과를 갖는다.

또한 국제규모의 이벤트가 개최되는 지역의 경우 이미지제고로 인한 외국기업의 진출이 확대되는 환경이 조성되고, 관광목적지로서의 이미지와 방문가치가 높아지므로 지역내 이동에서 세계화 · 개방화에 따른 국제교류 증진효과가 나타나게 된다. 뿐만 아니라 이벤트 개최로 국제적 문화의 교류, 전시회 등을 통한 최근 기술정보의 교환, 교역증대를 통한 국제 산업교류의 기회가 확대되어 개최지역 주민의 국제화 효과에도 기여한다고 할 수 있다.

4) 역동적 사회생활 형성

이벤트가 개최되는 지역은 이벤트 개최에 따른 기대감, 개최준비로 인한 역동성으로 인하여 이벤트 개최전 관심이 고조되면서 지역사회 주민은 구성원으로서의 기대감과 참여의식을 갖게 된다. 각종 이벤트가 개최되면 개최지역의 예술 · 문화 · 스포츠 · 쇼핑을 자극하여 지역사회 구성원에게 역동적인 생활의 기회를 제공하게 된다. 즉 이벤트에 직접 참여하지 않더라도 지역사회의 분위기가 역동적으로 형성되어 사회구성원 모두가 이벤트에 관심을 갖게 되는 것이다.

5) 문화 · 역사자원의 보존

지역사회에서 개최되는 대부분의 이벤트는 방문객에게 그 지역사회의 문화적 특징을 보여 주려고 노력하는데, 이를 위해서는 그 지역이 지니고 있는 고유의 독창적 문화를 표현할 수 있는 관습, 역사, 음식, 지역의 역사적 인물, 음악, 미술 등이 주제로 등장하게 된다.

그러나 국제화(globalized)된 현대의 문화에 익숙한 방문객에게 유사한 문화에 대한 경험기회를 제공한다면, 이는 관광상품화되기 어려운 경우이므로 이벤트를 통해 보여지는 지역문화는 그 지역의 정체성을 최대한 살리고자 노력하는 것이다. 따라서 이벤트에서 제공되는 각종 프로그램은 가장 정통성이 있는 그 지역의 순수 전통문화를 내포하고 있는 경우가 많다. 이로 인해 이벤트를 통해서 개최지역의 고유문화와 역사를 보존하고, 또한 지역주민에게는 그 문화를 교육하고 계승시키는 효과가 있다.

3 이벤트의 부정적 개최효과

이벤트를 개최함에 있어 반드시 긍정적인 효과만이 존재하는 것은 아니다. 이벤트는 개최지 지역주민의 의견이 존중되어 개최여부가 결정되어야 하지만, 개최 주민의 긍정적 참여가 있다고 해도 몇 가지 부정적인 효과가 없어지는 것은 아니다. 이벤트의 대표적인 부정적 효과로는 거주민의 일상생활에서 쾌적성이 상실된다는 점을 들 수 있으며, 행정력의 손실, 교통혼잡, 도시과밀과 인구의 증가 및 사고발생의 증가 등도 나타난다.

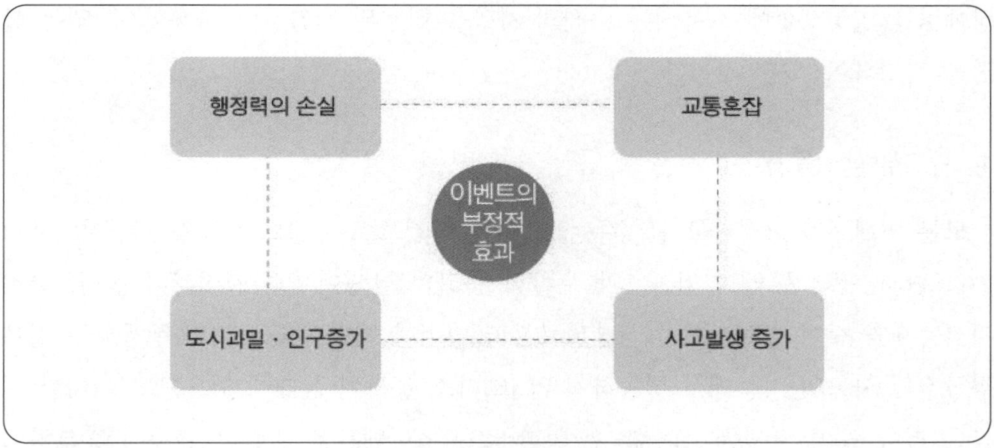

자료: 저자 작성

[그림 4-2] 이벤트의 부정적인 효과

1) 행정력의 손실

지역사회의 발전 또는 국가에서 거시목적을 추구하여 유치하는 이벤트의 경우 많은 행정력을 필요로 하고 있다. 물론 우리나라의 경우 관광 또는 문화부문의 업무를 지속적으로 담당하는 행정력이 부족하지만, 대규모의 이벤트나 지방자치단체가 주최하는 이벤트가 개최되어 기대된 효과를 얻지 못하면 행정력이 손실된다. 이는 기회비용과 관련되어 국민의 편익손실로 이어지게 되는 것이다.

2) 교통혼잡

일반적으로 이벤트는 대중의 이동을 유발시키고, 이는 교통혼잡으로 이어져 이벤트 개최지의 지역주민에게 불편을 초래하게 된다. 따라서 일상생활보다 증가한 교통량은 이벤트운영의 어려움으로 작용하기도 한다.

또한 원활한 이벤트의 운영을 위해 교통을 통제하는 경우도 있다. 우리나라에서 ASEM회의를 개최했을 때 이벤트 개최기간 동안 '차량 2부제'를 실시한 것도 교통량 통제를 통해 원활한 이벤트운영을 도모한 것이라고 할 수 있으나, 개최지 주민의 입장에서는 일상생활에 사용되는 자신의 차량을 한정된 시간동안 사용할 수 없는 불편을 감수해야 하는 것이다.

3) 사고발생 증가

모든 이벤트가 그렇다고 할 수는 없으나 일반적으로 이벤트를 개최하는 지역에서는 도난과 폭력 등의 범죄사고와 우발적 사고의 발생이 일반지역보다 높다. 특히 지역축제와 같이 참여자가 일상생활로부터 벗어나 해방감을 느끼며 행동하는 경우 정상적인 사고의 기준에서 행동하지 않고, 다소 흥분된 상태에 있으므로 이러한 현상은 더욱 많이 발생한다고 할 수 있다. 스포츠이벤트를 관람한 관중이 흥분하여 사고를 유발시키거나 메가이벤트에서 테러가 자주 발생하는 것도 이벤트개최의 부정적인 측면중 하나라고 할 수 있다.

4) 도시과밀 · 인구의 증가

일반적으로 이벤트가 개최되면 유동인구의 일시적 증가현상이 나타나게 된다. 즉 이벤트개최전 또는 개최중에는 체재인구의 증가로 인해 도시과밀 현상이 나타나고, 이로 인해 지역주민은 공공시설물 사용에 있어 불편함을 느끼게 되고, 일시적이나마 생활의 불편을 느낄 수 있다.

노르웨이에서 개최된 1994년 릴리함메르 동계올림픽의 경우 올림픽을 전후하여 1996년까지 릴리함메르 지역의 인구증가율은 매년 10% 이상을 보여 다른 지역보다 높게 나타났다(Spilling, 1998: 118-119). 그러나 이러한 인구의 증가에 대응하여 공공서비스가 개선된다면, 인구 증가에 따른 새로운 수요에 대한 고용기회의 증가, 경제활성화 등의 긍정적 효과를 기대할 수 있으나, 공공서비스의 개선없이 인구가 증가되는 경우 인구과밀로 인한 생활편의시설의 부족을 감수해야 하는 것이다.

5) 기타 부정적 효과

위에서 언급된 부정적 효과 이외에도 이벤트의 개최는 찬성과 반대의 의견을 지닌 대립집단으로 인한 지역사회의 분열, 쓰레기발생 및 자연훼손으로 인한 환경파괴, 폭죽과 인파 및 음악에 의한 소음발생, 전통문화의 지나친 관광상품화로 인한 전통 정체성의 상실, 사회긴장 등을 유발시키기 때문에 이에 관련된 부정적인 효과를 최소화하기 위해 계획된 관리를 필요로 한다.

박람회와 같이 일시적으로 발생되는 메가이벤트의 경우 자연을 훼손시키지 않도록 입지선정에 주의를 기울여야 하나, 그렇지 않은 경우 개최지 주민의 주거환경에 나쁜 영향을 미칠 수 있는 가능성을 지니고 있다. 또한 이벤트의 개최는 개최지의 사회긴장을 조장하여 주민의 일상적인 생활리듬을 방해하기도 한다.

[그림 4-3] 마라톤이벤트와 쓰레기

위에서 알아 본 바와 같이 이벤트 개최에는 긍정적 효과뿐 아니라 비교적 적은 수이지만 부정적 효과도 수반하는 것을 알 수 있다. 호주의 유명관광지인 골드코스트에서 개최되는 인디 카레이스(Indy Car Race)의 다음의 표에서와 같이 긍정적 효과 함께 부정적 효과가 조사되었다.

〈표 4-1〉 이벤트의 긍정적·부정적 기대효과 유형 – 골드코스트 카레이스 이벤트의 사례 –

긍정적 기대효과	• 개최지를 관광목적지로 촉진시키는 효과 • 개최지의 국제적 정체성을 확립시키는 효과 • 개최지 지역주민의 국제이벤트 참가기회 부여 • 지역경제 활성화 • 지역주민 고용기회 증가 • 지역주민에게 새로운 사람을 만나는 기회 부여 • 개최국의 해당산업분야 홍보효과	
부정적 기대효과	• 교통혼잡으로 불편 초래 • 지역주민에게 불편한 소음발생 • 개최기간 중 주차공간 확보의 어려움 • 지역주민의 정상적 생활에 불편 초래 • 혼잡스러움과 이로 인한 지역시설 이용의 어려움	

자료: Fredline, 1998: 202에서 저자 재구성

제2절 관광과 이벤트 개최효과

관광과 관련되어 발생하는 이벤트의 긍정적 효과는 크게 관광지 이미지 고양을 통한 매력도의 향상, 관광자원의 확충 및 관광수요의 확보로 구분할 수 있다.

이를 위해 세계 각 지역에서는 이벤트의 유치 또는 새로운 개최를 통해 개최지의 이미지를 고양하고, 양질의 관광객 수요를 확보하여 긍정적 효과를 최대화하고자 하는 노력을 기울이고 있는 것이다.

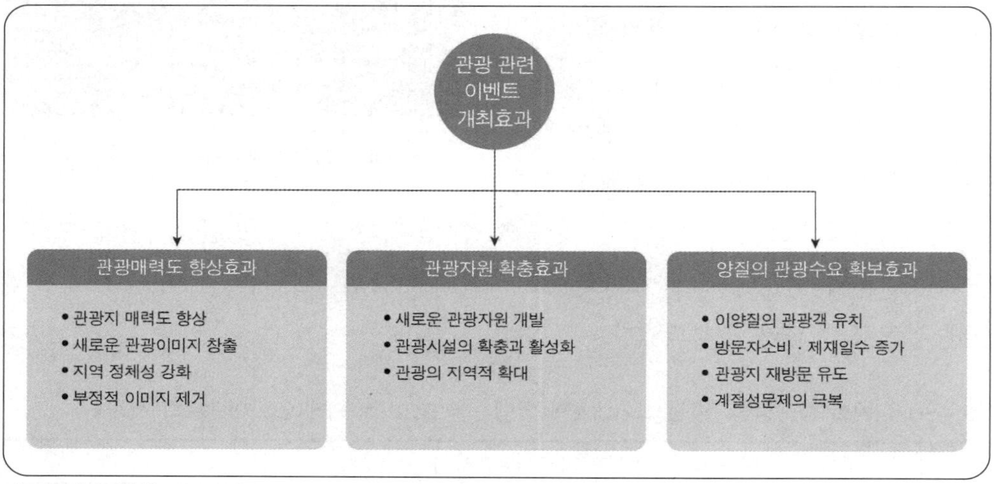

자료: 저자 작성

[그림 4-4] 관광관련 이벤트 개최효과

1 관광매력도 향상효과

1) 관광지 매력도 향상

세계적으로 유명한 관광지라 해도 반드시 유형의 관광자원이 풍부하다고 할 수는 없다. 역사적 문화유산 또는 자연환경이 중심이 되는 유형의 관광자원은 관광객의 재방문을 유도하기가 그리 용이하지 않으며, 문화적 · 자연적 환경의 유사성을 지닌 관광권역내의 국가들끼리는 유형 관광자원의 경쟁력을 유지하는 것 또한 용이한 일이 아니라고 할 수 있다.

이벤트는 이러한 유형의 관광자원에 매력을 더할 수 있는 부가가치를 부여하는 효과를 가질 뿐 아니라 새로운 무형 관광자원으로서 관광지의 매력을 향상시키는 효과를 지닌다.

파리의 에펠탑, 로마의 콜로세움, 호주의 깨끗한 해안 등은 언제나 그 자리를 지키고 있는 유형의 관광자원으로 많은 관광객을 맞이하고 있다. 그러나 이러한 매력물을 한번 방문한 관광객이 재방문을 하도록 유도하기 위해서는 유형 관광자원과 함께 관광지의 새로운 볼거리와 즐길거리를 제공하여야 하고, 이는 다양한 이벤트를 개최함으로써 관광지의 매력을 향상시킬 수 있는 효과를 얻게 되는 것이다.

따라서 유형 관광자원이 부족한 관광지의 경우 이벤트개최를 통해 새로운 무형 관광자원을 개발하는 것은 절대적으로 필요한 외래관광객 유인요소라고 할 수 있으며, 유형 관광자원으로 일정한 경쟁력을 갖추고 있는 관광지의 경우에도 이벤트개최는 외래관광객에게 관광지의 관광매력을 더할 수 있는 중요 요소라고 할 수 있다.

2) 새로운 관광이미지 창출

이벤트는 사람을 모이게 하고 홍보의 대상이 되는 무형 관광자원으로 작용하기 때문에 이벤트개최를 통해 개최지역의 새로운 관광이미지를 부각시킬 수 있다. 이 때문에 전 세계의 관광 선진국에서는 지역별로 새로운 이벤트를 개발하여 관광객 유치를 노력하고 있으며, 우리나라에서도 많은 지역에서 지역의 특색을 살려 관광이미지를 부각시키고자 이벤트를 개발하고 이를 홍보하고 있다.

3) 지역정체성 강화

이벤트는 지역의 경제발전이나 이미지 상승의 효과뿐만 아니라 지역주민들의 지역에 대한 자긍심을 높여주며, 지역의 정체성을 강화하는 효과를 나타낸다.

이는 이벤트를 개최함으로써 지역문화의 요소가 발전 · 육성됨으로 지역주민의 전반적인 문화수준이 향상되며, 지역 지명도 및 이미지가 향상된다. 또한 자원봉사활동에 의한 지역주민의 협조체제를 이루어, 소속의식을 고양시킴으로써 지역민의 지역활동참가를 촉진시키게 된다.

4) 부정적 지역이미지 제거

다양한 이벤트 개최는 대부분 기존의 지역이미지를 상승시키거나 새로운 이미지를 창출하는 효과를 나타낸다.

특히 산업도시의 경우는 문화파괴, 윤리파괴, 환경파괴 등의 부정적인 이미지를 가지고 있는 경우가 대부분인데, 국제적인 이벤트나 친환경적인 이벤트를 개최함으로써 참여자에게 많은 볼거리와 생활의 즐거움을 제공한다. 또한 생활주변에서 널려 있는 편리한 정보를 제공함으로써 이러한 지역의 부정적인 이미지를 제거할 수 있다.

2 관광자원 확충효과

1) 새로운 관광자원의 개발

무형의 관광자원으로서 이벤트는 개최지역의 새로운 관광자원을 개발하는 계기가 된다. 모든 관광지는 나름대로의 다양한 문화, 전통, 관습 등을 지니고 있어 이러한 문화유산을 이벤트화하여 새로운 관광자원으로 개발할 수 있는 것이다. 또한 자연경관이 수려한 관광지의 경우 자연을 이용한 이벤트의 개최가 가능하고, 특징이 없는 관광지의 경우에도 그 지역의 이미지를 부각시킬 수 있는 이벤트로 외래관광객을 유입시킬 수 있다.

이와 같이 관광지의 특성에 알맞은 무형 관광자원으로서의 이벤트는 새로운 관광상품으로서 관광시장에서 주목될 수 있고, 동일한 이벤트의 개최를 거듭할수록 관광지의 상징이 되는 새로운 관광자원으로서의 위치를 확보하게 되는 것이다.

2) 관광시설의 확충과 활성화

(1) 관광시설의 확충

이벤트의 개최는 외래관광객의 유입을 촉진시키는 역할을 하므로 외래관광객에게 필요한 시설을 확충하는 효과를 갖게 된다. 특히 국제회의이벤트, 산업전시이벤트, 지역축제, 박람회 등과 같이 외래관광객을 주요대상으로 하는 이벤트의 경우 이들을 위한 숙박시설, 회의시설 및 기타 관광시설의 확충이 필수적인 전제가 되는 경우가 많다.

따라서 이벤트의 성공적인 개최와 외래방문자의 유치를 위해 새로운 관광시설의 확충은 이벤트 개최전에 선행되어야 할 과제라고 할 수 있다. 흔히 한 지역의 대규모 이벤트를 앞두고 숙박시설과 편의성이 높은 관광시설의 부족을 지적하는 경우가 많으며, 이러한 지적과 우려는 다양한 관광시설의 확충으로 연결되어 관광시설의 수준을 향상시키는 효과를 불러오게 된다.

(2) 관광시설의 활성화

이벤트개최를 통해 외래방문자의 증가하고, 이로 인해 관광 관련시설이 활성화되는 효과를 얻을 수 있다. 대표적인 관광시설 활성화의 효과는 호텔산업을 비롯한 숙박시설의 활성화라고 할 수 있다. 올림픽이나 세계박람회와 같은 메가이벤트가 개최되는 경우 개최지의 호텔은 물론 모텔, 전통숙박시설, 민박 등에 이르기까지 각종 숙박시설은 포화상태가 된다.

비록 작은 규모의 이벤트가 개최된다 하더라도 이벤트는 외래방문객을 유입시켜 개최지역의 숙박시설은 평상시보다 높은 가동률을 보이게 된다. 산업전시회가 빈번히 개최되는 독일 주요 도시의 경우 연중 이벤트의 개최로 객실판매율을 높이고 있는 좋은 예라 할 수 있다.

또한 숙박시설 뿐만 아니라 관광지 매력물(tourist attractions), 회의장 및 공연장 등 각종 관광시설의 이용률이 높아지게 되고, 관광지와 시설물에 대한 홍보영향력이 강화되는 효과를 갖게 되는 것이다.

3) 관광의 지역적 확대

지역축제, 국제회의, 산업전시회 등과 같은 이벤트는 최근 유명 대도시뿐만 아니라 대도시와 연계된 지방에서 개최되는 경우가 많다. 이는 대부분의 관광객이 특정 국가를 여행할 경우 한 국가의 대도시를 중심으로 여행하는 형태를 하게 되는 관광객의 도시집중화현상을 주변지역으로 확산시키는 효과를 가져온다.

이와 같이 이벤트는 관광객 방문지의 공간분산을 유도하기도 하며, 개최지역이 대도시와 인접한 경우 이를 배후도시로 하여 인근 대도시 주민을 겨냥한 외래관광객 유인수단으로 이용되기도 한다. 따라서 이벤트의 개최는 관광측면에서 지방개최시 개최지역의 관광이미지 구축을 촉진시키고, 외래관광객의 관광지역을 확대시키는 결과를 얻게 된다.

관광지역이 확대된다는 것은 과거 대도시 또는 유명 관광지를 중심으로 외래관광자의 관광활동이 제한되었으나, 새로운 유형 관광자원을 개발하지 않아도 무형 관광자원으로서 지방의 새로운 관광자원을 소개할 수 있는 효과를 얻을 수 있다.

3 양질의 관광수요 확보효과

1) 양질의 관광객 유치

회의이벤트나 산업전시이벤트 등의 이벤트에서는 양질의 관광객을 유치할 수 있는 효과를 가지고 있다. 이러한 이벤트에 참가하는 참가자는 전문적인 지식이나 능력을 갖춘 지식인이나 고위층이 대부분으로 이는 급진적인 기술혁신, 신제품, 개발이 진행되는 첨단업계에서의 정보교환이 이루어지는 곳이다.

참가자들은 이벤트 참가이외에 많은 쇼핑이나 주변관광을 즐겨 관광소비를 촉진시킬 뿐만 아니라 자국에서는 의견을 나타내는 그룹으로서 많은 홍보효과를 나타낸다.

2) 방문자의 소비 · 체재일수 증가

이벤트 참가자들은 이벤트에 참가함으로써 관광소비의 잠재적인 동기를 가지게 된다. 참가자들은 이벤트 기간중 숙박, 교통, 음식, 토산품 등의 쇼핑부문에 소비하는 직접비용으로 인한 효과뿐만 아니라 그로 인한 파급효과가 나타나며, 또한 회의 이벤트나 박람회 등의 참가자들은 대부분 상류층 집단으로써 많은 선물이나 쇼핑, 골프와 같은 고가의 관광상품을 이용함으로써 많은 소비가 발생한다. 뿐만 아니라 스포츠이벤트의 경우 스포츠경기의 기간에 따라 체재일수가 증가하는데, 월드컵과 올림픽 같은 스포츠이벤트 같은 경우는 장기체재자를 증가시키는 효과를 나타낸다.

이러한 효과 때문에 많은 나라에서는 스포츠이벤트를 유치하기 위해서 많은 노력을 하고 있다.

3) 관광지 재방문 유도

관광지나 관광시설의 특징 중 하나는 고정적이라는 점이다. 자연환경이나 관광시설은 한번 다녀간 관광자에게 새로운 매력을 불러일으키기는 상당히 어렵다. 그렇기 때문에 리조트, 박물관, 쇼핑센터, 주제공원의 활성화를 위해 그들의 프로그램에 이벤트를 적극적으로 도입하여 관광지 및 관광시설에 대한 관광수요를 환기시켜 관광지 및 관광시설의 이용을 활성화시켜 관광객의 재방문을 유도하는 효과를 나타낸다.

4 계절성 문제의 극복

관광지에서의 이벤트는 비수기(low season) 또는 평수기(shoulder season) 개최를 통해 성수기(high season)를 연장하거나 비수기를 극복할 수 있는 효과를 갖는다. 관광산업은 계절성(seasonality)을 갖는 특징에 따라 대부분의 관광지는 성 · 비수기의 구분이 있어 비수기에는 유휴인력과 유휴시설이 발생하고, 성수기에는 인력과 시설이 부족한 현상을 초래하여 비효율적인 운영의 문제점을 갖게 된다.

그러나 비수기, 평수기, 또는 성수기를 전후한 시기에 개최되는 이벤트는 이러한 관광산업의 유휴인력과 유휴시설을 최대한 가동할 수 있도록 하여 효율성을 극대화할 수 있는 효과를 갖는 것이다. 이는 성수기의 연장뿐만이 아니라 성공한 이벤트의 경우 개최기간 동안 많은 외래관광객을 유입시킴으로써 새로운 관광시즌을 창출하는 결과를 낳기도 한다. 우리나 관광산업의 성수기와 비수기는 월별로 다음의 표와 같이 나타난다.

따라서 입국자수가 적은 동계 및 춘계에 개최되는 이벤트는 비수기를 극복하고, 성수기를 연장할 수 있는 효과를 불러올 수 있고, 관광시설의 효율적 사용에 도움이 될 것이다. 아울러 출국자수가 많은 하계 및 동계에도 매력적인 이벤트 개최를 통해 내국인 출국자를 이벤트 개최지로 유치할 수 있을 것이다.

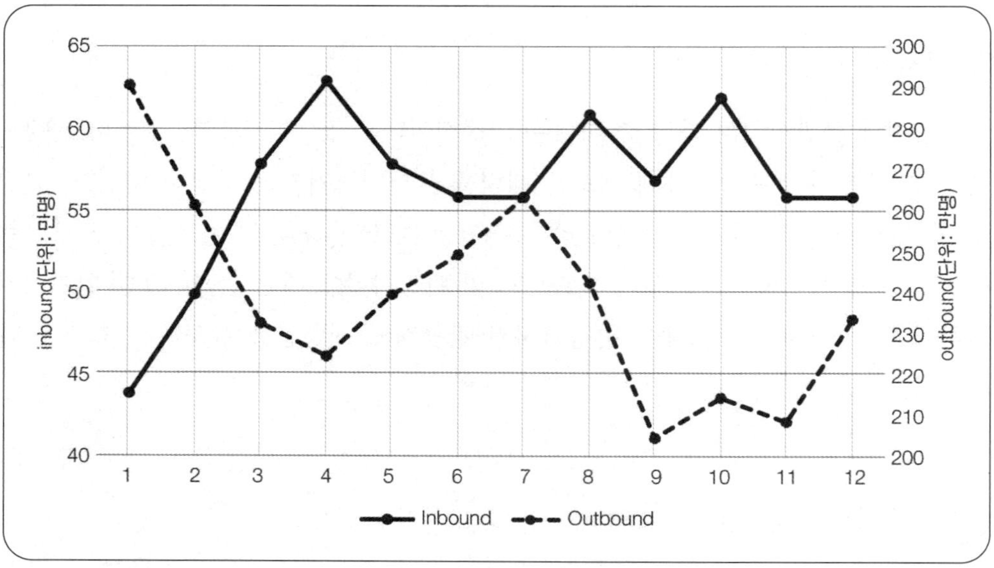

[그림 4-5] 월별 입국자 수 예

서구와 일본의 성공한 지역축제, 역사가 있는 유럽과 미국의 대규모 산업전시회(trade fairs) 등은 비수기에 새로운 관광시즌을 창출한 좋은 성공사례라고 할 수 있으며, 동절기가 길고 기온이 낮아 여행이 불편한 북반구의 북쪽에 위치한 국가들이 관광산업 측면에서 약점을 지닌 겨울에 오히려 다양한 이벤트를 개최하여 새로운 관광수요를 창출하는 것 또한 이벤트를 이용해 비수기를 극복하는 좋은 사례라고 할 수 있다.

제3절 이벤트 개최효과의 진행유형과 측정

1 이벤트 개최효과의 진행유형

이벤트의 효과는 이벤트를 개최하기 전, 이벤트 개최기간중 및 이벤트 개최후의 세 단계로 구분할 수 있다. 우리가 흔히 이벤트의 개최효과라고 일컫는 것은 주로 이벤트 개최기간에 관련된 효과를 칭하는 경우가 많으나, 실제로는 이벤트개최를 전후하여 발생하는 효과도 존재하고 있다.

다만, 이벤트개최를 전후하여 발생하는 효과의 형태 및 효과의 규모에 따라 이벤트개최가 지역사회에 어떤 영향을 미쳤으며, 장단기적으로 어떤 효과가 있었는지를 구분하여 살펴볼 필요가 있다. 이렇게 이벤트개최에 따른 효과의 진행유형으로는 인터메쪼형과 새로운 활동수준형(Sparrow. 1989: 257) 및 성장형태 변화형의 세가지 유형이 있다.

1) 인터메쪼 型

인터메쪼형의 이벤트는 일시적으로 효과가 발생되어 바로 소멸되는 유형이라고 할 수 있다. 이러한 유형은 이벤트 개최직전 이벤트 개최로 인한 상승효과가 발생되기 시작하여 이벤트 개최기간중 그 효과가 절정에 이르고, 개최후에는 빠른 속도로 효과가 소멸되어 일상적인 성장패턴으로 회귀하는 형태라고 할 수 있다. 일반적으로 중소규모의 일회성 이벤트에서 나타나는 현상이라고 할 수 있으며, 지역사회에 장기적인 기여를 하기 힘든 유형이라 할 수 있다.

2) 새로운 활동수준 型

새로운 활동수준 형의 유형은 이벤트를 개최함으로써 새로운 성장수준 또는 관광발전의 새로운 활동수준을 창출하는 유형으로써 이벤트의 개최를 통해 관광발전에 장기적으로 영향을 미치는 유형이라고 할 수 있다. 이벤트의 개최는 단기적 수요인 이벤트 참가자를 위한 숙박시설 및 편의시설 등의 새로운 시설물을 확충하게 되고, 이벤트 개최후에는 이벤트를 통한 이미지제고로 개최지역의 경쟁적 지위 확보로 인해 관광산업의 새로운 활동수준을 유지할 수 있게 되는 것이다.

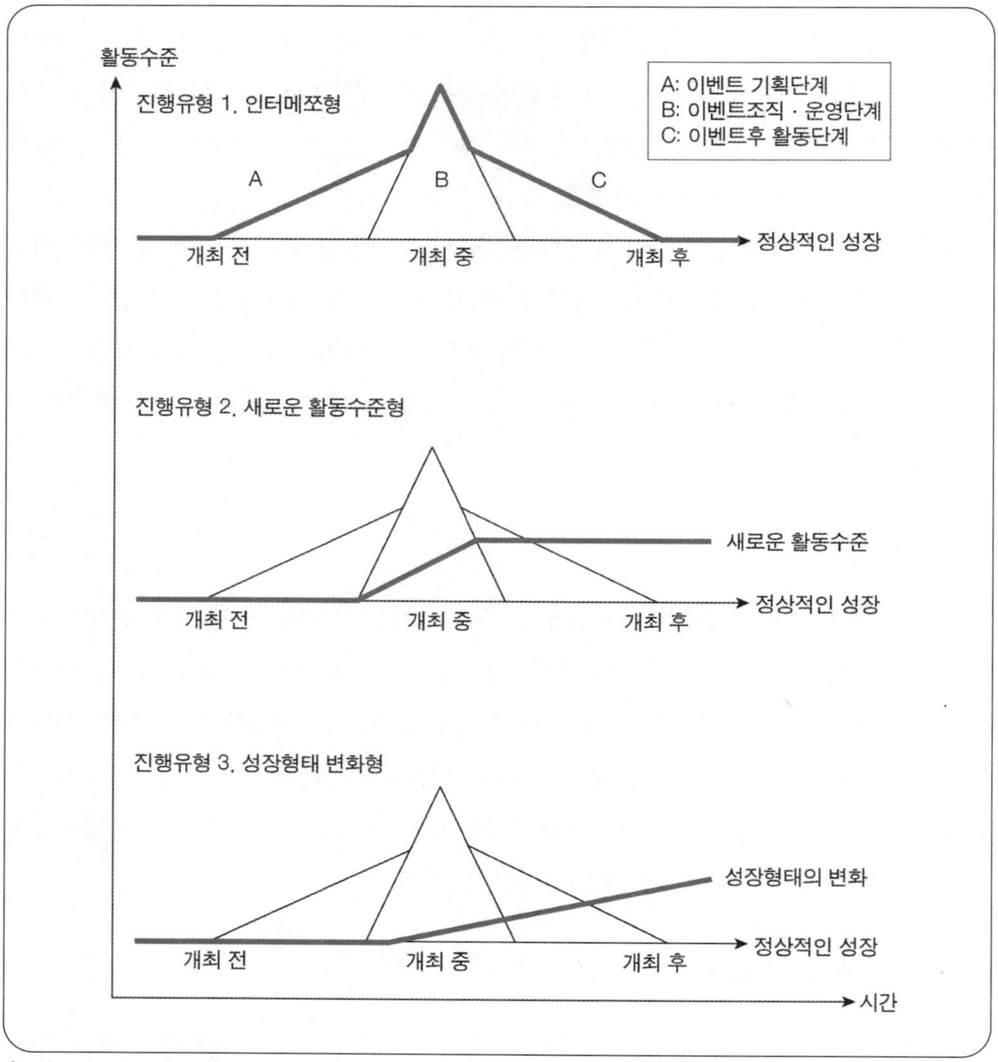

자료: Spilling, 1998: 105.

[그림 4-6] 이벤트 개최효과 유형별 진행과정

이와 같은 효과는 관광산업에만 영향을 미치는 것이 아니고, 일반 제조업이나 컨설팅업체 등 타산업분야에서도 이벤트 개최후 경쟁적 지위를 확보할 수 있게 하여 새로운 시장의 개척 또는 새로운 수요의 형성을 통해 이벤트 개최전보다 높아진 성장수준을 유지할 수 있는 것이다.

예로 올림픽경기장 건설에 참여한 업체가 이를 바탕으로 이벤트 개최전까지 수행하던 낮은 기술수준에서 높은 기술수준의 건설업무를 지속적으로 수주 받는다면 이 또한 새로운 활동수준을 유지해 가는 유형이라고 할 수 있다.

3) 성장형태 변화 型

성장형태 변화형은 이벤트 개최지의 성장형태 자체를 변화시키는 유형이다. 즉 이벤트 개최로 인해 기업경영환경의 개선을 도모하고, 새로운 사업을 시작할 수 있는 경제적 환경과 사회 · 문화적 환경을 촉진시키며, 사회기반시설을 확충시켜 개최지 경제에 역동성을 제공하게 된다(Spilling, 1996: 91-103). 이로 인해 개최지의 각 관련 산업분야에서는 이벤트 개최전의 정상적인 성장유형에서 성장의 기울기가 빠른 새로운 성장형태로 변화하는 유형이라고 할 수 있다.

2 경제적 개최효과의 측정방법

이벤트의 경제적 효과를 측정하는 데에는 다양한 방법이 있을 수 있다. 즉 이벤트 개최와 운영에 따른 이벤트 자체의 수익과 손실을 기준으로 한 경제적 효과에서부터 지역경제에 파급된 간접효과를 포함한 비용 · 편익의 산정에 이르기까지 여러 가지 방법이 있다. Getz는 다음의 표와 같이 이벤트의 경제적 효과를 측정하는 방법을 제시(Getz, 1994: 437-439)하고 있다.

1) 손익분기 또는 이익 · 손실 측정방법

이벤트의 개최와 운영에 따른 개최자의 재무적 성과를 측정할 목적으로 수행되는 이벤트효과에 대한 평가방법이라고 할 수 있다. 이 방법은 이벤트 수행을 위해 투여된 직접비용과 이벤트 개최로부터 얻어진 직접수입을 비교하여 이벤트의 운영을 통해 어느 정도의 직접이익 또는 직접손실을 발생시켰는지를 산정하는 접근방법이다. 즉 이벤트 자체에 해당하는 단기적이고 제한적인 범위의 재무성과를 평가하는 방법이라고 할 수 있다. 따라서 이 방법을 통해 발생되는 이익은 개최지의 경제적 편익을 나타내는 것이 아니다. 즉 지자체의 보조금을 통해 이벤트 운영에서 이익이 발생했다면, 이는 개최자에게는 이익이 발생했다고 할 수 있지만, 이것이 반드시 개최지에 새로운 경제적 이익을 발생시켰다고 할 수는 없는 것이다.

〈표 4-2〉 이벤트의 경제적 개최효과 측정방법

접근방법	목적	일반적인 방법
손익분기 또는 이익 · 손실	• 재무적 효율 및 지급능력에 대한 단기평가	• 직접수입과 직접비용의 산출 • 이익 또는 손실의 산정
투자수익률	• 스폰서와 보조금 지급자의 편익산정 • 개인투자자에 대한 투자수익률(ROI) 계산	• 보조금 · 스폰서십과 방문수준 · 경제적 편익과의 관계산정 • 표준 ROI산정법 이용
경제적 규모	• 개최지 입장에서 이벤트의 경제적 규모 산정	• 총방문자수와 소비지출 및 주최자의 지출규모 산정
경제적 영향	• 개최지의 거시적 경제편익 산정	• 직 · 간접 수입과 고용효과 계산 • 승수 및 계량통계모델 이용
비용과 편익	• 개최지 지역사회와 환경을 고려한 비용 · 편익 평가 • 이벤트 순가치(純價値)결정	• 유 · 무형 비용과 편익의 장단기 비교 • 투자의 기회비용 평가 • 파급효과 계산 • 이벤트 순가치(純價値)계산

자료: Getz, 1994: 437-439.

2) 투자수익률 측정방법

이벤트에 스폰서십을 제공한 대부분의 기업은 이를 통해 판매, PR 및 기타 마케팅 목표에 대한 성과를 기대하게 되며, 보조금을 지급한 공공기관의 경우 이벤트 개최를 통해 일반인의 태도변화 또는 경제적 영향에 대해 기대하고 있는 목표가 있다. 이는 스폰서십과 보조금 지급이라는 형태로 이루어진 투자에 대한 반대급부로서의 기대목표인 것이다.

또한 이벤트개최에 자금을 투자한 투자자의 경우 투자수익률을 기대하고 있을 것이다. 이러한 투자수익률은 투자자의 재무성과에 관련되는 것일 뿐, 개최지의 경제적 영향을 평가하는 것은 아니다.

3) 경제적 규모 측정방법

이벤트와 관련된 총지출의 규모를 계산하는 방법으로 흔히 이벤트의 경제적 영향을 평가하는 방법과 혼동하여 사용될 수 있다. 경제적 규모산정의 접근방법은 이벤트 방문자와 주최자가 이벤트와 관련되어 지출하는 총비용의 규모를 의미한다. 이 방법을 유효하게 사용하기 위해서는 얼마나 많은 외부 방문자를 유치했으며, 그들이 개최지에서 어느 정도의 비용을 소비했는가를 정확히 산정할 수 있어야 한다. 따라서 경제적 규모를 어떻게 측정할 것인지를 결정하는 것이 중요한 변수가 될 수 있다.

4) 경제적 영향 측정방법

경제적 영향평가의 접근은 위에서 언급된 경제적 효과 측정방법보다 더욱 엄격하고 합리적인 측정방법이 필요하다. 경제적 영향에 관한 평가는 개최지의 경제수입, 개최지주민을 위한 일자리 창출효과를 포함시켜야 하는 것은 물론이고, 투자유치 능력을 개선시키는 것과 같은 간접적인 경제효과 및 장기적 효과까지도 감안하여 측정되어야 한다.

또한 경제적 영향평가에서는 관광지로서의 이미지제고 및 촉진효과 등도 포함되는 것이 바람직한데, 이를 정확히 측정하는 것이 용이하지 않은 편이다. 따라서 측정방법에 따라 평가에 대한 신뢰성과 타당성의 차이를 보이게 된다.

5) 비용 · 편익 측정방법

비용 · 편익의 접근방법은 이벤트의 긍정적 경제효과만을 산정하는 것이 아니고,

이벤트 개최를 위해 투여되는 경제적 비용 및 지역사회와 지역환경에 부과되는 간접비용을 고려하는 방법이다. 즉 비용 · 편익의 산정은 이벤트 개최로 인해 발생하는 경제적 이익과 경제적 비용의 비교, 사회적 문제나 심리적 편익 등 무형의 비용과 편익의 비교를 통해 이루어질 수 있다.

이 방법은 단순히 이벤트개최를 통해 얻는 이익, 수입 및 고용기회 창출 등 경제효과만을 고려하는 것이 아니라, 이와 함께 사회 · 문화 · 환경적 영향을 감안하여 이벤트의 순수가치를 찾는 방법이라고 할 수 있다.

REFERENCE 참고문헌

김사헌 (2001). 『관광경제학』. 백산출판사.

경기개발연구원 (1997). 『Mega-Event가 경기지역에 미치는 경제적 파급효과분석』. 경기개발연구원.

특허청 홈페이지(http://www.kipo.go.kr/html/NewIndex.html). 2000년 7월.

Allen, J., O'Toole, W., Harris, R., & McDonnell, I. (2008). *Festival and Special Event Management*, 4th ed.. John Wiley & Sons.

Fredline, E., & Faulkner, B. (1998). Resident reactions to a major tourist event: The Goldcoast Indy Car race. *Festival Management & Event Tourism*, 5(4), 185-205.

Getz, D. (1994). *Event Tourism: Evaluating the Impacts, Travel, Tourism and Hospitality Research*, 2nd ed.

Syme, G. J., Shaw, B. J., Fenton, D. M., & Mueller, W. S. (1989). *The planning and evaluation of hallmark events*. Sydney: Avebury.

Spilling, O. R. (1996). The entrepreneurial system; On entrepreneurship in the context of a mega-event. *Journal of Business Research*, 36(1), 91-103.

Spilling, O. R. (1998). Beyond intermezzo on the long-term industrial impacts of mega-events: The case of Lillehammer 1994. *Festival Management & Event Tourism*, 5(3), 101-122.

case study

뮌헨 10월 맥주축제

• 200년 역사의 성장배경

독일인의 1인당 맥주소비량은 연간 144리터로 세계에서 가장 높아 국민적 음료로 카니발, 부활절 축제, 종교 행사 등에 항상 이용되어왔다. 특히 '뮌헨'은 '맥주의 도시'로 16세기 바이에른 왕국의 빌헬름 4세는 이곳에 궁정내 공식 양조장인 '호프브로이 하우스'를 설치하고, 1516년 4월에 맥주 순수령을 선포했다. 그 내용은 맥주 양조 시에 보리, 호프와 물 이외에 다른 재료를 사용하지 못하는 것이었다. 이때의 순수령이 현재까지 독일 맥주의 품질을 유지할 수 있는 근간이 되었으며, 현재 뮌헨은 호프브로이, 뢰벤브로이 등 유명 맥주회사 6개가 있는 독일 최대의 맥주생산지가 되었다.

독일에서는 여러 곳에서 맥주 축제가 열리지만, 그 중에서도 가장 유명한 것이 매년 뮌헨에서 9월 하순부터 10월 초까지 개최되는 맥주 축제 '옥토버페스트(Oktoberfest)'이다. 뮌헨 맥주축제의 기원은 1810년 10월 12일 당시 바이에른의 왕자 루드비히와 작센의 테레제 공주와의 결혼 축하연에서 시작되었다. 축하연은 당시 뮌헨의 성문밖 목초지(牧草地)에서 뮌헨시민을 다수 초대하여 열렸는데, 축하연이 열렸던 장소는 신부의 이름을 따서 '테레지엔비제(Theresienwiese)'라고 이름을 붙였다. 독일어로 비제(wiese)라는 말은 목초지를 뜻하는데, 오늘날 맥주 축제를 개최지 주민들이 비즌이라고 부르는 이유이기도 하다. 오늘날 맥주 축제가 열리는 장소는 바로 그 당시 결혼 축하연이 열렸던 곳이다.

축하연이 끝날 무렵 왕실가족이 모두 참석한 가운데 승마대회가 열렸고, 바이에른 사람들이 이를 축하해 주었다. 다음 해에도 승마대회를 열자고 결정하였는데 이것이 옥토버페스트가 시초가 되었다. 처음에는 소박한 축제였으나 사람들이 점차 모이게 되자 1818년에 회전목마와 그네가 나타났고, 조그마한 맥주매점들이 방문객의 인기를 끌게 되자 그 수는 급격히 늘어났다. 1896년부터는 양조회사들의 협조를 받아 기업형 대형텐트가 세워지게 되었다. 축제는 전쟁과 콜레라가 전염되던 시기를 제외하고 계속되어 왔으며, 2002년도에는 169회 맥주축제가 개최되었다.

• **운영조직**

맥주축제의 운영은 100년 이상 뮌헨시가 주관하였으나, 1970년대 이후부터 관광산업의 중요성으로 뮌헨시 산하기관인 관광사무소가 주관하고 있다. 관광사무소의 이벤트팀(Special Event Team)은 맥주축제를 담당하는 조직으로 팀장을 포함한 6명의 직원이 650만 명이 방문하는 대형 축제를 운영하고 있다. 이벤트팀의 중요한 업무는 행사장에 입주할 회사를 선정하고, 장소를 지정해주는 일이며, 나머지는 각 참여회사가 스스로 처리하게 한다.

큰 규모의 축제이기 때문에 축제를 기획하고 운영하기 위해서는 연중 많은 업무를 수행해야 한다. 10월 초 축제가 끝나고 시설물이 철거되면, 개최측은 11월에 차기 년도의 축제장 입주자를 모집하는 공고를 〈뮌헨공보〉와 축제 전문잡지 〈Komet〉에 게재한다. 1월말까지 입주신청이 되면, 바로 입주대상자 선정작업에 들어가며, 대개 약 1,500개 회사가 응모하여 이 중 700개사 정도만 참가가 허용된다. 입주업체 선정은 공개성과 공정성의 원칙을 위해 다양한 분야의 중요 데이터를 신청업체가 기재한 후, 사전에 정해진 평가기준에 따라 점수가 높은 업체순으로 선정한다. 축제 운영의 가장 어려운 문제는 축제에 참여하지 못한 업체의 불만이다. 따라서 선정에 따른 잡음을 없애기 위해 입주 신청서는 뮌헨 시의회의 무역산업위원회에 제출하여 최종 결정되며, 경우에 따라 축제장소 선정에 불만이 있는 회사는 검토 후 다음 해에 재조정한다.

• **재정수입**

1999년도 뮌헨 맥주 축제의 예산은 DM650만(42억 3천만 원)이다. 행사장 임대료가 가장 중요한 수입원으로 전체 수입의 4분의 3을 차지한다. 입주 회사들은 판매량에 따라 임대비용이 조정되어 판매수입이 높은 회사는 행사 종료후 조정한다. 그 외에 라이센스 계약을 통한 수입이 발생하며, 지출은 주로 인건비와 쓰레기처리비 등으로 쓰인다. 뮌헨 시 행정당국은 맥주 축제를 개최함에 있어 축제경비를 충당하고 약간의 이익만 남는 정도로 임대료를 책정하기 위해 가이드라인을 설정하고 있어 가능한 한 입주업체들의 임대료를 경감시키려고 노력한다.

개최기간 16일 동안 650만 명이 방문하는 맥주축제는 인근지역에도 커다란 경제적 효과를 가져온다. 축제행사장에서 판매되는 맥주 1리터 한 잔의 값은 DM10.7(7,000원)에서DM11.8(7,700원)로 이로 인한 직접적인 경제 효과만 약 13억 9천 마르크(약

9,100억 원)에 이르며, 광고효과와 같은 간접효과는 포함되지 않는다.
또한 축제로 인해 지역에 미치는 고용창출효과는 12,000명에 이르는 것으로 조사되었다. 축제기간 중에는 뮌헨시의 호텔 객실 점유율(occupancy rate)은 물론 인근의 호텔까지 매우 높게 나타나 관광산업 파급효과는 매우 크다. 뮌헨 맥주축제 참가자의 전체 지출규모는 약 13억 9천마르크(약 9,100억원)로 행사장에서 음식, 주류, 오락 등으로 지출되는 금액이 4억 5천마르크(약 2,900억원), 호텔숙박비가 5억 6천마르크(약 3,640억원), 뮌헨 인근지역에 파급되어 지출되는 금액이 3억 8천마르크(약 2,470억원)인 것으로 조사되었다.

• **방문객프로필**

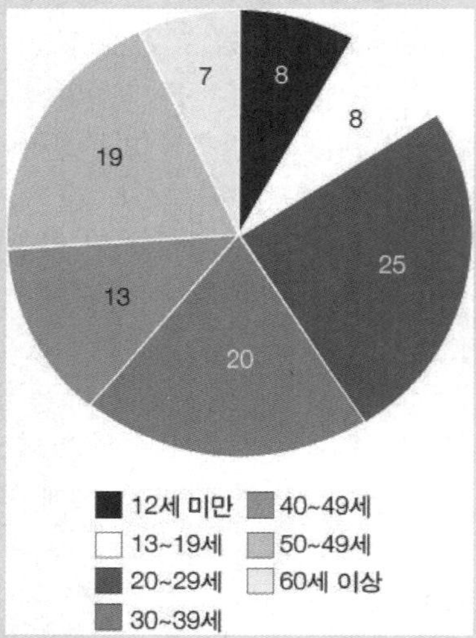

축제 방문객은 매년 600~700만명이며, 전체방문객 중 남성이 55%, 여성은 45%를 차지한다. 연령별로는 12세 미만이 전체 방문객의 8%, 13~19세의 연령층이 8%, 20대가 25%, 30대가 20%, 40대가 13%, 50대가 19%, 60세 이상이 7%로 구성되어 비교적 고른 분포를 보이고 있다.
방문객의 국가별 구성비를 보면, 개최지 독일의 내국인이 전체 방문객의 90%이며, 외국인 방문객이 10%로 주로 인근 국가인 오스트리아, 스위스 그리고 미국인 등이다. 독일인의 경우는 뮌헨 사람이 전체 방문객의 60%를 차지할 정도로 많고, 그 외에는 뮌헨 이웃도시 또는 바이에른 주의 다른 도시에서 온 사람들과 독일의 다른 주에서 온 사람들이 비슷한 분포를 보이고 있다.

• **축제 프로그램**

옥토버페스트는 축제명칭으로 보면 10월중 개최되어야 하나, 실제는 매년 9월 세번째 토요일에 개막하여 10월 첫 번째 일요일에 폐막한다. 이는 축제기간 16일 중 주말과 일요일이 각각 세 번씩 포함되는 매우 이상적인 개최기간 선정전략으로 한정된 기간에 휴일을 최대한으로 포함시키려는 것이다. 행사장은 뮌헨시내 도심에서 남서쪽 103.79에이커(약 126만 평)에 뮌헨소재 6개 맥주회사를 비롯한 14개 맥주사의 대형 텐트를 설치해 운영한다. 그 주위로 음식점, 기념품점, 놀이시설, 편의시설 등 약 700개의 시설물이 위치하며, 행사장은 평소 잔디만 심어져 있는 넓은 지역으로 전기, 가스, 하수배출 시설 등이 설치되어 있어 맥주축제가 열리지 않는 기간에는 다른 행사장소로도 이용되는 곳이다.

• 맥주마차 퍼레이드

식전 행사로 맥주회사들이 화려하게 치장한 마차에 맥주통을 가득 싣고, 축제장으로 향한다. 맥주텐트의 악단과 함께 천여명이 참여하여 행사장으로 진행하는 퍼레이드로 오전 11시에 존넨거리를 출발하여 행사장까지 약 45분에 걸쳐 행진하며, 전통적으로 뮌헨시장과 바이에른주 장관이 퍼레이드에 동참한다. 12시 정각이 되면 뮌헨시장이 행사장에서 나무망치로 맥주통 꼭지를 두들겨 넣어 마개를 따며 “O'zapft is(마개가 열렸다)”라고 크게 소리치고, 그 해에 처음 생산된 맥주를 높이 들어 마시는데, 이것이 옥토버페스트의 개막식이다.

뮌헨시민들과 세계 각국의 수많은 관광객들은 맥주텐트로 몰려가 금방 실어온 신선한 생맥주를 맛보며, 밴드의 연주에 맞추어 노래도 부르고, 춤도 추면서 음악과 노래, 이야기 소리가 뒤섞여 흥겹고 떠들석한 분위기를 연출한다. 또한 밴드의 리더는 건배를 선창하면서 일제히 서서 맥주 잔을 높이 들고 건배를 청해 흥을 돋우기도 한다.

• 고유의상 퍼레이드

축제개막일 저녁 8시에 유럽 각국의 600여 명 공연자들이 민속의상을 입고 음악, 노래, 무용을 보여 주는 국제 민속경연대회가 벌어지며, 축제 시작 다음 날인 일요일 오전 10시부터 고유의상 퍼레이드가 시작된다. 독일의 각 주, 프랑스, 오스트리아, 스위스 등 유럽 각국에서 온 사람들의 고유의상 퍼레이드인 이 프로그램은 루드비히 왕과 테레제 왕비의 은혼식을 기념하여 처음으로 개최되어 무려 7,000명에 이르는 참가자들이 녹색 전통 복장을 한 사냥꾼, 광부, 귀부인, 하녀 등으로 분장하고, 민속음악, 댄스 등을 즐기면서 뮌헨 중심가를 통과하여 행사장까지 가는 7km의 행렬로 장관을 연출한다. 두번째 일요일 낮 11시에는 바바리아상 앞에서 400여 명의 음악가들이 연주하는 야외콘서트 등의 공식행사가 있다.

자료; 뮌헨관광사무소, www.oktoberfest.de

Principles of Event Management

제 2 편

이벤트 관리

CHAPTER 5

이벤트 사업계획 수립

제1절 전략적 계획과 개최목적

1 전략적 이벤트계획 수립과정

이벤트를 수행함에 있어 전략적 계획을 수립하는 것은 그 어느 것보다 중요한 과정이다. 일반사업의 경우 대개 사업을 진행하면서 시행착오를 겪게 되고, 이러한 시행착오를 바탕으로 수정(adjustment)을 거듭하여 좀더 개선된 사업을 영위할 수 있다.

그러나 이벤트관리(event management)는 일반사업과 달리 계획된 대로 진행이 되지 않을 경우 대개 실패로 사업을 종료하게 되는 경우가 많고, 시행착오를 수정하여 개선된 이벤트를 동일한 대상에게 다시 제공하기가 그리 쉽지 않다는 특징이 있다.

이러한 이유로 이벤트사업에서 전략적 계획의 수립은 매우 중요한 과정으로 수행되어야 하고, 특히 이벤트관리자의 경우 '잘못된 계획은 실패를 계획하는 것(Failure to plan is planning to fail)'이라는 사실을 염두에 두고 이벤트계획에 임해야 한다.

이벤트관리자가 담당해야 할 사업계획에는 높은 수준의 전략적 계획(strategic plan)과 이를 토대로 한 낮은 수준의 단기계획(short-term plan) 및 기능적 계획(functional plan)이 있으며, 관리자에 의해 수립된 이와 같은 계획들은 이벤트와 관련된 운영자들에게 계획된 대로 업무를 실행(implementation)시켜 나가는 지침이 되기 때문에 매우 중요한 영향력을 지니고 있는 것이다.

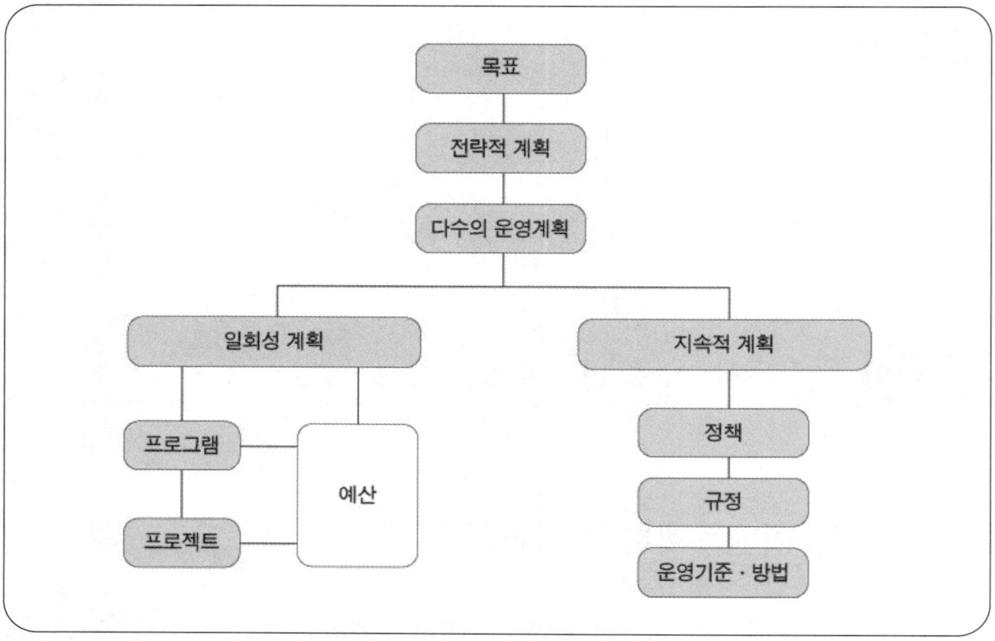

자료: Stoner, J., Collins, R. & Yetton, P.,Management in Australia, Prentice Hall, Sydney, 1985.

[그림 5-1] 전략적 이벤트계획의 역할

현대의 이벤트사업을 둘러싸고 있는 환경을 가장 잘 특징짓는 것은 바로 '변화'와 '경쟁'이다. 이러한 변화와 경쟁의 시대에 살아남고 성공적인 이벤트를 개최하려면 무엇보다도 개최하고자 하는 이벤트만의 독특한 강점을 최대한으로 살리면서 환경변화에 적응하는 사업계획을 수립하는 것이 중요하다.

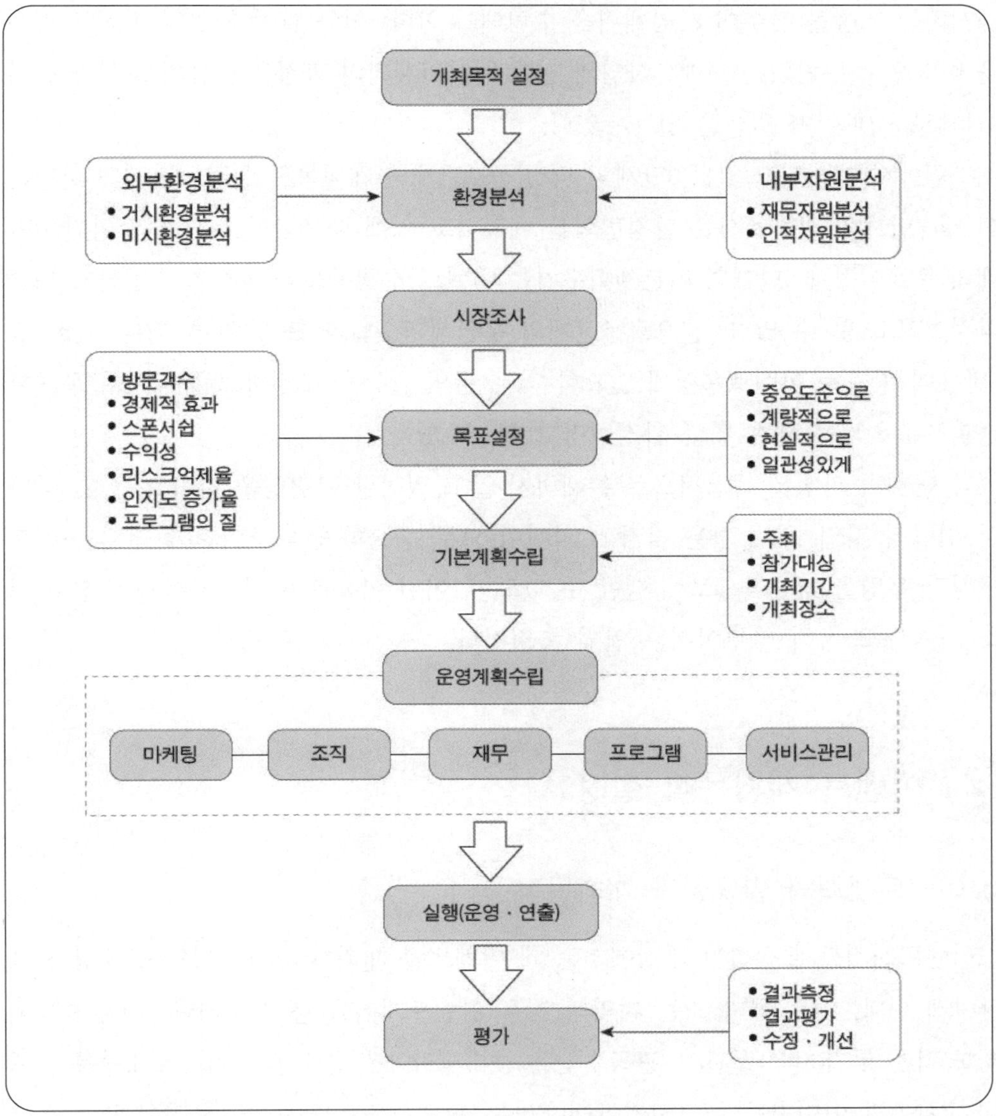

자료: 저자 작성

[그림 5-2] 전략적 이벤트사업계획 수립과정

이를 구체적으로 살펴보면 첫째, 미래의 환경변화를 체계적으로 예견하여 적절하게 대응할 수 있어야 하며, 둘째, 합리적인 목표와 정책을 수립하고 구체화하기 위한 근거를 제공하며, 셋째, 다양한 부문의 활동을 조정하고 통제하기 위한 성과표준을 제시하는 기능을 갖추어 사업계획을 수립해야 한다. 이와 같이 환경의 변화와 경쟁을 바탕으로 수립되는 이벤트사업의 전략적 사업계획의 과정은 다음의 그림과 같이 8단계로 이루어져 있음을 알 수 있다.

그림에서 제시되고 있는 8단계의 과정 중 1단계의 개최목적 설정, 2단계의 환경분석 및 3단계의 시장조사는 환경변화를 예측하고 이에 대응하기 위한 과정이며, 4단계의 목표설정과 5단계의 기본계획수립은 이벤트 수행목표와 정책을 수립하기 위한 과정이라고 할 수 있다. 끝으로 6단계의 운영계획수립과 7단계의 실행(운영·연출) 및 8단계의 평가는 이벤트운영에 필요한 각 부문의 활동을 조정하고 통제하여 목표한 성과표준을 제시하기 위한 과정이라고 할 수 있다.

각 단계별 과정은 독립적으로 존재하지 않고 밀접한 관련성을 지니고 있다. 따라서 전략적 사업계획수립은 각각의 과정이 모두 중요하게 다루어져야 전체 이벤트 구성과 운영을 성공적으로 수행할 수 있으며, 이런 이유로 이벤트기획자의 경우 어느 과정도 소홀히 다루어서는 안되는 것이다.

② 이벤트 개최목적 설정

1) 이벤트개최의 필요성과 개최목적

이벤트개최를 결정하는 과정에서는 왜 이벤트를 개최하려 하는지의 필요성이 나타나게 된다. 이는 국가 또는 지역의 경우 이벤트개최를 통해 우리나라(또는 우리 지역)도 다른 국가(지역)와 같이 '관광수입을 증대시켜야겠다'라던가, 이벤트개최를 통해 '국가(지역)의 이미지를 제고시켜야겠다'라는 필요성을 느끼게 되는 것이다.

또한 기업의 경우 이벤트를 통한 상품판매의 촉진 또는 기업홍보로 경쟁우위를 확보해야겠다는 필요성을 느끼게 되고, 이는 이벤트의 개최목적(mission of event) 설정으로 연결되는 것이다. 이와 같은 이벤트의 개최목적은 개최자가 국가, 지방자치단체, 기업, 민간단체, 특정집단, 개인 등 다양한 개최자유형에 따라 다르겠으나, 일반적인 개최목적은 다음 표에서와 같다.

〈표 5-1〉 주요 이벤트개최 목적

개최 자별	개최 목적
국가 · 지역사회 · 공공단체	국가경제발전, 관광이미지 제고, 환경개선, 투자유치, 공공서비스, 지역이미지 제고, 지역사회발전, 관광객유치, 지역경제활성화
기업 · 민간단체	기업이미지 제고, 상품 판매촉진 · PR, 신상품소개, 수익창출, 정보전달, 정보교환, 교역증진, 국제교류, 우호증진

자료: 저자 작성

위에서 언급된 것처럼 개최자가 이벤트개최 필요성을 지니고 있다고 하더라도 이벤트의 개최목적을 설정함에 있어 반드시 고려해야 하는 영향요인이 몇 가지 있다. 이는 이벤트개최를 통해 과연 개최목적을 달성할 수 있느냐에 관련된 중요한 요인으로 이벤트를 개최할 수 있는 외부환경이 조성되었는지의 여부와 이벤트를 개최한다면 이를 수행할 수 있는 개최기관 내부의 수행능력이 있는지의 여부 및 유사한 이벤트에 대한 개최기관의 과거 개최경험과 개최목적이 이벤트에 참여하게 될 참가자의 선호와 욕구를 충족시켜 줄 수 있는 것인가에 관련된 사항이다.

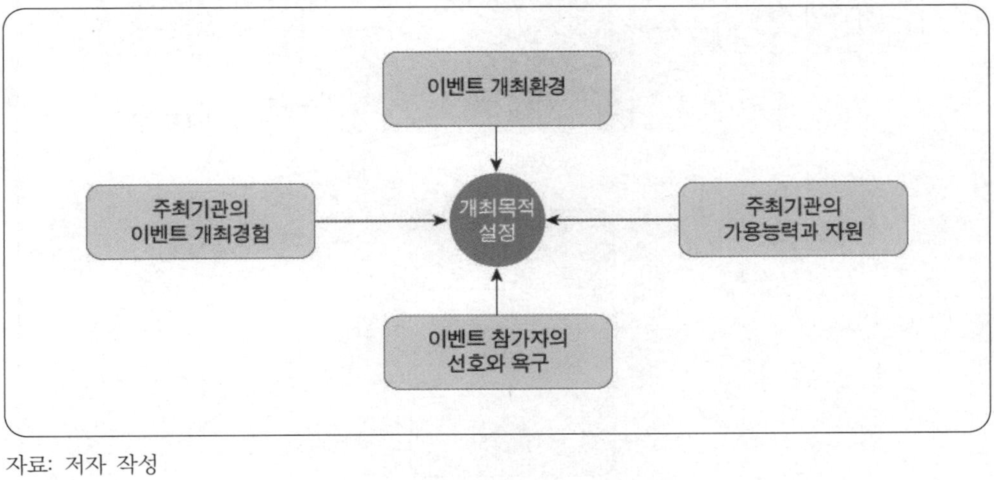

자료: 저자 작성

[그림 5-3] 이벤트개최목적설정과 영향요인

2) 이벤트개최 결정과정

(1) 새로운 이벤트개최와 기존 이벤트 유치

위에서 언급된 바와 같이 이벤트개최를 결정하기 위해 이벤트의 개최필요성과 이벤트개최목적이 선행되면 목적을 달성하기 위해 새로운 이벤트를 계획해야 하는지 또는 기존의 이벤트를 유치하여 목적을 달성할 것인지를 결정해야 한다.

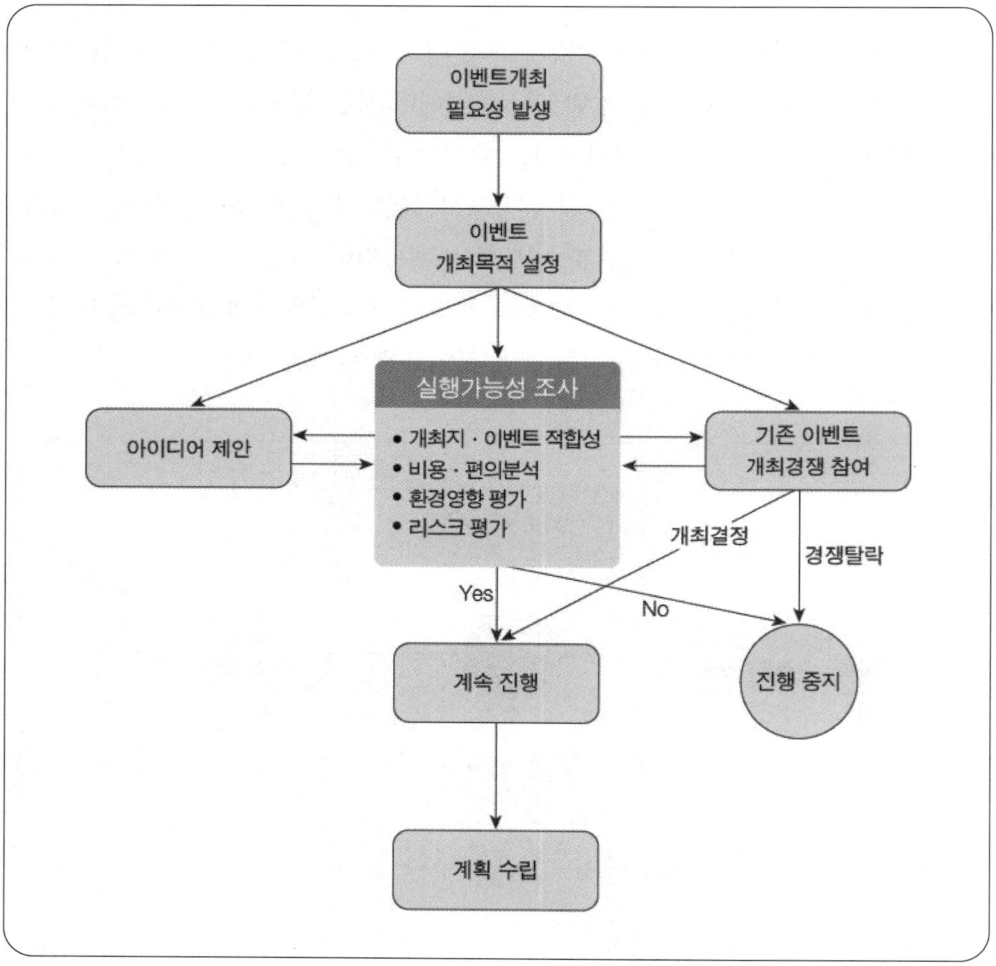

자료: 저자 작성

[그림 5-4] 이벤트개최 결정과정

새로운 이벤트개최는 대개의 경우 새로운 아이디어 제안이 수반되며, 이는 다른 개최자가 전혀 도입하지 않았던 신선한 아이디어를 기초로 한 매우 차별화된 이벤트를 개최하는 경우이다. 하지만 다른 주최자 또는 타지역에서 일정기간 개최해 온 기존의 유사 이벤트를 모방하여 개선된 이벤트의 구성요소, 프로그램 및 운영방식을 도입하여 새로운 형태로 운영되는 이벤트일 수도 있다.

이에 비해 기존 이벤트 유치의 경우 일반적으로 유치경쟁에 참여하게 되는데, 이는 유치경쟁 참여 이전에 개최시 수익과 비용에 관련된 분석이 선행되어야 하며, 긍정적 효과가 충분히 예견될 경우 결정권자의 답사여행(familiarization tour) 초대 및 영향력 있는 인사에 대한 로비 등이 병행되어진다.

(2) 실행성 조사

아이디어 제안으로 새로운 이벤트를 개최하는 경우이거나 기존의 이벤트를 유치하는 경우 모두 개최지 또는 개최기관과 관련된 실행가능성(feasibility)을 조사하여야 한다.

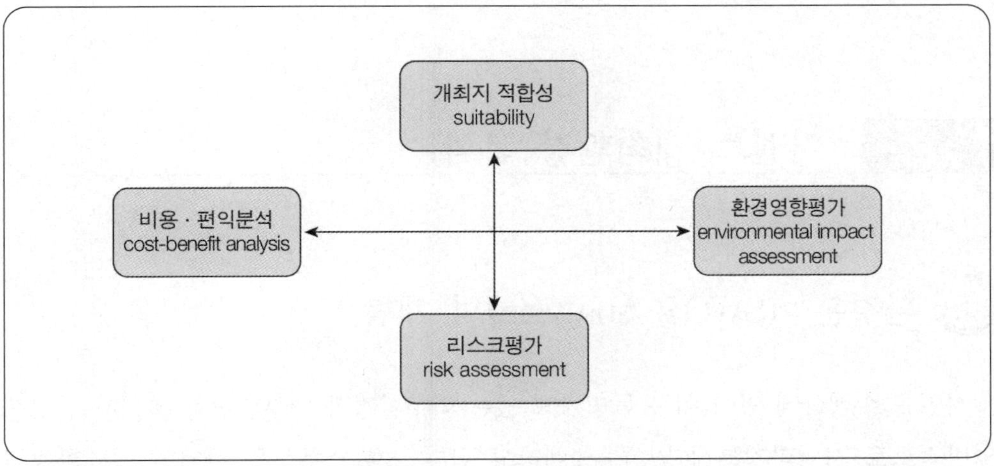

자료: 저자 작성

[그림 5-5] 이벤트개최에 따른 실행가능성 조사

실행가능성 조사에는 개최지 주민성향, 자원봉사자의 가용수준, 정치성향 등이 포함된 개최지와 이벤트성격과의 적합성(suitability), 개최에 따른 기회비용과 장 · 단기 이익 및 손실을 포함한 비용-편익분석(cost-benefit analysis), 이벤트개최시 미치게 될 각종 영향요인을 분석하는 환경영향평가(EIA; environmental impact assessment), 재무(finance)와 정치, 기후 및 운영, 조직능력 측면에서의 리스크평가(risk assessment) 등을 포함한다.

(3) 계속진행 또는 중지 결정

실행가능성 조사를 바탕으로 이벤트개최를 계속 진행할 것인지, 또는 특정평가부문의 내재된 위험성으로 인해 개최를 포기할 것인지를 결정하게 되는데, 여기에서 함께 고려되어야 할 사항은 재정적 안정성 또는 수익성과 최소 예상 방문객수, 정치적 지원, 이용가능한 시설과 자원 등이 함께 고려되어지기도 한다.

이렇게 실행가능성 조사를 통해 계속 진행의 결정이 내려지면 개최에 따른 환경분석, 시장조사, 목표설정, 기본계획 수립 등 본격적인 전략적 이벤트 계획수립이 수행되는 것이다.

제2절 이벤트 개최환경 분석

① 환경분석(SWOT Analysis)의 개념

사업을 수행함에 있어 이를 둘러싸고 있는 외부환경과 내부환경을 분석하는 것을 일반적으로 사업환경분석(SWOT분석)이라고 한다. SWOT분석은 사업의 경영환경에 있어 내부적 변수인 강점과 약점 및 외부적 변수인 기회와 위협요인을 인식하여 이에 적절히 대처해 나가기 위한 방법이라 할 수 있다(Arthur, 1995: 92).

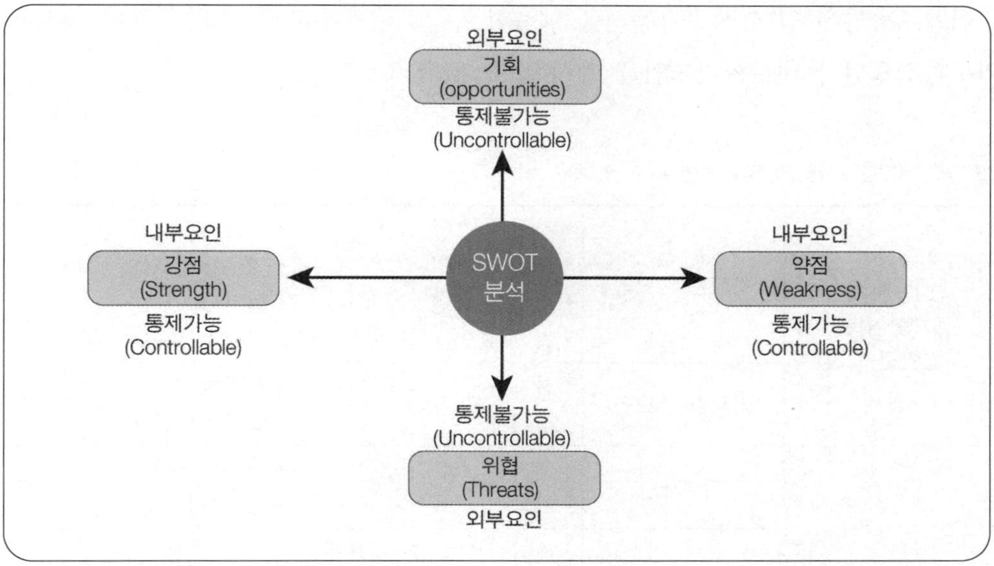

자료: 저자 작성

[그림 5-6] SWOT분석의 개념

일반적으로 이벤트사업의 단위를 4개 그룹으로 분류할 때 이상적인 사업은 기회가 높고 위협이 낮으며, 모험적인 사업은 기회와 위협 모두 높고, 일반적인 사업은 기회와 위협 모두 낮고, 위험에 처한 사업은 기회는 낮고 위협은 높다고 할 수 있다.

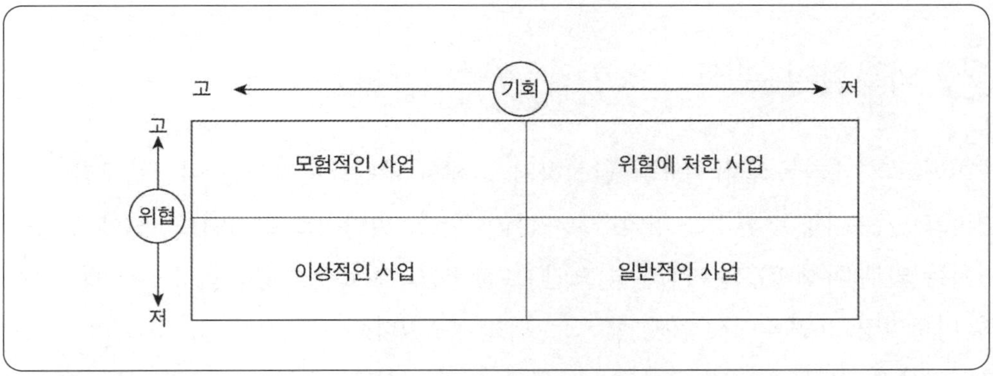

자료: 저자 작성

[그림 5-7] 사업별 기회요인과 위협요인의 구성

이벤트사업에 있어 성공가능성을 예측할 수 있는 징후로서 다음의 표에 제시된 외부환경요인과 내부환경요인을 예시할 수 있다.

〈표 5-2〉 이벤트사업의 SWOT변수

<table>
<tr><td rowspan="2">외부환경
(통제불가능한
사업환경 요인)</td><td>거시환경 요인</td><td>• 경제적 요인
• 문화적 요인
• 정치적 요인
• 기상 요인</td><td>• 사회적 요인
• 인구통계 요인
• 법적 요인
• 기술적 요인</td></tr>
<tr><td>미시환경 요인</td><td>• 참가자
• 경쟁자</td><td>• 협력자
• 업무네트워크</td></tr>
<tr><td rowspan="4">내부환경
(통제가능한
사업경쟁력 요인)</td><td>재무자원</td><td>• 개최자 소유자금
• 기금</td><td>• 국가보조금
• 스폰서십</td></tr>
<tr><td>인적자원</td><td colspan="2">• 리더십을 갖춘 관리자
• 헌신적인 유급 종사자
• 훈련된 자원봉사자</td></tr>
<tr><td>물질자원</td><td>• 행사장소
• 행사장 시설</td><td>• 이벤트운영장비</td></tr>
<tr><td>교섭력</td><td>• 이벤트 이미지
• 행정당국과의 관계</td><td>• 매체와의 관계
• 스폰서와의 관계</td></tr>
</table>

자료: 저자 작성

② 외부환경 분석

이벤트의 개최목적과 목표를 달성하기 위해서 이벤트관리자는 이벤트개최를 둘러싸고 있는 다양한 환경을 파악하고 있어야 한다. 일반적으로 이벤트사업에 영향을 미치는 외부 환경요인은 거시환경 요인(인구통계, 경제, 기술, 기상, 정치, 법, 사회 · 문화적 요인)과 미시환경 요인(수요 및 경쟁관계)으로 나눌 수 있다.

이러한 거시환경요인(macro-environmental factor)과 미시환경요인(micro-environmental factor)이 이벤트개최에 미치게 될 영향의 긍정적인 측면과 부정적인 측면을 분석하는 것이 외부환경분석이라고 할 수 있다. 긍정적인 측면이란 기회요인으로서 이벤트개최의 성공가능성을 높일 수 있는 외부환경요인이고, 부정적인 측면이란 위협요인으로서 이벤트를 실패로 이끌게 할 가능성이 높은 외부환경요인을 말한다.

1) 경제적(economic) 환경요인

일반적으로 임금인상률, 이자율, 인플레이션 및 실업률 등 대부분의 경제지표들은 이벤트의 개최목적, 개최목표 및 주요 참여대상의 선정 등에 많은 영향을 미친다. 예컨대 소비를 유발시키는 성격을 지닌 이벤트는 불경기에 위협요인이 많지만, 취업과 관련된 이벤트는 불경기에도 성공적으로 개최될 수 있는 기회요인이 있다는 것도 경제적 환경요인과 맥을 함께 한다.

경제적인 환경은 이벤트뿐만 아니라 모든 사업에서 가장 주목해야 할 외부환경요인이다. 따라서 불경기와 호황기의 경기와 물가동향 및 국민소득의 추이는 물론이고, 주식의 상승과 하락, 부동산의 매매현황, 기업의 상여금, 환율 등은 항상 주시해야 하는 경제적 환경요인이라고 할 수 있다.

2) 사회적(social) 환경요인

사회적 환경은 연령, 인종, 성, 사회계층 등에 따른 구성원 집단 또는 특정 사회집단의 사회생활이 이벤트에 긍정적 또는 부정적 영향을 미치는 것을 의미한다. 이는 사회의 다양한 집단들에 의해 주도되며, 사회단체, 예술단체, 사업단체, 종교단체, 스포츠단체 등이 좋은 예라고 할 수 있다. 특히 이러한 사회적 환경요인과 함께 특정지역의 사회집단에 의해 기금조성, 후원, 캠페인 등의 목적으로 다양한 이벤트가 개최되기도 한다.

3) 문화적(cultural) 환경요인

이미 1장에서 설명된 바와 같이 이벤트는 일반적인 사업과 달리 문화적 경험을 제공하는 계획된 활동이므로 문화적 환경요인이 매우 중요하다. 또한 이벤트 자체를 문화활동의 한 분야로 간주하는 계층이 있을 정도로 이벤트는 문화적 배경과 매우 밀접한 관련이 있다.

이는 문화적 환경이 변화함에 따라 이벤트의 개최목적, 목표, 운영방법 등이 모두 바뀔 수 있기 때문에 문화적 환경요인은 이벤트 수행에 있어 지배적인 영향요인으로 작용하고 있다. 따라서 특정집단의 생활양식 변화를 이벤트 계획수립시 충분히 반영하는 것이 바람직하다. 예컨대 청소년을 위한 이벤트의 경우 젊은 세대의 문화는 지속적으로 변화를 추구하고 있어, 이에 따른 문화적 욕구와 선호를 충족시킬 수 있는 이벤트가 계획되어야 성공적인 개최를 준비할 수 있는 것이다.

4) 정치적(political) · 법적(legal) 환경요인

이벤트개최에 있어 법적인 문제 및 지방자치단체 또는 중앙정부의 정치적 성향 또는 정치적 환경은 이벤트 지원수준(level of supporting event)을 결정하는 거시적 차원에서부터 이벤트운영의 세부적 운영지침을 결정하는 미시적 차원에 이르기까지 다양한 분야에 영향을 미친다. 따라서 이벤트 계획수립시 개최시기를 중심으로 한 법적 · 정치적 상황이 충분히 고려되어져야 한다.

5) 기술적(technological) 환경요인

기술의 발전은 이벤트의 운영측면에서 뿐만 아니라 이벤트의 마케팅, 재무관리, 인적자원관리 등 다양한 분야에 영향을 미친다. 좋은 예로 컴퓨터와 인터넷, 정보통신 및 인공지능의 발전은 이벤트의 홍보, 운영, 평가 등에 있어 전 세계적으로 새로운 양상을 띠게 하였다. 또한 이벤트관련 기계와 장비의 발전도 이벤트 프로그램 운영을 원활하게 하고 이벤트산업 활성화에 기여하고 있다.

6) 인구통계적(demographic) 환경요인

사회구성원의 인구통계적 변화는 이벤트관리자가 주시해야 하는 중요변수중 하나라고 할 수 있다. 성별 · 연령별 · 세대별 · 직업별 · 교육수준별 인구통계적 변화는 이벤트개최에 있어 참가대상자의 변화를 의미하므로 전체 계획의 틀이 바뀌는 결과를 초래하게 된다. 따라서 이벤트관리자는 이벤트 참가대상자의 특성뿐 아니라 사회전체의 인구통계적 흐름을 인식할 수 있는 안목을 지녀야 한다.

7) 기상(氣象; meteorological) 환경요인

실내 또는 야외에서 개최되는 이벤트 모두 개최지의 기상(氣象)형태를 예측하는 것은 매우 중요한 일이다. 따라서 개최기간중 개최지에 예상되는 기상조건은 이벤트관리자가 기본적으로 고려해야 할 외부환경요인이라고 할 수 있으며, 이벤트사업에 있어 매우 중요한 환경요인중 하나다. 특히 야외이벤트(outdoor event)를 계획할 때 기상환경요인을 점검하는 것은 필수적으로 거쳐야 하는 절차이다.

8) 미시적 환경(micro-environmental)요인

위에서 언급된 다양한 거시적 환경요인 외에도 이벤트관리자가 통제하기 어려운 외부환경요인에는 이벤트참가자, 경쟁자, 이벤트운영에 필요한 협력자 및 업무네트워크 등의 미시적 환경요인이 있다. 이벤트관리자에게 있어 동일한 수요를 대상으로 개최하고 있는 다른 이벤트는 경쟁자(competitor)의 개념으로 보아야 하며, 항상 그들의 활동을 주시할 필요가 있다.

또한 이벤트 마케팅, 운영과 연출 등에 있어 필요한 사업상의 협력자(business partners) 및 기계, 장비, 인력, 시스템 등을 지원하는 업무네트워크(business network)와의 관계도 이벤트개최를 성공적으로 수행하는 중요한 변수가 된다. 따라서 이벤트관리자는 외부의 미시적 환경요인에도 주의를 기울여야 한다.

3 내부환경 분석

이벤트관리자는 내부적으로 지니고 있는 자원 즉 재무자원, 인적자원, 마케팅능력, 서비스운영 등 내부적 자원을 분석하여 이벤트개최에 있어 개최조직의 강점과 약점을 파악할 필요가 있다.

이와 같은 내부환경분석은 강점을 성공의 기회로 연결시키고 약점을 보완하거나 약점으로 야기될 수 있는 위험을 미리 예견하여 이에 대비할 수 있는 기회를 마련하기 위함이다. 다음에서 설명되고 있는 내부자원 중 어느 하나라도 강점으로 부각될 수 있다면 이벤트를 성공적으로 수행할 수 있는 발판을 마련한 것이라 할 수 있다.

1) 재무자원(financial resources)

이벤트에서의 재무자원은 이벤트의 계획, 개최과정에서의 경쟁, 이벤트운영 등의 전과정에 필요한 재무적 자원을 뜻한다. 이는 이벤트개최에 있어 내부적으로 매우 중요한 자원으로서 이벤트의 質을 향상시키는 핵심요인으로 작용하고 성공여부에 영향을 미치기도 한다.

이벤트개최를 위해 필요한 재무자원으로는 개최자 소유자금, 일정액의 기금, 정부보조금 및 확보된 스폰서십이 포함될 수 있으며, 이러한 재무자원을 충분히 활용하기 위해서는 재무자원의 가용성과 현금흐름 및 재무적 안정성이 뒷받침되어야 한다.

2) 인적자원(human resources)

이벤트개최에 있어 무엇보다 중요한 내부자원이라고 할 수 있는 것이 인적자원이다. 이벤트관리자는 이벤트의 운영조직, 즉 인적자원을 관리함으로써 내부에서 실행되는 업무를 관장하게 된다.

따라서 훌륭한 인적자원을 갖추고 있다는 것은 이벤트운영에 필요한 준비가 완료된 것이나 다름없다. 이벤트에 필요한 주요 인적 자원으로는 리더십을 갖춘 관리자, 헌신적으로 업무를 수행해 나가는 유급종사자 및 잘 훈련된 자원봉사자 등이 있다.

3) 물질자원(physical resources)

이벤트개최에 필요한 내부자원 중 물질자원은 이벤트 운영장비처럼 재무자원에 의해 대체될 수 있는 성질의 것도 있으나, 그렇지 않은 것도 있다. 물질자원 중 가장 중요한 것은 행사장소로서 이는 참가자 수용능력, 행사장까지의 접근성 등을 결정하는 요소이다.

또한 참가자를 위한 서비스 운영시설 및 이벤트운영시설을 포함하는 행사장시설과 기계, 장비, 조명, 음향, 무대 및 예약 · 발권 · 정보처리에 필요한 컴퓨터시스템 등의 이벤트 운영장비도 중요한 물질자원이라 할 수 있다.

4) 교섭능력(relation resources)

이벤트개최시 무형의 자원으로서 중요한 역할을 하는 것이 교섭능력이라고 할 수 있다. 경쟁력있는 교섭력을 갖기 위해서는 이벤트의 좋은 평판과 이미지를 지니고 있어야 한다. 실패한 이미지를 지닌 이벤트로 차기년도 스폰서십을 얻는 것이 용이하지 않은 것은 실패로 인해 교섭력이 감소하기 때문이다.

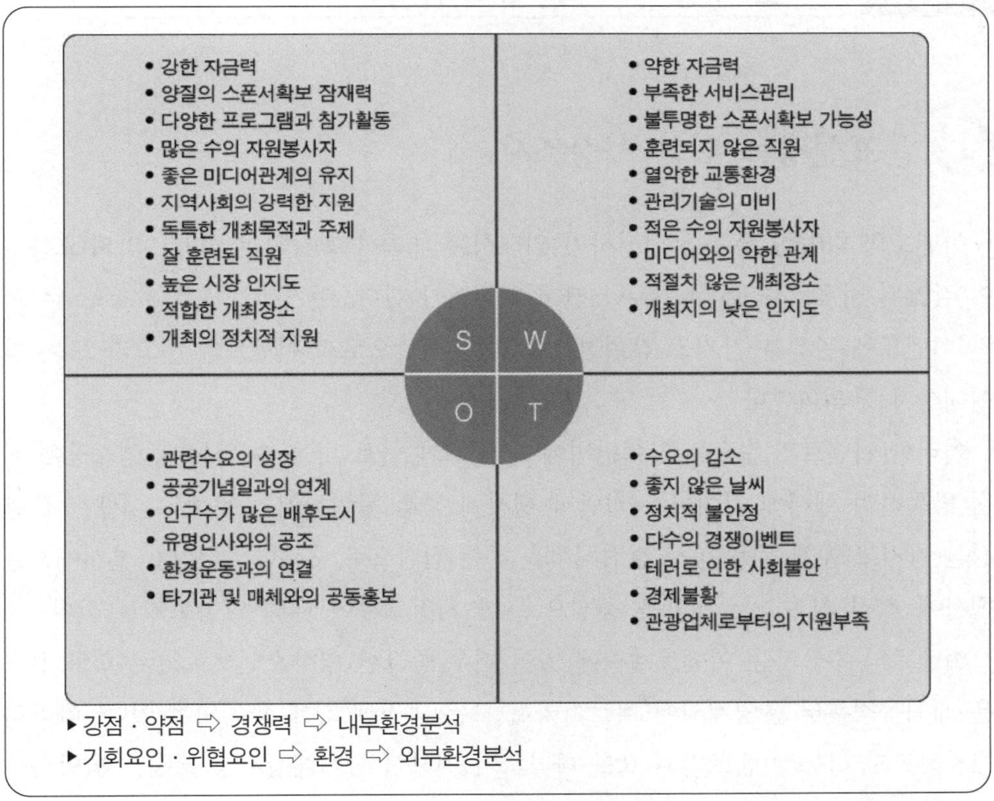

자료: 저자 작성

[그림 5-8] 이벤트사업 시행에서 SWOT의 예

교섭력에는 행정지원을 포함해 다양한 지원을 기대할 수 있는 행정당국과의 관계, 홍보지원을 기대할 수 있는 매체와의 관계 및 재무지원을 기대할 수 있는 스폰서와의 관계 등이 있다.

위에 설명된 바와 같이 환경분석은 외부의 기회요인과 위협요인을 찾고, 내부의 강점과 약점을 찾아내어 이에 적절히 대처해 나가기 위한 방법이다. 이벤트개최시 SWOT분석의 예를 위 그림을 통해 알 수 있다.

제3절 목표설정과 기본계획수립

① 목표설정을 위한 시장조사

이벤트의 다양한 목표를 설정하기 위해서는 개최하고자 하는 이벤트의 수요특성이 감안된 시장조사(market research)가 선행되어야 한다. 여기에서 시장(市場; market)이란 이벤트에 관심을 가지고 참여하고자 하는 집단으로서 이벤트의 수요자 또는 참여대상자를 의미한다.

이러한 이벤트의 수요는 참여방법에 따라 크게 둘로 나눌 수 있는데, 행사장에 직접 방문하여 행사에 참여하는 집단과 행사에 직접 참여하지는 못해도 이벤트에 관심을 가지고 매체 등을 통해 간접체험을 하는 집단으로 구분할 수 있다. 본서에서는 행사에 직접 참여하는 집단을 중심으로 한 시장조사에 대해 알아보기로 한다.

이벤트의 수요자는 이벤트계획에 있어 매우 중요한 영향요인으로서 수요의 성격은 개최목적부터 운영계획에 이르기까지 모든 과정에 깊게 관여되어 있다. 따라서 개최하고자 하는 이벤트의 수요를 파악하기 위하여 참여대상자의 특성을 파악하고 시장의 크기, 범위 및 욕구를 조사하는 것은 이벤트의 다양한 목표를 설정하기 전에 선행되어야 할 과제이다.

1) 시장조사의 목적

이벤트개최를 위하여 선행되는 시장조사의 목적은 크게 두 가지로 구분할 수 있다. 먼저 이벤트개최와 관련하여 누구를 대상으로 하고, 대상자들의 관심사항은 무엇이고, 이벤트개최시 일반대중과 언론은 어떤 반응을 보일지, 지역사회와 해당지역의 관광산업에 어떤 파급효과가 있을지에 관한 개최환경을 조사하는 것이다.

〈표 5-3〉 이벤트개최전 시장조사의 목적

구 분	조사목적
개최환경 관련	• 시장세분화와 표적수요의 선정 • 잠재 방문객의 관심도 • 잠재 방문객 특성과 필요 · 욕구 · 기대치 조사 • 개최시 여론의 호감도 • 관광산업 및 지역사회 기대효과
기획 · 운영관련	• 수행목표 수준의 설정 • 재무적 성과와 실행가능성 • 프로그램 · 서비스 아이디어 수집 • 효율적인 촉진 프로그램의 설계 • 스폰서십의 용이한 접근

자료: 저자 작성

시장조사의 또다른 목적은 이벤트 프로그램 기획과 운영에 필요한 정보를 얻기 위하여 실시된다. 이는 이벤트개최를 통해 달성하고자 하는 목표수준의 설정, 재무적 성과와 실행가능성, 이벤트 프로그램과 서비스운영에 필요한 아이디어의 수집, 이벤트 홍보를 위해 효율적인 촉진 프로그램의 설계, 시장조사를 통해 스폰서가 필요로 하는 수요자의 특성을 파악함으로써 스폰서십의 용이한 접근 등의 목적을 갖는다.

2) 시장조사 내용

다양한 목적으로 실시되는 시장조사는 조사목적에 따라 그 조사내용이 달라질 수 있다. 참여대상의 특성을 파악하기 위해서는 지리적 특성, 인구통계적 특성, 심리적 특성 및 행동적 특성 등이 조사되고, 기대효과를 측정하기 위해 참여자의 예상소비액 등이 조사된다.

또한 이벤트개최시 목표수준의 설정을 위해 수요자의 참여계획에 대해 조사하기도 하며, 이벤트 프로그램과 서비스 아이디어를 얻기 위해 중요한 서비스의 종류와 속성, 그리고 선호하는 프로그램을 조사한다. 아울러 효율적인 촉진프로그램을 설계하기 위하여 이벤트 또는 이에 참여하기 위한 정보취득의 원천에 대해 조사하기도 한다.

〈표 5-4〉 이벤트개최전 시장조사 내용

조사목적별	조사내용	
시장세분화 · 표적수요	• 성별 • 결혼유무별 • 직업별 • 소득수준별	• 연령별 • 자녀수별 • 교육수준별 • 거주지별
기대효과	• 예상소비액	
목표수준의 결정	• 이벤트 참여계획	
프로그램 및 서비스 아이디어	• 중요 서비스속성 • 선호 프로그램	
촉진 프로그램의 설계	• 정보취득 원천	

자료: 저자 작성

3) 시장조사방법

위에서 언급된 것처럼 다양한 목적으로 이벤트개최전 시장조사를 실시하게 되며, 목적에 따라 조사의 내용도 달라지게 된다. 또한 조사목적과 조사내용에 따라 조사를 하는 방법도 서로 다를 수 있다.

참여대상자의 인구통계적 특성을 파악하기 위해서는 주로 설문조사 방법을 이용하게 되며, 이벤트에 대한 태도와 의견 등 개최전 반응을 조사하기 위해서는 초점집단(focus group) 면접방법을 이용하기도 하고, 개최하고자 하는 이벤트의 상대적 특성을 파악하기 위해서는 관련 이벤트의 사례연구(case study) 방법을 통해 조사하기도 한다. 또한 이벤트의 계획과 운영에 관련된 자료를 얻기 위해서는 복합적인 방법을 사용한다.

〈표 5-5〉 이벤트개최전 시장조사방법

조사 내용별	조사방법
성별/연령별/소득수준별 자료조사	설문조사(Written survey)
이벤트에 대한 태도와 의견	초점집단(Focus Group)
개최 이벤트의 상대적 특성 확인	사례연구(Case Study)
이벤트기획 · 운영관련 내용	복합적 방법(Combined Methods)

자료: 저자 작성

4) 수요예측방법(Methods of Demand Forecast)

다양한 내용의 시장조사는 이벤트개최에 필요한 기초자료와 목표수준을 설정하기 위함이다. 그러나 이벤트의 다양한 목표의 수준을 과학적으로 설정하기 위해서는 이벤트에 참여할 수요의 크기를 예측하는 것이다. 즉 수요예측(demand forecast)이 선행되어야 이에 따른 각종 목표의 수준을 설정할 수 있으며, 그 목표의 수준이 근거를 지니게 되는 것이다. 이와 같이 이벤트의 수요를 예측하는 데는 다음과 같은 방법이 있다.

(1) 추세예측법(Trend Extrapolation)

추세예측법은 일정한 역사를 지닌 이벤트에 적용하는 것이 가능한 방법으로 이벤트 수요예측에 있어 가장 용이한 방법이라고 할 수 있다. 이 방법은 개최지역의 인구증가율을 토대로 이벤트 참여자의 수를 예측하는 방법으로 인구증감률에 따라 참여자의 증감률도 변한다는 가설아래 참여자수를 추산하는 방법이다.

이 방법은 적용이 용이하다는 장점이 있으나, 중요요인인 날씨나 경쟁이벤트와의 관계가 고려되지 않는다는 단점이 있다. 또한 이 방법을 이용하기 위해서는 개최하고자 하는 이벤트가 연중 동일시기에 개최되고, 인구증감률에 따라 수요량의 변화가 일정비율로 성장하거나 감소한다는 것이 전제되어 있어 매우 정확한 예측방법이라고 할 수는 없다.

구분 \ 연도	2025	2026	2027	2028	2029
인구	20만명	24만명	29만명	35만명	42만명(추정)
참가자	25만명	30만명	36만명	43만명	51만명(추정)

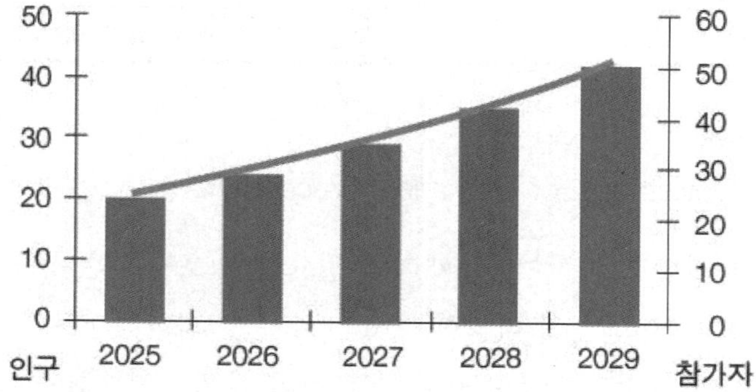

[그림 5-9] A도시축제의 추세예측법에 의한 수요예측의 예

(2) 비교법(Comparisons)

비교법은 처음으로 개최되는 이벤트의 수요예측에 적용이 가능한 방법으로 개최하고자 하는 이벤트와 유사한 경쟁이벤트를 선정하고, 비교요인을 분석하여 참관객수를 추정하는 방법이다.

여기에 이용되는 비교요인에는 ① 배후도시의 규모와 배후도시와의 거리 등 개최지의 특성, ② 동일기간에 동일지역 또는 인근지역에서 개최되는 경쟁이벤트가 있는지의 유무, ③ 개최하고자 하는 이벤트의 규모, 평판, 홍보된 프로그램의 다양성 등 이벤트의 객관적 매력도, ④ 이벤트 홍보의 정도 등이다.

(3) 델파이기법(Delphi Survey)

델파이기법은 이벤트와 관련되었거나 이벤트수요예측에 관련된 전문가집단을 구성하여 이들의 판단을 활용하는 예측기법이다. 이 방법은 수회에 걸친 설문지배포와 수집을 통한 통계적 분석을 이용하며, 전문가집단이 해당이벤트와 관련된 전문가로 구성되어야 하는 전제조건을 지니고 있다.

(4) 전화조사법(Telephone Interview Survey)

이 방법은 지리적 세분화에 의한 지역별 세분시장을 설정하여 실시하는 방법이다. 전화조사법은 임의로 추출된 표본의 참관여부를 조사하는 것으로 참관의사를 나타낸 비율만큼을 전체시장에 적용시켜 참가성향·참가예상인원을 예측하는 방법이다. 따라서 표본의 오차를 줄이기 위해 충분한 수의 표본을 전제로 하는 방법이라고 할 수 있다.

위에 언급된 수요예측방법을 혼합하여 사용한다면 좀더 정확한 수요를 예측할 수 있을 것이다. 아울러 이러한 방법으로 이벤트 수요를 예측하더라도 수요조사에서 병행하여 고려해야 하는 사항은 다음과 같다.

① 새롭고 독특한 이벤트는 잠재적 수요를 자극한다.
② 다수 이벤트의 동시개최는 상호경쟁으로 퍼블리시티(publicity)효과, 구전효과, 이벤트에 대한 총체적 관심증가 등을 통해 총수요량을 증가시킬 수 있다.
③ 이벤트가 차별화 되었을 경우 경쟁이벤트의 수요를 잠식할 수 있다.
④ 기존이벤트는 진부화된 프로그램, 관리소홀 등으로 새로운 이벤트에 성장기회를 제공할 수도 있다.

2 목표설정

이벤트를 개최하기 위해 환경분석과 시장조사를 실시한 후 이를 바탕으로 이벤트의 구체적인 목표를 설정하게 된다. 이벤트의 목표는 단일항목일수도 있으나, 대부분 여러 가지의 목표들로 구성되며, 이렇게 구성된 목표를 바탕으로 세부 운영계획을 수립하게 되는 것이다.

1) 이벤트의 주요 목표

이벤트개최의 목표는 단일목표인 경우가 매우 드물고, 대부분 다양한 목표들이 복합적으로 구성되는 것이 일반적이라고 할 수 있다. 대표적인 사업목표로는 이벤트 전체의 목표, 방문객과 관련된 목표, 재무적으로 관련된 목표 및 이벤트운영관련 목표 등으로 다음의 표와 같이 구분할 수 있다.

〈표 5-6〉 이벤트의 주요목표

구분	이벤트 전체	방문객 관련	재무 관련	운영 관련
관련 목표	• 인지도 증가율 • 이미지 포지셔닝 • 시장에서의 위치	• 방문객수 • 특정수요 참여율 • 방문객수 성장률	• 개최지 경제효과 • 수입 · 지출규모 • 이벤트운영 수익성 • 스폰서십 확보규모 • 수입성장률	• 자원봉사자 • 리스크 억제율 • 프로그램 만족도 • 서비스 만족도

자료: 저자 작성

이러한 이벤트의 다양한 목표는 각각 설정된 목표를 별도로 수행하는 것이 아니라 각 목표들이 서로 연계되어 주어진 기간내에 달성되도록 동시에 추구하는 것이다.

2) 목표 설정방법(SMART objective)

이벤트관리자는 위에서 언급된 유형의 목표들을 설정하고, 그 목표에 의해서 수행될 업무를 관리하여야 한다. 이러한 목표를 설정하는데 있어 다음과 같은 방법이 병행되어야 한다.

(1) 명확하고 뚜렷한 목표

이벤트의 목표는 이벤트의 개최목적에 충실하게 명확하고 뚜렷하게 설정되어야 한다. 예를 들어 이벤트의 개최목적이 지역경제 활성화라면 이벤트의 운영목표는 경제효과, 재정수입, 개최지 상품의 거래량 증가 등 개최목적과 관련된 목표로 명확히 설정되어야 하는 것이다.

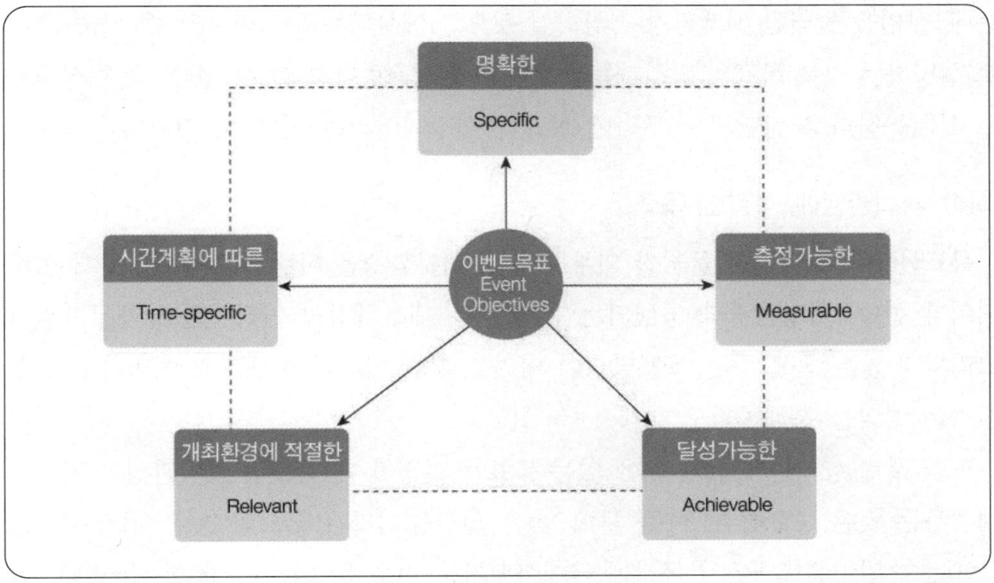

자료: 저자 작성

[그림 5-10] 이벤트 목표설정방법

(2) 측정가능한 목표

이벤트운영의 목표는 계량적으로 표시되는 것이 좋다. 예를 들어 "경제효과의 극대화"라는 애매모호한 목표는 목표로서의 의미가 없다고 할 수 있으므로 "방문객 1인당 소비액 5% 증가" 또는 "전년대비 10%의 경제효과 증가"라는 정량화된 목표가 바람직한 것이다. 이는 정량화된 목표에 따라 인적자원과 재무자원을 투여하고 성취된 목표량을 계량하여 이를 평가하고 다시 목표에 반영함으로써 사업의 계획, 실행 및 수정과 관리를 수행할 수 있는 토대가 마련될 수 있기 때문이다.

(3) 달성가능한 목표

목표는 현실을 바탕으로 설정되어야 한다. 욕심을 앞세워 방문객 유치인원의 목표를 무리하게 설정했다가 실제 성과와 차이가 너무 커 이벤트는 물론 개최지역의 신뢰도까지 떨어뜨리는 사례를 종종 볼 수 있다.

예를 들어 거시적 경제환경이 비교적 양호했던 전년도의 방문객 증가율이 5%였는데, 사업을 둘러싼 경제환경이 악화될 것으로 예상되는 차기년도의 증가율을 20%로 설정하는 것은 목표의 달성가능성이 매우 의심스럽다고 할 수 있다. 즉 현실적으로 불가능하다고 판단되는 무리한 목표가 설정되어서는 안 되는 것이다.

(4) 개최환경에 적절한 목표

목표는 이벤트개최를 둘러싼 외부환경 및 내부환경을 바탕으로 일관성있게 설정되어야 한다. 거시환경과 역행되는 목표 또는 내부환경의 인적자원과 재무자원이 고려되지 않은 목표 등은 목표달성이 어려울 뿐만 아니라 이벤트의 이미지를 실추시키는 결과를 초래하기도 한다.

또한 서로 상쇄관계(trade-off)에 있는 목표를 설정할 때 목표간에 일관성이 있도록 계획하는 것은 중요하다. 예를 들어 '높은 성장률'이라는 목표와 '낮은 리스크'라는 목표는 단일이벤트내에서 동시에 극대화되기 어려운 목표들이라고 할 수 있다. 이러한 상쇄관계에 있는 목표들이 일관성 없이 설정되었을 경우 이를 수행함에 있어 혼란이 야기될 수 있다.

(5) 시간계획에 따른 목표

개최목적에 따라 설정된 목표는 정해진 시간내에 달성되어야 하고, 시간계획의 각 단계별로 계량화된 목표가 분배되어야 한다. 예를 들어 100만명의 방문객수를 목표로 하고 한달간 개최되는 일회성 이벤트의 경우, 매주별 또 매일매일의 방문객 목표치가 배분되어 시간계획에 따른 목표 달성률의 점검이 가능하도록 해야 하는 것이다.

(6) 중요도순의 목표

이벤트운영에서의 매우 다양한 목표는 복합적으로 구성되기 때문에 목표의 중요도에 따라 계층적으로 설정되어야 한다. 중요도를 정하는데 있어서는 개최목적 · 개최환경 · 운영전략 등이 고려되어야 하며, 목표는 가장 중요한 것부터 중요하지 않은 것으로 계층적으로 정리한다. 따라서 이벤트의 특성에 따라 정해진 기간동안 방문객수의 증가 또는 이벤트 인지도 향상 등이 가장 중요한 목표로 설정될 수도 있고, 또는 인지도 증가율, 일정액의 스폰서십 확보 등이 가장 중요한 목표로 설정될 수도 있는 것이다.

③ 기본계획 수립

이벤트의 개최목적에 따라 구체적인 운영목표가 설정되면 이 목표를 바탕으로 하여 이벤트 운영에 필요한 기본적인 계획을 수립하게 된다. 기본계획은 이벤트의 주최, 개최시간, 참가대상 및 개최장소에 대한 계획으로 다음의 그림과 같이 구분할 수 있다.

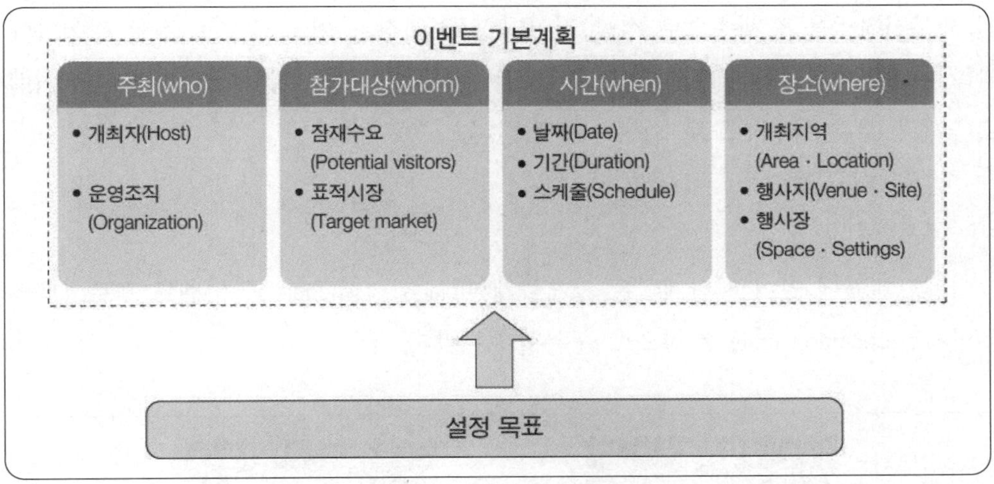

자료: 저자 작성

[그림 5-11] 이벤트 기본계획의 틀

1) 주최(who)

이벤트의 주최를 결정하는 것은 크게 두 가지의 의미가 있다. 첫째는 개최하는 이벤트의 대표자인 개최자를 명확히 정하는 것이고, 다른 하나는 개최자의 운영조직을 구성하는 일이다.

이벤트의 주최자는 이벤트개최목적을 설정하는 단계에 이미 결정되는 경우가 많다 그러나 기본계획 수립시 이벤트의 공식적인 주최를 단일 주최자로 할 것인지 또는 공동주최의 형태로 하여 무형의 이익을 취할 것인지를 결정할 필요가 있다. 아울러 행정적 · 재정적 지원을 확보하기 위하여 공동주최, 후원, 협찬의 주체도 이때 결정하는 것이 바람직하다.

아울러 이벤트개최에 필요한 기본적인 조직을 구성하게 되는데, 본서에서는 조직의 구성에 대해 별도의 장(章)을 통해 설명하고자 한다.

2) 참가대상(whom)

이벤트의 참가대상은 이미 언급된 바와 같이 이벤트의 개최목적, 이벤트개최환경 분석, 운영목표 설정 등 모든 과정에서 매우 중요한 역할을 하는 요소이다. 이는 어떤 세분시장들을 잠재수요로 정할 것이며, 표적시장을 어느 것으로 정할 것이냐에 따라 이벤트계획수립과 운영과정이 달라질 수 있는 중요한 항목이므로 본서의 이벤트마케팅 부분에서 별도로 설명하고자 한다.

3) 시간(when)

이벤트개최에 있어 시간계획은 스케줄계획(planning schedule)과 이벤트 프로그램의 운영시간(operation time) 계획으로 구분할 수 있다.

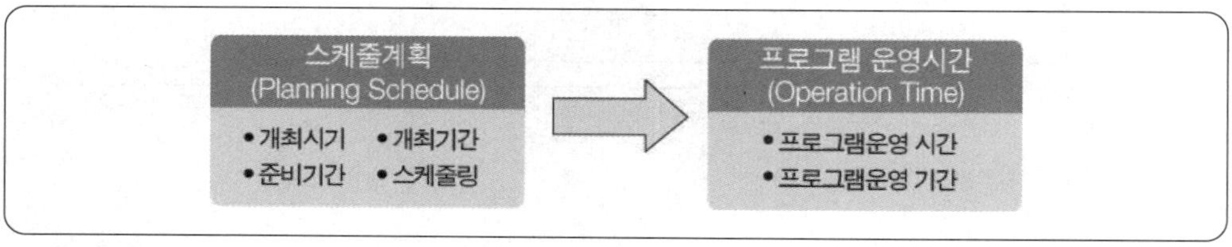

자료: 저자 작성

[그림 5-12] 이벤트 시간계획

(1) 스케줄계획

스케줄계획은 이벤트의 개최시기와 개최기간 및 이에 따르는 준비기간과 준비에서 평가에 이르기까지의 전 과정에 대한 시간구성에 관련된 것이다.

특히 이벤트 준비기간과 시간구성은 성공적인 이벤트개최를 위해 매우 중요한 것으로 충분한 준비기간은 비용을 줄일 수 있고, 치밀한 계획을 수립할 수 있다는 장점을 지닌다. 준비기간에 대한 시간을 계획하는 방법에는 CPA방법과 PERT방법(Getz, 1997: 80-81)이 있다.

① CPA(Critical Path Analysis)

CPA(주요경로 분석) 방법은 이벤트개최에 필요한 장소선정, 시설, 인프라, 관리체계 등 중요한 업무를 구분하고, 각 중요 업무의 우선순위를 결정한 후 업무별로 예상되는 소요시간과 마감시간을 결정함으로써 업무 수행순서에 따른 진행계획을 확정하는 방법이다.

② PERT(Program Evaluation and Review Technique)

위에서 언급된 CPA방법은 이벤트의 개최일자를 기준으로 역산하여 업무별 소요시간과 마감시간을 정함으로써 스케줄을 작성하는 방법이었으나 PERT(프로그램평가 및 기술검토) 방법은 업무별로 준비에 소요되는 최소 소요기간과 최대 소요기간을 계산하는 방법이다. 따라서 이 방법은 개최일자가 정해진 이벤트에 적용할 수 없고, 이벤트개최를 위해 최소 또는 최대로 필요한 준비기간을 산정하는 데에 사용할 수 있는 방법이다.

(2) 프로그램 운영

시간계획의 또다른 업무는 이벤트의 프로그램 운영시간을 결정하는 일이다. 이는 각 프로그램별로 이벤트개최기간 중 운영기간과 일자별 운영시간에 대한 계획을 하게 된다. 이벤트 프로그램 운영의 계획은 이벤트 프로그램 캘린더 또는 갠트차트(Gantt chart)[5] 등을 통해 나타나게 되며, 본서에서는 이에 대한 상세한 내용을 이벤트의 운영에서 다루고자 한다.

4) 개최장소(where)

이벤트개최장소는 개최지역과 행사지 및 행사장으로 구분할 수 있다. 개최지역이란 이벤트가 개최되는 광의의 지역개념으로 국가, 도시 또는 생활문화가 동일한 지역을 의미한다. 행사지는 이벤트가 개최되면 직접적으로 이벤트개최에 따른 일상생활에 영향을 미치는 권역을 뜻하며, 행사장이란 실제 이벤트가 개최되는 구체적인 협의의 장소를 의미한다.

5) 1919년 미국의 간트(Henry Laurence Gantt)가 창안한 업무진도도표로 업무계획과 실제 진행상황의 일정을 비교해서 횡선(橫線)으로 표시하고, 계획과 통제기능을 동시에 수행할 수 있도록 설계된 막대도표(bar chart)이다.

(1) 개최지역 선정의 고려요인

개최지역은 주최자가 결정되면서 동시에 선정되는 경우도 있으나, 그렇지 않은 경우 개최지역까지의 접근성, 개최지역의 중심성, 개최지역의 이미지 및 개최지역내의 시설의 밀집성 등이 사전에 충분히 고려된 후 개최지역으로 선정할 필요가 있다.

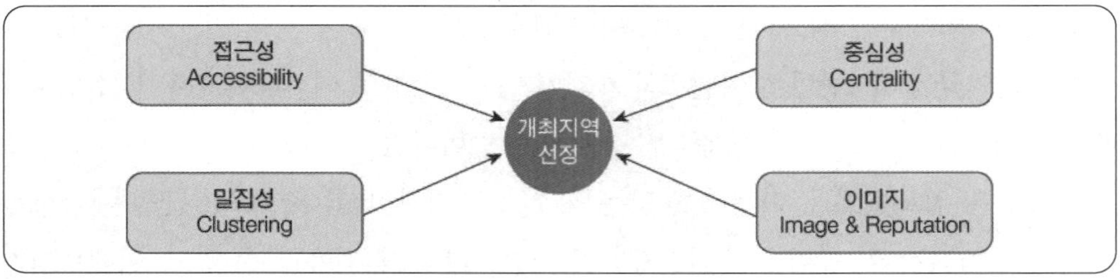

자료: 저자작성

[그림 5-13] 이벤트개최지역 선정 고려요인

(2) 행사장 선정 고려요인

행사장은 이벤트가 실제로 개최되는 장소로 행사장 선정에는 행사장의 수용능력, 비용의 효율성, 군중관리와 대기행렬 관리의의 용이성, 가용성, 교통관리의 효율성, 서비스지원성, 안전성 등이 고려되어져야 한다.

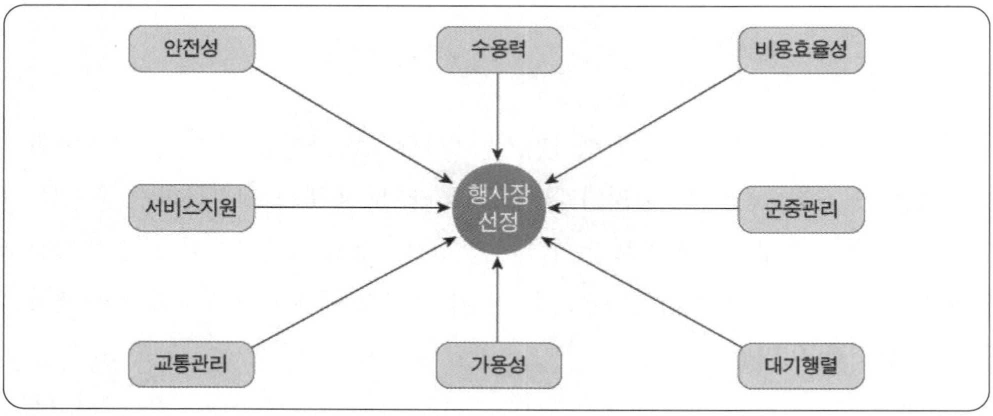

자료: 저자 작성

[그림 5-14] 이벤트 행사장 선정 고려요인

본장에서는 이벤트의 전략적 계획수립과 그 과정의 일부에 대해 알아보았다. 전략적 계획수립과정의 절차 중 개최목적의 설정, 외부 및 내부 개최환경의 분석, 이벤트 수요조사, 이벤트 운영목표의 설정, 이벤트 기본계획의 수립과정이 본장에서 다루어졌다. 다음 장에서는 이벤트 운영계획의 수립에 대해서 알아보도록 한다.

참고문헌

REFERENCE

Allen, J., O'Toole, W., Harris, R., & McDonnell, I. (2008). *Festival and Special Event Management*, 4th ed.. John Wiley & Sons.

Freedom, H. A., & Feldman, K. (1998). *The Business of Special Event*. Pineapple Press Inc.

Getz, D. (1997). *Event Management & Event Tourism*. Cognizant Communication Corporation.

Goldblatt, J. J. (1997). *Special Event - Best Practices in Modern Event Management*. John Wiley & Sons Inc..

Jackson, R. (1997). *Making Special Events Fit in the 21st Century*. Sagamore Publishing.

Schmader, S. W., & Jackson, R. (1998). *Special Event: Inside and Out*, 2nd ed.. Sagamore Publishing.

Stoner, J., Collins, R., & Yetton, P. (1985). *Management in Australia*, Sydney: Prentice Hall.

Thompson, A. JR., & Stricklnad III, A. (1995). *Strategic Management*, 8th ed.. Chicago: Irwin.

case study

이탈리아 베네치아카니발

• 개최목적

기괴한 복장과 가면의 참가자들이 함께 하는 베네치아카니발은 2월 중순부터 약 열흘간 계속되며, 평소에 비참한 조건에서 살도록 강요당해온 피지배층의 불만을 오락을 통해서 터트릴 수 있도록 허용한 기회였다. 베네치아카니발은 지배계급과 피지배층의 구분이 명확했던 중세에 피지배층이 일 년 내내 엄격한 지배와 복종의 관계로부터 벗어나 잠시나마 긴장을 풀 수 있었던 기간으로, 축제를 통해 농노와 주인의 구분이 없어지고, 사회적 계급이라는 장애물에 의해 가로막혀 있었던 사람들이 자유를 느꼈던 행사이다.

오늘날 카니발이라는 용어는 중세 기독교신앙으로부터 시작하지만, 카니발에는 중세 이전부터 존재했던 새해를 맞는 의식이 포함되어 기독교 풍토에 적응되어 온 것이다. 베네치아카니발이 언제부터 시작했는지는 정확히 알 수는 없으나 기록상에 남아 있는 최초의 축제는 1039년의 마리축제로 서기 948년 7명의 젊은 신부가 결혼식장에서 이트리아인 해적에 의해 납치되었다가 풀려난 것을 기념하는 축제였다. 이러한 축제의 전통에 따라 오늘날도 베네치아카니발의 개막은 마리축제로 시작되어 지난 천년 동안 전통을 유지해온 셈이다.

베네치아카니발은 엄격한 신분사회에서 잠시나마 일탈하여 긴장을 해소하게 함으로써 법과 질서가 극단의 위험에 빠지게 되는 것을 방지해주는 안전 밸브와 같은 역할을 했으며, 카니발의 이러한 측면 때문에 지배계급은 카니발에 대해 이해심을 가지고 방관하였다. 카니발은 제한 받지 않는 즐거움을 통해 내면 깊은 곳에서부터 영혼을 자유롭게 하는 기간이고, 억압된 두려움과 불만을 해소하는 기간이다.

그러나 신분계급이 엄격한 사회에서 얼굴을 드러내고 일탈에 빠져드는 것이 용이하지 않았기 때문에 '가면'이 축제에 이용되어 베네치아카니발을 '가면축제'라고 부르기도 한다. 즉 축제참가자들이 가면과 변장으로 자신을 숨김으로써 인간 의식의 내면을 숨김없이 드러내고자 했던 것이다. 가면과 가장을 통해 억압된 꿈과 감춰진 열망을 투영하는 좋은 기회였던 것이다.

• 운영조직

베네치아카니발은 18세기에 화려했으나 19세기와 20세기를 거치면서 쇠퇴하였다. 그러나 베네치아카니발이 오늘날처럼 다시 규모가 확장되고 흥겨워진 것은 1980년부터 베네치아의 극장, 예술계 동호인들이 한 마음이 되어 본격적으로 축제를 기획하기 시작하면서 새로운 모습이 되었다. 축제운영조직도 과거에는 베네치아시에서 주관하였으나, 1994년부터는 '베네치아카니발위원회'라는 협의회가 구성되어 축제를 주관하고 있으며, 이 협의회는 비영리 조직으로 25개의 각종 단체 및 기업 등으로 구성되어 있다. 축제를 실질적으로 기획하고 이끌어 가는 위원장은 임기 3년의 선출직이고, 축제 조직에서 일하는 직원들은 축제기간 동안만 일하는 일시고용직으로 직원의 수는 20~30명 정도이다.

베네치아카니발은 한동안 지역주민의 참여가 낮고, 방문객만 찾는 축제라는 침체기를 맞기도 했으나, 지난 몇 년 동안 베네치아카니발이 수십만 명의 관광객을 유치하면서 비교적 성공할 수 있었던 요인은 시민들의 자발적 참여를 다시 이끌어낼 수 있었기 때문인데, 축제기간동안 가면과 의상을 입고 참여하는 일반시민이 늘었기 때문일 것이다.

• 재정수입

2000년도 베네치아카니발의 예산규모는 약 11억리라(약 6억 6천 만원)로 이 중 베네치아 시의 보조금 약 2억 리라를 제외한 나머지는 거의 대부분 민간후원금으로 충당되었다. 베네치아 카니발의 운영상 어려운 점에 대하여 축제 집행위원장도 스폰서십의 확보임을 언급하고 있을 정도로 기업의 스폰서십이 베네치아카니발 예산의 가장 중요한 부분이라고 할 수 있다. 베네치아 카니발의 가장 큰 스폰서는 독일의 자동차 회사 '폭스바겐'이지만, 자동차가 필요 없는 수상도시 베네치아에서 자동차 회사가 가장 큰 스폰서업체라는 것도 색다른 마케팅전략일 수 있다. 베네치아카니발 집행위원회는 가능하면 국가나 시 당국으로부터 보조금을 받지 않으면서 경제적인 축제를 이끌어 가는 데 역점을 두고 있다. 세계적으로 유명한 카니발의 예산이 겨우 6억 6천만 원 정도라는 것은 행사를 경제적으로 운영하고 있다는 사실을 내포하고 있다.

축제를 통해 베네치아의 가면(mask)상점들은 호황을 누리고 있다. 베네치아의 마스크는 유럽 시장에서 매우 잘 알려져 있을 뿐만 아니라 높이 평가받고 있다. 좁은 골목길에 줄이어 늘어선 수많은 마스크상점들마다 수백 가지 형태의 다양한 마스크들이 관광객들의 눈길을 사로잡는다.

• **축제프로그램**

베네치아카니발의 다양한 프로그램 중에서도 방문객의 흥미거리는 산마르코 광장(Piazza San Marco)을 무대로 펼쳐지는 가면 패션이다. 다양한 형태의 가면과 다른 곳에서 볼 수 없는 창의적이고 환상적인 의상을 입은 수많은 참여자들이 산마르코 광장을 돌아다니며, 자신의 가면의상을 한껏 뽐내고 방문객들을 위해 포즈를 취해준다.

따라서 축제기간 중의 산마르코 광장은 거대하고 우아한 야외 패션쇼 행사장과 흡사하여 어떤 사람은 두세 명 또는 6~7명이 같은 형태의 독특한 의상을 입고, 산마르코 광장을 활보하며, 중세 귀족풍의 의상과 가면으로 치장한 사람도 있고, 우아하고 환상적인 분위기를 자아내는 옷차림으로 참가하는 사람도 있다. 이와 같은 베네치아 카니발의 독특한 분위기는 과거 베네치아 공화국의 영화를 의식적으로 암시하는 것이기도 하다.

축제 개최측에서 기획된 프로그램은 주로 산마르코 광장을 중심으로 진행되지만, 카니발 기간 중 드레스코드를 갖춰야 입장이 가능한 다양한 형태의 무도회도 열리는데, 비교적 높은 참가비를 지불해야한다. 또한 가면무도회 이외에도 다양한 형태의 문화공연과 전통행사 및 어린이를 위한 공연이 병행된다. 아울러 베네치아의 지리적 특성을 살린 보트 퍼레이드는 중세 베니스공국의 영화를 상징하는 화려한 색채의 배들이 나와 펼치는 수상 퍼레이드로 많은 방문객들의 이목을 집중시킨다.

2000년도 페네치아 카니발(2000.2.25~3.7)운 '보이지 않는 도시'라는 주제를 정하였다. 이 제목은 칼비노란 작가가 쓴 같은 제목의 책에서 마르코 폴로가 몽고의 쿠빌라이 왕에게 그가 여행한 여러 도시에 대해서 말하면서 베네치아를 설명하는 대목에서 따온 것이다. 이러한 테마 아래 과거, 현재, 미래의 베네치아를 표현하는 세부 프로그램을 만들었다.

베네치아 카니발의 컨셉과 프로그램 구성의 예

구분	컨셉	축제프로그램
과거	기억의 도시	마리축제, 카니발 퍼레이드, 전승기념행사, 리노세로스의 도착, 가면무도회
현재	계속되는 도시	산타마가렛타 광장축제, 다인종 카니발
미래	소망하는 도시	어린이 카니발, 연극(마르코폴로와 쿠빌라이 칸의 대화)

사진자료; www.doge.it, www.bugbog.com, www.venicecarnival.com

CHAPTER 6

이벤트 조직 · 인사관리

제1절 이벤트 운영조직 구성

① 조직구성의 의의

지난 장(章)에서 이벤트개최 계획을 수립하는 과정에 대해 살펴보았다. 이 과정 중 개최목적에 적합한 세부목표를 설정하는 절차가 있었는데, 이러한 목표를 달성하기 위해 인적자원을 배분하는 것이 조직구성의 목적이라고 할 수 있다.

조직구성의 절차는 계획수립에서 설정된 목표를 달성하기 위한 업무활동을 결정하고, 이러한 활동을 수행하기 위하여 필요한 인원을 정규직원, 임시고용자 및 자원봉사자로 구분하여 그 규모를 결정한다.

목표수행에 필요한 인원규모가 산정되면 각 업무별로 관련된 그룹으로 나누고, 이를 하부조직과 연결시켜 부문별 또는 개인별로 목표달성을 할당하는 과정을 이벤트 운영조직의 구성과정이라고 할 수 있다.

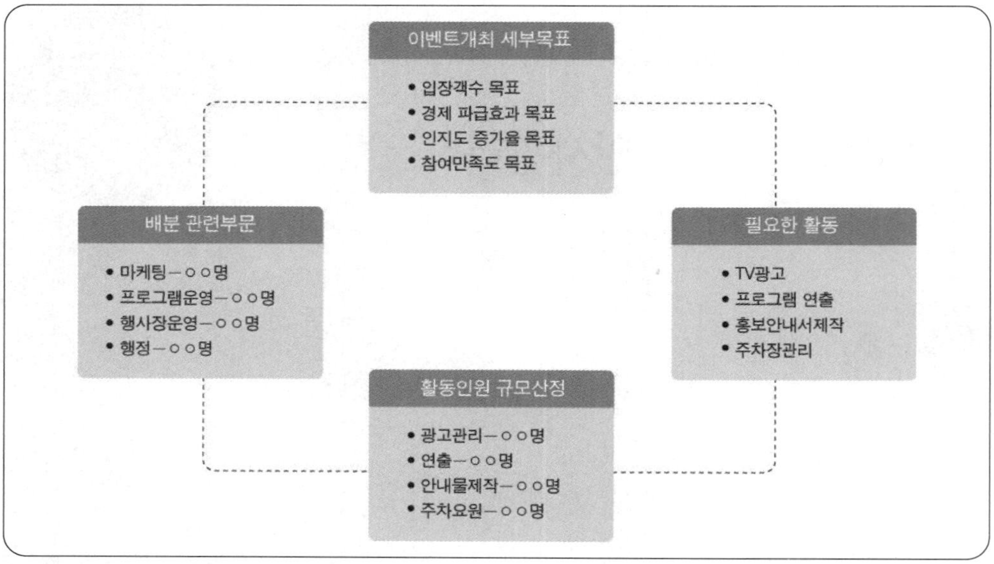

자료: 저자 작성

[그림 6-1] 설정목표와 조직규모 배분의 예

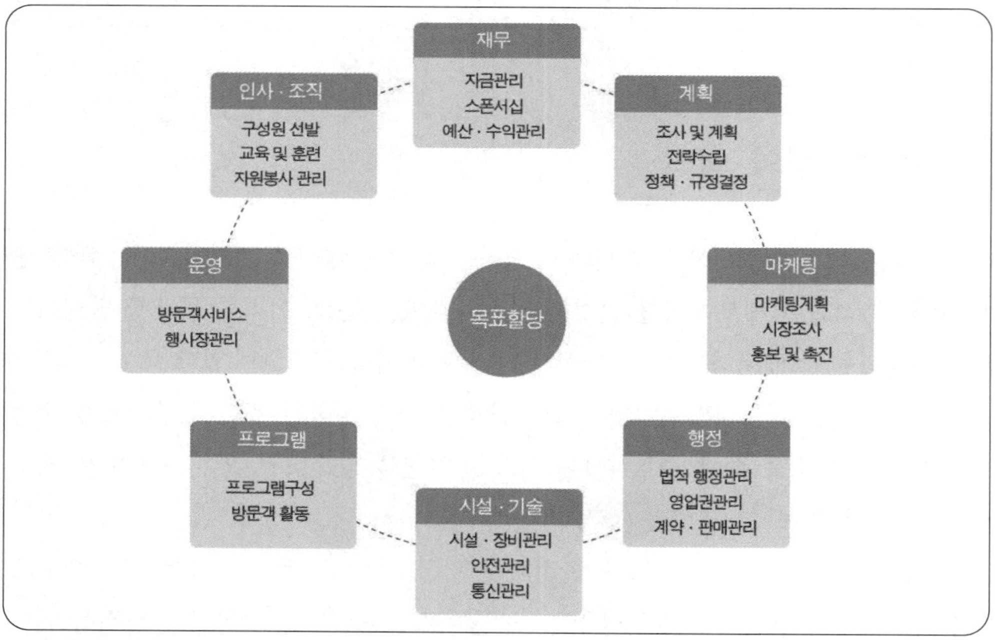

자료: 저자 작성

[그림 6-2] 이벤트조직의 목표할당 관련부문

다음의 그림은 이벤트조직에서 목표가 할당되는 주요 하부조직과 해당 조직의 목표관련 주요 업무들이다. 이렇게 목표와 관련된 하부조직을 결정하여 목표를 할당할 때 주의해야 할 것은 특정목표와 업무가 어느 조직의 책임인지 또 그것이 어느 조직과 연관이 있는지를 밝혀주는 것이다.

2 이벤트 운영조직의 유형

1) 단순운영조직

단순운영조직(simple structure)은 소규모이벤트 운영시 가장 많이 적용되는 조직형태이다. 단순운영조직은 적은 수의 인원으로 상황에 알맞게 유동적으로 운영될 수 있으며, 이벤트의 규모가 커져 기능분화가 요구될 경우 기능중심 운영조직, 또는 네트워크중심의 운영조직으로 용이하게 확장될 수 있다는 장점이 있다. 하지만 조직 구성원 각자가 다양한 업무를 소화해야하므로 전문성이 높지 않고, 관리자의 리더십이 독재적일 경우 구성원의 능력이 충분히 발휘될 수 없다는 단점이 있다.

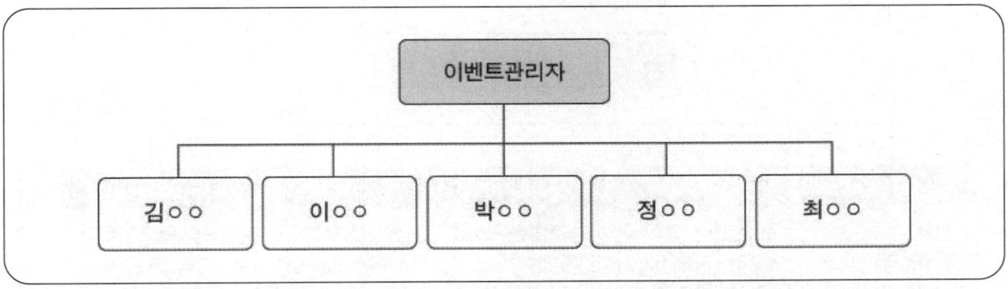

[그림 6-3] 이벤트 단순운영조직의 예

2) 기능중심조직

일반적으로 조직위원회 또는 사무국이 구성되어 운영되는 일정 규모 이상의 이벤트의 경우 행정, 재무, 마케팅, 운영 및 방문객서비스에 관한 기능을 지닌 하부조직을 갖추어 기능중심조직(functional structure)으로 운영하고 있다. 행정관리 기능에는 이벤트의 계획, 인사관리, 자원관리, 영업권을 포함한 자산의 관리 등이 포함되며, 재무관리 기능에는 예산관리, 수입 · 지출관리, 자금흐름관리, 회계관리 및 이벤트개최시의 재무 리스크관리 등이 포함된다.

마케팅과 홍보기능은 예상 방문객수 달성을 주된 목표로 하여 다양한 촉진활동과 TV, 인쇄매체 및 사이버 홍보를 포함한 매체홍보, 이벤트 전체 이미지관리, 스폰서의 관리 등을 포함한다.

운영관리기능은 수립된 계획을 실행시키는 기능으로 그 범위가 매우 넓으며, 주로 행사장관리, 각종 시설과 장비관리, 행사장내에서 이루어지는 다양한 프로그램의 관리, 입장권관리, 통신관리, 음향 · 조명 · 기술관리, 방문객의 안전관리 등이 포함된다. 끝으로 방문객 서비스관리 기능은 관광현상이 수반되는 대규모 이벤트의 경우 매우 중시되는 기능으로 방문객의 숙박, 수송, 식음료 및 공중위생과 정보제공 등이 포함된다.

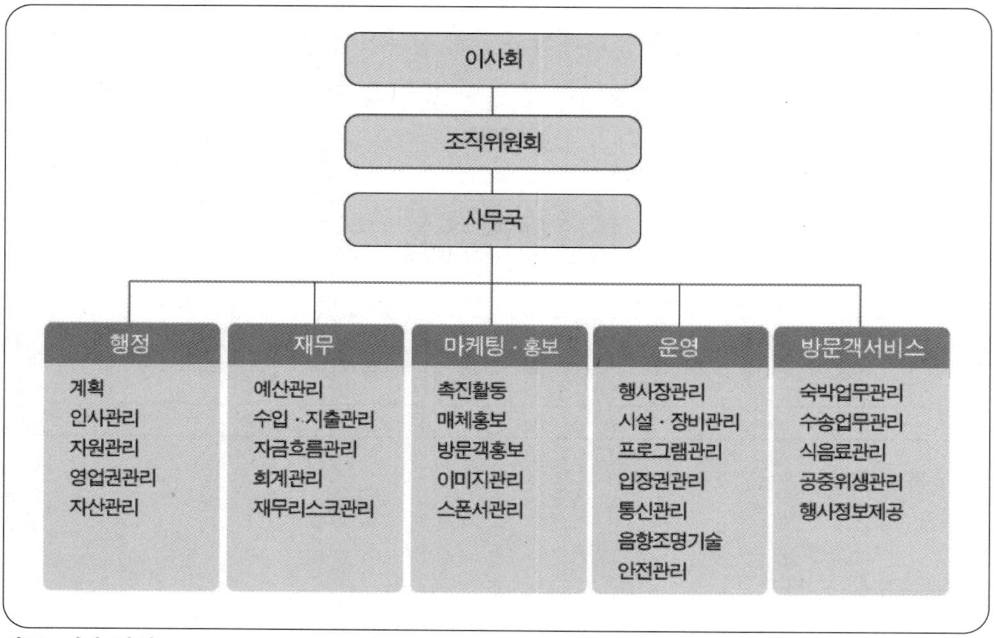

자료: 저자 작성

[그림 6-4] 관리기능 중심의 이벤트조직

기능중심의 이벤트조직은 각 구성원의 전문성을 배양시킬 수 있고, 자원배분을 중복시키지 않으며, 효율적으로 활용할 수 있다는 측면에서 바람직하지만, 다른 부서의 업무를 충분히 이해하지 못하여 발생되는 부서간 충돌과 각 기능의 책임자들이 전체의 목표를 충분히 반영시키지 못한다는 단점이 있다. 이러한 단점을 보완하기 위해 정기적인 회의를 통한 목표의식 고취 및 경력개발(career development) 프로그램 또는 직무순환을 통한 관리자 양성노력이 보완되어야 한다.

3) 네트워크조직

네트워크조직(network structure)은 이벤트수행에 필요한 각 업무별로 계약을 통해 외부운영을 의뢰하거나 아웃소싱을 통해 위탁시키는 형태이다. 대부분의 이벤트는 일시적으로 개최되거나 연속적으로 개최되더라도 그 기간이 한시적이기 때문에 이러한 조직유형이 인력비용의 측면에서 효율적일 수 있다.

네트워크조직은 외부업체의 전문성을 충분히 활용할 수 있고, 예산의 절감과 계약을 통한 비용의 정확한 사전예측 및 환경변화에 따른 전략변경이 용이하다는 장점이 있다. 그러나 참가자들에게 제공될 프로그램 또는 서비스의 질을 정확히 예측할 수 없으며, 계약불이행으로 인한 파트너업체와의 갈등 및 법적문제 발생 등의 단점이 있다.

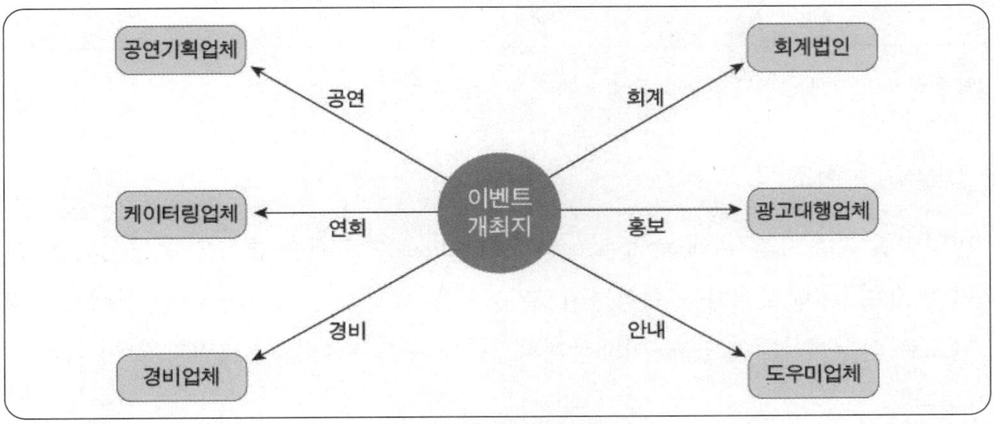

[그림 6-5] 네트워크 이벤트조직의 예

4) 프로그램중심조직

프로그램중심의 조직(program-based structure)은 이벤트 각 프로그램을 운영하는 관리자를 지정하여 해당 프로그램을 자체적으로 기획하고, 집행하여 스스로 관리할 수 있도록 하는 것이다.

이러한 프로그램중심의 조직은 프로그램간의 상관성이 높지 않고, 각 프로그램이 독립적으로 운영될 수 있는 경우에 가능한 조직으로 행사장이 집중된 경우보다 프로그램의 장소가 분산되어 있는 경우 더욱 효율적으로 적용할 수 있는 유형이다.

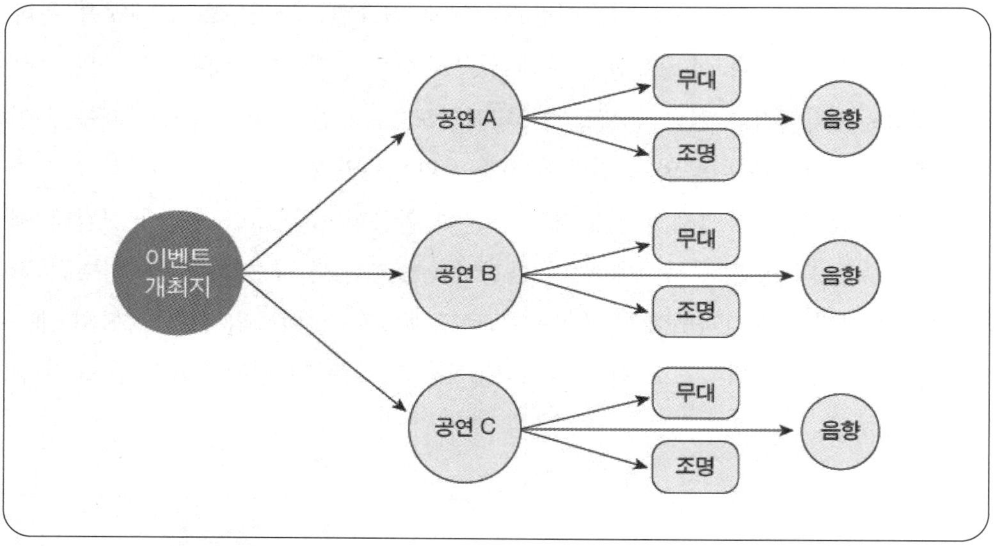

[그림 6-6] 프로그램 중심의 이벤트조직의 예

5) 비영리협회조직

비영리협회 운영조직(nonprofit association structure)은 회원을 중심으로 구성되는 경우가 많으며, 이벤트개최를 희망하여 그 운영을 요청하는 집단과 이를 실행시키는 집단으로 나누어 볼 수 있고, 이해관계자집단의 구도는 다음의 그림과 같이 나타낼 수 있다.

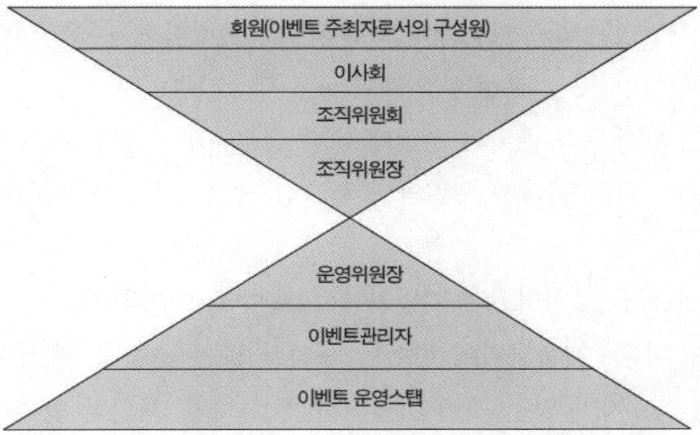

자료: Getz, Donald, Event Management & Event Tourism, Cognizant Communication Corporation, 1997, p.135 에서 저자 재구성

[그림 6-7] 회원참여 중심의 이벤트조직

3 주요 구성조직

이벤트 개최를 위해 구성되는 조직은 이벤트의 특성에 따라 또는 이벤트의 각 분야에 따라 매우 다양한 형태로 서로 상이하게 나타날 수 있다. 일정규모 이상의 이벤트에서는 이사회나 조직위원회가 구성되기도 하고, 실행위원회 또는 운영위원회가 구성되어 이벤트를 운영해 나가기도 하며, 메가이벤트의 경우 이와 별도로 유치위원회가 구성되어 기존이벤트의 특정지역 개최를 위해 유치활동을 펴기도 한다. 또한 소규모 이벤트의 경우 위원회 구성없이 이벤트관리자가 직접 이벤트 전체를 관리하기도 한다.

1) 조직위원회

이벤트에 따라 이사회(board of directors)의 명칭으로 운영되기도 하는 조직위원회(organizing committee)는 이벤트조직의 임무, 비전 및 전략수행의 전적인 책임기관이라고 할 수 있다. 조직위원회는 조직의 직원과 자원봉사자 및 조직수행업무의 모든 법적 · 재정적 책임기관으로 이벤트의 미래방향을 설정하고, 목표, 희망하는 특정결과, 가치기준의 설정 및 기본정책을 개발하는 핵심기관이다.

조직위원회는 이벤트의 준비와 운영에 대한 결정기구로 위원장, 고문, 감사, 위원 등으로 구성하고, 주로 전략적 측면의 정책결정과 개최목적 및 개최목표를 관리하게 된다.

조직위원회 위원장은 정치가나 기업가 등으로부터 지원과 가용자원을 확보할 수 있는 유력인사, 비용 · 매출관리에 뛰어난 사업가 또는 군중 · 자원봉사 · 정치에 익숙한 지역사회 지도자가 맡는 것이 바람직하며, 신뢰성, 책임감 및 이벤트운영능력 등이 중요 요건이라고 할 수 있다. 조직위원장은 주로 전략적 계획의 수립, 운영정책 수립, 각 위원회 관리, 예산의 수립과 지출, 직원의 관리 등의 업무를 수행한다. 조직위원은 유관기관, 단체, 업계의 주요인사로 선정되는 경우가 많으며, 예산, 회계, 마케팅, 법, 계획 등을 감독할 수 있는 능력이 있어야 한다.

2) 분과위원회

분과위원회는 대개의 경우 상임위원회(standing committee)의 형태로 구성되는 것이 일반적이며, 소규모 이벤트 또는 일시적으로 운영되는 이벤트의 경우 이러한 기능을 외부 위탁운영 또는 이벤트기획 대행업체에 일임하는 경우가 많다. 분과의 명칭, 규모, 종류 등은 이벤트의 특성에 따라 매우 상이하나, 그 기능은 운영, 재무, 시설, 홍보 등 대개의 경우 유사한 형태로 나타나기도 한다.

운영분과는 이벤트 프로그램의 내용, 일정 및 이벤트 프로그램운영에 따른 제반업무를 관장하며, 재무분과는 예산계획, 자금조달계획, 물품조달계획, 자금의 수납과 관리, 제경비 지출, 결산보고서 작성, 자금 모금관련 업무 및 기타 재무, 회계에 관한 제반업무를 수행하고, 시설분과는 이벤트 행사장의 시설 설치 및 배치계획, 각종 시설, 비품, 특수장비의 준비, 게시판, 표지판의 설치, 특수기술 인력의 확보 등을 담당한다.

또한 사교 · 영접분과는 각종 사교행사의 계획수립, 준비 및 운영, 수송계획의 수립 및 준비, VIP 및 의전업무를 수행하고, 숙박분과는 주 이용 호텔의 선정, 숙박수용 계획수립, 기타 숙박관련 제반업무를 담당하며, 홍보 · 선전분과는 매체홍보, 국내외 광고, 프레스룸의 설치 및 운영, 기타 홍보 및 선전관련 제반업무를 수행한다.

3) 사무국의 구성

대규모 이벤트가 아닌 경우 이벤트를 준비하는 실무기관으로 각 분과를 구성하는 대신 사무국을 구성하여 운영하기도 한다. 사무국을 운영하는 방법에는 해당 이벤트와 관련된 조직, 협회 또는 단체가 있는 경우 해당조직을 중심으로 한 사무국을 운영하는 방법이 있고, 특정 이벤트만을 위해 신규인력을 일시적으로 고용하여 사무국을 신설하는 방법과 이벤트관련 업체에 모든 운영을 위탁하여 대행시키는 방법 등이 있을 수 있다.

이벤트운영을 위해 구성된 사무국의 경우 대개 초기 준비기간에는 소수의 인원으로 시작하여 이벤트시행이 가까워질수록 인원을 증강시키고, 이벤트 개최기간 중에는 임시고용자를 포함한 최대인원으로 업무를 수행하는 경우가 많다.

4 분야별 이벤트 운영조직

1) 축제 이벤트조직

축제이벤트조직은 정부 · 지방자치단체에서 주최하여 시행되는 경우와 민간에서 회원참여 중심으로 주최되는 경우에 따라 그 조직구성의 형태가 상이하게 나타날 수 있다. 일반적으로 축제이벤트 운영조직은 다른 이벤트조직의 구성과 유사하지만 관광객 유치를 위한 기능을 지니고 있으며, 우리나라 지역축제의 경우 지방자치단체의 행정담당자를 중심으로 구성되고 있다.

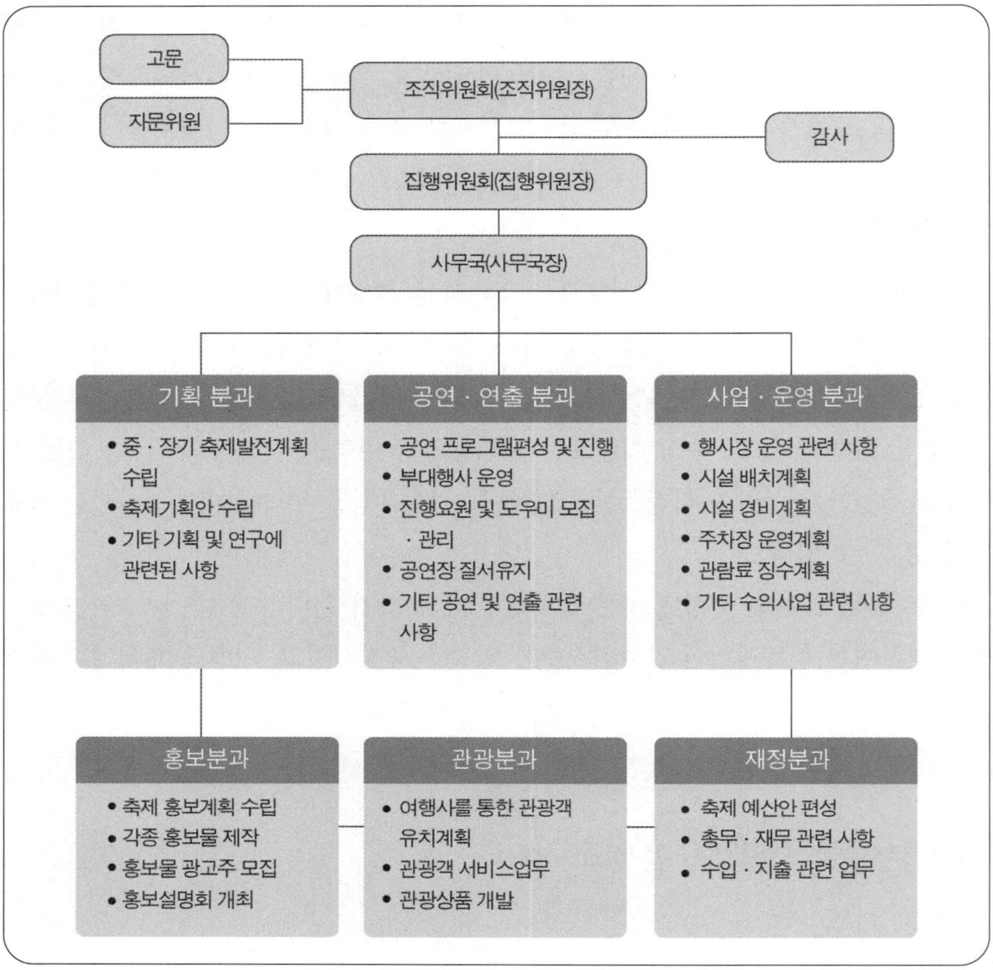

자료: 저자 작성

[그림 6-8] 축제이벤트조직구성의 예

2) 회의 이벤트조직

회의이벤트에서 전시(exhibition)가 수반되는 경우 사무국은 다음의 그림에서와 같이 회의를 담당하는 사무국과 전시를 담당하는 사무국으로 양분되는 경우가 많으며, 회의사무국은 주로 참가자안내와 등록(registration) 및 관광프로그램을 담당하는 업무와 회의장 관리 및 회의를 진행시키는 업무로 나누어진다.

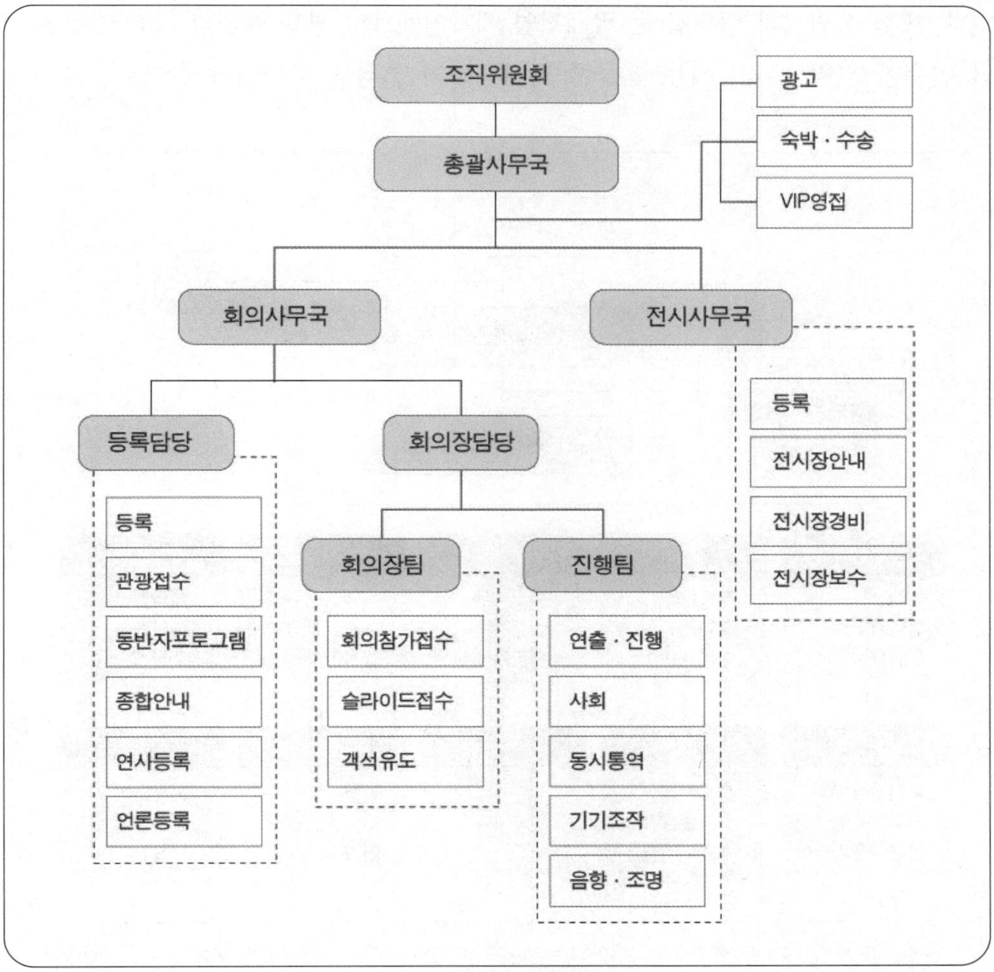

자료: 한국관광공사, 국제회의 운영요령, 1994: 31에서 저자 재구성

[그림 6-9] 회의이벤트조직구성의 예

3) 스포츠 이벤트조직

스포츠이벤트 운영을 위한 조직구성의 경우 이벤트의 규모, 스포츠의 종류, 경기장의 특성 등에 따라 서로 다른 형태의 조직구성이 요구된다. 그러나 일반적으로 다른 이벤트와 달리 선수관리와 기록관리 및 개폐회식과 수상식 등에 관련된 행사의식을 관리하는 기능이 체계적으로 또 기술적으로 수행되어야 하는 특징을 지니고

있다. 또한 올림픽과 월드컵 등 국제적인 메가이벤트의 경우 다음의 그림 예에 나타난 단순한 관리중심의 기능은 물론 거시규모의 조직을 갖추어야 한다.

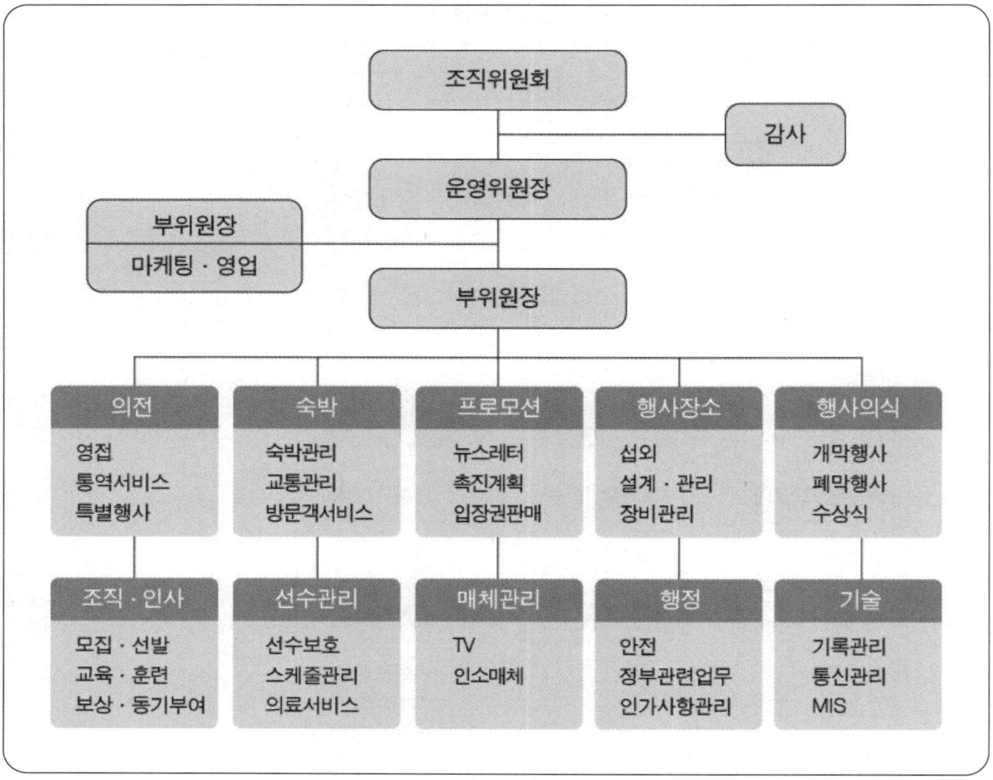

자료: Watt, David C., Event Management in Leisure and Tourism, Addison Wesley Longman, 1998: 137.에 설명된 World Gymnastics Championships의 조직도를 재구성

[그림 6-10] 스포츠이벤트조직구성의 예

4) 문화공연 이벤트조직

문화공연이벤트의 일반적인 조직구성은 위에서 언급된 기능중심으로 이루어지지만, 상설공연장의 경우 다음 그림에서와 같이 공연을 중심으로 공연연출과 관리기능으로 나누어지는 것이 일반적이다. 특히 공연 연출의 경우 무대를 중심으로 업무의 기능과 역할을 세분해 보면 공연제작 단계별로 구성을 달리할 수 있다.

공연무대를 중심으로 세분된 조직은 무대장치, 소품, 특수효과를 포함하는 무대와 의상, 조명 및 음향의 기능을 갖추고 있으며, 각각의 기능을 뒷받침하는 구성원으로 이루어져 있음을 알 수 있다. 그러나 문화공연이벤트의 경우에도 각 이벤트의 특성에 따라 영상, 객석관리, 특수장비, 안전관리 등의 기능이 포함되기도 한다.

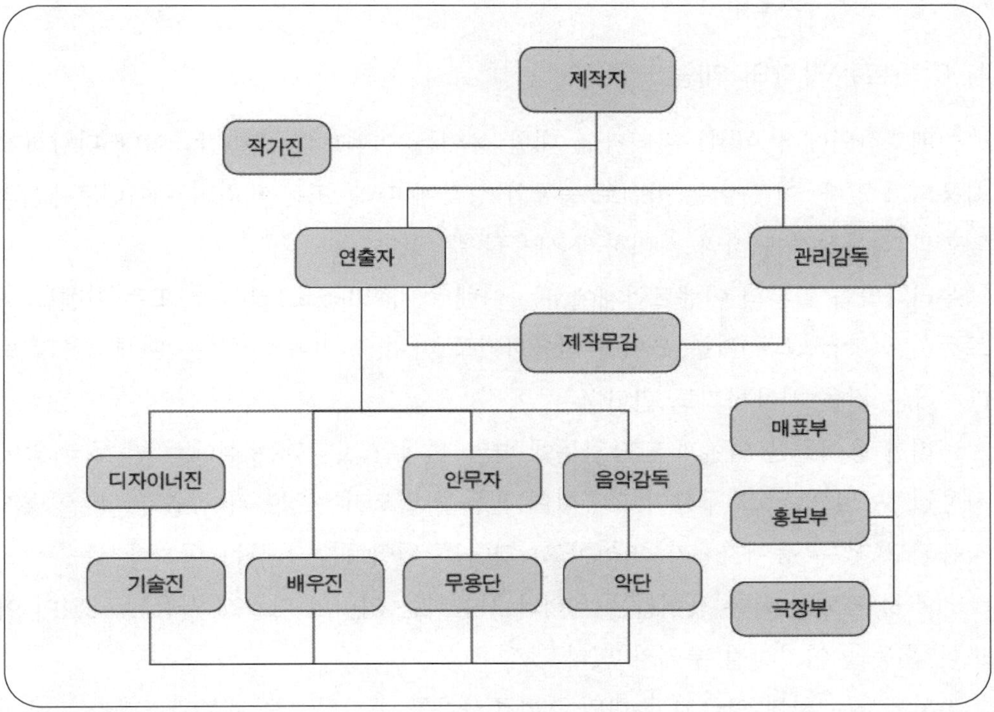

자료: 신일수, 2000, 31.

[그림 6-11] 문화공연이벤트 제작의 조직구성

제2절 이벤트관리자의 자격과 리더십

1 이벤트관리자의 개념

1) 이벤트관리자의 개념

이벤트산업에서 이벤트관리자에 대한 용어는 이벤트의 종류만큼이나 다양하게 사용되고 있다. 이 용어는 이벤트 종류와 성격에 따라, 또는 개최되는 이벤트에서의 역할과 직무성격에 따라 상이하게 사용될 수 있다.

우리나라와 일본의 이벤트업계에서는 이벤트 기획자(event planner) 또는 이벤트 프로듀서(event producer)라는 용어를 사용하기도 하며, 우리나라에서는 때때로 이벤트 PD[6]라는 말을 사용하기도 한다.

이러한 용어들은 역할과 담당업무에 따라 선택된 것이라는 점에선 별 무리 없이 사용될 수 있으나, 그 구분이 모호하여 혼동을 일으키는 경우가 종종 있다. 이렇게 사용되고 있는 용어자체가 영어이고, 영어를 원어로 사용하는 국가에서는 event planner를 제외한 다른 용어들은 우리가 사용하는 의미와 다르게 사용되고 있어 이 또한 혼동을 야기시킬 우려가 있다.

본서에서는 위에 언급된 유형의 업계종사자를 통칭하여 이벤트관리자라는 용어를 사용하고자 한다. 이 용어는 지금까지의 선행연구자들[7]이 선행연구를 통해 사용했던 'event manager(이벤트관리자)'라는 용어를 후속연구자로서 선택한 것이다. 종종 이벤트업계 종사자들이 스스로를 이벤티스트(eventist)라 부르기도 하는데, 이 또한

6) 서구에서의 이벤트 PD는 Event Program Director, 즉 이벤트의 다양한 프로그램중 하나를 담당하는 특정 이벤트 프로그램의 관리자를 지칭하고 있으며, 때로는 artistic director(예술감독)의 명칭으로 불리기도 한다.

7) 영국의 David Watt, 미국의 Joe Jeff Goldblatt, 캐나다의 Donald Getz 및 호주의 Rob Harris, Ian McDonnell, Johnny Allen & William O'toole 등을 칭하며, 이들은 自國에서 이벤트의 개론적 강의에 사용할 목적으로 저술된 교과서 성격의 책자를 통해 모두 'event manager(이벤트관리자)'라는 동일 표현을 사용하고 있음.

서구에서 사용하지 않는 용어로서 이는 'event practitioner(이벤트업 종사자 또는 이벤트업 전문직업인)'의 표현이 더 정확하다고 할 수 있다.

2) 이벤트관리자의 업무환경

이벤트 전체를 계획하고 운영하는데 있어 주도적 역할을 수행해야 하는 이벤트관리자는 매우 다양한 요소를 고려해야 하는 환경에 처해 있다. 위로는 이벤트 개최를 의뢰한 지원자(supporter)와 스폰서의 요구를 수용할 수 있도록 관리해 나가야 하며, 아래로는 정해진 목표를 달성하기 위해 자신이 이끌고 있는 이벤트조직을 관리 · 운영해 나가야 한다.

또한 밖으로는 참관객 또는 방문객의 욕구를 충족시켜 줄 수 있도록 해야 하고, 안으로는 개최성과에 대한 예측과 평가를 지속시켜야 한다. 아울러 이벤트를 계획하고 운영해 가면서 지금까지의 자원 · 조직 · 시스템이 적절히 관리되었는지를 점검하여 이를 바탕으로 향후의 목표와 자원을 조정하고 관리하는 역할을 수행해야 한다.

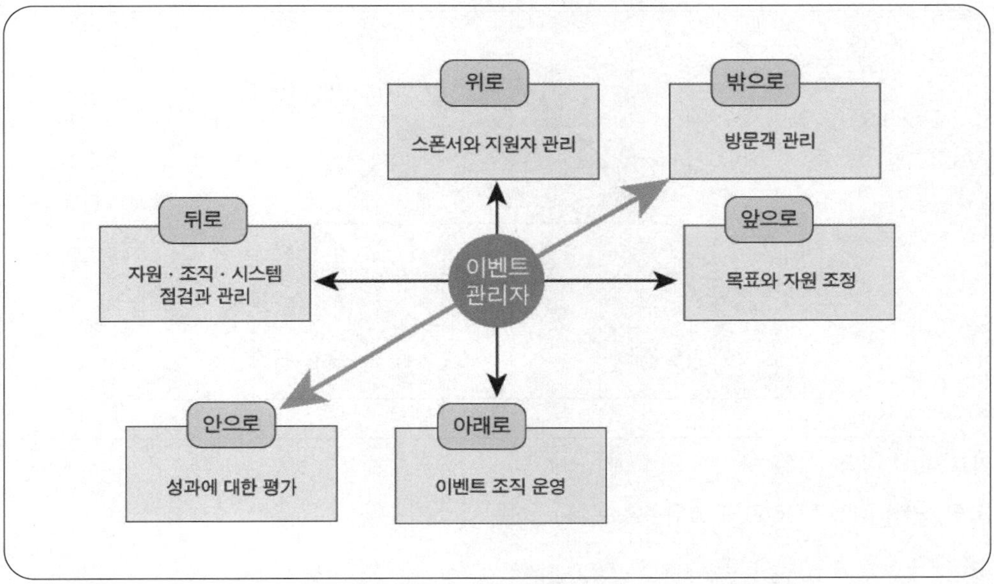

자료: Lock D., Project Management, 5th ed., Gower, Aldershot, 1992에서 저자 재구성

[그림 6-12] 이벤트관리자의 업무환경

3) 이벤트관리자의 업무수행 유형

이벤트관리자의 업무수행 특성에 따라 나타나는 유형을 크게 세 가지로 구분할 수 있다. 우선 예술추구형(artistic) 관리자는 창조적 프로그램 개발에 가장 많은 관심을 갖고 이에 몰두하는 유형이다.

전문기술추구형(technocratic) 관리자는 창조성(creativity)보다는 치밀한 계획에 의한 실수 없는 실행에 중점을 두며, 세부사항에도 깊은 관심을 갖고 있어 효율적인 운영을 꾀하는 유형이다.

수익추구형(entrepreneurial) 관리자는 이벤트 개최를 통한 수익성 확보에 가장 많은 관심을 갖는 유형으로, 운영상의 지출과 수입에 대한 대부분의 통제 및 관리 권한을 자신에게 유보시켜 놓는 유형이라 할 수 있다.

업무수행 형태에 따른 이벤트관리자의 유형은 제시된 유형이외에도 다양하게 나타날 수 있지만, 중요한 것은 관리자가 특정 유형에 치우치는 것보다 목표달성을 위해 각 유형의 장점을 고루 갖추는 것이다.

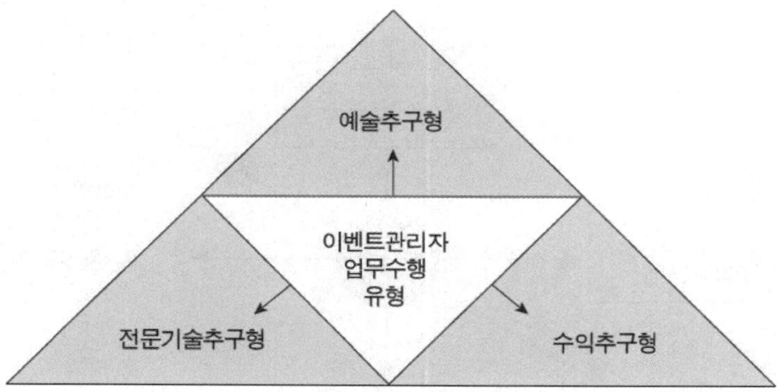

자료: 저자 작성.

[그림 6-13] 이벤트관리자의 업무수행 유형

2 이벤트관리자의 자격

1) 이벤트관리자가 갖추어야 할 능력

이벤트관리자가 갖추어야 할 능력은 다음의 그림에서와 같이 여덟 가지로 구분될 수 있다. 그중 대부분의 이벤트 전문가들이 가장 중요시하는 것은 이벤트 기획능력이라 할 수 있다. 이벤트 기획능력은 넓은 개념으로 보면 나머지 일곱 가지의 능력을 모두 포함하고 있다고도 할 수 있다.

이는 이벤트관리과정 모두를 이해하고 있어야 이벤트기획이 가능하기 때문이다. 또한 이벤트 기획능력은 다양한 경험과 지식, 도전적 사고, 과학적이고 치밀한 접근, 참신한 아이디어 창출 등이 뒷받침되어야 한다.

연출능력이란 이벤트 프로그램을 운영해 나가는 능력으로 관련업종의 이해와 폭넓은 네트워크 구성, 프로그램 운영에 필요한 다양한 기술 및 운영기법의 습득을 통해 향상시킬 수 있다.

이벤트의 가용 재무자원을 극대화시키기 위해서 이벤트관리자는 스폰서 또는 재정지원자에 대한 지식을 지니고 있어야 한다. 이를 통해 스폰서를 관리하고, 그들의 요구에 부응하며, 스폰서가 이벤트를 통해 얻고자 하는 편익을 제공할 수 있다.

목표하고 있는 방문객수 또는 이벤트에 예상된 참여자 수의 목표를 달성하기 위하여 이벤트관리자는 마케팅능력을 지니고 있어야 한다. 즉 개최하고자 하는 이벤트의 세분시장과 목표수요에 대한 정확한 설정과 이벤트의 포지셔닝 및 홍보능력 등이 갖추어져야 이러한 목표의 달성이 가능한 것이다.

이벤트를 계획하고 운영하는 것은 소수의 이벤트관리자가 해낼 수 있는 일이 아니다. 따라서 관리자는 이벤트를 운영하는 조직의 구성원을 선발하고 교육하며, 동기를 유발시켜 효율적으로 조직을 관리할 필요가 있다. 즉, 인적 자원(human resources)에 대한 관리가 중요시되어야 하는 것이다.

또한 이벤트관리자는 이벤트의 각 운영과정을 체계적(systematic)이고 적법(lawful)하게 관리할 수 있는 행정능력을 갖추고 있어야 하며, 이벤트의 재무상태를 염두에 두어 주어진 예산내에서 개최될 수 있도록 운영과정상의 수입과 지출을 관리할 수 있는 재무관리 능력을 지니고 있어야 한다. 아울러 조직관리와 관련업종 종사자와의 관계 유지를 위해 뛰어난 리더십을 필요로 하는데, 이는 성공적인 이벤트 운영을 위해 이벤트관리자가 갖추어야 할 필수적인 요소라고 할 수 있다.

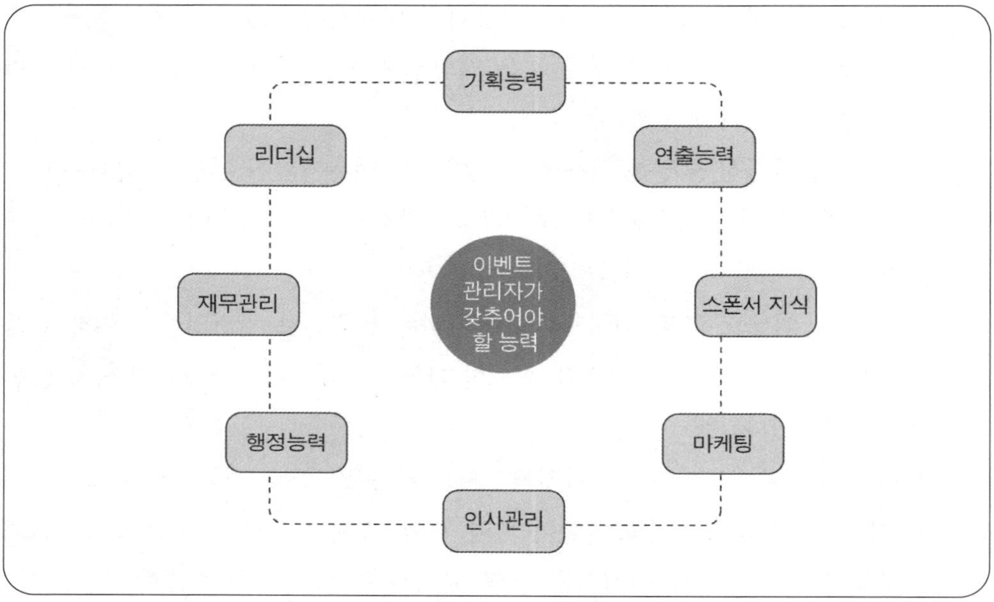

자료: 저자 작성

[그림 6-14] 이벤트관리자가 갖추어야 할 능력

2) 이벤트관리자의 산업지식과 유관기관

이벤트관리자는 다양한 유관 업종의 지식을 탐구하고 습득할 필요가 있다. 이는 이벤트의 계획과 운영에 있어 매우 다양한 분야와의 업무협조가 필수적이며, 이들과 협조적 유대관계를 유지하기 위해서는 그 업무내용을 숙지하고 있어야 하기 때문이다.

서구에서 언급하고 있는 이벤트관련 주요 업종은 연회업자(caterer), 장식업자(decorators), 화초업자(florist), 여행업자(destination management companies), 장비대여업자(rental companies),

특수효과업자(special effect experts), AV기술업자(audio-visual technicians), 이벤트PR · 마케팅 업자(event public relations· marketing experts) 전문연예인(specialty entertainers)외에도 다수의 관련 업종이 있다.

또한 이벤트관리자는 세계의 이벤트산업 동향과 새로운 관리 · 운영기법을 습득하기 위하여 관련된 국제협회 및 국제기관에서 제공하는 정보를 활용할 필요가 있다. 이와 같은 정보를 제공하는 주요 국제조직 및 협회는 다음과 같다.

- IFEA(International Festival and Event Association)
- UIA(Union of International Associations)
- IAFE(International Association of Fairs and Expositions)
- IACC(International Association of Conference Centers)
- IACVB(International Association of Convention and Visitors Bureau)
- IEA(International Exhibitor's Association) 외 다수

3 이벤트관리자와 리더십

목표를 달성하는 가장 훌륭한 방법 중 하나는 다른 사람의 노력을 통해 필요한 성과를 얻어내는 것이다. 즉, 이벤트의 목표를 달성하기 위하여 해당 조직구성원이 최선의 노력을 경주할 수 있도록 이끌어 준다면, 이는 이벤트관리자로서 가장 바람직한 방법으로 업무를 수행하고 있는 것이다.

이벤트의 성공적 개최를 위해 유능하고 지도력있는 관리자가 있어야 한다는 것은 매우 당연한 사실일 것이다. 이러한 관리자가 리더십을 갖기 위해서는 구성원의 동기를 유발시키고, 의사전달을 명확히 할 필요가 있다. 리더십은 관리자가 지녀야 할 핵심적 요소로서 비전(vision)을 제시하고 관련된 전략을 설정하여 그러한 비전을 조직 구성원에게 설득해나가는 것이 포함되어 있다고 할 수 있다.

리더십은 몇 가지의 서로 다른 유형이 존재하며, 각 이벤트의 특성에 따라 관리자

가 취해야 할 유형이 조금씩 달라질 수 있다. 이벤트관리자들이 갖는 대표적인 리더십 유형은 다음의 그림과 같다.

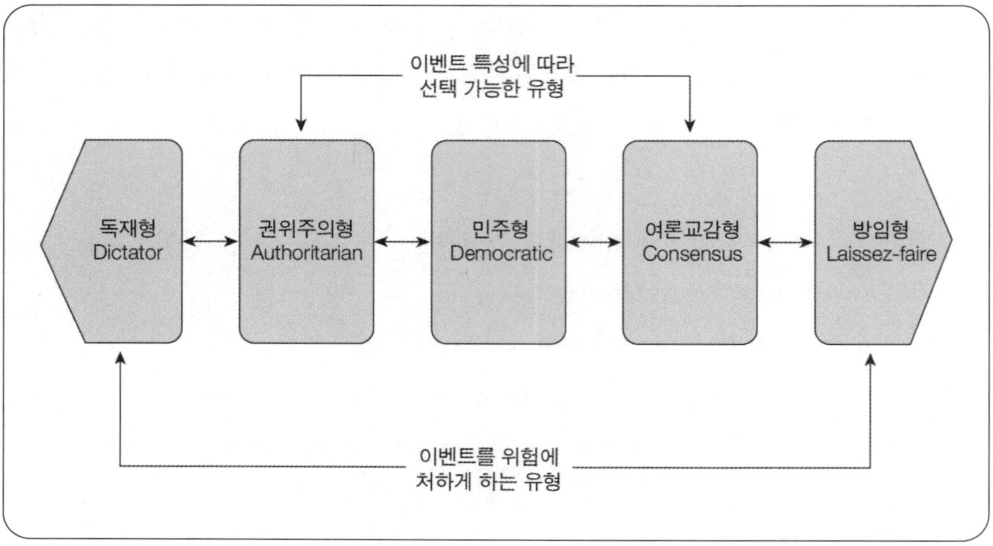

자료: Watt, David C., Event Management in Leisure and Tourism, Addison Wesley Longman, 1998: 28-29의 내용에서 저자 재구성.

[그림 6-15] 이벤트관리자의 리더십 유형

그림에 나타난 것처럼 이벤트관리자가 취할 수 있는 주요 리더십의 유형은 독재형에서부터 방임형에 이르기까지 매우 다양하다. 이중 독재형과 방임형을 제외한 나머지 유형은 이벤트의 목표를 수행하는데 있어 모두 유용하게 사용될 수 있다.

그러나 독재형과 방임형의 리더십은 이벤트의 운영을 그르칠 수 있는 형태라고 할 수 있으며, 특히 방임형(Laissez-faire)은 업무수행의 방향을 잃을 수도 있고, 통제가 되지 않아 많은 문제점을 발생시킬 수 있으므로 이러한 유형의 리더십은 이벤트관리자에게 있어 배제되어야 한다.

또한 이벤트 개최는 단기간에 집중적인 노동력과 긴장된 업무수행을 요구한다. 따라서 이벤트관리자는 명확한 업무설정과 계획 및 이에 대한 통제와 관리는 물론 업무수행에 집중되어있는 구성원에 대한 인간적인 배려도 필요하다. Reddin은 리더십유형을 다음의 그림에서와 같이 인간관계 지향성과 업무수행결과 지향성의 두 축으로 나누고 있으며, 업무의 유형에 따라 리더십의 유형이 달라질 수 있음을 제시하고 있다.

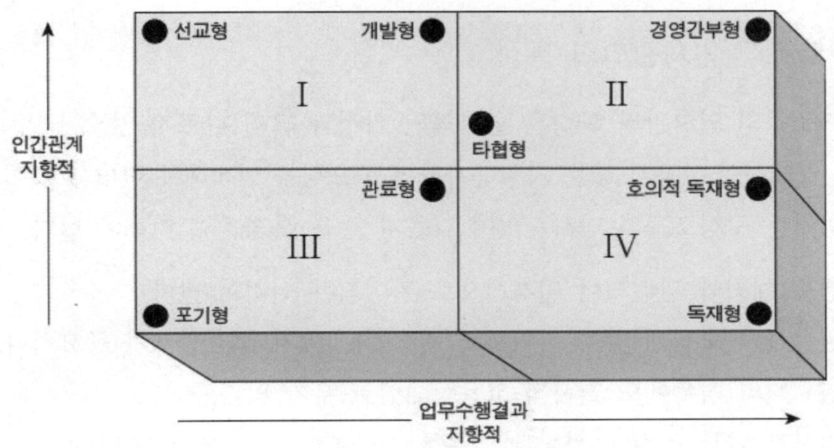

[그림 6-16] Reddin의 리더십유형

가장 바람직한 리더십은 구성원 전체를 이벤트 진행에 참여시켜 함께 경험하고 공감할 수 있는 환경이 조성된 가운데 명확한 결정으로 일을 추진시키는 것이다. 실제로 의사결정 과정에서 제외된 조직구성원은 이벤트 목표달성에도 제외되어 있다고 느낄 수 있으며, 그들을 관심있게 이끌어 주지 않는 관리자에게는 누구도 따르려 하지 않을 것이다.

따라서 이벤트관리자는 조직구성원에 대해 깊은 관심과 의사결정 과정의 참여, 목표달성을 위해 나의 역할이 중요하다는 의식, 업무수행 과정 중 배제되지 않았다는 느낌을 갖게 하도록 노력하여 리더십을 확보해야 한다.

제3절 이벤트조직 인사관리

1 이벤트 인사관리 과정

1) 이벤트조직 인사관리의 특성

이벤트조직의 인사관리 과정은 일반적인 과정과 크게 다르지 않으나, 주의해야 할 점은 일시적인 고용자 또는 자원봉사자의 중요성을 인식해야 한다는 것이다. 이벤트관리자는 구성조직의 인사관리에 다음과 같은 특성을 고려해야 한다.

- 이벤트 개최와 관련되어 일시적으로 관여되는 인력이 많다.
- 자원봉사자 모집에 있어 지역사회 및 이해관계자와의 관계가 중요하다.
- 운영요원의 경우에도 일시적 고용상태인 경우가 많다.
- 관리자가 다른 조직 구성원과 업무를 협조해야 하는 경우가 많다.
- 리더십은 인사관리체계보다는 직접적인 대인관계에서 형성된다.

2) 이벤트조직의 인사관리 계획

본 장의 첫 부분에 설명된 것처럼 이벤트 인사관리 계획과정의 첫 단계는 주어진 목표를 달성하기 위해 각 부문별로 필요한 인원규모를 설정하는 것이다. 그 다음 단계는 각 부문별로 필요한 인적 자원의 유형을 결정하는 것이다. 즉 해당 부문의 업무를 수행하기 위해 어떤 자격을 갖춘 어떤 유형의 사람이 필요한지를 결정하는 것이다. 이를 위해 필요한 직무(職務)를 기술(記述)하고, 이에 대한 직무명세서(職務明細書)를 작성한다.

직무기술서(職務記述書)에는 업무담당자가 수행해야 하는 직무명칭, 직무의 명확한 내용과 범위, 업무수행 중 맡아야 할 책임과 의무의 내용과 범위, 가용자원을 이용할 수 있는 권한의 내용과 범위, 업무와 관련된 상하의 보고선(報告線: report line) 등을 명시해야 한다.

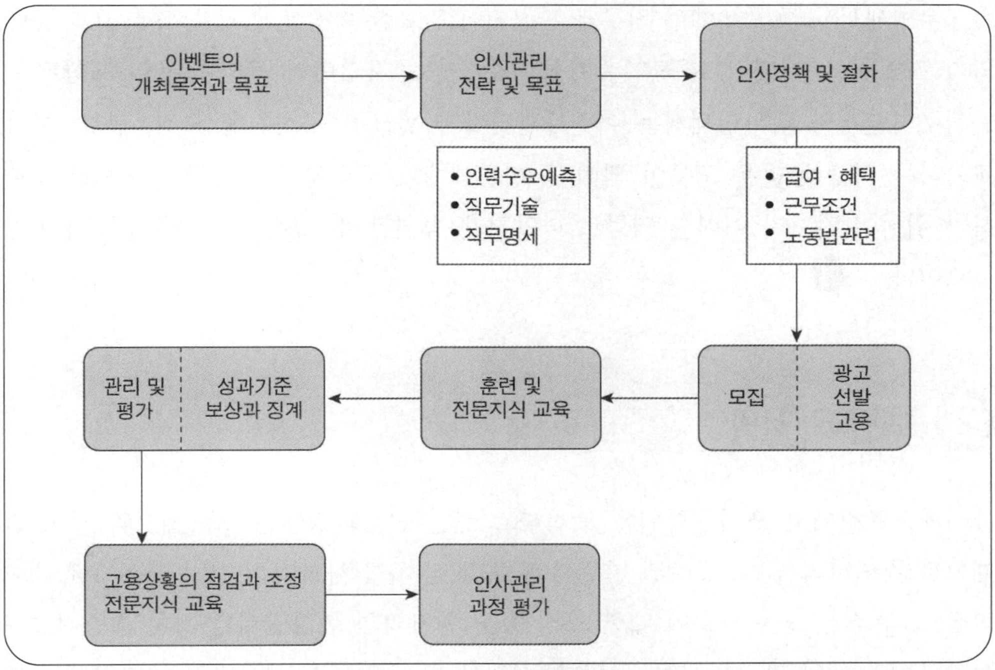

자료: Getz, Donald, Event Management & Event Tourism, CognizantCommunication Corporation, 1997: 184에서 저자 재구성

[그림 6-17] 이벤트조직의 인사관리과정

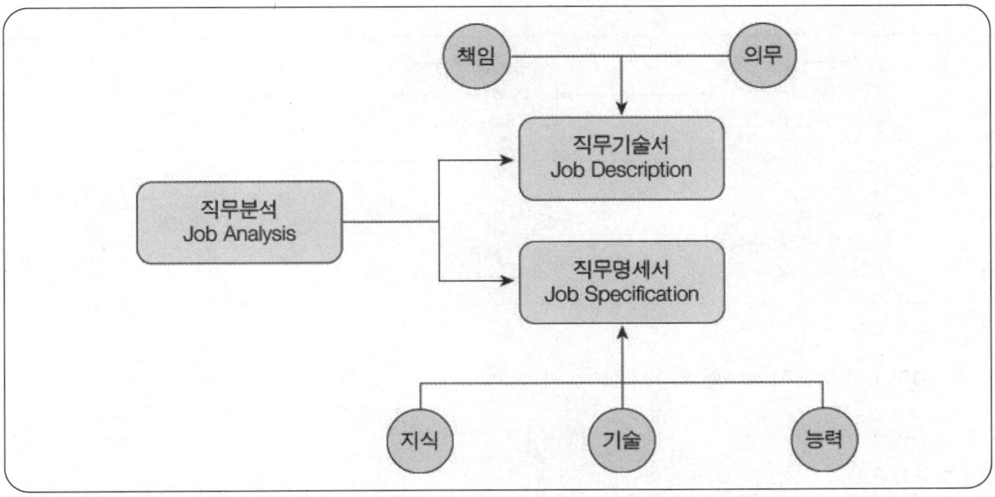

자료: 김식현, 1993: 61-69에서 저자 재작성

[그림 6-18] 직무기술서와 직무명세서

직무명세서(職務明細書)에는 직무와 관련되어 필요한 특정분야 교육사항, 지적 능력, 과거 직업경험, 특별히 요구되는 지식 또는 기능, 자격면허 등의 내용이 포함된다.

직무기술서와 직무명세서는 이벤트관리자가 필요한 구성원을 모집, 선발, 배치, 교육하는 과정에 많은 도움이 되며, 구성원에게도 조직의 목표를 성공적으로 수행하기 위하여 각자가 어떠한 역할로 다양하게 공헌할 수 있는지를 보여주는 중요한 자료이다.

2 모집과 선발

이벤트조직에서 조직구성원을 모집하고 선발하는 과정에는 그림에서와 같이 단계별로 지원서의 접수, 접수된 지원서에 대한 심사, 심사과정을 거친 지원자에 대한 면접, 근무조건 또는 보수에 대한 조정 등 지원자와의 협상단계를 거쳐 최종적으로 선발하는 단계의 과정을 거치게 된다. 상황에 따라 지원서 심사과정중 지원자 정보에 대한 조회(reference)가 이루어지기도 하며, 최종선발전 가채용(假採用: probation) 또는 견습과정을 거치기도 한다.

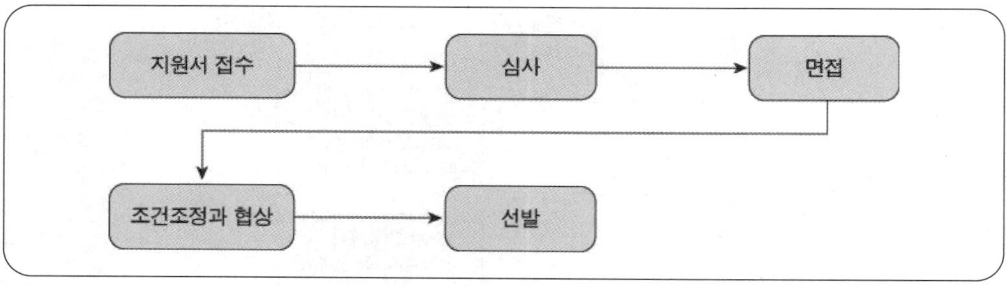

자료: 저자 작성.

[그림 6-19] 이벤트조직 구성원의 모집과 선발 단계

1) 모집비용과 모집원

이벤트의 규모에 따라 상이하나 필요한 구성원을 모집하기 위한 모집비용 예산을

확보해 놓기도 한다. 채용비용은 우수한 인력을 확보하여 인재를 채용함으로써 잠재적 경비를 최소로 줄이고 잠재이익을 기대하기 위해 필요한 예산이라고 할 수 있다.

이벤트의 특성에 따라 이벤트 그 자체가 매우 매력적인 모집수단이 될 수 있다. 이는 특정 이벤트에 관심을 지니고 있는 사람들이 그 운영에 참가하고자 하는 욕구가 강하기 때문이다. 메가이벤트의 경우 자원봉사자를 충분히 활용할 수 있는 것도 이러한 이유라고 할 수 있다.

하지만 이벤트 산업이 비교적 새롭게 형성된 분야임을 감안하면, 충분한 경험을 지니고 있거나 적절히 교육된 이벤트 전문가를 찾는 일이 그리 쉽지 않은 일이므로 모집과정에 많은 노력을 기울일 필요가 있다. 이벤트운영의 인재를 채용하기 위한 주요 모집원(募集源)으로는 신문광고와 사이버홍보를 비롯한 각종 광고활동, 현직 구성원에 의한 추천, 대학 또는 교육훈련기관의 추천, 이벤트 유관업종의 추천 등이 있다.

2) 심사와 선발

이벤트조직 지원자의 심사와 선발시 고려해야 할 사항중 가장 중요한 것은 인력계획시 작성된 직무기술서와 직무명세서로 여기에서 작성된 핵심적인 지원자 자격조건이 지원자의 실제조건과 비교되어야 한다. 이러한 비교는 서류심사와 면접시 적절한 질문을 통해 확인될 수 있다. 또한 지원자에 대한 면접자의 편견을 줄일 수 있도록 다수의 면접자를 구성하여 면접결과를 비교하거나 면접후 토의를 통해 선발결정을 하는 것도 좋은 선발방법이라고 할 수 있다.

면접방법에는 정해진 질문항목에 따라 시행되는 정형적 면접(지시적 면접), 자유로운 질문으로 대답을 유도하는 비지시적 면접, 공격적 질문으로 피면접자의 감정관리를 파악할 수 있는 스트레스면접, 다수의 면접자를 이용한 패널면접, 피면접자간 자유로운 토론을 유도하여 적극성과 우열을 비교할 수 있는 집단면접 등이 있다.

이벤트 운영이 지니고 있는 특성 때문에 심사와 선발과정에서 지원자의 업무수행능력을 직접 시험해 볼 필요도 있다. 예를 들어 가상의 스폰서에게 제출될 제안서를 작성시킬 수도 있으며, 직무에 따라 이벤트 기획서의 일부를 작성시켜 그 결과를 평가할 수 있을 것이다.

특히 선발시 유의해야 하는 것 중 하나는 이벤트 운영이 사람을 대상으로 하는 것이기 때문에, 이벤트 운영에 있어 조직내에서의 조화, 유관 업종과의 협조, 스폰서나 지원자와의 관계 등 대인관계(interpersonal relations)가 매우 중요한 심사요소가 되므로 이를 평가하는 것이 매우 중요한 과정이라고 할 수 있다.

3 훈련 및 교육

1) 조직에의 적응

모집과 심사과정을 거쳐 선발된 유급직원이나 자원봉사자는 효율적인 교육과 훈련과정을 거쳐 주어진 역할을 수행할 수 있도록 해야 한다. 이를 위해 우선 필요한 것은 이들이 처해 있는 상황에 대한 이해이다.

선발된 인력이 현재의 상황과 속해 있는 조직에 대한 이해를 돕기 위해 필요한 조치(Getz, 1997)는 조직과 이벤트에 대한 기초자료 제공, 행사장답사와 사무실소개, 기존직원과의 만남, 조직문화 · 사명 · 업무수행 유형에 대한 소개 및 교육 프로그램에 대한 소개 등이 있다.

조직과 현재의 상황에 대한 이해를 돕기 위해 제공되어야 하는 자료(Bradner, 1997)는 과거 이벤트 실적보고서, 구성원 조직도, 스폰서목록과 특징, 이해관계자목록, 필요한 경우 유니폼, 향후의 계획 등이며, 충분한 설명이 수반되는 것이 좋다.

2) 교육의 필요성

대부분의 이벤트조직은 이벤트가 일시적으로 발생한다는 속성으로 인해 교육 · 훈련이 거의 무시되는 경우가 있다. 그러나 실패를 돌이킬 수 없다는 이벤트의 속성을 고려한다면 이벤트 운영에서 무엇보다 중요한 과정중 하나는 바로 조직구성원에 대한 교육과 훈련이라고 할 수 있다. 이는 이벤트 운영도중 잘 훈련되지 않은 운영요원으로 인해 행사에 차질을 불러일으키는 경우에서 예를 찾아볼 수 있다.

대부분 이벤트 준비기간이 짧은 경우가 많아 충분한 교육을 실행하고 이에 대한 평가를 거쳐 직무에 배치하는 것이 어려운 현실이지만, 이벤트 운영에 관여되어 있는 조직구성원은 누구라도 개최될 이벤트에 대한 기본적인 이해와 운영지침을 숙지하고 있을 정도의 교육이 수반되어야 한다. 이러한 교육과정은 피교육자에게도 자신의 발전과 자신의 업무에 대한 중요도 인식에 있어 기여하는 바가 크다고 할 수 있다.

3) 교육방법

이벤트를 성공적으로 수행할 수 있도록 교육을 실시하기 위해 교육의 목표가 설정되어야 한다. 다시 말해 개최될 이벤트의 운영에 대해 피교육자가 숙지하고 처리해야 할 업무능력을 어느 수준까지로 할 것인지가 결정되어야 한다. 이러한 교육목표가 설정되면 이를 토대로 한 적절한 교육과정을 준비하고 교육담당자와 구체적인 교육방법을 정하여 실행에 옮기게 된다.

이벤트의 운영특성 때문에 이벤트업무에서 가장 효율적인 교육 · 훈련 방법은 업무현장(on the job)에서 분야별 전문가에 의해 직접 이루어지는 것이라고 할 수 있으나, 그 외에도 조직내 각 업무의 책임자로부터 관련업무에 대한 교육, 초빙된 외부 전문가의 교육, 외부기관의 위탁교육, 이벤트관련 국제회의 또는 교육프로그램 참여, 인턴십 프로그램 등이 있다. 이러한 교육 · 훈련은 단순히 수동적인 강의 청취의 방법 외에도 과거 또는 현재 진행중인 유사 이벤트에 대한 사례연구, 피교육자간의 적극적인 토론, 이벤트 행사현장 방문을 통한 운영평가 등 다양한 방법이 있다.

4 동기부여

이벤트조직의 인사관리 과정에서 구성원에 대한 동기부여는 성공적인 이벤트를 수행하기 위해 반드시 필요한 수단이라고 할 수 있다. 이벤트관리자는 자신의 업무

수행능력으로 이벤트를 성공시킬 수 있으나, 일정규모 이상의 이벤트의 경우 이에 참여한 구성원들에게 열정을 가지고 임할 수 있도록 성공을 보장할 수 있는 것이다.

특히 다른 업종에 비해 이벤트개최와 관련된 기간 중 업무량이 폭증하여 정신적 · 육체적 피곤이 가중되는 업무의 특성 때문에 이들이 이벤트 종료시까지 지속적인 열정을 가질 수 있도록 동기를 부여하는 것은 이벤트관리자가 지녀야 하는 기본적인 능력 하나라고 할 수 있다. 동기부여에 있어 중요한 것은 조직의 구성원으로서 왜 목표를 달성해야 하는지를 명확히 느낄 수 있도록 해 주는 것이다. 이는 성취감, 물질적 보상, 경력관리 등 다양한 방법으로 가능하다.

동기부여의 관점에서 개인행동의 이론은 욕구이론(need theory)과 기대이론(expectancy theory)로 구분할 수 있는데, 욕구이론은 직무설계, 경력개발, 성취동기유발, 인간관계훈련 등에 적용할 수 있으며, 기대이론은 보상(rewards)과 관련된 구성원 간의 바람직한 행동조성에 적용할 수 있다.

5 자원봉사자 관리

1) 자원봉사자 개념

자원봉사자는 이벤트운영에 있어 중요한 역할을 하며, 개최성과에 크게 작용할 수 있는 요인이 된다. 특히 이벤트가 일회성으로 또는 한시적으로 개최된다는 특징 때문에 자원봉사자와 일시적으로 고용되는 인력에 대한 관리에 있어 주의를 기울일 필요가 있다.

자원봉사자(volunteer)란 보수를 기대하지 않고, 자신의 자유로운 의지로 특정조직에 참가하여 자신의 서비스를 제공하는 사람이라고 할 수 있다(Getz; 1997). 따라서 이벤트에 참여하는 자원봉사자의 특성은 참여동기에서부터 인구통계적 특성, 교육수준, 기여할 수 있는 능력 등 모든 측면에서 매우 다양하다. 아울러 유급(paid)인력과 무급(unpaid)인력 사이의 경계가 명확치 않아 이벤트관리자에게 어려움을 주기도 한다.

또한 대부분의 자원봉사자들은 이벤트 개최조직의 사명과 목표보다는 자신의 참여동기에 중점을 두고 있으며, 교육 · 훈련과 경험이 부족하고, 주어진 책임과 의무를 심각하게 받아들이지 않으려는 경향이 있기 때문에 이들을 효율적으로 관리하여 각자의 능력을 최대한 발휘시킬 수만 있다면 매우 성공적인 이벤트를 개최할 수 있다.

2) 자원봉사자 모집원과 참여동기

자원봉사자들은 서로 다른 특성을 지닌 것만큼 다양한 분야에 서로 상이한 동기로 이벤트에 참여한다. 자원봉사자를 모집하는데 있어 유용한 집단은 지역사회단체, 사회 · 문화 · 종교단체, 특정 직업단체 및 대학생 및 대학에서 운영하는 부설 교육기관의 학생 등이 있다. 또한 주요 스폰서에서 다양한 능력을 갖춘 자원봉사자를 제공하는 경우도 있다.

이들이 이벤트에 보수없이 참여하는 주된 동기는 사회봉사, 명예의 획득, 사교 및 사회적 교류, 자아성취, 지적 호기심 충족, 자신의 능력확인 등이 있다.

3) 자원봉사자의 관리

이벤트에 참여하는 대부분의 자원봉사자들은 이벤트 자체에 대해서는 매우 열정적이지만, 조직이 지녀야 하는 책임과 의무, 목표에 대해서는 비교적 무감각한 편이기 때문에 이들에 대한 교육은 필수적이다. 자원봉사자교육을 충분히 행할 수 없는 상황에서 효율적인 방법은 이벤트 운영에 관한 매뉴얼 또는 핸드북의 내용을 숙지시키는 것과 이벤트 행사현장을 방문하여 오리엔테이션의 기회를 갖는 것이다.

개최기간중 현장에 투입된 자원봉사자에게는 이들을 이끌어주고 감독하며 지휘할 수 있는 책임자들이 선정되어 행사가 종료될 때까지 업무의 수행성과와 반응에 대한 점검이 이루어져야 한다. 또한 행사가 종료된 후에는 자원봉사자에 대한 감사의 표시를 하여 지속적인 자원봉사 인력이 형성되도록 주의를 기울여야 한다.

이벤트에 참여하는 자원봉사자가 느끼는 어려움은 주로 이벤트기간중 집중적인 노동력과 시간을 제공하기 때문에 갖는 정신적 · 육체적 피곤함, 관리체계 미흡으로 인한 유급직원(paid staff)과의 갈등, 과다한 군중의 수로 인한 과중한 업무량, 지루하고 일상적인 단순 업무 또는 성취감이 낮은 업무 등이므로 이를 해소시킬 수 있는 적절한 대책도 필요하다.

REFERENCE 참고문헌

김식현 (1993). 『인사관리론』. 무역경영사.

신일수 (2005). 『무대시설』. 교보문고.

한국관광공사 (1994). 『국제회의 운영실무』. 한국관광공사.

Allen, J., O'Toole, W., Harris, R., & McDonnell, I. (2008). *Festival and Special Event Management*, 4th ed.. John Wiley & Sons.

Bradner, J. (1997). Recruitment, orientation, retention. *The Volunteer Management Handbook*. New York: John Wiley & Sons. 61-81.

Flippo, E. B. (1984). *Personnel Management*. 6th ed.. McGraw-Hill Book Company.

Getz, D. (1997). *Event Management & Event Tourism*. Cognizant Communication Corporation.

Lock D. (2007). *Project Management*. 9th ed.. Hampshire: Gower Publishing Limited.

Reddin, W. J. (1970). *Managerial Effectiveness*. New York: McGraw-Hill Book Company.

Watt, D. C. (1998). *Event Management in Leisure and Tourism*, Addison-Wesley Longman Limited.

case study

시드니 마디그라축제

• 성장배경

전세계에서 모인 게이와 레즈비언들이 시드니의 옥스퍼드 스트리트에서 하이드 파크까지 퍼레이드를 하는 마디그라(The Sydney Gay & Lesbian Mardi Gras) 축제는 수난의 역사를 지닌 이벤트이다. 1969년 6월 경찰의 게이 · 레즈비언 바 수색에 항의하기 위한 시드니 시가행진으로 유래된 이 축제는 당시 항의행진에서 153명 전원이 체포되었다. 1978년 6월 24일 시드니 동성애자와 성전환자들이 동성애 차별법에 대항하기 위한 행진으로 마디그라라는 이름을 채택하고 1회 마디그라를 개최했을 때도 옥스퍼드 스트리트에서 하이드 파크까지 행진 퍼레이드를 하면서 경찰과의 무력 충돌 후 53명의 참가자들이 연행되었다. 그 후 방송국의 중계와 시드니관할 주정부로부터 A$50,000의 행사금 지원을 받는 등 사회의 관심과 관광수입을 증대시키며, 지난 20여년간 세계적으로 유명한 3대 마디그라(샌프란시스코, 브라질, 시드니) 축제 중 하나로 부상시켰다.

호주는 1984년까지만 해도 동성애를 법으로 금지하고 있을 만큼 전통을 엄격히 지켜왔고, 마디그라가 동성애를 조장한다는 보수집단과 종교계의 비난 등 아직도 이 축제에 부정적인 사람도 많지만, 외국의 동성애자들과 관광객들의 축제 기간 소비액(약 1억불 - 약1천2백억원) 때문에 호주 정부는 마디그라 축제를 묵인하고 있는 입장이다.

전 세계 동성연애자의 자긍심으로 간주되는 이 행사는 80년대 중반 에이즈의 원인이 동성애자로 보도되면서 많은 수모를 겪기도 했지만, 시드니 뿐 아니라 전세계 이반(동성애자들의 자칭)들도 본 행사에 참가하면서 행사 규모가 지속적으로 성장하게 되었다. 2002년에 24회를 맞은 이 축제는 자동차 회사 Ford, Mazda와 Volvo, 1997년부터 스폰서십을 제공해 온 통신사 Telstra, 1995년부터 스폰서십을 제공해 온 항공사 Quantas 등의 지원과 함께 대략 1만 2천여명의 참가자와 50만 명이 넘는 관광객들을 비롯해 수많은 언론인들이 주시하는 명실상부한 호주의 유명 축제가 되었다.

• **축제프로그램**

- 퍼레이드

축제의 거리 퍼레이드가 시작되면 다양하고 화려한 색상의 의상과 소품이 선보이기 시작해 축제에 모인 사람들은 열광의 도가니에 빠져들게 된다. 또한 이색적이고 독특한 시각예술은 게이와 레즈비언들이 떳떳하게 거리에 나설 수 있다는 의지 및 정치적인 메시지를 굳게 표현하고 있다. 거리 행렬은 엘리자베스와 리버풀 스트리트의 모퉁이를 시작으로 옥스퍼드 스트리트를 지나 플린 더스 스트리트를 경유해 무어 파크 로드와 드라이버 에비뉴까지 이어진다.

- 페스티벌

마디그라를 앞둔 2월부터는 여러 가지 축제 프로그램으로 분주해진다. 자원봉사자들은 이 기간중 공연, 댄스파티, 세미나와 포럼, 영화상영, 예술작품전시 등에서 주류판매, 행사진행, 웨이터, 무대설치 등의 업무를 수행한다.

• **전람회**

전람회(Fair Day) 는 퍼레이드 다음으로 마디그라에서 규모가 큰 행사로 빅토리아공원(Victoria Park)에 6만명 이상이 모이는 행사이다. 행사기간 두번째 일요일에 열리는 이 행사에는 200여개의 부스가 설치되어 각 단체와 영리사업체들이 활동하게 된다. 자원봉사자들은 음식물 점검, 공원주변 정리, 또는 공연자들을 무대뒤에서 돕는일 등을 이틀에 걸쳐 각 4시간씩 봉사하게 된다.

• **예산**

조직위원회의 예산은 4백만 달러로서 슬리즈 볼(Sleaze Ball)과 마디 그라 파티(Mardi Gras Party) 등 2개의 행사수입과 아울러 8000명 회원의 회비를 통해서 조달된다. 스폰서금은 예산 현금의 약 5%를 차지하며, 그 외에 현물 스폰서가 있다. 위원회 의장은 이사회 의장이 맡고, 이들 이사회 위원들과 관련 직원들이 마케팅 및 예산 등과 같은 이벤트 개최준비를 책임지고 있다.

모든 지출문제와 관련하여 구매주문은 예산과 현금흐름 계획 안에서 이루어지고 있다. 또한 정기적으로 예산을 검토하여 예산계획이 정확하고 현실적으로 이루어졌는지 점검하고 있다. 마디그라에서는 매월 이사회에 예산서를 제출하며,

여기에는 수입, 지출, 현금 흐름 및 은행잔고 정보가 포함되어 있다. 또한 임시지출 부분과 관련하여 지출결정이 가장 정확한 최신정보를 근거로 이루어졌음을 확인시키고 있다.

행정위원회는 몇 년간 운영되면서 인사문제, 일반 관리와 회원, 월급, 입장권, 자본금 및 일반비용 등을 포함한 행정예산을 처리한다. 시드니 게이 & 레즈비언 마디 그라는 비영리 단체로 보증능력이 제한되어 있으나, 향후 조직의 운영유지를 위해 현금을 보유하고 있다. 또한 행사를 기반으로 한 수입원이 탄탄하여 본 조직의 전반적인 재무구조는 안정적인 편이다.

• 조직구성과 자원봉사자들

시드니 게이 · 레즈비안 마디그라는 비영리 커뮤니티 단체이다. 시드니 게이 & 레즈비언 마디그라의 개최조직은 시드니의 다양한 동성애자 모임을 주축으로 형성되었으며, 구성원들의 자긍심, 위상, 정체성등의 재정립, 구성원들의 예술, 문화, 정치적 역량 개발, 동성애자의 인권 강화 등의 개최목적을 수행하기 위해 구성되었다.

조직위원회는 회원들의 선출로 임명된 14명의 이사회와 10여명의 정규직원, 자원봉사자 위원회 및 사무국, 퍼레이드, 워크숍 및 각종 행사에서 일을 할 수천명의 자원봉사자로 구성되어 있다. 14명으로 구성된 이사회는 중요사안들을 결정하며, 이들 이사진들은 모든 경영과 상근 직원의 운영 방향을 제시한다. 마디그라의 가장 중요한 조직구성원은 4천여명의 자원봉사자들로 이들은 일반 사무에서 의상준비, 행사준비, 경비(警備)에 이르기까지 전 분야에 걸쳐 상당한 시간을 할애해서 봉사하고 있다.

24년에 걸친 시드니 게이 · 레즈비안 마디그라의 놀라운 성공은 자원봉사자의 헌신적인 노력없이는 불가능하였을 것이며, 또한 자원봉사자들에게 마디그라는 흥미진진한 행사의 일원으로 직접 참여할 수 있는 기회이기도 하다. 행사 중에는 다음과 같은 분야에서 자원봉사자들이 활약을 한다.

- **행정사무** : 매달 한번씩 자료정리, 회원관리, 우편, 복사, 데이터정리 등의 업무지원
- **페스티벌** : 주류판매, 행사진행, 예술작품감시, 웨이터, 무대설치 지원
- **전람회** : 음식물 점검, 공원주변 정리, 공연자 지원
- **마케팅** : 포스터제작, 뉴스레터제작과 배포, 보고서작성, 광고PR 지원
- **스폰서십** : 스폰서십 홍보, 스폰서의 판매계약 업무활동 지원

사진자료: www.mardigras.org.au

CHAPTER 7

이벤트 마케팅관리

제1절 이벤트 마케팅의 개념

1 이벤트 마케팅의 정의

1) 일반적인 마케팅의 정의

일반적으로 마케팅은 "상품과 가치를 생산하고 교환함으로써 개인이나 단체가 그들의 필요와 욕구를 얻는 사회 · 관리과정"이라고 정의(Kotler, 1996)되고 있다. 다시 말해 표적시장의 필요와 욕구를 알아내고, 경쟁자에 비해 효과적이고 효율적인 방법으로 시장에서 요구되는 만족을 전달하여 조직의 목표를 달성하는 핵심적인 요소라는 것이다.

여기에서 필요(needs)란 "무언가 기본적으로 부족하여 필요로 하는 것"을 의미하며, 욕구(wants)란 이렇게 "필요한 것을 만족시켜 주고 채워줄 수 있는 구체적인 욕구"

를 의미한다. 예를 들어 집안의 모임이 있어 부산에 가야 하는데 어떻게 갈 것인가를 생각중이라면, '부산에 가야 하는 것'은 필요이고, '어떤 교통수단으로 갈 것인지'는 욕구라 할 수 있다.

이러한 일반적 마케팅 정의가 기업의 입장에서 보았을 때는 "기업이 경쟁하에서 생존과 성장목적을 달성하기 위하여 소비자를 만족시키는 제품, 가격, 유통, 촉진활동을 계획하고 실행하는 관리과정"이라고 정의(채서일, 1998)되기도 한다.

2) 이벤트에서의 정의

이벤트에서의 마케팅정의 또한 일반적 정의와 유사한 개념을 지니고 있다. Michael Hall(Hall, 1997)은 "이벤트의 참가자(participants) 및 방문자(visitors)와 접촉을 유지하면서 그들의 필요(needs)와 동기(motivation)를 알아내어 그것에 부응하는 상품을 개발하고, 이벤트의 목표(objective)와 목적(purpose)을 표현하는 커뮤니케이션 프로그램(communication program)을 수립하는 관리기능"이라고 이벤트 마케팅을 정의하고 있다.

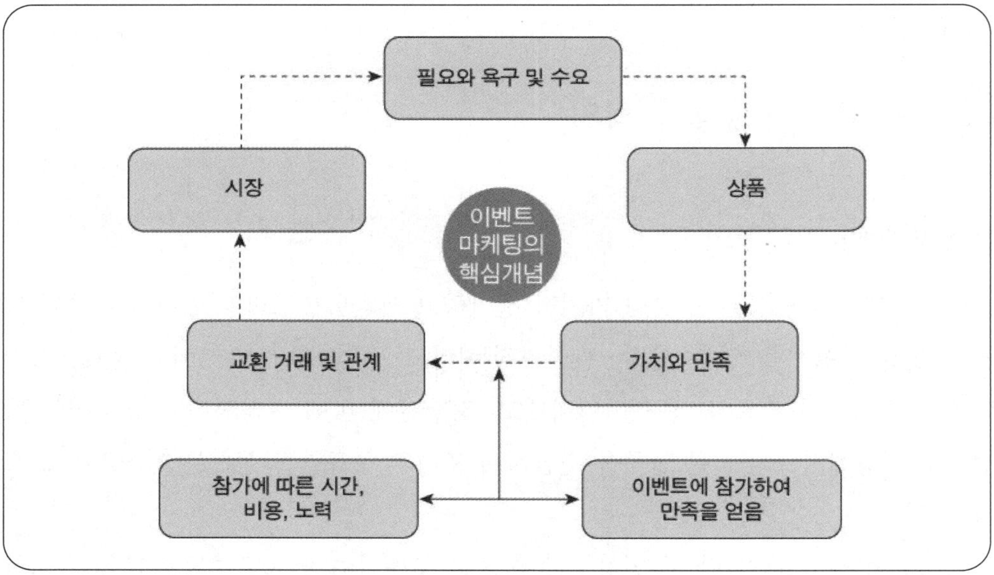

자료: Kotler, Bowen & Makens. 1996: 23에서 저자 재구성.

[그림 7-1] 이벤트마케팅의 핵심개념

또한 Getz(Getz, 1997)는 "이벤트 마케팅은 마케팅믹스를 이용하여 고객 가치를 창조함으로써 조직의 목표를 달성하는 과정이며, 이를 실행하는 조직은 상호 호혜적인 관계가 수립될 수 있는 마케팅 지향성과 경쟁우위를 유지해야 한다"고 지적하고 있다. 이와 같은 학자들의 개념을 토대로 마케팅의 개념을 다음의 그림으로 설명할 수 있다.

위의 마케팅개념에 대한 정의를 통해 알 수 있는 것은 "마케팅이란 만족을 제공하기 위해 노력을 경주하는 것"이라는 핵심개념(McCarthy, 1987)이다. 이와 같이 만족을 이끌어 내기 위해 필요한 원칙(Keegan, 1995)은 경쟁자에 비해 방문자에게 더 많은 가치를 창조해야 하고, 경쟁우위를 확보해야 하며, 방문자의 필요와 욕구에 중점을 두어야 한다는 것이다.

3) 이벤트의 마케팅과 마케팅수단으로서의 이벤트

이벤트 현업에 종사하는 많은 사람이 명확히 구별하지 못하고 있는 개념이 바로 '이벤트의 마케팅'과 '마케팅수단으로서의 이벤트'이다. 이는 향후 이벤트산업이 더욱 발전하여 일반인들도 이벤트 개념을 이해하게 되면 자연스럽게 정립될 것이다.

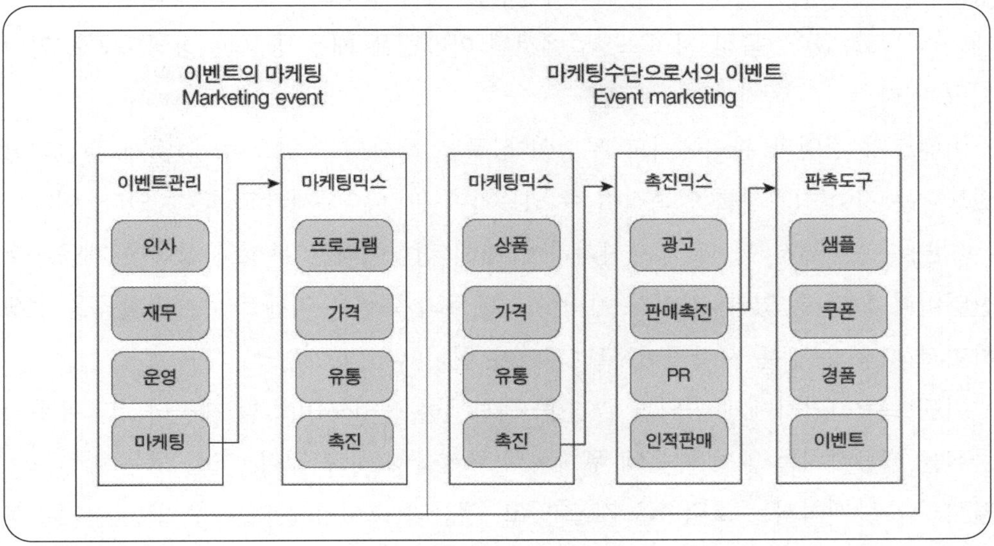

자료: 저자 작성.

[그림 7-2] 이벤트의 마케팅과 마케팅수단으로서의 이벤트

이벤트의 마케팅(marketing event)이란 본 장에서 다루고 있듯이 어떻게 이벤트를 마케팅하여 이벤트 참여자에게 만족을 제공할 것인가에 관한 것으로 이벤트가 주체가 되는 것이다. 이와 반대로 마케팅수단으로서의 이벤트(event marketing)는 이벤트를 하나의 마케팅수단으로 이용하여 개인이나 기업 또는 특정집단에서 촉진활동에 이용하는 기법이다. 후자의 경우 이벤트를 직접 개최하여 촉진활동을 하는 방법이 있고, 이벤트에 스폰서십을 제공하여 개인이나 단체의 촉진수단으로 이용하기도 한다. 이와 같은 개념은 다음의 그림을 통해 명확히 구분될 수 있으며, 본 장에서는 전자의 경우인 이벤트의 마케팅(marketing event)에 대해 다루고자 한다.

2 이벤트 마케팅의 표적그룹

1) 이벤트 마케팅에서 고려해야 할 특성

마케팅은 전통적으로 기업이 생산하는 유형의 제품에 적용되어 왔다. 그러나 유형의 제품은 물론 무형의 상품에도 마케팅을 적극적으로 적용하고, 그 중요성이 높게 인식되고 있다. 특히 서비스산업에서의 마케팅은 매우 중요한 경영도구로 인식되고 있다.

이벤트의 경영과 관리에서도 무형의 상품은 생산되고 있으며, 어떻게 생산되고 있느냐는 것이 참가자를 만족시킬 수 있는가에 관련된 문제라고 할 수 있다. 이벤트는 마케팅측면에서 볼 때 행사참가자에 대해 경험이라는 무형의 상품을 제공하는 산업이라고 할 수 있다. 따라서 이러한 이벤트의 특성은 이벤트 마케팅활동을 수행하면서 다음과 같은 사항들이 고려되어야 한다(Watt, 1998).

이벤트는 참가자에게 편익과 즐거움, 정보제공 등의 서비스를 제공하지만 유형의 물질을 제공하지는 않기 때문에 무형성의 특성을 지니고 있다. 또한 모든 이벤트는 일시적으로 개최되는 소멸성을 갖고 있고, 생산과 소비가 분리될 수 없는 불가분성의 특성과 다수의 이해관계자에게 소유권이 귀속될 수 있는 소유권 불명확성이라는 특성을 지니고 있다.

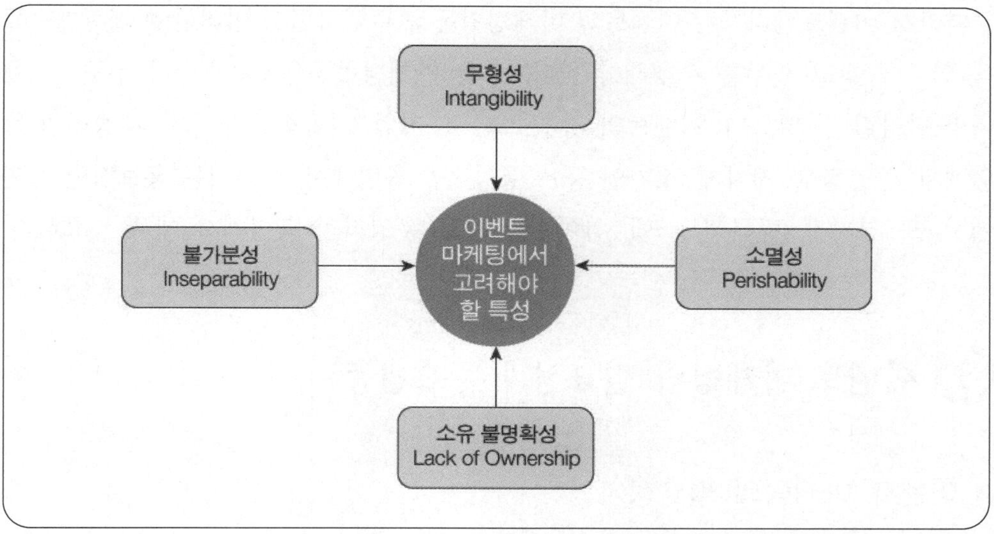

자료: 저자 작성.

[그림 7-3] 이벤트마케팅에서 고려해야 할 특성

2) 이벤트마케팅의 표적그룹

이벤트마케팅은 일반 제품의 마케팅과 달라서 많은 이해관계자들이 관련되어 있다.

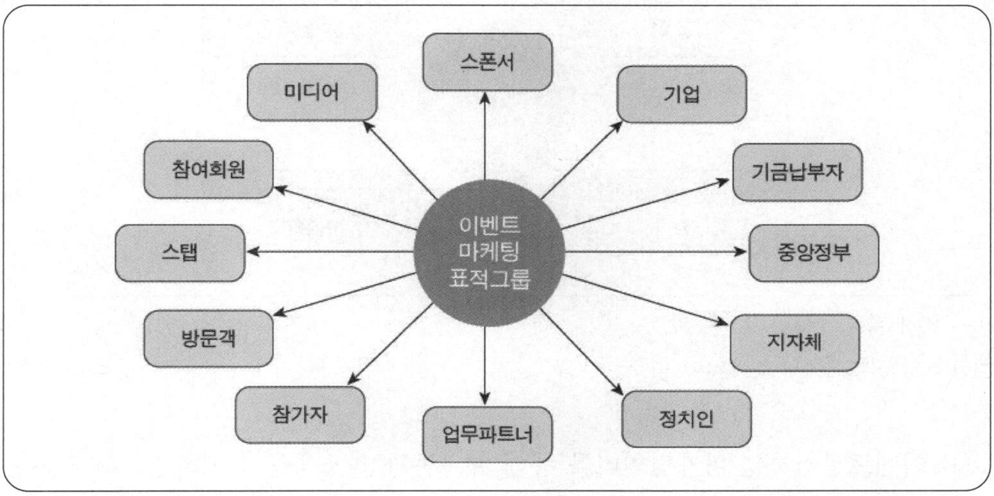

자료: Watt, 1998: 66에서 저자 재구성.

[그림 7-4] 이벤트 마케팅 표적그룹

따라서 이벤트관리자는 이벤트의 마케팅활동을 수행하면서 이러한 이해관계자들을 염두에 두고 업무를 수행해야 한다. 모든 마케팅활동은 그 대상이 누구인지에 따라 달라질 수 있으며, 이벤트의 경우 스폰서, 기업, 기금헌납자 등은 재정적인 측면에서, 중앙정부, 지자체, 정치인 등은 행정적인 측면에서, 미디어는 홍보적인 측면에서, 또 참가자, 방문객, 스탭, 참여회원 등은 운영적인 측면에서 매우 중요하다.

3 이벤트 마케팅의 필요성과 주요활동

1) 이벤트 마케팅의 필요성

일부에서는 이벤트관리에 있어 참가자중심의 마케팅개념보다는 개최자중심의 새로움과 창조성이 더 중요하다는 주장도 있다. 그러나 이벤트에서 마케팅은 다음과 같은 이유(McDonnell, 1999)에서도 반드시 필요한 것이라고 할 수 있다.

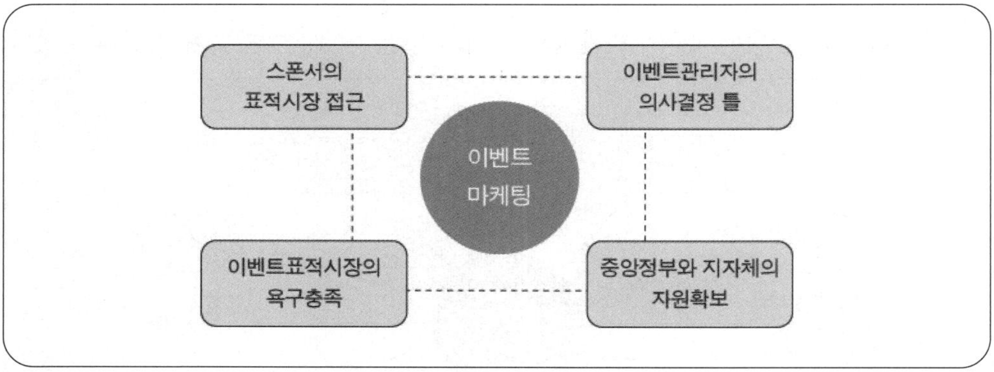

자료: 저자 작성.

[그림 7-5] 이벤트에서 마케팅의 필요성

(1) 이벤트관리자는 마케팅원리를 통해 새로움과 창조성을 유지하면서도 새로운 경험의 신기함과 즐거움을 필요로 하는 표적 세분시장의 요구에 맞추어 성공적인 이벤트를 개최할 수 있는 의사결정의 틀을 얻을 수 있다.

(2) 스폰서십을 제공하는 조직들은 이것이 그들이 추구하는 표적시장에 전달되기를 희망한다. 이 때문에 적절한 이벤트 마케팅활동은 스폰서가 자신이 추구하는 표적시장에 스폰서십을 제공함으로써 이벤트를 이용한 촉진활동이 수행되었다는 확신을 가질 수 있다.

(3) 중앙정부나 지방자치단체에서는 수많은 이벤트에 지원하지만, 일반적으로 마케팅계획과 마케팅관리에 전문성을 발휘하는 이벤트만이 재정적인 지원을 받게 된다.

(4) 주요 도시에 거주하는 소비자들은 가처분소득을 소비할 수 있는 여가활동의 범위가 매우 넓다. 이는 개념적으로 여가활동의 범주에 들어가는 축제 또는 이벤트에 참여하는 활동을 통해 참여자 표적시장의 필요와 욕구를 충족시키지 못하게 되고, 이는 개최목적을 달성할 수 없게 되는 결과가 된다.

2) 이벤트마케팅의 주요활동

위에 언급된 것처럼 이벤트 참가자와 방문객의 필요와 욕구를 파악하여 이를 충족시키기 위해서 이벤트관리자는 다양한 마케팅활동을 수행해야 한다. 우선 이벤트의 핵심요소인 프로그램계획을 수립하기 위해 표적시장의 필요와 욕구를 분석해야 한다. 이를 위해 경쟁관계에 있는 유사 이벤트에서는 어떻게 방문객을 만족시켰는지의 사례를 분석할 필요도 있다.

또한 잠재수요의 특성을 비교 분석하여 시장을 세분화하고, 이미 설정된 방문객수 또는 참가자수의 달성목표와 함께 개최될 이벤트에서 주 대상으로 하는 표적시장을 설정하고 이들의 프로필을 숙지할 필요가 있다. 규모와 표적시장이 결정되면, 구체적인 이벤트 프로그램을 결정하고, 입장료의 수준을 정하며, 입장권의 유통방법을 결정하고, 표적시장에 접근할 수 있도록 촉진활동의 규모와 방법을 결정한다.

제2절 이벤트 시장세분화와 포지셔닝

1 시장세분화의 개념

1) 시장세분화의 의의

이벤트에 참여하는 방문객에 대한 이해를 높이고, 이들의 욕구를 충족시키며, 효율적인 마케팅활동을 수행하기 위해서는 시장세분화(market segmentation)의 과정을 거칠 필요가 있다. 모든 이벤트는 관심이 있는 대상이 한정되어 있기 때문에 한정된 대상에 대한 접근방법과 프로그램이 효율적으로 설정되어야 성공적인 이벤트를 개최할 수 있기 때문이다.

일반적으로 이벤트에 참여하는 수요시장은 지리적 · 인구통계적 · 심리적으로 서로 다른 이질적 성격을 지닌 다양한 방문객들로 구성되어 있다. 따라서 이들 중 서로 비슷한 유형(types)의 특성(characteristics)을 지닌 사람들, 즉 동질성(homogeneity)을 지닌 하나의 집단을 형성시키는 과정을 시장세분화라고 한다.

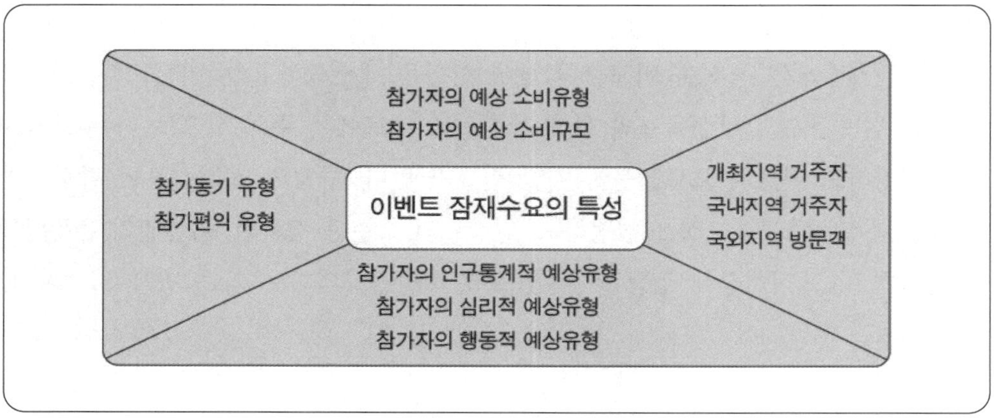

자료: 저자 작성.

[그림 7-6] 이벤트 잠재수요의 특성과 유형

이벤트관리자는 이러한 세분화과정을 통해 이벤트 참여확률이 높은 집단을 찾아내고, 잠재적 세분시장의 수요를 확인하며, 세분시장의 지속가능성과 규모를 인식하여 표적시장에 대한 비용효율성을 점검해 보아야 한다. 이와 같이 시장세분화는 이벤트조직이 지니고 있는 자원을 모든 소비자에게 투여하여 소진하는 것이 아니라 일정한 특성을 지닌 세분시장중 가장 매력도가 높은 세분시장에 적은 비용으로 높은 효과를 얻는데 있어 반드시 필요한 과정이라고 할 수 있다.

2) STP의 절차

시장세분화의 목적은 이벤트 개최목적에 부합되는 표적시장을 선정하여 개최될 이벤트를 잠재적 수요자에게 인식시키기 위한 것이다. 서로 다른 특성을 지닌 다수의 집단을 적절한 기준에 의해 분류하는 것을 세분화(segmentation)라고 하고, 세분화과정을 거친 다수의 세분시장 중에서 이벤트의 개최목적과 이벤트개최조직의 능력을 고려하여 매력적인 세분시장을 선택하는 것을 표적시장의 결정(targeting)이라고 하며, 선택된 표적시장의 잠재적 수요자들에게 개최될 이벤트를 인식시키는 과정을 포지셔닝(positioning)이라고 한다. 이렇게 세분화, 표적시장 결정 및 포지셔닝의 과정을 STP(Segmentation, Targeting, Positioning)과정이라고 하며, 그 절차는 다음의 그림과 같다.

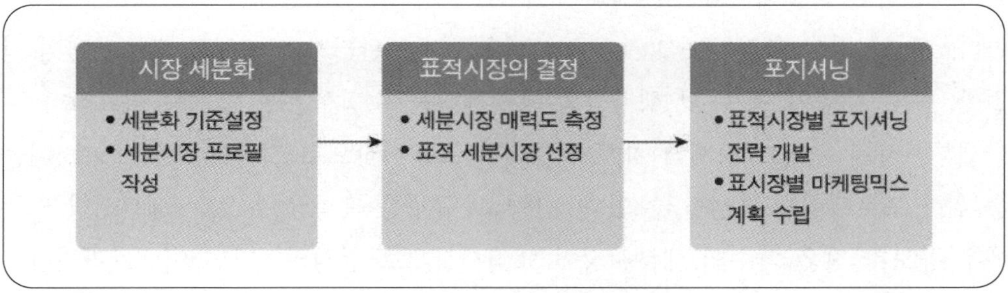

자료: 저자 작성.

[그림 7-7] STP의 절차

STP과정을 수행하기 위해서는 우선 세분화의 기준을 설정해야 한다. 시장세분화에는 지리적 변수, 인구통계적 변수, 심리적 변수, 구매행동 변수 등 다양한 세분화 변수들이 있으며, 그 중 이벤트의 개최목적과 세부목표에 관련된 변수를 중심으로 세분화 기준을 설정하는 것이다. 세분화기준이 설정되면 이용된 세분화 변수에 따른 세분시장의 프로필을 작성하여 각 세분시장의 특성을 파악하게 된다.

그 다음 단계는 세분화된 시장과 이벤트의 개최목적을 비교하여 각 세분시장의 매력도를 측정한다. 그 중 매력도가 높은 세분시장을 표적시장으로 결정하게 되는 것이다. 끝으로 선택된 표적시장에 대한 포지셔닝전략을 수립하게 되며, 이러한 포지셔닝 전략은 마케팅믹스 전략을 수립하는 과정으로 연결된다.

3) 시장세분화의 요건

다양한 변수에 의해 이벤트에 참여하는 잠재적 수요에 대한 적절한 시장세분화가 이루어졌다고 해도 세분화된 시장이 모두 가치가 있다고 할 수는 없다. 즉 세분화된 시장이 표적시장으로 선택되기 위해서는 마케팅활동을 수행할 수 있는 충분한 가치가 있는 특성을 지녀야 하며, 아울러 표적화된 세분시장이 자원을 투입할 경제적 가치가 있어야 하고, 또 이를 효율적으로 투입할 방법이 있어야 하는 것이다.

(1) 측정가능성과 규모

이벤트관리자는 세분화된 시장의 규모(size)가 어느 정도인지를 측정할 수 있어야 한다. 세분시장의 측정가능성(measurability)은 이벤트관리자가 이벤트 프로그램의 적절한 구성, 수익의 예측 및 행사장의 운영계획을 수립하는데 반드시 필요하다.

세분시장의 규모가 경제적 가치가 있어야 표적시장으로 결정할 수 있으며, 이들을 위한 프로그램도 구성될 수 있다. 만약 그 규모를 측정할 수 없는 세분시장 또는 매우 규모가 작은 다수의 세분시장이 표적시장으로 결정되었다면 이벤트관리자는 많은 어려움에 직면할 수밖에 없는 것이다.

(2) 접근가능성

시장세분화를 통해 매우 매력적인 표적시장을 선택했다고 하더라도, 잠재적 수요자들에게 접근할 방법이 없다면 이는 그림의 떡과 같은 존재라고 할 수 있다. 즉 세분시장에 효과적으로 경제적인 접근을 할 수 있는 방법이 있어야 이벤트의 개최를 알릴 수 있고, 이벤트의 프로그램을 소개할 수 있으며, 방문객으로서 획득할 수 있는 편익을 알려줄 수 있는 것이다.

2 이벤트 시장세분화 변수

이벤트관리자는 시장세분화를 위해 집단의 특성이 어떠한 변수들로 구성되어 있는지, 또 어떤 변수에 의한 시장세분화가 중요한 기준인지를 인식하여야 한다. 아울러 알려지지 않은 변수에 의한 특성을 보이는 집단이 존재하는지, 만약 존재한다면 이벤트 수요시장으로서 어떤 가치가 있는지 등을 판단하여야 한다.

이벤트 잠재수요의 시장세분화에는 매우 다양한 변수들을 사용할 수 있으나 주로 지리적 세분, 인구통계적 세분, 심리적 세분, 구매행동 세분, 추구편익 세분 등이 주요변수로 사용되며 이에 대한 세분화 과정의 변수들은 다음 그림의 순서로 나타낼 수 있으며, 변수별로 세분화하는 방법에 대해 알아보고자 한다.

1) 이벤트시장의 지리적 세분화

이벤트 잠재시장의 지리적 세분화(geographic segmentation)는 이벤트의 성격을 정하고 이벤트를 계획함에 있어 중요한 부분을 차지하고 있다. 대부분의 이벤트 수요는 개최지 또는 개최지 인근지역에서 발생되는 경우가 많지만, 이벤트의 성격에 따라 외래방문객에 중점을 두어야 하는 경우도 있기 때문이다. 이벤트의 지리적 세분시장은 지역과 도시규모 및 인구밀도 등으로 구별할 수 있다. 그중 지역을 중심으로 한 세분시장은 다음과 같은 유형이 있다.

(1) 개최지 및 개최지 인근지역의 주민
(2) 당일여행의 거리(일반적으로 200km 이내)에 거주하는 내국인
(3) 숙박이 필요한 거리(일반적으로 200km 이상)에 거주하는 내국인

(4) 외국에서 참가하는 방문객

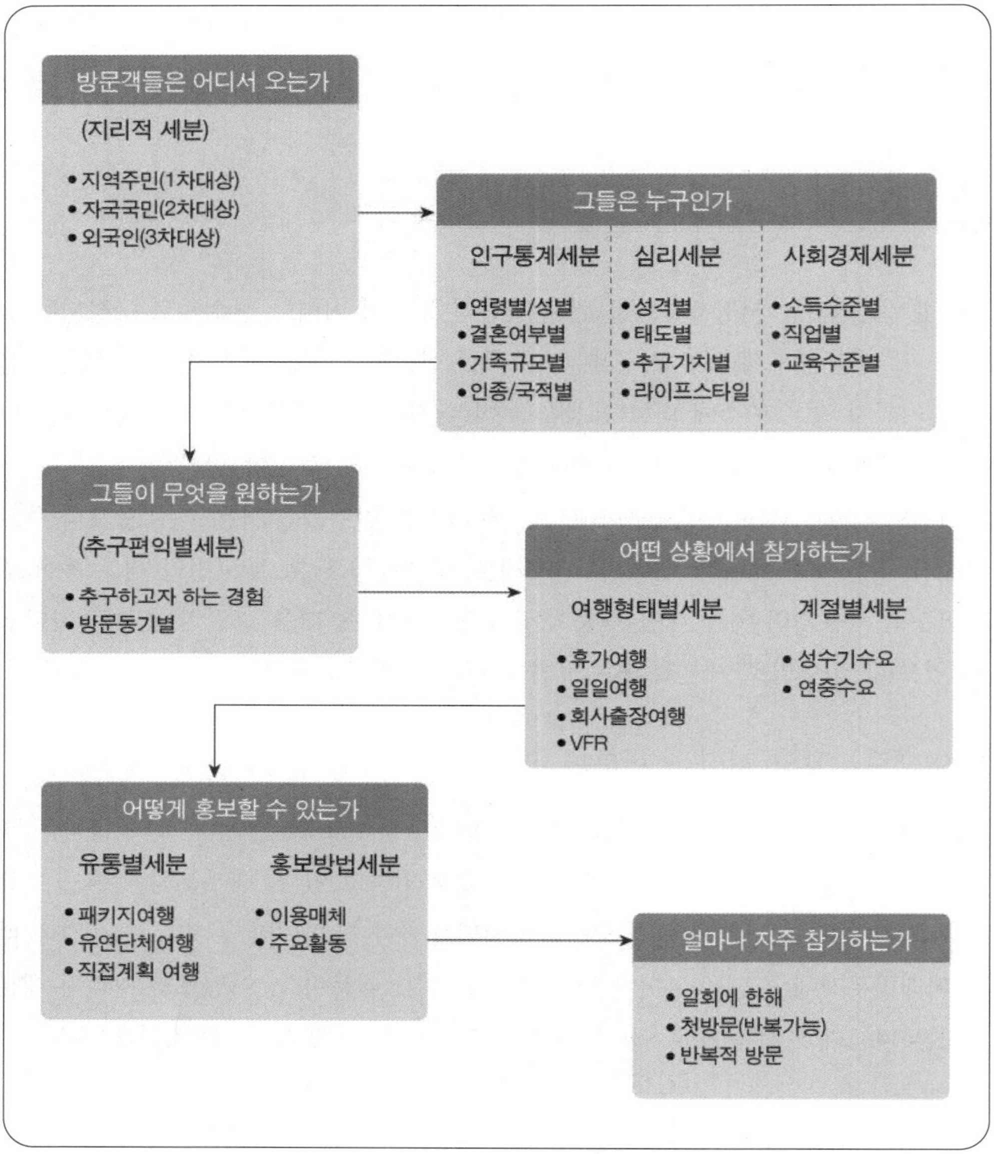

자료: Getz, 1997: 261.

[그림 7-8] 이벤트 시장세분화의 주요 변수

〈표 7-1〉 이벤트시장의 지리적 세분화 방법

변수	지리적 세분방법		
지역	1차(개최지역)	개최지 지역주민, 개최지 인근 지역주민	
	2차(국내)	특정지역 개최시	서울, 경기, 충청, 강원, 영남, 호남, 제주
		서울개최시	강남, 강북, 수도권 신도시, 지방
	3차(국외)	일본, 중국, 미국, 유럽, 동남아	
도시규모	10만, 50만, 100만, 300만 이상(개최지의 배후도시를 중심으로)		
인구밀도	수도, 수도권, 직할시, 중소도시, 지방		

자료: 저자 작성

2) 이벤트시장의 인구통계적 세분화

인구통계적 요인은 다른 분야에서도 매우 넓게 사용되고 있는 세분변수로 연령, 성별, 가족규모, 가족 생활주기, 소득수준, 직업, 교육수준, 종교, 국적 등 수요대상의 인구통계적 특성을 이용해 세분화하는 방법이다. 인구통계적 세분화(demographic segmentation)는 대부분의 이벤트에서 중요하게 고려해야 할 변수이다. 특히 산업전시회 또는 특정 정보를 제공하는 이벤트의 경우 인구통계적 세분변수는 매우 중요한 역할을 하고 있다.

또한 인구통계적 변수는 여가활동의 선택과 선호도에서 중요한 의미를 지니기 때문에 이벤트 특성에 따라 반드시 고려해야 하는 변수이다. 스포츠이벤트나 연예이벤트의 경우 젊은 연령층의 흥미를 유발시키며, 문화예술에 관련된 이벤트의 경우 여성층의 관심을 끌기가 용이하고, 지역축제의 경우 가족단위의 방문객을 유인하기 쉬운 것도 바로 인구통계적 변수와 관련이 있는 것이다.

연령에 의한 세분화는 표에서와 같이 구분되기도 하지만, 좀더 명확한 세분화를 위해 연령을 명시한 세분화방법을 이용하기도 하고, 각 연령대를 다시 구분(40대 초반, 중반, 후반 등)하기도 한다. 또한 연령별 세분화와 함께 식민세대, 전쟁세대, 베이비붐세대, 풍요세대, X세대, MZ세대 등 세대별로 세분화하여 시장을 구분하기도 한다.

〈표 7-2〉 이벤트시장의 인구통계적 세분화 방법

변수	세분 방법
연령	취학전, 초등학생(저학년, 고학년), 중학생, 고등학생, 20대, 30대, 40대, 50대, 60대, 70대 이상
성별	남성, 여성
가족규모	1, 2, 3-4, 5 이상, 또는 핵가족과 대가족
가족 생활주기	미혼, 신혼, 젊은 부부, 중년, 장년, 노년단계, 독신기
소득수준	연 1000만원 미만, 1000~2000만원, 2000~3000만원, 3000~5000만원, 5000만원~1억원, 1억원 이상
직업	기술직, 전문직, 사무직, 판매직, 자영업, 농어민, 학생, 주부, 무직
교육수준	대졸이상, 고졸, 중졸, 초등졸
종교	기독교, 가톨릭, 불교, 유교외
국적	한국, 일본, 중국, 동남아, 미국, 유럽 외

자료: 저자 작성.

여가활동과 소비행동에 커다란 영향을 미치는 요인 중 하나는 가족생활주기라고 할 수 있다. 특히 가족생활주기에 따라 일상생활에서 관심을 두고 있는 분야가 달라지기 때문에 마케팅활동에 고려해야 할 요인이다. 이벤트시장의 세분화에서 고려해야 할 가족생활주기는 그림에서와 같이 구분될 수 있다.

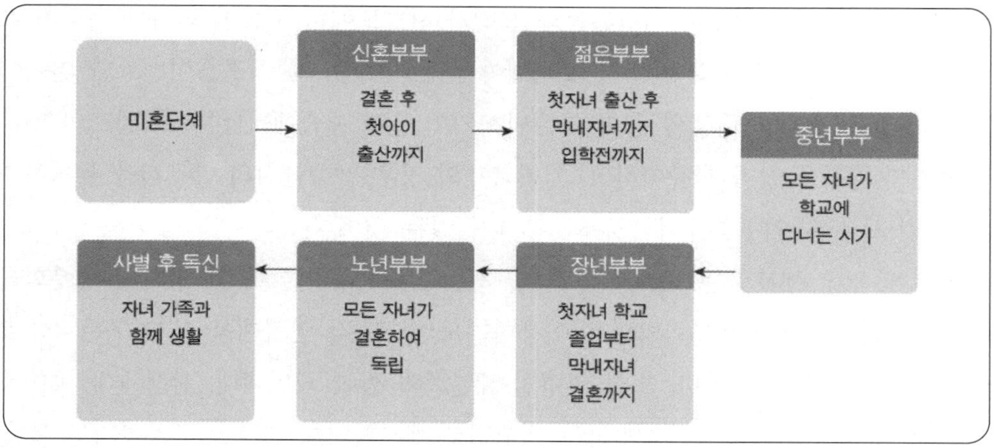

자료: 저자 작성.

[그림 7-9] 이벤트시장의 가족생활주기별 세분화방법

3) 이벤트시장의 심리적 세분화

심리적 세분화(psychopathic segmentation)는 눈에 띄지 않는 사회 · 경제적 지위, 생활양식 및 개인의 성격 등으로서 다른 세분변수에 비해 시장규모의 측정이 용이하지 않은 세분변수이다(Stanton, 1994). 특히 생활양식과 성격에 따른 시장세분화는 시장의 규모를 정확히 판단하기가 매우 어려우며, 촉진도구의 사용에 있어 접근방법을 찾기가 어렵다. 즉 시장세분화의 전제조건인 시장의 규모의 측정가능성과 접근성이 부족한 세분화방법이라고 할 수 있다.

〈표 7-3〉 이벤트시장의 심리적 세분화방법

변수	세분화방법
사회계층	상류계층, 상위중산층, 하위중산층, 숙련노동계층, 비숙련노동계층
생활양식	전통적 알뜰형, 합리적 생활만족형, 진보적 유행추구형, 보수적 생활무관심형
성격	자기과시적, 사교적, 적극적, 권위주의적

자료: 채서일, 1998: 162; McDonnell, Allen & O'Toole. 1999: 118의 자료를 인용하여 저자작성.

심리적 세분화에서 많이 사용되는 변수는 사회계층(social class)이다. 이는 단순히 소득수준에 의해 분류되는 것이 아니라 명예나 권력 등 사회적 지위에 관련되는 사항이 고려된 사회 · 경제적 측면(socio-economic)의 변수라고 할 수 있다. 우리나라에서 사회계층에 의한 세분화는 상류계층, 상위중산층, 하위중산층, 숙련노동계층 및 비숙련노동계층의 다섯 계층으로 구분되며, 각각의 계층이 선호하는 이벤트의 유형에서 상이한 차이를 보인다.

심리적 세분화는 그 이외에도 생활양식(life style)에 의해 네 가지로 구분(채서일, 1998: 168)될 수 있다. 우선 전통적 알뜰형은 전통적 의식주생활 집단으로서 문화생활보다 건강, 자녀문제, 사업 등에 관심을 가지고 있으며, 비사교적이고, 보수적 가치관의 40~50대가 주류를 이루고 있다. 합리적 만족형은 온건보수집단으로서 윤택한 경제생활, 레저, 취미생활에 관심을 가지고 있고, 20~30대의 기혼여성 · 중간수준의 생활수준 계층이 중심인 유형이다.

진보적 유행추구형은 전통적 가치를 거부하는 진보적 성향의 집단으로서 여가생활, 취미생활 관심도가 높고, 20대 미혼남녀 · 학생 · 사무직 종사자들이 주류를 이루고 있다. 보수적 생활무관심형은 비적극적 일상생활의 낙관적 집단으로 건강 · 인간관계 · 집안일 · 사회안정에 많은 관심을 갖고 있으며, 50대 이상의 기혼남성이 중심인 계층이다.

심리적 세분화의 또다른 방법은 성격에 의해 세분하는 방법으로 성격에는 자기과시적 성격, 사교적 성격, 적극적인 성격, 권위주의적 성격 등이 있다.

4) 이벤트시장의 추구편익 세분화

이벤트에 참가하는 방문객들은 각자 추구하는 편익이 다르다고 할 수 있다. 이벤트 수요시장에서 추구편익(benefits sought)에 의한 세분화는 자신이 속한 지역사회와 다른 문화를 접해보고자 하는 집단, 자신의 즐거움을 위해 참가하는 집단, 다른 여가생활에 비해 저렴한 참여비용 때문에 참가하는 집단, 정보를 얻기 위해 참가하는 집단, 토산품 또는 전시품 등의 쇼핑을 목적으로 참가하는 집단 등 다양한 형태로 구분될 수 있다.

5) 이벤트관광시장의 세분화

이벤트에 참가하는 방문객의 여행형태에 따라 이벤트관광시장을 세분화(event tourist market segmentation)할 수 있다. 세분변수로는 출발지, 여행상품 형태, 교통수단, 여행기간 등이 이용된다.

〈표 7-4〉 이벤트관광시장의 세분화

변수	세분화 방법
출발지	국외 장거리(long-haul)국가, 단거리(short-haul) 국가, 국내출발지, 개최지인근
여행상품 형태	패키지상품, FIT상품
상품유통 형태	직접구매, 여행사를 통한 구매
상품가격 수준	중저가, 고급
교통수단	자동차, 항공, 열차
여행기간	당일여행, 단기여행, 장기여행

자료: 저자 작성.

위에서 설명된 것처럼 다양한 세분변수를 이용해 이벤트에 참가하는 잠재수요 시장을 세분화할 수 있다. 시장세분화에서 중요한 것은 이벤트의 개최목적과 이를 달성하기 위한 세부목표에 따라 가장 중요한 세분변수를 설정하는 것이다. 또한 특정 변수만을 이용해 수요시장을 세분화하는 것이 아니라 다양한 변수들이 고려되어져야 한다. 이벤트시장의 세분화의 예를 다음 그림을 통해 알 수 있다.

이벤트의 수요시장을 세분화하는 것은 직접관찰(direct observation), 스탭의 인식(event staff's perception), 과거 방문객의 데이터(databases of past visitors), 설문조사(surveys) 등으로 가능하며, 이러한 방법이 병행되어 사용되는 것이 좋다.

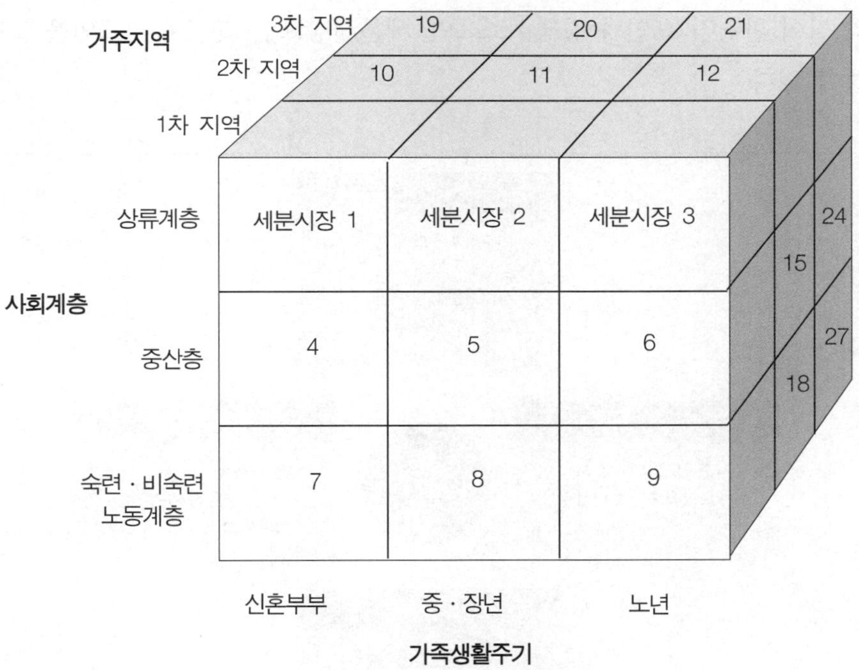

자료: 저자 작성.

[그림 7-10] 이벤트시장 세분화의 예

③ 표적시장의 결정과 포지셔닝

1) 세분시장의 평가

이벤트시장의 세분화에서 설명된 것처럼 이벤트에 참여할 대상으로 많은 세분시장이 존재한다. 그러나 각각의 세분시장이 모두 매력적인 시장이라고 할 수는 없으며, 이벤트의 세부목표 달성이 가능한 세분시장, 개최환경에 부합되는 세분시장, 자원의 투입으로 경제적 또는 비경제적으로 긍정적인 효과를 거둘 수 있는 세분시장을 선택해야 한다.

이를 위해 각 세분시장의 매력도를 측정할 필요가 있으며, 그중 매력도가 높은 세분시장을 표적시장으로 선택해야 한다. 세분시장의 매력도 측정을 위해 다음 그림에서와 같이 환경적 요인과 경쟁구조요인, 세분시장요인 및 적합성요인을 고려해볼 필요성이 있다.

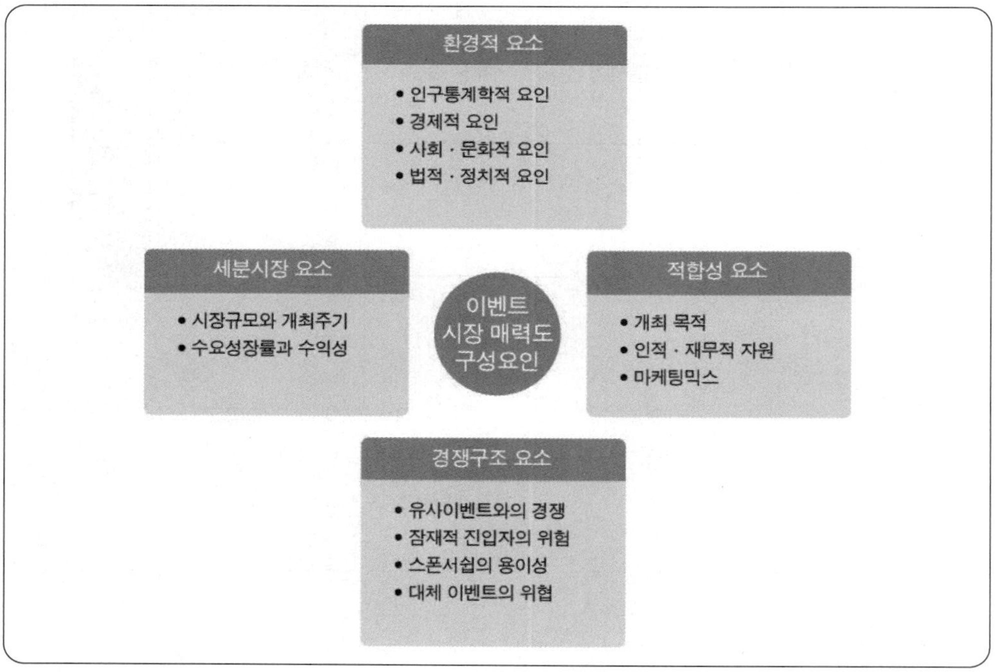

자료: 저자 작성.

[그림 7-11] 이벤트시장의 매력도 구성요인

세분시장을 표적화함에 있어 그 시장의 경제적 상태와 경향, 인구통계적 변화, 사회·문화적 욕구, 법적인 제약 또는 정치적 지원 등의 환경적 요인이 고려되어야 하며, 표적화하고자 하는 세분시장이 이벤트의 개최목적과 부합되는지, 개최조직의 지니고 있는 인적자원과 재무적 자원으로 운용이 가능한 시장인지, 적합한 마케팅믹스를 적용할 수 있는지에 대한 적합성을 점검해볼 필요가 있다.

또한 세분시장의 규모가 어느 정도인지를 확인하여 일회성 이벤트 또는 일정한 개최주기 설정이 가능한지의 여부와 수요성장률과 이에 따른 이벤트 개최 수익성 등의 세분시장요인이 고려되어야 한다. 아울러 유사이벤트와의 경쟁구조, 잠재적 진입자의 위험 및 경쟁으로 인한 스폰서십 확보의 용이성 등이 감안되어 세분시장의 매력도를 측정할 필요가 있다.

2) 표적시장의 결정전략

이벤트 수요시장의 매력도가 측정되면 이벤트관리자는 어느 세분시장을 표적시장으로 할 것인지와 얼마나 많은 세분시장을 표적시장으로 할 것인지를 결정해야 한다. 이벤트수요의 표적시장을 선택하는 방법에는 비차별화 마케팅전략과 차별화 마케팅전략 및 집중전략이 있다.

비차별화(undifferentiated) 마케팅전략은 수요자 전체시장을 대상으로 구분되지 않은 이벤트 프로그램과 동일한 촉진방법에 의해 불특정 다수의 대중을 대상으로 표적시장을 선택하는 전략이며, 주로 메가이벤트, 대규모의 지역축제 등에서 선택할 수 있는 전략이다.

차별화(differentiated) 마케팅전략은 세분시장중 몇 개의 표적시장을 결정한 후 각각의 표적시장에 부합되는 이벤트 프로그램을 기획·운영하고, 각각의 세분시장에 적합한 촉진도구를 이용해 세분시장에 접근하는 방법이라고 할 수 있다. 이러한 전략은 박람회 및 지역축제에서 고려해볼 수 있는 전략으로 특히 지역축제의 경우 차별화 마케팅전략을 도입하여 방문객 욕구만족 수준을 향상시킬 수 있다.

집중화(concentrated) 마케팅전략은 매력도가 높은 특정 단일시장을 표적시장으로 선택하고, 그들에게 적합한 이벤트 프로그램을 구성하며, 선택된 시장에 도달할 수

촉진도구를 활용해 특정시장만을 위한 집중적 마케팅활동을 수행하는 전략이다. 이는 단일 프로그램 또는 소수의 프로그램으로 구성된 이벤트개최시 적합한 전략으로 국제회의, 패션쇼, 대중문화 이벤트, 문화예술이벤트 등에서 사용할 수 있는 전략이다.

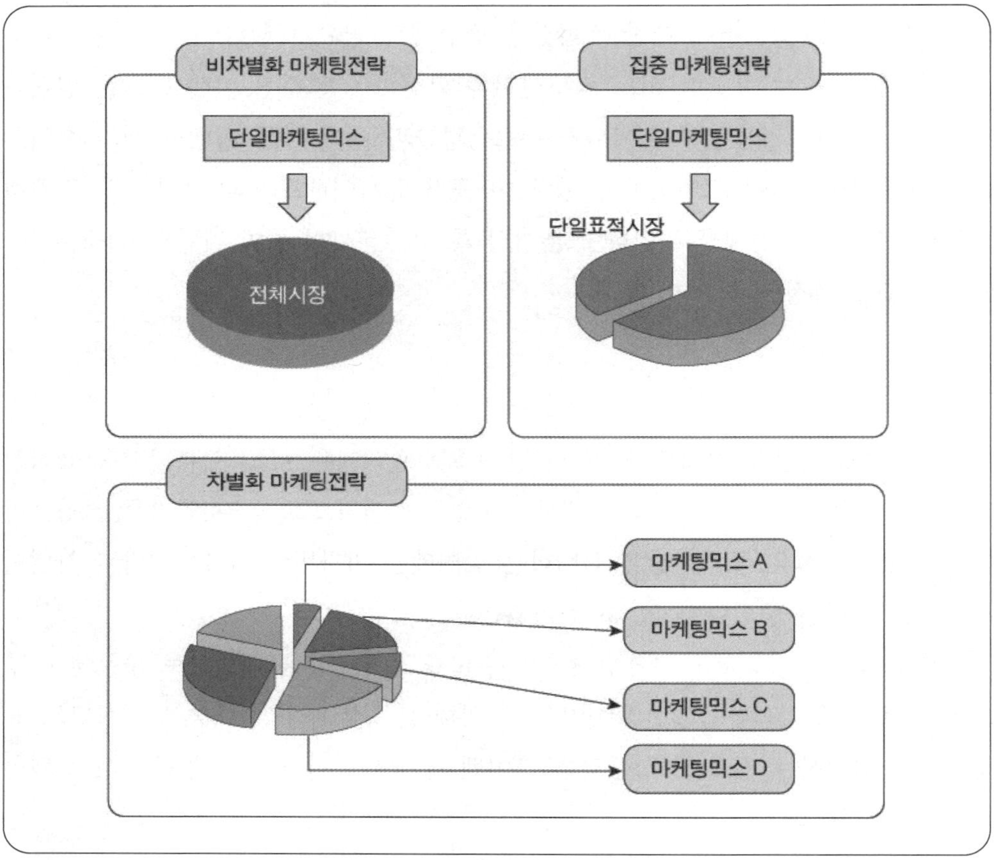

자료: 저자 작성.

[그림 7-12] 표적시장 결정전략

3) 포지셔닝

세분시장의 평가에 의해 표적시장으로 결정된 잠재적 이벤트 참가자들은 그들의 가처분소득과 시간을 다양한 활동에 할애할 수 있다. 따라서 이벤트관리자는 개최하고자 하는 이벤트에 참여하는 것이 다른 여가활동 또는 다른 이벤트의 참여와 상이한 차별적이고 특징적인 이미지를 구축할 필요가 있다. 즉 그 이벤트만의 차별적인 특징으로 인해 방문객의 욕구를 충족시킬 수 있다는 인식을 심어주고, 표적시장 내에서 효과적인 마케팅활동 수행하는 것이다.

표적시장에 이벤트를 포지셔닝하는 방법으로는 방문객에게 가져다 줄 편익을 전달하는 속성 · 편익에 의한 포지셔닝과, 방문객의 유형과 특성을 제시하는 방문객에 의한 포지셔닝, 국내외에서 개최된 성공적인 유사 이벤트를 언급하거나 비교하는 포지셔닝 등이 있다.

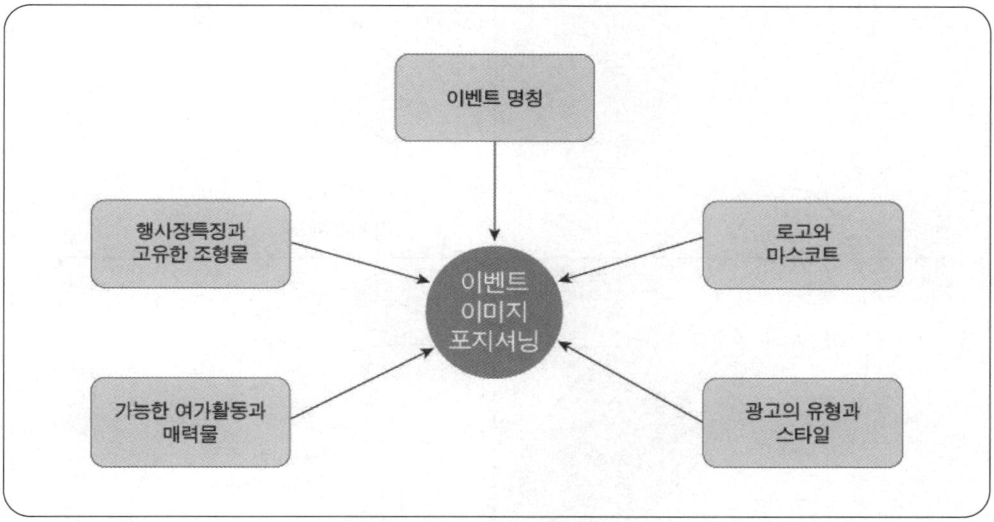

자료: 저자 작성.

[그림 7-13] 이벤트 이미지 포지셔닝의 구성요소

이러한 포지셔닝의 위치를 다른 이벤트와 비교하여 2차원 또는 3차원의 그림으로 작성한 것을 포지셔닝맵이라고 한다. 포지셔닝맵은 이벤트개최자의 주관적 관점에서 이벤트의 특성을 기준으로 작성하는 것과 잠재적 방문자들이 인지하고 있는 지각을 중심으로 작성된 지각도(知覺図)가 있다.

이벤트관리자가 주의해야 할 것은 프로그램의 아이디어 또는 연출중심의 사고에 빠지다 보면, 자기중심적인 포지셔닝맵을 작성할 우려가 있다는 것이다. 즉, '이벤트 주최자가 무엇을 준비했느냐'도 중요하지만, '참가자가 원하는 것이 무엇이냐'가 매우 중요한 것이다.

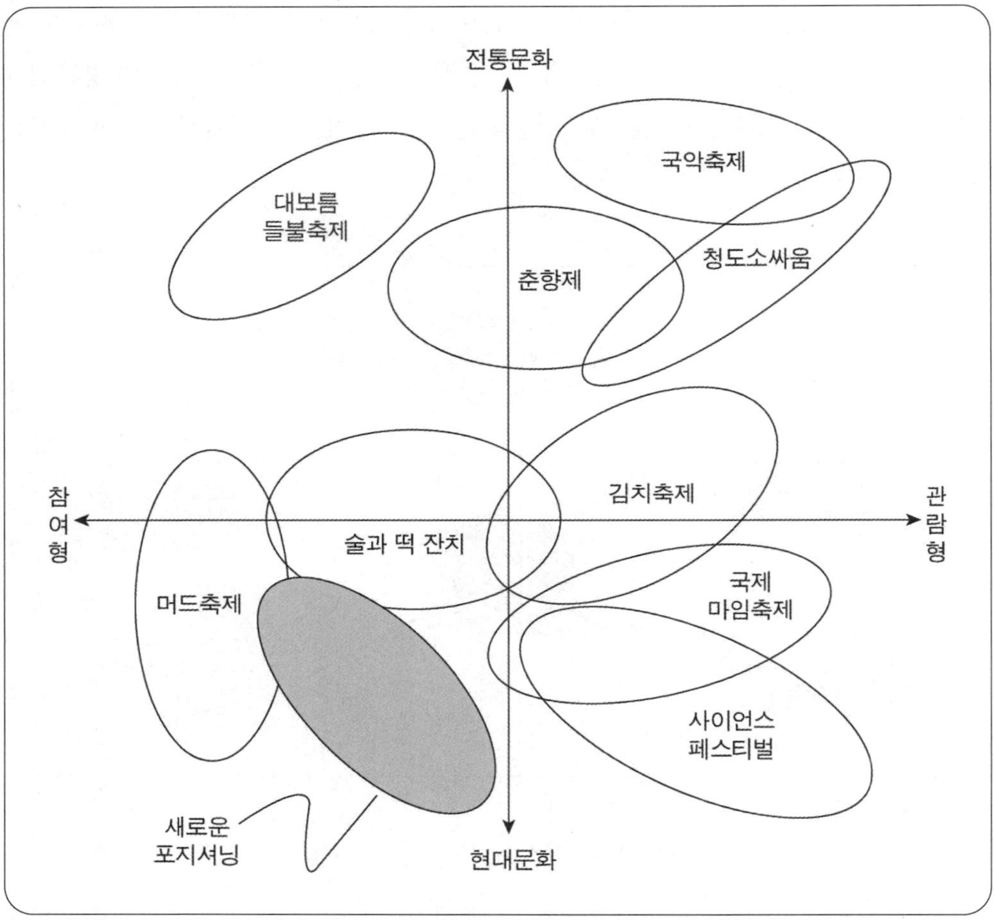

자료: 저자 작성.

[그림 7-14] 이벤트 포지셔닝맵의 예

제3절 이벤트 마케팅믹스

1 이벤트 마케팅믹스의 개념

일반적으로 마케팅믹스는 관리자가 목표를 달성하기 위해 조종하고 영향을 미칠 수 있는 요소들로 구성되어 있다. 4P를 중심으로 한 마케팅개념을 도입한 McCarthy는 그 요소들은 상품(product), 가격(price), 유통(place)과 촉진(promotion)으로 설정하고 있다.

그러나 후속연구자들의 견해로 Cowell(Cowell, 1984)은 4P에 사람(people), 물증(physical evidence), 진행과정(process)을 추가하여 7P를 마케팅믹스로 설정하였고, Morrison(Morrison, 1995)과 Getz(1997)는 프로그래밍(programming), 사람(people), 협력(partnerships), 패키징(packaging)을 추가하여 8P를 이벤트 마케팅믹스로 설정하고 있다. 이벤트관리자가 이벤트의 마케팅목표를 달성하기 위해 관리해야 할 마케팅믹스는 다음의 표에서와 같이 정리할 수 있다.

〈표 7-5〉 이벤트 마케팅믹스

구성요소	내 용
상품(Product)	이벤트프로그램, 행사장내 서비스
가격(Price)	스폰서십, 입장료, 방문 · 체재비용
유통(Place)	중간 판매인, 홍보매개체
촉진(Promotion)	광고, 기사화, 홍보, 판매촉진
사람(People)	공연자(cast), 관람객, 운영조직
패키징(Packaging)	관광자원과의 연계, 관광상품화
협력(Partnership)	협력업체, 스폰서, 중앙정부, 지자체

자료: 저자 작성.

이러한 마케팅믹스는 독립된 계획에 의해 실행되는 것이 아니고 이벤트의 개최환경과 이벤트 개최조직이 지니고 있는 자원에 따라 실행의 범위와 크기가 제한될 수 있다. 이벤트 조직환경에서의 마케팅믹스는 그림에서와 같이 외부환경과 개최조직의 가용자원에 둘러싸여 있음을 알 수 있다.

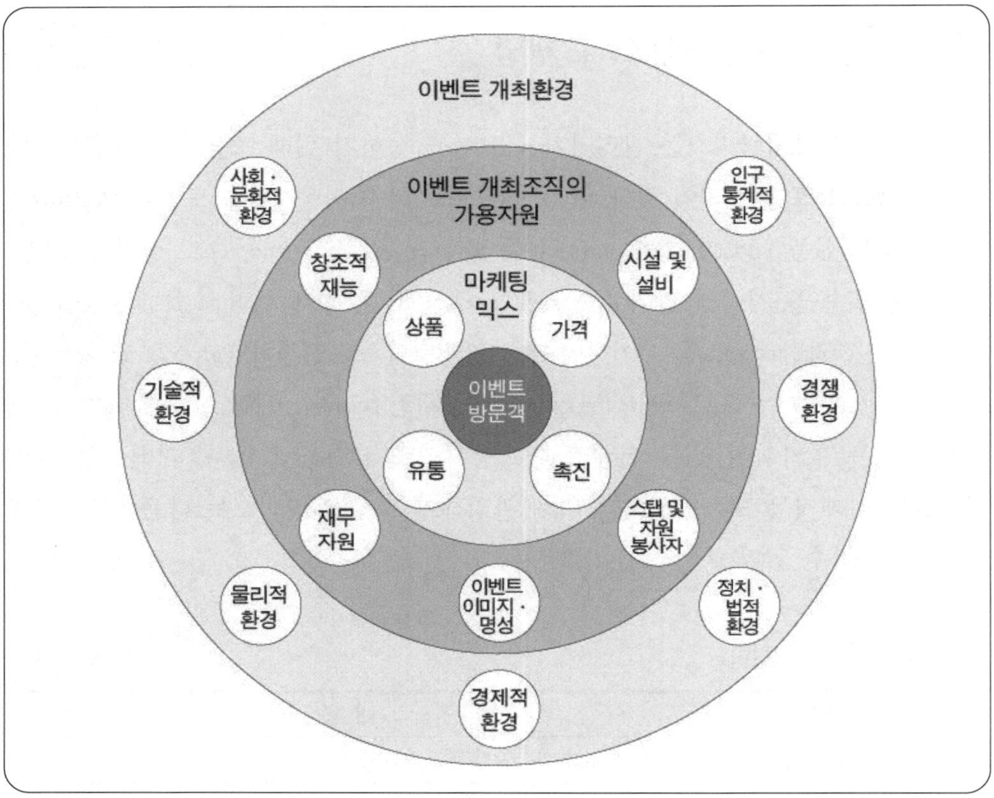

자료: McDonnell, Allen & O'toole, 1999: 111에서 저자 재구성.

[그림 7-15] 이벤트 조직환경에서의 마케팅믹스

이벤트 마케팅에서 상품(product)은 방문객의 입장에서 볼 때의 이벤트에 구성되어 있는 모든 요소들이라고 할 수 있다. 즉 이벤트에서 제공하는 프로그램, 서비스의 질과 수준, 식음료 시설, 인적 교류의 기회, 체험활동의 제공, 행사장 판매품의 질과 수준, 이벤트의 이미지 및 방문을 통해 얻을 수 있는 즐거움 등이 포함된다. 다수의 이벤트가 이벤트관리자의 생산지향(product oriented)적 사고로 방문자들의 욕구를 충족시키지 못하는 경우가 많다.

이벤트 마케팅믹스에서 가격(price)이란 방문객이 이벤트에 참가하기 위해 지급해야 하는 비용으로 이벤트 입장료가 없다고 하더라도 이벤트에 참여하기 위해 시간비용, 교통비용, 개최지내 숙박비용, 식음료비용, 행사장내 물품구입비용 등을 지급하게 된다. 따라서 이벤트에 참여하고자 하는 방문객은 이에 필요한 직접비용과 기회비용을 다른 레저활동에 소모되는 비용과 비교하게 된다.

유통(place)믹스는 이벤트에 참여하기 위해 입장권을 판매하고 구매하는 유통(distribution)을 의미한다. 예를 들어 음악회 입장권은 행사장 입구에서 판매할 수도 있고, 티켓판매를 대행하는 대리점에서도 구매할 수 있다. 아울러 'place'는 영어의 단어 뜻 그대로 행사가 개최되는 행사장(venue)의 의미로 사용되기도 한다.

이벤트 마케팅믹스에서 촉진(promotion)이란 의사전달(communication)의 의미를 가지고 있어 커뮤니케이션믹스로 부르기도 하며, 이는 마케팅믹스의 4P중 가장 눈에 띄는 마케팅활동(Middleton, 1995)이라고 할 수 있다. 촉진믹스는 이벤트를 알리는 활동 즉 광고, 인적판매, PR, 퍼블리시티, DM(direct mail), 판매촉진 및 이벤트의 이미지 홍보와 이미지개선 등이 포함된다.

2 상품으로서의 이벤트

일반적으로 서비스상품이란 물적 소유권의 변화없이 무형의 활동, 편익 및 만족을 제공받는 것이다. 이벤트에 참여하는 것 또한 방문객으로서는 활동과 각종 편익 및 만족을 제공받는 것이라고 할 수 있다. 이러한 서비스상품은 다음 그림에서와 같이 핵심상품(core product), 실제상품(actual product; tangible product) 및 확장상품(augmented product)의 세 종류의 상품수준(Maorgan, 1996)을 가지고 있다.

핵심상품이란 상품이 일반적으로 제공하는 기본적인 필요요건을 의미한다. 축제이벤트에 참가했을 때의 '즐거움', 산업전시이벤트에 참가해서 얻는 '산업정보'와 같은 것이 바로 핵심상품이라고 할 수 있다. 실제상품이란 그 상품에만 내재하고 있는 특징적인 편익을 의미한다. 특정이벤트만이 지니고 있는 독특한 이벤트 프로그램과 같이 그 이벤트만의 특성과 스타일 등이 실제상품이라고 할 수 있다. 확장상품이란 상품자체와 관계없이 추가적으로 제공될 수 있는 부가물로서 접근성, 체험활동, 물리적 환경, 인적교류의 기회 등이 포함된다.

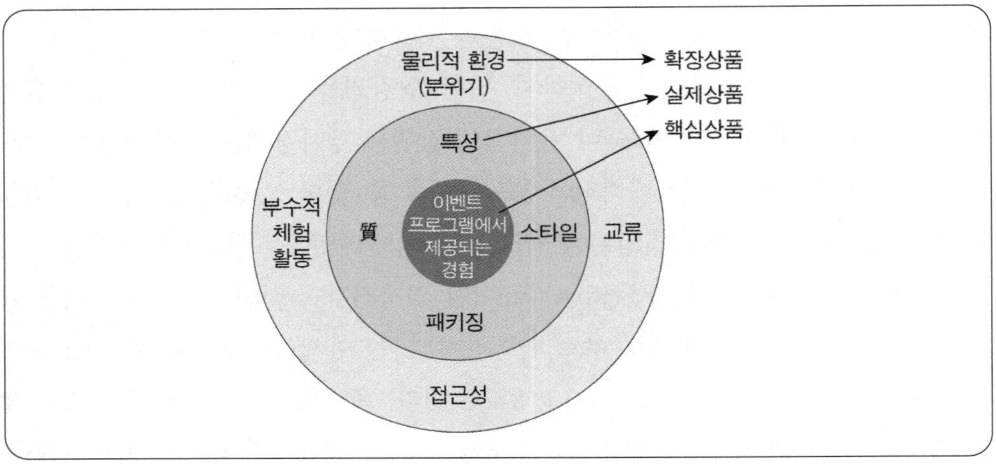

자료: 저자 작성

[그림 7-16] 서비스상품의 수준

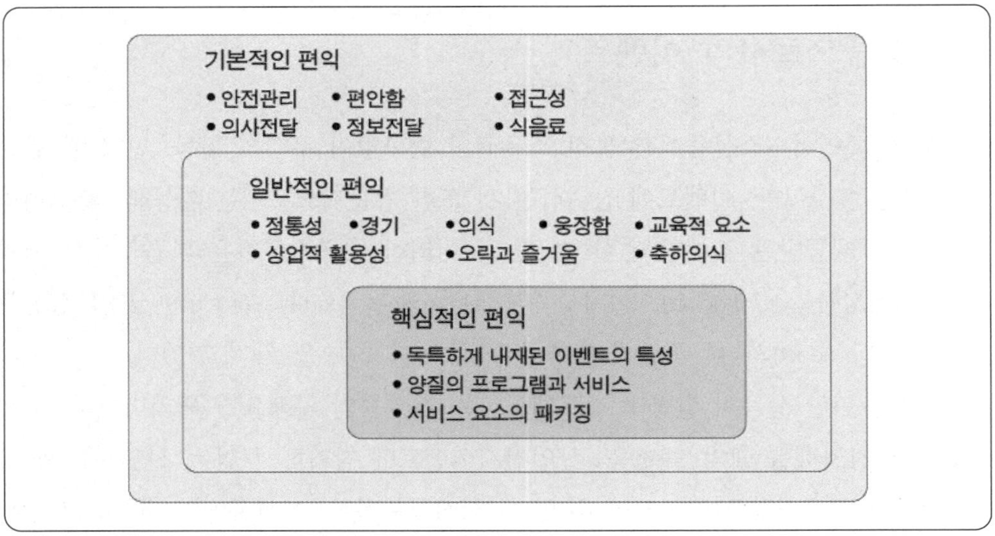

자료: Getz, 1997: 265.

[그림 7-17] 이벤트마케팅에서의 편익모델

이와 같이 이벤트상품이란 방문객에게 독특한 활동과 편익 및 서비스를 제공하여 욕구를 만족시키는 것이므로 방문객에게 제공될 서비스와 편익이 어떤 것이냐가 중요하다. Getz는 이벤트마케팅에서의 편익모델을 다음과 같이 제시하고 있다.

또한 서비스상품으로서 모든 이벤트는 고유의 독특한 핵심편익이 내재되어 있으며, 이러한 편익을 추구하는 대표적인 집단이 있다. 이벤트별 편익과 표적 고객집단을 예시하면 다음의 표와 같다.

〈표 7-6〉 이벤트별 핵심편익과 고객집단

상 품	상품의 핵심편익	고객집단
지역축제	즐거움(fun), 체험, 감동	일반대중
국제회의	정보수집, 교류, 만남	회의주제 관련기관, 개인
산업전시회	정보교류, 교역의 기회	전시주제 관련업계, 개인
음악콘서트	문화적 감상	일반대중
판촉이벤트	상품의 판매증진	해당상품 기업

자료: 저자 작성.

대부분의 이벤트는 일정기간 동안 일반대중 또는 표적집단이 관심을 갖고 참석하지만, 환경요인의 변화와 함께 쇠퇴하기도 한다. 우리나라에서도 주기적으로 개최되었던 많은 이벤트와 이벤트에 포함되었던 과거의 많은 프로그램들이 현재는 참가자수가 감소하였거나 개최를 지속시키지 못하는 경우도 있다.

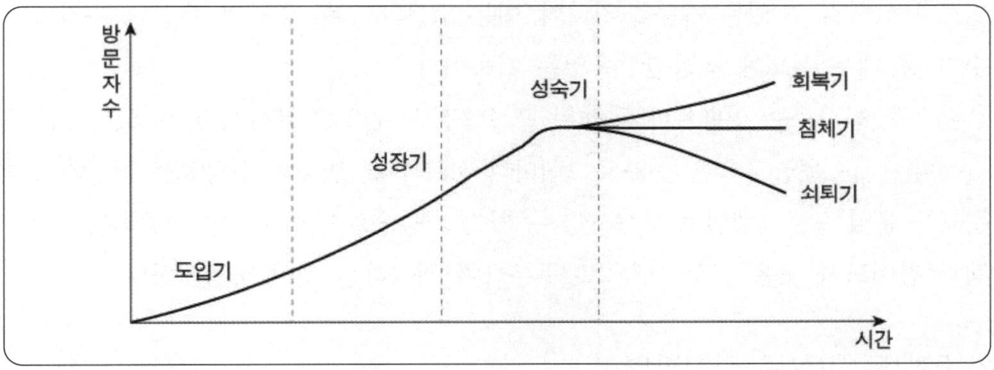

자료: 저자 작성.

[그림 7-18] 이벤트상품과 프로그램의 수명주기

이와 같이 이벤트 또는 이벤트에 구성되어 있는 프로그램들은 일반상품의 수명주기와 유사한 형태를 띠고 있다. 따라서 이벤트관리자는 개최하고자 하는 이벤트가 현대사회의 욕구를 충족시키고 있는지 점검하여 쇠퇴를 예방함으로써 이벤트의 수명주기를 관리할 필요가 있다. 특히 주기성을 지닌 이벤트의 수명주기 관리에는 개최조직의 창조적 능력이 뒷받침되어야 한다.

3 이벤트 입장료의 결정

1) 이벤트 입장료의 기능

축제이벤트와 스포츠이벤트의 입장료, 회의이벤트의 등록비, 전시이벤트의 출품비와 입장료 등은 상품의 가격으로서의 기능을 지니고 있다. 저가 또는 무료의 입장료를 결정하게 되면 참관객의 입장횟수 또는 방문횟수를 최대화하여 접근성을 확대(increase accessibility)하는 기능을 갖고 있다. 이렇게 입장료를 최소화하는 결정은 판촉상품의 홍보, 또는 지역사회 주민봉사 등의 개최목적을 지닌 이벤트에 이용된다.

또한 이벤트의 입장료를 높은 금액으로 책정하여 상류계층의 세분시장(upscale segment market)을 유인하고 접근성을 축소(decrease accessibility)함으로써 시장을 분할하는 기능을 지니고 있다. 입장료를 방문 시간대별로 다르게 책정하게 되면 방문객을 시간별로 분산시킬 수 있는 기능을 지니며, 이는 오전과 오후, 주중과 주말, 성수기와 비수기 등 매우 폭넓게 적용할 수 있는 기능이다.

끝으로 입장료는 이벤트에 구성된 프로그램별 수요를 분산시킬 수 있는 기능을 갖는다. 이는 운영되고 있는 프로그램마다 서로 다른 별도의 입장료를 책정하여 방문객을 운영 프로그램별로 분산시킬 수 있는 기능으로서 방문객이 집중되는 프로그램과 참여도가 낮은 프로그램으로 구분하여 책정하는 것이 바람직하다.

2) 이벤트 입장료 결정방법

이벤트의 입장료를 결정하는 데는 다양한 방법이 사용될 수 있으며, 입장료 수준에 영향을 미치는 요인도 다수 존재한다. 주요 영향요인으로는 새로운 시설과 설비의 투자 및 스폰서십과 정부 또는 지방자치단체의 재정적 지원 등이 있다. 이벤트 입장료는 개최 준비기간중 투여된 금액과 수입으로 확보된 금액을 고려하여 그 수준을 결정하게 된다.

(1) 손익분기점 분석

이벤트 입장료 책정에서 반드시 거쳐야 하는 과정이 손익분기점 분석(break-even analysis)라고 할 수 있다. 이 분석은 예상입장객수와 입장료수입을 비교하는 방법으로 고정비용과 가변비용을 나누어 분석한다. 특히 입장객수가 많아질수록 가변비용이 증가하는 이벤트의 경우 가변비용을 감안하여 산출하는 것은 필수적이다. 다음의 그림은 입장료를 지불해야 하는 이벤트의 손익분기점을 분석한 예이다.

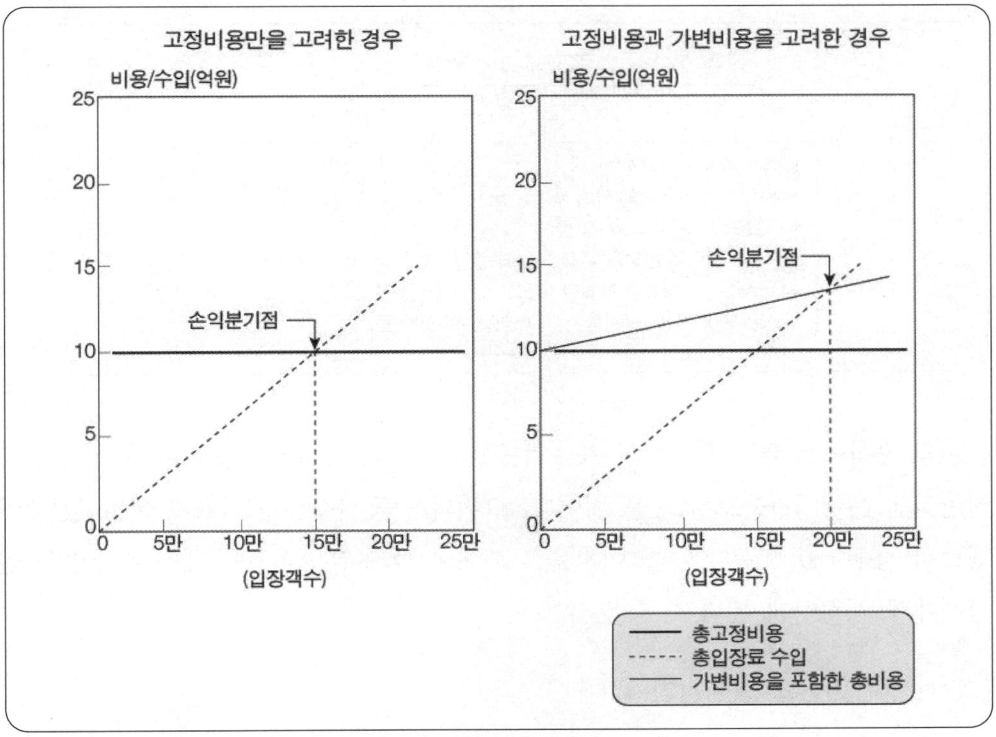

자료: 저자 작성.

[그림 7-19] 입장료가 있는 이벤트 손익분기점의 예

(2) 비용기준 산정방법

이벤트를 개최하기 위해서는 개최전 준비과정에서 투입된 비용과 이벤트운영시 발생되는 고정비용과 가변비용이 발생할 수 있다. 따라서 수익을 목표로 하거나 기회비용이 고려된 이벤트의 경우 이벤트개최를 통한 최소 수익금의 기대치가 있다. 이를 고려하여 입장료를 책정할 경우 비용기준의 입장료 산출방식(cost-recovery pricing)을 이용한다.

물론 수익발생의 원칙도 이벤트의 성격에 따라 다소 상이하게 나타날 수 있다. 공공서비스를 목적으로 하는 이벤트의 경우 수익발생을 목표로 설정하지 않기 때문에 이벤트개최로 발생되는 운영비용만을 입장료로 설정하는 경우도 있고, 메가이벤트의 경우에는 사회기반시설 및 행사장시설에 대한 투자규모가 크기 때문에 입장료 수입과 별도로 개최지에 영향을 미치는 경제적 효과에 대한 목표를 별도로 설정하여야 한다. 비용기준의 입장료산정은 아래의 공식과 같이 나타낼 수 있다.

$$\frac{\text{INV X r}}{\text{TV}} + \frac{\text{TOC} - \text{Income}}{\text{TV}}$$

- TV : 총예상 입장객수
- INV : 이벤트개최를 위해 투자된 비용
- r : 투자에 대한 목표수익률
- TOC : 이벤트 운영을 위해 지급되는 고정비용과 가변비용의 합계
- Income : 입장료를 제외한 수입
  (스폰서, 매체방영료, 행사장내 영업권의 판매 등)

위의 공식에서 투자에 대한 목표수익률 r값은 수익을 목표로 하는 이벤트의 경우 일반적인 은행이자율보다 높을 것이다. 그러나 공공서비스를 목표로 하고 있는 이벤트의 경우 r=0, 또는 r≦최소이자율로 되어 이벤트 운영비용에 대한 부담만을 입장객에게 책정하게 된다.

(3) 기타 입장료 결정방법

이벤트의 입장료를 책정하는 방법에는 단일 입장료를 모든 입장객에게 적용하는 방법과 연령, 시간, 단체별로 서로 다른 수준의 금액을 산정하는 방법이 있을 수 있다.

또한 이벤트 행사장의 입장은 무료로 하되, 행사장내의 매력적인 프로그램을 중심으로 각 프로그램별 입장료를 징수하는 이중입장료 책정(two-part pricing)이 있을 수 있다.

방문객 자체가 이벤트의 매력이 될 수 있는 경우 특정 복장을 착용하고 입장하는 입장객에 한해서 입장료를 징수하지 않는 방법도 있을 수 있다. 또한 입장횟수별로 차등을 두어 자유통행권(pass)을 발행함으로써 접근성을 높이는 방법도 있다. 이벤트를 처음 개최하는 경우에는 비슷한 시기, 비슷한 주제를 지닌 유사한 형태의 이벤트 입장료를 참고(reference pricing)할 필요가 있다.

4 이벤트 입장권 유통

이벤트 입장권의 유통이란 입장권의 판매에 있어 입장권 판매대행사(ticketing agency)를 선정하여 운영할 것인가의 문제이다. 입장권을 판매대행사를 통해 구입할 수 있다면, 유통네트워크를 확장하게 되어 방문객의 입장에서는 편리하게 입장권을 구매할 수 있게 되고, 행사장 입구에서 입장속도를 높일 수 있다는 장점이 있으나, 이벤트개최자는 판매대행사에 유통비용에 해당하는 판매수수료를 지급해야 하는 부담이 있다.

입장권 판매에 있어 판매대행사를 이용해야 하는지는 각각의 이벤트 특성에 따라 상이하겠으나, 반드시 판매대행사가 아니더라도 인터넷과 같은 새로운 채널을 통해 입장권을 판매하는 것은 이벤트관리에서 입장객수의 목표를 달성하는데 장점이 있다. 특히 개최전 사전에 지급된 이벤트 입장권은 개최조직의 현금흐름(cash flow)과 정확한 인원예측에 많은 도움을 준다.

5 이벤트의 촉진믹스

1) 촉진믹스의 개념

이벤트의 촉진이란 계획된 비용내에서 이벤트 참여를 유도할 목적으로 해당 이벤트에 대해 실제 및 잠재방문자를 대상으로 정보를 제공하거나 설득하는 마케팅노력의 일체를 말한다. 촉진은 이와 같이 아무리 훌륭한 프로그램을 준비한 이벤트라고 하더라도 이를 잠재방문자에게 알리는 것이 중요하므로 의사전달(communication) 과정이라고 말하기도 한다.

일반적으로 촉진믹스에는 광고, 퍼블리시티, 판매촉진, PR, 인적판매 등이 포함되며, 촉진믹스가 수행하는 역할(Getz, 1997)은 이벤트의 인지도 향상, 긍정적 이미지의 형성, 경쟁이벤트와 관련된 위치결정, 표적시장에 관련정보 제공, 이벤트수요의 창출 등이다.

2) 이벤트의 주요 촉진믹스

이벤트의 주요 촉진믹스는 광고와, 인적판매, 판매촉진 및 PR · 퍼블리시티 등이라고 할 수 있다. 촉진믹스는 특성에 따라 서로 다른 효과를 지니고 있다. 다음 그림에서처럼 광고와 PR · 퍼블리시티는 초기에 많은 효과가 있지만, 판매촉진과 인적판매는 이벤트 개최전에 효과를 극대화할 수 있다.

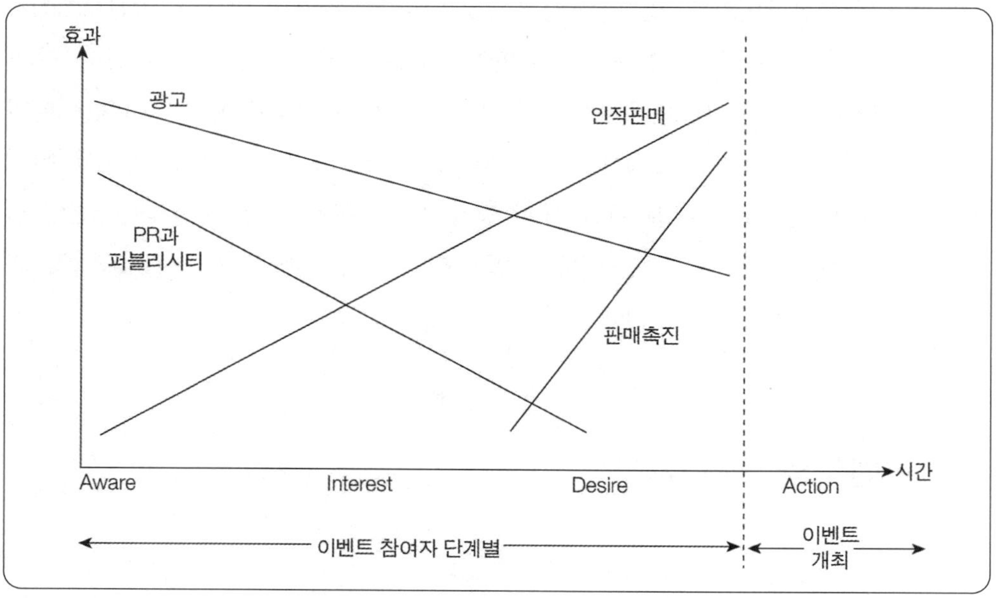

자료: 저자 작성.

[그림 7-20] 촉진수단의 효과

(1) 광고

광고는 이벤트 개최조직이 표적집단에게 정보를 제공하거나 설득하기 위해서 이벤트에 관해 유료로 대중매체를 이용해 알리는 모든 활동이라고 할 수 있다. 이벤트 광고에는 매체광고, 안내서의 제작과 배포, 소식지(newsletter)의 제작과 배포, 비디오와 시청각 자료의 배포, 포스터와 배너 등 매우 다양한 종류가 있다.

광고는 이미 수립된 마케팅목표에 근거해 이를 달성시킬 수 있도록 광고의 목적이 설정되어야 하며, 이를 토대로 광고 예산수립, 광고대행사의 결정, 광고매체계획 및 광고메시지의 설계가 이루어져야 한다. 일반적인 광고시행의 흐름도는 다음의 그림과 같다.

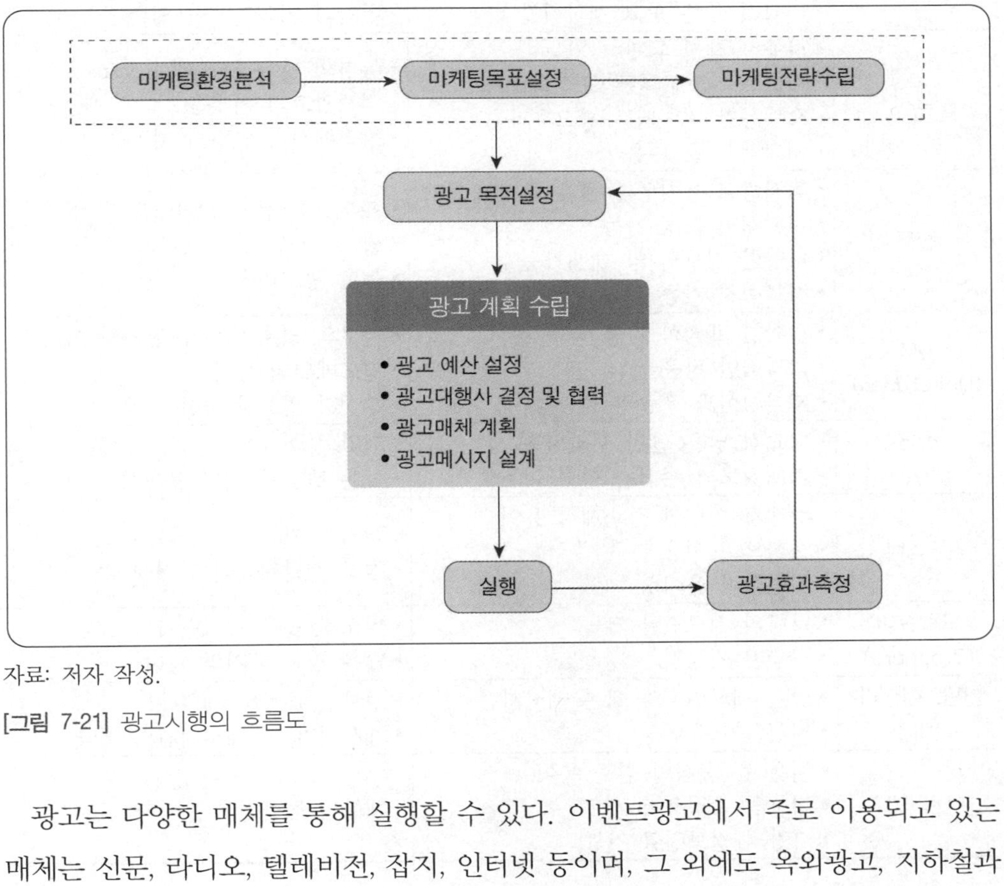

자료: 저자 작성.

[그림 7-21] 광고시행의 흐름도

광고는 다양한 매체를 통해 실행할 수 있다. 이벤트광고에서 주로 이용되고 있는 매체는 신문, 라디오, 텔레비전, 잡지, 인터넷 등이며, 그 외에도 옥외광고, 지하철과 같은 교통수단에서의 광고, 현판, 현수막, 배너와 포스터 등이 이용되고 있다 주요 광고매체별 장단점은 다음의 표와 같다.

〈표 7-7〉 주요 광고매체의 장단점

광고매체별	장점	단점
TV	• 다수대중에 대한 생생한 시청각효과 • 이벤트 신뢰도 향상 • 빠른 침투속도 • 자발적인 참가유도	• 높은 비용부담 • 광고시간의 제약 • 중요시간대 확보의 어려움 • 기록성이 없다
라디오	• 음악청취취향에 따른 표적화 가능 • 높은 빈도의 반복노출 가능 • 영상매체에 비해 저렴한 비용 • 지역적인 조정 가능 • 비교적 짧은 광고 제작기간	• 광고시간의 제한 • 기록성이 없다 • 청취자의 낮은 관심도와 전달률 • 시각적인 메시지 전달 불가능 • 청각과 기억력에만 의존
잡지	• 다양한 색상의 광고 가능 • 이벤트특성에 따른 표적화 가능 • 오랫동안 지속되는 광고효과 • 비교적 낮은 비용	• 독자의 낮은 관심과 eyecatch • 적시광고의 어려움 • 광고메시지 변경의 어려움
신문	• 적시광고 용이성과 짧은 준비기간 • 지역적인 조정 가능 • 다양한 정보의 양 게재가능 • 정보소지 가능	• 표적고객 선정의 어려움 • 짧은 광고수명 • 높은 광고비용
DM (Direct Mail)	• 정확한 표적화 가능 • 즉각적인 반응 • 제작형식과 우송의 융통성	• 자료의 입수 · 유지 · 관리의 어려움 • 정크메일의 증가 • 수신자 일인당 높은 비용
전단 (Flyer)	• 비교적 낮은 단위 제작비용 • 기초정보의 손쉬운 형식 이용	• 전달의 어려움 • 낮은 관심과 폐기 용이성
포스터	• 왕래가 빈번한 장소게시 용이 • 장식으로 이용 • 시선끌기 용이성	• 찢겨질 가능성이 높다. • 정보 전달내용의 한계성
브로슈어 (Brochure)	• 다량의 정보전달 가능 • 관광자 지향적	• 비교적 높은 제작단가 • 많은 양의 폐기와 낭비
현판, 현수막, 배너	• 낮은 제작비용과 짧은 제작기간 • 시선끌기 용이성	• 정보전달 양의 제한 • 게시허가 및 게시기간의 제약
인터넷	• 젊은 층 중심의 접근 용이 • 정보의 수정용이 • 다량의 정보전달 가능	• 제한된 접근성과 수요자

(2) PR과 퍼블리시티

퍼블리시티(publicity)가 광고와 다른 것은 별도의 비용을 지급하지 않고 이벤트개최를 매체를 통해 알리는 것이다. 특히 시장세분화가 필요한 이벤트의 경우 매체이용자들은 대부분 스포츠나 문화, 연예 등에 관심을 갖고, 그 부분을 집중적으로 관찰하므로 이벤트관리자는 퍼블리시티를 적극적으로 활용할 필요가 있다. 그러나 퍼블리시티를 활용하기 위해서는 개최하고자 하는 이벤트가 뉴스로서 충분한 가치가 있어야 하고, 구독자 또는 시청자의 관심을 끌만한 기사가 되어야 한다. 또한 보도자료가 명확하게 문서로 작성되어야 한다.

PR과 퍼블리시티는 일반대중에게 이벤트의 긍정적 이미지를 구축하기 위하여 수행하는 제반활동으로 보도자료(press release)의 작성과 배포, 뉴스 콘퍼런스, 친선대사의 임명 등 다양한 방법으로 실행할 수 있다.

(3) 판매촉진(Sales Promotion)

판매촉진(sales promotion)은 이벤트참여를 촉진시키기 위하여 수행하는 활동으로 이벤트의 로고와 마스코트를 이용하여 스티커 또는 판촉물(giveaway)을 제작하여 배포하거나 이벤트 방문객을 조직 · 구성할 수 있는 사람들을 초청하여 행사장을 답사시키는 팸투어(familiarization tour)를 시행하기도 하며, 이벤트 설명회를 개최하기도 한다.

6 이벤트의 관광상품화

이벤트 참가를 목적으로 하여 외래방문객을 유치하기 위해서는 이벤트를 주된 매력으로 하는 관광상품을 개발할 필요가 있으며, 이는 이벤트의 강력한 촉진도구로서의 역할을 수행할 수 있다. 외국의 대규모 축제나 산업전시회, 박람회 등이 자국의 관광청과 여행업체를 통해 이벤트를 관광상품화하는 것을 흔히 볼 수 있는데, 이는 이벤트의 촉진을 위한 방법으로 외래방문객을 유치하기 위한 도구로서 활용하고 있는 것이다.

1) 이벤트 관광상품화의 목적

외래관광객 유치이벤트의 관광상품화는 국내 및 외국의 방문객 유치, 이벤트 패키지를 이용한 비수기수요 촉진, 이벤트참가의 유통망 구축, 특정 · 고소득 세분시장 접근, 촉진프로그램을 통한 이벤트 이미지 제고, 스폰서 및 관광산업체와의 파트너십 개발, 다른 이벤트와의 경쟁에서 우위확보, 이벤트 방문객수 증대, 이벤트 수입 및 매출 증가, 개최지의 관광이미지 부각 등을 목적으로 한다.

2) 이벤트 관광상품 패키지의 유형

이벤트참가를 주된 매력물로 구성된 관광상품 또는 여행상품은 참가자의 특성 또는 이벤트의 특성에 따라 다양한 방법으로 구성될 수 있다. 최근 공연이벤트의 경우 외국에서 전세기를 이용해 이벤트에 참가하는 관광상품이 있으며, 산업전시회의 경우 왕복항공권에 호텔 조식만을 포함해 여행상품화한 패키지도 있다. 즉 이벤트 참가자의 특성과 여행상품의 구성요소에 따라 단체포괄여행(GIT: group inclusive tour)와 개별여행(FIT: foreign independent tour)로 크게 구분할 수 있다.

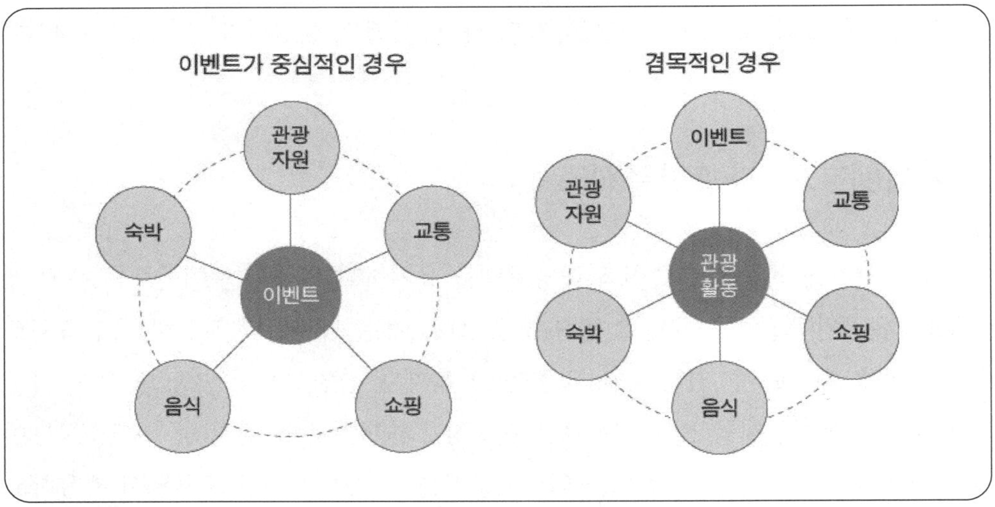

자료: 저자 작성.

[그림 7-22] 이벤트의 중심성에 따른 관광상품의 개념

또한 관광상품의 구성내용 중 이벤트가 차지하는 비중이 어느 정도인지에 따라 상품의 성격이 달라질 수 있다. 이벤트가 상품구성요소 중 핵심적인 경우와 이벤트참여와 함께 다른 활동도 겸하는 경우로 구분할 수 있다. 후자의 경우에는 위락추구여행이나 회의참가, 전시회참가 및 인센티브여행과 같은 겸목적관광에서 많이 나타난다.

따라서 이벤트의 유형과 이에 참가하는 집단의 특성에 따라 관광상품 패키지의 구성요소는 다르게 나타나며, 그 점을 상품화과정에 적절히 반영하여야 표적시장의 성공적인 유치가 용이해질 수 있다. 또한 이벤트의 유형과 집단별로 선호하는 관광자원, 숙박, 교통, 음식, 쇼핑의 유형도 다르므로 이를 고려하여 상품화하여야 한다. 이벤트 유형별 선호되는 패키지상품의 각 구성요소는 다음의 표와 같다.

〈표 7-8〉 표적화된 이벤트 패키지 구성의 예

이벤트유형	숙박	식사	관련활동	쇼핑
스포츠이벤트	모든 유형 (도시호텔, 리조트)	조식만 포함	야간활동 모험활동	스포츠기념품
민속축제	모든 유형 (지방호텔, 민박)	향토음식	관광지방문 역사유물 관람	민속품, 토산품
음식축제	모든 유형 (도시, 지방호텔)	특선음식, 향토음식	야간활동 관광지방문	지역특산식품
예술공연이벤트	도시호텔 · 고급호텔	고급식당	극장, 박물관, 예술갤러리	예술품, 토산품 및 패션품목
산업전시회	도시호텔 · 고급호텔	고급식당	관련 산업체방문 야간활동	관련업종 공산품
환경주제이벤트	캠핑 · 중저가호텔	향토음식	모험활동 자연 관광자원 방문	민속품, 토산품

자료: Getz, 1997: 322.

3) 이벤트 패키지를 위한 지원

이벤트 촉진을 위해 관광산업에서 이벤트를 이용한 패키지상품화 과정을 지원할 필요가 있는데, 지원내용에는 우선 개최기간 설정시 관광산업이 선호하는 기간을 고려하고, 좌석 및 관람장소의 지정 및 사전예약, 버스 주차공간, 리셉션 공간의 설정, 단체요금, 발권, 예약, 환급 시스템의 개발, 관련업체와의 긴밀한 협조 및 유대관계 유지, 패키지상품화가 용이하도록 이벤트 계획 및 프로그램의 조기 홍보, 마케팅 활동에 필요한 사진, 슬라이드, 포스터, 비디오, 브로슈어 등의 촉진자료 사전 배포 등이 포함된다.

또한 이벤트 패키지상품이 대부분 단체방문객인 점을 감안하면, 이들을 위한 행사장에서의 지원이 있어야 행사장 방문에 대한 만족도를 높일 수 있다. 단체 방문객을 위한 주요 지원내용(Getz, 1997: 324)은 다른 방문객과 구별되는 환영 · 환송의식의 제공, 상세한 양질의 정보제공, 숙박과 식사 및 관광활동 등에 따른 연계, 정보, 예약, 할인 등의 제공, 외래방문객을 위한 휴식처, 의료서비스 등의 제공, 행사장안내, 공연자 · 주최자와의 만남 주선, 단체할인 입장 및 행사장내 판매상품의 할인구매 등이다.

REFERENCE 참고문헌

채서일 (1998). 『마케팅』. 학현사.

Allen, J., O'Toole, W., Harris, R., & McDonnell, I. (2008). *Festival and Special Event Management*, 4th ed.. John Wiley & Sons.

Aaker, D., Batra, R., & Myers, J. (1992). *Advertizing Management*, 4th ed.. Englewood Cliffs NJ: Prentice Hall.

Cowell, D. (1984). *The Marketing of Services*. London: Heinemann.

Getz, D. (1997). *Event Management & Event Tourism*. Cognizant Communication Corporation.

Hall, C. M. (1997). *Hallmark Tourist Events; Impacts, Management and Planning*. Chichester: John Wiley & Sons.

Holloway, J., & Plant, R. (1992). *Marketing for Tourism*, 2nd ed.. Pitman Publishing.

Keegan, W. (1995). *Global Marketing Management*, 5th ed.. Englewood Cliffs NJ: Prentice-Hall.

Kotler, P., Bowen, J., & Makens J. (1996). *Marketing for Hospitality & Tourism*. Prentice Hall.

Lawson, R. (1994). *Demographic Segmentation, Tourism Marketing and Management Handbook*, 2nd ed.. Cambridge: Prentice Hall.

Lovelock, C. (1991). S*ervices Marketing*, 2nd ed.. Prentice Hall.

Maorgan, M. (1996). *Marketing for Leisure and Tourism*, London: Prentice Hall.

McCarthy, E., & Perreault, W. (1987). *Basic Marketing*. Homewood Illinois: Irwin.

Middleton, V. (1995). *Marketing in Travel & Tourism*. Oxford: Butterworth-Heinemann.

Morrison, A. (1995). *Hospitality and travel marketing*, 2nd ed.. Albany NY: Delmar.

Seaton, A., & Bennett, M. (1996). *The Marketing of Tourism Products: Concepts, Issues and Cases*. International Thomson Publishing Inc..

Stanton, W., Miller, K., & Layton, R. (1994). *Fundamentals of Marketing*, 3rd ed.. McGrow Hill.

Watt, D. (1998). *Event Management in Leisure and Tourism*. Essex: Addison-Wesley Longman.

Wells, W., Burnett, J., & Moriarty, S. (1992). *Advertizing Principles and Practice*, 2nd ed.. Englewood Cliffs NJ: Prentice Hall.

case study

COMDEX & Las Vegas

• 전시회 개요

인컴덱스(COMDEX; 'Computer Dealers Exposition'의 줄임말)는 컴퓨터 및 컴퓨터 관련 업체와 사용자를 대상으로 하는 세계 최대규모의 컴퓨터 하드웨어 및 소프트웨어 관련제품 전시회로 컴퓨터 제조업체, 주변 기기 제조업체, 소프트웨어 업체 등이 관련제품을 전시하고 회의도 병행되는 전시이벤트이다. 1979년부터 미국에서는 춘계 컴덱스와 추계 컴덱스로 나누어 개최되었는데, 추계 컴덱스는 주로 미국 라스베이거스에서 개최되는 가장 큰 규모의 전시회이고, 그 외에 아시아, 중동, 유럽 등에서는 봄 또는 여름에 개최된다.

• 성장배경

1979년 인터페이스사에 의해 라스베이거스에서 소형 컴퓨터 소매업자를 중심으로 시작된 컴덱스는 정보사회의 나아갈 방향을 제시하고, IT 관련업체들이 매년 개발한 결과물을 소개하는 전시이벤트로 1980년대 중반부터 IT 제품을 위주로 대형회사들이 참여했으나, 1990년대에는 디지털과 인터넷관련 기술이 소개되었다. 또한 1980년대는 미국 컴퓨터 관련업체 300~400개만이 참가하였으나, 1990년대에 들어 세계 20여 개국 1,500여 개 업체가 참가하였다. 초기 컴덱스는 주로 컴퓨터 신기술과 신제품을 세계 각국의 판매상들에게 소개하는 PC 전문 전시회였다. 1990년 이후 컴퓨터 산업이 주요 산업으로 급성장하면서 전세계 IT 산업 전체를 주도하는 이벤트로 자리잡게 되자, 1990년부터 춘계전시회를 애틀랜타를 중심으로 여러 도시에서 개최하고, 컴덱스코리아, 컴덱스캐나다, 컴덱스멕시코, 컴덱스아시아 등 지역별로 특화된 컴덱스 전시회가 전 세계로 확장되어 개최되었다. 그러나 추계전시회는 대부분 최초 개최지인 라스베이거스에서 개최되어 다음해의 컴퓨터 시장흐름을 예측할 수 있는 기회로 활용되며, 1994년까지 미국의 전시전문업체인 인터페이스사가 주최해 왔으나, 1995년 봄 재일교포 3세인 일본계 기업인 소프트뱅크의 손정의 회장이 운영권을 800억 엔에 사들여 미국 자회사인 소프트뱅크 컴덱스(Softbank COMDEX)사가 운영하였다. 라스베이거스 컴덱스는

2000년 25만 명의 방문객이 참가하였고, 2002년에는 참가자 125,000명의 규모로 감소하게 되었다.

• 참가규모 감소와 위기

참가자 감소는 일반 소비자의 방문이 줄면서 오히려 IT관련 사업자 중심의 업계 전문전시회(trade show)로서의 장점을 지닐 수 있다는 의견도 있으나, 컴덱스는 1990년대 말 이후 주력 전시품인 PC산업의 성장세가 둔화되면서 전시참가업체와 방문객 감소로 고통을 겪고 있다. 미국 아이비엠(IBM)이 첫 호환 피시를 내놓던 지난 1979년부터 전세계에 있는 컴퓨터 제조 및 유통업체들이 모여 비즈니스상담을 하는 PC전문 전시이벤트로 개최되어 1990년 이후 컴퓨터 산업의 급속 발달로 전세계 정보기술 전시이벤트의 대명사로 자리잡은 지 약 10년만에 쇠퇴현상이 나타나고 있는 것이다. 컴덱스개최 주관사도 전시이벤트 전문업체인 인터페이스에서 일본 소프트뱅크로, 다시 미국의 키쓰리미디어그룹(Key3media Group)으로 바뀌었다.

컴덱스 쇠퇴는 정보기술 산업이 디지털 융·복합화(convergence)를 거듭하며 PC를 넘어 일상생활 전반으로 파고드는 데 반해 컴덱스 주관사는 여전히 PC에서 크게 벗어나지 못하고 있는 것이 주된 원인으로 보여진다. 또 인터넷을 통한 신속한 정보교환 및 새 유통채널 등장으로 컴덱스에 직접 방문하지 않아도 PC관련 정보를 충분히 수집할 수 있다는 점도 컴덱스 위축에 기여하고 있는 것으로 보여진다.

이러한 위기상황을 면하고자 컴덱스 주관사인 Key3media Group은 90년대 말부터 전세계 20여개국에 진출하는 동시에 미국 시카고와 뉴욕 등 북미지역 10여개 주요 도시로 지역 전시회를 확대함으로써 활로를 모색하였으나 참가업체 수가

격감하면서 오히려 누적적자가 발생하여 2003년 1월 3억7200만달러(약 4,400억원)의 부채로 미국 델라웨어주 윌밍턴파산법원에 파산보호를 신청했다. 하지만, 컴덱스는 세계 최대 규모의 컴퓨터관련 전시이벤트라는 과거의 위상을 토대로 경쟁력있는 전시이벤트가 되고자 노력을 경주하였으나, 외부환경의 변화로 인한 참가자 수의 감소로 2003년 행사를 끝으로 라스베이거스 개최는 중단되었다.

• **세계의 COMDEX관련 산업전시이벤트 개최계획(예정)**

월별	전시회명	개최도시	월별	전시회명	개최도시
1월	COMDEX Scandinavia	Goteborg, Sweden	8월	COMDEX Brazil	Sao Paulo, Brazil
2월	VoiceCon	Washington DC USA		COMDEX Korea	Seoul Korea
	DISCOP Formats Market	Lisbon, Portugal	9월	Seybold	San Francisco, USA
	COMDEX Greece	Athens, Greece		COMDEX Canada	Toronto, Canada
4월	COMDEX China	Beijing, China		NetWorld+Interop	Toronto, Canada
	COMDEX Saudia Arabia	Jedda		Orbit COMDEX Europe	Basel, Switzerland
	COMDEX IT France	Paris, France		JavaOne(SM) Conference	Yokohama, Japan
	Next Generation Networks	Burlingame, USA	10월	Technology in Government Week	Ottawa, Ontario
	NetWorld+Interop	Las Vegas, Nevada			
	SIP Summit	Las Vegas, Nevada		Mobius Venture Forum	San Francisco, USA
6월	JavaOne(SM) Conference	San Francisco, USA	11월	NetWorld+Interop	Paris, France
	Seybold PDF Summit	Amsterdam, Holland		COMDEX Fall	Las Vegas, USA
	NetWorld+Interop	Tokyo, Japan		BioSecurity	Las Vegas, USA

• **전시참가업체**

1980년대 컴덱스에 발표된 제품으로는 IBM PC 5150(1981, 최초의 16비트 PC), PC/XT(1982), PC/AT(1983), 애플 매킨토시(1984), 컴팩의 데스크프로386(1984, 최초의 386 PC), MS DOS 5(1989) 등이 있으며, 인텔의 마이크로프로세서, 역대 MS DOS 및 윈도 운용체계(OS)를 비롯하여 전세계 IT 산업의 핵심 기술이나 제품들이 대부분 컴덱스를 통해 발표될 만큼 매우 비중 높은 컴퓨터관련 전시회로 자리잡게 되었다.

1994년 차세대 운용체계 및 신형 PC규격의 발표, 1995년 인터넷과 윈도95에 관련된 제품, 1996년 네트워크 및 인터넷 관련 제품과 기술, 1997년 PC의 소형화와 멀티미디어화, 1998년 전자상거래시대의 개막, 1999년 e-business의 본격화와 리눅스가 중요 이슈로 등장하며, IT산업에서 확고한 전시이벤트로서의 위치를 점하게 되었다. 2000년 추계전시회에는 150여 개국 2,300여 개 업체가 참가해 1,200여 종의 첨단기기를 소개하였다.

한국은 1988년 춘계 애틀랜타 컴덱스에 현대전자가 전화자동응답 장치를 출품하면서 처음 진출하였고, 1992년부터는 대한무역투자진흥공사 주관으로 국내 중소업체들의 제품을 전시하는 한국관이 자리잡기 시작하였다. 2000년에는 200여 개에 이르는 업체가 중소벤처기업을 중심으로 참가하였다.

• **관련전시이벤트 동향**

세계의 주요 정보기술(IT)관련 전시회는 하노버의 세빗(CeBit), 라스베이거스의 컴덱스(COMDEX), 라스베이거스의 소비자가전쇼(CES)로 관련업계의 경기에 따라 전시이벤트의 성장과 쇠퇴에 영향을 받는다. 정보통신부문의 핵심인 CeBit과 디지털 가전을 중심으로 하고 있는 CES는 매년 참가업체가 크게 늘어나며 성장을 거듭하고 있는 반면, 컴퓨터 중심인 컴덱스는 9.11테러 이후 핵심업체들의 이탈로 그 규모가 감소했다. 이는 전시이벤트의 성격상, 주요 참가기업이나 관련산업의 경기동향과 전시이벤트가 운명을 같이하기 때문으로 풀이된다

• **세빗(CeBIT)**

미국의 컴덱스와 함께 세계 정보 통신 분야를 대표하는 전시회로, 컴퓨터와 소프트웨어 부문에 주력하는 컴덱스와는 달리 유무선 네트워크(Network), 디지털 및 온라인 이동통신 등 통신분야에 주력하고 있는 전시이벤트이다. 주요 전시 분야는 PC · 멀티미디어, 소프트웨어, 온라인서비스 · 인터넷, 디지털 엔터테인먼트, 텔레커뮤니케이션 · 보안기기, 소비자가전 등 6개 부문으로 매년 3월 독일 하노버에서 개최되며, 컴덱스와는 달리 매우 실제적이라는 평가를 받고 있다.

컴덱스 쇼가 최신 기술, 최근 개발품을 선보이는 기술 경연장이라면 세빗 쇼는 컴덱스와 달리 이미 소개된 제품과 기술을 놓고 바이어들이 구체적인 구매 상담을 벌이는 실용성 때문에 세계적인 전자 관련 업체들이 대부분 참가하며, 중소기업들의 참가도 해마다 늘고 있다. 따라서 컴덱스가 세계의 기술 추세를 감지할 수 있는 전시이벤트라면, 세빗(CeBit)은 시장 환경변화를 가늠해 볼 수 있는 전시이벤트이다.

1999년 3월 18일 개막된 'CeBit 99'에서는 컴퓨터 통신, 멀티미디어 분야에서 7500여 관련 업체가 참여한 가운데, 컴팩 바이오 API 등이 선보인 사용자의 지문이나 얼굴, 목소리 등 신체를 마치 열쇠처럼 이용하는 생체인식 보안시스템이 눈길을

끌었다. 국내 업체 가운데서는 삼성전자, LG전자, 대우통신, 현대전자 등 14개 사가 독자적인 전시공간을 마련하고, 제일 데이터, 콤텍 코리아 등 24개 중소업체는 한국 공동관에서 정보 통신 및 컴퓨터용 주변기기를 출품했다.

• **라스베이거스 소비자가전쇼(CES)**

매년 1월 미국 라스베이거스에서 열리는 소비자가전쇼(CES; Consumer Electric Show)는 디지털 융·복합화(convergence) 현상 가속화로 정보기술산업 전반과 자동차, 가구 등 전통산업까지 포함하며 규모를 더해가고 있어 지난 1967년 첫 전시회보다 7~8배 가량 확대되었다. 이처럼 소비자가전쇼가 성장을 거듭하는 것은 세계시장의 주역이 되고 있는 제품의 '데뷔무대' 역할을 함으로써 정보기술 산업의 중심에 설 수 있었기 때문으로, 실제 1970년 VCR를 시작으로 레이저디스크플레이어(74년), 캠코더(81년), 시디(CD)플레이어(81년), 디지털오디오(90년), 미니디스크(MD, 93년), 디브이디(DVD, 96년), 고화질(HD) 텔레비전(98년), 개인용 비디오 녹화장치(PVR, 99년), 디지털라디오(2000년), 게임기 엑스(X)박스(2001년), 휴대용 모니터 및 홈미디어센터(2002년) 등이 소비자가전쇼(CES)에서 첫선을 보인 제품들이다.

• **다양한 이벤트와 관광의 명소**

1829년 스페인 탐험가에 의해 발견된 라스베이거스는 네바다주 황량한 사막위에 세워진 도시로 미국경제 공황 탈출을 위해 후버댐이 건설되면서 그 역사가 시작되어 50년대부터 80년대 중반까지는 도박과 환락의 이미지로 알려졌었다. 80년대 중반 이후 가족이 함께 즐길 수 있는 레저타운과 컴덱스를 비롯한 세계적 이벤트 개최를 통해 비즈니스타운으로 이미지 변신에 성공하였고, 전세계 엔터테이먼트의 중심지로 확고한 위상을 구축하게 되었다.

라스베이거스는 산업전시이벤트 이외에도 매우 다양한 이벤트를 개최하여 외래 방문객을 유치하고 있다. 주요 이벤트는 1월의 라플린 데저트 챌린지와 SCORE Off-Road 경주, 2월의 국제 마라톤, 마디그라(Mardi Gras), 3월의 NASCAR Winston Cup Series, Mountain West Conference Basketball Championships, 4월의 빅 리그 Weekend, 라플린 River Run, 라플린 Rodeo Days, 5월의 시니어 클래식, 6월의 헬도라도 데이스 로데오, 라플린 리버 데이스, 9월의 라플린 슛아웃(Shoot-Out), Primm 3-SCORE International Off-Road Race, 트리플-A 세계 농구 대회, 10월의 PGA 투어, 라플린 쿨 리버 나이트, RE/MAX 월드 롱 드라이버 챔피언쉽, 11월의 PageNet-LPGA 투어 챔피언쉽, NASCAR Craftsman Truck Series Race, Wendy's Three-Tour Challenge PGA Tour, Senior PGA Tour/ LPGA TOUR, 12월의 빌보드 음악 시상식, 컨트리 할리데이 페스티벌, 대학 미식축구, 슛-아웃 대학농구, 미국 로데오 결승 등이 있다.

• **라스베이거스에서 개최되는 다양한 전시이벤트**

월별	전시회명	개최장소
1월	International CES(소비자가전쇼)	컨벤션센터
	Sporting Goods Manufacturers Super Show	샌즈엑스포외
	National Association of Home Builders	컨벤션센터
	Snow sports Industries America	만달레이 베이
	SURFACES	샌즈엑스포
2월	World of Concrete Exposition	컨벤션센터
	Magic International(의류박람회)	컨벤션 센터외
	World Shoe Associates	만달레이 베이
3월	Las Vegas Gift Expo	컨벤션센터
	Associated Surplus Dealers	샌즈엑스포
	NASCAR WINSTON CUP SERIES	LV 스피드웨이
	Nightclub & Bar Convention & Trade Show	컨벤션센터외
	International Security Conference	컨벤션 센터외
4월	International Sign Association	만달레이 베이
	National Association Of Broadcasters	컨벤션센터외
	International Wireless Communications Expo	컨벤션센터
	NETWORLD+INTEROP	컨벤션센터외
5월	International Council Of Shopping Centers	컨벤션 센터외
	JCK Show	샌즈엑스포
6월	National Nutritional Foods Associatoion	컨벤션 센터외
	International Esthetics Cosmetics & Spa Conference	컨벤션 센터외
	Merchandise Expo / Close Out Show	컨벤션센터
7월	Computer Associates International	만달레이 베이
	International Trucking Show	컨벤션 센터외
	Association of Woodworking & Furnishing Suppliers	컨벤션 센터
	World Shoe Associates	만달레이 베이
8월	Associated Surplus Dealers	샌즈엑스포
	Las Vegas Gift Expo	컨벤션센터
	Magic International	컨벤션 센터외
	G2E: Global Gaming Expo	컨벤션 센터외
10월	INTERBIKE EXPO	샌즈엑스포
11월	AAPEX 자동차쇼	샌즈엑스포
	SEMA 자동차 부품쇼	컨벤션 센터외
	COMDEX FALL(컴덱스추계전시회)	컨벤션 센터외

자료; www.comdex.com, www.cesweb.org, www.klasvegas.com, 두산세계대백과 EnCyber, www.hani.co.kr, www.cebit.de

CHAPTER 8

이벤트 재무관리

제1절 이벤트 재무관리

1 이벤트 재무관리의 개념과 과정

1) 이벤트 재무관리의 필요성

어느 이벤트도 적절한 재정계획 수립없이는 성공하기 어렵다. 따라서 이벤트 개최시 이에 필요한 예산을 수립하고, 수입과 비용의 지출을 적절히 통제하는 것은 이벤트 관리에 있어 매우 중요한 과정이라고 할 수 있다. 또한 치밀한 계획에 의해 수입과 비용의 목표가 설정되었다 하더라도 언제 어느 정도의 수입이 이루어지고, 또 언제 어느 정도의 비용이 지출될지에 관한 현금흐름을 파악하고 관리하지 않는다면 이벤트가 재무적으로 위험한 상황에 처하게 된다.

따라서 이벤트 관리자는 적절한 예산의 수립과 수입관리 및 비용의 통제, 적절한 회계처리, 이해관계자에 대한 재무상태 보고 등의 업무를 수행해야 하며, 특히 수입보다 지출이 먼저 발생되는 경우 재무관리는 이벤트관리자에게 매우 중요한 항목이 된다.

2) 이벤트 재무관리과정

일반적으로 다른 산업분야에서는 재무관리의 목표가 높은 수익성의 확보에 있다. 그러나 이벤트 재무관리에 있어서는 수익을 추구하는 경우도 있으나, 대부분의 경우 손익분기를 목표로 하고 있는 경우가 많다. 특히 공공성을 띤 이벤트의 경우 손익분기 또는 기회비용을 얻는 수준에서 재무관리의 목표를 설정하는 경우가 많다.

그러므로 이벤트 재무관리는 계획된 예상수입이 실제로 확보되지 않는다던가 또는 지출의 통제가 적절히 이루어지지 않는다면, 손실을 초래하는 경우가 발생하게 된다. 따라서 이벤트 재무관리는 치밀한 계획과 계획된 수입 및 지출의 철저한 관리가 뒷받침되어야 한다.

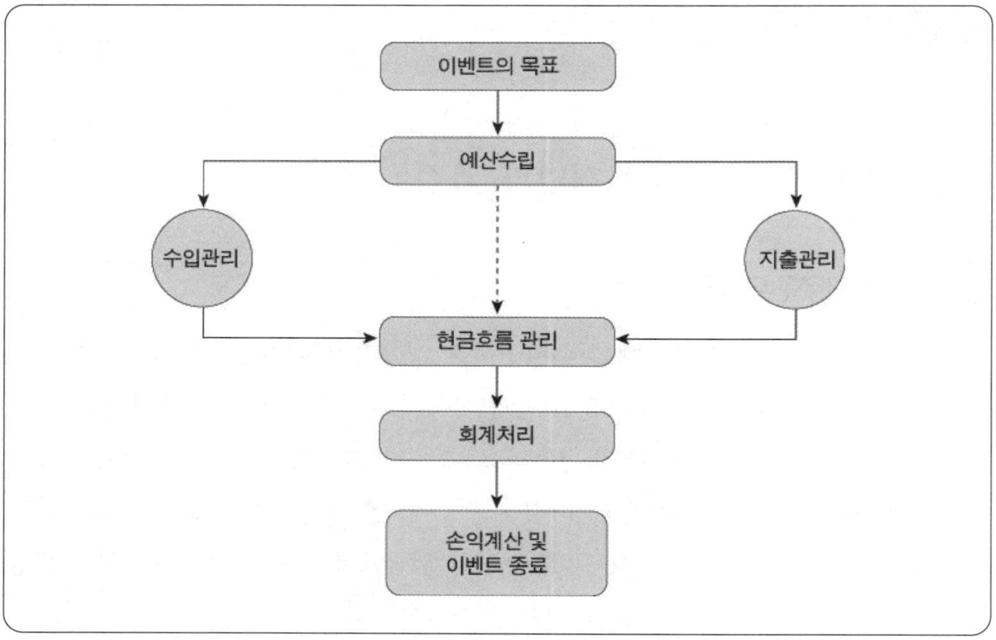

자료: 저자 작성.

[그림 8-1] 이벤트 재무관리 과정

이벤트의 주요 재무관리과정은 이벤트의 세부목표에 따라 각각의 목표를 달성하기 위해 필요한 예산을 수립하고, 수립된 예산을 감당할 수 있는 수입계획과 지출계획을 세워 이에 대한 현금흐름의 관리를 시행하며, 수입과 지출이 발생된 것을 모두 기록하여 회계처리를 하면서 이벤트 종료시 손익을 점검해보는 과정이라고 할 수 있다.

3) 이벤트예산의 수립

(1) 이벤트예산의 개념

'예산'이란 화폐수치의 양을 정해 놓은 계획이라고 할 수 있으며, 예산의 수립은 수입의 예상과 비용지출의 예상 및 재무자원의 부문별 배분이 포함된다. 이벤트관리자는 예산을 통해 미래 각 시점의 재무상태를 예측하고, 이벤트계획에 있어 우선순위를 결정할 수 있으며, 주어진 범위내에서 비용을 적절히 관리해 나갈 수 있다. 즉 예산은 관리자가 이벤트의 재무계획을 수립하고 자원을 분배하는 필수적인 도구로 이용되는 것이다.

특히 이벤트운영상의 각 부문별로 최대로 지출할 수 있는 금액을 추정함에 있어, 방문객서비스, 무대연출, 홍보비용, 인력비용 등의 각 하위예산(sub-budget)을 설정함으로써 효율적으로 시행할 수 있다. 또한 예산의 개념이 이벤트관리에서 중요한 것은 이벤트의 특성으로 인해 대부분 비용의 지출이 수입보다 먼저 발생한다는 것이다.

(2) 이벤트예산 수립과정

이벤트예산을 수립하는 방법에는 항목(line item)별로 설정하는 방법과 프로그램별로 설정하는 방법이 있다(Getz, 1997: 230). 항목별로 설정하는 방법은 인력비용, 홍보비용, 행사장 임대비용, 장비임대비용, 무대장치비용, 공연자 출연비용 등 이벤트 운영에 필요한 각 항목별로 예산을 설정하는 방법이다. 이에 반해 프로그램별로 설정하는 방법은 이벤트개최시 운영되는 모든 프로그램별로 별도의 예산을 설정하는 것으로 일정 규모 이상의 이벤트 개최시 사용하는 방법이라고 할 수 있다.

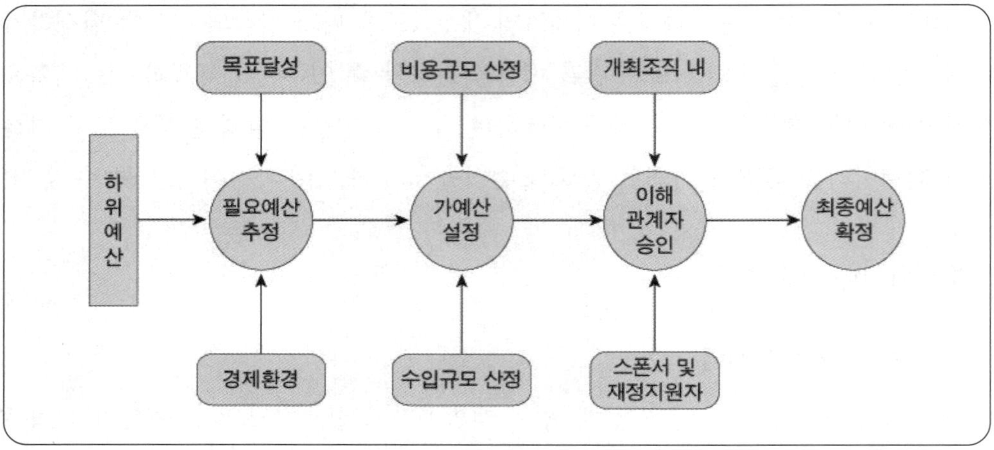

자료: 저자 작성

[그림 8-2] 이벤트예산 수립과정

이벤트운영에 소요될 필요예산을 추정하기 위해서는 먼저 이벤트 개최목표를 달성하는데 요구되는 재무자원의 규모를 측정해야 하고, 이를 위해 각 부문별 하위예산을 집계해야 하며, 예산수립부터 그 이후의 경제동향이 감안되어야 한다. 예산의 집계과정에는 각 부문의 비용이 모두 포함되며, 여기에는 행정, 홍보, 행사장, 장비 및 설비, 인력비용, 보험, 인허가, 안전, 회계, 위생, 프로그램 등 이벤트 운영에 필요한 모든 부문을 고려해야 한다.

이를 토대로 필요예산이 추정되면 필요예산에 대한 수입원(收入源; revenue sources)을 검토하여 예산을 뒷받침할 수 있는 수입규모가 될 수 있는지 확인한다. 이벤트의 주요 수입원으로는 기금, 지원금, 스폰서십, 입장권 판매, 영업권 판매 등이 포함된다. 이렇게 해서 가예산(假豫算; draft budget)이 설정되면 이를 개최조직내의 각 부문과 외부의 재정지원자 또는 스폰서 등 이해관계자의 동의를 얻어 최종 예산을 확정하게 된다.

(3) 이벤트예산 수립시 고려사항

이벤트 예산수립은 비교적 정확한 미래예측과 이를 위한 노력이 수반되어야 하며, 그렇지 않은 경우 재정적으로 많은 문제점을 초래할 수 있다. 우선 필요 지출경비에 대한 충분한 정보수집과 정확한 금액의 산정이 용이하지 않기 때문에 이벤트 관리자는 예산수립에 각별한 주의를 기울일 필요가 있다.

또한 대규모 이벤트의 경우 개최시기에 훨씬 앞서 예산이 수립되는 경우가 많은데 여기에 잘못된 미래추세 예측이나 그릇된 정보를 바탕으로 한 예산수립이 이루어질 경우 커다란 오류를 범할 수 있다. 또한 예산수립시 허술한 관리체계와 보고체계, 예산의 융통성 부족 등도 실제 이벤트가 개최되었을 때 문제를 발생시키는 원인이 된다.

예산수립과정에서 가장 주의해야 할 점은 예상지출의 과소산정과 예상수입의 과대산정이다. 이는 이벤트 재무관리에 치명적으로 나쁜 영향을 끼칠 수 있다. 따라서 이벤트 예산수립시 수입은 예상보다 적게, 지출은 예상보다 많게 계획하는 것이 바람직하다. 아울러 이벤트의 예산을 설정할 때 다음과 같은 내외부의 요인들도 고려될 필요가 있다.

〈표 8-1〉 이벤트 예산수립시 내외부 고려요인

내적 요인	외적 요인
• 지출과 관련되어 수행되는 업무활동내용과 필요성 • 각 업무활동의 예상비용과 우선순위 • 각 업무활동으로부터 얻어지는 편익과 수익 • 각 지출의 관리 · 통제방법	• 세금 및 이자 • 인플레이션 • 보험 • 환율 • 비상예산

자료: 저자 작성

4) 현금흐름 관리

(1) 현금흐름 관리의 개념

예산을 수립할 때 이벤트관리자는 비용과 수입의 규모뿐 아니라 비용과 수입이 이루어지는 시기도 관리해야 한다. 즉, 재무관리과정 중 이벤트가 지닌 속성으로 인해 관리자는 현금흐름(cash flow)에 많은 관심을 가지고 주의를 기울이지 않는다면, 이벤트를 그르칠 우려가 있다.

물론 입장권을 이벤트 개최전 일찍 판매하여 수입을 미리 확보할 수 있는 경우이거나 또는 기업에서 이벤트운영에 필요한 대부분의 금액을 사전에 지급하는 기업이벤트의 경우 현금흐름에 신경쓸 필요가 없을 수도 있다. 이러한 경우 이벤트관리자는 현금흐름에 관심을 갖는 대신 다른 프로그램의 운영계획에 집중적으로 시간과 노력을 투자할 수 있다.

하지만 대부분의 이벤트는 현금흐름의 관리가 중요하게 여겨지고 있으며, McDonnell, Allen and O'Toole(1999) 및 Getz(1997), Goldblatt(1997), Catherwood and Van Kirk(1992) 등 세계의 이벤트학자들도 모두 현금흐름의 중요성을 언급하고 있다. 이벤트개최에서 현금흐름의 관리는 수입 · 지출의 시기와 금액을 함께 관리하는 것이다.

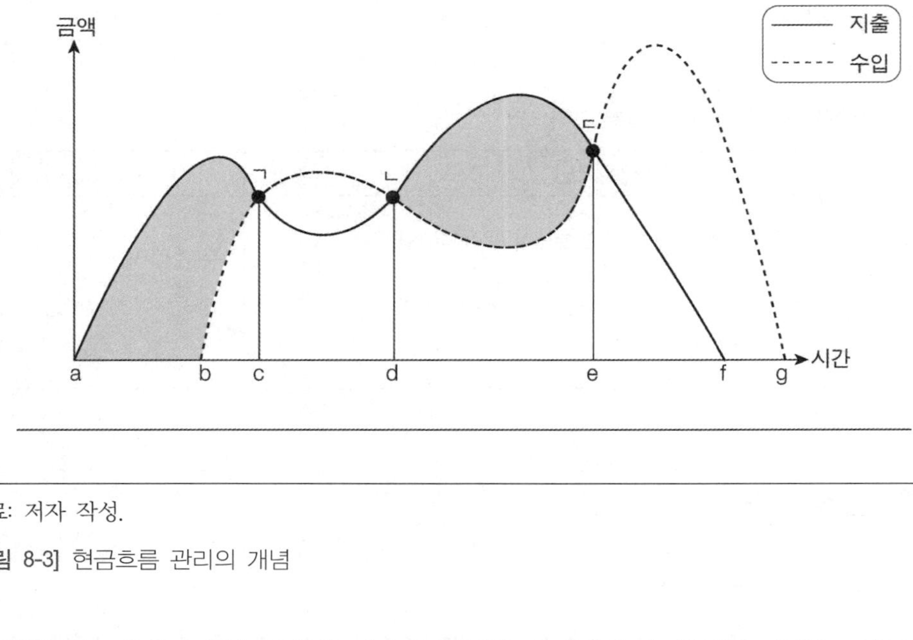

자료: 저자 작성.

[그림 8-3] 현금흐름 관리의 개념

대부분의 이벤트에서 비용의 지출은 개최준비에서부터 행사를 마치는 시점까지 지속적으로 발생하게 되지만, 수입은 대부분 이벤트 개최시점을 중심으로 그 이후에 발생되는 경우가 많다. 따라서 위의 그림에서 a−c 기간 사이의 a−ㄱ−b의 회색 부분과 d−e기간에서 d−ㄴ−ㄷ−e의 회색 부분은 지출이 수입을 초과하는 기간이

되어 이벤트 운영자금이 확보되어 있지 않은 경우 많은 어려움을 초래할 수 있으며, 재정위기에 직면할 수 있게 된다.

그림에서와 같이 예산의 부족분이 발생하는 시기를 사전에 예측하여 이에 대처할 필요가 있다. 이를 극복할 수 있는 방법은 이벤트운영에서 공급을 담당하고 있는 업무협력자(business partners)에 대한 지급시한 연기, 스폰서로부터의 선금수령, 은행과의 협력 등이 포함될 수 있다. 이벤트관리자는 이러한 부족분에 대하여 전략적 사고를 지니고 대비해야 하며, 심지어 계획된 비용은 반드시 발생하지만 계획된 수입은 발생되지 않을 수도 있다는 자세를 갖지 않는다면, 이벤트개최에 상당한 혼란을 초래할 수 있다.

(2) 지급조건의 협상

위에서 언급된 것처럼 이벤트 현금흐름 관리에서 공급을 담당하고 있는 업무협력자와의 관계는 매우 중요한 역할을 하고 있다. 따라서 이들과의 지급조건에 대한 협상은 신중하고도 공정하게 이루어질 필요가 있다. 물론 이런 협상은 과거의 파트너십에 대한 신의(信義 good faith)를 바탕으로 하고 있다. Goldblatt는 협력업자로부터 좋은 조건을 얻기 위하여 다음과 같은 내용을 제시하고 있다(Goldblatt. 1997).

- 이벤트관리자는 협력업자와 그들의 일반적인 지급조건, 장비소유 여부 등 사업속성에 대하여 많은 것을 알고 있어야 한다.
- 이벤트개최전 최소금액을 지급하고, 나머지는 행사후 지급되도록 협상해야 한다
- 후불(지급유예)기간에 대하여 제안한다.
- 모든 구매는 소정양식의 구매신청서와 함께 이벤트관리자 또는 재무관리자의 승인을 얻은 후 시행한다.
- 구매되는 상품과 용역의 필요수량과 명세를 작성하고 단위수량에 대한 가격을 기입한다.
- 지급조건을 설정하고, 배달조건을 명확히 하며, 계약된 대로 배달되지 않을 경우의 위약금부과를 명시한다.

(3) 이벤트관리자의 시기별 통제능력

이벤트의 현금흐름관리에서 또다른 중요한 개념은 개최와 관련된 관리자의 시간 관리 능력이다. 이벤트관리자는 개최 준비를 시작하는 시점에서는 잘못된 점을 수정하고 이에 대처할 수 있는 충분한 시간을 갖지만, 시간이 흘러 개최에 임박했을 때에는 이를 수정(修正)할 수 있는 능력이 거의 없어진다는 것이다.

이는 결국 현금흐름 관리에 있어 잘못된 수입과 지출에 대한 수정은 일찍 이루어 질수록 용이하며, 현금흐름의 관리에 도움이 되는 것이다. 예를 들어 이벤트 개최직전 스폰서를 포기하여 스폰서십에 문제가 발생했다거나 개최전일에 배달 · 제작된 이벤트 구조물이 계획된 것과 다를 경우 이벤트 관리자는 이를 수용할 수밖에 없는 상황이 되며, 이벤트개최가 가까워질수록 이렇게 잘못된 점을 수정하기 위한 수정 비용은 점점 높아질 수밖에 없는 것이다. 다음의 그림(Burke, 1993)은 이벤트관리자의 시간별 통제능력과 수정비용(修正費用; cost of correction)을 보여주고 있다.

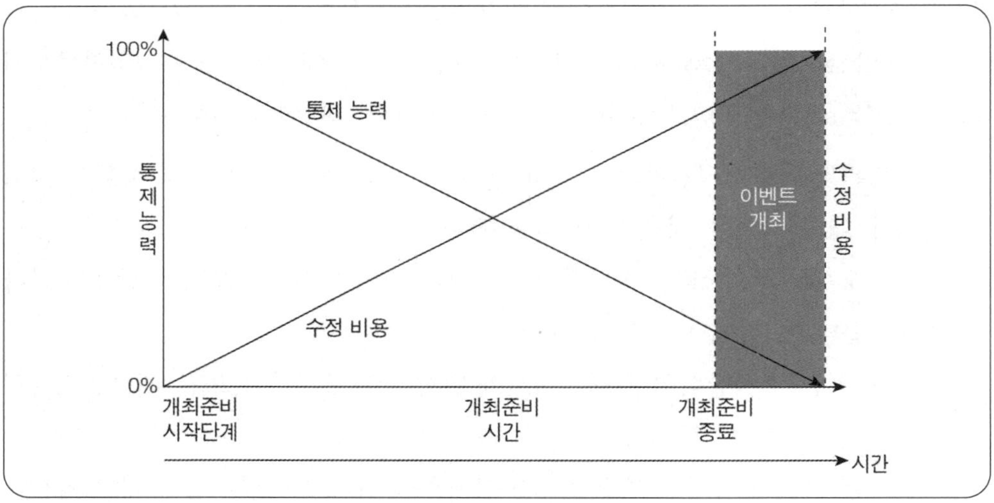

자료: Burke, 1993.

[그림 8-4] 이벤트관리자의 시기별 통제능력

(4) 현금흐름 관리표 작성

이벤트의 재무관리에서 이처럼 중요한 현금흐름은 현금흐름 관리표를 통해 좀더 효율적으로 계획될 수 있다. 현금흐름 관리표는 이벤트개최준비의 시작단계부터 매일, 매주 또는 매월단위로 모든 수입액의 규모와 입금예정일 및 모든 지출비용의 규모와 지급예정일을 기입함으로써 부족분을 예측할 수 있고 이에 대처할 수 있게 되는 것이다. 현금흐름 관리표에는 지급대상업체와 계약금 지급일, 지급단계, 지급조건 등이 함께 명시되는 것이 좋다.

5) 회계정리의 필요성

이벤트개최는 일시적으로 집중적인 인적자원과 재무자원의 투여가 요구되는 과정이다. 따라서 다량의 업무를 집중적으로 취급하다보면 행사가 종료되었음에도 불구하고 어느 정도의 수입이 발생했는지 또는 어느 정도의 지출이 이루어졌는지를 정확히 측정하지 못하는 경우가 있다. 따라서 이벤트개최를 통해 수익이 발생했는지, 손실이 발생했는지 또는 예산의 범위내에서 비용이 지출되었는지를 가늠할 수 없는 상태가 되고, 시간이 지나면 수입과 지출에 관련된 자료가 유실되어 회계정리를 정확히 할 수 없는 상태가 되기도 한다.

이벤트개최에서 모든 수입과 비용의 회계처리는 개최준비 시작단계에서부터 주어진 절차에 의해 정확히 시행해야 하며, 각 시점에서의 재무 상태를 점검할 수 있는 최종수치들이 제시될 수 있어야 한다. 이를 위해서는 시기를 벗어나지 않고 지속적으로 시행되는 회계처리, 청구서의 발송 및 수금에 관한 모니터링 등이 수반되어야 한다. 물론 이벤트 종료와 함께 손익계산서가 작성되어 재무상태의 최종결과를 확인할 수 있는 것이 바람직하며, 대규모 이벤트의 경우 회계사의 도움을 청할 필요가 있다.

2 이벤트 비용관리

이벤트의 현금흐름 관리에서 중요한 부분을 차지하는 것은 상품과 용역에 대한 비용 부분이다. 즉 비용의 정확한 예측과 적절한 분류 및 배분관리는 현금흐름을 용이하게 하며, 재무상태를 양호하게 유지시켜줄 수 있는 중요 요인인 것이다. 이벤트개최에 발생되는 비용은 고정비용과 가변비용으로 구분할 수 있다.

1) 이벤트의 고정비용과 가변비용

이벤트의 비용관리에 있어 비용의 지출을 확정하기 전에 비용의 성격을 규명할 필요가 있다. 일단 이벤트의 개최가 확정되면 방문객의 규모나 수입의 규모와 상관없이 반드시 지출되어야 하는 비용이 발생한다. 이를 고정비용(fixed cost 또는 overheads)이라 하며, 여기에는 행사장 사용료, 스탭비용, 마케팅비용, 보험비용, 통신비용, 프로그램 제작비용 등이 포함될 수 있다. 이러한 고정비용은 이벤트 운영에 필요한 각 부문별로 적절히 할당되어야 하며, 이를 향후 이벤트 개최에 반영해야 한다.

가변비용(variable cost)은 방문객의 규모, 수입의 규모 및 이벤트의 속성에 따라 변하는 비용으로 식음료 또는 케이터링 비용, 일시 고용자에 대한 인력비용 등이 포함될 수 있다.

그러나 McDonnell, Allen and O'Toole과 같은 학자들은 이벤트에서의 비용은 고정비용과 가변비용의 구분보다 직접비용(direct cost)과 공통비용(overheads)으로 구분하는 것이 더 명확하다는 견해를 갖고 있다. 여기서 직접비용은 고정비용이건 가변비용이건 이벤트와 직접적으로 관련된 비용을 말하며, 공통비용은 이벤트개최를 위해 행정적으로 필요한 비용을 말한다.

2) 이벤트 비용항목의 유형

이벤트비용의 유형은 이벤트의 성격과 규모에 따라 매우 다양하기 때문에 어떤 범주와 어떤 유형이 있는지를 조사하기 위해서는 과거 이벤트의 비용항목 또는 성격과 규모가 유사한 다른 이벤트의 자료를 참고하는 것이 가장 바람직할 것이다.

Catherwood & Van Kirk(1992)는 이벤트 비용의 유형을 네 가지로 구분하고 있다. 여기에는 행정비용과 이벤트스탭의 인력비용을 포함하는 이벤트 운영비용, 행사장 사용비용, 광고와 PR 등의 촉진비용 및 엔터테인먼트 비용으로 구분하고 있다. 이벤트 비용항목은 이벤트의 성격에 따라 구성항목이 다를 뿐만 아니라 항목의 구분도 상이하여 그 틀을 설정하기 어렵지만, 다음의 표에서와 같이 예시할 수 있다.

〈표 8-2〉 이벤트 비용항목의 예

구분	항목
행정비용	사무실 임대비용, 사무집기비용, 통신비용, 우편물발송료, 스탭급여, 회계비용, 평가비용, 보험비용, 숙박비용, 교통비용
마케팅비용	광고비용, 홍보물제작비용, PR비용, 퍼블리시티비용
운영비용	일시고용직 인력비용, 차량대여비용, 식음료비용, 방문객 수송비용, 인쇄물제작비용, 청소비용, 경비비용, 위생비용, 안전관리비용, 주차장관리비용, 유니폼비용
시설 및 장비비용	무대장치비용, AV장비비용, 조명장비비용, 음향장비비용, 이동화장실비용
교육·훈련비용	운영스탭 교육비용, 자원봉사자 교육비용, 초청강사비용, 외부위탁교육비용
프로그램제작비용	공연자 출연료, 장식비용, 엔터테인먼트비용, 강사초청비용

자료: 저자 작성.

3) 이벤트 비용 관리방법

(1) 이벤트비용 산정방법

이벤트에서 발생하는 각각의 비용을 산정하는 방법에는 개념적 예측, 현황조사 및 견적조사의 방법이 있다. 개념적 예측은 과거의 경험을 토대로 예상비용을 예측하는 것이고, 현황조사는 관련항목의 비용이 최근 어느 정도의 수준에서 처리되고 있는지를 이벤트관련자들에게 조사하는 방법이며, 견적조사는 실제 비용을 견적을 통해 알아보는 방법이다.

(2) 이벤트 비용 절감방법

어느 사업에서나 수입은 그리 흔하게 발생하지 않지만, 지출비용은 매우 다양한 분야에서 발생하여 통제가 필요하다. 이벤트에서 비용을 절약하기 위해서는 몇 가지 방법이 있을 수 있다(McDonnell, Allen and O'Toole, 1999: 180). 우선 혁신적이고 새로운 이벤트는 광고보다 퍼블리시티(publicity)나 구전(word of mouth)효과에 의존하여 홍보비용을 줄일 수 있다. 또한 기업의 상품을 현물 스폰서십으로 활용하면, 기업은 홍보효과를 얻게 되고, 이벤트조직은 비용을 절약하거나 방문객 서비스 수준을 높일 수 있다. 아울러 이벤트 운영을 위한 유급 스탭보다 자원봉사자를 모집하게 되면 인력비용을 낮출 수 있게 된다.

〈표 8-3〉 이벤트 지출계획표의 예

항목＼시기	6개월전	3개월전	2개월전	1개월전	10일전	행사시	1개월후
타당성조사	70%	30%	-	-	-	-	-
숙박	-	10%	30%	-	-	60%	-
장소임대	-	-	10%	-	30%	60%	-
연회	-	-	-	-	10%	50%	40%
광고	-	20%	20%	20%	40%	-	-
보험	-	30%	-	-	70%	-	-
인력고용	-	5%	10%	10%	20%	35%	10%
장비대여	-	-	-	-	30%	60%	10%

자료: 저자 작성

비용의 절약과 함께 비용이 효율적으로 통제되고 관리되기 위해서는 예산수립과 현금흐름의 관리에 기초한 계획에 의해 지출이 이루어지는 것이 좋다. 이를 위해서는 일자별, 주별 또는 월별 지출계획표를 작성하여 이를 기준으로 지출을 관리하는 것이 바람직하다.

3 이벤트 수입관리

이벤트의 수입항목은 지출항목의 경우처럼 다양하지는 않으나 이벤트의 성격에 따라 수입원(收入源)이 정해져 있는 경우가 많다. 예로 지역축제의 경우 정부지원금과 지자체의 자체예산 및 입장료 등이 주요 수입이며, 국제회의의 경우 참가자의 등록비가 주요 수입이고, 스포츠이벤트의 경우 참관객의 입장료와 스폰서십이 주요 수입이 되는 것이다. 이벤트에서 수입금의 관리는 현금흐름과 재무관리에 커다란 영향을 미치고, 이벤트의 서비스와 프로그램 수준을 결정하는 중요 요소이므로 이벤트관리자는 수입관리에 많은 신경을 써야 한다.

1) 이벤트 주요 수입원

이벤트의 주요 수입원(收入源; revenue sources)에는 수익을 목적으로 개최하는 이벤트에서의 입장권 판매, 문화 및 스포츠이벤트에서의 스폰서십, 행사장 영업권 판매, 휘장 · 로고 사용권 판매, 광고, 현물스폰서십, 방송방영권 판매, 지자체와 중앙정부의 지원보조금, 판매촉진이벤트에서의 기업부담금 등이 있다. 이벤트의 수입원은 다음의 표에서와 같이 예시할 수 있다.

〈표 8-4〉 이벤트 수입원의 예

구분	항목	수입원
행사전 수입원	지원금 · 기부금 참가등록비	지자체, 중앙정부, 사회단체, 문화단체, 개인
	스폰서십	현금 · 현물 · 용역 영업권, 라이센스, 휘장 및 로고사용권
	광고판매	프로그램, 행사장, 인쇄물
행사중 수입원	행사장 · 프로그램운영	입장권판매, 경매, 게임, 전시품 판매, 체험활동, 관광상품, 교통서비스, 식음료판매
	기념품판매	프로그램, 의류(티셔츠), 인쇄물(포스터), 뱃지, 비디오, 완구류, 스포츠용품

자료: 저자 작성

2) 이벤트 수입관리

많은 이벤트가 상업화되어 가고 있기 때문에 이벤트관리자는 모든 수입원을 식별하고, 각각에서 발생될 수 있는 수입의 규모를 적절히 유지하고자 하는 노력이 필요하다. 어느 이벤트도 손실유발을 희망하지 않으며, 프로그램의 질과 서비스수준을 높이고자 하기 때문에 이를 위해서는 최소한 비용의 규모를 초과하는 일정규모 이상의 수입이 보장되어야 한다. 따라서 이벤트 개최전 충분한 수입이 보장될 수 있는지를 점검해볼 필요가 있다.

수입을 발생시키는 것은 많은 노력을 필요로 하며, 그 규모를 증대시키기 위해서 전략적 사고가 필요하다. 우선 입장권의 판매는 좌석별, 입장객 인원수별, 시간대별로 요금을 구분할 필요가 있는지 확인하는 것이 좋고, 이벤트의 각 프로그램별로 현물지원이 가능한지를 점검할 필요가 있다. 또한 행사장내 상품판매 영업권은 이벤트의 전체적인 질에 대한 인식에 부정적인 영향이 미치지 않는 범위내에서 판매될 필요가 있으며, 행사장내 각각의 프로그램 운영에 있어서도 경품추첨, 경매, 게임, 체험활동 등을 통해 수입을 증대시킬 수 있다.

제2절 이벤트 스폰서관리

1 스폰서십의 개념과 의의

이벤트개최에 있어 스폰서십의 확보는 그 중요성이 널리 인식되고 있으며, 스폰서십을 통해 이벤트 개최조직과 스폰서에게 모두 편익을 제공하는 기회로 활용되고 있다. 이벤트마다 적절한 스폰서를 찾기 위해서는 잠재적 스폰서와 그들의 상품에 대한 철저한 조사가 선행되어 스폰서십을 통해 스폰서에게 충분한 편익이 제공될 수 있도록 해야 한다.

1) 스폰서십의 개념

잠재적 스폰서가 이벤트에 스폰서십(sponsorship)을 제공하는 것은 기업의 상업적 거래로서 기업이 그들의 표적시장을 연결하여 의사전달 또는 촉진활동을 수행함에 있어 광고와 같은 다른 촉진도구에 비해 효율적이라고 판단하기 때문이다(McDonnell, Allen and O'Toole, 1999; 146). 이와 같은 스폰서와 스폰서십의 개념에 대해 IEG(International Event Group, 1995)와 Getz(Getz, 1997), Goldblatt(Goldblatt, 1997) 및 Geldard & Sinclair(Geldard, 1996)는 다음과 같이 정의하고 있다.

〈표 8-5〉 이벤트 스폰서와 스폰서십의 개념

IEG, 1995 (International Events Group)	스폰서십은 이벤트와 관련되어 이용가능한 상업적 잠재성에 접근하는 대가로 해당 이벤트에 지급되는 현금 또는 현물
Donald Getz, 1997	스폰서는 특정편익(benefits) 또는 특정성과(performance)를 얻기 위한 목적으로 자원(resources)을 제공하는 개인, 기관 또는 단체이다.
J.J. Goldblatt, 1997	스폰서십은 양측이 제의(offer)와 수락(acceptance)을 통해 합의한 상업적 거래로서 일반적으로 스폰서가 현금 또는 현물로 제공한 것에 대하여 이벤트 개최자가 제공하는 마케팅서비스를 포함한다.

대부분의 이벤트는 스폰서십 없이 재무적으로 존립될 수 없고, 이벤트 참가자가 기대하고 있는 이벤트의 質(quality)을 제공할 수 없으며, 정해진 목표를 달성할 수 없다. 이러한 이유로 Goldblatt는 스폰서십이란 이벤트의 회전을 부드럽게 할 수 있도록 하는 윤활유(grease)의 역할을 수행하는 것이라고 비유하고 있다(Goldblatt, 1997).

일반적으로 사람들은 다른 광고방법에 비해 스폰서십에 긍정적으로 반응하며, 스폰서십은 광고, PR, 판매촉진에 이어 네 번째로 강력한 마케팅도구로서 지속적으로 증가될 전망이다(IEG, 1995). 즉, 스폰서십을 통해 이벤트조직은 재무자원과 현물을 확보하고, 기업은 이미지향상과 인지도 증가 및 판매의 기회를 확보하는 상호편익을 얻는 것(Crompton, 1994)이다.

따라서 스폰서십은 기부금이나 자선기금과 성격이 다르며, 표적시장에 접근하여 촉진활동을 수행하기 위한 상업적 대가를 기대하여 개인, 기업 또는 단체가 제공하는 현금, 현물 또는 용역이라고 할 수 있다.

2) 스폰서십의 발달과 증가요인

(1) 스폰서십의 발달과정

스폰서십의 유래는 르네상스시기에 이탈리아 피렌체의 메디치(Medici)가문에서 시작되었다(McDonnell, Allen and O'Toole, 1999; 147). 꼬씨모 메디치(Cosimo Medici, 1389~1464)와 그의 손자인 로렌쪼 메디치(Lorenzo Medici, 1448~1492)는 당시의 화가, 예술가, 조각가 및 학자들에게 스폰서십을 제공하여 르네상스를 꽃피우는데 기여했다.

현대적 개념의 스폰서십은 프로스포츠 이벤트를 통해 활성화되기 시작하였으며, 이는 가장 넓은 범위의 시장에 소구가 가능한 촉진수단으로 부각되었다. 현대적 개념의 스폰서십이 스포츠이벤트에 도입된 좋은 사례는 1984년의 로스앤젤레스 올림픽으로 볼 수 있다. 1984년 L.A. 올림픽을 기점으로 스폰서십은 기금이나 광고의 개념에서 본격적인 마케팅도구로 인식되기 시작하였으며, 로스앤젤레스 올림픽 조직위원회는 스폰서십을 통해 2억불의 순수입을 달성했다.

특히 스폰서십은 특정 세분시장에 접근하는 광고주의 도구로서 미국에서 발달하기 시작하여 최근 미국에서는 스포츠이벤트에서 문화이벤트로 스폰서십의 이동이 증가하기 시작하였다. 문화이벤트는 표적화가 용이하고, 인구통계적으로 고소득층(upscale)이 표적시장인 경우가 많아 스폰서십을 통한 표적시장 접근율이 높은 편이다.

(2) 스폰서십의 증가요인

기업들은 이벤트에 제공되는 스폰서십을 통해 표적시장과의 촉진활동을 수행하려는 노력을 기울이고 있고, 이러한 현상은 계속 증가되고 있다(IEG, 1995). Crompton(Crompton, 1995)은 다음의 그림과 같이 사업환경의 변화가 스폰서십 증가현상에 기여했다고 주장하고 있다.

스폰서십은 방송국의 지방 네트워크 확장 및 전문잡지의 증가와 함께 성장했다. 이들이 개최하는 이벤트에 촉진매체로서 스폰서십을 이용하여 소비자에게 노출하고자 하는 경향이 높아졌다. 또한 방송광고 비용이 높아져 표적집단의 접근에 있어 비용의 효율적인 촉진대안으로 스폰서십을 선택하기도 한다.

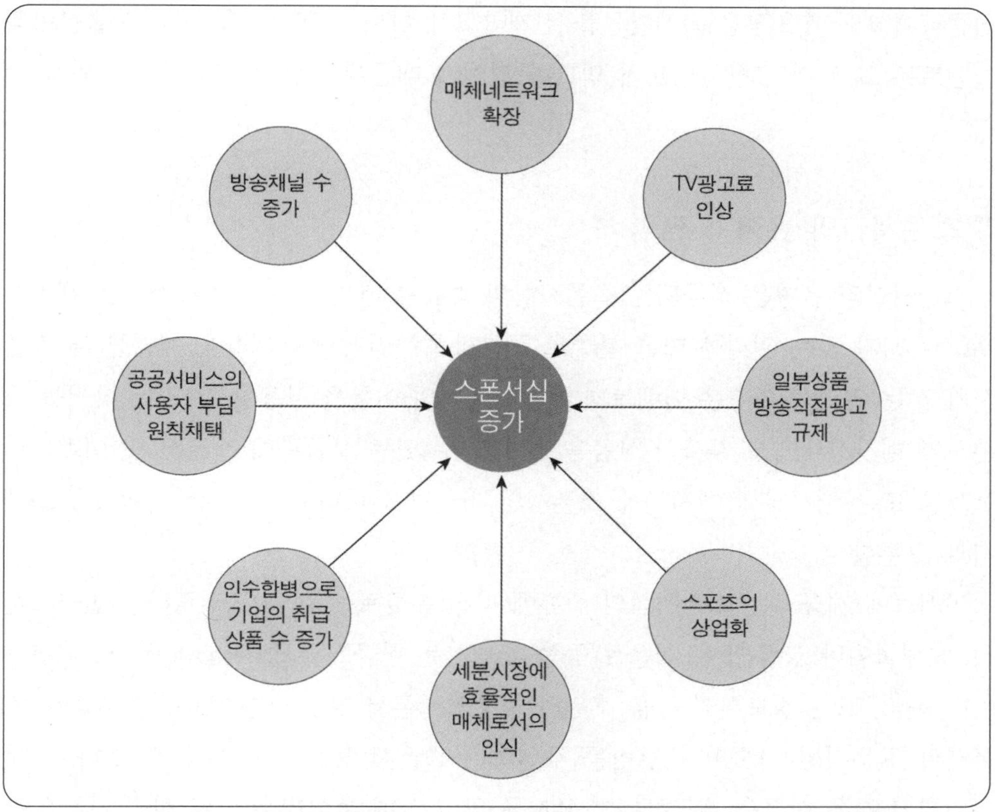

자료: Crompton, 1995: 97-101에서 저자 재구성

[그림 8-5] 사업환경 변화와 스폰서십 증가요인

스포츠 이벤트를 비롯한 많은 이벤트들이 방송채널수가 증가하면서 대중에게 방영되는 기회가 많아지게 되었고, 이에 따라 이벤트 성격에 따라 표적집단을 찾는 스폰서의 관심도 증가하게 되었다.

또한 술이나 담배와 같은 일부 상품의 경우 방송을 통한 직접광고가 규제되어 이에 대한 촉진대안으로 이벤트 스폰서십을 선택하는 경우도 증가하였다.

아울러 스포츠가 상업화되면서 스폰서십도 증가하여 대부분의 스포츠이벤트에서는 선수의 복장에서부터 경기장과 홍보물에 이르기까지 기업의 스폰서십이 제공되고 있다. 스폰서십은 특정 세분시장(segment market)에 접근하는 촉진도구로서의 가치를 인정받고 있다. 따라서 시장세분화의 개념이 명확해질수록 기업은 표적시장에 집중적이고도 효율적인 촉진활동을 전개하고자 하며, 스포츠, 음악 및 예술분야의 이벤트는 그 표적집단이 비교적 명확한 편이기 때문에 스폰서들의 관심을 얻을 수 있다.

3) 스폰서십의 유형과 편익

스폰서십의 유형은 제공되는 스폰서십의 종류에 따른 분류와 스폰서십을 제공한 후 스폰서가 갖는 권리에 따른 분류로 구분할 수 있다. 스폰서십을 제공한 후 스폰서가 갖는 권리의 유형은 이벤트명칭에 스폰서의 이름을 사용할 수 있는 타이틀 스폰서와 행사장내에서 자사의 상품을 판매할 수 있는 상품판매 스폰서 및 이벤트의 홍보물 또는 행사장내 게시물에 스폰서의 기업명을 나타낼 수 있는 매체노출 스폰서로 구분할 수 있다.

이벤트에 제공되는 스폰서십의 종류에 따른 분류로는 현금을 후원하는 현금스폰서, 시설물이나 상품 또는 식음료 등을 후원하는 현물스폰서(in-kind sponsor), 교통편이나 통역, 또는 정보처리 등을 후원하는 용역스폰서 및 마케팅활동을 후원하는 스폰서와 전문적인 기술이나 장비를 후원하는 스폰서 등으로 구분할 수 있다.

대개의 경우 현금을 제공하는 스폰서를 찾기가 매우 어려운 반면 현물이나 용역, 마케팅활동 및 전문적인 기술이나 장비를 제공하는 스폰서는 비교적 용이한 편이므로 이벤트관리자는 이벤트운영에 필요한 모든 자원을 조사하여 비용의 지출없이 스폰서에 의존할 수 있는지를 점검할 필요가 있다.

현금이외의 유형으로 스폰서십을 제공할 수 있는 기업은 매우 다양한 업종이 있을 수 있으며, 대표적으로 통신회사, 음료회사, 여객운송회사, 컴퓨터관련회사 등이 있다.

이러한 스폰서십을 통해 스폰서가 가질 수 있는 주요 편익으로는 시장노출, 행사장내 영업권, 휘장·로고의 사용권, 업무협력자 또는 관련기관과의 네트워킹, 이벤트 방문객의 데이터 등이라고 할 수 있다. 스폰서가 목표로 하는 구체적인 편익은 스폰서확보에 중요한 요소로 다음에 다시 언급하고자 한다.

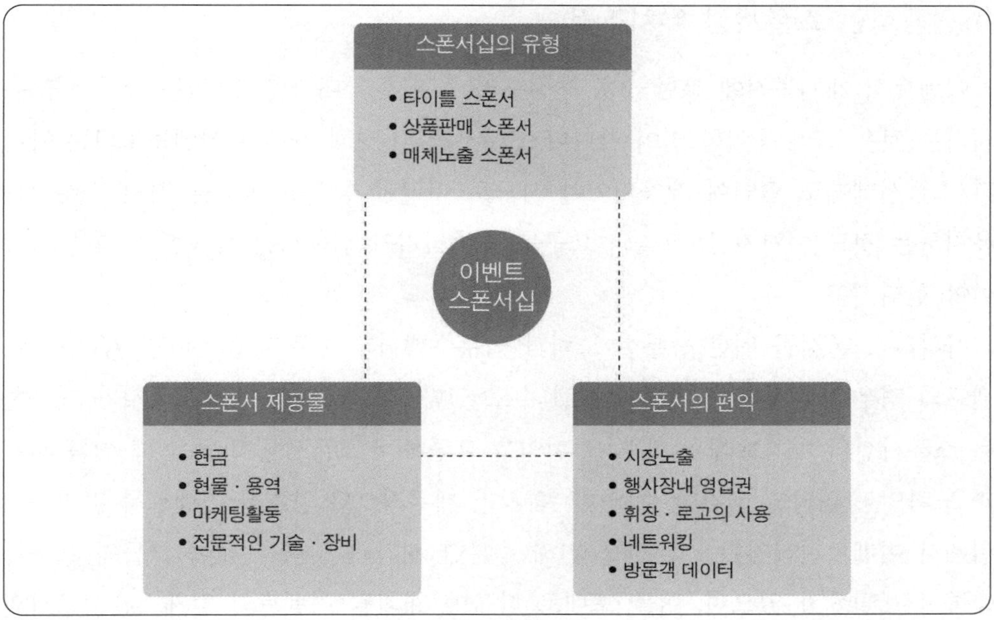

자료: 저자 작성

[그림 8-6] 스폰서십의 유형과 편익

메가이벤트의 경우에는 스폰서의 스폰서십 유형과 제공될 권리에 대해 좀더 구체적으로 결정되며, 이를 위해 스폰서 명칭을 명확하게 구분하고 있다. 일반적으로 메가이벤트에서 스폰서의 종류는 공식후원자와 공식 공급업자 및 공식상품화업자로 구분되며, 각각의 스폰서십과 이에 대해 스폰서가 갖을 수 있는 권리를 표에서와 같이 정하고 있다.

〈표 8-6〉 메가이벤트 스폰서의 종류

구분	스폰서의 성격
공식후원자 (Official Sponsor)	일정금액을 지급하고 공식후원자로서 휘장을 사용할 수 있는 권리를 가진 자
공식공급업자 (Official Supplier)	물자나 용역을 지원하고 휘장을 사용할 수 있는 권리를 가진 자
공식상품화업자 (Official Licensee)	일정금액을 지급하고 휘장을 이용해 상품을 제조 · 판매할 수 있는 권리를 가진 자

4) 성공적인 스폰서십 유치조건

이벤트의 개최목적에 부합되며, 재정수입 효과를 극대화할 수 있는 스폰서를 유치하는 것은 그리 용이한 일이 아니다. 스폰서십의 성격 자체가 이벤트조직뿐 아니라 스폰서에게도 편익이 제공되어야 하므로 이러한 상업적 목적을 지닌 스폰서는 유치하는 것도 어렵지만, 그들의 요구를 충족시키기 위해서는 상당한 노력을 기울여야 한다.

따라서 스폰서를 위한 충분한 노력과 업무수행이 뒤따르지 않는다면, 주기적 이벤트의 경우 스폰서와의 단절이 생길 수도 있다. 이벤트관리자는 스폰서가 제공하는 스폰서십의 가치보다 훨씬 많은 편익을 요구하는 스폰서를 만났을 때 이를 시간과 노력의 낭비라고 생각할 수 있다. 하지만 재무적으로 양호한 이벤트를 관리하기 위해서 이벤트관리자는 스폰서를 위해 충분한 시간과 노력을 들여 그들의 요구를 충족시킬 필요가 있으며, 이를 토대로 다음에 개최될 이벤트의 잠재스폰서로서의 관계를 유지해야 한다. 성공적으로 스폰서십을 유치하기 위해서는 다음과 같은 조건(Watt, 1998)들이 성행되어야 한다.

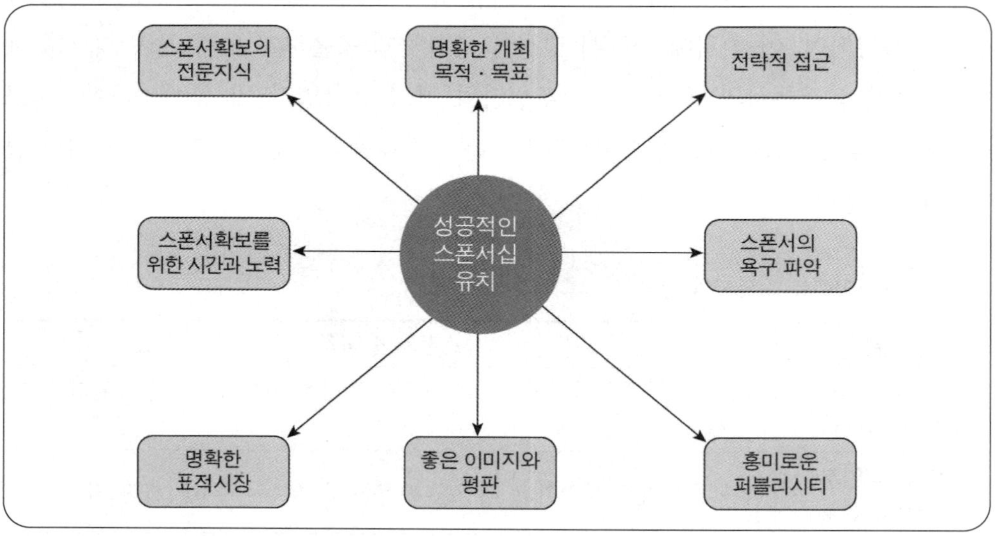

자료: Watt, 1998: 58-59의 내용으로 저자 작성

[그림 8-7] 성공적인 스폰서십 유치조건

성공적으로 스폰서십을 유치하기 위해서는 이벤트의 명확한 개최목적과 목표가 설정되어 스폰서십의 목적과 부합되어야 하며, 스폰서에 대한 전략적인 접근이 이루어져야 하고, 스폰서의 욕구를 파악하여 이를 충족시킬 수 있는 준비가 되어 있어야 한다. 또한 개최할 이벤트에 관한 흥미로운 퍼블리시티를 개발하여 관심을 유도해야 하며, 이벤트개최자와 스폰서 모두 좋은 이미지와 평판을 유지하고 있어야 한다.

대부분의 스폰서는 이벤트 스폰서십을 통해 표적시장에 접근하려는 목적을 지니고 있으므로 개최될 이벤트의 표적시장이 명확해야 하고, 이벤트관리자는 스폰서확보를 위해 많은 시간과 노력을 투자해야 한다. 무엇보다 중요한 것은 스폰서의 동향, 잠재적 스폰서 업종의 추이, 스폰서의 기대치 등에 대한 사전조사와 전문적 지식이 뒷받침되어야 개최 이벤트에 적절한 스폰서를 확보할 수 있다.

2 스폰서 관리

1) 스폰서 관리과정

이벤트의 스폰서십은 대부분 영리를 목적으로 하는 기업에 의해 제공된다. 이는 앞에서 언급된 것처럼 스폰서십의 속성이 '촉진활동을 수행하기 위한 상업적 대가'를 목적으로 제공되기 때문이다. 따라서 스폰서십을 유치하여 성공적인 협력관계(partnership)를 유지하기 위해서 이벤트관리자는 효율적인 과정으로 스폰서십을 관리해야 한다.

아래 그림에서와 같이 스폰서십의 관리과정은 우선 개최조직 내부적으로 필요한 스폰서십의 총규모를 결정하고, 이를 확보하기 위한 스폰서십의 등급 및 등급수와 각각의 등급수준을 결정한다. 예로 총 6억원 규모의 스폰서십이 필요하다면, 3억원 가치의 스폰서십을 제공하는 하나의 A등급 스폰서기업, 1억원 가치의 스폰서십을 제공하는 두 개의 B등급 스폰서기업, 천만원 가치의 스폰서십을 제공하는 열 개의 C등급 스폰서기업의 형태로 결정할 수 있다.

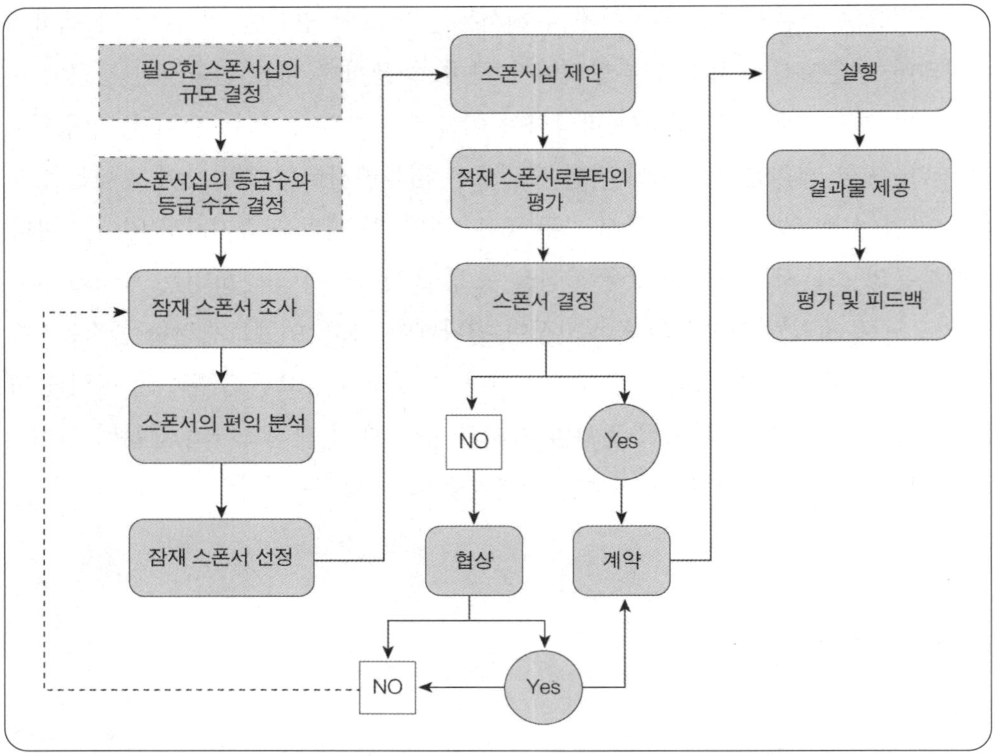

자료: 저자 작성

[그림 8-8] 스폰서십 관리과정

이렇게 스폰서십의 총규모, 등급수, 등급수준이 결정되면, 이를 현실화할 수 있는 잠재스폰서 시장을 조사하여 등급별로 표적화된 잠재스폰서를 선정한다. 선정된 잠재스폰서를 설득할 수 있는 스폰서십 제안서를 작성하여 접근을 시도하면, 스폰서는 개최될 이벤트에 스폰서십을 제공함으로써 얻을 수 있는 편익을 분석하게 된다.

편익이 분석되면 제안서를 검토한 잠재스폰서는 스폰서십의 제공여부를 결정하게 되고, 스폰서십이 거부되었을 때에는 협상을 통해 조건을 수정할 수 있다. 그러나 협상이 실패했을 때 이벤트개최자는 다시 잠재스폰서시장을 분석하는 과정을 거치게 된다. 스폰서십의 제공이 결정되면 계약과 함께 이벤트개최자와 스폰서가 동의한 의무사항을 실행에 옮기게 되며, 최종적으로 스폰서십에 대한 결과물을 평가하는 과정을 거치게 된다.

[그림 8-9] 다양한 등급별 스폰서(원 안은 서로 다른 스폰서십을 제공한 Australian Football League의 스폰서들)

2) 잠재스폰서의 조사와 선정

이벤트에 스폰서십을 제공하는 스폰서기업들은 대부분 마케팅전략의 하나로 스폰서십을 이용하고 있다. 따라서 개최할 이벤트에 적절한 스폰서를 찾기 위해 스폰서기업의 의사결정에 영향을 미치는 과정을 이해할 필요가 있다(Sunshine, 1995). 즉 이벤트관리자는 기업이 어떤 환경에서 스폰서십을 제공하여 마케팅전략으로 활용하고자 하는지에 관한 사전조사를 수행해야 하는 것이다. 다음의 그림은 기업이 정해진 사명과 목표를 달성하기 위하여 처해진 환경에서 어떤 자원과 능력을 가지고 이를 달성해 갈 것인가에 관한 구조적 개념을 보여주고 있다. 이러한 기업의 경영환경을 조사하면 스폰서십에 적극적인 잠재스폰서 집단을 발견할 수 있으며, 이를 토대로 스폰서 표적시장에 관한 세밀한 조사를 시행할 수 있다. 스폰서십을 마케팅전략에 이용하는 주요 업종은 금융서비스업체, 주류제조업체, 비알코올음료업체, 자동차업체, 소매업체인업체, 정보서비스업체, 여행서비스업체, 담배제조업체 등이다.

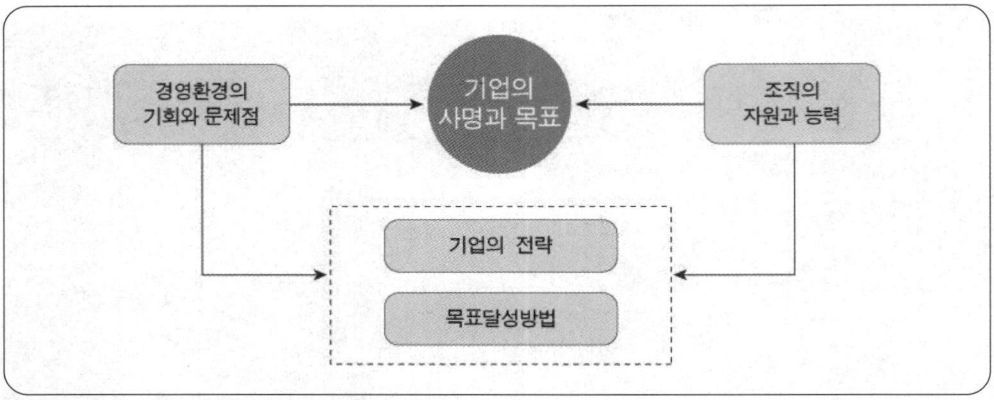

자료: Sunshine, Backman & Backman, 1995.

[그림 8-10] 스폰서기업의 의사결정방법

잠재스폰서를 조사하는 과정에서 중요한 것은 이벤트의 성격 또는 개최목적과 스폰서 또는 스폰서가 취급하는 상품의 조화이다. 담배와 주류회사의 스폰서십이 청소년을 위한 이벤트나 건강과 관련된 이벤트와 조화를 이룰 수 없으며, 청소년이 주요 대상인 이벤트에서 신용카드의 스폰서십이 적절하다고 할 수 없는 것이다. 이와 같이 이벤트의 특성별로 선택가능한 스폰서의 예는 다음의 표와 같다.

〈표 8-7〉 이벤트유형별 관련스폰서의 예

이벤트의 종류	관련가능한 스폰서의 예
산업전시 · 박람회	탄산음료, 식료품, 자동차, 은행
지역축제	개최지역 백화점 또는 유통업체 개최지역에 기반을 둔 업체
스포츠이벤트	운동용품 제조업자, 각종 음료, 맥주회사, 건강관련 제품 또는 시설
기업회의/국제회의	컴퓨터기기, 은행, 보험사, 협회관련 회원사

자료: 저자 작성

이벤트관리자는 이벤트의 성격에 부합되지 않는 스폰서를 식별해내야 하지만, 아울러 개최될 이벤트를 통해 스폰서에게 어떤 편익을 제공할 수 있는지를 충분히 고려해야 한다. 또한 이벤트의 참가자나 방문객이 이러한 상업적 스폰서십이 이벤트에 제공되는 것을 긍정적으로 받아들일지에 대한 예측도 병행해야 할 것이다.

3) 스폰서십 제안

시장조사에 의해 잠재스폰서 집단이 구분되면 이들에게 스폰서십제공을 설득할 수 있는 자료가 준비되어야 한다. 즉 성공적인 스폰서십을 유치하기 위해서는 스폰서의 욕구를 충족시킬 수 있는 구성내용과 이를 미학적으로 잘 꾸민 제안서(proposal)가 작성되어야 한다.

효율적인 스폰서십 제안서를 작성하기 위해서는 잠재스폰서의 우선순위, 이벤트와 스폰서 모두에게 편익을 제공할 수 있는 개념에서의 접근, 매력적인 패키지의 구성, 전문가에 의한 검토 등이 필요하다(Storey, 1997).

스폰서십제안서(sponsorship proposal)는 잠재스폰서에게 핵심편익이 되는 내용을 간단히 소개하는 공문과 함께 작성되는 것이 바람직하며, 주요 내용으로 이벤트개최에 관련된 내용과 스폰서 입장에서 스폰서십을 통해 얻을 수 있는 편익의 내용 및 계획서, 보도자료, 방문객데이터, 홍보자료 과거 또는 현재 계약된 다른 스폰서의 추천서 또는 리스트 등 스폰서십 결정에 도움을 줄 수 있는 참고자료로 구성되는 것이 일반적이다. 스폰서십 제안서의 구성내용은 다음의 그림과 같다.

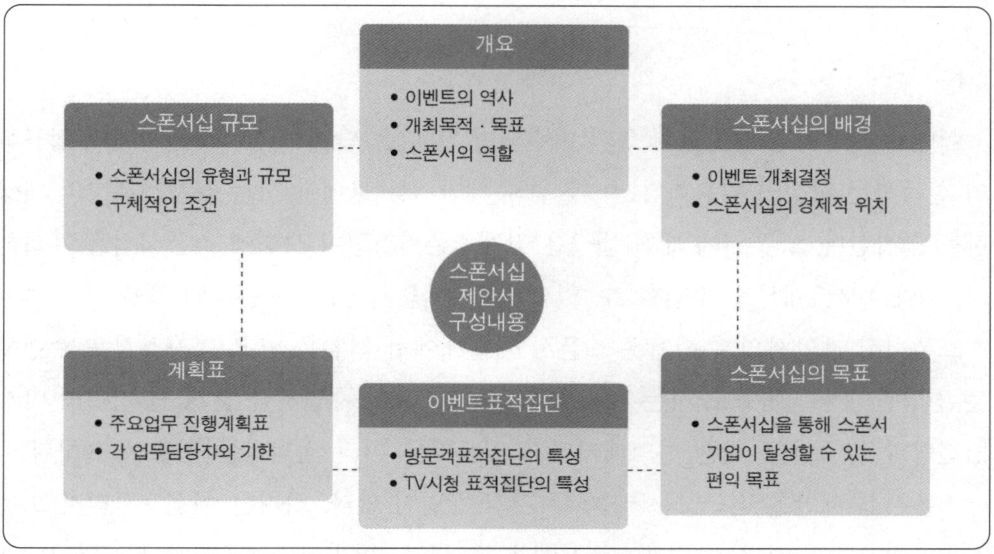

자료: McDonnell, Allen & O'toole, 1999; 156-157에서 저자 재구성.

[그림 8-11] 스폰서십 제안서의 구성내용

이벤트의 개요에는 이벤트의 역사, 개최목적, 목표 및 시기와 주요 참가대상 등을 소개하고, 스폰서십의 배경에는 거시적 측면의 이벤트 개최환경과 다른 마케팅도구와 비교한 스폰서십의 경쟁우위를 설명한다. 스폰서십 목표에는 스폰서십을 통해 스폰서기업이 달성할 수 있는 편익과 편익의 구체적인 예상목표를 제시한다.

제안서에서 중요한 부분중 하나는 이벤트의 표적집단을 명확히 하는 것이다. 즉 방문객 표적집단의 인구통계적 특성과 이벤트가 텔레비전을 통해 방영되는 경우 TV를 시청하는 주된 집단의 특성을 설명하는 것이 바람직하다. 아울러 제안서에는 이벤트운영의 개괄적 계획표와 스폰서십 제공에 따른 구체적인 계획을 시간대별로 작성하여 잠재스폰서가 주요업무의 진행계획과 업무담당자 및 업무 수행기한을 인지할 수 있도록 해주는 것이 필요하다.

또한 제안되는 스폰서십의 구체적인 규모와 스폰서유형을 제시하고, 스폰서십 유형에 따른 상세한 조건을 제시하여 잠재스폰서가 부담해야 하는 현금, 현물, 또는 용역의 규모와 범위를 명확히 할 필요가 있다. 스폰서십 제안서에는 참고자료로 이벤트에 참여했던 과거의 스폰서목록, 또는 다른 스폰서의 추천서, 이벤트의 보도자료와 홍보자료 및 과거의 방문객자료를 첨부해 주는 것도 바람직하다.

4) 스폰서 접근

이벤트 스폰서십 제안서의 틀이 마련되면 그 다음 단계로 잠재스폰서에게 접근하여 설득하는 과정이 필요하다. 이를 위해 제안서를 보내야 하는 잠재스폰서의 대상자를 조사한다. 스폰서에 대한 접근은 잠재스폰서기업이 사전에 스폰서십을 계획하고, 이에 대한 예산을 수립할 수 있도록 충분한 시간을 두는 것이 좋다.

스폰서십 제안서의 수신인은 스폰서 기업내에서 책임을 맡고 의사결정을 수행하는 경영관리자를 목표로 하는 것이 바람직하다. 또한 제안서를 받게 될 기업의 마케팅전략과 그들만을 위한 편익패키지가 있을지를 미리 점검하는 것도 필요하다.

스폰서십 제안을 접근하는 데는 두 가지 방법이 있다. 하나는 이벤트관리자 또는 개최조직 구성원이 직접 잠재스폰서에게 접근하는 방법이고, 다른 하나는 광고대행사와 그들의 네트워크를 통해 다양한 잠재스폰서에게 제안의 내용이 전달될 수 있도록 하는 것이다.

제안서가 전달되고 일정시간이 지난 후 전화로 약속을 하고, 의사결정자를 직접 만나 스폰서십에 대한 공식적인 설명(presentation)을 할 필요가 있다. 즉 최초 제안은 문서로 하되, 곧바로 개별적인 접촉이 필요한 것이다. 일반적으로 스폰서십의 제안은 문서의 전달보다 프레젠테이션의 형태로 진행되는 것이 바람직하다.

또한 가능하다면 장래의 잠재스폰서기업의 의사결정자를 현재 진행되고 있는 이벤트에 특별고객으로 초대하여 스폰서십의 편익을 직접 느끼게 한다면 스폰서유치가 좀더 용이해질 수 있다.

스폰서십 제공을 결정할 수 있도록 하는 중요한 요인은 경제적 효과에 대한 것이다(Peterson, 1995). 특정 이벤트의 경제적 효과에 관한 자료는 이벤트가 경제적으로 미치는 영향에 관한 확실한 증거이며, 관광객이나 표적 세분시장을 유인할 수 있는 능력을 나타내고 있기 때문이다. 따라서 제안서 작성에 연구기관 또는 공공기관의 경제효과 분석에 관한 자료가 첨부된다면, 더욱 높은 신뢰성을 확보할 수 있는 것이다.

스폰서십 접근에 있어 중요한 것은 잠재스폰서 조직내에서 의사결정이 누구에 의해 어떻게 이루어지는지를 사전에 파악하고, 이에 대처하는 것이다(Sunshine, Backman & Backman, 1995). 스폰서십의 제안은 거절되거나 스폰서의 의도로 수정될 수 있다. 스폰서십이 명확히 거절되는 경우 또 다른 잠재 스폰서를 조사하여 이에 접근하고, 스폰서의 스폰서십에 대한 수정요구가 있는 경우에는 이에 대한 적절한 검토가 이루어져야 한다.

스폰서와 스폰서십의 내용이 결정되면 경우에 따라 이벤트의 예산내역을 스폰서에게 공개하여 스폰서십이 공헌하는 의미를 찾을 수 있도록 하고, 이벤트 진행사항에 대한 지속적인 정보를 제공함으로써 스폰서가 이벤트에 함께 참여하고 있고, 스폰서십의 편익이 발생하고 있다는 것을 인식할 수 있도록 해주는 것이 좋다.

5) 스폰서의 편익분석

스폰서십을 제안받은 기업은 내부적으로 이를 검토하게 되는데, 이 때 중요한 것은 스폰서십을 통해 기업 내부적으로 지니고 있는 다양한 목표를 충족시킬 수 있는

지의 여부와 스폰서십 제안자의 전문성을 반영하는 제안서 내용의 질 및 이벤트의 과거 성과(Weppler, 1995)이다.

스폰서의 관점에서 볼 때 스폰서십의 결정과정에 고려될 수 있는 것은 이벤트가 기업의 이미지와 어울릴 수 있는지, 미디어의 노출이 얼마나 될지, 기업의 표적시장과 일치하고 있는지, 마케팅 촉진도구로서 다른 활동에 비해 그만한 경제적 가치가 있는지 등의 내용이며 이를 집중적으로 평가하게 될 것이다. Crompton(Crompton, 1993)은 기업이 스폰서십 참여시 심사기준으로 표적시장의 일치, 이벤트를 통한 매체 노출정도, 유통채널의 관계자, 경쟁우위의 확보, 필요 자원의 투여 정도, 이벤트의 특성, 이벤트 조직의 평판 및 상품판매 기회와 관계자 환대의 기회를 제시하고 있다.

다음의 그림은 스폰서기업이 스폰서십을 고려할 때 평가하는 주요 요소들을 보여주고 있다.

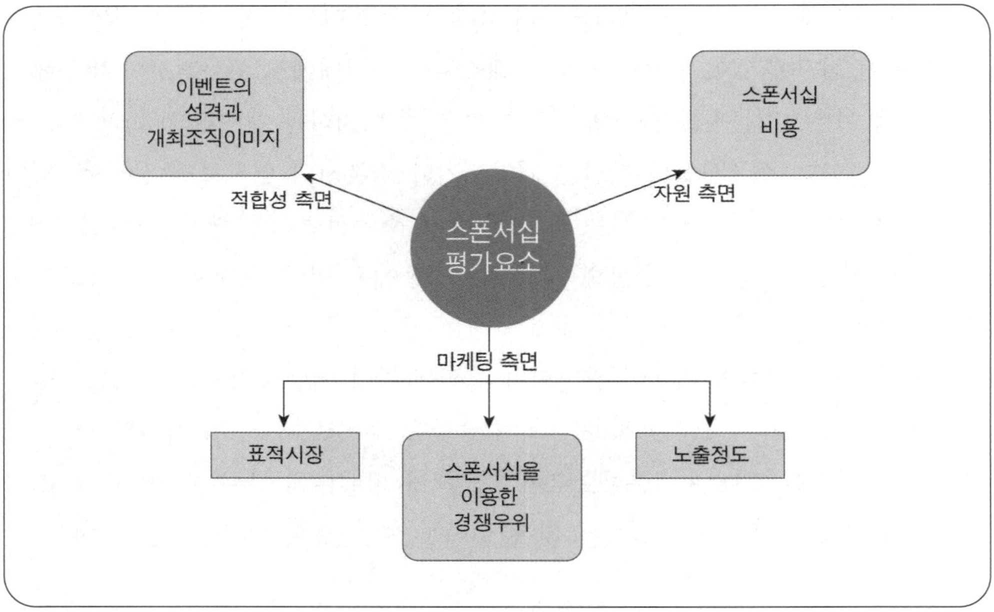

자료: 저자 작성.

[그림 8-12] 기업의 스폰서십 평가 주요 요소

대부분의 기업은 자원의 활용측면과 스폰서십 제공의 적합성측면 및 마케팅기회의 측면에서 스폰서십을 평가한다. 자원측면에서는 이벤트 스폰서십에 참여하는 비용이 다른 촉진도구의 이용과 비교하여 충분히 투자의 가치가 있는지를 고려할 것이다. 예를 들어 그 정도의 비용으로 인쇄매체 또는 방송매체에 촉진활동을 수행했을 때 더 높은 마케팅효과를 기대할 수 있다면 스폰서십을 제공한 충분한 명분을 갖지 못하는 것이다.

적합성 측면에서는 이벤트가 지닌 특성, 즉 지속적으로 개최될 이벤트인지, 일반대중이 갖고 있는 이미지는 어떤 것인지, 기업의 상품이미지와 적합한지 또는 이미지 향상에 기여할 수 있는지, 유사한 이벤트 종류중에서 해당 이벤트가 차지하고 있는 위치는 어느 정도인지 등을 평가하게 된다.

마케팅측면에서는 기업이 취급하고 있는 상품의 표적시장과 이벤트 참여자의 인구통계적 특성, 라이프스타일, 소비자행동 등의 프로필 일치정도를 평가하여 스폰서십이 제공되는 이벤트에 참여하는 방문객이 스폰서기업의 표적고객과 일치될수록 높은 평가가 이루어질 것이다. 또한 스폰서기업은 방송매체, 인쇄매체 또는 홍보물 및 이벤트 프로그램 등을 통해 스폰서가 노출되는 빈도와 노출정도를 파악하고자 한다. 아울러 마케팅측면에서 스폰서십을 통해 경쟁자들로부터 차별화되는 이미지를 확보할 수 있는지에 관한 경쟁우위의 효과를 기대하기도 한다.

이러한 마케팅측면의 평가는 대부분 스폰서기업이 스폰서십을 통해 확보할 수 있는 편익에 관련된 것들이다. 스폰서십을 통해 스폰서기업이 추구하는 주요 편익은 다음과 같다.

〈표 8-8〉 스폰서가 추구하는 주요 편익

- 다양한 매체를 통한 스폰서명의 노출강화
- 고객 · 표적시장과의 관계유지 및 브랜드 이미지 강화
- 이벤트에서 상품의 직접판매를 위한 판로
- 스폰서의 고객집단 및 업무협력자에 대한 즐거움 제공
- 경쟁자로부터 기업 · 제품의 차별화와 경쟁자의 스폰서활동 차단
- 특정 틈새시장과의 유대관계 표출

- 샘플링을 위한 신상품 테스트 및 상품판매기회 확보
- B to B 마케팅기회 제공
- 사회책임성 및 지역사회 지향성에 대한 기업이미지 구축
- 상품의 특정편익 강조 및 대중의 상품인식 강화
- 대중적 이벤트를 이용한 기업·제품의 인지도 제고와 이미지 향상
- 이벤트에 참여하는 스폰서, 공급업자, 정부기관 등과의 관계유지·개선

자료: Getz, 1997; McDonnell, Allen & O'toole. 1999; Crompton, 1993; IEG. 1995의 내용을 저자 재작성.

스폰서십이 지니는 이러한 편익은 제안서를 통해 하나의 패키지로 제시되어야 한다. 따라서 이벤트 스폰서십을 통해 제공될 편익을 촉진수단, 퍼블리시티, 네트워킹, 상품판매와 홍보 등으로 구분하여 그 가치를 명확히 인식시키는 것이 중요하다. 반면에 이벤트 개최조직도 스폰서십을 통해 재무적 자원의 확보를 포함하여 다음과 같은 편익을 기대한다.

〈표 8-9〉 이벤트개최자가 추구하는 편익

- 이벤트운영과 행정에 필요한 歲入(세입)의 발생
- 스폰서의 촉진활동 병행에 따른 마케팅범위의 확장
- 이벤트개최 지지자의 확대
- 스폰서직원의 전문성과 인적자원의 활용성 확보
- 긍정적 기업이미지와 관련된 이벤트 이미지 향상

자료: Getz, 1997: 218.

6) 스폰서십의 계약과 실행

잠재 스폰서기업이 스폰서십 지원을 결정하면 이벤트개최자와 스폰서기업 사이에 계약을 체결하게 된다. 스폰서십 계약에는 계약당사자, 계약의 목적과 기간, 상호의무, 스폰서의 권리, 이벤트 개최자의 권리, 책임조항, 영업권한을 포함한 각종 권한의 귀속여부, 계약의 수정 및 계약 종료와 해지, 위약시의 조건, 분쟁발생시 해결방법, 관할법원 등이 포함되며, 그 외에도 스폰서의 독점권, 휘장과 로고의 사용권한 등을 명시할 수 있다.

스폰서십의 계약을 기초로 스폰서가 추구하는 편익을 제공하기 위해 이벤트관리자는 운영에 있어 스폰서를 보호하고, 그들의 스폰서십목적을 달성할 수 있도록 지원하며, 개최조직내 모든 구성원들이 스폰서에 대한 의무를 정확히 인식하고 있도록 교육해야 한다. 또한 이벤트 개최중 발생하는 모든 상황을 스폰서에게 알려 정보를 공유할 수 있도록 하여야 하며, 바람직하지 못한 상황이 발생되었을 때에는 스폰서에게 미리 알려 그 내용을 주지시킬 필요가 있다.

스폰서는 계약이 이루어지면 계약내용에 명시된 현금, 현물, 또는 용역형태의 스폰서십이 이벤트 개최조직에 주어진 기간내에 제공될 수 있도록 해야 하며, 스폰서십의 제공이 이벤트 개최에 성공적으로 기여할 수 있도록 개최조직의 운영에 협조함으로써 효과를 극대화해야 한다.

스폰서십을 제공한 스폰서를 보호해야 하는 것은 이벤트 개최조직의 의무이다. 그러나 이벤트의 행사현장에는 다수의 군중이 있어 스폰서가 아닌 스폰서의 경쟁업체들도 이들을 대상으로 한 마케팅활동의 기회를 엿보는 경우가 많다. 이는 공식적으로 스폰서십을 제공한 스폰서의 권리가 침해당할 수 있는 리스크로서 잠복마케팅(潛伏; ambush marketing)이라고 할 수 있다.

잠복마케팅이란 특정이벤트의 공식스폰서가 가져야 할 미디어로부터의 주목과 각종 편익을 빼앗고자 시도되는 경쟁자의 이벤트현장 마케팅활동이라고 할 수 있다(Getz, 1997: 219). 이는 경쟁사의 가치를 떨어뜨리는 방법으로 사용하기도 하지만, 일반적으로 이벤트와 관련된 군중의 잠재의식 속에 합법적이고 정당한 방법으로 이미지를 형성시키는 활동으로 이루어지고 있다.

1984년 로스앤젤레스 올림픽에서 필름부문 공식스폰서가 “Official Film of the Olympics”라는 캠페인에 맞서 스폰서가 아닌 업체가 “Official Film of Your Life”라는 캠페인을 행사현장에서 실시한 것도 잠복마케팅의 좋은 예라고 할 수 있다.

7) 스폰서십의 결과와 평가

이벤트가 종료되면 이벤트관리자는 스폰서에게 스폰서십의 성과에 대하여 알려줄 필요가 있다. 성과자료는 스폰서에게 직접적인 효과를 측정할 수 있는 자료뿐만 아니라 이벤트개최와 운영에 관련된 전체적인 효과를 측정할 수 있는 자료들이 제공되어야 한다.

〈표 8-10〉 이벤트 종료후 스폰서에게 제공되어야 할 자료

- 입장권 판매수 및 방문객수 등 참가자수에 관련된 자료
- 인구통계적 특성과 개인·단체의 구분 등 방문객 프로필
- 스폰서의 매체 노출자료
  (사진, 비디오, 광고메세지, 로고, 부스, 보도자료, 브로슈어, 광고 등)
- 스폰서기업 상품의 행사장내 판매고
- 기사화된 매체와 내용
  (매체기사의 내용/날짜/사이즈, 방송유형/길이/프로그램/시청률 등)
- 관련 퍼블리시티에 대하여 광고비용으로 환산된 기사의 가치
- 일반 대중의 인식과 반응에 대한 자료
- 이벤트의 영향과 효과

자료: Getz, 1997: 226-228에서 저자 재작성.

이를 통해 스폰서는 스폰서십이 제공된 결과를 정확히 측정할 수 있으며, 이를 토대로 스폰서십의 제공이 기대한 목적을 달성했는지를 평가하게 되고, 미래 스폰서십 제공의 자료로 활용할 수 있게 되는 것이다. 행사종료후 스폰서에게 제공되어야 할 자료는 다음과 같다.

제3절 이벤트 리스크관리

1 이벤트 리스크관리의 개념

앞장에서 설명된 바와 같이 이벤트는 사람을 모이게 하는 것을 전제로 하기 때문에 군중의 회합이 이루어진 장소에서는 항상 위험요인이 발생한다. 특히 특정장소, 수많은 군중, 항상 새로운 상황에 적응해야 하는 운영요원과 자원봉사자, 장비와 시설물의 이동, 흥분과 감동이라는 이벤트의 특성은 모두 이벤트를 위험한 상황으로 이끌 수 있는 충분한 요인으로 작용하고 있다.

불행하게도 전세계에서 개최되는 수많은 이벤트의 사고발생 뉴스를 접할 수 있는 것은 이러한 이벤트 리스크에 대한 사전예방이 충분치 않아 발생되는 경우가 많다. 이벤트 개최시 사고로 인해 발생하는 피해는 일상적인 상황에서의 사고보다 규모가 크기 때문에 이에 대한 예방을 철저히 할 필요가 있다.

심지어 이벤트 개최와 운영에 있어 궂은 날씨만으로도 행사의 취소와 이로 인한 재정적 손실이 뒤따르는 상황은 빈번하게 발생하고 있으며, 방문객의 입장에서는 우천시 이벤트참여를 위해 소모한 시간과 노력의 대가를 얻을 수 없고, 야외에 설치된 전기선으로 인한 감전사고 등의 위험이 있기 때문에 이벤트개최에서 리스크관리는 필수적인 것이다.

리스크로 인한 사고의 피해는 인명과 재산에 대한 손실이 가장 크며, 작은 사고라도 기사화되어 알려짐으로써 이벤트의 이미지 손실에 미치는 영향이 크기 때문에 이벤트관리자는 리스크관리에 만전을 기해야 한다. 이를 위해 사소하더라도 잠재적 위험요소에 대한 충분한 관심과 사전예방 대책의 수립은 이벤트관리자의 중요한 업무중 하나이다.

또한 리스크관리는 이벤트개최에 있어 이벤트의 성공과 지속성을 위해 매우 중요한 과정으로 부각되고 있다. 이벤트 리스크관리는 이벤트와 개최조직, 스폰서 또는 업무협력자 및 방문객에게 초래될 수 있는 위험요소를 미리 예측하고, 이에 대한 대비책을 수립하여 그 피해를 최소화하는 활동이라고 할 수 있으며, 이를 위해 이벤트 관리자는 잠재적 위험요인을 사전에 식별해내야 한다.

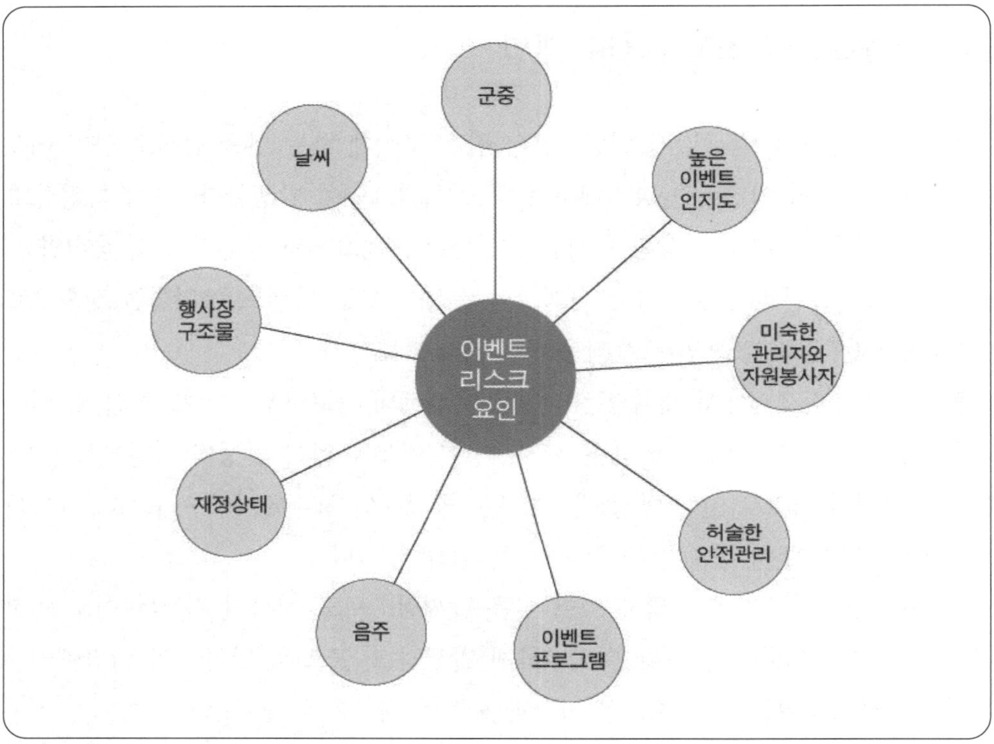

자료: Getz, 1997: 241-243의 내용을 저자 재구성.

[그림 8-13] 이벤트 리스크 요인

이벤트에서 리스크는 개최조직의 모든 부문에서 발생할 수 있으며, 각 부문에서 발생되는 리스크는 담당관리자 또는 담당자 개개인이 모두 숙지하고 있어야 한다. 이벤트 리스크는 다음의 그림에 나타난 부문 이외에도 많은 분야에서 발생하는데, 리스크관리에서 비교적 안전에 중점을 두는 이유는 안전관리가 인명에 대한 관리이기 때문이다.

② 이벤트 리스크요인

1) 이벤트 리스크요인의 유형

이벤트 운영에 있어 어느 분야나 리스크요인을 지니고 있으며, 이러한 리스크요인은 사전에 식별되어 이를 제거하거나 최소화하는 예방대책을 수립하여 이벤트 운영계획에 포함시켜야 한다. 이벤트관리자는 각 부문별로 어떠한 리스크가 내재되어 있는지를 사전에 조사하여야 하는데 이벤트개최시 일반적인 위험요인은 다음의 그림에서와 같은 유형들이 존재한다.

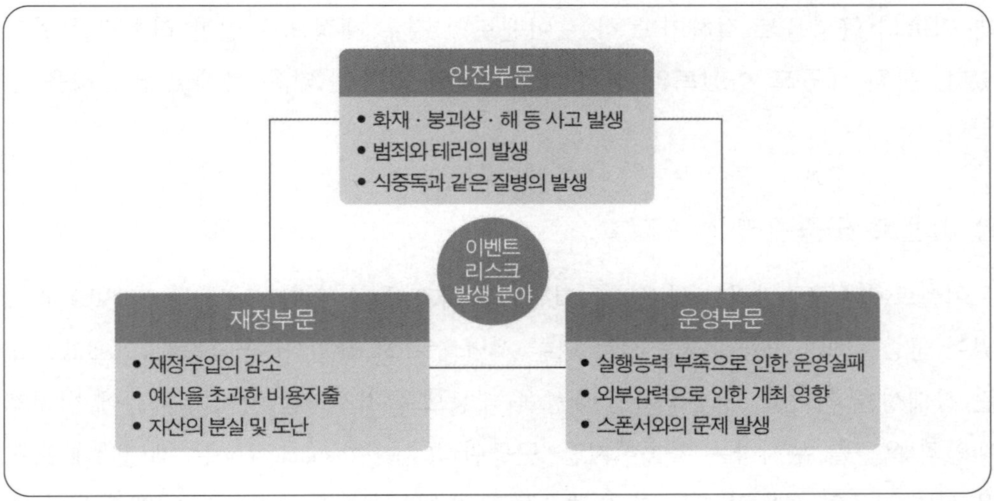

자료: 저자 작성.

[그림 8-14] 리스크 발생분야와 예

이벤트를 계획할 때 군중(crowd)의 행동특성이 고려되어야 하며, 방문객수를 정확히 예측하여야 하고, 행사장 수용규모를 예측된 인원보다 높게 책정하는 것이 바람직하다. 특히 안전문제에 있어 좁은 행사장에 예상보다 많은 군중이 운집했을 때의 리스크는 높게 나타나기 때문에 군중관리에 관한 대책이 필요하다.

이벤트의 높은 인지도는 시위와 테러, 범죄를 불러들일 수 있기 때문에 리스크요인으로 작용한다. 또한 경험이 충분하지 못한 이벤트조직의 관리계층이나 이벤트운영에 대해 충분히 교육받지 않은 자원봉사자들로 인해 리스크가 발생하기도 하며, 허술한 안전관리는 방문객을 위험에 처하게 하는 커다란 요인이 된다.

이벤트에서 제공되는 다양한 체험프로그램의 활동도 이벤트 리스크의 요인이 될 수 있으며, 이벤트행사장에서의 음주와 음주자들은 많은 문제점을 야기시킨다. 또한 행사장의 구조물과 무대장치, 각종 시설과 장비 등은 공연자와 방문객 모두에게 잠재적 리스크로 작용하고 있다.

신중한 이벤트 개최장소의 선정과 일기예보에 대한 대비는 날씨로 인한 이벤트 리스크를 다소라도 감소시킬 수 있으나, 악천후에는 많은 위험요인이 있다. 수입과 지출의 균형을 조절하지 못하는 이벤트의 경우 재정으로 인한 리스크를 안고 있다. 특히 대규모 이벤트의 경우 재정상태의 악화는 많은 문제점을 불러올 수 있다.

2) 이벤트 군중관리

이벤트에서 군중관리는 안전과 직결된 문제라고 할 수 있다. Rutley는 이벤트관리에 있어 군중통제와 군중관리를 서로 다른 개념으로 보고 있다. 군중통제(crowd control)란 강제성을 지니고 개인이 아닌 대중을 대상으로 지시하는 것이기 때문에 방문객 개인의 욕구를 무시하는 활동이지만, 군중관리(crowd management)는 개인에게 초점을 두어 보조와 설득 및 저지를 통해 이벤트의 방문객들이 순응하고 이벤트를 즐길 수 있도록 도움을 주는 과정(Rutley, 1997)이기 때문에 이벤트에서는 군중통제보다 군중관리가 필요하다.

따라서 군중관리는 강제로 지시하지 않는 행사장의 디자인, 동선의 구성, 안내판의 설치, 운영요원의 배치 등 운영요소를 통해 군중을 유도하기 때문에 이벤트 방문객들에게 편안한 경험과 높은 수준의 서비스를 제공할 수 있다는 것이다.

보조(assistance)란 충분한 정보를 지닌 운영요원에 의해 행사장의 정보, 장소, 방향, 규칙, 행동요령 등을 제공하여 방문객으로 하여금 주어진 환경내에서 안전함을 느낄 수 있도록 해주는 것으로 신호나 안내판 또는 스피커를 통해서도 가능한 활동이다.

설득(persuasion)은 상냥하고 공손한 대인 의사전달방법이며, 저지(deterrence)는 설득의 요구불응에 상해를 입힐 가능성이 있는 행동에 대하여 자극적이지 않은 방식으로 행사장 안으로 입장하지 못하게 하거나 저지시키는 것을 의미한다.

군중들로부터 발생될 리스크를 제공하는 요인은 공포심과 혼잡으로 인한 압착이다. Berlonghi에 의하면 공포심은 군중이 지각하고 있는 위협 또는 실제 위협으로부터 기인하는데, 이는 의사전전달상의 문제점 또는 관리상의 문제점으로 인해 발생한다는 것(Berlonghi, 1990)이다.

효율적 군중관리를 위해서는 전달내용이 명확한 안내판의 설치, 상세한 정보의 제공과 안내, 명확한 방향 표지판의 설치, 출입구 표시등의 설치, 출입금지 안내판의 설치, 차도와 인도의 구분, 충분한 수의 운영요원의 안내활동 등이 수반되어야 한다.

3) 이벤트 안전관리

이벤트는 새로운 장소에 많은 사람이 모여 다양한 프로그램을 운영하기 위하여 장비와 시설물을 설치하고 이동시키는 과정을 거치게 되며, 이러한 과정들은 언제나 잠재적 위험요인을 수반하게 된다. 특히 행사장내 시설물로 인한 사고발생은 많은 문제점을 안고 있으며 빈번하게 발생되는 것이므로 각별히 주의를 기울일 필요가 있다.

행사장내에서 리스크를 유발하는 시설물 또는 장비(Johnson, 1997)들은 보호 처리되지 않은 텐트 지주대, 덮여있지 않은 하수구 쇠살대 또는 맨홀 뚜껑, 보도에 돌출된 장애물, 보도에 깔린 전선줄, 출입제한 구역에 설치되어야 할 안내표지판, 일반에 노출된 기계류 및 변압기, 노후화된 난간과 좌석, 관리가 허술한 가스통, 어두운 조명등이다. 이벤트관리자는 이벤트개최전 최종적으로 행사장 현장의 안전점검을 반드시 실시할 필요가 있다.

이벤트 행사장에서 사고를 유발시키는 주요 원인중 하나는 음주이다. 이벤트 방문객들의 음주 특히 과음으로 인한 피해로 시설과 설비의 파손과 비문화적 야만행위(vandalism), 참가자 감소, 부정적인 이벤트 이미지, 방문객 상해, 음주운전, 범죄의 증가 등이 있다.

미국에서의 조사(Emmets, 1997)에 의하면 경기장에서 개최되는 이벤트에서의 상해 발생 중 83%가 음주와 관련이 있는 것으로 나타났다. 따라서 과음으로 인한 다양한 피해를 줄이기 위해서는 알코올리스크관리(ARM; Alcohol Risk Management)가 필요하며, 알코올리스크관리란 방문객들이 과음을 하지 않도록 하는 정책이나 규칙을 수립하여 개최조직에서 과음에 대한 적절한 조치를 취하는 과정이라고 할 수 있다.

이벤트에서 음주가 발생하지 않도록 취할 수 있는 조치는 음주경고안내문의 설치, 출입구 경비요원에 의한 음주자 차단 및 주류압수 등의 방법이 있으며, 알코올음료의 판매가 허용되어야 하는 경우 매우 제한된 주류판매장소, 구매자 연령의 식별, 주류판매시간의 단축, 고가의 주류판매가격 책정으로 소비를 감소시키는 방법이 있을 수 있다.

이러한 알코올리스크관리는 이벤트의 긍정적 이미지를 창출하는 퍼블리시티와 구전효과를 만들어 낼 수 있으며, 이를 통해 다른 이벤트와 차별화할 수 있다. 특히 우리나라 지역축제의 경우 가족중심의 시장을 유치할 수 있는 환경을 조성하기 위해서는 과음을 방지하는 알코올리스크관리가 도입될 필요성이 있다.

3 이벤트리스크 관리과정

이벤트 행사장에서의 사고는 매우 다양한 유형으로 예고없이 발생하는 것이므로 사고발생이 가능한 것을 식별하는 것부터 발생가능성을 줄이는 노력, 발생시 대응방안 수립 등의 과정을 이벤트의 리스크관리과정이라고 할 수 있으며, 다음의 그림과 같이 나타낼 수 있다.

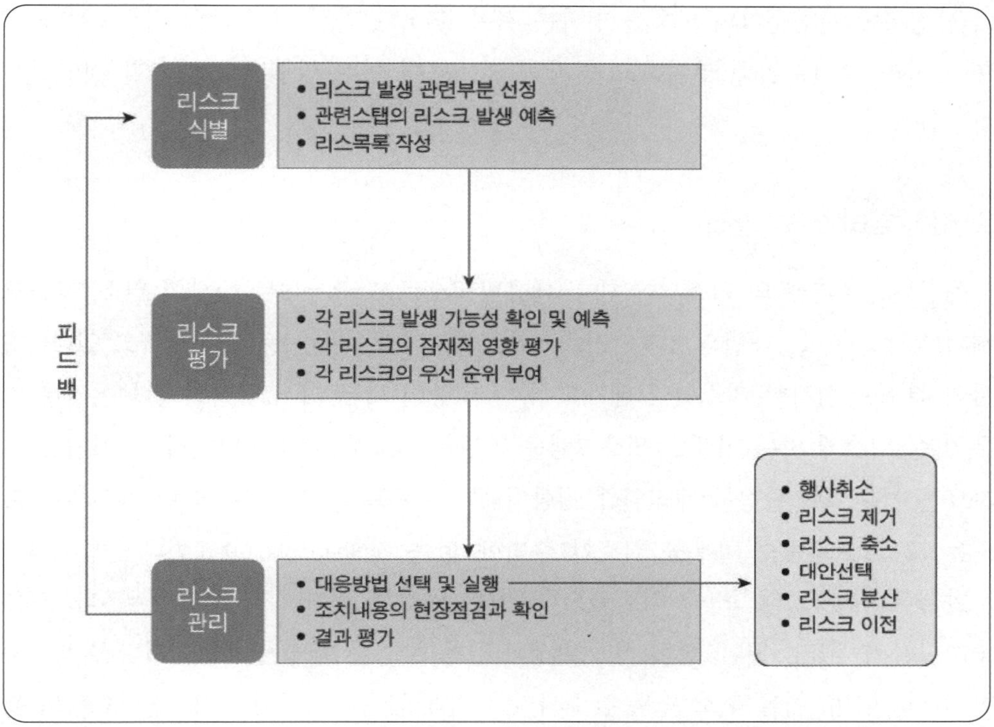

자료: Goldblatt, 1997; Getz, 1997; McDonnell, Allen, O'toole, 1999; IFEA, 1997의 자료를 바탕으로 저자 작성

[그림 8-15] 이벤트 리스크 관리과정

1) 이벤트리스크의 식별

이벤트의 모든 부문은 리스크를 지니고 있기 때문에 각 부문의 담당자와의 보고 또는 회의 등을 통해 리스크의 비중이 높은 관련부문을 선정한다. 이벤트관리자는 우성 조직내 관련 스탭들에게 발생가능한 리스크와 예상 발생빈도를 예측하게 하고, 이를 각 부문별 중요도순으로 정리해서 하나의 리스크목록을 작성하는 것이 좋다.

2) 이벤트리스크의 평가

예상리스크의 목록이 작성되면 이를 토대로 각 리스크의 발생가능성을 확인하며, 리스크가 전체 이벤트 운영에 미칠 잠재적 영향을 평가한다. 영향평가시 모든 리스크는 소홀히 취급되어서는 안되며, 리스크의 특성과 취급방법이 명확히 규명되지 않을 경우에는 전문가의 도움을 청하는 것이 좋다. 평가된 각 부문의 리스크는 중요도에 따라 우선순위를 부여하고 각각의 리스크에 어떤 방법으로 대처할 것인지를 강구한다.

3) 이벤트리스크 관리

예상되는 이벤트의 리스크에 대한 대응방법으로 Berlonghi는 행사의 취소, 리스크제거, 리스크축소, 대안의 선택, 리스크분산 및 리스크이전 등을 제시하고 있다. 행사의 취소란 심각한 리스크가 내재되어 그 비중이 너무 커서 극복하기가 어려운 경우 이벤트 전체 또는 이벤트 프로그램중 일부를 취소하는 것을 말한다. 과거의 날씨자료를 기준으로 설정한 개최일에 예상치 못한 집중폭우가 지속된다면 야외 이벤트 또는 그 프로그램중 일부를 취소할 수밖에 없을 것(Berlonghi, 1990)이다.

발생될 이벤트 리스크를 식별했으나, 이를 완전히 제거하지 못할 경우 리스크를 축소시킬 수 있다. 도난, 상해, 범죄발생과 같은 사고는 어느 이벤트에서나 발생가능한 리스크이며, 이를 축소 또는 감소시키기 위해 금속탐지기의 사용, 경비요원의 행사장 주변 배치 등과 같은 방법을 사용할 수 있다. 또한 리스크는 스탭과 자원봉사자에 대한 지속적인 교육을 통해 그 심각성을 축소시킬 수 있다.

그 이외에도 리스크에 대응하는 방법에는 장소의 변경 등 대안을 선택하는 방법, 정전을 대비해 예비발전기를 준비한다던가 또는 다수의 소액 스폰서를 확보해 스폰서십 취소에 대비하는 형태로 리스크를 분산시키는 방법, 또 보험이나 재계약 등을 통해 리스크를 이전(移轉)시키는 방법도 있다.

리스크에 대한 대응방법이 선택되어 실행에 들어가면, 최종적으로 실행된 조치내용의 현장점검과 확인을 할 필요가 있고 최종확인이 끝나면 이벤트가 운영되어 종료된 후 리스크관리에 대한 평가를 실시한다.

REFERENCE 참고문헌

Allen, J., O'Toole, W., Harris, R., & McDonnell, I. (2008). *Festival and Special Event Management*, 4th ed.. John Wiley & Sons.

Andrew, W., & Schmidgall, R. (1993). *Financial Management for the Hospitality Industry*, American Hotel & Motel Association.

Berlonghi, A. (1990). *The Special Event Risk Management Manual*. Alexander Berlonghi.

Burke, R. (1993). *Project Management; Planning & Control*, 2nd ed.. New York: John Wiley & Sons.

Catherwood, D., & Van Kirk, R. (1992). *The Complete Guide to Special Event Management*. New York: John Wiley & Sons.

Crompton, J. (1993). Understanding a business organisation's approach to entering a sponsorship partnership. *Festival Management and Event Tourism*, 1(3), 98-109.

Crompton, J. (1994). Benefits and risks associated with sponsorship of major events. *Festival Management and Event Tourism*, 2(2), 65-74.

Crompton, J. (1995). Factors that have stimulated the growth of sponsorship of major events. *Festival Management and Event Tourism*, 3(2), 97-101.

Emmets, C. (1997). Alcohol Risk Management: Maximizing Profits, Minimizing Problems. *Event Operations*. Port Angeles WA: IFEA.

Geldard, E., & Sinclair, L. (2002). *The Sponsorship Manual: Sponsorship made easy*. Sponsorship Unit.

Getz, D. (1997). *Event Management & Event Tourism*. Cognizant Communication Corporation.

Goldblatt, J. J. (1997). *Special Event - Best Practices in Modern Event Management*, 2nd ed.. John Wiley & Sons Inc.

International Event Group (1995). *IEG's Complete Guide to Sponsorship*. Chicago: IEG Inc..

Johnson, D. (1997). Festival Risk Management: Success with Safety. *Event Operations*. Port Angeles WA: IFEA.

Peterson, K., & Crayton, C. (1995). The effect of an economic impact study on sponsorship development for a festival: A case study. *Festival Management and Event Tourism*, 2(3-4). 185-190.

Rutley, J. (1997). Security. *Event Operations*, Port Angeles WA: IFEA.

Storey, B. (1997). Creating An Effective Sponsorship Proposal. *IFEA's Official Guide To Sponsorship*. Port Angeles WA: IFEA.

Sunshine, K., Backman, K., & Backman, S. (1995). An examination of sponsorship proposals in relation to corporate objectives. *Festival Management and Event Tourism*, 2(3-4), 159-166.

Watt, D. (1998). *Event Management in Leisure and Tourism*, New York: Addison-Wesley Longman.

Weppler, K., & McCarville, R. (1995). Understanding organizational buying behavior to secure sponsorship, *Festival Management and Event Tourism*, 2(3-4), 139-148.

case study

스코틀랜드 에든버러축제

• 축제개요

인영국 스코틀랜드의 에든버러시는 인구 43만의 중세풍 소도시로서 지역축제 하나만으로도 연 1천 2백만 명의 관광객을 유치하여 지역경제 활성화는 물론, 유명관광지로의 부상이 가능하다는 사례를 보여주고 있다. 특히 매년 7월말에서 8월초의 단기간에 75만의 관광객이 유입되며, 세계 3대 공연축제로 1947년 2차대전 후에 실의에 빠진 유럽인들에 희망과 용기를 불어넣고자 에든버러축제를 시작하였다. 연극(40%), 음악(21%), 코미디(20%), 무용(5%) 등 다양한 형식의 공연이 열리는 이 축제는 공식초청작과 프린지부분으로 나누어 개최된다. 특히 2002년에는 49개국 1490여개 팀이 참가하였고, 참신한 아이디어를 담은 새로운 참가팀들의 경연장 역할을 하고 있다. 2001년 관광객들이 공연관람 및 숙식, 쇼핑 등에 지출한 소비액이 4억 3000만 파운드에 달해 에든버러의 지역경제에 커다란 기여를 하고 있다.

에든버러축제는 Science Festival, International Festival, Fringe Festival, Film Festival, Book Festival, Children's Festival, Jazz Festival , Military Tattoo, Hogmanay 등 20여 종에 가까운 축제를 1년 연중 개최하며, 그중 대표적인 것이 International Festival과 Fringe Festival 및 Military Tattoo이다. 스코틀랜드 관광위원회의 통계에 의하면 9개의 주요축제가 매년 7천 2백만 파운드의 수입을 창출하고 있다고 보고하였다.

에든버러축제는 기네스북에도 세계 최고의 예술축제로 기록된 바 있으며, 매년 유명인사들이 참석해 엄청난 성황을 이루어, 매년 8월에 열리는데 그 역사가 50년을 넘고 있다. 에든버러는 세계 각처에서 스코틀랜드의 수도로 몰려오는 유명한 전문 음악인, 연극인, 오페라 및 다른 여러분야 그룹들로 인해 문화 활동의 중심지가 되고 있다.

• 수입과 지출

에든버러축제의 주요 수입원은 입장권 판매와 스폰서십 및 지방자치단체 보조금으로 세부문의 금액이 전체수입의 95.7%를 차지하고 있다. 이에 비해 지출금액은 공연초청비용, 부대행사비용 및 시설비용 등 공연관련비용이 전체지출의 71.1%로 가장 높게 나타나고 있다. 에든버러축제는 단일축제가 아니고, 독립된 여러 축제가 연결되어 있기 때문에 재정수입과 지출을 각 축제별로 산정하고 있어 각각의 축제별로 재무상태가 다르다고 할 수 있다.

• **축제수입**

(단위 : 천원, 환율 : 1파운드=1900원)

구분	입장권 판매	도비	시비	스폰서 및 기부금	금융수익	기타	총계
수입금액	3,793,296	1,662,500	2,484,094	3,287,186	79,106	416,411	11,722,595
비율	32.3%	14.2%	21.2%	28.0%	0.7%	3.6%	100.0%

• **축제지출**

(단위 : 천원, 환율 : 1파운드=1900원)

구분	공연비용	홍보비	자금조달 및 스폰서유치비	일반 관리비	총계
지출금액	8,687,782	1,471,318	460,035	1,606,394	12,225,531
비율	71.1%	12.0%	3.8%	13.1%	100.0%

• **다양한 축제프로그램**

- International Festival

매년 약 650가지의 예술 문화 축제가 영국에서 열리는데, 이중 세계적으로 가장 잘 알려진 축제가 에든버러 국제축제(Edinburgh International Festival)이다. 에든버러 국제축제는 1947년으로 제2차 세계대전의 상처가 유럽 전역을 감싸고 있던 시기에 시작되었다. 글린데본 오페라단의 행정관이던 루돌프 빙(Rudolf Bing)을 포함한 몇몇 뜻있는 사람들이 재기의 바람을 불어넣어 전쟁의 상처를 치유하기 위하여 나온 아이디어가 바로 축제였고, 이는 유럽 대륙에서도 호응을 받아 몇몇 도시에서 참가를 알려오기 시작하며 발전했다. 50년이 넘는 역사를 지닌 이 축제는 이제 예술에 있어서 세계에서 가장 위대한 축제중의 하나라는 명성을 얻고 있다.

Edinburgh International Festival에 초청받는 공연 단체는 축제 개최측의 후원을 받아 무대에 작품을 올린다. 에든버러 국제축제 개최측이 후원을 하기 때문에 이들 공연단체와 작품의 선정은 철저한 검증과 심사를 통하여 이루어지며, 세계적인 작품 수준이 되어야 한다. 에든버러 국제축제 무대에서는 클래식 예술을 감상할 수 있다.

- Fringe Festival

프린지축제는 세계 유명한 예술극단들을 초청하여 전문 공연장에서 공연하는 형식을 취하려 했으나 International Festival이 처음 열리던 1947년 초대받지 않은 8명의 예술인들이 거리나 교회 등지에서 공연을 하였다. 다음해 한 신문기자가 "공식 축제 외곽(fringe)지역에서 오히려 더 활발한 무대가 펼쳐졌다"라고 평가한 데서 '프린지'라는 이름이 탄생했다. 이것이 유명해져 지금은 '에든버러 페스티벌 프린지'라는 거리 예술축제가 더욱 사랑을 받고 있다. 지금도 그 전통이 이어져 프린지축제는 자유참가의 형식을 띄며, 영국인에게도 인기가 있는 우리나라의 '난타'공연도 프린지축제에 "Cookin"의 공연명칭으로 1999년 참가했고, '미스터 빈'으로 유명한 코믹 배우 로완 앳킨슨이나 영화배우 휴 그랜트도 무명시절 프린지를 거친 수많은 영국 배우중 하나다.

축제조직으로 공연단의 요구에 따라 1959년 구성된 프린지축제위원회(The Festival Fringe Society)는 출판과 티켓판매 그리고 공연자와 관중에게 종합적인 정보제공 서비스를 하고 있다. 프린지축제위원회는 순수 민간단체로 축제위원회 아래 운영위원회가 있고, 평소에는 운영위원장을 포함 8명이 근무하며, 축제 기간 중에는 5주에서 5개월까지 근무하는 임시직원이 50~100명까지 늘어난다.

2002년 에든버러 프린지축제에는 1,550개의 공연작품이 23,327회의 공연을 하였으며 전체 공연작품을 모두 관람하기 위해서는 3년 355일이라는 기간이 필요할 정도로 많은 작품이 공연되었다. 공연관람을 위해 975,110장의 입장권이 판매되어 7,688,113파운드의 입장권수입이 발생되었는데, 전체공연중 10%는 무료입장이었고, 입장료가 5파운드 이내인 작품이 전체의 44%를 차지했으며, 외국 공연단체의 공연이 전체의 24%를 차지했다.

연령별 프린지축제 방문객비율(%)

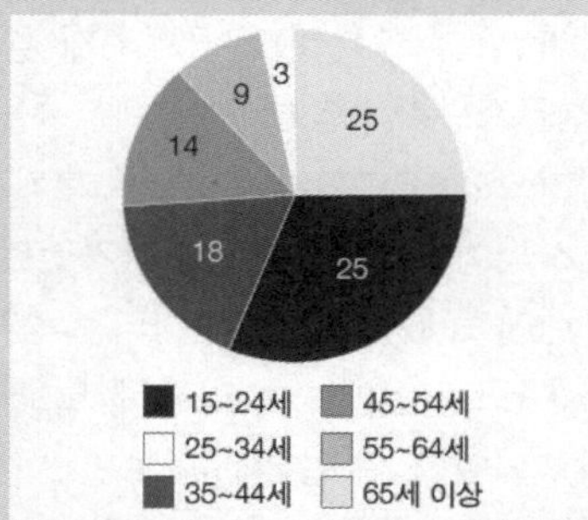

방문객 시장의 각 계층중 연령별로 프린지축제에 참가한 방문객은 25~34세가 31%로 가장 많았으며, 다음으로 15~24세가 25%였으며, 65세 이상은 3%, 55~64세는 9%로 젊은 계층이 방문객의 주축을 이루었다.

거주지별로는 개최지 주민인 에든버러 시민이 30%로 가장 많았으며, 스코틀랜드 거주자가 9%, 영국국민이 39%, 외국인이 22%를 차지해 개최지 및 인근주민이 39%, 외지주민이 61%로 대부분이 숙박을 필요로 하는 방문객이어서 관광수입효과가 큰 것으로 나타났다. 2001년도 방문객이 공연, 관람, 숙식 및 쇼핑에 지출된 비용이 £4억 3천만(약 8,170억원)에 이른다.

거주지별 프린지축제 방문객비율(%)

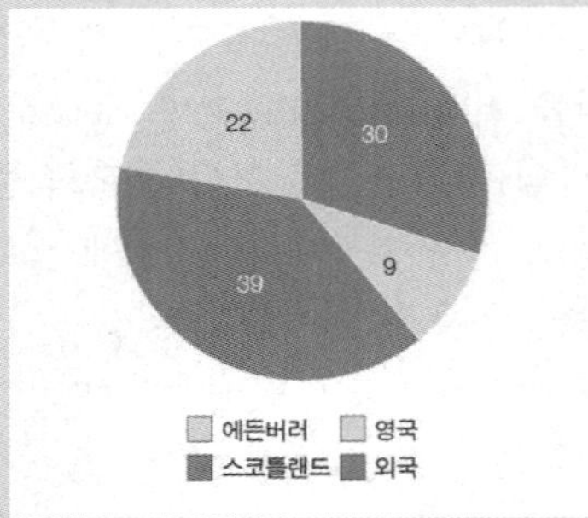

프린지축제에 참가한 방문객의 평균체재숙박일수는 8.8일이었으며, 에든버러에서 숙박을 한 방문객중 17%는 스코틀랜드의 다른 지역에서도 숙박을 한 것으로 나타나 개최지 인근 지역도 관광수입효과가 나타났음을 알 수 있다. 프린지축제 방문객중 57%는 '프린지축제 참가'가 여행목적이었으며, 20%는 매우 중요한 여행목적이었던 것으로 조사되어 77%의 방문객이 프린지축제 참가를 주목적으로 여행하고 있음을 알 수 있다. 체재기간별로 방문객비율을 보면, 1~2박이 13%, 3~7박이 59%, 8박 이상이 28%인 것으로 나타났다.

체재기간별 프린지축제 방문객비율(%)

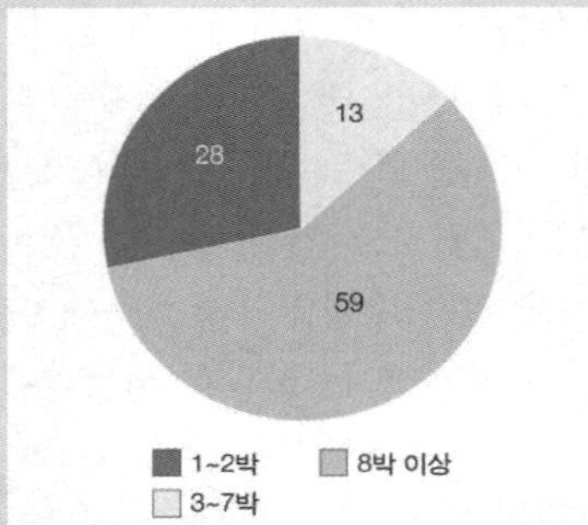

또한 프린지축제 방문객중 동시에 다른 에든버러축제에 중복참가(cross-over)한 경우도 많아 에든버러 국제필름축제참가자가 52%, 에든버러 국제도서축제 참가자가 44%, 에든버러 국제축제 참가자가 30%인 것으로 조사되었다.

또한 프린지축제 방문회수별 비율로 처음 참가한 방문객이 30%, 1~2회 참가경험자가 28%, 3~5회가 19%, 6~8회가 8%, 9회 이상 및 매년 참가자가 15%인 것으로 조사되어 대부분 과거에 참가했던 재방문자가 주류를 이루고 있음을 알 수 있다.

프린지축제는 흑자로 경영되는 축제로 수입 · 지출내역에서 2001년 수입은 1,154,585파운드로 지출 1,107,592파운드보다 46,993파운드가 많다는 조직위원회 보고서가 작성되었다. 수입부문을 보면, 기부금과 스폰서십 £253,937, 투자수입 £23,862, 사업수입 £780,541, 보조금 £47,100, 기타수입 £49,145로 사업수입이 가장 많고, 다음으로 스폰서십과 기부금이 많은 부분을 차지하는 것으로 나타나 재정자립도가 높은 축제로 보고되었다.

지출부문에서 공연과 관련된 직접비용의 총액이 £784,796, 간접비용이 £322,796으로 총 £784,796를 지출하였다. 직접비용중 출판 · 이벤트비용이 £356,334로 가장 많았고, 급여 및 수당이 £273,298, 마케팅 · 유통비용이 £110,811, 소모품비용이 £29,424, 전문서비스이용비용이 £14,929로 보고되었다. 지출부문에서 간접비용으로 행정비용이 £258,673, 감가상각비가 £35,648, 기타비용이 £28,475인 것으로 보고되었다.

• 프린지축제 수입 · 지출내역(2001, 단위: 영국파운드£)

수입			지출			
수입항목	금액	비율	지출항목		금액	비율
스폰서십 · 기부금	253,937	22%	직접비용	출판 · 이벤트비용	356,334	32%
투자수입	23,862	2%		급여 · 수당	273,298	25%
사업수입	780,541	68%		마케팅 · 유통	110,811	10%
보조금*	21,600	2%		소모품비	29,424	3%
보조금**	25,500	2%		전문서비스비용	14,929	1%
기타수입	49,145	4%		소 계	784,796	71%
			간접비용	행정비용	258,673	23%
				감가상각	35,648	3%
				기타비용	28,475	3%
				소 계	322,796	29%
총 수 입	1,154,585	100%	총 지 출		1,107,592	100%

프린지축제의 성공비결은 새로운 공연의 추구, 참가공연의 개방성, 다른 에든버러축제와 개최기간 일치로 인해 방문객이 다른 축제의 다양한 프로그램을 관람할 수 있는 크로스오버(cross-over)효과 등이라고 할 수 있다. 프린지축제는 규모가 큰 만큼 개최 7개월 전부터 본격적인 준비가 시작되어 대체로 1월 하순부터 런던, 버밍햄, 맨체스터, 에든버러 등에서 관계자 모임을 실시하고, 매년 6월 초에는 공식 프로그램을 최종 확정한다.

• Military Tattoo

매일 9천여명의 관객과 함께 22일간의 공연에 스코틀랜드 민속을 소재로 매년 20만명의 유료관람객이 함께 하는 에든버러 군악제(軍樂祭; Military Tattoo)로 산위에 지은 에든버러 성의 입구 큰 광장에서 펼쳐진다. 축제시작 일년전부터 예매가 이루어져 3~4개월전에 예매가 완료될 정도로 인기가 높고, 수백명이 넘는 연주단이 전통 컬트 의상을 입고, 절도있는 퍼레이드에 백파이프와 드럼을 연주하는 장관에 에든버러의 수많

은 숙박업소가 방문객에 의해 포화상태가 된다.

우리나라의 원주군악제와 비슷한 개념의 에든버러 군악제의 입장객 20만명의 70%는 스코틀랜드 이외의 지역에서 온 외래방문객이고, 전체 입장객의 35%는 해외 방문객들이다. 또한 전 세계 1억명의 시청자가 TV로 군악제를 지켜보며, 에든버러 군악제가 스코틀랜드 지역경제에 미치는 효과는 연간 7천 2백만 파운드(약 1,370억원)에 달한다.

2002년도 가장 비싼 입장료는 £25이었고, 가장 싼 좌석은 £9이었으며, 장애인석은 £7.5으로 수익금은 적립하여 자선목적에 사용된다. 2003년 제54회를 맞은 에든버러 군악제는 1950년에 시작되어 단 한 차례의 공연 취소도 없었으며, 지금까지 천만명 이상의 관객이 참가했고, 30개국 이상의 출연국에서 매년 800명 이상의 출연진이 출연하였다. 에든버러 군악제에는 각 군의 시범부대, 낙타와 코끼리 및 기병부대 등 다양한 밴드와 군악대가 참여하며, 핵심 출연진은 스코틀랜드 사단의 보병부대다. 그 외에도 세계 30여개국의 군악대, 경찰, 민간인 공연자도 출연하며, 외국 공연단으로는 아시아의 홍콩, 싱가폴, 말레이시아, 인도 및 브루나이, 유럽의 독일, 프랑스, 덴마크, 이탈리아, 헝가리, 러시아 및 그리스, 미주의 미국 및 캐나다, 아프리카의 이집트 및 남아공, 대양주의 호주, 뉴질랜드 및 피지 등의 수많은 대학밴드, 경찰악대와 군악대가 출연한다.

에든버러 군악제가 유명한 축제가 된 이유는 군과 민간인으로 구성된 14명의 상설위원회가 분야별 역할을 담당해서 한 해의 프로그램이 확정된 상태로 다음 해의 프로그램을 준비할 정도로 치밀하게 행사를 준비한다는 점과 아름다운 古城과 신비로운 백파이프의 선율을 배경으로 감동을 자아내게 하는 최선을 다하는 드라마틱한 공연프로그램 구성이라고 할 수 있다.

사진자료; www.edinburgh-tattoo.co.uk, www.edfringe.com, www.eif.co.uk

CHAPTER 9

이벤트 운영과 평가

제1절 이벤트 운영

① 프로그램 운영

이벤트에서 프로그램은 서비스관리와 함께 방문객에게 상품으로 인식되는 핵심적 요소이므로 각별한 관리를 필요로 한다. 이벤트는 무형의 상품을 방문객에게 제공하는 과정이므로 어떤 프로그램이 제공되느냐에 따라 참가한 방문객의 이벤트에 대한 이미지형성에 크게 작용한다. 따라서 어떤 프로그램을 기획하고, 기획된 다양한 프로그램을 어떻게 구성할 것이며, 이를 어떻게 관리해 갈 것인가 하는 것은 이벤트관리자에게 매우 중요한 수행업무중 하나이다.

1) 프로그램 기획

(1) 창조적 아이디어의 원천

이벤트 프로그램 기획에 있어 창조적 아이디어 발상(creative idea generation)의 중요성은 누구나 인지하고 있는 사실이다. 그러나 실현가능한 아이디어는 갑자기 찾아오는 것이 아니고, 이벤트에 대한 관심과 배경지식, 평소의 문화생활 및 관련업무 지식이 바탕이 되어 발생하는 것이라는 점을 알아야 한다.

이벤트 프로그램의 아이디어는 독특하고 참신해야 하지만, 이를 실제로 현실화할 수 있는 실행가능성이 있어야 한다. 특히 이벤트 개최에는 개최조직과 스폰서, 행정당국 및 방문객 등 다수의 이해관계자를 만족시켜야 하는 어려운 점이 있다.

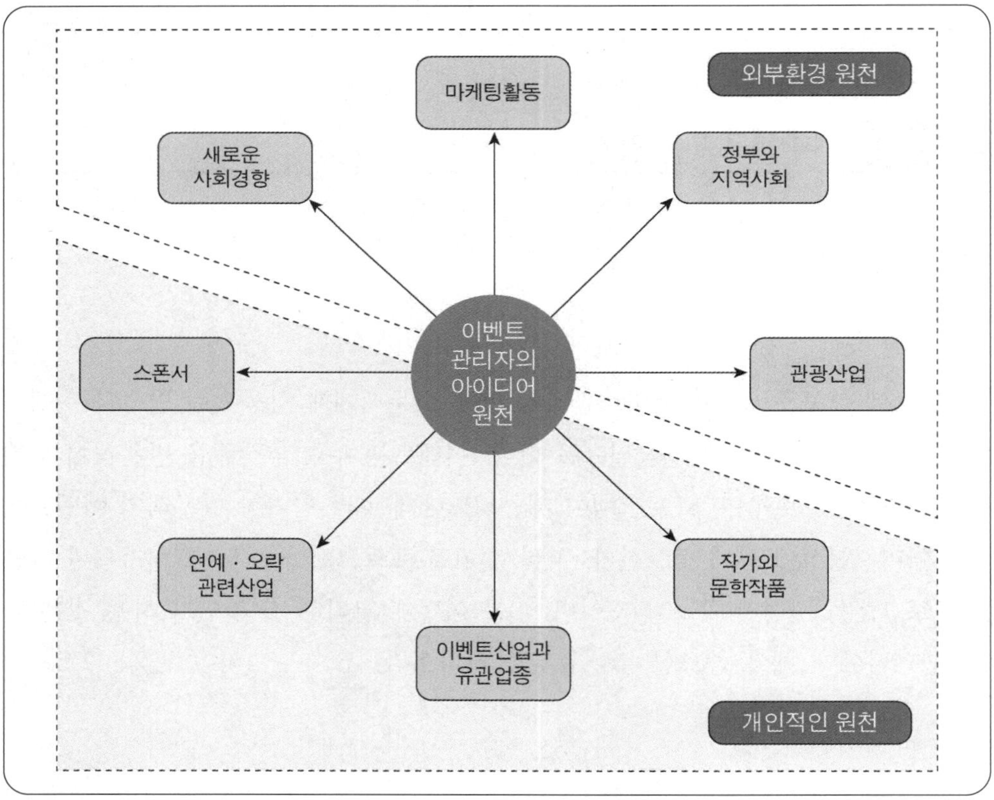

[그림 9-1] 이벤트 프로그램기획을 위한 아이디어 원천

따라서 프로그램 기획 아이디어가 단순히 개인적 예술성의 추구나 새로운 아이디어를 이벤트를 통해 시험해 보는 기회로 활용되어서는 안된다.

이벤트관리자가 기획능력을 갖추기 위해서는 개인적인 아이디어 창출능력을 관리해야 한다. Goldblatt(Goldblatt, 1997: 43)은 창조성을 유지하기 위해 개인적으로 행해야 할 몇 가지 실행방안을 제시하고 있는데, 이는 한 달에 한번씩 미술관을 방문하는 것, 매월 극장 · 오페라 · 무용 등의 공연에 참석하는 것, 지속적으로 문학작품을 읽는 것, 음악 · 무용 · 문학 · 시각예술 · 연극 등을 배우거나 동호인 모임에 참석하는 것 등이다. 다음의 그림은 이벤트 프로그램 기획을 위한 아이디어 원천의 예를 보여주고 있다.

이벤트관리자가 창의성을 배양하기 위해서는 그 외에도 개인적으로 사물에 대한 호기심이 있어야 하며, 창출된 아이디어를 언어적으로 표현할 수 있는 능력을 갖추어야 하고, 또 시각적으로 구성할 수 있는 능력을 지녀야 한다.

(2) 아이디어 창출방법

이벤트 프로그램 기획시 아이디어를 창출하는 방법에는 이벤트 이해관계자 및 외부로부터의 아이디어를 얻는 방법, 이벤트에 참여하는 수요 또는 현장을 직접 조사하는 방법 및 이벤트기획 담당자 또는 개최조직내 관련담당자의 기획회의를 통해 구체화시키는 방법이 있을 수 있다. 먼저 이벤트 이해관계자 및 외부로부터의 아이디어를 얻는 방법은 스폰서나 관련업체, 또는 자원봉사 등의 제안이나 아이디어 제공 등을 통해 아이디어를 창출하는 방법이다.

이벤트 수요를 대상으로 직접 조사(direct search)하는 방법은 잠재적 수요를 대상으로 하는 방법과 유사이벤트를 대상으로 하는 방법 및 과거의 참가자를 대상으로 하는 방법으로 구분될 수 있다. 잠재적 수요를 대상으로 하는 방법은 수요자 설문조사나 초점집단면접(focus group interview)을 통해 이벤트 프로그램의 내용과 주요 편익 등을 직접 조사하는 방법이다.

이에 비해 경쟁관계에 있는 이벤트 또는 유사이벤트를 대상으로 하는 방법은 여기에 직접 참여하거나 자료를 중심으로 프로그램 내용을 분석하여 조사하고, 이를 반영하는 방법이다. 과거의 참가자를 대상으로 하는 방법은 과거 참가자의 불만이나 희망사항, 개선사항을 직접 조사하여 체계적으로 분석하는 방법이다.

이벤트기획 담당자 또는 개최조직내 관련담당자의 기획회의(creative meeting)를 통해 구체화시키는 방법은 브레인스토밍이나 형태학적 분석 등의 방법을 이용한다. 브레인스토밍(brainstorming)은 다양한 아이디어중 새롭고 기발한 아이디어를 채택하는 방법으로 비판금지, 자유로운 토의, 다량의 토의내용 원칙으로 잘 알려진 방법이다. 형태학적 분석(morphological analysis)이란 이벤트의 목표라는 문제의 명시적 정의를 설정하고, 시간, 장소, 프로그램의 내용 등 중요 매개변수를 정한 다음, 매개변수의 가능한 조합을 열거하여 대안의 타당성을 검토하는 것으로 프로그램의 기획과 구성에 동시에 사용할 수 있는 방법이다.

위에서 제시된 아이디어 창출 방법이외에도 이벤트 프로그램의 아이디어를 얻는 방법은 매우 다양할 수 있다. 창조적 아이디어 창출이야말로 주어진 환경내에서 실행가능한 것이라는 전제조건만 충족시킬 수 있다면, 그 방법에 얽매일 필요가 없으며, 창조적 능력을 유지하기 위한 이벤트관리자의 끊임없는 노력이 더욱 중요하다고 할 수 있다.

(3) 아이디어의 실행가능성 심사

아무리 뛰어나고 훌륭한 프로그램기획의 아이디어가 창출되었어도 그 아이디어가 현실적으로 실행가능성이 적다면 이는 무의미한 아이디어일 수밖에 없다. 따라서 창출된 아이디어의 이벤트 개최목적과의 일치여부, 이벤트전체 이미지에 미치는 영향, 물리적 시행가능성, 경쟁이벤트와의 차이, 지역사회 및 이해관계자의 거부감 발생여부, 환경문제의 발생여부 등이 검토되어야 한다.

또한 프로그램 운영측면의 경제성과 내부적 운영능력도 검토될 필요가 있다. 즉 시설과 장비제작 가능성 및 비용, 조직의 프로그램 운영능력, 프로그램 운영을 위한 적합한 장소 이용가능성, 기타 프로그램 운영비용 등이 검토되어야 한다. 이런 실행가능성이 충분히 검토되면, 창출된 아이디어로 기획된 다양한 프로그램을 어떻게 구성할 것인가가 계획되어야 한다.

2) 프로그램 구성

다양한 이벤트 프로그램을 운영함에 있어 그 목적을 간과해서는 안 된다. Getz(1997: 167)는 이벤트 프로그램 포트폴리오 개발목적을 수익발생, 지역사회 공헌, 표적시장 유인, 커다란 홍보효과로 제시하고 있다.

하지만 이벤트 프로그램의 가장 커다란 운영목적은 외부적으로 방문객의 만족을 실현시키는 것이다. 물론 내부적으로는 프로그램 운영을 통해 수익을 창출해야 하는 목적을 지닌 경우도 있다. 지역축제의 경우에는 다양한 프로그램을 통해 지역사회에 공헌해야 하며, 독특한 프로그램의 홍보를 통해 방문객의 관심을 끌어 방문객 수를 높이는 목적도 있다.

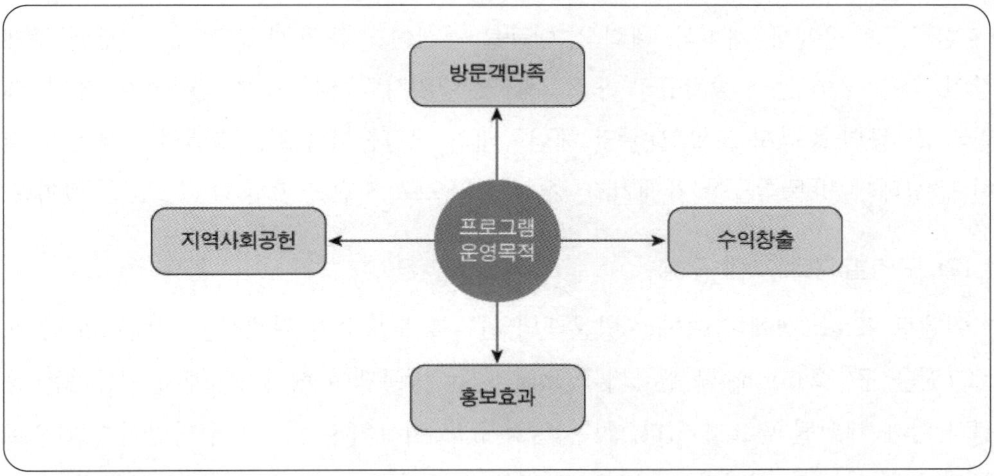

자료: 저자 작성

[그림 9-2] 이벤트 프로그램 운영목적

다수의 프로그램을 채택하는 이벤트의 경우 이벤트 프로그램은 이와 같은 운영목적에 알맞게 다양하게 구성되는 것이 바람직하다. 이벤트의 프로그램이란 1장에서 설명된 것처럼 매우 다양한 종류가 있다. 일반적으로 이벤트에서 운영되고 있는 프로그램들은 전야제, 개회식, 폐회식, 시상식, 리셉션 등의 의식(ritual), 스포츠, 경연대회, 오락게임 등의 게임, 향토음식판매, 기념품판매, 지역 특산품판매, 경매코너, 기업홍보 등의 전시와 판매, 음악, 무용, 연극, 민속 등의 공연, 체험, 전시, 행위시범, 역사재현, 유물전, 주제강연 등의 교육프로그램 등이 있으며, 그 외에도 매우 다양한 프로그램을 개발하여 운영할 수 있다.

이러한 프로그램들은 이벤트의 유형과 특성에 따라 프로그램 채택여부와 채택된 프로그램의 구성비율이 다르게 나타난다. 다수의 이벤트 프로그램이 운영되는 경우 방문객의 인구통계적 특성에 따라 세분시장별로 구성비율을 다르게 하기도 하고, 프로그램의 규모별로도 운영시간을 조절하며, 장소에 따라 프로그램을 구분하기도 한다.

(1) 프로그램 규모별 구성

프로그램 규모별로 각각의 프로그램을 언제 어디에서 운영할 것인지가 결정되어야 한다. 즉 전야제, 개회식, 폐회식, 대규모 퍼레이드 등의 대규모 프로그램과 주제강연, 각종 공연 등의 중간규모 프로그램 및 행위시범, 역사재현, 전통놀이 참여, 캐릭터 쇼 등의 소규모 프로그램 및 체험형태의 개인참여형 프로그램의 비율을 적절히 구성해야 방문객들이 체재기간 중 효율적으로 시간을 활용할 수 있을 것이다.

(2) 구역별 프로그램 구성

이벤트 프로그램에 참여하는 방문객의 편리를 도모하기 위해서는 이벤트의 각 프로그램을 구역화(zoning)할 필요가 있으며, 이는 방문객이 행사장내에서 이동하는 동선과 함께 계획될 필요가 있다. 이는 일정 규모 이상의 이벤트에서 다양한 방법으로 구성될 수 있는데, 행사장을 구역별로 나누어 주제를 설정하는 방법이 있을 수 있으며, 유사한 프로그램을 집단화하는 방법도 있을 수 있다. 중요한 것은 프로그램을 구역화하는 것은 개최자의 편의를 중시하는 접근이 아니고, 방문객의 편리함을 위해 계획되어야 한다는 것이다.

(3) 세분집단별 프로그램 구성

이벤트 프로그램은 방문객이 동질성(homogeneity)을 지닌 단일집단이 아닌 경우 각각의 세분집단별로 방문객들의 특성에 따라 구성되어야 한다. 국제회의와 같은 회의이벤트에서 동반자 프로그램(spouse program)을 운영하는 것도 세분집단의 욕구를 충족시키기 위한 것이다. 일반적으로 세분집단별 프로그램에서 구분의 기준이 되는 변수는 연령, 성별, 거주지별인 경우가 많다. 다음의 그림은 지역주민과 외래방문객 기준 프로그램 구성과 연령별 프로그램 구성비율의 예를 보여주고 있다.

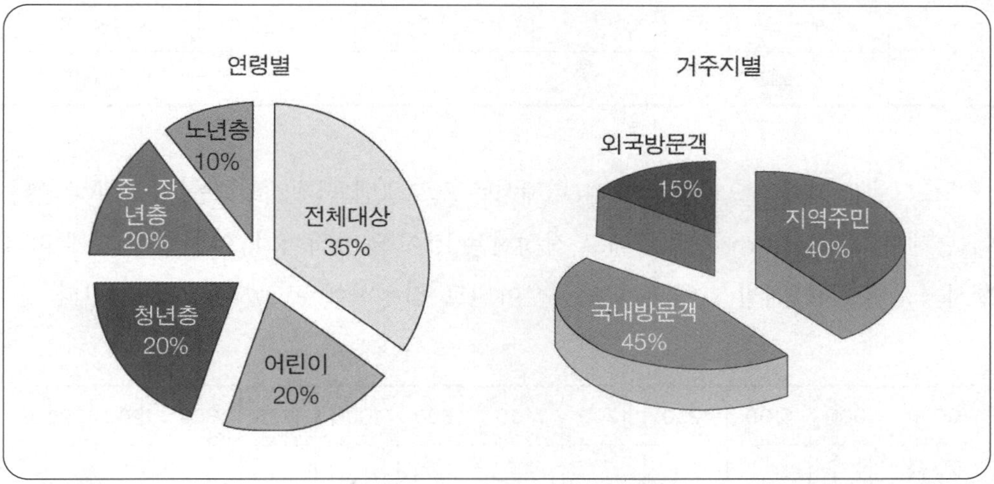

자료: 저자 작성.

[그림 9-3] 연령 및 거주지별 프로그램 구성비율의 예

규모와 행사구역 및 세분집단별로 구분된 다수의 이벤트 프로그램이 동시다발적으로 운영될 경우 프로그램 운영시간과 동선의 배치에 따른 추천코스(model course)를 작성하여 장 · 단기 체재방문자 또는 재방문자에게 제공함으로써 프로그램 참여의 편의를 증진시킬 수 있다.

3) 프로그램 관리

규모와 구역 및 인구통계 특성별 프로그램 구성비율의 산정과 함께 전체 예상 방문객수에 따른 프로그램별 수용인원을 산출해야 하는데, 이는 특정 프로그램 또는 전체 프로그램의 적절한 수용인원 배분과 각 프로그램의 효율적 운영에 필요하다.

〈표 9-1〉 프로그램 수용인원의 산출의 예

수요별	프로그램	1회 수용인원	회전율	개장시간	1일 수용인원
어린이	놀이기구	150명	1시간	0900-1900	1,500명
	인형극장	300명	1시간 30분	3회 공연	900명
	캐릭터 전시	100명	30분	0900-1900	2,000명
	게임룸	200명	2시간	1300-1900	600명
	소 계				4,600명

프로그램을 효율적으로 관리하기 위해서는 프로그램 진행계획표를 작성해야 한다. 이는 갠트챠트(Gantt chart)의 형태로 작성하는 것이 일반적이며, 이벤트 특성에 따라 행사장소별, 시간대별, 수요별, 또는 분야별로 작성하여 프로그램을 관리한다.

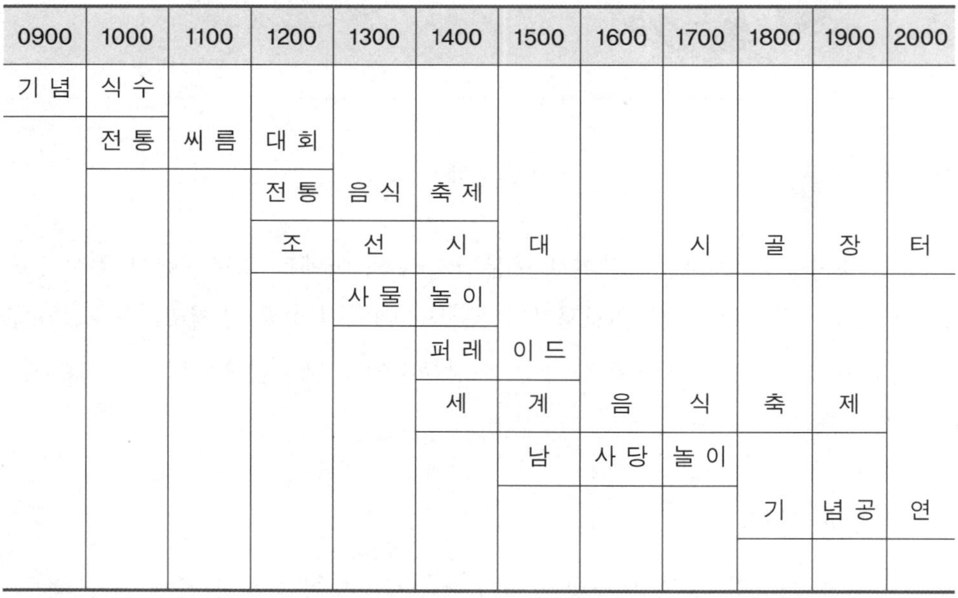

[그림 9-4] 프로그램 진행계획표의 예

② 행사장 운영

1) 이벤트 행사장 운영 구성요소

이벤트 행사장운영은 방문객들에게 체재기간중의 편리함과 시설물 이용의 편의성을 제공하여 이벤트에 대한 이미지를 심어주는 독특하면서도 핵심적인 관리요소로 운영기획시 다음과 같은 내용이 고려되어야 한다.

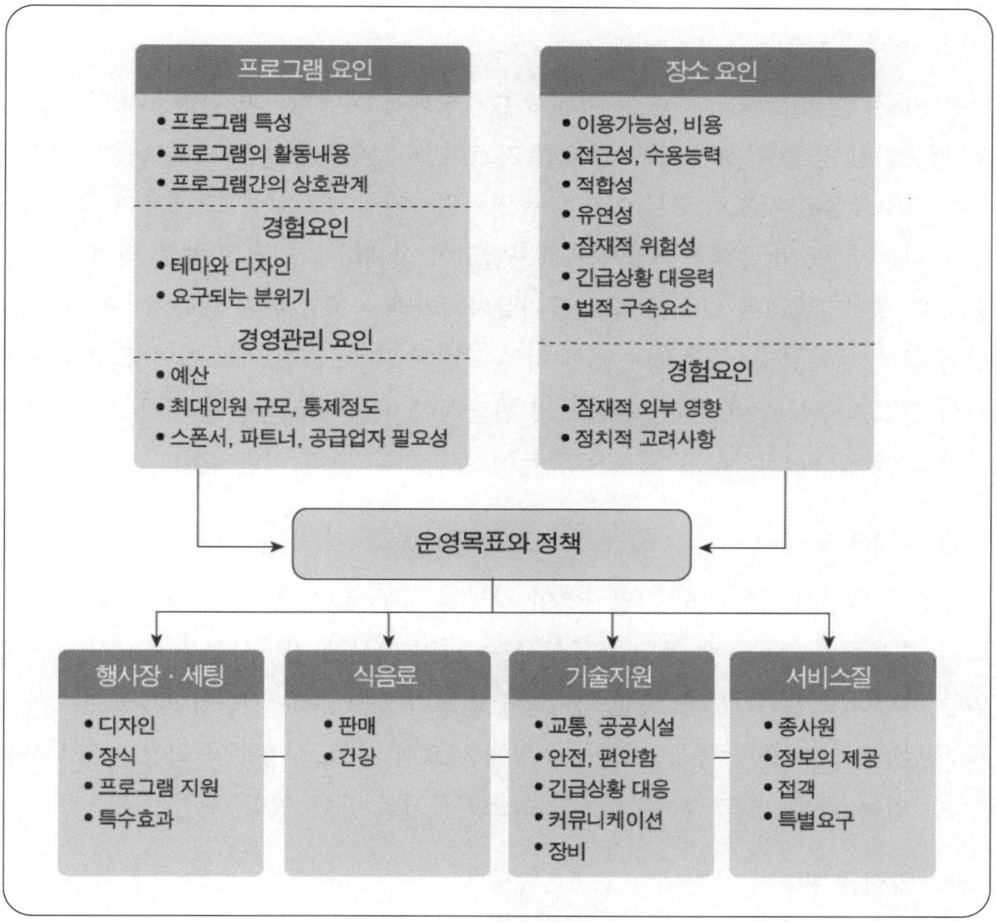

자료: Getz, 1997: 88.

[그림 9-5] 이벤트 운영기획의 주요요소

2) 이벤트 행사장 운영관리

(1) 운영본부

행사장내에서 운영을 총괄하는 사무실이 운영본부이다. 이곳은 행사장내 행정업무의 중심지이기 때문에 모든 운영요원들과의 연결과 의사소통이 이루어져야 하는 커뮤니케이션 센터로서의 역할도 수행한다. 내외부 어느 곳으로부터도 접근성이 용이한 장소에 위치하는 것이 좋고, 이벤트 운영요원이나 자원봉사자를 위한 휴식공간을 마련하는 것도 바람직하다.

(2) 운영매뉴얼

운영매뉴얼(operation manual)은 이벤트 행사장에서 운영계획과 진행조건, 운영요원의 행동지침 등을 규정한 매우 중요한 자료이다. 운영매뉴얼은 프로그램의 기획에 근거하여 작성된 것으로 모든 이벤트 운영관련자에게 배포하여 그 내용이 숙지되어야 한다. 이벤트의 운영매뉴얼에는 행사일정이 상세히 기재된 스케줄 및 해당업무담당자, 행사장관리에 필요한 각종 장비설치계획과 이와 관련된 연락처, 행사진행요원의 근무시간, 복장, 행동요령 및 배치와 관련된 사항, 출연진, 초청연사 및 유력인사의 영접 및 안내계획, 관람객유도 및 관람객이 이동하는 동선의 계획, 청소, 쓰레기처리, 위생 및 비상상황 처리요령 등이 포함되는 것이 일반적이다.

(3) 기반시설

이벤트 행사장 운영에서 기반시설이 확보된 경우 많은 운영비용을 절감할 수 있으며, 효율적인 프로그램 운영을 도모할 수 있기 때문에 기반시설은 중요한 성공요인중 하나라고 할 수 있다. 이벤트 운영에 필요한 행사장의 주요 기반시설로는 동력과 냉난방, 조명, 음향 등 프로그램 운영에 필요한 시설, 식용수와 화장실에서 사용할 수 있는 급수시설과 하수설비 및 가스공급시설 등이 있다.

(4) 입장권 관리

기업이벤트나 지역주민의 단합을 위한 축제이벤트의 경우에는 행사장 입장료가 책정되지 않고 무료입장이 가능하지만, 이벤트 방문객의 입장료 수입이 주된 수입원이 되는 이벤트의 경우 입장권판매는 이벤트의 성공여부에 큰 변수로 작용한다.

입장권은 유통과정을 통해 판매(7장 참조)되기도 하고, 행사장 입구의 입장권 판매대에서 직접 판매하기도 하는데, 이 경우 입장권 판매원은 방문객에게 입장권에 대한 정보제공, 방문객의 입구유도, 판매대금의 관리 등에 관한 별도의 교육이 이루어져야 한다.

(5) 안전관리

이벤트 행사장에서 안전관리를 위해 기본적으로 필요한 것은 긴급상황 대처와 대피요령에 대한 운영스탭과 자원봉사자에 대한 교육, 비상구급에 필요한 물품의 비치 등이다. 아울러 이벤트에 따라 미아처리를 담당자와 분실물처리 담당자가 필요하며, 안전사고의 리스크가 많은 경우 경찰 또는 안전요원의 배치도 필요하다. 방문객의 위생안전을 위하여 쓰레기처리시설과 화장실관리 및 용수관리는 반드시 신경써야 할 부분이다.

(6) 식음료관리

이벤트 행사장내의 식음료판매는 이벤트 개최조직에게 재정수입을 증가시키는 도구로 활용될 수 있으며, 방문객에게는 위생적으로 안전한 미각의 즐거움을 제공하는 것이다. 그러나 행사장내 다른 시설물이나 프로그램의 수에 비해 너무나 많은 수의 식음료 판매시설이 위치하고 있다면, 이는 이벤트의 이미지를 실추시키는 역할을 하게 된다.

따라서 이벤트관리자는 식음료 판매시설수의 적합성 여부, 행사장내 최적위치의 지정, 하수 · 전력 · 가스 등의 기반시설 필요여부, 영업시간, 음식물 쓰레기처리, 위생안전과 가스안전에 대한 점검 및 영업권에 대한 스폰서십 지원을 충분히 조사하여 방문객의 만족을 높이고, 이를 통해 재정수입을 향상시킬 수 있는 방안을 모색해야 한다.

(7) 화장실시설과 쓰레기처리

지역축제와 같은 이벤트 행사장에서 방문객이 가장 불편한 점으로 느끼는 것 중 하나는 화장실 시설이다. 행사장내 화장실은 예상 방문객수에 적합한 충분한 수의 시설이 확보되어야 하며, 지속적으로 청결하게 관리되어야 하고, 행사장내 각 프로그램의 장소에서 쉽게 접근할 수 있어야 한다. 청결한 화장실 시설은 이벤트 재방문에 중요한 요인으로 작용할 수 있기 때문에 특별한 관심을 가질 필요가 있으며, 특히 이벤트관리자는 프로그램 운영의 특성에 따라 일시적으로 사용자가 몰리는 경우를 항상 고려해야 한다.

이벤트행사장의 쓰레기 처리에서 중요한 것은 충분한 수의 쓰레기 수거상자가 설치되었는지와 쓰레기를 적절한 시간간격으로 정기적 수거가 이루어지고 있느냐는 것이다. 이를 위해 이벤트관리자는 운영계획에서 분리수거를 고려한 쓰레기 수거상자의 충분한 배치와 담당자의 수거계획을 미리 정해 놓아야 한다.

(8) 커뮤니케이션

프로그램이 운영되기 시작하면, 행사장내 프로그램운영 관련자간의 원활한 의사소통이 이루어져야 한다. 작은 규모의 이벤트에서는 이벤트관리자에게 의사소통이 집중되게 하면 되지만, 대규모 이벤트의 경우 의사전달 체계(CP; communication plot)를 미리 형성해 놓는 것이 좋다. 행사장내 의사소통수단은 이벤트의 성격과 정보교환량에 따라 서로 다른 수단을 사용할 수 있다. 일반적으로 많이 이용되는 수단은 워키토키라 불리우는 휴대용 무선통화기, 유무선 전화, 컴퓨터 등이다.

또한 이벤트 운영조직내의 의사소통도 중요하지만, 참가자들과의 커뮤니케이션을 위해 통역서비스, 안내판, 행사장내 지도 등이 이용되기도 하고, 국제회의나 산업전시회의 경우 참가자들을 위해 피젼홀(pigeon hole)과 같은 무인 우편포스트를 사용하기도 한다.

(9) 통행증명

메가이벤트, 또는 보안이 요구되는 이벤트 및 테러나 범죄의 위협이 있는 이벤트의 경우 행사장 또는 운영본부, 프레스룸, 대기실 등의 일반인 출입 금지구역의 제한된 출입을 위해 통행증명을 사전에 발급하여 사고에 대비할 필요가 있다.

통행증명은 이벤트의 성격에 따라 다양한 종류가 있다. 소규모 이벤트의 경우 운영요원이 뱃지나 티셔츠를 착용함으로써 구분할 수 있으며, 유니폼이나 사전에 승인된 출입자 리스트 등을 통해 구분할 수도 있다. 가장 일반적으로 이용되는 것은 신분증명(ID)으로 이러한 통행증명이 필요한 부문은 이벤트 운영조직, 매체의 보도관련자, 외부방문객 및 특별방문객(VIP), 자원봉사자 등이며, 다수의 통행증명이 발급되어야 하는 메가이벤트의 경우 색깔을 달리하여 구분하는 것이 바람직하다.

(10) 특별접객

이벤트 행사장에서 특별접객이 이루어져야 할 대상은 스폰서십을 제공한 현재의 스폰서(sponsor) 또는 미래의 잠재스폰서, 이벤트의 홍보와 재정에 큰 영향을 미치는 매체(media), 행정지원 또는 재정지원에 관련된 행정당국의 공무원 및 이벤트의 이미지와 홍보 또는 재정부문에 영향을 미칠 수 있는 그 외의 중요한 방문객(VIP)과 이벤트의 각 프로그램에 출연하는 출연자들이다.

특히 방송매체는 현장제작 준비를 위해 이벤트 운영조직에서도 별도의 시간과 노력을 투여해야 하지만, 단기적으로는 이벤트 홍보에 많은 영향을 줄 수 있고, 장기적으로는 재정적인 측면에 영향을 줄 수 있으므로 특별한 관리가 필요하다. 중요한 방문객(VIP) 역시 별도의 보안을 필요로 하거나 시간과 노력을 들여 관리해야 하므로 이들의 초대가 반드시 필요한 것인가는 이벤트관리자가 신중히 고려해야 한다. 이들에게 별도로 제공되어야 할 것은 주로 행사장내 안내, 식음료, 선물, 의전 등이다.

(11) 이벤트종결와 마감계획

이벤트의 규모와 특성에 따라 이벤트를 종결짓는 절차가 매우 단순할 수도 있으나, 이벤트관리자는 이벤트종결시 마무리해야 하는 마감계획을 사전에 수립해야 한다. 특히 이벤트의 종결시간은 전체 흐름 중 자산의 보안측면에서 가장 보호되어야 할 시간(Catherwood, 1992)이다. 이벤트의 규모가 작다면, 마감업무도 신속하고 용이하게 진행될 수 있으며, 이벤트관리자 혼자 업무를 수행할 수도 있다. 그러나 대규모 이벤트, 또는 여러 장소에서 프로그램이 동시에 진행되는 이벤트 등에서는 어려움이 발생할 수 있다.

행사가 종료되었다는 긴장감의 이완과 함께 이벤트운영에 참여했던 업무협력업체들의 철수, 화물수송차량의 이동, 시설과 장비의 혼잡한 이동 등은 이벤트운영에 사용되었던 장비를 충분히 관리할 수 없게 하는 요인이 된다. 따라서 이벤트관리자는 이벤트 운영계획 수립시 마감계획과 철수계획을 함께 수립하여 자산의 손실과 이벤트 종료시의 혼란을 예방하여야 한다.

3) 행사장 방문객 서비스

(1) 접근로와 동선

이벤트 행사장에는 방문객의 이동이 중심적으로 이루어지지만, 각각의 프로그램 운영과 시설의 설치, 보완 및 유지를 위하여 수송차량의 접근이 필요하다. 이를 위해 행사장과 그 주변에 화재시의 소방시설의 접근로를 비롯해 프로그램 출연자와 장비의 이동로, 식음료의 공급을 위한 접근로, 무대장치와 설비를 위한 접근로 등이 확보되어야 하며, 각각의 접근로가 중복되지 않는 것이 바람직하다.

또한 행사장내 동선의 구성은 방문객의 쾌적성을 향상시켜 주는 중요한 요인으로 위에서 언급된 행사운영에 필요한 접근로와 중복되지 않아야 한다. 각 프로그램의 행사장으로 접근하기 위한 동선은 폐쇄적인 것보다 개방적으로 트인 동선이 바람직하며, 행사장내의 매력물들이 적절히 분산되어 방문객이 자연스럽게 흘러가는 듯이 각 프로그램으로 이동시키는 동선을 구성해야 한다.

또한 부드러운 흐름을 위하여 행사장과 주차장 간의 셔틀버스 운영도 고려해야 하며, 각종 표지와 바리케이드 등의 행사장 군중관리시설, 행사장 출입구의 수와 접근성을 고려한 배열 등도 고려되어야 한다.

(2) 대기행렬관리

방문객의 입장에서 볼 때 이벤트 행사장내에서는 가능하다면 대기행렬(queue)이 발생되지 않는 것이 바람직하다. 그러나 행사장 특정 입장시간이 선호되고, 행사장내 특정 프로그램을 방문객이 선호하는 현상은 없어지기 어려우므로 대기행렬은 발생되지 않을 수 없다. 중요한 것은 이벤트관리자가 대기행렬이 어디에서 어느 정도로 발생할 것인지를 예측하고, 이에 대비하는 것이다.

대기행렬의 중요한 점은 대기자가 기다리고 있는 시간을 어떻게 느끼고 있느냐이다. 즉 동일한 대기시간이더라도 대기자마다 인지하고 있는 대기시간은 다르며, 이는 보완적 방법에 의해 인지된 대기시간을 감소시킬 수 있는 것이다. 예를 들어 특정 프로그램 입구에서 언제나 발생하는 대기행렬을 위해 길거리 마임 프로그램을 배치한다던가, 대기행렬이 발생하는 입장권판매대의 특정시간에 도우미를 배치하여 대기자가 느끼는 대기시간을 감소시킬 수 있다.

방문객들은 주차에서부터 입장권 구매, 행사장 입장, 식음료 구매, 프로그램 입장, 화장실 사용에 이르기까지 대기줄을 서야 하는 경우가 많이 발생하게 된다. 이 경우 이벤트관리자는 병목현상(bottlenecks)이 발생할 수 있는 지점을 예측하여 대기자가 인지하고 있는 대기시간을 감소시키려는 노력과 함께 대기자가 강렬한 햇빛이나 강우에 노출되지 않도록 준비시키는 것이 중요하다.

(3) 방문객 운송

이벤트 행사장에 도착하거나 행사장을 떠나는 방문객의 유형은 두 가지의 형태로 구분될 수 있다. 하나는 많은 수의 방문객이 일시에 행사장에 도착하거나 출발하는 것이고, 다른 하나는 오랜 시간동안 낮은 빈도로 분산되어 도착하거나 출발하는 것이다. 이러한 도착과 출발시간에 방문객들은 이벤트에 대한 강한 이미지를 형성하게 된다. 이 시간은 그들이 이벤트 행사장을 처음으로 접하고, 또 끝으로 경험하게 되는 시간이기 때문이다(Graham, 1995: 52-53).

이벤트 행사장의 교통연결성은 방문객의 입장에서 매우 중요한 요소이다. 특히 회의이벤트의 경우 행사장의 교통수단 연결성과 함께 그 비용이 고려되어야 한다. 연결성이 좋지 않을 경우 총 참가비용이 증가하게 되고 회의참가의 매력이 낮아질 수밖에 없으며, 이로 인해 참가자수가 감소할 수 있다.

따라서 방문객 수송에 있어 이벤트관리자는 행정당국과의 협조, 공공교통수단의 유용성과 운영시간, 셔틀버스의 운영, 효율적인 주차관리, 방문객의 도착유형 등을 충분히 고려하여 방문객들이 이벤트에 대한 좋은 이미지를 가질 수 있도록 해야 한다.

(4) 행사장 지도

행사장의 규모와 상관없이 이벤트 행사장지도(event site map)는 방문객들과 이벤트 운영에 대한 정보를 공유하는 귀중한 자료이며, 행사장 전체의 운영상황을 한눈에 볼 수 있는 의사소통 수단이기도 하다.

행사장지도에는 행사장에서 운영되고 있는 각 프로그램의 장소는 물론이고, 방문객의 편의를 위해 각 시설물과 안내소의 위치 등이 표시되어 있어야 한다. 행사장지도에는 주차장, 행사장 출입구, 구급시설, 안내소, 운영본부, 화장실, 분실물신고, 미아신고, 접근위험지역의 위치 등이 표시되어 있어야 한다.

3 서비스관리

1) 이벤트 서비스관리의 개념

이벤트에 참가하는 방문객은 개최조직의 이벤트행사장 운영과 이벤트에 구성된 각 프로그램의 내용으로 만족을 얻는다. 이벤트는 서비스상품으로서 행사장운영과 프로그램의 내용을 핵심상품으로 방문객에게 제공하는 무형의 상품이라고 할 수 있다. 이벤트의 서비스품질을 평가하는 데에는 이벤트 행사장의 운영요인과 프로그램 관련요인 및 이벤트 전체 이미지에 관련된 요인이 있다.

행사장 운영과 관련된 요인으로는 충분한 편의시설의 확보, 안내표지판, 동선, 세팅의 효율적 배치 등이 있다. 또 프로그램과 관련된 요인으로는 프로그램내용, 정시운영성, 결점이 없는 운영, 프로그램참여 대기시간 등이 있으며, 이벤트 전체 이미지 관련요인으로는 운영직원 · 자원봉사자의 대응성, 전문성 및 서비스 일관성과 행사장소의 안전성 · 청결성 · 접근성 및 주어진 정보의 정확성 등이 있다.

행사장 운영과 관련되어 방문객의 만족도를 높이기 위해서는 행사장과 무대세팅이 이벤트의 주제에 적합하고 독특해야 하며, 안내판을 비롯한 각종 설치물을 지속적으로 관리해야 한다. 또한 각 프로그램의 물리적 접근성을 높여야 하고, 운영시간이 방문객의 성호에 부응하는 편리성있어야 하며, 관람대기시간 및 관람 편의시설의 불편함이 없어야 한다.

프로그램과 관련된 방문객 만족도를 높이기 위해서는 결점이 없는 프로그램과 원만한 진행, 정시에 운영되는 프로그램, 창조적이고 충실한 프로그램의 내용 등이 중요하다. 이벤트의 전체적인 긍정적 이미지 창출을 위해서는 충분히 교육된 운영요원, 방문객 요청에 대한 충실한 응답, 서비스제공에 대한 즉각적인 준비자세가 필요하고, 제공정보가 정확하고 이해하기 쉬워야 한다.

2) 서비스갭

행사장 운영과 프로그램 운영측면에서 완벽한 서비스를 방문객에게 제공하기는 쉽지 않기 때문에 이벤트관리자는 방문객에게 더 나은 서비스를 제공하기 위하여 부단한 노력을 기울여야 한다. 다음의 그림은 이벤트개최조직에서 제공하고자 하는 서비스가 방문객들에게 전달되는 과정과 전달과정상에서 발생하는 서비스 품질의 차이(Parasuraman, 1985)를 설명하고 있다.

다음 그림에서 Gap1은 이벤트방문객 기대와 이벤트관리자 지각의 차이로 관리자가 인지하고 있는 방문객의 기대수준과 방문객이 기대하고 있는 서비스 · 프로그램의 수준에 차이가 발생하는 것이다. 이 차이는 이벤트관리자가 이벤트개최전 방문객의 욕구를 정확히 알 수 없다. 예컨대 이벤트프로그램의 최대 대기시간을 15분으로 설정했으나 실제는 10분이 지나 불만이 발생했다면 방문객과 이벤트관리자 사이에 차이가 발생한 것이다.

이를 해결하기 위해서는 방문객에 대한 시장조사나 관리자의 현장참여를 통한 방문객의 욕구와 반응, 불편사항을 파악하는 것으로 어느 정도 가능할 수 있다. 또한 방문객 평가를 중심으로 한 마케팅정보시스템(MIS; Marketing Information System)의 적극적 활용으로도 그 차이를 줄일 수 있다.

Gap 2는 이벤트관리자의 지각과 품질명세의 차이로서 관리자가 기대하고 있는 방문객의 기대수준과 서비스운영 · 이벤트프로그램의 품질차이이다. 이는 방문객이 기대하고 있는 서비스 · 프로그램을 전달하는 시스템을 개발하지 못할 때 발생하는데, 예로 인력과 장비의 부족한 지원, 잘못된 배치 · 동선, 낮은 수준의 프로그램 등이 원인이 될 수 있다. 이를 해결하기 위해서는 충분한 자금의 지원, 우수인력의 확보, 시설 · 장비의 개선, 프로그램 기획력 향상 등이 있을 수 있다.

Gap 3는 품질명세와 서비스 · 프로그램 전달의 차이로 서비스 수행상의 차이라고 할 수 있다. 이는 참여자의 기대수준도 알고, 적절한 시스템도 가동되고 있으나, 서비스 · 프로그램을 전달하는 운영스탭이 이를 제대로 전달하지 못할 때, 즉 운영스탭과 방문객이 서비스 · 프로그램 전달로 만날 때 발생하며, 조직구성원의 훈련과 교육을 통해 그 차이를 줄일 수 있다.

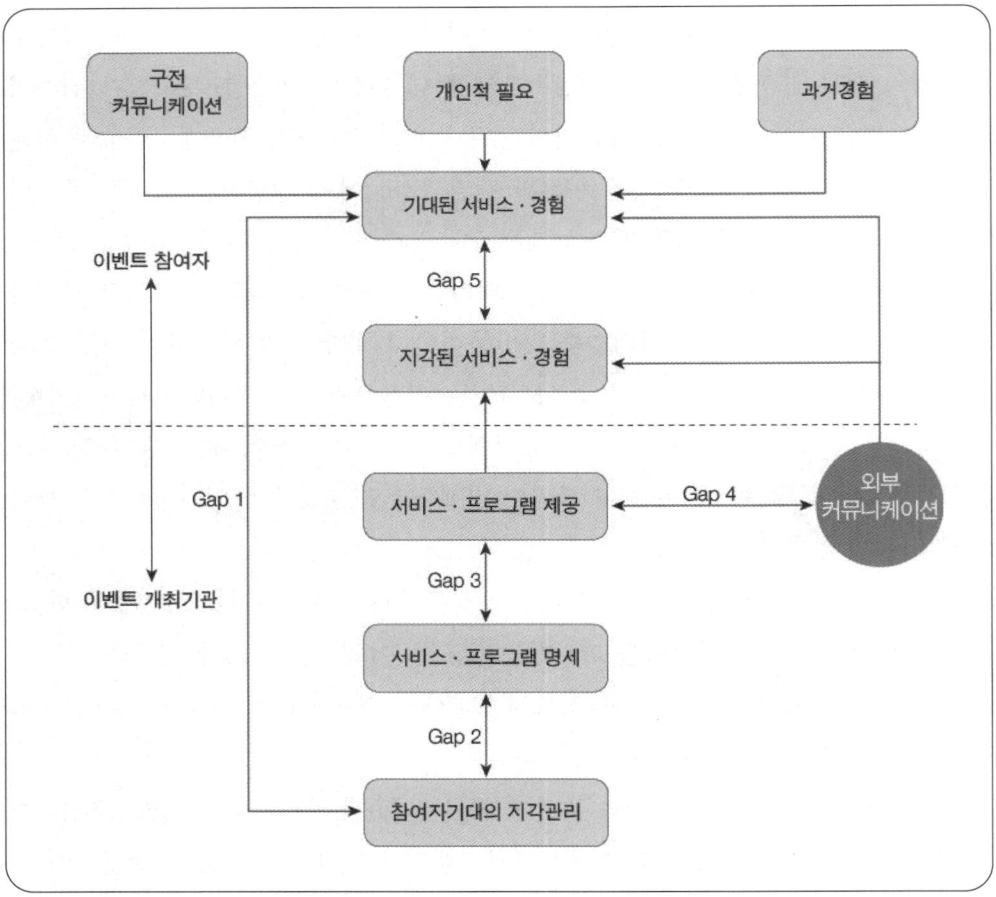

자료: Parasuraman, Zeithaml & Berry, 1985.

[그림 9-6] 이벤트 서비스품질의 갭 모형

Gap 4는 서비스 · 프로그램 전달과 외부커뮤니케이션의 차이로 실제의 서비스 · 프로그램의 수준과 외부에 알려진 수준과의 차이라고 할 수 있다. 이는 이벤트가 실제 서비스 · 프로그램보다 과장된 표현으로 방문객에게 인식되었거나 제공되는 서비스 · 프로그램의 품질이 일정한 수준으로 제공되지 않을 때 발생한다. 전자의 경우 촉진믹스의 신중한 선택과 표현으로 후자의 경우 일정수준의 서비스 · 프로그램제공을 위한 지속적인 교육과 훈련으로 그 차이를 줄일 수 있다.

Gap 5는 기대된 서비스 · 프로그램과 지각된 서비스 · 프로그램의 차이로 방문객이 알고 느끼는 유일한 차이이며, Gap 1 · 2 · 3 · 4의 관리를 통해 해소시킬 수 있다.

제2절 프로그램 연출

1 이벤트 프로그램 연출 구성요소

이벤트 프로그램을 연출하기 위해 필요한 요소는 행사장과 무대, 객석의 공간적 요소와 무대장치, 장식, 소품, 조명, 음향 등의 기술적 요소, 그리고 출연자 및 케이터링 등으로 구분할 수 있다. 프로그램 구성요소는 모두 이벤트 프로그램의 주제(theme)와 맥을 같이한다. 따라서 구성요소의 성격을 정하기 위해서는 이벤트 프로그램의 주제설정이 선행되어야 한다.

주제가 설정되면 각각의 구성요소는 주제에 적합하도록 설계되어야 하며, 각 요소가 조화롭게 구성되어 관객에게 주제를 명확히 전달할 수 있게 된다. 다음의 그림은 주제를 중심으로 한 이벤트 프로그램 연출의 구성요소를 보여주고 있다.

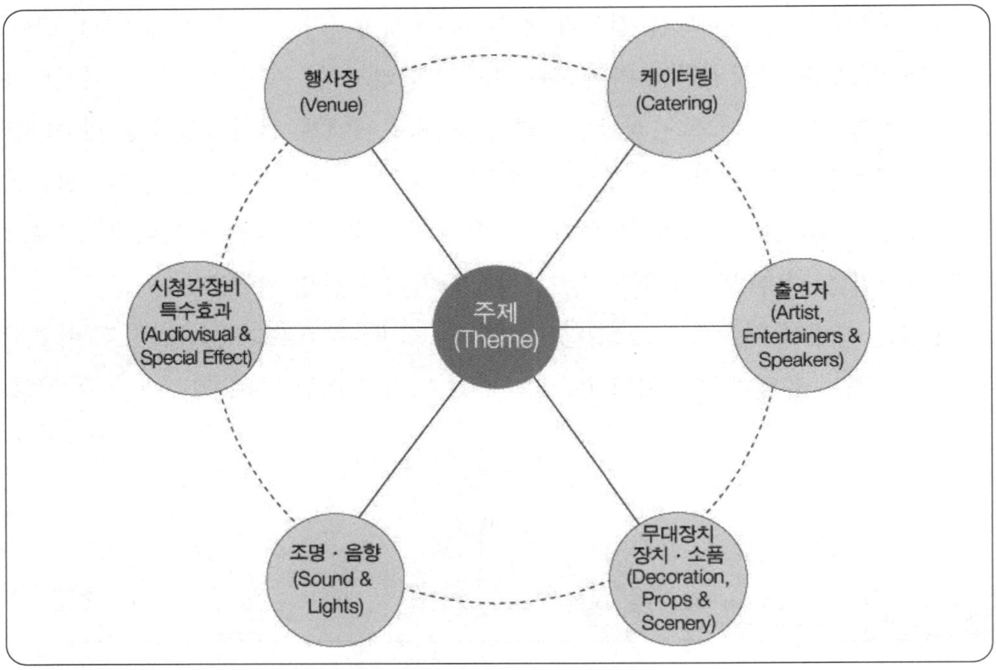

자료: McDonnell, Allen & O'toole, 1999: 246.

[그림 9-7] 주제중심의 프로그램 연출 구성요소

2 공간연출

1) 행사장의 선택

행사장을 선택할 때에는 무대와 객석의 공간 분할, 좌석 수와 특별석 설치 등에 관한 객석의 배치와 무대의 유형 및 부대시설의 배치 등이 고려되어야 한다. 또한 관객의 동선이나 관객을 위한 냉난방 시설, 출입구시설 등도 확인하여야 하며, 음향·조명등의 기존 설치여부와 그러한 시스템을 운영하는 전문엔지니어나 프로그램 디렉터가 있는지도 점검되어야 한다.

그 외에도 행사장이 지니는 이미지도 중요하다. 예를 들어 세종문화회관과 잠실 실내체육관의 이미지는 많은 차이가 있어, 행사장 선택이 이벤트 전체의 이미지를

좌우하므로 이벤트의 성격에 맞는 행사장을 선택하여야 한다. 또한 행사장 선택에 있어 최대 수용능력, 접근성과 교통수단 접근용이성, 실내의 경우 비상출입구, 통풍과 환기 등도 점검되어야 한다.

2) 무대

이벤트 행사장에서 사용되는 무대는 극장의 무대와 달라서 트럭을 이용하는 것에서부터 자연구조물을 이용하는 것까지 매우 역동적이다. 이벤트에서 주로 사용되는 무대는 평면무대, 입체무대, 회전무대, 유압식무대 등의 유형이 있으며, 이벤트의 성격과 장소에 따라 적당한 무대를 선택하여야 한다. 시상식이나 세미나는 평면무대를 많이 사용하고, 콘서트나 패션쇼는 입체무대를 많이 사용한다. 특히 체육관에서의 연주회 등에 관객들의 사각(死角)을 줄이기 위해 회전무대를 사용하기도 한다.

무대의 구성은 일반적으로 크게 바닥면과 백드롭(backdrop), 그리고 출연자들의 통로로 쓰이는 윙(wing)으로 구분이 되나, 필요에 따라 스키장 등에서는 바닥면만 세우는 무대를 사용하거나 트러스를 이용한 무대로 구성할 수도 있다. 무대에 있어 가장 중요한 부분은 안전이다. 특수효과와 함께 안전사고가 가장 많이 일어나는 부문이므로 무대는 견고하고 튼튼하게 제작되어야 하며, 높은 무대의 경우 낙하사고 방지를 위한 대책을 세워야 한다.

무대의 구성은 일반적으로 크게 바닥면과 백드롭(backdrop), 그리고 출연자들의 통로로 쓰이는 윙(wing)으로 구분이 되나, 필요에 따라 스키장 등에서는 바닥면만 세우는 무대를 사용하거나 트러스를 이용한 무대로 구성할 수도 있다. 무대에 있어 가장 중요한 부분은 안전이다. 특수효과와 함께 안전사고가 가장 많이 일어나는 부문이므로 무대는 견고하고 튼튼하게 제작되어야 하며, 높은 무대의 경우 낙하사고 방지를 위한 대책을 세워야 한다.

[그림 9-8] 무대설치계획의 예

3) 객석

객석의 구조와 배치는 이벤트 유형에 따라 매우 다른 차이를 보인다. 참가자들이 착석하는 유형도 서로 달라 회의이벤트의 경우 비교적 뒤쪽부터, 공연이나 스포츠 이벤트의 경우에는 앞쪽부터 착석하는 경우가 많다. 객석의 구조와 배치에 있어 이벤트관리자가 고려해야 하는 요인은 관객의 규모, 일시도착 또는 분산도착 등의 도착유형, 비상출입구, 통로의 넓이와 배치, 공연자나 발표자쪽을 향한 사각의 유무, 장애자인 접근성 등이다(McDonnell et al: 1999).

행사장에 따라 차이가 있지만, 특별한 경우에 조명구조물이나 영상촬영부스로 인해 객석에서 무대를 볼 수 없는 경우도 생긴다. 이럴 경우를 대비하여 사전에 객석에 대한 정확한 파악이 필요하며, 약간의 여유를 두고 입장권을 판매하는 방법도 있다.

또한 입장료가 부과되는 이벤트의 경우 객석은 입장권이 판매되기 전에 좌석분할 및 배치, 매체와 VIP 등의 무료입장권 소지자에 대한 좌석배정을 결정해야 한다(Moxley, 1995: 206).

3 이벤트 프로그램 연출의 기술요소

1) 동력

이벤트 프로그램 연출에 있어 동력은 가장 기본적인 요소이다. 음향이나 조명, 영상과 특수효과 어느 것 하나라도 동력이 없으면 운영될 수 없기 때문이다. 그렇기 때문에 제일 먼저 설치를 하고 제일 나중에 철거하는 부분이기도 하다.

특급호텔이나 대규모 전시장은 기본적으로 전력설비가 충분하게 되어 있으나, 만약을 대비한 예비발전기를 구비해놓아야 한다. 특히 조명을 많이 쓰는 공연인 경우에는 발전차를 사용하는 것이 효과적이며, 사용 시에는 조명과 음향, 특수효과 등의 전원을 따로 운영하는 것이 상호간에 일어나는 간섭을 피할 수 있다. 또한 동력을 설치할 때 주의해야 할 것은 노후화된 전선의 관리, 우천시 누전으로 인한 사고 및 접지 등이다.

2) 조명

조명은 크게 각종 조명기구를 고정하는 구조물과 각종 조명기구 그리고 이를 조작하는 오퍼레이션 시스템과 동력시스템으로 구성되어 있다. 조명기구를 고정하는 구조물은 '아시바'라 불리우는 철골 구조물과 트러스 구조물이 주로 이용되며, 트러스 구조물은 사각을 없애주어 눈부심이 적고 외관이 좋기 때문에 더욱 효과적이다.

조명기구는 기본적으로 파(par)조명을 사용하며, 최근에는 각도와 색상이 원격 조정되는 스캔(scan)종류의 특수조명을 많이 사용한다. 조명은 형태에 따라 행사장 전체를 밝히는 베이스 라이트(base light), 주요 피사체를 밝히는 키 라이트(key light), 피사체의 아래방향에서 비추는 풋 라이트(foot light), 렌즈를 이용해 특정부분에 집중적으로 빛을 비추는 핀 라이트(pin light) 및 글자나 그래픽 등을 컴퓨터로 작동해 다양한 효과를 연출하는 레이저빔(laser beam) 등이 있다.

3) 음향

음향은 모든 이벤트 프로그램에 기본적으로 포함되는 필수 구성요소이다. 음향은 이벤트의 내용에 따라 특수장비들이 추가되기도 하지만, 일반적으로 믹서 또는 믹싱보드(audio mixer), 앰프(amplifier), 스피커(speaker) 및 마이크(microphone) 등이 사용되며, 그 외에도 이퀄라이저(equalizer), 컴프레서(compressor) 등이 사용된다.

음향관리에 있어 중요한 것은 수용인원과 장소에 따라 적당한 음향을 선택하여야 한다는 것이다. 보통 KW로 표시하며, 메인 앰프의 소비전력을 의미한다. 이것이 필요로 하는 음량보다 적으면 잘 전달이 안될 뿐 아니라 음향시스템을 파손하게 되어 이벤트에 차질을 빚을 수 있다. 또한 음질에 관한 부분에서 콘서트의 음향과 연설용의 음향은 차이가 있으므로 이벤트의 내용에 맞는 음향을 선택하여야 한다.

4) 시청각 장비(Audiovisual)

영상은 이벤트의 내용을 현장에서 중계를 하거나 사전에 편집된 내용을 상영하는 시스템으로 점점 그 필요성이 증대되고 있다. 영상장비로는 카메라를 통해 입력되는 화면을 한 개의 화면으로 송출시키는 영상장치인 멀티큐브(multi-cube), TV를 모니터로 사용하여 화면으로 송출하는 장치인 멀티비전(multi-vision)이 있고, 프로젝트빔(project beam)은 녹화 테이프나 영상을 스크린에 송출시키는 장치로 대부분의 호텔이나 회의장에 기본적으로 설치되어 있다.

최근 개발된 장치인 레드 스크린(LED screen)은 화면 사이에 갈라짐이 없이 전체 큰 화면으로 송출되는 시스템으로 화질이 선명하며 이동용으로도 개발되어 있다.

5) 특수효과

특수효과로는 에어샷(air shot), CO_2, 드라이아이스, 무연분수 등의 연화류가 많이 사용되며, 야외에서 이용하는 타상연화류는 반드시 경찰서의 사전허가를 받아야 하고, 어린이의 접근을 막는 등의 사전조치를 취해야 한다. 에어샷은 테이프 커팅이나 시상자발표시 주로 사용하며, CO_2는 일반적으로 공연도중의 분위기를 고조시킬 때와 극적인 효과를 위해 사용한다.

4 출연자 관리

1) 출연자 관리

출연자 관리는 이벤트의 툴(event tool)과 달리 기술적인 부분이 아니기 때문에 많은 변수가 작용한다. 따라서 반드시 담당하는 스탭이 있어서 별도로 출연자를 관리하여야 한다.

특히 우리나라의 경우 사전에 예측이 어려운 부분이 많으므로 공연팀이나 도우미 등은 오디션이나 면접을 통하여 사전 검증단계를 거치는 것이 좋다. 지역축제 이벤트의 경우 예산을 절감하고, 지역의 특색을 살리기 위해 지역사회 학교, 행정기관, 사회단체 등의 도움을 받기도 한다.

2) 리허설

이벤트의 최종 점검단계인 리허설은 마지막으로 이벤트 프로그램의 운영상 리스크를 줄일 수 있는 과정이다. 리허설은 반드시 필요한 과정이며, 시스템 리허설과 드라이 리허설 및 전체 리허설의 몇 가지 단계를 거친다.

시스템리허설은 기계적인 리허설로 음향, 조명, 영상, 특수효과 등의 리허설이고, 드라이 리허설은 전 출연자가 의상과 분장을 하지 않고 점검하는 리허설로 출연자를 위한 리허설이다. 전체 리허설은 출연자와 시스템 전체가 행하는 것으로 이벤트의 최종 점검을 하는 마지막 리허설이다.

제3절 이벤트 평가

1 이벤트 평가의 개념

1) 이벤트 평가의 개념과 목적

이벤트 평가(event evaluation)는 이벤트개최를 통해 얻은 성과를 알아내기 위하여 이벤트의 계획과정에서 종료까지의 전과정을 분석하고, 그 결과를 통해 관리과정상의 성과를 개선하고자 하는 활동이다. 따라서 이벤트 평가는 개최조직 구성원에게 수행과정상의 개선점을 제공하고, 외부 이해관계자에는 이벤트의 성과를 파악할 수 있는 정보를 제공한다.

이벤트를 평가하는 목적은 개최조직의 측면에서 내부적인 목적과 외부적인 목적이 있다. 내부적으로는 관리과정상의 개선점을 발견하고, 이벤트에 투입된 자원과 성과에 대해 비교하며, 예산과 비용지출의 결과를 확인하는 목적이 있다. 또한 외부적으로는 방문객의 만족도를 조사하고, 이벤트 개최에 따른 사회경제적 비용과 편익을 확인하며, 스폰서 및 이해관계자에게 개최성과에 관한 자료를 제공하는데 목적이 있다.

2) 이벤트 평가시기

이벤트 평가는 이벤트가 종료된 후에만 시행되는 것이 아니고, 이벤트 준비과정이나 계획과정에서부터 종료 후까지 관리과정의 전체에서 지속적으로 이루어진다. 그중 핵심적으로 평가가 이루어져야 하는 시기는 개최전과 개최중, 그리고 개최후의 시기이다(McDonnell et al, 1999; Getz, 1997).

이벤트개최의 타당성조사를 주된 목적으로 하는 개최전 평가는 이벤트 개최를 위해서 어떤 자원이 필요하며, 이벤트개최의 진행여부를 조사하는 평가라고 할 수 있다. 또한 개최전 평가는 일반적으로 잠재 방문객의 이벤트에 대한 반응과 참가예상인원, 비용과 편익을 예측하는 조사내용을 포함하고 있다.

〈표 9-2〉 이벤트 평가시기와 내용

유형	내용
타당성 평가 (Formative evaluation)	• 타당성 조사 또는 이벤트계획 수립시 수행 • 전략적계획 수립과정의 일부 • 개최필요성 평가, 방문자 · 지역시장 자료조사
진행평가 (Process evaluation)	• 효과적 운영개선을 돕기 위한 개최중의 평가 • 계획된 대로 실행되고 있는지의 여부 • 수정해야 할 사항이 있는지의 여부
종합평가 (Summative evaluation)	• 이벤트 개최후의 평가 • 이벤트의 효과와 전체적인 가치에 관한 평가 • 차기 이벤트에 수정 · 적용되어야 할 자료의 수집

자료: Getz, 1997: 332에서 저자 재구성.

진행평가는 이벤트가 개최중인 상태에서 상황을 점검하는 평가로 이벤트계획이 실행되고 있는 각 운영상황을 평가하여 개최종료전 개선되어야 할 사항을 찾아내는 것이 목적이다. 이벤트 개최중 운영상황에 대한 평가는 개최비용을 줄이고, 방문객의 서비스 만족도를 높일 수 있는 수단이라고 할 수 있다.

개최후 실시되는 종합평가는 가장 일반적으로 행해지는 평가이며, 이벤트 개최목적과 세부목표에 관련된 많은 자료를 수집하고 분석하여 개최성과를 측정하는데 목적이 있다. 종합평가는 방문객에 대한 설문조사가 수반되기도 하며, 이벤트 참여 만족도와 방문객이 지출한 경비 및 인구통계자료를 조사하는 경우가 많다.

3) 이벤트 평가의 내용

대부분의 이벤트 평가는 경제적 효과와 같은 유형의 효과와 영향에 대해 수행되는 것이 많다. 그러나 이벤트는 유형적 성과와 아울러 무형의 효과도 평가될 필요가 있다. 즉 이벤트개최를 통해 얻은 지역주민의 일체감 또는 자긍심이나 관광목적지로서의 이미지 향상과 같은 긍정적인 효과는 화폐가치로 계량화하기는 어렵지만, 이벤트 개최효과의 중요한 부분임에 틀림없다.

유형의 효과를 평가하는 것은 정량적(定量的)인 것으로 이벤트 개최의 결과(outcome) 또는 성과를 측정하는 것이고, 무형의 효과를 평가하는 것은 정성적(定性的)인 것으로 개최의 과정(process)을 평가하는 것이다. 다음의 표는 유무형의 이벤트효과 평가의 예를 보여주고 있다.

〈표 9-3〉 유무형의 이벤트효과 평가의 예

평가범위	정량적 기준	정성적 기준
평가항목의 예	• 계획된 수익 · 비용과의 일치여부 • 편익과 비용 및 경제적 영향 • 방문객수와 인구통계 특성 • 방문객의 평균 체재시간	• 프로그램과 서비스의 질 • 인적 자원의 자질과 이미지 • 운영체계의 효율성 • 조직의 팀워크

자료: 저자 작성.

2 이벤트 평가방법

1) 이벤트 평가방법

이벤트를 평가하는 방법은 이벤트의 특성에 따라 또 필요한 정보의 유형에 따라 다양하게 실행될 수 있다. 이벤트 평가에서 가장 일반적으로 사용되고 있는 것은 방문객에 대한 설문조사이다. 또 다른 방법은 모니터요원을 이용하는 방법으로 훈련된 모니터요원이 점검목록에 평가내용을 기재하여 이벤트관리자에게 보고하는 방법으로 이벤트 개최중에 유용하게 사용할 수 있는 방법이다. 세번째 방법은 이벤트가 종료된 후 전화나 우편을 이용하여 방문객에 대한 조사를 실시하는 것이다. 끝으로 이벤트를 전후하여 조사를 실시하는 방법으로 이는 참가전 방문객의 기대치와 참가후 실제의 경험을 비교해볼 수 있는 방법이다(Goldblatt, 1997: 58-59).

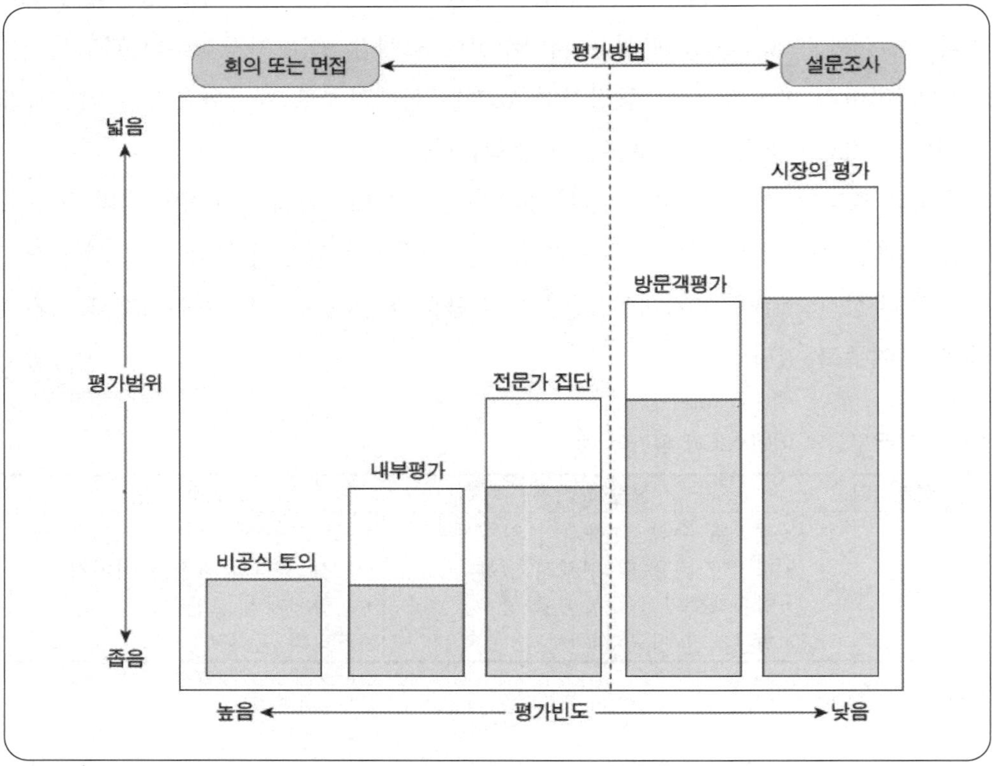

자료: 저자 작성

[그림 9-9] 평가범위와 빈도에 따른 평가방법

또한 이벤트 평가는 비공식적으로 일상업무 중에 시행할 수 있는 평가방법이 있는 반면에 공식적인 설문조사를 하는 방법까지 다양한 방법이 있을 수 있다. 운영조직 구성원간의 토의와 같은 비공식적인 평가는 평가의 범위가 좁지만 자주 시행할 수 있고, 공식적인 설문조사와 같은 평가는 넓은 범위의 내용을 조사할 수 있지만 자주 시행하기 어려운 단점이 있다. 그림은 평가범위와 빈도에 따른 평가방법을 나타내고 있다.

그 이외의 이벤트 영향평가방법으로 손익분기 분석과 투자수익률(ROI; return on investment) 측면의 접근, 경제규모 측면의 접근, 경제적 영향 측면의 접근 및 비용과 편익 측면의 접근방법이 있으며, 전자가 가장 손쉬운 방법인 반면에 후자는 복잡한 평가방법이다(Getz, 1994: 437).

2) 기초자료와 측정방법

(1) 거시 평가항목

이벤트 평가에 있어 지역사회에 사회 · 문화적으로 미치는 영향과 환경에 미치는 영향 및 경제적 직 · 간접 효과와 고용효과에 대한 거시적 평가는 매우 다양한 측정방법에 의해 수행될 수 있으며, 특히 메가이벤트의 경우 다음의 표에 제시된 측정항목에 대해 평가할 필요가 있다.

〈표 9-4〉 거시 평가항목에 대한 자료와 측정방법

구 분	데이터 유형	측정항목	측정방법
사회 · 문화적 영향	• 환경관련영향	• 공해유발 • 환경보존 • 동식물 서식지 손실	• 관측 • 환경영향조사
	• 사회 · 문화적 영향	• 지역주민의 태도 • 전통의 유지 또는 변화 • 생활시설의 개선 또는 악화 • 범죄발생의 변화 • 인구의 유입 또는 감소 • 물가의 변화	• 주민 설문조사 • 공청회 • 경찰통계
경제적 효과	• 직접효과	• 행사장내 수입 • 지역사회 수입 • 세수(稅收)의 변화	• 방문객 설문조사 • 세무통계
	• 간접효과	• 2차적 경제 유발효과 • 수입승수	• 수입승수
	• 고용효과	• 정규직과 일시고용 • 간접 고용효과	• 고용승수

자료: Getz, 1997: 336.

(2) 미시적 평가항목

이벤트의 미시적 평가항목은 주로 마케팅활동과 프로그램운영에 필요한 자료들로서 대규모의 이벤트뿐 아니라 일반적인 이벤트에서도 관리과정의 개선을 위하여 측정해볼 필요가 있는 측정항목들이다. 다음의 표는 방문객수와 인구통계자료 및 마케팅자료의 측정방법이다.

〈표 9-5〉 거시 평가항목에 대한 자료와 측정방법

	데이터 유형	측정항목	측정방법
참가자수	• 총참가자수 • 프로그램별 참가자수	• 총 방문자수 • 총 방문횟수 • 회전율(turnover) • 최대 참가자수	• 입장권 판매 • 출입구조사 • 차량수측정 • 관중수 추정 • 표본집단조사
방문객 프로필	• 각 방문객 프로필	• 연령 • 성별 • 직업 • 교육수준 • 소득수준	• 방문객 설문조사 • 표적시장 조사 • 직접관찰
	• 동반자 유형	• 가족 • 친구 • 혼자 • 단체	
	• 동반자수	• 여행 동반자수	
시장지역과 여행유형	• 현주소	• 국가, 지역, 도시	• 방문객 설문조사
	• 여행목적	• 여행 • 이벤트참여	
	• 교통편	• 이용교통편 • 소요시간	
마케팅 자료	• 정보원천	• 정보원천이 된 촉진수단	• 방문객 설문조사
	• 추구편익	• 추구하는 경험, 활동, 상품, 서비스	
	• 만족도	• 서비스와 프로그램에 관한 만족도 • 향후 개선을 위한 제안 • 재방문의사	• 방문객 설문조사 • 제안함

자료: Getz, 1997: 335-336.

REFERENCE 참고문헌

Allen, J. (2000). *Event Planning*. John Wiley & Sons.

Allen, J., O'Toole, W., Harris, R., & McDonnell, I. (2008). *Festival and Special Event Management*, 4th ed.. John Wiley & Sons.

Catherwood, D., & Van Kirk, R. (1992). *The Complete Guide to Special Event Management*. New York: John Wiley & Sons.

Getz, D. (1994). Event Tourism: Evaluating the Impacts. *In Travel, Tourism, and Hospitality Research: A Handbook for Managers and Researchers*, 2nd ed.. New York: John Wiley & Sons. 437-450.

Getz, D. (1997). *Event Management & Event Tourism*. Cognizant Communication Corporation.

Goldblatt, J. (1997). *Special Events; Best Practices in Modern Event Management*. John Wiley & Sons.

Graham, S., & Goldblatt, J., & Deply L. (1995). *The Ultimate Guide to Sport Event Management and Marketing*. Urwin.

Jackson, R. (1997). *Making Special Events Fit in the 21st Century*. Sagamore Publishing.

Moxley, J. (1995). *Advance Coordination Manual*. Boulder: Zone Interactive.

Parasuraman, A., Zeithaml, V., & Berry, L. (1985). A conceptual model of service quality and its implications for future research, *Journal of Marketing*, 49(4). 41-50.

Schmader, S., & Jackson, R. (1997). *Special Event; Inside and Out*, Sagamore Publishing.

Tilley, W. (1997). Booking Entertainment for the Smaller Event, *Producing Small to Midsize Festival*. IFEA.

case study

뮤지컬 오페라의 유령

• 공연개요

「오페라의 유령(The Phantom of the Opera)」의 원작은 1911년 프랑스 작가 가스통 르루(Gaston Leroux)의 대표적인 소설로서 특유의 기사체 문장으로 오페라하우스를 둘러싼 일련의 사건들을 역추적해 사건의 실마리를 찾는 내용의 괴기 소설이다. 「오페라의 유령」은 1920년대 할리우드 괴기물의 대표적 배우 론 채니(Lon Chaney) 주연으로 1925년 유니버설 영화사에 의해 흑백 무성영화로 제작돼 폭발적인 인기를 얻기도 했다. 특수 분장을 활용하기보다 자신의 얼굴에 직접 철사를 심고, 셀룰로이드 판을 붙이는 등 기괴하게 까지 느껴지는 그의 열정은 이후 오랫동안 인구에 회자되는 괴기영화의 명연기로 손꼽힌다.

뮤지컬 「오페라의 유령」은 1986년 10월 런던의 Her Majesty's Theatre의 초연이래, 두 번째로 88년 1월 시작된 뉴욕 브로드웨이의 머제스티스 극장과 그 뒤로 89년 6월 독일 함부르크 공연, 89년 9월 캐나다 토론토 공연 및 지속적인 공연으로 2001년 15년 째 공연되고 있다. 또한 영국 역사상 최초로 뮤지컬 음반이 판매 1위에 오르는 진기록을 세우며, 전세계 91개 도시, 12개 국가에서 제작되었으며, 3억달러의 높은 판매수익을 기록하여 뮤지컬 「캐츠」의 2억달러보다 높은 수익을 보이고 있다.

「오페라의 유령」은 영국에서 2개 부문의 로렌스 올리비에상 및 미국에서 최우수 작품상을 포함한 7개 부문의 토니상, 7개 부문의 드라마 데스크 어워드, 3개 부문의 아우터 써클 크리틱스 어워드를 수상하는 등 20여개의 주요 상을 수상하며, 총 2천 5백만장 이상의 음반 판매 기록을 세웠다. 지금까지 '오페라의 유령'은 영국, 미국, 일본 등 전세계 10여개국 100여개 도시에서 공연된 바 있으며, 서구의 대표적 뮤지컬 Big 4(레미제라블, 캐츠, 오페라의 유령, 미스사이공)의 하나로, 한국에서 자국어로 번역돼 원 제작진과 현지 스탭이 함께 참여하는 것으로 아시아국가 중 두 번째, 세계적으로 투어공연이 아닌 국가로는 열네 번째로 공연하여 큰 성공을 거두었다. 그만큼 우리 뮤지컬 시장이나 제작 현실이 성장했음을 알 수 있다.

• Artists

오페라의 유령은 영국 뮤지컬의 유명 작곡가 앤드류 로이드 웨버(Andrew Lloyd Webber), 뮤지컬 빅 4의 기획자 카메론 매킨토시(Cameron Mackintosh), 무대연출로 많은 명성을 얻은 해롤드 프린스(Harold Prince) 등이 참여했다. 특히 웨버는 유명 뮤지컬 '캐츠'로도 유명하며, 그의 음반은 전세계에 1억 2,500만장 이상 판매된 기록을 갖고 있다.

공연에 참여한 배우중 사라 브라이트만(Sarah Brightman)은 「오페라의 유령」이 계기가 되어 세계적인 명성을 얻을 수 있었고, 브라이트만과 함께 절정의 앙상블을 선보여 세인의 이목을 집중시킨 마이클 크로포드(Michael Crawford) 또한 이 공연을 통해 뮤지컬배우로서의 확고한 인지도를 얻게된다. 십여 년간 유령(phantom)과 여주인공 크리스틴을 거쳐간 배우는 많지만, 아직도 세계의 많은 팬들에게는 이들의 목소리가 깊게 각인되어 있다.

• 무대장치와 특수효과

작품의 배경이 되는 프랑스 파리 오페라하우스(Opera National de Paris)의 정식 건물명칭은 국립 음악무용아카데미로 파리 중심가에 1875년 건축가 샤를르 가르니에(Charles Garnier)가 171:1의 설계공모에 당선돼 14년간 공사 끝에 완성된 것이다. 전체를 대형 그림과 대리석 조각상으로 뒤덮은 화려함의 극치는 극장 자체를 관광 상품이 되게 해 공연이 없는 날에도 유료 방문객들의 인파가 끊이지 않는다. 「오페라의 유령」의 무대는 바로 이 화려한 건축물의 이미테이션을 그대로 옮겨다 놓은 것이다.

이밖에도 「오페라의 유령」의 무대는 수많은 특수효과와 볼거리로 유명하다. 수많은 유리구슬로 치장한 엄청난 무게의 상들리에가 머리 위를 날아다니고, 괴기영화의 한 장면 같은 유령의 특수분장은 객석 청중의 간담을 서늘케 한다. 그 외에도 지붕장면에서의 번개, 호수의 안개장면에 사용되는 드라

이 아이스, 호수장면에서 여유롭게 움직이는 보트, 화려한 오페라 장면을 연상케 하는 황금빛 장식과 무대의상, 거대한 계단 세트에서 파리 하수구 밑의 음침한 지하 세계에 이르기까지 제한된 공간에서 제작되는 무대의 예술을 만끽할 수 있는 뮤지컬이다.

자료; www.thephantomoftheopera.com, www.thephantom.co.kr, www.phantommovie.com

Principles of Event Management

제 3 편

이벤트 분야

CHAPTER 10

축제이벤트

제1절 축제이벤트의 개념

① 축제이벤트의 기원 및 정의

1) 축제이벤트의 기원

(1) 세계의 축제이벤트

인간이 사회를 구성하여 사는 모든 곳에는 축제가 있다. 축제는 주로 종교적 배경에서 비롯된 것으로 이해되고 있는데, 개인이나 공동체에 특별한 의미가 있는 날이나 기간에 행하는 의식과 부수적인 행위들을 의미한다.

오늘날에는 종교적인 의미보다는 놀이나 휴가와의 관계로 널리 알려진 축제들은 대부분 자신들의 전통문화에 그 기원과 뿌리를 둔 경우가 많지만, 새로 생겨난 축제들도 대부분 해당 공동체 사회의 문화전통에 어떠한 방식으로든지 관련을 맺고 있는 것은 사실이다. 이러한 모든 종류의 축제들은 해당 축제의 기원이나 유래에 직접적인 상관 없이도 공동체 사회를 결속시키는 순기능을 가지고 있다. 따라서 거의 모든 공동체 사회에서는 빈번하게 축제가 열리고 있으며, 그 수는 헤아릴 수 없이 많은 것이 사실이다. 물론 축제의 개념이나 구분 방식에 따라 축제의 수는 달라지는 것이 당연하지만, 우리나라에서 개최되고 있는 축제의 수가 수백 개에 이르는 현실에 비추어 보면 이 지구상의 모든 인간 사회에서 셀 수 없이 많은 축제가 열리리라는 사실은 짐작할 수 있다.

[그림 10-1] 로마시대 종교축제

축제는 개인 또는 공동체에 특별한 의미가 있거나 결속력을 주는 사건 또는 시기를 기념하여 의식을 행하는 행위라고 말할 수 있다. 세속적인 휴일들의 기원을 살펴보면 종교적인 축제와 어느 정도 연관성이 있는데, 고대 로마에서는 신성한 축제가 있는 날에는 일상적인 활동을 멈추었다.

과거의 축제는 사회와 공동체, 자신들의 종교를 유지하기 위해 사람들에게 정보를 전달하고 응집력을 부여하는 중요한 장치였다. 축제가 교리적, 신화적인 원래의 의미를 잃어버린 경우에도 의식이나 예술작품에는 그러한 상징들이 여전히 남아 있어 위기나 변천기에 사회적 문화적인 분열의 조짐이 나타남에도 불구하고 평정을 유지할 수 있었다. 따라서 축제의 여러 양상에 대한 학문적 연구는 인간의 기원과 동일성 또는 운명을 이해하는 중요한 가치를 지니고 있다. 본질적으로 축제는 신성한 시간의 개념에서 비롯된 축제와 계절적 변화와 관련된 축제로 대별된다.

시간의 개념에서 비롯된 축제는 시간을 순환적인 것으로 보는 종교나 문화에서 인간은 혼돈(chaos)에 대한 자연질서(cosmos)의 승리를 기념하는 특별한 기간에 축제라는 의식을 통해 부분적으로나마 우주에서의 그의 위상을 확인받고자 했다.

예를 들면 고대 메소포타미아에서 수메르인과 바빌로니아인들은 니산의 달에 생명을 소생시키는 봄비가 내리는 것을 기념했다고 한다.

현재에도 신년일이 무질서에 대한 질서의 승리라는 중요한 의미를 갖는다는 견해가 널리 퍼져 있다. 특히 중국문화권 지역에서는 신년 축제 때 '악령'을 쫓아내기 위해 횃불, 재등, 모닥불, 촛불 등을 밝히고 폭죽을 터뜨리기도 한다.

[그림 10-2] 남도음식 문화축제

시간을 우주 전체가 다시 시작되거나 변화될 마지막 순간을 향해 나아가는 직선적인 것으로 생각하는 종교와 문화에서 인간은 특별한 역사적 사건들과 관련하여 자신의 위상을 이해했음을 엿볼 수 있다.

(2) 우리나라의 축제이벤트

축제의 발생시기를 추적한다는 것은 사실상 불가능하다. 다만, 노래와 춤을 비롯하여 예술이 망라되어 있는 것이 축제라면 민속예술의 시원이라고 볼 수 있는 제천의례가 우리 축제의 시원이 될 수 있다.

고대 부족국가 중에 부여의 정월 영고, 고구려의 10월 동맹, 예의 무천과 마한의 농공시필기인 5월과 10월의 제천의례는 모두 종합예술의 성격을 띤 한국적 축제였다.

이들 제천의례라는 축제는 흐트러진 놀이판이자 신성한 종교의 장(場)으로 이때에는 천신에게 제사지내고 음주가무로 놀이판을 벌이며 신과의 만남을 통해 그들의 소망을 빌었다. 제천의례는 우리 축제의 문헌상의 시원일 뿐 아니라 우리 축제를 대표하는 축제라고 할 수 있다.

고대인은 축제를 통해 액운을 없애고 복을 불러 풍요와 건강을 유지하였는데 이것은 축제 속에 민족의 신앙적 사상이 담겨 있음을 의미한다.

그런데 문명화를 거치면서 이러한 종교성이 약화되고 인간본위의 이성적 · 합리적 사고에 따라 오락성이 가중된다. 이렇게 과거의 기능보다는 오늘날의 시대에 걸맞는 기능이 강조되었다 하더라도 축제의 본질적 의미는 간과할 수 없다.

'결국 축제를 왜 하는가'에 대한 궁극적인 해답은 인간의 생존욕구를 해소하기 위한 것이라고 할 수 있다. 그래서 어느 학자는 축제가 없는 민족은 살아서도 산목숨이 아니고 죽어서도 고이 잠들 수 없다고 했다. 그 만큼 축제는 그 민족을 대변하면서 인간의 문제에 근거해 있기 때문이다.

축제 속에는 모든 예술이 망라되어 있다. 모든 예술이 미분화 상태로 엮어져 있는 종합예술의 성격을 지닌 것이 축제이다. 하지만 축제의 원 의미 속에는 종교성을 포함한다. 그래서 축제는 예술적 요소가 포함된 제의를 일컫는다. 축제는 애초 성스러운 종교적 제의에서 출발했으나 유희성을 강하게 지니게 되어 오늘날에는 종교적인 신성성이 거의 퇴색되었다. 하지만 축제라는 말 자체가 곧 제의와 놀이를 포괄하고 있는 것을 감안한다면 종교적 요소를 떼어 버릴 수만도 없다.

[그림 10-3] 강릉 단오제의 제례의식

우리 축제의 고형(固形)이라 할 수 있는 제천의례(祭天儀禮)만 하더라도 농공시필기에 하늘에 제사 지낸 후 무수한 사람들이 모여 음주가무하며 즐기는 것이 관례였다. 단순히 술 마시고 노래하고 춤추며 즐기는 것이 아니라 반드시 하늘에 제사를 지냈다는 것은 바로 축제가 신성한 종교행사였다는 점을 말해준다. 이제 축제라는 용어가 상당히 일반화되어 있지만 이 말보다 우리는 '놀이'라는 표현에 익숙해 있다. 여러 사람이 어울려 공동으로 노는 놀이판이야말로 우리식의 축제판이었다. 탈놀이를 하는 놀이판이 축제판이었으며 무당이 벌이는 굿판은 애초 종교의례의 터전이었지만 그 속에는 유희성도 담겨 있어 놀이판으로 변이되기도 했다. 말하자면 굿, 놀이, 풀이가 미분화되어 있는 무당굿마저 어느새 놀이로서의 성격이 두드러져 오늘날에는 축제의 하나로 펼쳐지기도 한다(문화체육부, 1996: 19-24).

[그림 10-4] 안동국제탈춤페스티벌 중 탈춤공연

2) 축제이벤트의 정의

(1) 축제이벤트의 어원

축제는 '경사스러운 날'과 '제사드리는 날'의 합성어이다. 이를 한자로 풀어보면, 사람(人)이 말(口)로 신에게 비는(示) "축(祝)"과 제물(肉)을 손(手)으로 제상(示)에 올려놓고 제사지내는 "제(祭)"가 합쳐진 낱말이 축제다(오순환, 2001).

즉, 어원상 경사스러운 어느 특정한 날을 기념해 신에게 봉헌하는 의식을 가리킨다고 하겠다.

축제는 예술적 요소가 포함된 제의를 일컫는다고 할 수 있으며, 인간이 소망하는 일이 이루어지기를 바라는 제사, 의식 및 행사를 의미한다고 할 수 있다.

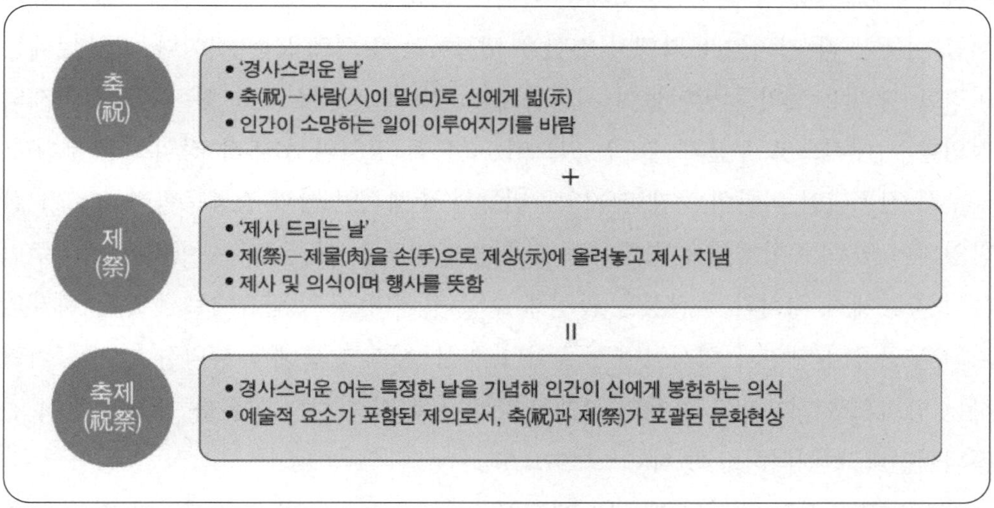

자료: 저자 작성

[그림 10-5] 축제의 어원

(2) 축제의 정의

이러한 축제(祝祭)의 사전적 의미를 살펴보면 '1) 축하하여 제사 지냄, 2) 경축하여 벌이는 큰 잔치나 행사를 이르는 말'로 정의되어 있다(새우리말 큰사전, 1985: 3302). 전통축제의 경우 1)의 의미에 가깝고 현재 벌어지고 있는 축제는 2)의 의미에 더 부합된다고 할 수 있다.

그리고, 지역의 다양한 문화현상을 포괄하고 있는 축제의 범위를 가지고 개념 정의를 해 보면, 협의의 정의와 광의의 정의로 구분할 수 있다(서휘석 · 이동기, 1999: 262).

우선, 협의의 정의로서 지역과의 역사적 상관성 속에서 생성되고 전승된 전통적인 문화유산을 축제화 한 것으로 보는 것이다.

[그림 10-6] 축제 중 민속놀이 공연

반면에, 광의의 정의는 전통축제뿐 아니라 문화제, 예술제, 전국 민속예술 경연대회를 비롯한 각 지역의 문화행사 전반을 포괄하는 것으로 보는 것이다. 오늘날에는 이러한 광의의 정의를 받아들여 지역축제의 범위를 확대시키고 있다. 또한 축제의 정의를 시대적으로 구분해 볼 수 있으며, 전통적 정의와 현대적 정의로 구분된다.

우선 전통적인 의미의 축제란 지역주민들의 총체적인 삶과 전통문화적 요소가 잘 반영되어 있는 종합적인 문화행사로 전통적인 지역축제들은 바로 이러한 지역주민들의 공동체적 의식과 동질성을 확인해 주었던 의미 깊은 민속제로서 모든 축제의 기원은 공공의 향연과 의식이며 예술이나 의식, 제례를 통해서 특별한 기회를 기념하는 방법으로 거행되고 축제의 주제는 주로 문화적 가치의 공유를 참고로 하여 결정되어진다고 정의하고 있다(Getz, 1991: 57).

이러한 전통적인 의미와 대비한 현대적 의미의 축제란 공공 주제적인 행사로 축제는 공동주제와 관련된 이벤트의 연속이며, 축제의 문화적인 활동의 다른 양상을 포함하고 있는 행사를 의미한다.

지역의 다양한 문화현상을 포괄하고 있는 축제는 지역의 문화유산을 축제화한 것이며 나아가 문화제, 예술제, 전국 민속예술 경연대회 등 문화행사 전반을 포괄한다. 축제는 종합예술로써 관광상품화되어 지역의 개성을 보여주고 관광객은 개성 있는 관광을 하게 된다(심상도, 1998: 26-27).

오늘날의 축제는 종교성을 상실한 채 유희적이고 놀이적인 모습이 강조되고 있다. 흔히 산업화와 세속주의는 축제의 종교성을 박탈하고 세속화를 가속화시켰다.

즉, 전통사회의 축제가 인간이 신에게 봉헌하는 의식을 중시했다면, 산업화 사회의 축제는 제의를 수행하는 과정에서 나타나는 오락적 요소와 일탈적 분위기에 더욱 관심을 가지고 있다. 일상의 단조로운 반복에서 잠시 벗어나 휴식과 여흥을 주는 오락적 기능이 강화된 것이다. 다시 말해서 과거의 축제가 조상이나 신에 대한 의례적인 측면이 강했다면 오늘날의 축제는 탈일상성과 오락성이라는 놀이적 측면이 강화된 종합축제나 문화관광축제로 변모한 것이다.

[그림 10-7] 전주 세계소리축제의 행사모습

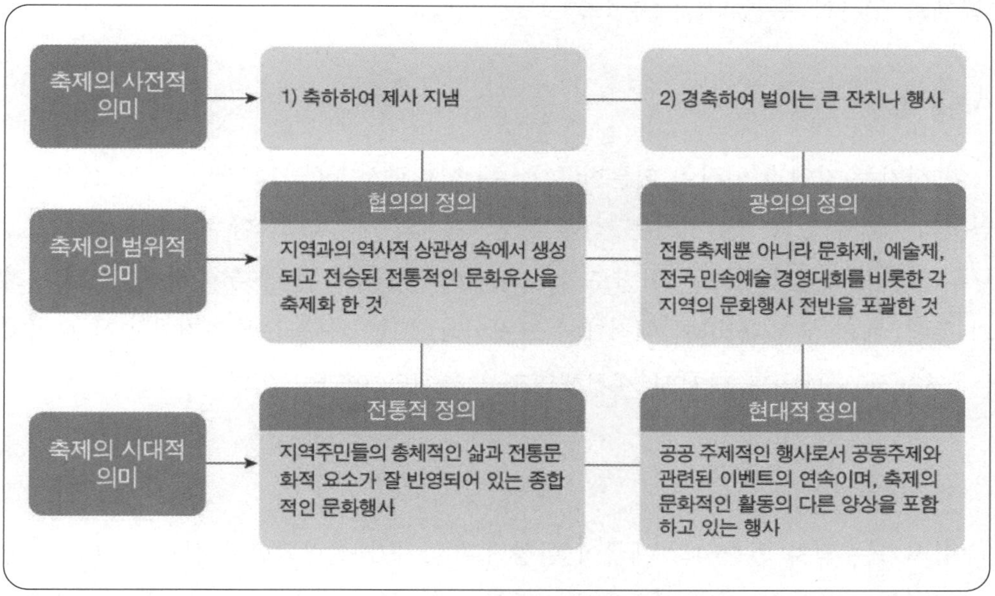

자료: 저자 작성

[그림 10-8] 축제와 관련한 제 정의

그렇다고 오늘날의 축제를 제(祭)가 사라지고 축(祝)만이 남은 것이라고 단언할 수는 없으며, 여전히 축(祝)과 제(祭)가 포괄된 문화현상이라고 보아야 한다(문화체육부, 1996: 16).

2 우리나라 축제문화의 발전과정

문화의 발생과 발전과정은 세계 어느 나라든지 비슷한 양상을 띈다. 축제 역시 마찬가지이다. 그러나 그 구체적 전개과정과 축제에 담겨진 사상과 감정은 그 나라의 역사와 문화적 토대에 의해 각기 특이성을 가지기 마련이다.

따라서 우리나라 축제의 창조적 계승이라는 측면에서 우리나라 축제의 발생과 발전과정을 살펴보는 것은 필수적인 작업이다.

우리나라 축제는 앞서 축제의 기원에서 살펴보았듯이 그 발생시기를 정확히 예측하기는 어렵다. 하지만 고대문헌에 나타난 자료를 토대로 추정하여 볼 때 한반도에서 행해진 고대 제천행위를 그 시작으로 볼 수 있으며, 발전과정을 현재까지 크게 5단계로 구분할 수 있다(김성종, 1999: 1-3).

1) 생성기

이 시기는 자연과 인간이 미분화(未分化)된 상태로서 '하늘'과 '태양' 등이 절대적인 믿음의 대상이었다. 이 시기는 '신을 위한 축제의 시기'라고 할 수 있다.

우리나라 축제의 발생은 한반도의 고대제의에서 시작된다. 부여의 영고, 고구려의 동맹, 예의 무천, 삼한의 계절제가 그것이다. 또한 가락국의 '구지가'에서 보여지는 '영신'하는 행위도 당시의 제천행위로서 축제와 연관이 있다.

2) 정착기

이 시기는 점차 인간끼리 계급이 형성되고 국가가 설립되면서 점차 인간들은 신을 자신들의 권력을 위해 이용하기 시작하는 시기라 할 수 있다. 그러나 아직까지 대부분 인간들에게는 신에 대한 믿음이 존재하고 있으며 이는 자신들의 집단을 결속시키는데도 효과적이라는 사실을 인식해 가기 시작하는 단계이다.

삼국시대를 거쳐 고려시대로 넘어 오면서 신라시대에 성행하였던 팔관회와 연등회 등이 국행제(國行祭)로 행해진다. 팔관회와 연등회가 그 행사규모와 내용에 있어 국가적인 축제였음을 알 수가 있고, 이는 국가적 축제가 정착하는 단계라고 할 수 있다.

[그림 10-9] 연등행사

고려시대에는 이러한 팔관회와 연등회 이외에 '별기은'과 같은 무속적 제의도 성행하였는데 이는 마을의 성립과 함께 '동제'로서 정착하는 계기가 되었던 것으로 생각된다.

3) 발전기

이 시기는 지역사회의 형성과 함께 축제는 본격적으로 사회구성원들간의 구심체 역할을 담당하게 되는 시기라 할 수 있다.

조선시대로 넘어오면서 국가의 유교정책에도 불구하고 무속적 제의에 바탕을 둔 축제가 성행하게 된다.

[그림 10-10] 남해안 별신굿

특히 고려조에 들어온 성황신앙이 전국적으로 확산되었으며, 경기도 지역을 중심으로 한 도당굿과 해안지방을 중심으로 한 별신굿, 농경지역의 두레, 마을굿 등이 성행하면서 명실공히 축제의 발전기를 맞게 된다.

이는 세시풍속과 연관되면서 마을을 지탱하는 동력이 되었으며 노동생산과정에서 없어서는 안될 통과의례로서 자리잡게 된 것이다. 현재까지 전승되는 전통적인 향토축제의 대부분이 이때 형성되었다.

생성기

- '신을 위한 축제의 시기'
- 자연과 인간의 미분화(未分化) 상태 – '하늘'과 '태양' 등이 절대적인 믿음의 대상
- 우리나라 축제의 발생 : 부여의 영고, 고구려의 동맹, 예의 무천, 삼한의 계절제, 가락국의 '구지가'에서의 '영신'하는 행위

↓

정착기

- '인간들이 신을 이용하는 시기' – 인간의 계급 형성, 국가의 설립, 집단의 결속력 강화
- 국가적 축제가 정착하는 단계
- 삼국시대~고려시대 : 신라시대에 성행하였던 팔관회와 연등회 등이 국행제(國行祭)로 행해짐
- 고려시대 : '별기은'과 같은 무속적 제의 성행 – '동제'로서 정착하는 계기

↓

발전기

- 축제가 본격적으로 사회 구성원들간의 구심체 역할을 담당하게 되는 시기
- 조선시대 : 국가의 유교 정책에도 불구하고 무속적 제의에 바탕을 둔 축제가 성행
- 고려 초에 들어온 성황 신앙이 전국적으로 확산
- 경기도 지역을 중심으로 한 도당굿과 해안지방을 중심으로 한 별신굿, 농경지역의 두레, 마을굿 등이 성행
- 축제의 전성기 – 세시풍속과 연관, 마을을 지탱하는 원동력
- 현재까지 전승되는 전통적인 향토축제의 대부분 형성

↓

성숙기

- 축제의 질적 변화가 이루어진시기
- 축제의 발전이 주춤 : 일제 식민지시대(민족문화 말살정책)와 해방 이후 6.25동란기
- 1960년대 전후: 지역축제가 전국 각 지역에서 활성화
  – 정부의 전통문화에 대한 새로운 인식
- '전국민속경연대회' 개최, '지방문화사업조성법' 공포, '문화예술진흥법' 제정, '한국문화예술진흥원' 설립, 10월을 '문화의 달', 10월 21일을 '문화의 날'로 지정
- 정부정책, 1970~1980년대의 경제발전 ⇒ 지역축제의 활성화

↓

중흥기

- 정부나 단체에서 축제를 좀더 적극적이고 인위적인 방법으로 수용하고 있는 시기
- 축제의 중흥기 : 1988년 서울올림픽 개최, 1990년대 지방자치제의 실시
  ⇒ 양적 · 질적 성장
- 1998년 문화관광부의 발족, 학계의 다양한 논의와 연구, 지자체의 적극적인 노력 등
  ⇒ 축제의 활성화에 기여

자료: 저자 작성

[그림 10-11] 우리나라 축제의 발전과정

4) 성숙기

이 시기는 특수한 상황에 의해 축제의 변화가 이루어진 시기이다.

축제의 발전이 주춤한 시기가 바로 일제 식민지시대와 해방 이후 6 · 25 동란기로 볼 수 있다.

일제 식민지시기는 말할 것도 없이 일제의 민족문화 말살정책에 의해 대중적인 축제는 벌일 수도 없었고, 마을민의 동제 역시 금지될 수밖에 없었다. 그러나 이 때에도 산간의 일부지역과 농경지역에서는 일제의 탄압에도 불구하고 꾸준히 마을의 축제를 고수하고 있었다.

해방과 더불어 향토축제가 활기를 되찾는 듯하였으나 6 · 25 동란과 경제의 어려움 등으로 다시 국민의 관심 밖으로 밀려났다. 그 동안 역사의 굴곡 속에서 퇴색되어 있던 지역 축제는 1960년대를 전후하여 전국 각 지역에서 활발하게 재현되기 시작했다.

이처럼 1960년대 들어와 지역 축제가 활성화된 이유는 정부의 전통문화에 대한 새로운 인식이라 할 수 있다. 그 공로자는 1958년 대한민국 수립 10년 기념행사로 개최된 '전국민속경연대회'이다. 이 대회는 2년간 거른 뒤에 1961년부터 연례적으로 개최됨으로써, 지방의 전통적인 문화예술 장르가 발굴, 연구, 공연되기에 이른다. 게다가 이 대회는 1967년부터 지역간 문화적 격차를 해소하고 전국민에게 전통문화의 진수를 골고루 느낄 수 있도록 하기 위해 지방의 중소도시에서도 개최할 수 있도록 했다. 이로써 전국에 전통문화에 대한 인식을 급속히 확산시키는 결과를 가져와 전통문화 보존을 위한 노력이 각 지방에서 일어나기 시작하였다.

[그림 10-12] 민속놀이 경연대회

거기에 1965년 제정된 "지방문화사업조성법"이 공포되어 각 지방의 문화원이 정보의 보조금을 받게 됨으로써 전통문화재의 발굴이 자생적으로 일어나기 시작했다. 또 1972년 문화예술의 진흥과 기금 마련을 위해 '문화예술진흥법'이 제정됨으로써 '한국문화예술진흥원'이 설립되는 계기가 되었다.

한편 10월을 '문화의 달', 10월 21일을 '문화의 날'로 지정하여 문화행사의 다양성을 가져왔다. 문화의 달은 뒤에 우리의 지역 축제가 시기적으로 10월에 집중되는 부분을 낳기도 하였다.

1973년에는 대통령의 연두 기자회견에서 '전통문화의 창조적 개발'이란 문화 정책의 표방으로, 정부는 전통문화의 보존과 계승에 대해 보다 적극성을 취하였다. 이러한 일련의 정부정책과 1970~80년대 우리 경제의 발전에 힘입어 지역 축제가 보다 활성화되었다.

5) 중흥기

제5기는 정부나 단체에서 축제를 좀더 적극적이고 인위적인 방법으로 수용하고 있는 시기이다. 특히 1988년 서울올림픽 이후 우리 문화에 대한 새로운 조명과 함께, 1990년대에는 지역 축제의 많은 문제점에도 불구하고 지방자치제의 실시와 더불어 축제에 대한 관심과 중요성의 자각으로 그 개최 숫자는 더욱 늘어났다.

1990년대 이후 특히 지방자치제가 성립된 이후에는 그야말로 축제의 중흥기를 맞고 있다. 1900년대 이전까지 212개에 불과하던 지역축제가 90년대 이후에 420여건으로 늘어 불과 10년 사이에 90년도 이전 축제 수를 능가하는 양상을 보이고 있다.

한편 이 시기에는 이러한 양적인 증가뿐만 아니라 예전의 향토축제 형식에는 현대적 감각에 맞는 형식과 내용이 추가되었고, 신설되는 축제는 지역민의 경제적 요구와 관광을 목적으로 세련되고 현대적 이미지가 강화되어 어느 정도 질적인 성장도 이루었다고 볼 수 있다.

[그림 10-13] 대전 사이언스 페스티벌의 야간행사

또 1990년대에는 1998년 문화관광부의 발족을 비롯해 지역 축제에 대한 학계의 다양한 논의와 연구, 지자체의 적극적인 노력으로 지역민들의 공감대를 형성해 지역 축제의 활성화에 커다란 족적을 남겼다(정종수, 1998: 229-230).

3 축제이벤트의 특성 및 분류

1) 축제이벤트의 특성

(1) 축제이벤트의 성격

관광 선진국인 미국, 영국, 일본 등에서는 관광문화 자원을 활용한 관광개발은 이미 적극적으로 실행되었던 지역개발 전략이다.

우리나라도 대규모 투자와 장시간이 소요되는 정책에서 축제, 역사문화, 스포츠 등과 연계되는 축제이벤트로 정책을 전환하고 있다. 이러한 관광자원을 활용한 축제이벤트는 대규모의 자본투자 없이 가능하기 때문에 비용절감 효과가 있으며, 축제이벤트의 관광상품화로 얻은 수익은 지역 주민들에게 주로 환원되기 때문에 지역의 누출(leakage)의 부작용이 적다.

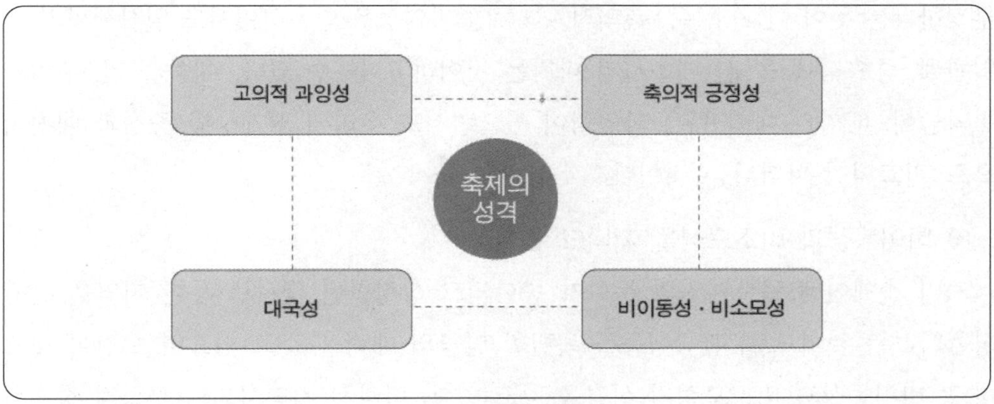

자료: 저자 작성

[그림 10-14] 축제이벤트의 성격

또 어느 지역이든지 축제이벤트가 있어 개발 잠재력이 높고 종래의 정적 형태의 관광에서 역동성이 느껴지고 직접 체험할 수 있는 동적 형태의 관광으로 옮아가는 관광의 추세에 부합하는 까닭이다. 이러한 축제이벤트의 성격은 4가지로 정리할 수 있다(이상일, 1988: 188).

① 고의적(故意的) 과잉성(過剩性)을 가지고 있다.

축제이벤트에 참가할 때에는 일상생활의 궤도에서 벗어나 지나친 행동을 하게 된다. 경우에 따라서는 전통적인 도덕성이나 금기시해 온 행동들도 잠정적으로 구속력이 완화되고, 축제이벤트 참가자들도 각자 기묘한 복장과 행동들을 보여줌으로써 잠시나마 인습적인 과거와 현재의 속박에서 벗어나게 되는데, 이를 고의적 과잉성이라 한다.

② 축의적(祝儀的) 긍정성(肯定性)을 가지고 있다.

축제이벤트는 언제나 생에 대해 긍정하는 자세를 보여준다. 인간생활의 고뇌와 번민, 절망 등을 모두 극복하고 자신이 원하는 모든 것이 성취되었고, 또 성취될 수 있다는 기대감을 축하하기도 한다.

③ 대국성(對局性)을 가지고 있다.

대국성이란 과잉적 요소와 관련되는 하나의 뚜렷한 대조성을 보인다는 뜻이다. 축제이벤트는 일상생활과 상이한 것이지만, 일하고 생활하는 일상생활의 모든 것을 부정한다는 뜻이 아니다. 즉, 축의적(祝儀的)인 과잉성을 함축하면서도 일상생활의 작업관례, 중요성 등을 잘 대조시켜 나가는 것이라고 볼 수 있다. 예를 들면, 우리의 농악놀이, 베짜기 대회 등은 과잉성이 있으면서도 우리의 실제생활 중심과 대칭적으로 비교되어 나타나는 것이다.

④ 비이동성과 비소모성을 지니고 있다.

지역 축제이벤트는 지역의 문화가 종합되고 상징화된 행사로서 한 지역을 관광상품화하는 것이므로, 관광행동을 촉발할 만큼의 매력을 갖고 있으며 보전이 필요하고, 비이동성과 비소모성의 성격을 띠고 있다. 따라서 지역사회의 문화적 정체성에 연원을 두고 있는 지역 축제이벤트는 관광수입을 전제로 한 관광자원으로서 충분한 가치가 있다.

(2) 축제이벤트의 기능

축제이벤트는 대부분 제의를 중심으로 세속의 세계를 성화하려는 의도를 지닌 것으로 그 제의가 갖는 근원으로의 회귀를 보여주고 있는 것이다. 춤과 가면극, 노래, 경기 등을 수반하여 혼돈을 질서로 바꾸는 장치며 동시에 현실세계가 신화적 세계로 환원됨으로써 혼돈과 대립의 이원적인 세계를 해결해 주고 있다. 또 개별적 노동의 세속적인 삶을 집단적 믿음의 신성으로 전환하는 계기를 마련해 준다. 즉 축제이벤트는 너와 나의 벽을 허물고 갈등과 반목의 고리를 풀어 우리라는 하나로 결집시키는 마당의 기능을 하고 있다.

① 억압된 인간의 감정과 행동표현의 기회를 제공한다.

축제이벤트는 평상시에 억압되고 간과되었던 인간의 감정과 행동을 표현하는 사회적으로 허용된 기회가 된다. 따라서 전통적이고 역사성 있는 축제는 과거와 현재를 인간들에게 이어주고 현재의 축제 행위로부터 미래를 기약하게 하는 기능을 가지고 있다.

② 인간 본연의 위치를 발견하게 하는 기능을 수행한다.

노동은 우리의 생활을 영위하는 수단은 될지언정 목표는 될 수 없는 것이다. 축제기간 동안 축제이벤트의 참가자들은 일상의 일손을 멈추고 잠시나마 전통과 환상속에 잠기는 것은 인간의 고귀함을 일깨워 주게 되며, 또 역사의 영속성을 느끼게 하여 한 단계 높은 인간의 위치를 찾기 위해 축제 후 다시 노동의 현장으로 돌아가게 한다.

③ 사회 비판적인 기능을 갖고 있다.

역사적인 한계성을 탈피하지 못하는 사회적 구조는 사회적 신분의 허망함을 일시적이나마 폭로하여 준다. 따라서 사회의 유연성과 건강을 위해서라도 오늘날 황금만능주의의 사회에서 생산적이 못된다는 일부의 인식 속에 있는 풍자와 민속의 한 마당으로서 축제이벤트는 그 기능이 더욱 강조되어야 한다. 축제이벤트는 표면적으로만 건실하고 질서정연해 보이는 경직된 산업사회에 생명력을 불어 넣어주고, 인간의 생에 대한 긍정적인 면을 촉진시켜 준다.

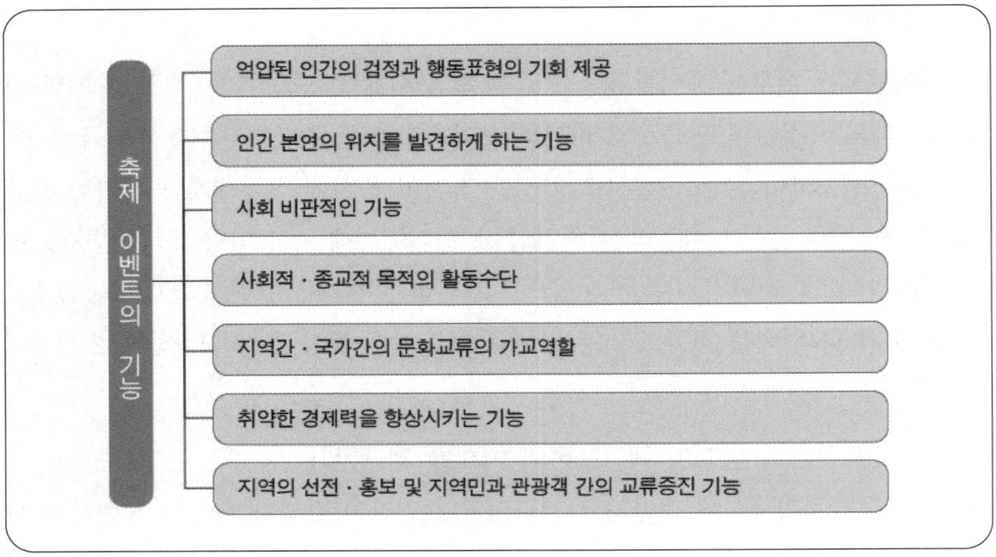

[그림 10-15] 축제이벤트의 기능

④ 사회적 · 종교적 목적의 활동수단이 된다.

아시아와 아프리카의 일부 국가의 축제이벤트와 예술공연은 아직도 초기 봉건형태의 전통과 농경사회의 유습(遺習)이 많이 잔존하고 있다. 그래서 이러한 지역이나 국가에서는 축제이벤트가 하나의 공동사회를 이끌어 가는 사회적 또는 종교적 목적의 한 활용수단이 되기도 한다.

⑤ 지역간 · 국가간의 문화교류의 가교역할을 하고 있다.

지역간 · 국가간에 관광객 등의 인적 · 문화적 교류와 병행하여 축제이벤트는 인간들의 새로운 의식, 새로운 관계, 새로운 혁신 등에 영향을 끼치게 된다(한국관광공사, 1990: 12-14).

⑥ 취약한 경제력을 향상시키는 기능을 한다.

지역 축제이벤트는 지역관광의 계절성을 극복할 수 있게 하고, 보다 폭넓은 지역에서 관광객을 유인할 수 있으므로 지역 축제이벤트는 빈약한 지역경제력을 증진시킬 수 있는 기능을 수행한다.

⑦ **지역의 선전 · 홍보 및 지역민과 관광객간의 교류증진 기능을 한다.**

지역 축제이벤트는 해당 지역을 대외적으로 선전하거나 홍보하는 효과를 가져오며, 지역민과 관광객간의 교류를 증진시키는 역할도 수행한다. 이를 통해 지역공동체 의식의 함양을 통한 지역의 과소화를 예방할 수 있는 메커니즘으로 이용될 수 있다(서휘석·이동기, 1999: 264-265).

결국 축제이벤트는 사회통합, 집단의 균형유지, 신화의 재현을 통한 삶의 궁극적 의미 체득 등 특수한 자연 및 사회문화적 환경과 관련되어 축제이벤트를 통한 만남과 자연적인 소속확인의 기능을 하고 있다. 여기에서 관광의 기능은 상당히 중요한 자리를 차지하고 있다.

2) 축제이벤트의 분류

축제이벤트는 점점 다양화 · 복합화 · 대형화하는 현상을 보이고 있다. 전통적 축제 형식에서 주민화합, 지역활성화, 홍보수단에 이르기까지 목적과 개최주체에 따라서 광범위하게 이용된다. 그만큼 분류자나 분류방식에 따라 다른 기준이 제시되고 있다.

본 서(書)에서는 축제이벤트를 크게 개최기관별, 프로그램별, 개최목적별, 자원유형별, 실시형태별로 구분하고, 이를 다시 세분화하였다.

〈표 10-1〉 축제이벤트의 분류

	소분류	세분류
축제이벤트	개최기관별	지역 자치단체 주최 축제, 민간단체 주최 축제
	프로그램별	전통문화축제, 예술축제, 종합축제
	개최목적별	주민화합축제, 문화관광축제, 산업축제, 특수목적축제
	자원유형별	자연, 조형구조물, 생활용품, 역사적 사건, 역사적 인물, 음식, 전통문화
	실시형태별	축제, 지역축제, 카니발, 축연, 퍼레이드, 가장행렬

자료: 저자 작성

(1) 개최기관별 분류

축제이벤트를 개최하는 주최기관에 따른 분류로서 지역자치 단체에서 주최하는 지역 자치단체 주최 축제와 일반 민간단체에서 주최하는 민간단체 주최 축제로 구분할 수 있다.

〈표 10-2〉 개최기관별 분류

소분류	세분류	예
개최 기관별 분류	지역 자치단체 주최 축제	신촌문화축제(서대문구), 광진종합문화축제(광진구), 은평구민 한마음축제(은평구)
	민간단체 주최 축제	국악로 국악문화축제(종로문화원 주최), 관훈/인사동 축제(전통마을 보존회 주최)

자료: 저자 작성

(2) 프로그램별 분류

축제 프로그램의 내용에 따른 분류로서 전통문화축제와 예술축제, 종합축제로 구분할 수 있다.

첫째, 전통문화축제는 지역의 전승설화나 풍습에 유래하여 개최되는 축제로 주요 프로그램의 구성형식이 전통문화적인 요소를 강하게 내포한다.

둘째, 예술축제는 현대적인 전시예술 및 공연예술 위주로 구성된 축제 등 예술적인 소재와 문화적인 요소를 활용한 축제를 의미한다.

셋째, 종합축제는 전통문화 축제형식, 예술축제형식, 체육행사 및 오락프로그램이 혼재되어 나타나는 축제를 가리킨다.

〈표 10-3〉 프로그램별 분류

소분류	세분류	예
프로그램별 분류	전통문화축제	강릉 단오제, 은산 별신제, 남원의 춘향제
	예술축제	세계 연극제, 광주 비엔날레, 부산 영화제, 춘천 인형극제
	종합축제	이천 도자기축제, 금산 인삼축제, 제주 한라산축제

자료: 저자 작성

(3) 개최목적별 분류

축제의 개최목적에 따른 분류로서 주민화합축제, 문화관광축제, 산업축제, 특수목적축제로 구분할 수 있다.

첫째, 주민화합축제는 주로 해당 지역에서 전통적으로 개최되어 온 전통문화축제를 비롯하여 최근에 많이 개최되기 시작한 구민의 날이나 시 · 군민의 날을 기념하여 벌이는 축제를 말한다.

둘째, 문화관광축제는 문화와 관련된 축제 및 행사를 관광에 초점을 둔 것으로서, 관광산업의 발전과 관광객 유치를 통한 지역경제 육성을 목적으로 하는 축제를 말한다.

셋째, 산업축제는 비교적 빈도가 높게 나타나는 관광축제를 제외한 다른 산업 분야, 즉 농림축산업, 어업, 상업 등의 발전을 목적으로 개최하는 축제를 말한다.

넷째, 특수목적축제는 환경보호 또는 역사적 인물이나 사실을 추모하거나 재현하는 것을 목적으로 하여 개최하는 축제 등을 포함한다.

〈표 10-4〉 개최목적별 분류

소분류	세 분 류	예
개최 목적별 분류	주민화합축제	대전의 한밭문화제, 강서구민축제, 영등포가을축제
	문화관광축제	부산바다축제, 자갈치문화관광축제, 무주구천동 철쭉제
	산업축제	섬유축제(섬유산업), 고창수박축제(수박), 보성다향제(차)
	특수목적축제	행주대첩제(제례), 다산문화제(추모제), 덕수리 전통민속재현행사(전통민속보존)

자료: 저자 작성

(4) 자원유형별 분류

축제의 주제(테마)가 되는 자원을 유형에 따라 분류한 것으로 자연, 조형구조물, 생활용품, 역사적 사건, 역사적 인물, 음식, 전통문화로 구분할 수 있다.

첫째, 자연자원을 주제로 한 축제로서 대부분 환경친화적인 목적을 가지고 개최된다. 둘째, 각종 조형구조물을 주제로 한 축제이다. 셋째, 일상생활에서 사용하는 생활용품을 주제로 한 축제로, 주로 바자회 등과 같이 열린다. 넷째, 역사적 사건을 재현하기 위해 개최되는 축제이다.

[그림 10-16] 광주 김치 대축제

다섯째, 역사적 인물을 추모하기 위해 개최되는 축제이다. 여섯째, 지역 고유의 음식을 주제로 한 축제로서, 지역 고유의 음식을 직접 맛보고, 만들어 볼 수 있도록 세부행사 일정에 대부분 참여 또는 체험 프로그램을 포함하는 경우가 많다. 일곱째, 전통문화 보존을 위해 민족고유의 전통문화를 주제로 하여 개최되는 축제로서, 마찬가지로 직접 참여하여 전통문화 등을 배워볼 수 있는 참여 · 체험 프로그램을 포함한다.

〈표 10-5〉 자원유형별 분류

소분류	세분류	예
자원 유형별 분류	자연	함평나비축제(나비), 무주반딧불축제, 진도영등제, 한라산눈꽃축제, 퀘벡겨울축제
	생활용품	논현가구축제, 일본세시끼칼축제
	역사적 사건	행주대첩제, 최무선장군추모제, 영국성발렌타인축제
	특산물	금산인삼제, 파주장단콩축제, 네덜란드튤립축제
	역사적 인물	왕인문화축제, 효석문화제, 만해제, 단종문화제
	음식	광주김치대축제, 남도음식대축제, 한국의 술과 떡잔치, 강경전통맛깔젓축제, 홍콩요리축제, 뮌헨맥주축제
	전통문화	양주별산대놀이축제, 고싸움놀이축제

자료: 저자 작성

(5) 실시형태별 분류

축제가 어떠한 형태로 실시되는지에 따른 분류로서, 축제, 지역축제, 축연, 카니발, 퍼레이드, 가장행렬로 구분된다.

세계적으로 유명한 축제로는 영국 스코틀랜드의 에든버러 축제(Edinburgh Festival), 독일 뮌헨의 10월 축제(Octoberfest) 등이 있다.

지역축제는 지역주민의 생활과 문화를 축제를 통하여 집약적이고 함축적으로 표출한 것으로 지역문화의 총체라고 할 수 있으며, 지역이 경쟁력을 가지기 위해 지역의 차별된 공간과 시간을 표현하고, 이에 그 참여자들을 동화시키는 제전을 의미한다(윤태범, 1998: 103).

[그림 10-17] 에든버러 프린지 축제

카니발(Carnival)이라는 단어의 기원은 13세기의 이탈리아로 거슬러 올라간다. 라틴어에서 비롯된 이 단어는 두 가지 설명이 존재한다. 하나는 카로스나바리스(배마차)에서 비롯됐다는 것이고, 또 다른 하나는 '카르네 레바레(carne levare, 금육)'에서 나왔다는 것이다. 이들은 사순절이 시작되기 직전인 축제의 마지막 날인 금식일을 가리킨다. 우리말로는 '사육제(謝肉祭)'가 적당하며, 프랑스의 니스 카니발, 이탈리아의 베니스 카니발, 브라질 리오 카니발이 세계 3대 카니발로 불리운다.

[그림 10-18] 여수엑스포 퍼레이드

퍼레이드(parade)는 축제나 축하행사 등에서, 축하 또는 환영받을 사람들이 장식된 탈 것을 타거나 걸어서 악대 등과 함께 시가를 지나가는 일을 가리킨다.

가장행렬(假裝行列)의 기원은 주술적인 요소를 내포하고 있으며, 제사 · 축제 · 의례 때에 가면이나 동물의 머리 등을 쓰고 거리를 누비는 풍습에서 유래한다. 현재는 라틴계 국가의 카니발이나 파리제(祭)의 가장행렬이 세계적으로 알려져 있다. 카니발의 가장행렬은 가장무도회와 병행해서 발달했기 때문에, 오늘날 카니발이 거행되는 나라에서는 이 두 가지가 함께 행해지는데, 전통적인 형태를 보존하고 있는 가장행렬은 라틴계 카니발뿐이다. 가장행렬은 사람을 즐겁게 하고, 해방감을 느끼게 하므로 운동회나 축하 퍼레이드 등에 자주 등장하기도 하는데, 효과를 높이기 위하여 가장행렬의 경연을 벌이기도 한다.

[그림 10-19] 리우카니발 가장행렬

4 축제이벤트의 관광산업과의 역할관계 및 효과

1) 축제이벤트의 역할

(1) 관광매력물의 역할

시대가 변함에 따라 현대인의 관광패턴도 달라지고 있다. 기존의 유명 경승지를 구경하는 관람자의 입장에서 레저 스포츠, 축제이벤트 등 행사에 직접 참여하는 주인공의 입장으로 변모하고 있다. 축제이벤트는 변화되어 가는 관광객의 욕구와 동기를 충족시키기 위해서 가장 빠르게 대응할 수 있는 관광형태이다.

[그림 10-20] 스페인의 산페르민축제

축제이벤트는 화려하고, 생동감이 넘치고, 역동적이며, 체험형 관광이다. 또 축제이벤트는 무미건조한 생활에 리듬을 제공하고, 일상생활에서 가지지 못했던 흥분, 감동, 절정, 발산의 감정은 인간의 감수성을 자극하여 새로운 활력을 불어넣는다. 게다가 축제이벤트는 생활의 엑센트로서 인간의 내재적 욕구를 유발하며, 축제이벤트의 재미와 즐거움의 요소는 자연스럽게 관광객을 유인한다(한국관광공사, 1995: 21). 비일상성, 동화의 세계, 신비, 환상, 몰입을 체험하고자 하는 현대인의 축제이벤트는 가장 적합한 환경을 제공한다. 최근 국내에도 많은 축제이벤트가 곳곳에서 연이어 개최되고 있으며, 그 때마다 수많은 관광객이 몰려들고 있어 축제이벤트의 매력성을 짐작할 수 있게 한다.

(2) 관광지의 활성화

축제이벤트는 관광활성화 요인으로서 정적 관광자원 및 시설의 활용도를 높여준다. 축제이벤트는 관광지에 활력을 불어넣음으로써 관광객에게 관심을 촉구하고 재방문을 유도한다.

관광객은 한번 유람한 관광지를 재방문하기보다 다른 관광지를 방문하려고 한다. 그러나 관광지는 언제나 그 자리에 있고 시일이 지나도 같은 장소에 같은 모습으로 있어서 재방문을 유도하기 힘들다.

여기에 축제이벤트와 같이 생동감 있는 행사를 개최하면 잠자던 관광지가 활성화되는 경우를 종종 볼 수 있다. 특히 유럽, 남미, 동남아의 많은 국가들이 기존의 문화유적지와 축제이벤트를 결합한 관광상품으로 성공을 거두고 있다(일본선전회의, 1994: 231-233).

[그림 10-21] 영국의 에든버러 축제

(3) 비수기와 계절성 극복

축제이벤트는 관광성수기를 연장하거나 비수기를 오히려 새로운 관광시즌으로 전환하기도 한다. 즉, 축제이벤트에 참가하는 관광객은 비참가 관광객에 비하여 숙박여행을 많이 하며, 체재일수도 길어진다(연경녀, 1998: 164).

[그림 10-22] 대관령 눈꽃축제 중 국제 알몸 마라톤 대회

또 세계적으로도 날씨가 추운 북부지역에 위치한 국가는 관광 장애요인인 겨울 기후를 스키경주대회나 겨울 카니발, 심지어는 추위를 참아내는 내한(耐寒) 페스티벌과 같은 동계 이벤트를 개최하여 새로운 관광시즌을 창출해 내고, 반면에 날씨가 따뜻한 남부지역에 위치한 국가는 무더운 계절에 문화행사 등으로 계절적 변수를 극복하려는 시도를 하고 있다(정강환, 1996: 42-43).

(4) 홍보 및 이미지 메이커의 역할

관광지의 이미지는 관광지 현지에서 느끼는 개인의 심정뿐만 아니라 여행 전·후에 가지게 되는 개개인의 인상, 평가, 태도들의 합이다. 이러한 개개인의 이미지가 조합하였을 때 가장 빈도가 높은 속성들이 그 관광지의 대중적인 이미지로 대표된다. 관광지에 대한 이미지는 방문의사결정과 재방문에 영향을 미치므로 세계 각국이 자국의 이미지를 호의적으로 표현하기 위해 최선을 다하고 있다.

따라서 지역의 이미지를 고양시키는 중요한 역할을 담당하는 것 중의 하나가 바로 축제이벤트이다. 하나의 성공적인 축제이벤트는 시간이 흐른 뒤에도 후광효과

(halo effect)를 발생하여 지속적인 관광객의 방문을 유도한다(김진성·김연정, 1998: 162). 축제이벤트는 개최기간 동안 언론 방송매체의 주목을 받을 수 있기 때문에 지역의 이미지를 정립하고 개선하는데 매우 효과적이다.

또 축제이벤트는 문화유산을 홍보하는 수단으로 활용되기도 한다. 문화유산과 향토문화축제는 국가 및 지역의 전통성에 바탕을 두고 있다는 공통점을 가지고 있으므로 상승효과(synergy effect)를 기대할 수 있다. 즉 개별적으로 문화유산만을 홍보하는 것보다 이미 존재하는 각 지방 고유의 향토문화축제의 홍보에 해당 문화유산을 포함시킴으로써 향토문화축제와 더불어 지역의 독특한 문화유산이 부각되어 홍보효과가 증폭된다.

종묘, 석굴암과 불국사, 해인사 팔만대장경과 판고의 경우 각각 종묘제례, 신라 문화제, 대야 문화제를 병행하고 있어 정적인 세계유산을 동적인 행사로 활용하고 있다(한국관광공사, 1996: 264).

[그림 10-23] 종묘제례

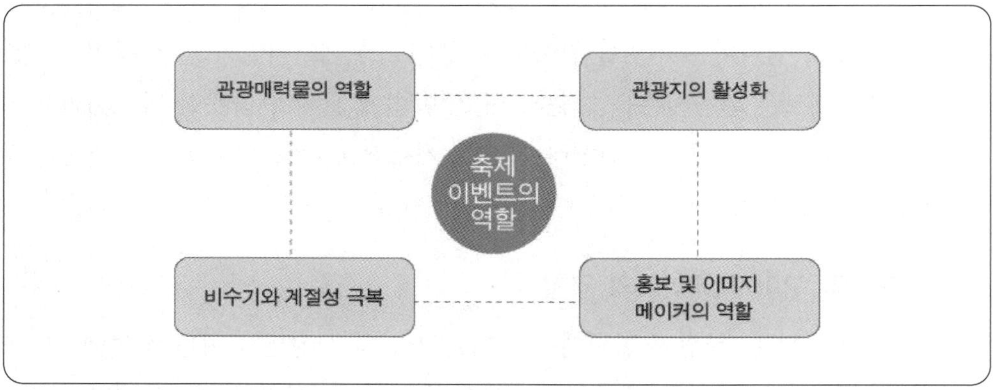

자료: 저자 작성

[그림 10-24] 축제이벤트의 역할

2) 축제이벤트의 효과

지방자치시대를 맞이하면서 축제이벤트는 지방자치단체에서 가장 중요시하는 행사가 되었다. 축제의 개최가 지역에 미치는 영향은 다양하며, 축제의 효과로는 경제적 효과, 사회·문화적 효과, 환경적 효과 등으로 구분될 수 있다.

(1) 축제이벤트의 경제적 효과

축제이벤트의 경제적 효과는 가장 기본적 효과이다. 행사를 위한 시설건축, 관람객의 입장료, 쇼핑, 숙박에 대한 수입, 고용창출, 지방정부의 세수입, 행사관련 사업비의 지출 등의 효과가 있다. 이러한 경제효과에 영향을 미치는 변수는 축제 방문객의 소비지출 및 행사관련 투자액의 규모에 크게 의존한다.

축제이벤트는 자원개발식의 관광자원과는 달리 대규모 자본이 필요하지 않으며 지역민의 자원봉사, 기업의 스폰서 등 많은 부분에서 비용을 절감하는 효과도 있다. 또 축제이벤트의 개최로 얻은 수익은 지역민들에게 환원되기 때문에 승수효과도 높다.

축제이벤트의 비용절감 효과는 인건비 절감과 스폰서가 있는데, 축제이벤트는 지역의 행사이므로 지역민이 기꺼이 자원봉사자의 역할을 맡게 되고 이에 따라 인건비를 대폭 줄일 수 있다. 또 축제이벤트는 종종 기업의 스폰서를 유치하여 기업에는 광고효과를 주고, 주최측은 축제이벤트 비용을 충당한다. 기업의 참여방법은 기부금 형식이나 자사상품을 제공하기도 한다(안경모, 1998: 494).

(2) 축제이벤트의 사회·문화적 효과

축제이벤트의 사회·문화적 효과로는 지역간의 문화교류, 지역민의 문화향수 제고, 교육효과, 지역민의 자긍심 제고 등이 일반적으로 알려진 효과로 볼 수 있다. 이러한 효과에 미치는 주요 영향변수는 축제이벤트가 추구하는 목표와 축제의 소재에 의해 크게 좌우된다.

축제이벤트는 각 지역마다 특수한 자연 및 사회·문화적 환경과 관련되어져 형성되는 경우가 대부분이기 때문에 무형문화재로서의 중요한 관광자원의 가치를 가지게 된다. 특히 최근 관광수요의 증가와 함께 관광과 문화가 접목된 새로운 형태의 관광활동이 등장함에 따라 지역의 문화적 자원이 관광상품으로 등장하고 있는 실정에서 축제이벤트의 역할은 매우 크다고 할 수 있다.

〈표 10-6〉 축제의 효과

	효과	내용
긍정적 효과	경제적 효과	• 내 · 외국인의 직 · 간접적 소비에 의한 지역 및 국가경제적 파급효과 • 접근성 확보 등 기반시설 건설에 따른 지역경제 활성화 및 지역개발 효과 • 문화유산 관광상품화에 따른 지역간 생활수준 격차 감소
	사회 · 문화적 효과	• 국가 및 지역주민의 정체성 확보 및 자긍심 형성 • 지역 및 국가의 문화발전 • 지역 및 국가 문화에 대한 교육적 효과
	환경적 효과	• 체계적인 관리와 통제에 의한 문화유산 보존 및 수명 연장 • 문화유산 관광상품화에 따른 주변환경 정비효과 • 지역사회 전반의 환경정비 효과
부정적 효과	경제적 효과	• 지역주민의 물질만능주의 확산 • 소비지향적 태도 형성
	사회 · 문화적 효과	• 관광적 가치 강조로 인한 문화유산 고유의 자원성 퇴색 • 문화의 상품화(상업화), 연출된 고유성 형성 • 문화변용(문화의 변질) • 지역주민의 상대적 박탈감 조성 • 지역사회의 사회병리 현상(매춘, 도박, 알코올중독, 범죄, 폭력 등)
	환경적 효과	• 과다한 관광객 쇄도로 인한 유적 피해 • 쓰레기 등 환경 오염

자료: 저자 작성

축제이벤트는 지역의 역사와 문화에 대한 관심을 불러일으키고 문화적 수준을 향상시킨다. 타지역의 생활과 문화에 대한 지적 욕구는 관광객의 주요한 동기인데 축제이벤트는 전통춤, 음식, 민요 등 방문객의 다양한 욕구를 충족시켜 주고, 문화를 접함으로서 발생하는 교육적 효과도 기대할 수 있다.

또 지역민에게는 지역문화를 계승 · 발전시키는 계기가 되며 음악, 미술, 공연의 개최로 생활수준과 삶의 질을 높이는 효과를 가져다 준다.

축제이벤트의 개최로 기존의 고유문화와 시민문화가 하나의 원형을 갖추어 지역문화가 정착되는가 하면, 새로운 문화활동이 생성되기도 한다(한국문화정책개발원, 1995: 2).

(3) 축제이벤트의 환경적 효과

축제이벤트의 환경적 효과로 부정적 측면에서 지적할 수 있는 것은 환경오염, 자연훼손, 교통의 혼잡, 소음 등이다. 이는 축제 방문객의 행동에 의해서 지역에 야기되는 것으로 환경적 효과에는 긍정적인 면과 부정적인 면이 공존하는데 축제이벤트 개최의 파급효과로 나타나는 부정적 효과에 대해서 지역민들은 우려를 표시하게 된다.

제2절 축제이벤트의 진행 및 구성

1 축제이벤트의 진행

축제이벤트의 진행을 단계별로 나누어 보면, 크게 "기획단계 → 준비단계 → 실행단계 → 결과단계"로 나눌 수 있다(제5회 공연예술 열린강좌 운영위원단, 1998: 9-10).

1) 기획단계

기획단계에서는 우선 해당 축제이벤트의 기획의도를 설정하여 기대효과를 산출하는 것이 선행되어야 한다. 이후에 조직위원회와 운영조직을 구성하고, 부대행사를 포함한 프로그램을 구성한다. 또 재원 및 예산을 편성하고, 개최시기와 장소를 선정하여 공연장과 행사시설을 섭외하는 업무를 수행한다.

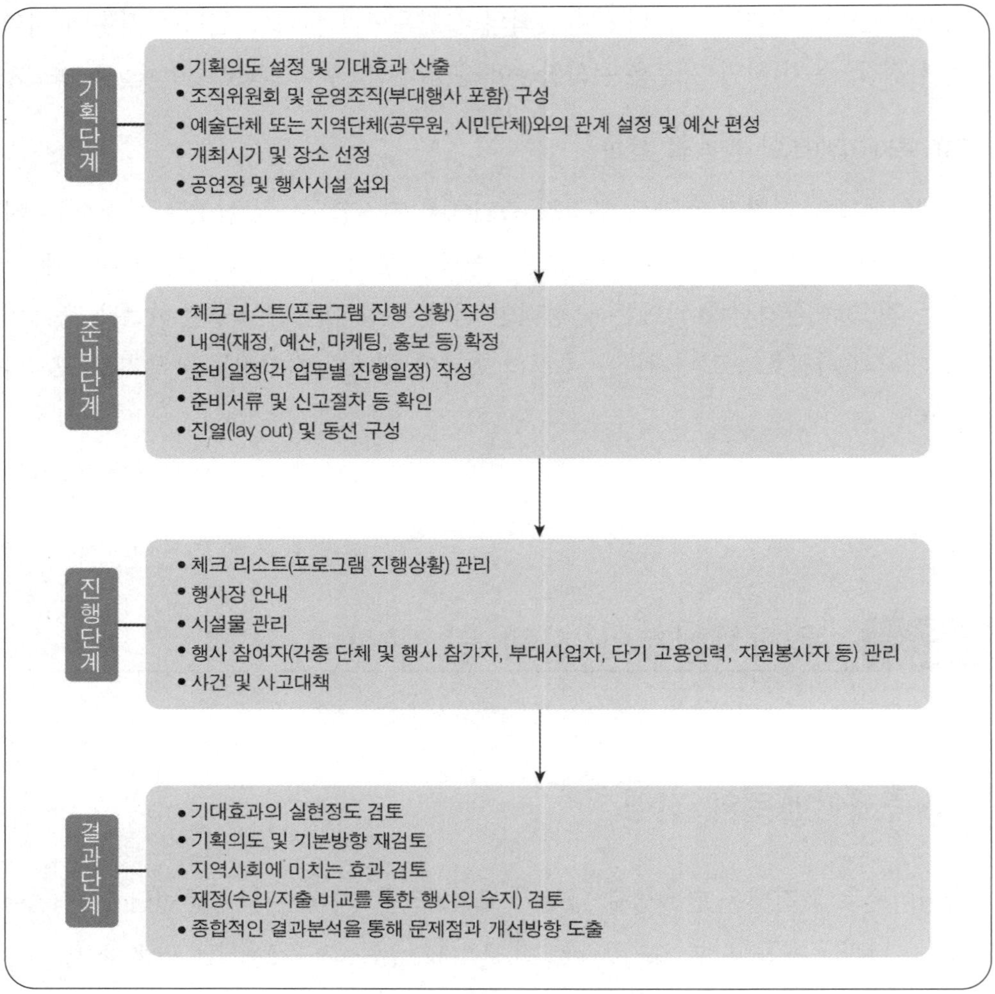

자료: 저자 작성

[그림 10-25] 축제의 진행 단계

2) 준비단계

기획단계를 끝마치면 다음으로 준비단계에 들어가게 된다. 준비단계에서는 우선 프로그램 진행상황을 수록한 체크 리스트를 작성하고, 재정 · 예산, 마케팅, 홍보 등 각 업무별로 분담내역을 확정하여 각 업무별로 준비일정을 작성하게 된다. 또 준비

서류와 신고절차 등을 확인하고 행사장의 진열(lay out)과 동선을 구성하는 업무를 진행하게 된다.

3) 진행단계

실행단계에서는 체크 리스트에 따라 프로그램이 진행되고 있는지를 관리하고, 행사장 안내 및 시설물 관리를 한다. 또 각종 단체 및 행사참가자, 부대사업자, 단기고용인력, 자원봉사자 등 행사 참여자를 관리하고, 사건 및 사고대책을 세워 발생 때 이에 대응하는 업무 등을 한다.

4) 결과단계

결과단계는 축제이벤트의 마무리 단계이자 동시에 다음 축제이벤트의 성공적 개최를 위해 필수적인 단계이다. 이 단계에서는 기획단계에서 예상했던 기대효과의 실현정도와 기획의도, 기본방향 등을 검토하고, 지역사회에 미치는 효과를 검토한다. 또 수입과 지출의 비교를 통한 행사의 수지문제 등 재정적인 면을 검토하고, 최종적으로 종합적인 결과분석을 통해 문제점과 개선방향을 도출하는 작업을 통해 축제이벤트를 마무리한다.

2 축제이벤트의 구성

축제이벤트는 크게 축제의 주체, 내용, 판(마당)의 세 가지 요소로 구성된다.

1) 축제의 주체

축제의 주체는 물론 축제를 행하는 사람들로서, 공동 관심사를 가진 사람들이다. 이런 공동 관심사는 공동체 구성원이 가질 관심사이겠지만, 공동 관심사의 종류와 폭에 따라 공동체의 범위도 달라진다. 그런데 축제를 하는 사람과 축제를 보는 사람으로 나눠지는 축제에서 축제의 주체를 어떻게 잡아야 할지 애매해지는 수가 있다.

하는 사람과 보는 사람이 일치할 정도로 구분되지 않는 전통 사회의 축제 이외에 현대의 축제는 대부분 그런 구분을 전제로 한다. 동질감, 인간적 교류, 판(마당)의 공동 형성자 측면에서 축제의 주체 문제는 관객이 아닌 주최측으로 간단히 말해질 것이 아니다.

[그림 10-26] 부산 바다축제

2) 축제의 내용

축제의 내용은 먼저 공동 관심사를 가리키고, 그리고 이를 표현하는 제의와 놀이를 가리킨다. 이 세 가지는 한 묶음이 되어 축제의 내용과 형식을 이룬다. 인간의 총체성에 의해 축제의 내용은 종교적인 것, 정치적인 것, 문화적인 것 등 아주 다양하다. 하나의 축제가 하나의 중심된 관심사를 가지고 집중적으로 행해지던 것이 전통사회의 축제였고, 오늘날의 축제도 그래야 호소력을 보장받을 수 있다. 백화점식의 또는 백과사전식의 종합 축제는 공동 관심사가 무엇인지 실종하게 만들고 축제 본연의 목적도 사라지게 만든다.

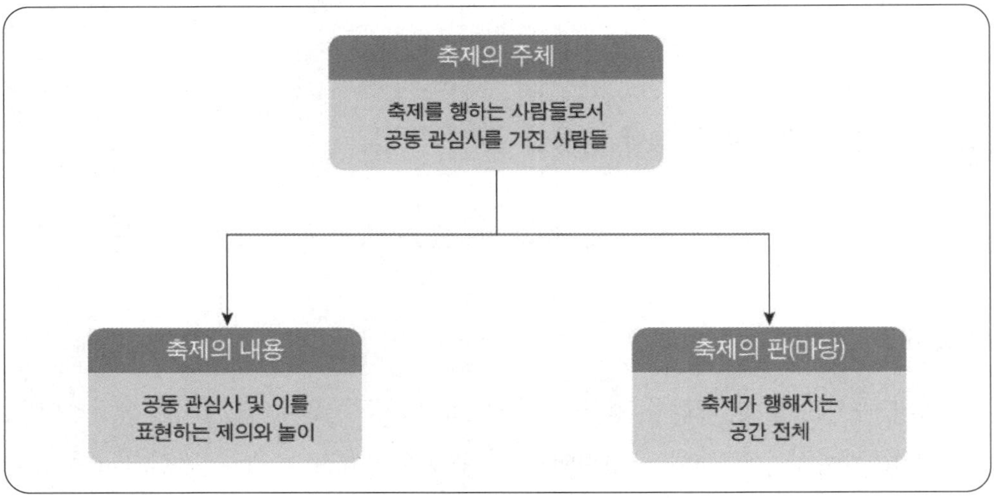

자료: 저자 작성

[그림 10-27] 축제의 구성

3) 축제의 판(마당)

축제의 판(마당)은 축제가 행해지는 공간전체를 말하는데 이는 조그만 마당으로부터 거대 도시의 전역에 이르기까지 매우 가변적이다. 축제의 내용은 곧 공동 관심사를 판가름짓는 구성원들의 동질성이 통용될 수 있는 물리적 공간이 축제의 판의 크기가 될 것이다. 물리적 공간과 심리적 공간의 일치를 생각해야 한다. 그런데 오늘날에는 일반적으로 행정 단위체와 생활 단위체가 가지는 공통 범위가 축제 공간을 결정짓는다. 축제 공간에서 고려해야 할 중요한 점은 그것이 생활 공동체 속의 또 다른 공간이 되고 있느냐 하는 점이다. 이는 축제의 현장성 문제로 연장된다(김재현, 1998: 15).

제3절 축제이벤트의 운영 · 관리

1 축제이벤트의 육성

축제이벤트는 대부분 1회성 행사로 그치는 것이 아니기 때문에 장기적으로 긴 안목을 가지고 단계별로 발전시켜는 나가는 것이 필요하며, 크게 3단계의 과정을 거쳐 단계별로 발전시켜 나가는 것이 바람직하다.

[그림 10-28] 축제에서 많이 이용하는 불꽃 프로그램

우선 제1단계에서는 '시민 단합형의 축제'에서 '관광축제'로 전환시켜 나가며 부가가치를 창출하는 방안을 모색하고, 제2단계에서는 단체 외래객을 유치하는 방향으로 추진을 하며, 마지막 제3단계에서는 해외 여행객의 유치를 위해 축제를 개별 여행객을 중심으로 전환시키는 것이 바람직하다.

제1단계

◆ 시민 단합형 축제 → 관광축제로 전환(부가가치 창출)
- 볼거리(Seeing), 먹거리(Eating), 살거리(Buying)의 집중개발
- 인근 관광지, 사업체와 연계 관광코스의 개발
- 축제 담당 공무원에 대한 사업마인드 제고 노력
- 외국과 자매결연/교환, 주한 외국인 참관유도, 외신기자 특파원 초청

↓

제2단계

◆ 단체외래객 유치
- 행사 일정/내용의 조기 확정(외래객 참여이벤트 개발 등)
- 해외 홍보강화, 축제현장 외국인 수용태세 정비 등
- 개별관광객 유치를 위한 홍보강화 및 수용태세 개선
- 축제캐릭터 및 응용상품 개발(넥타이, 모자, 기념품, 해당 지역 농수산물의 포장방법 개선 등을 통한 관광기념품 판매)

↓

제3단계

◆ 개별여행객 중심으로 전환(해외여행객 80%는 개별관광객임)
- 국내외 여행업자 축제 설명회 등을 통한 판촉활동 강화
- 해외여행업자 및 언론인 초청 팸투어(Fam Tour) 실시
- 개막식 등에 관람객 참여이벤트 개발 및 외국어 동시 진행방법 모색

자료: 저자 작성

[그림 10-29] 축제이벤트의 단계별 육성방안

2 축제이벤트 업무의 운영 · 관리

1) 기획업무

(1) 현장조사

기획단계에서는 축제이벤트의 상품화를 위해 현장조사를 실시하게 되는데 다음과 같은 내용을 포함하여야 한다.

첫째, 단체외래객 유치를 위한 여행업계 및 관광업계와의 사전 협의회를 개최하여 의견을 수렴한다.

둘째, 축제이벤트의 성격을 명확히 규정한다.

셋째, 축제이벤트의 규모는 처음에는 아주 작게, 그러나 알차게 실시할 수 있도록 처음 기획 때부터 유의한다.

넷째, 어떻게 하면 이 지역에서 축제가 열리고 있는가를 사람들에게 알리기 위한 방법을 절대적으로 강구하여 축제이벤트의 지명도를 고양시킨다.

다섯째, 지역주민의 이해를 끌어낼 수 있도록 지역의 주요 지점에 플랜카드를 활용하여 행사를 사전에 고지시키고, 지역의 대표자들과의 사전교류를 통한 협력사항을 도출한다.

(2) 축제이벤트의 주제 선정

축제이벤트의 주제는 축제의 모든 부분을 통합시키는 기능을 가지고 있다. 즉, 주제는 축제이벤트에 통일성을 부여한다. 따라서, 주제를 축제이벤트 속에 구체화시키기 위해 일관된 프로그램 기획과 이미지 창출이 요구된다. 축제의 명칭은 주제가 담고 있는 독특한 메시지를 전달할 수 있도록 명명해야 하며, 축제의 심벌 로고와 마스코트, 엠블렘, 축제장소의 구성과 디자인, 축제활동과 매력물, 축제 홍보형식과 스타일에 주제가 반영되어야 한다.

(3) 축제이벤트 프로그램

축제이벤트의 프로그램은 축제가 참신성을 유지하고 다른 축제들과 차별되는데 중요한 요소가 되므로 프로그램 개발에 많은 비중을 두어야 한다. 축제 프로그램 구성에 있어 지역주민과 관광객의 참여를 제고시키려는 노력이 필요하다. 즉, 지역주민이나 외지 관광객들을 유인하는 참여 · 체험형 프로그램 개발이 요구된다.

(4) 축제이벤트 개최시기 및 기간 설정

또 기획업무에서 중요한 사항이 축제이벤트의 개최시기 및 기간을 설정하는 것이다. 이 때 유의해야 할 사항으로는 계절적인 여건을 확인하는 것과 주변의 행사여부를 확인하는 것이다.

우선 계절에 맞는 상품을 개발하기 위한 노력을 게을리 하지 말아야 하며, 대부분의 축제가 주로 봄 · 가을에 집중적으로 개최되고 있으므로, 신규 축제 기획의 경우 이를 피해 동 · 하절기 개최를 통해 개최시기의 변화를 기할 필요가 있다.

그리고 지역 또는 전국에서 행사가 겹치게 될 경우 지역에서 개최하는 행사에 대한 집중도가 떨어지게 되므로 주변의 행사여부를 사전에 파악하여 겹치지 않게 행사를 기획하여야 한다. 만약, 지역의 축제와 일반행사 내용이 겹칠 경우, 독자적으로 추진하지 말고 상호간의 이해를 통해 공동으로 행사를 치르는 방향을 적극적으로 모색함으로써 예상하지 못했던 시너지 효과를 발생시킬 수도 있다.

(5) 축제장소 확보

축제의 장소는 적절성과 접근성을 고려하여 적합한 공간을 확보하는 것이 중요하다. 축제의 분위기 조성, 축제의 수용력, 서비스 제공 등에 있어 축제의 장소가 중요한 요소로 작용하므로 신중하게 선정할 필요가 있다.

(6) 축제위원회 역할

일반적으로 기획사는 행사기획 및 운영 자체에만 관심이 있고, 국내외 홍보, 관광객 유치 및 특산품 개발 등 축제의 본질적인 행사목표 관리에는 큰 관심과 역할을 가지지 않는다. 따라서 선정위원회 개최 이전에 선정위원들이 축제기획, 홍보 및 관람객 유치 등 축제 전반에 대한 사전검토가 가능하도록 선정위원들에게 기획안을 전달하는 것이 필요하며, 한편 축제추진위원회 또는 축제조직위원회가 구성되었을 경우 이 조직에서 이벤트사 및 기획사를 선정하고, 이에 대한 적절한 통제가 이루어져야 한다.

2) 세부업무

일반적으로 축제이벤트가 1년을 주기로 개최되는 점을 감안할 때, 이와 관련한 세부업무를 단계적으로 실행할 필요가 있다. 보통 '축제개최 1년 전, 6개월 전, 3개월 전, 1개월 전'으로 구분하여 세부업무를 단계적으로 진행해 나가는 것이 바람직하다.

단계별로 세부업무의 운영방안을 살펴보면 다음 [그림 10-30]과 같다.

축제 개최 1년 전

- 행사 개최를 위한 내부의견 수렴
- 행사 조직위원회 구성
- 일정의 확정 및 이벤트업체 선정
- 기획사와 공동으로 행사에 대한 기본개념과 진행사항에 대한 내부검토작업 실시
- 기초 홍보시작
- 행사와 관련 있는 유관기관에 대한 홍보 및 협조
- 스폰서 확보
- 홍보물 발간 및 홍보를 위한 기획사 선정 및 각종 자료 수집
- 여행사 상품 기획담당자 대상 설명회 및 상품기획 의뢰 협조
- 행사 정보자료집 발간
- 초기 홍보용 포스터 제작

↓

축제 개최 6개월 전

- 홍보물(브로셔) 발간완료 및 유관기관 배포
- 행사 세부내용 확정
- 행사 참가자 예약시스템 구축 또는 예약 안내데스크 운영
- 여행업계 설명회 개최

↓

축제 개최 3개월 전

- 외부 잡상인에 대한 대비책 강구
- 국내언론사를 통한 홍보용 자료 준비

↓

축제 개최 1개월 전

- 행사장 홍보안내물 제작
- 각 숙박업소 및 식음료점 위생점검/업소의 협조 당부
- 행사장 공간배치 완료
- 각종 수용태세 점거(화장실, 공중전화, 편의시설 등)
- 행사장 운영요원들에 대한 사전교육
- 설문서 자료작성
- 기타 행사와 관련된 세부사항 점검
- 이벤트 진행사의 최종 리허설 점검

자료: 저자 작성

[그림 10-30] 세부업무의 단계별 운영방안

3) 준비업무

축제이벤트를 준비할 때에는 담당기관이나, 축제위원회에서 적극적인 수용태세를 가지고 축제방문객을 위한 철저한 사전준비를 해야 하는데, 이를 현지도착 전 · 후의 정보, 교통, 숙박시설, 식음료, 주변 관광자원과의 연계 등의 부문으로 구분하여 각각의 준비업무를 살펴보면 다음과 같다.

〈표 10-7〉 축제이벤트의 준비업무 사항

부 문		준비업무
정보	현지 도착전	• 축제 자체 및 개최지역에 대한 소개 • 교통, 숙박시설, 식음료 시설, 주변 관광자원과 관련한 정보 제공
	현지 도착후	• 현지의 관광안내소, 안내요원, 역과 터미널, 고속도로 진 · 출입지역 주변, 시내 주요지역에 관한 정보 제공 • 축제관련 구체적 행사일정(프로그램, 안내책자 등)과 행사장소, 주변 숙박시설, 관광자원 등이 표시된 간략한 관광지도 제공
교통		• 현지로의 교통대책 및 도착 후의 교통대책 마련
숙박시설		• 종류별 객실수준, 서비스 점검 및 예약제도 확립 • 주변 관광자원에 대한 안내소 역할 담당 (프런트와 객실에 행사안내서, 지도 등 비치)
식음료		• 향토적 음식 및 전통음식 장터 마련
주변관광자원		• 지역 내의 주변 관광자원과 연계방안 마련

자료: 저자 작성

4) 홍보업무

축제이벤트의 홍보업무도 세부업무의 실행방안과 마찬가지로 1년을 기준으로 '개최 1년 전, 6개월 전, 3개월 전, 1개월 전'으로 구분하여 실시하는 것이 바람직하다.

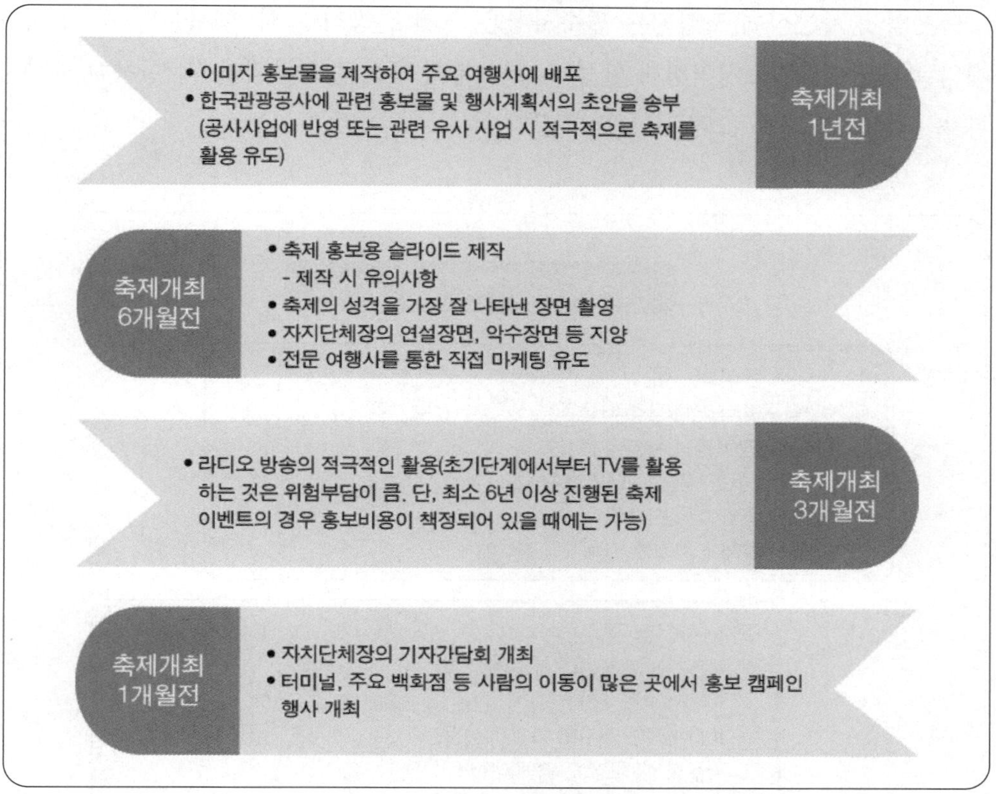

자료: 저자 작성

[그림 10-31] 축제이벤트의 단계별 홍보업무

5) 사후 평가관리

축제이벤트를 마치고 나면, 반드시 축제에 대한 평가를 실시하여 차기 축제행사에 적극적으로 활용하여야 한다.

이러한 축제평가는 외부 전문가에게 의뢰하여 객관적으로 실시하는 것이 바람직하며, 축제에 관여했던 모든 관계자들이 모두 참석하여 평가보고회를 가지는 것이 필요하다.

안동국제탈춤 페스티벌의 경우, 해마다 축제를 마치고 나면 외부기관에 축제평가를 의뢰하여 평가보고서를 작성하고, 이를 바탕으로 축제이벤트를 개선해 나간 결과, '2001년 한국 최우수 축제'로 선정되는 결과를 가져왔다.

축제의 평가양식에 포함되는 필수사항은 크게 관광객 분석, 행사운영 평가, 지자체의 축제 추진의지, 지역경제 활성화 효과 분석 등으로 구분되며, 각 항목별 세부사항을 살펴보면 다음 [그림 10-32]와 같다.

축제 평가양식의 필수사항

1. 관광객 분석의 기준
   - 지역주민 대비 관광객 비율
   - 국내 관광객들의 지역별 분석
   - 외국인 방문객 분석—국가별 분석
   - 관광객들의 쇼핑 지출액
   - 관광객들에게 유효했던 축제의 홍보매체

2. 행사운영 평가
   - 관광객 행사안내 및 해설체계 (안내부스, 행사안내서, 안내요원에 대한 교육 실시)
   - 전체적인 행사의 짜임새(세련성)
   - 주요 관광프로그램에 대한 방문객 반응
   - 관광객을 위한 볼거리의 다양성
   - 편의시설 및 주차의 편리성
   - 음식판매 부스 및 가격(외지상인 통제)

3. 지자체의 축제 추진의지
   - 지자체의 추진의지와 홍보노력
   - 합리적인 축제경영

4. 지역경제 활성화 효과 분석
   - 축제상품개발(특산품 관광상품화) 및 판매가격
   - 축제상품판매 매출액을 통한 지역경제 활성화 효과
   - 관광객의 음식, 숙박 등 소비지출을 통한 경제기여 효과

자료: 저자 작성

[그림 10-32] 축제 평가양식의 필수사항

③ 축제이벤트 마케팅

축제이벤트 마케팅이란, “방문자가 필요로 하고 원하는 것을 파악하여 이들의 욕구를 만족시킬 만한 축제를 계획, 개발하여 이에 대한 재정, 인프라, 촉진계획에 대해 최선의 방법을 강구하는 일련의 과정”이라고 할 수 있다(정신, 1999).

1) 축제이벤트 마케팅의 4P 적용

축제이벤트 마케팅에 있어서 가장 중요한 것이 축제의 상품력이다. 여기서 상품이란 바로 축제 그 자체이다. 따라서 축제는 방문자를 유인할 수 있는 요인을 내포하여야 하며, 집객력을 갖추고 있어야 한다.

[그림 10-33] 금산인삼축제 마스코트

둘째로 중요한 것은, 축제의 접근용이성이다. 축제의 접근용이성은 지역성으로 표현될 수 있으며, 지역성은 지역의 지리적 위치, 교통 관계, 축제장의 공간 구성, 축제의 관광상품화 등을 포함하는 접근용이성 차원의 지역성이다.

셋째는 촉진 계획이다. 축제도 일반 상거래에서와 같이 경쟁이 더욱 치열해짐에 따라 광고, 선전 등에 대한 관심이 모아지고 있다. 축제마케팅의 촉진 계획으로는 광고와 홍보뿐만 아니라 방문자의 리스트화를 통한 DM 발송, 캐릭터 개발, 픽토그램, 엠블렘, 로고 등의 축제를 위한 FI(Festival Identity)의 개발 등이 활용될 수 있다.

마지막으로 축제 재정이다. 이 축제 재정에는 축제의 예산 계획, 스폰서십, 수익사업 등이 포함된다. 스폰서십은 주로 기업체를 통해 이루어지는데 지역의 숙박업소, 음식업소, 기업체의 참여를 유도하는 방법도 강구해 볼 만하다. 또 수익사업은 기념품 판매, 부스 판매, 권리의 양도 등을 통해 이뤄진다.

〈표 10-8〉 축제이벤트 마케팅의 4P 적용

4Ps	의미	축제에 있어서의 적용
Product	축제의 상품력	ㅇㅇ축제, 축제 자체의 상품력 제고 및 축제성격 규정을 통한 브랜드화, 숙박, 음식, 자원봉사자 등
Place	축제의 접근용이성	지리적 위치, 교통관계, 공간구성, 축제의 관광상품화 등
Promotion	축제 촉진	광고, 홍보, DM, CI, 포지셔닝 등
Price	축제 재정	스폰서 쉽, 수익사업을 통한 수입과 지출에 의한 축제 재정정책 등

자료: 저자 작성

2) 축제이벤트의 포지셔닝

축제이벤트 마케팅에서 대외적인 축제 이미지에 관련하여 핵심적인 것은 포지셔닝이다. 이 포지셔닝이야 말로 무수히 많은 축제이벤트 중에서 해당 축제를 방문자에게 어떻게 인식되어지게 하는가에 대한 문제이므로 해당 축제의 목적, 목표, 행사내용 등을 포함한 모든 전략의 바탕이 된다고 할 수 있다.

포지셔닝은 방문자의 축제장에서의 모든 활동이나 행동의 범위를 결정하는 것으로 축제 이미지 메이킹의 기본틀이 되는 것이다. 이 포지셔닝은 몇 가지 주의해야 할 점이 있다. 먼저 포지셔닝의 목표그룹이 누구인가를 분명히 하여 그 그룹을 대상으로 포지셔닝해야 한다. 또 포지셔닝을 할 때에 지역과 축제이벤트가 지니고 있는 장점을 근거로 설정하여야 한다.

방문자에게 수용될 수 있는 포지셔닝이란 그 축제가 가지고 있는 특징 및 장점이 방문자에게 자연스럽게 수용될 수 있는 점을 말하며, 그 점이 받아들여질 수 있는지는 조사를 통해 그 위상을 확인할 수 있어야 한다.

따라서 목표그룹을 정확히 선정하여 축제가 지니고 있는 여러 가지 장점을 이용하거나 축제의 여러 정책을 활용하여 포지셔닝을 설정하여 이미지 메이킹할 때 축제의 성공을 보장할 수 있다.

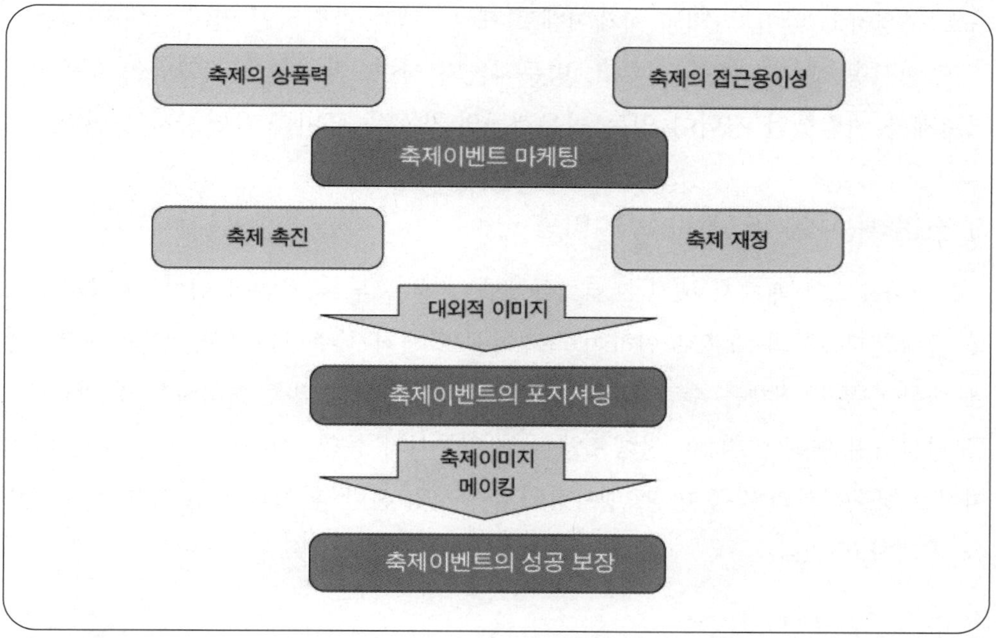

자료: 저자 작성

[그림 10-34] 축제이벤트 마케팅과 포지셔닝

제4절 축제이벤트의 향후 과제

1 축제이벤트의 문제점

1) 유사한 프로그램의 구성

현행 축제이벤트는 일부를 제외하면 축제마다 고유한 특성이 별로 부각되지 않고 있다.

대부분의 축제이벤트는 프로그램을 길놀이, 제례의식, 민속행사, 위안잔치, 전통예술행사, 일반예술행사, 미인선발대회, 관광행사, 특산품 판촉행사의 프로그램 등으로 구성하고 있어, 타지역 축제이벤트 프로그램과 차별적인 면이 보이지 않는다.

또 전시형 행사가 주를 이루고, 방문객들의 참여 · 체험형 프로그램이 부족하여, 타축제를 관람했던 경험이 있는 방문객들의 새로운 흥미를 유발하지 못한다.

2) 방문객 시설 및 서비스의 미흡

축제이벤트의 개최시 행사 프로그램에만 중점을 두는 경향이 있다. 따라서 기획 및 준비단계에서의 소홀로 인하여 축제이벤트 개최지 주변의 숙박, 음식, 교통시설에 대한 충분한 대책을 수립하지 못하고, 방문객을 위한 각종 편의시설 및 안내시설 등 시설적인 면의 미비, 또 진행요원 및 자원봉사자 등의 서비스에 대한 사전교육의 미비로 방문객과의 각종 마찰, 행사장의 무질서와 혼란, 환경적 오염 등 많은 부작용을 초래하고 있다.

3) 유사한 주제의 축제이벤트의 중복 개최

전국적으로 유사한 주제의 축제이벤트가 중복 개최됨으로써, 국가적으로 대표적 무형관광자원인 축제이벤트의 경쟁력이 약화되는 문제점을 나타내고 있다.

이는 축제이벤트의 주제에 대한 관광객의 관심을 유발하지 못하고, 관광객들의 혼란을 야기시켜 이들의 참여를 유도하지 못하게 됨으로써, 유사한 주제를 가진 해당 축제이벤트들의 경쟁력이 악화되고, 나아가 국가적으로도 막대한 손실을 가져오고 있다.

4) 개최시기의 편중

현행 축제이벤트 중 대다수가 매년 9~10월과 4~5월의 4개월에 집중적으로 개최되고 있다. 계절적 요인을 무시할 수 없는 이러한 현상을 탈피할 뚜렷한 대안이 없는 것이 사실이지만, 우리나라의 지역축제가 이와 같이 특정시기에 집중적으로 개최되는 것은 축제이벤트를 하나의 관광상품이라는 측면에서 고려해 본다면 관광자원의 낭비가 아닐 수 없다.

2 축제이벤트의 발전방안

1) 독창적이고 특징적인 프로그램의 개발

축제이벤트와 관련된 각종 프로그램의 발굴은 우선 해당 축제이벤트와 관련한 역사, 인물, 생업, 자연, 풍토 등 모든 자료들을 수집하여 그러한 소재들에서 활용가능한 요소들을 발굴하는 일이 선행되어야 하며, 독특한 축제이벤트 프로그램의 구성을 통하여 독창적인 대표 이미지를 구축하여야만 한다.

이와 더불어 현행 대부분의 축제이벤트에서 행해지고 있는 모든 종류의 프로그램을 구성하려고 시도하는 것은 합리적이지 못한 일이며, 축제이벤트의 프로그램은 가급적이면 다른 축제이벤트와는 구별되는 독창적이고, 모방할 수 없는 특징적인 프로그램으로 구성하여야 한다.

또 축제이벤트의 주제와 관련된 참여·체험형 프로그램을 개발하여 방문객들의 참여공간을 확대시킬 필요가 있다.

2) 방문객을 위한 시설 및 서비스에 초점

축제를 기획하고 준비하는 단계에서 방문객을 위한 시설 및 서비스에 초점을 두고, 이를 위한 화장실, 주차공간, 공중전화, 벤치, 그늘집 등 다양한 편의시설 및 휴게공간 등을 충분히 확보하여 행사장의 무질서, 환경적 오염 등 각종 부작용을 미연에 방지할 필요가 있다.

3) 국가행정차원의 '선택'과 '집중' 필요

유사한 주제의 축제이벤트가 중복 개최되는 것은 해당 축제이벤트들 뿐만 아니라 국가적으로도 큰 손해가 아닐 수 없다. 따라서 이러한 문제의 해결을 위해 국가행정차원에서 다양한 대안 주제들을 개발함으로써 유사한 축제이벤트 주제의 분산 및 대안 주제 선택을 유도하여야 한다. 한편 선택된 축제이벤트에 대해서는 중앙정부

차원에서 집중적인 지원을 함으로써 축제이벤트와 국가 양자 모두 효과를 볼 수 있는 방안이 필요하다.

4) 개최시기의 조정

가급적이면 다른 많은 축제이벤트의 개최시기를 피하여 개최하는 것이 효과적이며, 국가적인 차원에서 보더라도 가능한 범위 내에서 일년 내내 분산 개최할 수 있다면, 이는 훌륭한 관광자원으로 활용될 수 있을 것이다. 따라서 축제의 개최시기는 당연히 지역 형편에 따라 자율적으로 결정하되, 전국적인 차원에서 또는 광역자치단체 차원에서라도 조정을 시도하여, 최소한 권역별로나 인근 지역간에는 중복을 피할 정도로 개최시기를 조정할 필요가 있다.

REFERENCE 참고문헌

공연예술 열린강좌 운영위원단(1998). 『축제 : 축제의 기능과 운영(축제분석 및 기획 workshop)』. 성균관대 대학원 공연예술학과.

김성종 (1999). 『소규모 · 저예산 동(洞)별 지역축제론』. 향토축제문화연구소.

김재현 (1998). 『축제 : 축제의 기능과 운영(축제와 인간)』. 성균관대 대학원 공연예술학과.

김진성 · 김연정 (1998). 『지역 이미지 연출 개발에 관한 연구』. '98 단양국제관광학술제.

문화체육부 (1996). 『한국의 지역축제』. 문화체육부.

신기철 · 신용철 (1985). 『새우리말큰사전』. 삼성출판사.

서휘석 · 이동기 (2000). 관광자원으로써 지역축제. 『국가정책연구』, 13(2), 261-276.

심상도 (1998). 축제와 지역관광의 활성화 방안에 관한 연구. 『관광학연구』, 22(2), 50-56.

안경모 (1998). 지역 이벤트의 관광자원화 개발 전략 : '97 고양 세계 꽃박람회를 중심으로. 『관광학연구』, 27(2), 489-495.

연경녀 (1998). 축제 참가동기 세분화에 관한 연구 : 한국전통주와 떡축제 사례. 『관광품질시스템연구』, 4, 161-182.

오순환 (2001). 한국형 축제 모델 찾아내자. 『문화복지 99호』. 문화정책개발원.

윤태범 (1998). 지역경쟁력 강화와 지역문화 사업의 활성화, 『지방자치』.

이상일 (1988). 『놀이문화와 축제』. 성균관대학교출판부.

일본선전회의 (1994). 『이벤트 전략』, 이각규 역. 김영사.

정강환 (1996). 『이벤트관광전략』. 일신사.

정신 (1999). 마케팅 관점에서 바라본 지역축제. 『한국관광공사내부자료집』. 한국관광공사.

정종수 (1998). 지역문화 축제의 현황과 문제점. 『역사민속학』, 7.

한국관광공사 (1995). 『국내 문화행사 관광상품화 방안』. 한국관광공사.

한국관광공사 (1996). 『한국문화유산 관광상품화 방안』. 한국관광공사.

한국문화정책개발원 (1995). 『춘천인형극제의 지역경제 · 사회문화적 효과』. 한국문화정책개발원.

Getz, D. (1991). *Festivals, Special events and Tourism*. New York: Van Nostrand Reinhold.

CHAPTER 11

회의이벤트

제1절 회의이벤트 개념

1 회의이벤트의 정의

회의란 사람들의 모임(meeting)을 전제로 하고, 특정한 문제나 의안(issues)에 대하여 토의 또는 의결 등을 위한 협의의 회의와 다양한 형태의 모임을 전제로 한 광의의 회의로서 개념을 설정할 수 있다. 따라서 본 서는 참여자의 이해에 관한 사항을 심의 결정하거나 의사전달을 목적으로 모임을 개최하여 정해진 목적을 실현시키기 위하여 행하여지는 행사를 회의이벤트라고 규정하고자 한다.

대표적인 회의이벤트는 국제회의로 회의란 개념에서 시작되어 확대된 개념이다. 사람들이 모여서(convene) 회의를 하다가 정례화되면서 전시, 다양한 프로그램을 동반하게 되었고, 현재의 국제회의는 전시와 이벤트 그리고 관광분야까지 밀접한 관련을 맺고 있다. 국제회의(international meeting)의 정확한 의미는 국제성을 지닌 회의

이지만, 최근 「국제회의」의 의미로 혼용하여 사용되고 있는 컨벤션(convention)의 어원은 라틴어의 cum-(together, 함께)과 venire(to come, 오다)의 합성어로 cumvenire로 사용되다가 convention으로 사용되었다.

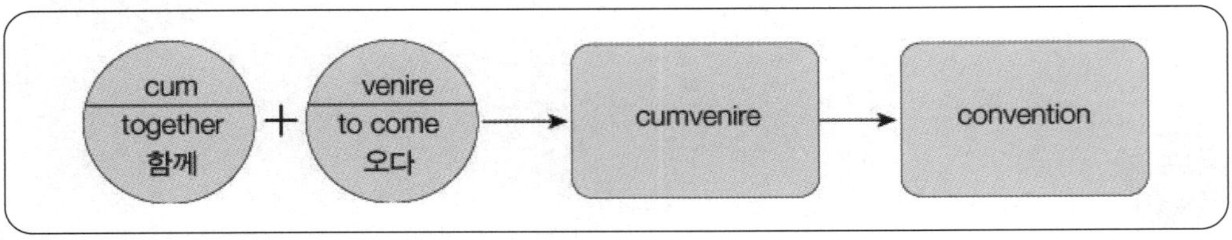

[그림 11-1] 국제회의(convention)의 어원

〈표 11-1〉 국제회의에 대한 개념

<table>
<tr><th>기관별</th><th colspan="2">기준</th></tr>
<tr><td>국제협회연합
(UIA)</td><td colspan="2">① 국제기구가 주최 또는 후원하는 회의이거나 국제기구에 가입한 국내단체가 주최하는 국제적인 규모의 회의
② 전체 참가자 수 300명 이상
③ 참가자 중 외국인 40% 이상
④ 참가국 수 5개국 이상
⑤ 회의기간이 3일 이상인 회의</td></tr>
<tr><td>세계국제회의전문협회(ICCA)</td><td colspan="2">① 정기적인 회의
② 최소 4개국 이상을 순회하면서 개최
③ 참가자가 50명 이상인 회의</td></tr>
<tr><td>아시아컨벤션뷰로협회(AACVB)</td><td colspan="2">① 공인된 단체나 법인이 주최하는 단체회의, 학술 심포지엄, 기업회의, 전시 · 박람회, 인센티브 여행 등 다양한 형태의 모임
② 전체 참가자 중 외국인이 10% 이상
③ 방문객이 1박 이상을 상업적 숙박시설을 이용하는 행사</td></tr>
<tr><td rowspan="2">우리나라 국제회의 육성법</td><td>국제기구 또는 국제기구에 가입한 기관 또는 법인, 단체가 개최하는 세미나, 토론회, 학술대회, 심포지움, 전시회, 박람회, 기타 회의의 경우</td><td>① 5개국 이상의 외국인이 참가
② 회의 참가자가 300인 이상이고, 그 중 외국인이 100명 이상
③ 3일 이상 진행되는 회의</td></tr>
<tr><td>국제기구에 가입하지 않은 기관, 또는 법인, 단체가 주최하는 경우</td><td>① 참가자 중 외국인이 150명 이상
② 2일 이상 진행되는 회의</td></tr>
</table>

* UIA : Union of International Associations
* ICCA : International Congress and Convention Association
* AACVB : Asian Association of Convention and Visitor's Bureaus)

이러한 Convention은 meeting(회합, 토의, 의결), information(정보의 집산 · 교환), communication(의사의 전달, 결정) 및 social function(사교행사) 등을 그 본질로 삼고 있다.

국제회의에 대한 개념정의는 다양하지만, 학자나 단체의 개념을 정리하면, 국제적 이해에 관한 사항을 심의, 결정하기 위하여 여러 나라의 대표자에 의해서 열리는 공식적인 회의라 할 수 있다.

2 회의이벤트의 발전배경

현대에 들어 회의이벤트가 발전하게 된 배경은 농경사회에서 산업사회 · 정보화 사회, 즉 국제화 시대에 접어들면서 상호간의 이해관계와 협력관계를 중요시하는 사회구조로 변해가면서 발전하게 되었다.

자료: 저자 작성

[그림 11-2] 회의이벤트 발전 배경

첫째, 회의에 대한 사회적 수요가 증가하고 있기 때문이다. 전세계적으로 국제화와 정보화 사회로의 전개가 가속화되면서 정보의 역동적 흐름으로 시대적 필요성과 욕구가 사회 전부문에서 다양하게 확대되어 가고 있다.

둘째, 교통산업의 비약적인 발전이 이루어졌기 때문이다. 특히 여행시간을 단축해 주는 고속 대형항공기가 제작되고 보급이 전세계적으로 이루어졌으며, 또한 항공산업에 대한 세계 각국 정부의 규제가 대폭적으로 완화되었다.

셋째, 관광 및 호텔산업이 성장했다. 즉 관광산업과 호텔산업이 교통, 숙박시설 및 중소형 연회장을 활용한 회의장소 등 부대서비스를 제공하고 있다.

넷째, 새로운 과학기술의 발달도 회의이벤트 성장에 기여했다. 첨단 멀티미디어 장비 및 통신시설 및 건축기술이나 전자통신기기 등의 시설, 또는 장비의 급속한 발전은 국제회의나 각종 전시회 · 박람회 등의 효과가 극대화되어 행사가 성공적으로 연출될 수 있는 배경이 되어 주었다.

다섯째, 구미 선진국가들의 경우에는 호텔과는 독립적으로 또는 연계해서 컨벤션 센터(convention center)나 콘퍼런스 센터(conference center) 등이 속속 건립하게 되었다(김용관, 1997: 135-136).

3 회의이벤트의 분류

회의이벤트는 참여자의 이해에 관한 사항을 심의, 결정하기 위하여 사람들이 모이도록 모임을 개최하여 정해진 목적을 실현시키기 위하여 행하여지는 행사로써 회의이벤트가 가지고 있는 규모별, 개최조직별, 회의주제별, 참가대상별로 분류할 수 있다.

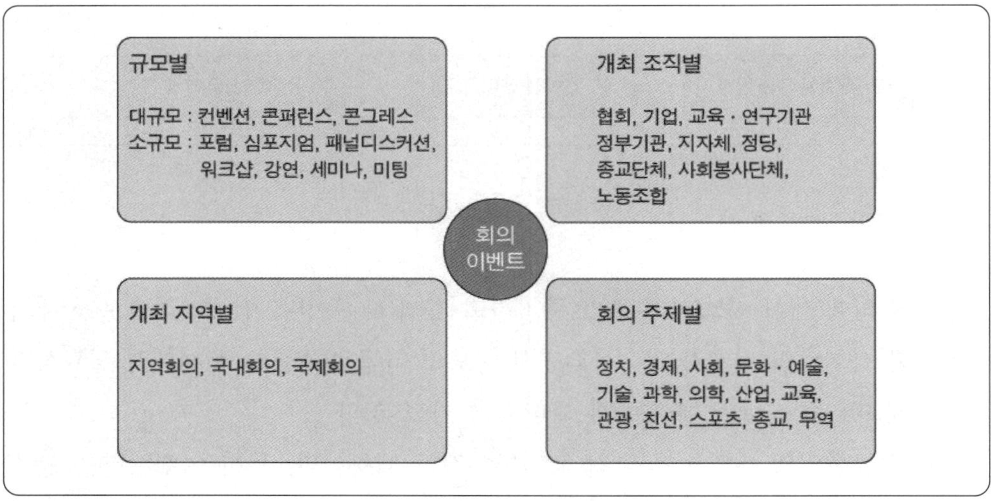

자료: 저자 작성

[그림 11-3] 회의이벤트 분류

1) 규모별 회의이벤트

(1) 대규모 회의이벤트

① **컨벤션**(Convention): 회의분야에서 가장 일반적으로 쓰이는 용어로서, 정보전달을 주목적으로 정기적이고, 연례적으로 많은 관계자가 참여하여 정기집회를 갖고, 전시회를 수반하는 경우가 많다.

② **콘퍼런스**(Conference): 컨벤션과 거의 같은 의미를 가진 용어로서, 통상적으로 컨벤션에 비해 회의 진행상 토론회가 많이 열리고 회의참가자들에게 토론회 참여기회도 많이 주어진다.

③ **콘그레스**(Congress): 컨벤션과 같은 의미를 지닌 용어로서, 유럽지역에서 빈번히 사용되며, 국제규모의 회의를 의미한다.

(2) 소규모 회의이벤트

① **포럼**(Forum): 제시된 한 가지의 주제에 대해 상반된 견해를 가진 동일분야의 전문가들이 사회자의 주도하에 청중 앞에서 벌이는 공개토론회로서, 청중이 자유롭게 참여할 수 있으며, 사회자가 의견을 종합한다.

② **심포지엄**(Symposium): 제시된 안건에 대해 전문가들이 다수의 청중 앞에서 벌이는 공개토론회로서, 포럼에 비해 다소의 형식을 갖추며 청중의 질의 기회는 적다.

③ **패널토의**(Panel discussion): 청중이 모인 가운데 수명의 연사가 사회자의 주도하에 서로 다른 분야에서의 전문가적 견해를 발표하는 공개토론회로 청중도 자신의 의견을 발표할 수 있다.

④ **강연**(Lecture): 한 사람의 전문가가 일정한 형식에 따라 강연하며, 청중에게 질의 및 응답시간을 주기도 한다.

⑤ **세미나**(Seminar): 주로 교육목적을 띤 회의로서, 30명 이하의 참가자가 참가자 중 1인의 주도하에 특정 분야에 대한 각자의 지식이나 경험을 발표한다.

⑥ **워크샵**(Workshop): 총회의 일부로 조직되는 훈련 목적의 회의로서, 30~35명 정도의 인원이 특정 문제나 과제에 관한 새로운 지식, 기술, 통찰방법 등을 서로 교환한다.

[그림 11-4] 회의이벤트장(소규모 · 대규모 회의이벤트장)

2) 개최 조직별 회의이벤트

개최조직별 회의이벤트란 회의이벤트를 개최하는 조직별 성격으로 분류하는 것으로써 개최 주최에 따라 협회, 기업, 교육 · 연구기관, 정부기관, 지자체, 정당, 종교단체, 사회봉사단체, 노동조합 등으로 분류할 수 있다.

3) 회의 주제별 회의이벤트

회의주제별 내용에 따라 회의이벤트를 구분하는 것으로 여기에는 정치, 경제, 사회, 문화 · 예술, 기술, 과학, 의학, 산업, 교육, 관광, 친선, 스포츠, 종교, 무역 등의 주제별로 회의이벤트를 분류할 수 있다.

4) 개최 지역별 회의이벤트

회의이벤트의 특성에 적합한 장소를 선정할 수 있으며, 단체의 성격에 따라 회의 개최지역별로 분류할 수 있다.

- 참가대상별 회의이벤트: 지역회의, 국내회의, 국제회의

4 회의이벤트와 관광산업과의 역할관계 및 효과

1) 회의이벤트와 관광산업과의 역할관계

국제회의산업은 관광과 매우 밀접한 관계를 지니고 있으며, 관광과 국제회의는 상호 의존관계에 있다. 더구나, 국제회의 개최도시 선정시 개최지의 매력은 관광이미지에 의해 좌우되는 경우가 많으며, 관광도시가 국제회의 개최에 유리하다는 점은 이미 알려진 사실이다. 따라서, 최근 국제회의는 관광 선진국에서 높은 관심을 가지는 분야로 각국의 NTO 및 CVB에서는 국제회의 유치와 운영에 따른 적극적인 지원을 아끼지 않고 있다.

회의이벤트 산업은 21세기의 국가산업적 측면에서도 매우 중요한 분야이다. 1차적으로는 컨벤션센터의 운영과 관련된 설비 및 서비스관련 산업, 전시관련 산업을 지칭하나, 다양한 연관산업 효과를 가지고 있어 경제적 파급효과가 매우 높은 산업이다. 즉, 회의이벤트 산업은 관광 · 레저산업, 숙박 · 유흥 · 식음료, 교통 · 통신 등 관련산업까지를 포함하는 종합산업이자 지식과 정보의 생산과 유통을 촉진하는 지식기반산업(knowledge-based industry)의 핵심산업인 것이다.

이는 일반관광객에 비해 국제회의 개최를 통한 경제적 효과가 클 뿐만 아니라 사회 · 문화적, 정치적인 개최효과도 높기 때문이다. 이에 따라 우리나라도 국제회의의 유치를 위한 기반시설의 확보가 이루어지고 있다. 그러나 미국, 유럽국가 및 일본과 싱가포르 등 국제회의 개최 강국과 경쟁하기 위해서는 기반시설의 확보와 함께 소프트웨어 측면의 CVB(Convention & Visitor's Bureau) 및 PCO(Professional Convention Organizer)의 육성과 지원에 힘써야 할 것이다.

2) 회의이벤트 효과

(1) 호텔측면에서의 중요성과 개최효과

호텔업에서는 국제회의 유치를 통해 회의장 임대료, 연회, 문화공간 상품 측면에서 뿐만 아니라, 호텔의 이미지 향상을 위한 홍보 기능면에서도 도움이 된다는 사실을 인지하고 있기 때문에 국제회의 시장개척을 위해 국제회의 전문업체, 대규모 회의시설 확보와 더불어 보다 적극적인 마케팅 활동을 벌이고 있다. 호텔측면에서 국제회의를 유치함으로써 긍 · 부정적 개최효과를 살펴보면 다음 표와 같다.

〈표 11-2〉 호텔 측면에서의 긍·부정적 효과

긍정적 측면	부정적 측면
• 객실과 식음료의 대량 판매 • No-show되는 경우가 없다 • 잠재적인 리피트(repeat) 고객유치 가능 • 인력관리가 수월 • 호텔 이미지 부각 • 고용창출 • 비수기 활용에 가장 적절한 대응상품	• 성수기에 국제회의 유치시(객실판매 수익감소) • 연회 부서와 객실담당 부서간의 이해상충 마찰을 야기 • 예상 고정고객의 확보측면에서 손실 • 대규모 국제회의의 경우 부대시설에 대한 적정 이윤을 얻기 힘들다.

자료: 도기삼, 1994: 20-22. 저자 재구성

(2) 국가적 측면에서의 개최효과

회의이벤트 산업이 국민경제 발전에 기여도가 높은 고부가가치 산업으로 각광받게 되면서 국제회의 시장의 규모는 매년 확장되어가고 있다. 오늘날 각국 정부의 국제회의 전담기구에서는 국제회의 산업의 중요성을 깊이 인식하고 각종 국제회의뿐만 아니라 전시회, 박람회, 학술세미나, 제반 문화예술행사, 스포츠행사, 외국기업들의 인센티브 관광 등의 유치에도 총력을 기울이고 있다.

특히, 관광분야에서는 대량의 외래관광객을 유치할 수 있고, 비수기 타개책의 일환이 되는 등 긍정적 효과가 강조된다. 그러나 부정적 효과도 간과 할 수 없는 것이 현실이다. 따라서 부정적 효과를 줄이고 긍정적 효과를 극대화할 수 있는 방안이 모색되어야 할 것이다. 국제회의를 개최함으로써 국가적 측면에서 긍정적, 부정적 개최효과를 살펴보면 다음과 같다.

〈표 11-3〉 국가적 측면에서의 긍·부정적 효과

	긍정적 효과	부정적 효과
정치	• 개최국의 이미지 부각 • 평화통일 및 외교정책 구현 • 민간외교 수립	• 개최국의 정치 이용화 • 정치목적에 의한 경제적 부담 및 희생
경제	• 국제수지 개선 • 고용증대 • 국민경제 발전	• 물가상승 • 부통산 투기 • 비전문가의 파견으로 참가비용 낭비 및 소득없는 회의 참가
사회·문화	• 관련분야의 국제경쟁력 배양 • 개최 국민의 자부심 및 의식수준 향상 • 사회기반 시설의 발전 • 새로운 시설의 발전 • 정보교환과 학술교류로 인류발전에 기여	• 각종 범죄(매춘, 도박, 마약 등)로 인한 사회적 병폐 • 행사에 따른 국민생활의 불편 • 전통적 가치관 상실 • 사치풍조와 소비성 조장 • 치안유지 강화로 경찰업무의 부담
관광	• 관광진흥 • 관광관련 산업의 발전 • 대규모 관광객 유치 • 국제회의 전문가의 양성	• 인구 밀집현상 • 관광지 집중화 현상에 따른 교통, 소음, 오염 등의 공해문제 • 호텔 객실의 block예약으로 일반관광객의 이용 불편(관광 성수기)

자료: 최승이 · 한광종, 1995: 87-88.

(3) 회의이벤트 유관사업의 효과

회의이벤트 사업은 컨벤션 센터의 운영과 관련된 설비 및 서비스 관련사업, 전시관련 사업뿐만 아니라 관광 · 여가관련 사업, 호텔관련 사업, 교통 · 통신 등 기반시설관련 사업까지 영향을 미치는 종합시스템 사업이다(이주형외, 2000: 378).

① **직접관련사업**: 호텔업, 여행업, 항공업, 운송업, 요식업, 쇼핑업 등의 관광사업

② **정보관련 서비스업**: 소프트웨어, 정보처리, 정보제공, 방송서비스 등

③ **지식관련 서비스업**: 전시업, 디자인업, 기계설비업, 방송설비업 등

④ **물품임대관련 서비스업**: 사무용기기 임대업, 컴퓨터기기 임대업 등

⑤ **기타 서비스업**: 상품검사업, 경비 · 경호업 등

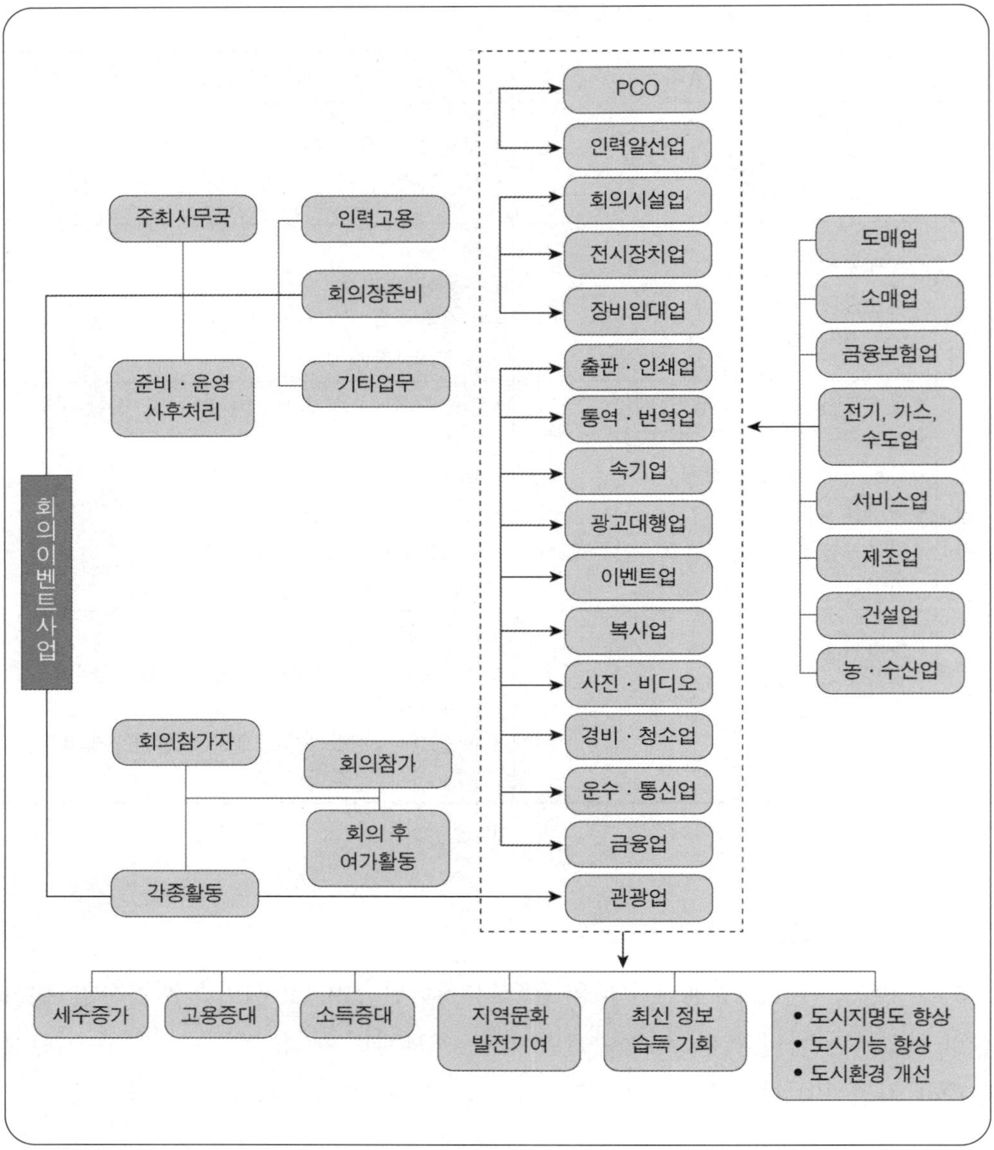

자료: 이주형 외, 2000: 379.

[그림 11-5] 회의이벤트 유관사업과 효과

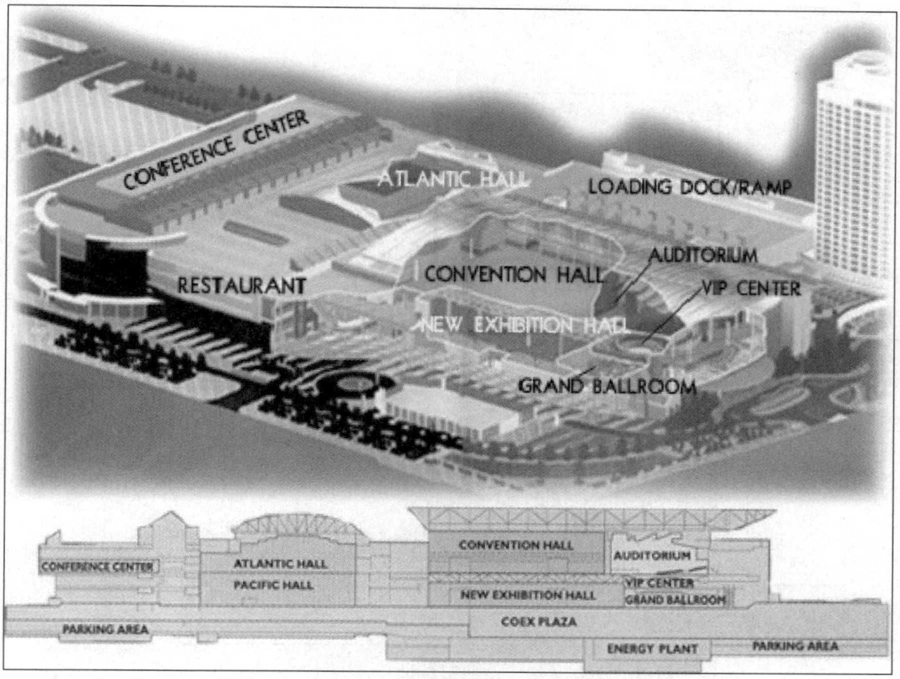

자료: www.coex.co.kr

[그림 11-6] 코엑스 Floor layout

제2절 회의이벤트 운영관리

1 회의이벤트 장소선정

1) 개최도시 선정

회의이벤트 개최도시의 결정기준은 기후, 식사·유흥, 교통의 편리성, 전시시설, 신체장애자 시설, 회의장 시설, 개최지 이미지, 경제성, 호텔의 객실수 및 서비스의 질 등을 고려하여야 한다.

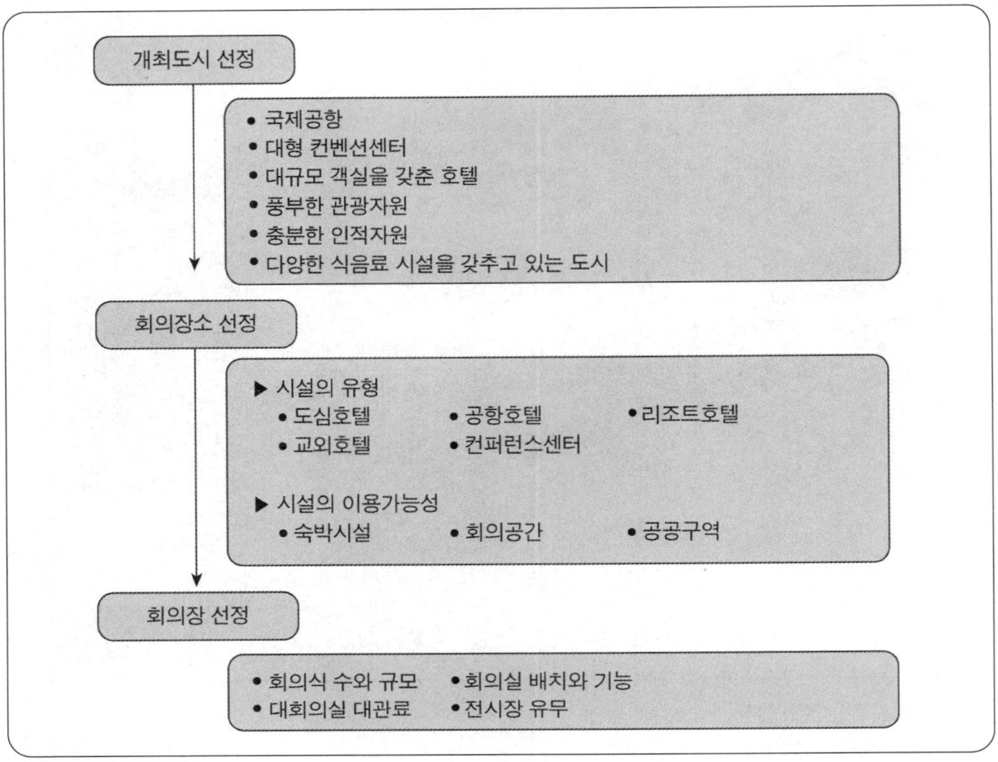

자료: 저자 구성

[그림 11-7] 회의이벤트 장소선정 과정

회의이벤트 전문가들은 일반적으로 1개 이상의 국제공항, 대형 컨벤션 센터, 대규모 객실을 갖춘 호텔, 풍부한 관광자원, 충분한 인적자원, 다양한 식음료 시설을 갖추고 있는 도시를 회의의 일급도시(First-tier City)로 인정하고 있다(한국관광공사, 1994: 48).

2) 회의이벤트 장소선정

회의이벤트 장소를 선정하기 위해 반드시 검토해야 할 몇 가지를 갖추어야 하는데 그 기준은 회의시설의 유형, 시설의 이용가능성을 살펴봐야 한다.

(1) 시설의 유형

회의이벤트 시설의 유형선택 때 정확히 어떤 유형의 시설이 참석자를 가장 편안하게 하며, 회의의 목적과 의도에 가장 적합한가를 결정해야 한다(정현모, 2001: 5). 즉, 도심호텔, 공항호텔, 리조트호텔, 교외호텔, 컨퍼런스센터 등 어떤 유형의 시설을 선택 · 결정하여야 한다.

(2) 시설의 이용가능성

회의이벤트 시설의 이용가능성은 크게 숙박시설, 회의공간, 공공구역 등으로 고려할 수 있다.

① 숙박시설

회의이벤트에 참여한 참여자의 충분한 객실 보유 및 인근 지역에 기타 다른 참여자들을 수용할 수 있는 숙박시설을 고려하여야 하며, 이와 더불어 숙박시설이 회원이나 회의 참석자들이 기대하는 품질이나 수준을 유지하고 있는지 확인하여야 한다.

호텔 선정에서 가장 중요한 고려요인은 호텔의 위치이다. 숙박 호텔은 회의장과 동일한 장소 또는 도보거리에 있는 것이 가장 바람직하며, 셔틀버스를 이용할 경우에는 10~12분 거리 내에 있는 것이 좋다. 대규모 회의라면 참가자들이 다수의 호텔에 분산하여 숙박하게 되는데 이 경우에도 서로 근거리에 있는 호텔들을 선정하여 교통혼잡으로 인한 불편과 셔틀버스 운영경비를 줄이는 것이 좋다.

② 회의공간

회의이벤트의 개회식과 폐회식을 위한 연회장의 인원 수용규모 및 각 회의실의 음향시설, 좌석공간, 시청각기자재 등의 확보 및 작동문제를 살펴보아야 한다. 회의장의 냉난방 및 실내조명의 실내조절 여부를 확인하여야 하며, 회의 좌석의 안락함 및 좌석배치 가능성을 검토하여야 한다. 또 동시에 진행되는 소규모 회의를 위한 소회의실 보유여부 및 기타 회의이벤트에 가능한 각종 기자재를 살펴봐야 한다.

③ 공공구역

공공구역은 회의이벤트에 참여한 참여자의 공동으로 이용하는 구역인 만큼, 호텔로비의 충분한 공간확보와 만찬장의 충분한 공간여부를 확보하여야 하며, 등록데스크 직원들의 충분한 배치여부 및 벨데스크 직원의 충분한 인원수를 확보하여야 한다.

참가자 중 신체장애인에 대한 배려 또한 중요한 요소로 등장한 만큼, 지체부자유자나 휠체어 이용자들이 쉽게 출입할 수 있는 객실 및 회의장의 접근성을 고려하여야 하며, 화장실의 위치 및 화장실 관리 및 청결여부를 확인하여야 한다.

3) 회의장 선정

일단 회의를 위한 지리적 장소가 선정되고 나면, 회의기획자는 어떤 유형의 시설이 필요의 충족가능성을 지니고 있는지를 반드시 고려해야 하고, 회의에 적합한 회의장을 선정해야 한다(한국관광공사, 1994: 51-52; 정현모, 2001: 6).

(1) 회의실 수와 규모

회의실의 크기는 참가자가 너무 협소하다고 느끼거나 너무 커서 참가율이 낮다고 느낄 정도여서는 안 된다. 일반적으로 회의장 배치 형태별 1인당 소요면적을 살펴보면 다음 표와 같다.

〈표 11-4〉 회의실 배치형태별 1인당 면적

배치형태	1인당 소요면적
극장식	8 ~ 10ft²(0.8-0.9㎡)
Standing 뷔페	8 ~ 10ft²(0.8-0.9㎡)
리셉션	8 ~ 10ft²(0.8-0.9㎡)
Sitting 뷔페	10 ~ 14ft²(0.9-1.3㎡)
강의식	15 ~ 16ft²(1.4-1.5㎡)

자료: 한국관광공사, 1994. 51.

(2) 회의실 배치와 기능

각 회의실은 사용하기 쉬운 상태로 배치되어 있어야 한다. 회의실의 안락성, 즉 의자, 환기, 조명상태가 좋은지, 연단이나 무대가 참가자가 잘볼 수 있는 상태인지, 동시 통역시스템, 음향시설 등의 기자재가 충분히 설치되어 회의실이 제기능을 다할 수 있는지를 점검하여야 한다.

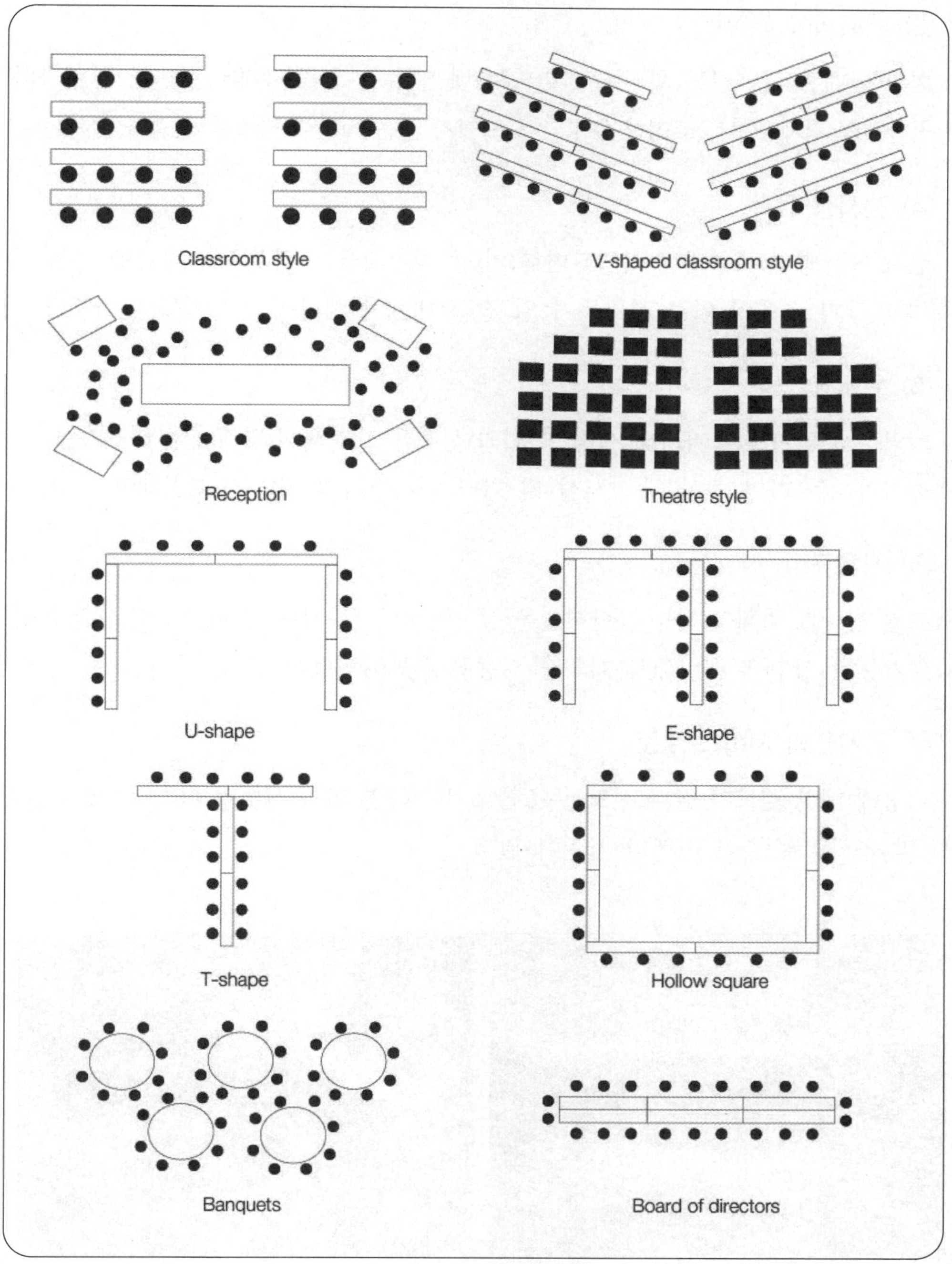

자료: Watt, 1998.

[그림 11-8] 회의장 배치 예

(3) 대회의실 대관료

회의실 대관료는 전체 회의 운영비 가운데 많은 부분을 차지하는 만큼 참가자와 주최단체의 경제사정을 고려하여 부담을 느끼지 않을 적당한 장소를 선정하도록 한다.

(4) 전시장 유무

전시회가 병행 개최되는 회의라면 회의 중 참가자들이 전시회를 참관할 수 있도록 회의장과 호텔의 인접지 또는 동일 장소 내에 전시장이 있는지를 알아본다.

(5) 위치/접근성

회의장의 위치는 참가자의 성향, 회의의 성격을 고려해서 결정해야 하겠지만, 국제회의의 경우라면 공항, 숙박시설 및 기타 행사장과의 거리를 고려해야 한다.

(6) 사용규정

특별 행사를 위해 고성능 음향시설을 장치할 경우, 무거운 전시물이 있을 경우 등 발생가능한 상황에 대비해서 회의장 사용규정을 확인해야 한다.

(7) 종사원의 서비스 수준

이상에 대한 검토가 끝나고 모든 조건이 비슷하면 회의 시설업체의 종사원, 서비스 및 음식의 수준이 선택의 기준이 된다.

[그림 11-9] ASEM 회의

② 회의이벤트 프로그램 기획

회의이벤트 프로그램 기획 때 회의의 목적과 성격에 따라 다르지만, 일반적으로 개·폐회식, 각종 회의, 사교행사 및 전시회로 구성된다.

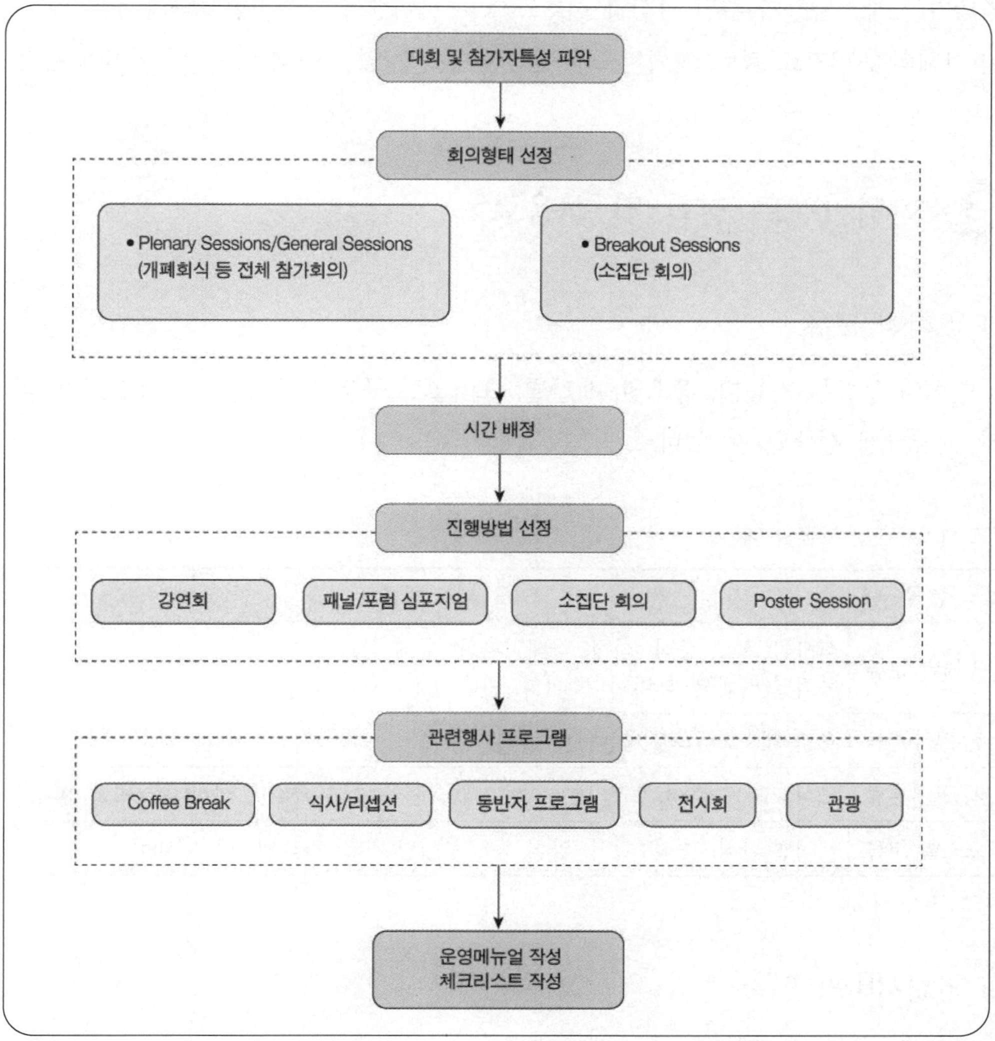

자료: 저자 작성

[그림 11-10] 회의이벤트 프로그램 기획업무 내용

프로그램 작성자는 회의이벤트의 목적을 달성하기 위해 필요한 각종 활동과 가장 효과적인 실행방법 및 시간을 결정해야 한다(한국관광공사, 1994: 77).

회의이벤트 참여자의 참여동기는 새로운 전문지식 습득, 관련분야의 종사자와의 만남, 다른 사람으로부터 인정받았다는 느낌, 재미나 흥미 등 다양하므로 프로그램 내용은 참가자 수와 참가자 특성에 적합하게 구성되어야 할 것이다. 따라서 회의이벤트 기획자는 참석자들의 주된 관심과 선호조사, 유사이벤트 개최경험자와의 토론, 유사한 사례의 관련자료 검토, 기획의도를 뒷받침해줄 수 있는 능력이 뒷받침되어야 한다.

3 회의이벤트 연회 및 식음료

1) 연회의 분류

연회의 분류는 기능별, 장소별, 시간별, 요리별로 구분할 수 있으며, 각 기준에 따라 다양하게 선택할 수 있다.

〈표 11-5〉 연회 분류의 예

분류	세부 종류
기능별 분류	식사별(조식, 중식, 석식, 칵테일파티, 뷔페 등), 목적별(리셉션, 테마파티, 환영, 환송 등)
장소별 분류	호텔 내, 호텔 외, 가든파티, 출장 등
시간별 분류	조식(06:00~10:00), 브런치(10:00~12:00), 중식(12:00~15:00), 석식(18:00~22:00) 등
요리별 분류	국적별(한식, 중식, 일식, 양식 등), 형태별(뷔페, 칵테일, 티, 바비큐 등)

자료: 저자 작성

2) 연회서비스 인력

연회행사 때 행사인원에 적합한 수의 직원을 배치하여야 한다. 행사준비를 위한 관련부서, 즉 주방, 시설, 객실정비, 음료 등 적절한 인력배치를 해야 하며, Set menu,

Buffet, Cocktail 등에 따른 소요 직원 산출을 사전에 계획할 필요가 있다. 또한 연회에 배정된 담당자들은 주기적인 교육을 통해 서비스의 질 향상과 업무의 효율성을 제고시켜야 한다. 인력산출 표준수치를 제시하면 아래의 표와 같다.

〈표 11-6〉 인력산출 표준화 표

구분	인력산출 표준화
• Waiter	고객 10명당 1명 (* 외국: 16명당 1명)
• Captain	Waiter 10명당 1명 (* 외국: 15명당 1명)
• Bartender	고객 75-100명 1명 (* 외국: 15명당 1명)

[그림 11-11] 연회장 및 식음료장

4 회의이벤트 전시회

1) 회의이벤트와 전문 전시회

회의이벤트는 회의와 함께 전문 전시회, 사교행사 및 다양한 프로그램을 수반하여 개최되는 경우가 많으며, 회의이벤트의 매출을 높이고, 경제적 효과를 극대화하기 위해서는 다양한 프로그램을 상품화하는 노력이 필요하며, 그중 특정업계를 위한 전문전시회(trade show)는 경제적으로 부대 효과를 얻을 수 있는 산업적 가치를 지닌다.

2) 전문 전시회 의의와 효과

전시품을 매체로 하여 각국의 참관자(수요자)와 전시회 참가업체(공급자)가 시장을 형성하여 현장에서 시장동향 및 신상품 정보조사, 자사상품에 대한 수요자의 반응조사, 경쟁회사에 대한 정보수집 및 분석을 통하여 시장개척 전략을 수립할 수 있는 매우 효율적인 종합마케팅 활동(윤승현, 2001: 3)의 기회를 가질 수 있다. 전문 전시회의 개최효과는 회의 등록자와 전시회 참가업체의 만남을 통한 교류증진, 회의 및 전시회의 상호 효과 극대화 추구, 회의개최 재원마련 등이 있을 수 있다.

[그림 11-12] 전시 이벤트장

⑤ 회의이벤트 특별행사

회의이벤트의 경우 본행사(main pogram), 공식행사(official program), 특별행사(special program) 등으로 행사의 성격을 구분할 수 있으며, 본행사는 회의를, 공식행사는 개막식, 폐막식을 그리고 특별행사는 연회 및 기념식 및 전시, 관광, 산업시찰, 사교모임 등으로 구분(황승룡, 2001: 2-3)할 수 있으며, 부대행사라 부르기도 하는데, 그 내용을 간략하게 살펴보면 다음과 같다.

1) 환영리셉션

이 행사의 주요 목적은 참가자가 서로 인사를 나누고 사귀며, 개최자와 어울리는 데 있다. 행사는 대개 본회의 개최 전일이나 당일 저녁에 개최하며, 대회장이나 조직위원장 명의로 초대한다. 엔터테인먼트를 통해 회의 분위기를 조성하고 참여자의 흥을 돋구기 위하여 조용한 음악, 또는 민족 고유의 전통음악, 무용 등을 실연한다. 또한 처음 방문자를 위하여 자국을 소개하는 비디오를 대형스크린에 보여주는 경우도 많다.

2) 환송연

환송연은 참여자와 회의 주최자간의 우정을 돈독히 하고 다음 회의에서의 재회를 기약하는 석별의 장으로써 폐회식 종료 후 또는 폐회식과 동시에 개최되며, 칵테일 파티 형식 등으로 행해진다.

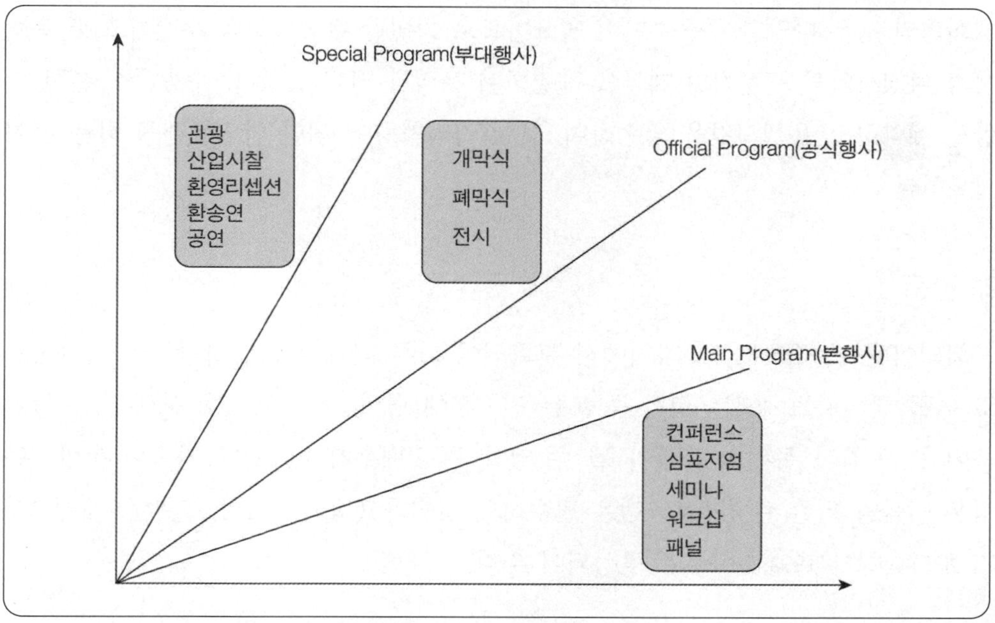

자료: 황승룡, 부대행사 기획, 한국관광공사, 2000.

[그림 11-13] 부대행사 범위

3) 산업시찰

산업시찰은 주최국의 문화, 역사, 명소 등을 소개하고, 필요한 경우 회의 주제와 관련된 산업체, 기관, 연구소 등의 방문시찰을 통하여 이해를 깊게 하기 위한 목적도 함께 포함되어 있다.

6 수송 및 관광

1) 수송

회의이벤트에 참가하기 위해 항공기나 지상 교통수단을 이용하는 경우가 대부분이다. 특히 국제회의의 경우 외국의 참가자들은 주요 교통수단으로 항공편을 이용하며, 지상 교통수단인 철도나 버스 등은 입·출국 때 공항과 숙박시설간의 수송, 행사기간 중 숙박시설과 회의장, 각종 행사장간의 수송을 위해 이용된다. 대규모 국제회의의 경우 다양한 수송수단이 필요하므로 치밀한 수송계획을 수립하고, 운송회사와 여행사와의 포괄적인 계약을 체결하여 운영할 필요가 있다. 수송은 충분한 수량을 계약하고 운행시간을 엄수하며, 보험 가입차량에 의한 안전운행을 하는 것이 필요하다.

2) 관광

회의이벤트는 국내·외 각지에서 문화권이 다른 각계각층의 사람들이 참가하므로 이들 참여자들에게는 회의 중 또는 전·후에 병행되는 관광프로그램은 큰 즐거움이자 또 참가 목적의 하나가 될 수 있다. 특히배우자(spouse)나 가족이 동반되는 경우 이들을 위한 관광프로그램은 필수적인 것이라고 할 수 있다. 관광은 대개 3가지(한국관광공사, 1994: 81-82)로 구성되어 있다.

(1) 당일 관광(Excursion)

회의에 따라 있는 경우와 없는 경우가 있으며, 회의에 참가한 모든 인원(동반자 포함)이 참가할 수 있는 관광으로 전일관광 또는 반일관광으로 기획한다. 시간이 제한되어 있으므로 복잡한 관광여정은 피하는 것이 좋다. 참가비는 등록금에 포함시킬 수도 있으나 별도의 선택구매로 하는 경우가 많다. 대개의 경우 개최지의 문화나 역사를 대표하는 관광지를 식사와 함께 둘러보는 여정이 많으며, 처음 방문자들이 선택한다.

(2) 회의 전 관광(Pre-Tour)

외국 참가자 중에는 여행거리나 시간관계로 회의 개최일수 전에 개최지에 도착하거나 또는 Pre-Tour에 참가할 목적으로 회의개최 이전에 미리 입국하여 개최국과 개최도시의 관광을 희망하는 경우가 있다. 이러한 참여자를 위하여 보통 1~2일 정도로 구성되는 프로그램으로 목적지도 비교적 근거리의 장소를 택한다. 요금은 보통 미리 정해서 통보한 요금을 사전에 받는다.

(3) 회의 후 관광(Post-Tour)

회의 종료일 오후 또는 익일부터 2~4일 정도로 구성하는 것이 보통이다. 개최국이나 개최지를 처음 찾는 참여자에게는 흥미 있는 프로그램으로 구성하며, 코스 종류는 2~3개 정도로 구성하는 것이 바람직하다.

제3절 회의이벤트의 향후과제

관광산업이 인터넷시대, 디지털 혁명시대를 맞아 산업의 구조와 서비스 내용면에서 근본적인 변화가 예상되고 있는 가운데, 회의이벤트 산업은 지식기반 관광산업으로서 새로운 각광을 받을 것(한국관광공사, 2001: 1)으로 보인다. 따라서, 회의이벤트 산업의 성공적 개최를 위하여 문제점을 살펴보고, 또한 향후과제를 제안하면 다음과 같다.

1 회의이벤트의 문제점

첫째, 회의이벤트 산업의 하드웨어라고 할 수 있는 국제회의 전문시설의 급작스런 공급 초과를 들 수 있다. 국제회의 전문시설이 최근 2년간 서울, 부산, 대구 3곳에 개관하였고, 2002년 말에는 제주에도 시설이 공급되는 등 갑작스런 공급과잉이 초래될 수 있다. 이러한 문제에 대처하기 위하여 적극적인 유치전략 및 홍보활동으로 새로운 수요창출을 통해 세계시장 점유율을 높여나가야 한다.

둘째, 회의이벤트 산업의 지속적인 성장을 위해서는 국제회의의 국내유치가 활발히 이루어져야 한다. 홍콩이나 싱가포르, 태국 등 아시아 주요 국가들은 국제회의 유치 캠페인을 꾸준히 전개하고 있으며, 민 · 관 합동의 컨벤션뷰로를 설치 · 운영하고 있다.

셋째, 관광여건의 문제점으로 국제회의 유치단계에서의 지원책이 비교적 미흡하고, 회의이벤트 참여자들을 위한 다양한 연계상품과 특별행사, 특별 숙박요금의 적용 등 국제회의 유치와 관련된 인센티브가 체계적으로 개발되지 못하고 있다.

넷째, 관광서비스 체계상의 문제점으로 관광안내도 · 도로 안내표지 및 문화재안내판 등을 비롯한 종합적이고 체계적인 관광안내 체계의 부족, 통역안내 서비스의 미흡, 관광정보 체계의 전국적인 네트워크의 미비 및 관광정보 서비스의 미비 등이 있다.

② 미래의 회의이벤트 방향

첫째, 국제회의의 성공적인 개최여부도 전문인력의 자질에서 판가름나게 된다. 따라서 회의이벤트 산업성장에 따른 전문인력 수요증대에 맞는 학교교육, 국제회의나 회의이벤트 사업에 종사하고 있는 경력자들을 대상으로 회의이벤트 전문업체 종사원 재교육과 함께 내실있는 자격제도의 운영이 필요하다.

둘째, 회의이벤트 산업의 체계적인 육성을 위한 독립적인 전문기관의 설립이 필요하다. 회의이벤트 산업은 그 성격상 민간주도의 산업이되, 민 · 관 협력체계의 구축이 필수적이라는 점을 감안할 때, 정부와 민간의 가교역할을 할 수 있는 컨벤션뷰로(CVB)의 설립이 필요하다.

넷째, 회의이벤트 유치를 위한 사업체간의 협력을 강화하고, 이를 바탕으로 체계적이고 유기적인 국제회의 유치 및 홍보활동이 전개되어야 한다.

다섯째, 회의 전문시설이 건립되는 도시의 수용태세를 체계적으로 개선해 나가야 한다. 회의 참가자들이 불편을 느끼지 않도록 안내체계, 교통 · 숙박시설 · 음식 · 쇼핑 · 관광 등의 국제화가 이루어져야 한다.

REFERENCE 참고문헌

고재윤 (2001). 『연회 및 식음료』. 한국관광공사.
김성혁 (1995). 『국제회의산업론』. 대왕사.
김승미 (2001). 『회의운영』. 한국관광공사.
김용관 (1997). 『경기도 컨벤션산업 육성방안에 관한 연구』. 관광경영학연구.
김용관 (1999). 『컨벤션경영론』. 일신사.
노용호 (1998). 회의특성과 형태에 따른 회의시설 선택요인 연구. 『관광 · 레저연구』.
도기삼 (1994). 『국내호텔 컨벤션의 상품화 마케팅에 관한 연구』. 세종대학교 대학원.
신왕근 (1995). 『현대국제회의 산업원론』. 백산출판사.
안경모 (2001). 『컨벤션의 이해』. 한국관광공사.
안경모 · 이광모 (1999). 『국제회의기획경영론』. 백산출판사.
윤승현 (2001). 『전시회기획』. 한국관광공사.
이장춘 · 박창수 (2001). 『국제회의론』. 대왕사.
이주형 외 (2000). 『관광사업론』. 대왕사.
이태희 (2001). 『컨벤션 프로그램 기획』. 한국관광공사.
임형택 (2001). 『국제회의 산업현황』. 한국관광공사.
전희섭 (2001). 『홍보 및 프레스 활동』. 한국관광공사.
정근화 (2001). 『수송 및 관광』. 한국관광공사.
정현모 (2001). 『장소선정 기법 및 재무관리』. 한국관광공사.
조덕현 (2001). 『국제회의 유치』. 한국관광공사.
한국관광공사 (2001). 『2000년 국제회의 개최현황』. 한국관광공사.
한국관광공사 (1994). 『국제회의 운영요령』. 한국관광공사.
한진수 (2001). 『등록 및 숙박』. 한국관광공사.

황승룡 (2001). 『부대행사 기획』. 한국관광공사.

Boehme, A. (1999). *Planning Successful Meetings and Events*. American Management Association.

Montgomery, R., & Strick, S. (1995). *Meetings, Conventions and Expositions*. Van Nostrand Reinhold.

CHAPTER 12

산업전시 이벤트

제1절 산업전시 이벤트 개념

① 산업전시 이벤트의 개념

일반적으로 '전시회'는 그림, 조각, 포스터 등과 같은 "미술"관련 전시회와 산업적 관점에서의 "무역전시회" 또는 "산업전시회"로 구분된다. 본장에서는 순수예술분야를 제외한 산업에 관련된 박람회와 무역전시회를 통합하여 "산업전시 이벤트"에 관한 내용을 다루고자 한다.

먼저 법률에서 정의하고 있는 산업전시 이벤트는 회의산업의 한 분야로 간주되고 있다. 이는 국제회의산업육성에 관한 법률"제2조에 옥내전시면적 2,500평방미터 이상의 전시시설을 국제회의시설로 정의함으로서, 국제회의에 전시회가 포함되는 것으로 간주하고 있으며, 관광진흥법에서도 박람회를 국제회의업으로 분류하고 있어 법적으로 전시산업은 회의산업의 한 부분으로 간주될 수 있다. 그러나 업종별 전시

분야의 전문화 및 회의에 중심을 두지 않은 순수 전시회의 증가 등에 따라 기존의 업무영역이 이미 오래전부터 회의부문과 전시부문으로 명확히 구분되고 있는 추세이다.

또한 대외무역법과 그 시행령에서 산업자원부 장관은 무역진흥을 위하여 필요하다고 인정되는 때 무역전시장 설치, 운영자에게 필요한 지원을 할 수 있도록 규정하고 있으며, 무역전시장(연면적 2,000sqm 이상)에 대한 조세감면을 관계행정기관의 장에게 요청할 수 있도록 규정하고 있다. 이러한 산업전시회 이벤트의 유사용어인 Fair, Exhibition, Exposition의 개념을 살펴봄으로써 산업전시 이벤트의 정의를 살펴보고자 한다.

1) 교역전(Fair)

Fair라는 말은 라틴어의 Feria에서 유래된 영어로 교회나 수도원근처에서 열렸던 종교적 축제를 의미한다. 마찬가지로 독일어 'messe'도 어원은 라틴어 'missa'에서 유래된 용어로 성직자가 종교의식을 마치면서 "ite, Missa est"라고 하면, 의례가 끝나고 교회광장에 시장이 열림을 의미하는 표현으로 사용되었다. 이러한 'missa'는 종종 볼거리와 여흥을 동반하면서 제품을 판매하기 위해 모이는 것으로 사용되었다.

따라서 교역전은 무역에 있어서의 가장 오래된 시장의 형태로 현재까지 전해오는 것으로써 초창기의 직접 판매형태를 말한다. 그 후, 교역전은 국제사회에서 대규모 시장으로 팽창하면서 일시적 시장의 기획자들이 각 세부산업의 특정 시기에 특정 장소에서 교역전 개최를 확립시켜 왔으며, 산업혁명의 흐름 속에 확고히 자리를 잡게 되었다.

2) 전시회(Exhibition)

라틴어인 'Exhibitionem'에서 유래된 중세영어로써, Fair가 판매장소에 중심을 둔 말이라고 한다면, Exhibition은 작품 또는 제품의 전시에 중심을 둔 용어라 할 수 있다. 전시회는 유럽의 사회, 문화, 경제 그리고 정치적인 변화가 있었던 산업혁명이후 빠르게 발전하였다.

Fair와 Exhibition의 어원적 의미에서 차이점을 살펴보면 다음과 같다.

① Exhibition은 일회성이며 순환적 행사가 아니다. Exhibition이 몇 달씩 개최되는 반면에 Fair는 짧은 기간에 열린다.

② Exhibition은 이를 위한 영구적 시설들이 있다. 18세기부터 시작하여 전시장소, 시설물 개발이 시작되었다.

③ Fair가 정기적인 시기에 개최되는데 비하여 조직적으로 이루어지는 행사는 아니다. Exhibition은 매우 조직적으로 이루어진 행사다. Exhibition은 그 시작이 정부가 무역을 촉진시키려는 목적으로 창출되었던 것이었다. 전시회 참관을 촉진시키기 위해 광고가 사용되며, 사람들을 끌어 모으게 된다.

④ Exhibition은 현장에서 물건을 판매하지 않지만, 미래의 판매를 촉진시키기 위해 제품을 전시하는 것을 목적으로 하는 경우가 많다. 이는 많은 Exhibition이 현재 지니고 있는 특성이기도 하다.

3) 박람회(Exposition)

Exposito라는 라틴어에서 유래된 불어의 고어로 Exhibition과 매우 흡사한 의미를 지니고 있다. 하지만 박람회는 일정한 주제 하에 세계의 文化와 文明을 융합하는 것을 목적으로 하며, 인류의 이해와 복지향상에 그 궁극적인 초점을 두고 세계의 주요 도시에서 2-3년마다 개최되는 박람회를 칭한다.

만국박람회는 전시회의 경우처럼 상거래가 직접적인 목적이 아니기 때문에 박람회에서의 전시품목에 대한 일체의 광고를 못하게 되어 있고, 국가단위의 홍보만이 인정된다. 또 그 규모가 광대하고 입장자의 제한이 없고 개최기간이 적어도 1~2개월 이상으로 소규모 박람회와는 비교가 되지 않는다. 만국박람회는 국제기구인 B.I.E에서 공인을 하여야 개최가 가능하며, 그 성격과 규모도 제한을 받는다. BIE 공인 박람회는 전문박람회(인정; recognized expo)와 종합박람회(등록; registered expo)로 구분된다.

등록박람회의 경우 세계박람회기구(BIE)는 89개 회원국들의 전자비밀투표로 개최도시를 결정하게된다. 투표는 회원국 3분의 2이상이 출석하여 최소 득표국이 차례로 탈락하는 방식으로 1~3차까지 치러진다. 4차투표에선 3차투표까지 남은 2개국을 대상으로 결선투표를 벌여 다수 득표국이 개최국으로 결정된다. 한국, 중국, 러시아, 폴란드, 멕시코 등 5개 유치 신청국을 대상으로 2002년 12월 모나코에서 실시된 2010년 개최국 투표에서 "새로운 공동체를 위한 바다와 땅의 만남"이라는 주제로 개최를 신청한 여수시는 "더 나은 도시, 더 나은 생활"의 주제로 개최를 신청한 중국 상하이(上海)市와의 경합에서 유치에 실패하였다.

위의 세 가지 용어 Fair, Exhibition, Exposition에서 살펴보았듯이 본서에서는 일정 장소에서 일정 기간 동안 상품 및 서비스 등을 진열하여 경제 · 문화 · 사회적 교류 등을 꾀하는 일련의 활동을 산업전시 이벤트라 규정하고자 한다.

2 산업전시 이벤트의 발달과정

1) 세계 산업전시 이벤트의 발달과정

초기 전시회의 성격은 자연발생적으로 형성된 시장의 성격이 강하다. 고대 최초의 박람회는 구약성서 에스더서에서 기원전 5세기경에 당시 고대 페르시아의 아하스에로스 왕이 페르시아의 부를 과시하기 위해 여러 나라의 대표를 초청해 6개월간 전시회를 개최한 것이 시초로 알려져 있다. 동양최초 박람회는 수양제가 610년에 개최한 연례행사로 오늘날의 만국박람회와 비슷하다. 7C경 유럽에서는 물물교환의 목적으로 지역별 시장이 생기고, 12C경에는 프랑스 지방에서 전 유럽의 산물이 전시되는 큰 규모로 발전했으며, 17C경 로마에서는 최초로 미술 전람회가 개최되었다.

[그림 12-1] Crystal Palace

산업혁명으로 19세기 영국에서는 많은 변화를 가져 왔다. 이로 인해 영국은 "세계의 업무중심지"(workshop of the world)가 되었고, 국제국가로서 생존하기 위한 더 넓은 세계 시장으로의 접근이 필수요건이 되었다. 이에 1849년 Henry Cole, Joseph Paxton, 그리고 Albert는 교역전시만이 세계 무역시장에 보다 손쉽게 접근할 수 있는 길이라고 하였고, 1850년대에 본격적인 교역 전시회의 개념이 영국의 맨체스터, 리버풀 등의 공업 중심지에서 발생하게 되었다. 이를 바탕으로 영국에서는 근대적 의미의 세계 최초 박람회라 할 수 있는 "만국박람회(Great Exhibition of the Works of Industry of All Nation)"가 1851년 런던의 크리스탈 궁(Crystal Palace)에서 개최되었다.

런던 만국박람회는 대중 전시회, 대규모 전시회, 국제 전시회로서 1851년 1월 10일부터 10월 동안 계속된 행사에 총 6,039,205명이 참가하는 최초의 국제무역 이벤트였다. 또한 이 전시회는 다양한 제품과 서비스를 전시하여 산업품 사용자는 물론 일반 대중에게까지 소구한 아주 전형적인 수평 전시회였다.

〈표 12-1〉 세계 산업전시 이벤트의 발달과정

연도	내용
기원전 5C경	고대 최초의 박람회 개최
수양제 610년	동양 최초 박람회 개최(오늘날 만국박람회와 비슷)
기원전 7C경	유럽에서 물물교환의 장과 지역별로 시장이 생성
기원전 12C경	프랑스 지방에서 전유럽의 산물이 전시되는 규모로 발전
기원전 17C경	로마에서 최초로 미술전람회 개최
1849년	Henry Cole, Joseph Paxton, 그리고 Albert는 교역전시만이 세계 무역 시장에 보다 손쉽게 접근할 수 있는 길이라 정의함
1851년	최초의 박람회 만국박람회(Great Exhibition of the Works of Industry of All Nation) 개최
1853년	미국에서 만국산업전(The Exhibition of the Industry of all Nations) 개최
1872년	시카고에 "Interstate Industrial Exposition Building" 건립
1880년	시카고 Interstate Exposition Building에서 제1회 Republican national Convention 개최
1867년	파리 국제박람회 개최
1876년	필라델피아 국제박람회 개최
1915년	샌프란시스코 국제박람회 개최
1928년	영국 등 31개국이 프랑스 파리에 국제세계박람회협회 건립
1958년	브뤼셀 국제박람회 개최
1970년	오사카 국제박람회 개최
1986년	벤쿠버 국제박람회 개최
1988년	브리스베인 국제박람회개최

1853년 7월 14일 미국에서도 자국내 최초 국제규모인 만국산업전시회(The Exhibition of the Industry of all Nations)가 뉴욕에서 개최되어 무역위원회와 은행들이 계속적으로 생겨남으로서 뉴욕이라는 도시가 성장하는데 기여하였다. 그러나 경제적 수지타산 측면에서 $300,000의 재정적 손해를 보았고, 이로 인해 1854년 11월 1일에 그 막을 내리게 되었다. 또한 1872년에는 미국 시카고에 "Interstate Industrial Exposition Building"을 설립하여 1880년 이곳에서 제1회 Republican National Convention을 개최하게 되었으며, 이로 인해 시카고는 컨벤션 도시로 그 명망을 얻게 되었고, 미국의 전시산업을 발전시키는 결정적인 역할을 하게 되었다.

엑스포는 새로운 과학 문명의 발전상을 전시하는 행사로 자리잡았고, 그 발전을 일반 대중에게 소개하고 보급시키는 역할을 해 왔다. 실제로 1876년 필라델피아박람회에서 벨의 전화가 소개됐으며, 1889년 파리의 에펠탑을 야간에 밝힌 것은 에디슨이 발명한 필라멘트전등이었다. 1904년의 세인트루이스박람회는 자동차와 비행기가 실용화되는 계기가 되었으며, 에스컬레이터, 에어컨, 형광등 등도 엑스포를 통해 널리 알려졌다.

이렇게 산업전시회와 박람회가 인류의 새로운 과학 문명을 소개하고 보급시키는 행사로 그 개최빈도가 증가하자 그 이후 1928년 영국 등 31개국이 프랑스 파리에 국제박람회기구(BIE[8]: Bureau International des Expositions)를 만들고, 세계박람회 개최빈도와 내용 등에 관한 협약을 제정하여 파리(1867), 필라델피아(1876), 샌프란시스코(1915), 브루셀(1958), 오사카(1970), 벤쿠버(1986), 브리스베인(1988) 등 세계 주요도시에서 박람회가 개최되었다. 엑스포는 현재까지 모두 백차례 이상 열렸으며 국가별 개최실

8) 국제박람회 기구: 1928년 11년 12일에서 22일까지 파리에서 31개국 대표가 모여 국제회의를 개최, '국제박람회에 관한 조약'을 조인하였다. 이 조약에서는 박람회의 성격 · 개최방법 · 개최 도수를 결정하고, 또 주최국의 책임과 참가국의 의무를 명확히 하였다.
'국제박람회에 관한 조약' 중 'BIE에 관한 사항'은 다음과 같다.
① 이 조약의 적용을 감시하기 위해 국제박람회 사무국을 설치한다.
② 국제박람회 사무국은 분류위원회를 보좌하는 이사회와 1인의 사무총장을 둘 수 있다.
③ 이사회는 가입국이 각각 1명에서 3명까지의 범위 이내에 지명하게 되며, 2인 또는 3인의 회원을 고문의 자격으로 참가시킬 수 있다.
④ 정부 대표 · 주최국 정부는 그 정부를 대표하고, 또 외국의 참가자에 대한 약속이행을 보장하는 임무를 가지는 1인의 정부 위원 또는 대표를 지명하지 않으면 안 된다.

적은 미국이 30회로 가장 많고, 이어 영국 14회, 프랑스 12회, 벨기에 7회, 호주 6회, 일본 4회 등이다.

2) 우리나라 산업전시 이벤트 발달과정

우리나라가 산업전시 이벤트와 관련하여 처음으로 세계박람회에 참가한 것은 1889년 프랑스 파리 만국박람회로 당시 참가작은 갓과 모시, 돗자리, 가마 등이다. 이 박람회 참가 전에 미국 보스턴에서 열린 박람회에 조선백자 여러 점을 참가했다는 기록이 있지만 공식적인 기록으로 인정받지는 못하고 있다.

대한제국 시절인 1893년 컬럼버스의 미국 대륙 발견 400주년을 기념하기 위해 개최된 미국 시카고 콜롬비아 박람회는 전 세계에서 72개국이 참여했으며, 우리나라가 국가관을 마련하고 참가한 첫 국제박람회로 기록됐다. 또한 우리나라 악사들이 시카고박람회에서 국악을 연주하여 한국의 전통음악을 처음으로 세계에 알리기도 했으며, 당시 보고서에는 “개막 이틀 후인 5월3일 조선의 화물 83개가 하역되어 이 가운데 68개가 전시관인 메뉴팩처스 빌딩에 옮겨졌다”는 기록이 있다. 당시 정부 공식 대표로 고종 황제로부터 “미국 박람회 참가사무대원(出品事務大員)”이라는 직책을 부여받은 문신 정경원이 한국관 관장으로 참가하였다. 시카고박람회의 안내서에는 우리나라가 기와집 전시관에 짚신과 가죽 신발, 자수 병풍, 조총, 관복과 무인복, 악기 등을 전시한 것으로 기록하고 있다.

1933년 조선무역협회가 발족되면서 박람회참가는 활기를 띠게 되었으며, 1941년 총독부가 조선동아무역주식회사를 설립함으로써 조선무역협회는 총독부주최의 전시사업 등 일부만 분장하는 정도로 업무가 축소되었다. 해방 후 1950년 시카고 국제박람회에 처음으로 수공예품 및 견직물 등 230점을 참가하였으며, 1955년 광복 10주년을 기념하여 덕수궁에서 열린 ‘산업박람회’에서는 시발택시가 참가되었다.

일제시대와 6.25 전쟁으로 엑스포에 참여하지 못했던 우리나라는 1958년 처음으로 산업박람회를 개최하였다. 이 박람회는 건국 10주년 기념 사업 중 하나로 기획됐으며, 국내 산업을 부흥시키려는데 그 목적이 있었다. 1962년 대한무역진흥공사의 설립과 더불어 전시사업이 외무부 소관에서 대한무역진흥공사의 주관으로 자리잡게 되면서 박람회의 참가가 본격적으로 이루어졌다. 1962년 "우주시대의 인류"를 주제로 미국시애틀 박람회에 다시 참가하게되고, 이어 1967년 캐나다 몬트리올 엑스포에 참석함으로써 한국전쟁의 폐허를 딛고 일어선 한국의 모습을 전 세계인에게 보여주기도 했다.

우리나라는 이후 국제 공인 엑스포에 빠짐없이 참가했으며, 경제발전을 본격적으로 추진한 1970년대에 들어 아시아 최초의 종합박람회인 일본 오사카 박람회에 가장 큰 규모로 참가하는 등 적극적인 자세를 보였다.

1975년 'KOTRA'가 주관한 '75특별상품전시회('75 Special Merchandise Show) 및 계속 개최되어진 전시회는 1982년부터는 그 명칭을 서울 국제무역박람회로 변경되어 개최되어졌으며, 우리나라는 1982년 이래 격년제로 서울 국제무역 박람회를 열고 있지만, 이는 박람회(exposition)와는 다른 상업적인 목적을 지닌 국제무역 전시회(exhibition)이다.

[그림 12-2] 국내 산업전시 이벤트 행사장

1982년 미국에서 열린 녹스빌 박람회에는 "한국의 새로운 지평"이란 주제로 5백81평 규모로 참여하기도 했다. 1993년 개최된 대전엑스포는 한국이 1893년 시카고박람회에 참가한 지 1백년만에 주최하는 것으로 총 1천 4백여명이 참관, 국민들에게 과학기술의 중요성을 심어주는 중요한 계기가 됐다는 평가를 받았다. 대전엑스포는 BIE 전문(인증; recognized)박람회로 아시아 국가로서는 일본에 이어 우리나라가 두 번째로 개최한 행사였다. 우리나라는 2010년 BIE 등록박람회(종합박람회; registered expo)를 여수시에 유치하기 위한 노력을 기울였으나, 2002년 12월 실시된 BIE회원국 투표결과 개최지가 국제적인 인지도와 비약적인 경제 발 전을 내세운 중국의 상해로 결정되어 유치에 실패하게 되었다.

③ 산업전시 이벤트의 특성

1) 관광산업에서 산업전시 이벤트의 중요성

산업전시 이벤트는 소비지출이 일반관광객보다 높은 방문객을 유치함으로서 개최지역의 호텔, 여행사, 항공사, 쇼핑센터 등 관광관련 업체들에게 높은 부가가치를 추구할 수 있는 시장으로 인식되고 있어 많은 관광 선진국들이 전시회 방문객을 유치하기 위해 노력을 경주하고 있다.

[그림 12-3] Messe Frankfurt의 전경과 입구

산업전시 이벤트가 발전한 나라인 독일은 "국제교역전시회의 수도"라 불릴 만큼 다양한 산업분야의 전시회를 개최하고 있다. 독일에서 국제교역전시회는 가장 중요한 국가 또는 지역의 이벤트로서 해당지역의 질적, 구조적 경쟁력을 향상시키는 가장 중요한 요소 중의 하나이다. 독일에는 약 70곳이 넘는 국제교역전시장이 있으며, 이는 지역의 경제발전을 가져오는 원동력인 동시에 관광대상지로서의 큰 역할을 한다.

독일의 산업전시 이벤트는 전형적인 서비스산업이며, 관광산업으로 분류되고 있다. 이는 관광산업이 지닌 유사한 투입의 형태와 관광산업과 비슷하거나 관광산업보다 더 높은 관광산업적 가치를 창출하기 때문이다. 일반 관광객들에 비하여 국제교역전시회에 참가하는 비즈니스 관광객들은 더 많은 체재일수를 기록하고 있다. 그들이 머물고 있는 동안 호텔에서의 체재, 식음료의 판매, 주변 관광명소들을 증가시킬 수 있는 것(세종연구원, 2001: 55)이기 때문에 산업전시 이벤트에 참가하는 방문객들은 관광수입 측면에서 지니는 의미가 매우 크다고 할 수 있다.

〈표 12-2〉 독일의 전시/박람회(Messe)현황

내용 구분	세부 사항
지리적, 환경적 여건 : EU의 중심	• 동구/서구, 북구/남구를 연하는 지리적 요충지 - 철도, 하운, 항공 등의 연결이 용이 - 전시물 이동시 비관세 등 편의제공 - 언어능력 등 커뮤니케이션 용이 • 경제, 역사적 여건:튼튼한 경제구조 및 지방 분권제의 확립 - 연간 수출입 교역액 : 약 1조 6,500억 DM - 분야별로 각종 첨단기술 보유 : 세계적으로 수요층 확보 • 지방의 독특한 전통과 노하우(know-how):Decentralization (Frankfurt Book Messe의 경우 1574년 시작됨. 구텐베르크의 연고지) (Nurenberg 완구전 : 해당지역의 향토 수공업을 배경으로 발전) (Berlin의 관광박람회 ITB의 경우 30년의 역사를 자랑하며, 관광분야 세계 최대 규모임)

완벽한 SOC 투자 및 Superstructure	• 항만, 해운, 창고, 금융업 등이 중세기부터 발달됨 • 전국적으로 Autobahn(고속도로) 교통망이 체계적으로 잘 정비되어 있음 • 풍부한 전시장 시설이 구비되어 있음 - Messe Frankfurt의 경우 : 750년 전통 (부지 면적 : 40만 평방미터내 총 15개 전시장 보유) (옥내 면적 : 27만 평방미터-한국COEX전시장 전체면적의 약 8배) (210만명 유치 / 매출액 3,500억원) • 지방에 분산된 풍부한 Messe 도시 - 북부 : Hamburg, Hannover, Berlin - 동부 : Nurenberg, Leipzig - 중서부 : Essin, Dortmund, Dusseldorf, Koln, Frankfurt, Offenbach, Saarbruchen, Primasens, Ldaroberstein - 남부 : Stuttgart, Offenburf, Augsburg, Munchen, Friedrichshafen
Messe의 시장 기능: 전통적인 최고의 전시교역장	• 수급자 상호접촉기회 - 독일 내에서 개최되는 세계적인 국제전시/교역전 : 150건 (2000년도 148건) - 독일의 교역전시장에 속해 있는 시설에서 개최된 회의 건수 : 약 8,000건 (1999) - 독일 전시/교역전 참가 전시업체수 171,000개 社 (2000년도) (이 중 46.5%인 약 80,000업체가 외국으로부터 참가) - 독일 전시/교역전 방문자 : 10.2백만명(2000) (이 중 190만명이 외국으로부터 참가) • 부대효과 : 관광 및 국제회의 창출 유발 • 순수 교역전 수입 : 45억 DM (1999년도) • 경제효과 - 독일 교역전 참여업체 및 참가자 지출액 : 약 170억 DM(1997년) - 이로 인한 전체 경제의 생산파급효과 : 약 410억DM • 고용효과 : 23만명

자료: AUMA (1998). *Successful Participation in Trade Fairs*. Berlin: Association of the German Trade Fair Industry.

2) 산업전시 이벤트의 구성요소

산업전시 이벤트의 구성요소는 다음의 그림에서와 같이 참가자, 참가업체, 전시기획자, 공급자로 대표할 수 있는데, 이러한 4개의 구성요소들은 서로 다른 목적과 목표를 지니고 전시이벤트에 임하게 된다. 구매자(buyer)로서 산업전시 이벤트 참가자는 전시회 참가를 통해 정보취득, 시장조사 및 현황분석의 장으로 이용하며, 또 구매의 장으로 보고 있다.

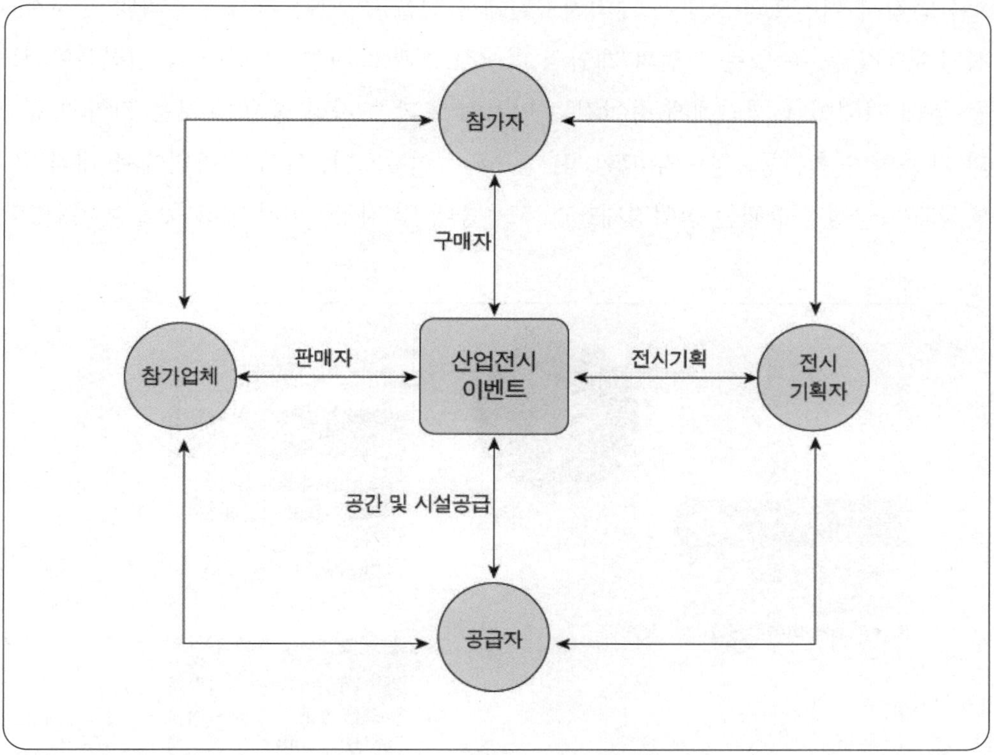

자료: 저자 작성

[그림 12-4] 산업전시 이벤트의 구성 요소

판매자(seller)로서 전시회 참가업체(또는 참가업체)는 자사 상품 또는 서비스를 소개하며, 타사에 대한 비교우위를 확보하므로 홍보와 수익창출을 목적으로 기존고객 및 잠재고객과의 접촉기회를 탐색한다.

전시기획자는 구매자와 판매자간의 효과적인 접촉과 의사전달을 도모하며, 공급자는 전문적인 교역이 이루어질 수 있도록 적절한 공간 및 시설을 제공한다.

3) 산업전시 이벤트의 효과와 기능

(1) 산업전시이벤트의 거시효과

산업전시 이벤트의 효과는 개최지차원에서 얻을 수 있는 거시적 효과와 전시자와 참가자가 얻을 수 있는 기업과 개인의 미시적 효과로 나눌 수 있다. 산업전시이벤트를 통해 기업이나 개인에게 주어지는 미시적 효과중 가장 중요한 것은 기업의 홍보와 제품의 판촉활동, 정보의 교환 및 정보획득이겠으나, 거시적 측면에서 개최지에 발생되는 긍정적 효과는 산업경제효과, 고용증대 및 지역이미지 제고 등을 들 수 있다.

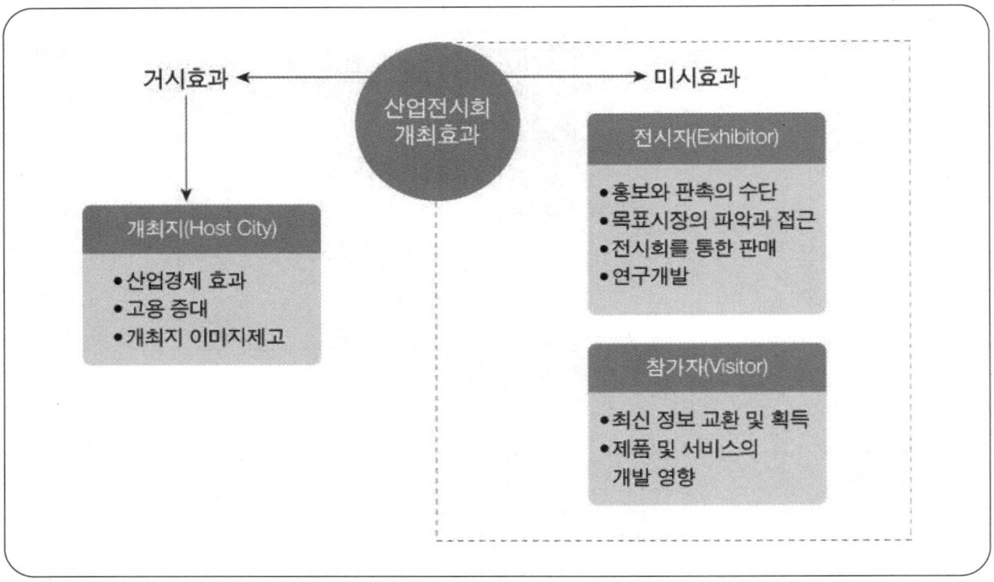

자료: 저자 작성

[그림 12-5] 산업전시 이벤트의 효과

산업전시 이벤트는 개최로 인하여 이벤트운영에 관련된 각 산업분야에서 발생하는 일차적인 경제효과뿐이 아니라 전시자(seller)와 참가자(buyer)간의 즉각적인 계약과 잠재적인 거래관계에서 발생되는 생산유발효과와 고용기회확대를 통한 산업활성화에 기여하고 있다.

산업전시 이벤트를 계획하고 운영하기 위해서는 많은 산업분야가 관련되어야 하는 바, 이는 이벤트 개최를 통해 개최지의 일차적인 경제효과를 얻을 수 있는 업종으로서 주로 다음의 표에서와 같이 숙박업, 외식업, 교통업, 통신 및 방송, 사업서비스, 영상·음향·통신기기, 소매업 및 인쇄·출판업종이다.

〈표 12-3〉 산업전시 이벤트 산업의 분류 및 산업 연관표

전시교역 산업분류	산업 연관표와 대비 (402부문)
숙박업	숙박(333)
외식업	음식점(332)
교통	철도여객운송(334), 도로여객운송(336). 연안 및 내륙수상운송(338), 외항운송(339), 항공운송(340), 육상운수보조서비스(341), 수상운수보조서비스(342), 항공운수보조서비스(343), 기타 운수관련 서비스(346)
통신 및 방송	우편(347), 전신전화(348). 부가통신(349), 방송(비영리:350), 방송(산업:351)
사업서비스	법무 및 회계서비스(360), 기타 공학관련서비스(362), 컴퓨터관련 서비스(363), 기계장비 및 용품임대(364), 광고(365), 청소 및 소독서비스(367), 기타 사업서비스(369)
영상, 음향 및 통신기기	TV(263), VTR(264), 음향기기(265), 유선통신기기(267), 기타 영상음향기기(266), 무선통신 및 방송장비(268).
소매업(쇼핑)	소매(331)
인쇄·출판 및 복제	출판(136), 인쇄(137), 기록매체 출판 및 복제(138)

자료: 한국은행, 2001: 4.

(2) 마케팅종합체로서의 기능

산업전시 이벤트는 일종의 커뮤니케이션 매체라고 할 수 있다. 즉, 방문객(visitor)을 위한 환경을 조성하는데 근간을 두는 커뮤니케이션 수단으로 이러한 환경에는 도안(graphic), 사진(photography), 영상(visual), 문안(copy), 색상(color), 음향(sound), 동작(motion), 실연(demonstration), 인적 커뮤니케이션 및 심지어는 감각과 후각을 이용하는 기술이 포함된다.

기업은 산업전시 이벤트에 참가하여 목표 고객시장과의 접촉을 통해 마케팅믹스 전략을 수립할 수 있으며, 또한 이를 시험해볼 수도 있다. 즉, 잠재고객과의 만남을 통해 상품의 가격, 할인, 지불조건등의 가격믹스전략을 비롯해 상품믹스전략, 유통믹스전략 및 촉진(커뮤니케이션)믹스전략을 수립하고, 필요한 마케팅활동을 수행할 수 있다. 따라서 전시회가 효과적으로 활용된다면 기업의 전반적인 마케팅 프로그램의 종합체(이창현, 2001: 15-16)가 될 수 있다.

자료: AUMA, 1994: 12.

[그림 12-6] 산업전시회의 마케팅 프로그램

전시회는 전시부스 판매원과 고객간의 직접접촉, 제품진열, 홍보자료 제공 등을 통해 현재고객 및 잠재고객에게 기업의 메시지를 전달하는 다른 촉진수단과는 차별화되는 특징을 가지고 있는데 Vaughn은 산업전시 이벤트가 가지는 고유 특성을 5가지(홍성건, 2001: 24-25)로 들고 있다.

〈표 12-4〉 Vaughn의 산업전시 이벤트 고유 특성

선택된 매체 chosen medium	• 잠재고객이 공개적으로 방문하여 실질적인 정보를 탐색할 수 있는 마케팅매체
3차원적 특성 3rd dimension	• 실물이 전시됨으로써 보다 많은 정보제공
효과의 즉시성 immediacy	• 고객의 관심과 반응에 대해 즉각 파악 • 경쟁기업과의 상호비교로 구매과정 촉진
다양한 기회제공 broadened opportunity	• 다양한 잠재고객과의 접촉기회 제공 • 잠재고객의 현재화
경제성 economy	• 고객과의 접촉비용 감소

(3) 판매 및 커뮤니케이션 기능

Cavanaugh와 Bonoma 등은 전시회가 판매기능(selling)보다 광범위한 판매외적인(non-selling) 커뮤니케이션 기능을 수행하고 있다고 주장하고 있다. 즉, 많은 기업들이 전시회에 참가하는 이유에는 판매기능을 초월한 기업의 이미지 제고, 경쟁기업의 정보수집, 기업의 사기진작, 신제품의 시험 등의 기능이 포함되고 있다고 주장(홍성건, 2001: 22-24)한다. Bonoma는 산업전시 이벤트의 기능을 다음과 같이 판매(selling) 기능과 판매외적인(non-selling) 커뮤니케이션 기능으로 구분하고 있다.

〈표 12-5〉 산업전시 이벤트의 판매 및 커뮤니케이션 기능

기능	내용
판매기능 (Selling function)	• 유망 예상고객의 확인 및 신시장 개척 • 현재고객 및 잠재고객 또는 핵심적인 의사 결정권자와의 접촉기회의 확보 • 제품, 서비스 및 판매자에 대한 정보의 전파 • 현실적인 제품판매 • 고객과의 접촉을 통한 문제점 인식 및 이에 대한 서비스 기회의 제공
판매외적인 커뮤니케이션 기능 (Nonselling function)	• 경쟁기업, 고객, 기업, 언론에 대한 기업의 이미지 유지 또는 제고 • 경쟁기업의 제품, 가격 및 기타 마케팅 변수에 대한 정보수집 • 전시요원의 사기진작 • 제품 및 서비스의 투입 및 고객의 반응에 대한 사전 파악

이러한 산업전시 이벤트의 기능은 전시회가 기업의 촉진 프로그램의 부수적 수단이 아닌 촉진수단 자체로 간주되어야 함을 의미한다. 즉, 전시회는 광고, 판매촉진, 인적판매, PR 등 기본적인 촉진 믹스가 모두 고려되어 시너지(synergy) 효과를 창출하는 것이다.

산업전시이벤트는 실제로 많은 기업들이 주요 촉진활동으로 선정하여 부스(booth) 설치를 통한 홍보와 광고, 행사장에서의 인적판매, 경품제공을 통한 판매촉진을 시행하고 있다. 국제전시회연맹(UFI; Union des Foires Internationales)에 따르면, 기업이 상품·서비스의 편익을 실물과 함께 설명하거나 기존고객 또는 잠재고객과의 관계를 유지하는데 있어 산업전시이벤트를 가장 많이 이용하는 것으로 제시하고 있다.

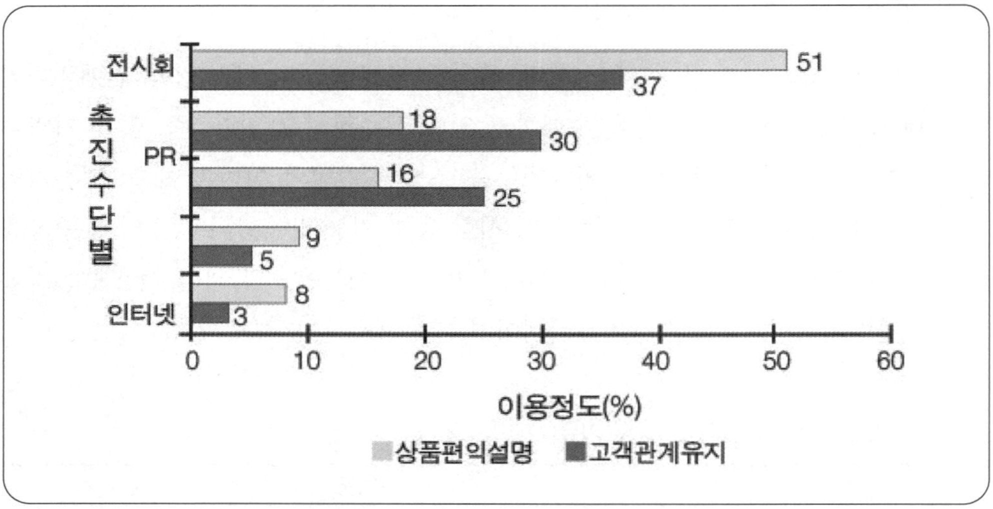

자료; www.ufinet.org/AEO(Benchma가 Research), 1999, Great Britain

[그림 12-7] 기업의 상품설명·고객관계유지 촉진수단 이용정도

산업전시이벤트는 기업의 입장에서 주요 촉진활동중 하나로 선호되기도 하지만, 구매자(buyer)의 입장에서도 최종 구매결정수단으로 직접판매나 PR, 인터넷, 우편(DM), 업계발행물 및 텔레마케팅 등의 다른 매체보다 산업전시이벤트의 활용이 높은 것으로 보인다.

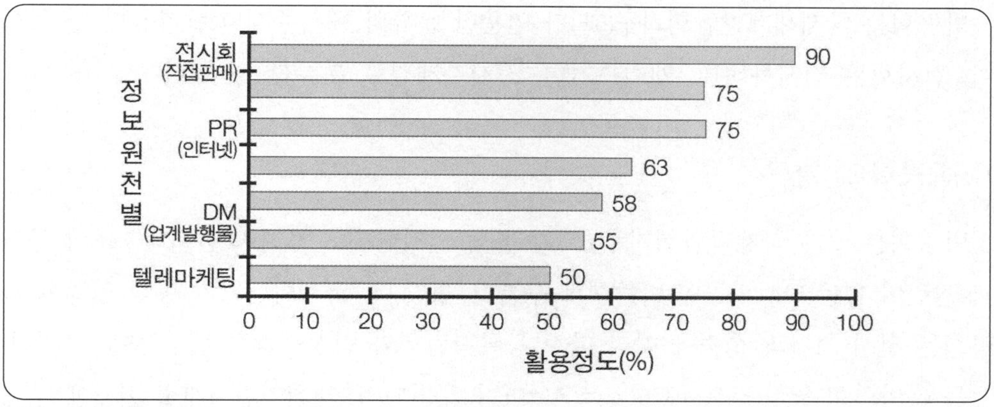

자료; www.ufinet.org/CEIR Research Report PEII, 2000 USA

[그림 12-8] 정보원천별 구매자의 최종 구매결정수단 활용정도

4 산업전시 이벤트 분류

산업전시 이벤트는 크게 두 가지의 이벤트로 분류할 수 있으며, 이는 산업에 관련된 박람회와 모든 종류의 산업 또는 전시회로 분류할 수 있다.

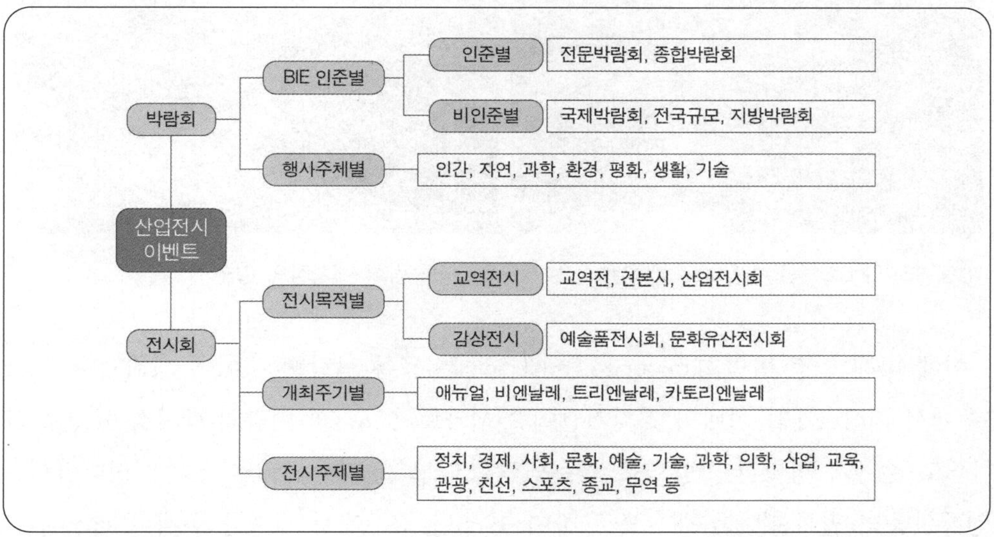

자료: 저자 작성

[그림 12-9] 산업전시 이벤트의 분류

박람회는 국제세계박람회기구(BIE)가 인준한 분류와 행사주제별로 분류할 수 있으며, 전시회는 전시목적별, 개최주기별, 전시주제별로 분류할 수 있다.

1) 박람회의 분류

박람회는 크게 국제박람회기구(BIE)가 공식 인정한 BIE 공인 박람회와 BIE의 공인과 관련이 없는 BIE 비공인 박람회로 구분할 수 있다. 국제박람회가 공식 인정한 박람회는 전시 기간과 성격에 따라 다시 등록박람회와 인정박람회로 구분할 수 있다.

등록 박람회(registered exhibition)는 5년마다 개최되며, 개최기간 6개월 이내에 주제와 규모에 제한없이 광범위하게 개최되는 박람회로 '종합박람회'라고 표현할 수 있다. 등록박람회는 '인류활동의 광범위한 부분에 걸쳐 달성된 진보 혹은 달성될 진보를 대상으로 하며, 1992년 스페인 세비아 박람회나 2000년에 개최된 독일 하노버 박람회 및 2010년 중국 상하이 박람회 등이 그 예라고 할 수 있다.

[그림 12-10] BIE 등록박람회로 개최된 하노버박람회 행사장의 일부

이에 비해 인정 박람회(recognized exhibition)는 등록 박람회 사이에 개최되며, 최소 3주에서 최장 3개월 이내의 개최기간에 25헥타르(7만 5천평) 미만의 행사장 규모로 제한되고 주제가 명확한 박람회로 '전문박람회'라고 표현할 수 있다. 즉 인정박람회는 '인류활동의 일부분'만을 대상으로 하며, 1988년 호주에서 레져를 주제로 개최된 브리스베인 레져박람회와 1993년 과학분야를 주제로 개최된 대전 과학엑스포와 2012년

'살아있는 바다, 숨쉬는 연안'이라는 주제로 개최된 여수 엑스포는 인정 박람회의 대표적인 예라고 할 수 있다.

그 밖에 BIE 인준없이 특정국가 또는 특정지역에서 일정한 주제를 가지고 개최되는 작은 규모의 박람회도 있다. 주요 주제는 인간, 자연, 과학, 환경, 평화, 생활, 기술 등이 있다.

2) 전시회의 분류

(1) 전시목적별 분류

전시목적별로 무역목적의 전시이벤트와 감상목적의 전시이벤트 및 교육목적의 전시이벤트 등으로 구분할 수 있다. 무역목적의 전시회는 산업사회가 형성되면서 자연적으로 이루어진 상설전시장으로 교역전, 견본시, 산업전시회 등이 있고, 감상목적의 전시회는 주로 미술, 서예, 도자기, 조각 등 예술적 작품을 전시하는 예술품 전시회가 위주가 되며, 교육목적의 전시회는 문화유산이나 인체해부 등의 주제를 다루어 교육의 효과를 얻고자 하는 전시회이다.

(2) 개최주기별 분류

전시회는 개최 주기별 분류할 수 있는데 이는 애뉴얼, 비엔날레, 트리엔날레, 카토리엔날레 등으로 분류할 수 있다. 비엔날레는 매 2년마다 개최되어질 때를 말하며, 트리엔날레는 매 3년에 개최되고, 카토리엔날레는 매 4년에 개최되어지는 것을 말한다.

(3) 전시주제별 분류

전시주제별로 정치, 경제, 사회, 문화, 예술, 기술, 과학, 의학, 산업, 교육, 관광, 친선, 스포츠, 종교, 무역 등으로 분류할 수 있다.

(4) 전시방법별 분류

최근 들어 IT산업이 발전하면서 전시방법에 따라 일반적으로 인식되어온 오프라인(off-line)의 산업전시이벤트는 물론 온라인(on-line)상의 산업전시이벤트도 활성화되면서 전시회 전문 웹사이트가 등장하였다. 즉 산업전시 이벤트분야에서도 전시장을 직접 방문하지 않더라도 인터넷을 통해 관련산업의 기술동향을 한눈에 파악할 수 있는 것은 물론이고 필요한 사항을 검색하여 전시회에 참여하는 것이 가능해졌다.

사이버 전시이벤트는 기존의 전시를 동영상으로 제공하는 경우와 실제로 사이버 상에서 전시회를 개최하는 경우로 분류할 수 있는데 국내의 경우 전자가 대부분이다. 사이버 전시사이트를 통해 구매자인 전시회 방문자(buyer)와 판매자(seller)를 사이버상에서 연결해주는 교역활동, 상품의 전시활동, 산업정보, 국내외 전시정보, 기타 관련업체 정보 등을 제공하는 정보제공활동 및 상담활동을 수행할 수 있다.

5 산업전시 이벤트의 기구 및 조직

1) 산업전시 이벤트 관련구조

산업전시 이벤트의 구조를 살펴보면 크게 공급자와 최종구매자로 구성되어 있으며, 산업구조상 중간구매자가 존재한다.

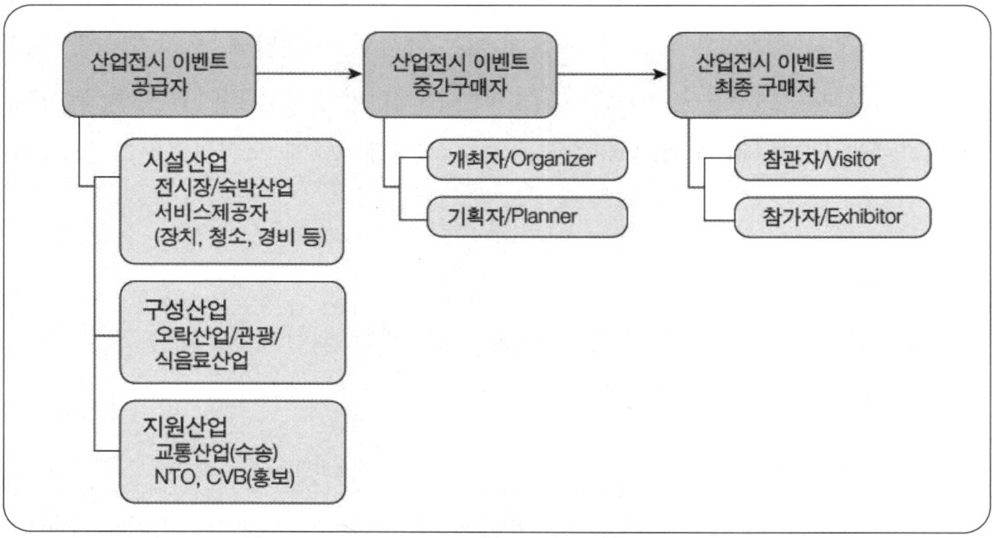

[그림 12-11] 산업전시 이벤트 관련구조

즉 산업전시이벤트와 관련되어 시설을 제공하는 업종의 시설산업과 오락·관광·식음료 등의 구성산업 및 수송을 담당하는 교통업 및 세관수속의 대행업 등의 지원산업부문이 산업전시 이벤트의 공급자 역할을 하고, 이를 개최하고 기획하는 업체 또는 조직이 중간구매자 또는 조직자로서의 역할을 수행하며, 끝으로 산업전시 이벤트의 최종 구매자는 참관자와 참가사가 된다.

2) 국제 산업전시 이벤트 기구

산업전시 이벤트는 초기에 자연발생적으로 형성된 시장에서 시작되었으나 현대에는 수많은 박람회와 전시회가 세계 각처에서 매년 개최되어 산업전시이벤트의 질적인 관리 또는 기준을 필요로 하게 되었고, 국제사회에서 국가간 또는 지역간 갈등을 불러 오기도 했다. 이러한 문제를 해결하기 위해 국제박람회기구(B.I.E-Bureau International des Expositions)와 국제전시회연맹(UFI-Union des Foires Internationales) 등의 기구가 탄생하게 되었다.

(1) 국제박람회기구(B.I.E-Bureau International des Expositions)

1851년 영국박람회 이후 1876년 필라델피아박람회, 에펠탑으로 유명한 1889년 파리박람회, 우리나라가 최초로 참가한 1893년 시카고박람회 등 큰 규모의 국제박람회가 많이 개최되었다. 이처럼 크고 많은 박람회는 국제적으로 많은 문제를 야기시켰으며 심각한 어려움에 봉착하는 예가 속출하자 박람회를 바람직한 방향으로 이끌어가기 위한 제도적 장치의 필요성이 대두되었다. 1912년 독일정부의 주도하에 개최된 외교회의에서 세계박람회 협약(Berlin Diplomatic Conference)에 대한 기초가 수립되었으나, 1914년 제1차 세계대전이 발발함에 따라 각국의 비준을 얻지 못했다. 대전이 끝난 후 프랑스 주도하에 1928년 11월 22일"국제박람회에 대한 외교적 협약(Diplomatic Convention on World Fairs)의 최초 조약에 31개국이 서명하기에 이르렀으며, 파리에 국제박람회기구가 설치되어 현재까지 국제박람회의 승인과 후원 등의 기능을 수행해 오고 있다. 현재 회원국은 88개국이며, 우리나라는 1987년에 가입하였다.

(2) 국제전시회연맹(UFI-Union des Foires Internationales)

국제전시회연맹은 세계 각국에서 열리는 상업적 전시회(trade fair)의 주요 주최자로 구성된 민간기구이다. 양대 세계대전을 거치면서 수출진흥책의 일환으로 각종 산업전시회가 난립함에 따라 이러한 혼란과 무질서를 통제하고 정보와 서비스의 교환 등을 위하여 주요 전시회의 주최대표들이 1925년에 이탈리아의 밀라노에서 발족시켰다. 1951년에는 UFI와 국제상공회의소(ICC: International Chamber of Commerce)가 두 기구간의 공통적인 이해와 노력을 강화하기 위하여 합동위원회를 발족시켰다. 국제전시회연맹은 꾸준한 활동으로 인해 현대사회에서의 정치, 경제적인 면에서 그 권위가 인정되고 있으며, 연맹에서 인증한 전시회는 전시회의 규모와 질에서 세계적으로 인정받고 있다.

국제전시회연맹의 인증을 받기 위해서는, 해외 전시참가기업이 총 전시참가기업의 20% 이상이어야 하며, 해외 전시참가기업의 전시장면적이 전체 참가기업에게 임차된 면적의 20% 이상이어야 하고, 마지막으로 해외 방문객수가 총 방문객수의 2% 이상이어야 한다. 우리나라의 경우, 2002년 10월 24일 독일 뮌헨에서 개최된 총회에서 한국국제공장자동화종합전(KOFA), 서울국제농기계박람회(SIEMSTA), 서울국제사진 · 영상기자재전 등 3개의 전시회에 대해 인증을 받았다.

[그림 12-12] 서울국제사진영상기자재전

3) 국내 산업전시 이벤트 관련조직

산업전시회를 비롯한 각종 박람회를 유치하고 성공적으로 개최하기 위해서는 전문 전시장과 주변의 인프라 구축이 기본 요건이지만, 전시회 산업을 육성하고 관리, 감독하는 소프트웨어의 개발도 병행되어야 할 중요한 요건이다. 국내의 전시관련 조직은 국제회의산업 유치 및 마케팅을 위해 활동하는 한국관광공사, 한국전시산업진흥회와 한국전시공업협동조합 및 한국전시업협동조합 등을 들 수 있다. 한국전시공업협동조합은 조합회원들의 권익을 위해 설립된 관련업종 이익집단이라고 할 수 있다.

반면, 한국전시산업진흥회는 2002년 9월 국내 전시산업을 활성화하기 위해 전시장 운영자와 주최자, 무역협회, KOTRA, 무역진흥기관, 전시장치협회 등 전시관련 단체가 설립한 조직으로 독일의 AUMA와 유사한 조직이라고 볼 수 있다. 이 단체는 지역별로 활동하던 무역전시주최자 · COEX 등 전시장 운영자 · 전시장치업체 등이 회원으로 참여했으며, 전시산업의 체계적인 육성 및 발전을 이끌 것으로 기대된다.

〈표 12-6〉 한국전시산업진흥회 개요

설립목적	산업자원부 산하 비영리 사단법인으로 무역전시산업 진흥을 위한 각종 활동수행을 통해 무역전시산업 이익을 대변하고, 국가경제 발전을 위하여 설립.	
소재지	대한무역진흥공사 내	
회원	전시장 운영자와 주최자, 무역협회, KOTRA, 무역진흥기관, 전시장치협회 등	
주요 사업	정책개발사업	- 무역전시 산업관련 정책 개발 - 전시회 심사 평가 및 통계정보 D/B 운영 - 전시 전문 인력 양성 - 전시정보지 및 연구조사 보고서발간
	국제협력사업	- 해외전시유관기관과의 업무 협력 - 국내외 홍보활동 및 해외배포용 자료 제작 - 해외 전시 정보 수집
	회원서비스	- 국내전시회 주최 및 해외전시회 참가 지원 - 전시회 인증제도 운영 및 전시회 정보 제공 - 전시업계 애로 및 고충 처리

자료: 홈페이지를 통해 저자 작성

제2절 산업전시 이벤트 운영관리

① 산업전시 이벤트의 업무흐름

산업전시 이벤트 개최업무는 개최자의 업무흐름과 참가업체의 참가과정으로 구분하여 설명할 수 있다. 개최자의 경우 다음의 그림과 같이 시장조사를 바탕으로 한 기획단계를 거쳐 기획안을 토대로 재무계획과 인력계획 및 시장조사를 바탕으로 이벤트 사업계획서를 작성하고, 전시참가업체 및 방문객을 대상으로 마케팅활동을 수행한다. 이벤트 개최 1년전부터 전시부스의 판매를 통해 참가업체를 유치하여 이벤트를 수행하기 위한 예산을 확보해 나가야 하며, 전시부스의 할당은 요금별 위치에 따라 지정하거나 또는 신청접수순, 전시품의 성질 및 기타 합리적인 방법에 따라 할당한다.

아울러 참가업체를 위하여 전시이벤트에 부수되는 각종 프로그램을 기획하고 준비하여야 한다. 부대행사로 개최되는 프로그램은 주로 관련분야 세미나, 심포지움, 리셉션, 갈라디너(gala dinner), 공연 등이 있다. 이벤트 개최 6개월전에는 방문객 또는 바이어(buyer)를 위한 각종 프로그램을 준비하고, 이에 부수되는 계약과 예약업무를 수행해야 한다.

개최 3개월전에는 운영조직의 확정 및 조직가동, 참가업체 확인, 예약 및 계약사항의 확인 등 운영준비를 철저히 해야 하는 시기이며, 이벤트개최가 임박해서는 참가경비의 잔금수령 및 참가업체 디렉토리 제작을 위한 마감업무를 수행하고, 필요한 경우 참가업체 설명회를 준비한다. 개최 하루전까지 보세전시품과 전시물품의 통관절차상 문제점 등을 확인하고, 부스의 설치를 완료해야 한다.

이벤트 개최중에는 전시 참가업체에 문제점이 있는지 확인하고, 방문객(buyer)과 참가업체(seller)간의 원활한 상담과 홍보가 이루어지도록 적극적으로 지원해야 하며, 부수적 이벤트 프로그램의 진행상황을 점검할 필요가 있다. 전시기간이 종료되면, 폐막일 또는 익일 규정된 기간내에 전시부스의 철거가 이루지도록 해야 하는데 지연에 따른 손실이나 전시장에 대한 손상에 대하여 참가업체와 그 조건을 명확히 할 필요가 있다. 이벤트가 완전히 종료되면, 해당사업에 대한 정산을 통해 손익계산서와 행사보고서를 작성하여 다음 행사에 대비한다.

단계	업무	시기
1단계	기획	D-18~12M
2단계	사업계획수립	D-12M
3단계	마케팅	D-12~1M
4단계	전시참가자/부스유치	D-12~2M
5단계	부대행사 준비	D-10~2M
6단계	참관객 프로그램 준비	D-6~3M
7단계	운영 준비	D-3~1M
8단계	하우징 및 설치	D-2~1D
9단계	개최	During
10단계	폐막 및 철거	D+1~D+4
11단계	정산 및 결과보고	D+1M

자료; 저자작성

[그림 12-13] 산업전시 이벤트의 업무흐름도

산업전시 이벤트에 참가하는 전시업체의 경우 이벤트참가를 통해 마케팅목표를 달성하기 위해 사전에 점검해야 할 항목이 있다. 우선 위에서 언급된 바와 같이 전시회참가는 기업의 총체적 마케팅활동을 포함하고 있으므로 기업은 이벤트참가를 통해 수행하고자 하는 마케팅활동의 범위와 규모를 설정할 필요가 있다. 예를 기업이미지제고를 위한 홍보활동에 치중할 것인지, 실제판매를 위한 계약활동에 치중할 것인지, 상품개발을 위한 정보취득에 중점을 둘 것인지 등을 결정해야 하는 것이다.

두 번째로 해당 상품에 관한 최근 동향을 포함하는 시장조사를 수행하고, 결정된 마케팅활동의 범위와 규모에 적합한 전시이벤트 정보를 수집한다. 정보수집과 분석이 완료되면, 연간 또는 수년간의 전시참가에 대한 결정을 하고, 각 이벤트마다의 참가목표를 설정한다. 이때의 목표는 계량화된 것일수록 좋다.

설정된 목표에 따라 이벤트참가에 필요한 부스 제작비용, 직원의 출장비용 및 이벤트 참가비용, 운영비용 및 부대비용 등의 예산을 수립하고, 참가시 운영방안과 기업의 아이덴터티(identity)를 나타낼 수 있는 부스를 디자인한다. 이벤트개최가 임박하면, 전시품의 이동과 부스를 설치하고, 홍보활동 및 고객과의 상담, 정보수집활동에 들어간다. 외국 전시이벤트에 참가할 경우에는 통관에 관련된 업무를 수행해야 하므로 사전에 점검할 필요가 있다.

이벤트가 종료되면 부스철거와 함께 전시물의 정리를 한 후, 이벤트 개최중 고객과의 상담에 대한 피드백활동을 수행한다. 구매계약이 이루어진 고객에게 감사편지와 함께 향후 업무협조를 부탁하고, 정보를 필요로 했던 고객에게 자세한 정보를 제공하고, 잠재고객에게는 인사편지를 보내어 행사장에서의 만남을 상기시켜준다. 아울러 이벤트참가에 따른 결과보고서를 작성하여 향후 이벤트 참가시에 참고자료로 활용할 필요가 있다.

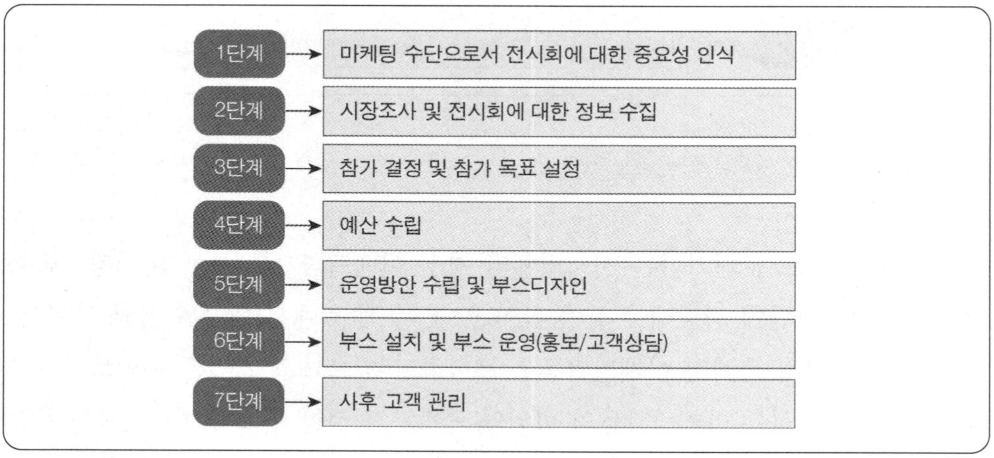

자료; 저자작성

[그림 12-14] 전시업체의 참가과정

② 산업전시 이벤트의 기획과정

어떤 산업전시 이벤트를 어떻게 개최할 것인지를 계획하는 것은 시장조사와 행사의 기획으로 나누어 볼 수 있다. 시장조사는 일반적으로 기술, 과학, 의학, 산업, 교육, 스포츠, 종교 등 다양한 전시주제중 선정된 분야의 산업현황을 분석하여 이벤트가 지향해야 할 방향을 설정하고, 국내외 관련전시회를 분석하여 개최하고자 하는 전시이벤트의 경쟁위치와 이에 따른 포지셔닝전략을 설정할 필요가 있다.

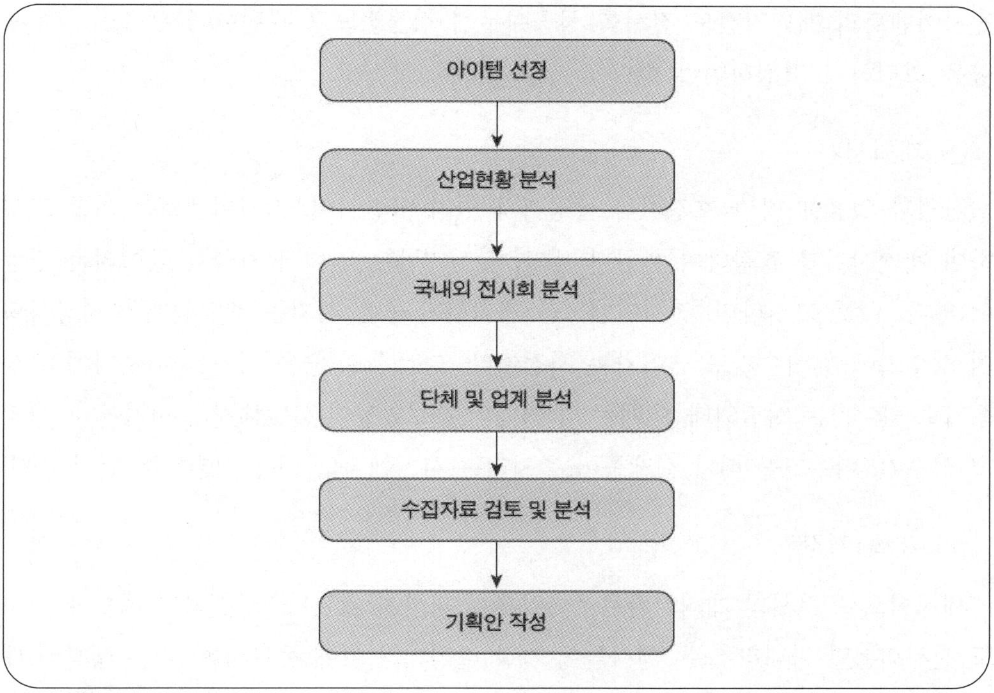

자료; 저자작성

[그림 12-15] 산업전시회 시장조사

계획하고 있는 이벤트에 참가할 잠재적 전시참가자인 해당업계의 단체 및 업계의 동향 및 마케팅활동에 대한 현황을 수집하고 분석하여 이벤트 개최규모와 범위 및 개최목표를 설정해야 한다. 계량화된 개최목표가 설정되면 이를 바탕으로 행사를 기획하게 된다.

여기서 중요한 것은 시장조사를 통해 설정된 개최목표(방문객수, 수익규모, 인지도 등)와 부합되도록 행사가 기획되어야 한다는 것이다. 행사의 기획은 일반적으로 이벤트 개최 2년전부터 시작하는 것이 시기적으로 바람직하므로 장기적인 전망과 안목이 필요하다.

1) 전시이벤트 개최기간 확정

어떤 전시이벤트를 개최할 것인지를 결정한 후에는 개최기간을 확정지어야 한다. 전시이벤트의 개최기간도 전시회 성공여부에 직접적으로 관련이 있으므로 다음사항을 고려하여 결정하여야 한다.

(1) 개최시기

산업과 업종에 따라 호경기와 불경기가 있기 마련이며, 전시이벤트는 이를 고려하여 개최시기를 결정하여야 한다. 특히 불경기에는 인력과 자금을 줄이려는 경향이 있다. 이를 고려하면, 전시이벤트를 개최하기 좋은 시기는 해당업계의 시장상황이 성수기에서 비수기로 넘어가는 시점이다. 다음으로 좋은 시기는 비수기에서 성수기로 넘어가는 시점인데, 이때는 각 기업의 홍보활동이 활발해지는 시기이다. 그리고 성수기, 비수기를 떠나 신제품이 출시되는 시기에 전시회를 개최하는 것이 좋다.

(2) 개최 기간

세계적으로 전시회 개최기간은 4~5일을 초과하지 않는다. 선진국의 예를 보더라도 전시회뿐만 아니라 모든 행사들이 가장 절정의 시기에 종료되며, 이는 행사에 대한 아쉬움이 남는 적합한 기간이 4~5일 정도라는 것이다. 그래서 일반적으로 업계를 대상으로 한 전문전시회(trade fair)는 3~4일, 일반대중의 방문을 포함하는 일반전시회(public fair)는 5~6일을 기준으로 개최된다.

(3) 해외 유명 전시회와의 고려사항

전시이벤트는 장기적인 안목을 가지고 개최하는 것이며, 국제적인 대규모 행사로 성장하는 것을 목표로 계획되어야 한다. 그러므로 유사한 성격을 가진 해외 전시회에 대한 시장조사가 반드시 필요하며, 이와 중복되는 시기는 피하는 것이 바람직하다. 하나의 전시회를 끝내고, 다음전시회로 이동할 수 있는 기간이 최소한 3~5개월 정도는 되어야 하므로 이를 고려할 필요가 있다.

2) 산업전시 이벤트 장소선정

산업전시 이벤트 장소선정 때 이벤트의 기능과 역할이 충분히 수행될 수 있는 장소가 선택되어야 한다. 이 때 보편적으로 살펴보아야 할 것은 개최하고자 하는 이벤트의 성격과 참가계층에 적합한 곳인지가 확인되어야 하며, 임대비용이 고려된 경제성과 접근성이 고려된 입지조건 및 편리성을 점검할 필요가 있다. 시설의 편리성에 있어 방문객을 위한 엘리베이터, 주차장 및 부대시설, 또 전시회장의 기반시설인 전시물 반출입, 전원, 수도, 가스, 배수처리, 조명 등의 설비가 잘 갖추어져 있는지 확인하여야 한다.

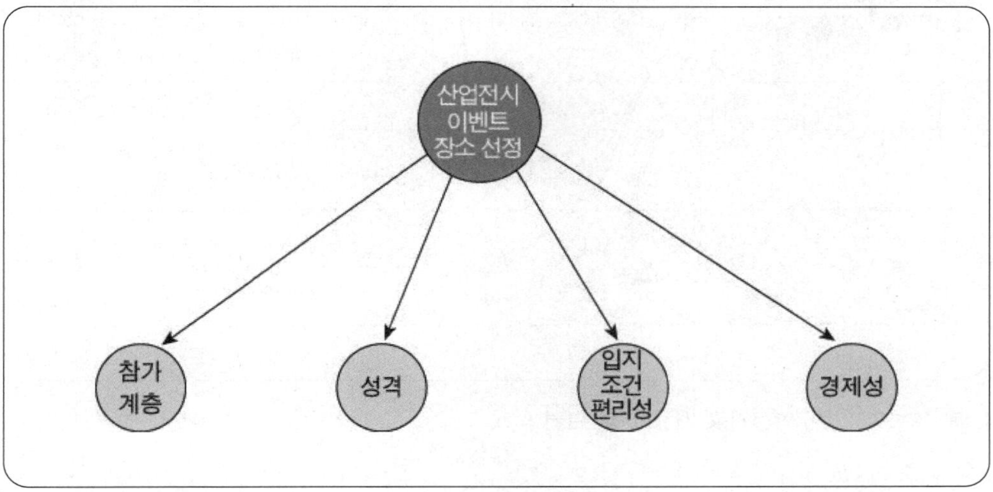

자료: 저자 작성

[그림 12-16] 산업전시 이벤트 장소선정 고려사항

(1) 참가계층

개최지역의 주요 산업군(産業群)이 무엇인지도 고려하여야 하며, 전시회에 참가할 참가업체 및 관련단체 · 기관, 산업전시 이벤트 개최에 관심이 많은 방문객층 등을 고려하여 선정하여야 한다.

(2) 성격

개최하고자 하는 산업전시 이벤트가 어떤 성격의 이벤트인지를 고려하여야 한다. 즉, 대상자(전문인·일반인)에 따라 개최되는 전시회의 성격이 달라지므로 개최하고자 하는 전시회의 특성에 적합한 전시장을 선택해야 한다.

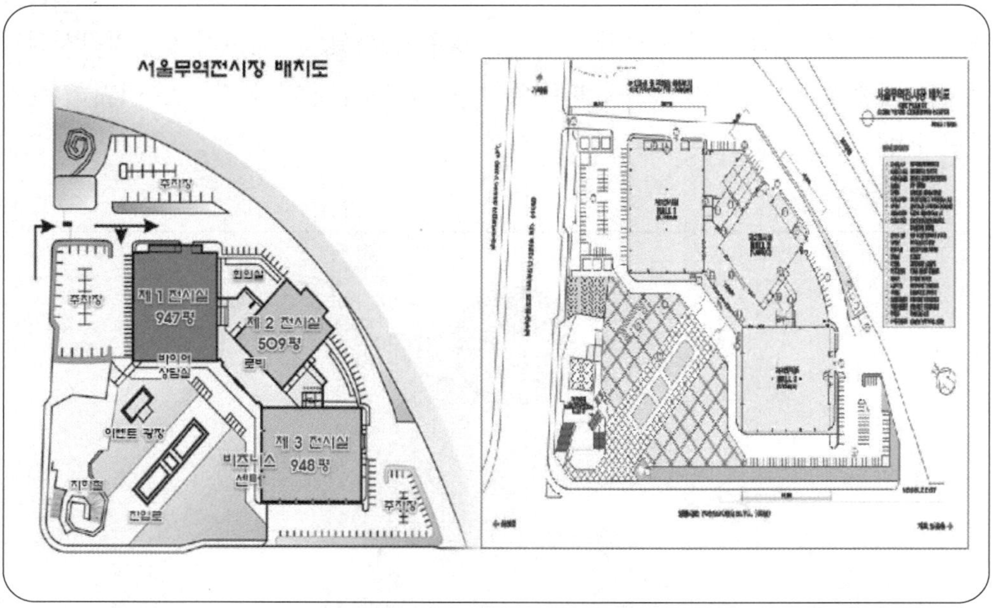

[그림 12-17] 서울무역전시장 배치도 및 도면

(3) 입지조건 및 편리성

입지조건이란 전시회장을 둘러싼 부대시설, 공공시설의 위치와 교통의 접근성 등을 의미한다. 아울러 개최자가 많은 제약을 받지 않고 전시장을 사용할 수 있도록 개최자에게 편리성이 제공되어야 하며, 참가업체나 방문객들도 행사장내 또는 인근의 시설물을 편리하게 사용할 수 있어야 한다. 따라서 부대시설 이용이나 관리 측면에서 편리한 전시장으로 고객에 맞게 선정할 필요가 있다.

(4) 경제성

경제성은 전시회장 사용요금의 타당성 문제로 산업전시 이벤트 참가계층 · 성격 · 입지조건 및 편리성을 고려하여 여러 전시장을 비교한 후, 동일한 조건에서 임대비용과 시설물 이용요금이 저렴한 곳을 선택해야 될 것이다.

3) 산업전시 이벤트 운영조직

산업전시 이벤트 조직은 조직위원회가 직접 운영하는 방법과 전시전문업체를 활용하는 방법이 있으며, 두 방법 모두 본서의 제6장 이벤트 조직 · 인사관리에서 알아본 기능중심의 조직 또는 국제회의조직과 유사하다. 다만 해당 산업분야의 지식이 있는 구성원이 포함될 경우 이벤트운영을 원활히 해 나갈 수 있다.

조직위원회가 운영을 담당할 때에는 기획이나 주요업무 결정은 위원회가 하지만 특수한 분야에 대해서는 각 전문업체에 의뢰해야 한다. 전시회 운영 때 필요한 전시전문업체로는 장치, 통관, 수송, 전기공사, 급수공사, 청소, 경비업체 등이 있다.

4) 사업수지 계획

개최자는 산업전시 이벤트의 성공적 개최를 위하여 전시회의 내용을 적절히 기획하는 것이 중요할 뿐만 아니라 경제적 이익을 추구하여야 하므로 이를 위하여 산업전시 이벤트 운영관리에 따른 사업수지 계획서를 작성하여야 한다.

따라서 산업전시 이벤트에서 가능한 수입원의 확대와 지출의 감소를 통해 보다 많은 수익을 추구해야 한다. 산업전시 이벤트의 수입항목으로 참가료, 디렉토리판매, 광고료, 입장료, 기타 수입으로 크게 구분할 수 있으며, 지출경비로는 회장료, 전시장 설치비 및 장치료, 인쇄비, 인건비, 기타 지출로 구분할 수 있다.

〈표 12-7〉 사업 수입지출 항목

구분	내용
수입항목	• 출품료 - 부스판매 대금 • 전시회 디렉토리 판매수입 - 전시업체 명단 및 전시품목 자료의 유료 판매대금 • 광고수입 - 디렉토리 등 관련 책자의 광고 게재료 • 입장료 수입 - 일반 관람객의 입장료 수입금 • 기타 수입 - 은행이자 등 기타 수입
지출항목	• 회장료 - 전시회장 임차료 • 전시장 설치, 장치료 - 기본부스 설치비, 간판류 제작비, 전기공사, 청소비 • 인쇄비 - 전시회 출전안내서, 전시자용 안내서, 각종 관계 서류 등 • 인건비 - 사무국 요원, 임시 고용원의 임금, 사무국 운영비용 • 기타 지출 - 보험, 경비 등

자료: 한국관광공사, 1994: 132

5) 부대행사 프로그램 기획

산업전시 이벤트에서 부대행사 프로그램은 참가업체나 참가자 모두에게 흥미와 홍보의 효과를 발휘할 수 있는 행사로써 전시이벤트 행사와 함께 기획되어져야 한다. 부대행사 프로그램은 다음의 그림에서와 같이 개최자와 전시업체 및 스폰서가 주체가 되어 기획되고 시행된다.

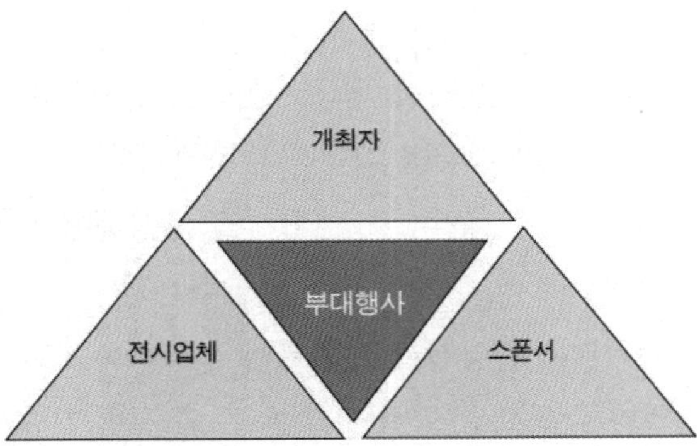

자료: 저자 작성

[그림 12-18] 전시이벤트 부대행사 기획주체

(1) 개최자 주최의 부대행사

전시회에 참가하는 참가업체들의 분위기 조성과 홍보효과를 높이고, 또한 보다 많은 방문객을 유치 또는 전시장의 분위기를 고조시키기 위한 수단으로써 주최사가 기획하는 것을 말한다. 그러나 여기서 주의해야 할 점은 이벤트의 성격과 전시회의 성격이 일치해야 하며, 주최자와 합의하여 전시회의 성격과 시간 및 공간에 맞추어 전문이벤트업체에 의뢰하여 운영되기도 한다.

(2) 전시업체 주최의 부대행사

전시회에 참가한 업체들이 각자의 우수성을 강조하기 위하여 또는 대기업의 경우 자사의 이미지를 높이기 위한 수단으로서 경품과 함께 별도의 부대행사를 기획 · 진행하는 경우가 있다. 전시품목이 대중을 상대로 하는 소모품이거나 시음, 시식일 경우에 주로 기획된다.

(3) 스폰서주최의 부대행사

산업전시 이벤트에 참가한 전시업체 또는 업계 방문객을 대상으로 기업과 기업의 상품을 홍보할 목적으로 스폰서십을 제공하는 업체에서 주최하는 경우도 있다. 이런 경우 대부분은 전시업체에 제품의 원료를 제공하는 공급업체가 스폰서가 되어 런천(luncheon)이나 리셉션 또는 만찬을 준비하기도 하고, 전시업체를 대상으로 상품설명회를 실시하기도 한다.

③ 전시업체 모집

1) 참가안내서 제작 · 배포

전시회 개최 개요와 참가비용 등이 확정되면 전년도 전시회 참가업체 등 전시내용과 관련된 업체를 대상으로 참가안내서를 배포하여 참가를 권유하거나, 인터넷의 홈페이지를 통해 자기 전시회에 대한 참가안내를 하게 된다. 참가업체의 모집은 주최자가 직접하는 경우와 PCO 또는 PEO 및 대리점을 통해서 하는 경우가 있다.

참가안내서 또는 참가안내 목적의 인터넷 홈페이지에 수록되어야 할 일반적인 내용은 다음의 표와 같으며, 개최국 언어 및 영어와 주요 시장이 되는 대상국의 언어로 작성되는 것이 바람직하다.

〈표 12-8〉 출품안내서 수록 내용

출품안내서 수록
• 대표자의 개최 인사말 • 개최 취지 • 전시회 개요(명칭, 기간, 장소 등) • 주최자, 협찬, 후원, 협력단체 등 • 참가자 참가자격 • 참가 및 신청절차 • 제출서류목록 • 참가비 납부에 관한 사항 • 부스 면적, 높이 사양, 가격, 지불방법 • 부스 할당방법(신청순서, 추첨을 기준으로 주최자가 최종결정) • 신청용지 • 참가신청 및 문의처

2) 참가규정 및 계약 - 전시자 준수사항 작성

전시업체 모집시 전시규정에 관한 내용을 명확히 하여 향후 발생될 수 있는 분쟁이나 갈등을 최소화 할 필요가 있다. 참가규정에 관한 내용은 주최측의 규정사항(반출입 규정, 금연, 쓰레기 처리방법, 시음·시식회 규정 등)과 전시회장측에서 요구하는 여러 가지 규제사항 및 규칙(금지사항, 바닥재공사, 중량제한, 부스설치 때 준수사항 등)을 주지시키고 명문화시키는 것이 중요하며, 주요 규정은 다음의 표와 같다.

〈표 12-9〉 계약에 필요한 주요 참가규정

항목별	주요 내용
부스할당방법	신청순서, 전시품성격, 추첨 등을 기준으로 주최자가 최종결정
참가비납부절차	납부처, 납부기일, 신청금액 규모
참가비	부스별 금액, 부대행사 참가비용, 참가비 포함내역
설치 및 철거	설치 및 철거 기간의 규정, 지연에 따른 손실 및 전시장 손상에 대한 보상규정

보험 및 안전	보험 가입안내, 보안의 책임한계, 전시품의 불연처리, 전시장의 소방 및 안전 법규, 안전을 위한 시공작업 및 실연의 제한
전시부스관리	전시품범위 제한, 상주요원의 배치
현장판매	(필요시)판매활동의 제한, 판매방법의 제한
해약조건	해약시기별 취소료 지불조건, 지불방법
전시회의 취소	행사 취소시 환불 및 보상조건, 행사취소의 면책사유
분쟁해결방법	분쟁발생시 법 적용국가, 해결방법

자료; 저자작성

3) 전시업체 대상 설명회 개최

전시업체가 결정된 단계에서 필요한 경우 담당자들을 모아 설명회를 개최하도록 한다. 먼저 주최측에서 전시에 관한 주의사항을 알리고 각종 정보를 제공한 후 각 전시업체로부터 질문을 받는데, 가능하면 전시장을 같이 방문하도록 해 현장을 이해하도록 하는 것도 바람직하다. 설명회에서는 전시회의 각종 규정, 정보 및 각종 신청서 등이 수록된 전시자용 킷트(Exhibitor's Kit)를 배포한다(한국관광공사, 1994: 134-135).

〈표 12-10〉 Exhibitor's Kit

Exhibitor's Kit
• 전시회 개요 • 전시장 안내(교통, 시설, 허용 하중 등) • 반출입 규정 • 기본부스 크기와 배치도 • 부스 설치규정 • 전기, 배수, 가스, 전화설치 등에 관한 규정 • 공연시 주의사항 • 천재지변으로 인한 전시회 중단 때 취소규정 • 기타 각종 신청서 - 전시회 디렉토리 게재 신청서 - 디렉토리 내에 광고게재 신청서 - 보세취급 신청용지 - 출품자 배지 신청서 - 전화가설 신청서 - 기초장식 패키지 신청서 - 이외에 비품신청서, 위험물 신고용지, 전기, 압축공기, 급배수시설 신청서, 용역제공 신청서, 냉온방장치 신청서 등이 필요

자료 : 한국관광공사, 1994: 134

④ 참가비 결정

'참가비'란 전시이벤트에 부스를 설치하고 참가하는데 소요되는 비용으로서 일반적으로 부스비용, 외곽경비, 통로청소, 홍보자료 제공, 참가업체 디렉토리 및 홍보비용이 포함된다. 전시업체는 참가비외에 전기, 전화, 급배수 및 인터넷 전용선 등을 사용하고자 할 경우 부대시설비용을 별도로 지불해야 한다. 참가비는 부스의 규모와 종류에 따라 책정하는 것이 일반적인 방법이며, 일정 규격으로 정해진 조립부스(또는 기본부스)와 전시업체가 직접 디자인하여 사용하는 독립부스로 나누어진다.

1) 부스(Booth) 수 기준 방법

참가업체를 위해 설치될 부스의 숫자에 따라서 참가비를 책정하는 방법으로 비교적 효율적이고 신뢰성이 높으며, 가장 많이 사용되고 있는 방법이다. 부스 수(數)의 계산방식은 기본부스를 몇 개 단위로 판매하는 것인데, 이 때 주최측에서 제공하는 기본부스는 약간씩 차이가 있으나 일반적으로 $9m^2$(3m×3m)가 가장 많다. 스페이스 외에도 좌, 우, 뒷벽, 전시업체 명판, 기본조명, 안내데스크, 의자 등이 포함된다.

3×1 Booth Information　　3×2 Booth Information　　3×3 Booth Information

[그림 12-19] 기본부스(Booth)

부스의 숫자를 기준으로 참가비를 결정하는 방법은 전시회를 개최할 수 있는 최소한의 부스 수(보통 100부스 기준)를 기준으로 정해놓고, 전시회를 기획해서 마칠 때까지 소요 예상되는 모든 예상 지출금액(직접지출 경비+간접지출 경비)을 산출한다. 그리고 산출한 예상 총지출 금액을 기준부스 수로 나누어 나온 단위 부스의 원가가격에 20~30%의 판매수익을 더한 금액을 참가비로 결정한다.

[그림 12-20] 독립부스

2) 실(室) 또는 면적 기준 방법

실(室) 또는 면적을 기준으로 결정하는 방법으로, 이것은 우리나라의 COXE와 같이 전시장을 임대할 경우에 최소한 1개실 이상을 단위로 하여 임대를 하거나 외국과 같이 1개 전시장의 규모가 커서 분할 임대하는 경우에 이용되는 방법이다. 그러나 결국은 임차한 면적에 부스를 만들어서 부스 기준 방법을 병행하여 결정하는 것이 일반적이다. 부스를 기준으로 하는 방법보다 유리한 점은 부스 기준 방법은 100부스를 기준으로 초과할 때마다 부스 수가 늘어난 만큼 추가로 임대를 하여 임대료를 지불해야 하지만 실(室) 또는 면적을 기준으로 하는 방법에서는 비록 부스 수가 기준부스보다 초과하더라고 10~20% 정도의 여유롭게 부스를 만들 수 있는 장점이 있기 때문에 추가 임대를 하지 않아도 되는 이점이 있다(문영수, 1999: 123-124).

5 부스(Booth) 배정

참가업체 신청이 마감되면 부스 배정에 착수해야 한다. 물론 부스배정에 있어 참가신청업체에 부스를 판매할 때 신청순서에 따라 선착순으로 부스를 배정했거나 또는 부스위치에 따라 별도의 금액을 적용하여 이미 부스배정이 끝난 선(先) 배정방법을 택했다면, 지금까지의 결과를 정리해 바로 전시장 도면(Floor-Plan)을 확정하면 되지만, 후(後) 배정방법을 택했을 경우에는 참가신청 마감이 이루어진 후 부스배정을 위한 작업에 착수해야 할 것이다.

1) 부스 배정 방법

(1) 선(先) 배정 방법(직접배정 방법)

선 배정 방법이란 전시회 주최자가 처음 전시회를 기획할 때 시장조사 등으로 얻은 자료에 의해 예상전시장 도면(Floor-Plan)을 만들어 놓고, 전시회 참가신청 업체가 신청시 부스 지정을 마음대로 할 수 있게 선택권을 부여하는 방법으로 직접배정 방법, 또는 선착순 배정방법이라고도 한다. 이 방법은 전시회 참가신청을 빨리 함으로써 좋은 위치의 부스를 사용할 수 있기 때문에 전시참가업체의 경쟁심을 부추겨 조기에 참가신청을 마감할 수 있는 장점을 지니는 반면, 부스배정을 참가업체 임의로 하기 때문에 부스배열에 있어 조화와 균형이 깨어질 수 있는 단점이 있다. 이 방법은 주로 중소규모의 전시회에 많이 이용되고 있다.

(2) 후(後) 배정 방법(간접배정 방법)

후 배정 방법이란 전시회에 참가하는 업체에게는 부스사용 선택권이 전혀 없고, 참가신청을 마감한 후 주최자가 기술적인 문제를 고려하여 임의적으로 배정하여 지정해 주는 방법이다. 이를 간접배정 방법, 또는 임의배정 방법이라고도 한다. 대개는 참가신청순서에 의거하여 기술적으로 배정하고 있는데, 이는 주최자가 모든 경우를 참작해 기술적이고 균형 있게 부스를 배열함으로써 전시장의 조화와 균형을 유지할 수 있는 장점이 있지만, 전시회에 참가예정인 업체들에게 경쟁심을 유발시키기 어렵고, 참가신청 마감이 지연되어 참가업체수가 감소될 수 있는 단점이 있다. 이 방법은 주로 대규모의 전시회나 박람회 등에서 많이 이용되고 있다.

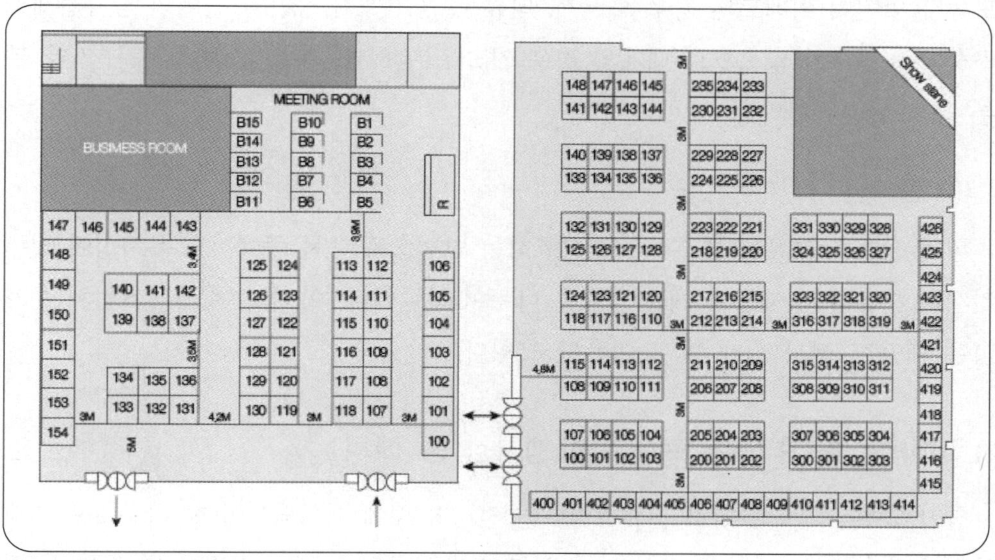

[그림 12-21] 부스배정 및 통로도면

2) 전시업체의 분류

부스를 배정하기 전에 참가신청 업체들을 각 분야별로 분류해야 하는데, 이러한 분류는 위에 언급된 부스 배정방법에서 후배정방법을 선택한 경우 필요하며, 부스배열의 레이아웃과 참가업체 성격별 집단구성에 필요하다. 분류방법은 일반적으로 국가별, 산업별, 품목별 방법 등이 있다.

(1) 국가별 분류

전시회는 외국의 다양한 단체나 기업들이 참가하고 있다. 따라서 전시이벤트 행사장을 효율적으로 배열하기 위해 전시집단을 먼저 광역별(아시아, 유럽, 미주 등)로 분류하고, 다시 국가별로 분류하게 된다. 그러나 참가업체 수가 작을 때에는 국내 참가업체와 외국 참가업체를 각각 하나의 군(群)으로 분류할 수 있다.

(2) 산업별

전시 참가업체를 산업별로 구분하는 것이다. 그러나 박람회가 아닌 일반 중소규모의 산업전시 이벤트의 경우 도서전, 의류전, 농기계전 등단일 산업의 참가업체로 구성되는 경우가 많으므로 대개의 경우 기술부분과 제품부분, 서비스부문, 기타 부분 등으로 분류한다.

(3) 품목별

위의 산업별 분류를 세부적으로 분류하는 방법으로 품목 중에서도 유사성이 있는 것끼리 분류하고, 제품과 재료 등으로 나누어 분류한다. 이 경우에도 참가업체 수가 많은 대규모 전시회 때 많이 이용하고 있다.

3) 서비스 룸, 휴게실, 프로그램 행사장 등 배치

참가업체를 각 부분별로 분류하였다면 전시장 내에 배치되어야 할 각종 프로그램 행사장 및 서비스 룸들을 구상해 그 규모와 배치방법 등도 고려해야 할 것이다. 행사장과 서비스 룸 등은 전시장의 후미진 공간을 메울 수 있는 장소나 미관상 좋지 못한 곳에 배치하여 미관상 긍정적인 이미지를 제공하도록 하는 것이 좋다. 그러나 공연프로그램 행사장을 상담이 많이 이루어지는 부스 부근에 배치하여 소음을 발생시키는 경우처럼 참가업체에 지장을 줄 수 있는 장소나 사람이 많이 모이는 복잡한 곳은 피하는 것이 좋다.

4) 통로 폭(幅) 설정

전시장 통로에 대한 폭을 설정하는 것은 기술적인 문제로서 전시회의 성격과 전시회의 규모 등에 따라 달라져야 하며, 통로 폭의 넓고, 좁음에 따라 전체 전시회의 이미지나 효과가 다르게 나타날 수 있다. 통로에는 주(主)통로와 일반통로가 있는데, 주 통로는 폭이 6~8m로 넓은 것이 보통이고, 일반 통로는 3m를 폭으로 하여 세계적으로 통용되고 있다. 그러나 다음과 같이 필요에 따라 기술적으로 통로의 폭을 변형하여 설정(문영수, 1999: 174-176)하기도 한다.

〈표 12-11〉 통로거리 설정기준

<table>
<tr><th>통상적인 기준
통로넓이</th><th>변형
넓이</th><th>변형 사용되는 경우와 목적</th></tr>
<tr><td rowspan="6">3m</td><td rowspan="3">4~6m</td><td>일반대중을 대상으로 열리는 전시회
(관람객이 많다고 예측되는 전시회)
↓
관람객의 안전과 원활한 소통을 위함.
거래나 상담의 원활함과 쾌적한 분위기 조성</td></tr>
<tr><td>일반대중을 대상으로 하되 전시회에 참가하는 업체 수가 작을 때
↓
참가업체 수가 많게 보이게 하고, 규모가 크게 보이게 하기 위해</td></tr>
<tr><td>기계, 설비 등 기술관련 전시회
↓
설치나 철거 때 불편함 해소
진동과 소음 등으로 상담의 어려움 해소</td></tr>
<tr><td rowspan="3">2~3m</td><td>관람객이 적다고 예측되는 전시회
↓
관람객이 많게 보이게 하기 위함</td></tr>
<tr><td>구매자나 상담을 원칙으로 하는 전시회
↓
비교적 한가하기 때문에 따뜻한 분위기 조성</td></tr>
<tr><td>규모가 한정되어 있고 전시회에 참가하는 업체가 많을 때
↓
부스 수를 늘리기 위함</td></tr>
</table>

자료: 문영수, 1999: 176

6 철거

전시이벤트가 끝남과 동시에 모든 전시품이나 전시장 장치물들은 정해진 시간 내에 완전히 철거해야 한다. 철거는 전시회 개최를 위한 준비 때보다 마음이 조급해지거나 행사가 완료되었다는 생각에 긴장이 이완되어 안전사고가 일어날 수 있는 소지가 많다. 따라서 개최준비와 다름없이 철거도 미리 계획을 세워 담당자를 지정하고, 분실이나 파손과 같은 문제가 발생하지 않도록 만전을 다하는 것이 바람직하다.

1) 협력업체 철거

(1) 사용 시설물 철거

사용 시설물이란 전기, 전화, 수도와 가스 등이다. 따라서 이들 시설물들은 전시장의 안전을 위해 제일 먼저 철거되어야 한다. 만약에 이 시설물들이 완전히 철거되지 않은 상태에서 전시품들이 철거될 때에는 사고가 발생될 수 있기 때문에 철거순서를 정해 진행해야 할 것이다.

(2) 기자재 철거

기자재란 기본 시설물과 비품 등을 말한다. 이것이 먼저 철거되지 않고 그대로 남아 있을 경우에는 중량품 운반이나 독립부스를 철거할 때 많은 방해와 지장을 받을 수 있다. 또한 기본 시설물과 기자재 등을 철거할 때에는 협력업체들이 먼저 철거하려고 하는 경향이 있다. 주최자는 이런 일들이 일어나지 않게 철거순서를 미리 정한 뒤 각 참가업체에 통보하고, 시간을 엄수하여 순서에 따라 일을 진행시켜야 한다. 비품과 기자재 일반적인 철거순서는 다음과 같다.

① 비품 및 임대 기자재 철거
② 기본 시설물 철거
③ 기본 기자재 철거
④ 기본 부스 카페트 철거

만약 기본 기자재(부스)가 많을 때에는 우선전시품의 반출이 용이하도록 통로 주위에 중기차량이 드나들기 쉽게 중량품이나 독립부스 주위를 먼저 철거해야 한다.

2) 참가업체 철거

참가업체 철거는 경량품이나 중량품 모두 전시회가 끝나는 시점부터 철거에 필요한 준비를 해야 한다.

(1) 전시품 패킹(Packing) 작업

먼저 전시품을 반출하기 위해서는 각 전시품목마다 패킹(Packing)작업을 먼저 실시해야 한다. 패킹(Packing)작업은 되도록 조속히 해야 하고, 견고하게 해야 하는데, 그 이유는 운반도중에 파손이 발생하지 않게 하기 위해서이다. 또 작업 때에는 주변 참가업체에 지장을 주지 않도록 조심해야 하고, 패킹(Packing) 작업이 끝난 후에는 정리정돈해 두었다가 차례가 되면 반출해야 한다.

(2) 전시품 반출

패킹(Packing) 작업이 완료되고 반출순서가 주어지면 이제 물건을 반출해야 한다. 반출 때에는 다시 한번 잊어버리고 가는 물건이 없는지 확인하고, 물건을 이동시킨 후에는 부스에 대한 하자가 발생되지 않았는지 확인한 후 전시장을 떠나야 한다. 그리고 전시장을 떠나기 전에 주최자에게 온전히 철거한다는 사실과 사용부스에 대해 하자가 발생하지 않았다는 것을 알리도록 해야 할 것이다(문영수, 1999: 209-212).

제3절 산업전시 이벤트의 향후 과제

산업전시 이벤트는 기업의 문화, 기업의 가치, 기업의 상품을 소개하는 가장 효율적인 수단중 하나로 간주되고 있으며, 매년 산업전시 이벤트에참가하는 기업이나 단체, 전문가들이 증가하고 있다. 최근 들어 산업전시 이벤트 참가업체나 방문객의 체재일수와 소비금액이 일반 관광객보다 높아 개최국가와 개최지역의 경제발전 및 관광산업에 공헌한다는 사실이 강조되면서 많은 국가들이 산업전시이벤트 개최와 방문객 유치에 노력을 경주하고 있다.

따라서, 산업전시 이벤트 산업의 성공적인 개최와 방문객유치를 위하여 그간 지적되어온 문제점을 살펴보고, 향후 과제를 제안(산업자원부 무역정책국, 2000: 8, 세종연구원, 2001: 72-75; 문영수, 1999: 234-236; 이형룡, 72-74)하면 다음과 같다.

1 산업전시 이벤트의 문제점

1) 산업전시 이벤트 육성을 위한 중 · 장기 정책의 미흡

WTO의 국제무역규범 아래에서도 산업전시 이벤트 산업에 대한 정부의 지원은 무역촉진 활동으로 간주되어 규제를 받지 않기 때문에 수출의존형 경제발전 모델을 가지고 있는 우리나라의 경우 산업전시 이벤트를 보다 적극적으로 육성해야 할 필요성이 있다.

또한 전시장의 건립은 투자자본의 회수기간이 길고, 투자자본의 대규모성으로 인하여 민간부문의 투자를 유도하기가 어려운 실정이다. 따라서, 금융 및 세제지원을 포함한 적극적인 정부의 보완적인 투자유치 제도가 마련되어야 할 것으로 보이며, 향후 교역전 개최의 중장기적인 수급계획에 따른 건립이 이루어져야 할 것으로 보인다.

2) 산업전시 이벤트에 관한 통계정보 데이터 베이스의 부재

산업전시 이벤트는 공식적인 산업분류도 되어 있지 않고, 전시교역전 산업과 관련한 통계정보망이 구축되어 있지 않아서 정확한 통계정보의 입수가 힘든 실정이다. 이에 정책입안 및 체계적인 연구작업의 수행이 어렵고, 국가적인 차원에서 전시회 참가업체나 바이어에 대한 양질의 서비스 제공, 효과적인 홍보 및 마케팅 활동의 전개가 어렵다.

3) 국제 산업전시 이벤트 개최수준의 낙후

2001년에 대구컨벤션센터와 부산컨벤션센터가 차례로 개관하였고, 서귀포, 대전,

수원 및 고양시 등에 추가적으로 대규모 신규 컨벤션센터들이 건립될 예정으로 있으나, 아직까지 지방도시는 접근성 문제와 다양한 숙박시설의 미비로 서울과 비교하여 많은 전시교역전이 개최되기 어려운 실정이다. 또한 이러한 양(量)적인 성장에도 불구하고 질(質)적인 측면에 있어서는 선진국에 비해 여전히 인식도, 전문성, 경험축적, 수용시설의 측면에서 초기 성장단계에 있어 대규모 산업전시이벤트의 개최는 용이하지 않다.

4) 산업전시 이벤트 전문인력 부족

대규모 산업전시 이벤트의 유치, 기획, 준비, 개최, 운영 등의 관련업무는 많은 경험과 전문적인 지식, 정보 및 능력을 필요로 한다. 그러나 현재 우리나라의 산업전시 이벤트 전문요원의 자격기준이 부재한 실정이며, 산업전시 이벤트 업무를 수행하는 전문 기획자, 코디네이터, 운영자, 기술자 등 전시회 관련 전문인 육성에 관한 교육 및 훈련이 매우 미흡한 실정이다.

5) 산업전시 이벤트에 대한 전반적인 인식 부족

산업전시 이벤트는 잠재고객이 공개적으로 방문하여 실질적인 정보를 탐색할 수 있고, 실물이 직접 전시됨으로써 보다 많은 정보를 잠재고객에게 제공할 수 있으며, 잠재고객과의 접촉비용을 감소하게 해 주는 특성이 있어 규모가 큰 전시이벤트에 더욱 많은 방문객이 몰리는 특성이 있다. 따라서 지명도가 있는 산업전시이벤트는 국가나 지역사회에 경제적 효과를 창출하는 공익성이 있는 이벤트임에도 불구하고, 특정산업의 관련종사자들이 모이는 행사정도로 인식되는 경우가 많다.

6) 산업전시 이벤트 목표지향의 불명확성

하나의 전시이벤트가 외국의 동종 이벤트에 비해 경쟁우위를 확보하고, 지속적으로 발전하고자 한다면, 뚜렷한 방향을 가지고 그 목적을 달성하기 위하여 노력해야 하는데, 우리의 경우 이런 뚜렷한 목적 없이 일회성 행사로 치러지는 경우가 많다.

7) 산업전시 이벤트 목적에 부적합한 방문객 유치

뚜렷한 목적과 컨셉(Concept)이 설정되었다면 방문객 역시 그 전시이벤트의 목적과 컨셉(Concept)에 맞는 사람들을 유치해야 한다. 그러나 개최목적에 부합되지 않는 방문객의 비율이 높아지면, 참가업체의 수가 감소하게 되어 이벤트의 지속적인 생존에 문제가 된다.

2 산업전시 이벤트의 향후 과제

1) 국제적인 산업전시 이벤트 육성

산업전시 이벤트는 무역전시회 활성화를 통한 수출증대 효과가 무엇보다도 크다. 상품전시회의 경우에도, 전시회를 통해 잠재고객은 신제품의 수많은 정보를 얻을 수 있어, 단기간에 비교할 수 있는 기회를 가질 수 있다. 이에 선진국들은 국제 산업전시 이벤트 개최를 위해 노력하는 등 활성화 대책마련에 노력 중이며, 관련 시설확충을 위해 투자하고 있다. 우리나라도 민간부분과 공공부문이 함께 경쟁력 있고, 유망한 소수의 산업전시 이벤트를 집중적으로 육성할 필요가 있다.

또 소규모 유사 이벤트의 통합개최 및 유관 전시회의 동시 연계개최를 유도함으로써 대형 전문전시회로 발전할 수 있는 계기를 마련해 주는 계획도 필요하다. 독일의 경우처럼 주기적으로 대규모 산업전시이벤트를 개최한다면, 국가나 개최지역에 상당한 규모의 경제적 효과를 얻을 수 있기 때문에 민간부문과 공공부문의 유기적인 협력체계가 필요하다고 할 수 있다.

2) 외국 전시참여업체 유치활동 강화 및 외국 바이어 적극 유치

외국의 유명한 전시사업자 및 전시 주최자들을 초청하여 우리나라에서 개최예정인 교역전에 보다 많은 외국회사가 참가하도록 유도하는 우리나라 전시 주최자들의 능동적인 노력이 요청된다. 아울러 수출진흥에 역점을 두고 있는 교역전일수록 외국의 바이어 유치에 힘써야 할 것이다.

국내외 전시장간의 협력네트워크를 구축하여 전시장에 대한 전략적 공동마케팅 추진과 전시장 운영의 노하우에 대한 정보교환 등을 통하여 국내 전시산업의 질적 성장기반을 마련해야 할 것이다. 외국의 잠재적 전시이벤트 조직자 또는 참여업체를 조사하여 실무책임자들과 직접 교신을 통한 판촉 노력을 전개할 필요가 있다. 국내에 상주하고 있는 외국기업체의 한국대리점, 주한 외교공관이나 주한 외국상공회의소 등에도 정기적인 방문 판촉활동이 필요하다.

3) 산업전시 이벤트 전문인력 양성

산업전시 이벤트 관련 전문인력 양성을 보다 활성화하기 위해서는 산업전시이벤트의 기획 및 운영에 관련되는 자격제도를 도입하는 방법이 있고, 산업전시 이벤트 관련 전문교육 프로그램을 개발하는 방안도 있다. 먼저 전시회 주최자, 각종 이벤트 전문업체나 학계의 전문가 등으로 강사진을 구축해서 산업전시 이벤트 전문인력을 양성해야 하고, 대학의 관광관련 학과의 교과과정도 새로운 수요에 부응할 수 있도록 과감한 수정이 이루어져야 할 것이다.

산업전시 이벤트 전문인력을 양성할 수 있는 프로그램의 개발과 전시회 주최자를 중심으로 산업전시 이벤트 관계자들에 대한 정기적인 연수프로그램에도 투자가 과감히 이루어져야 한다. 산업전시 이벤트 산업 종사자뿐 아니라 참여업체의 임원이나 실무진들도 가능하다면 많은 선진국 전시장의 현장견학을 통해 국제적으로 경영능력을 인정받을 수 있는 산업전시 이벤트 전문 인력을 시급히 육성해야 할 것이다.

REFERENCE 참고문헌

김상정 (1996). 『한국기업의 국제박람회 활용실태 및 성과제고 방안에 관한 연구』. 고려대 경영대학원.

김성혁 · 문성혁 (1994). 『이벤트 전시회』. AMI 컨설팅 그룹.

김화경 (2001). 관광산업의 활성화 전략으로서 전시산업에 관한 연구』. 『외식경영연구.

대한무역진흥공사 (1992). 『'92세비아 세계박람회 종합보고서』. 대한무역진흥공사.

류홍무 (2000). 『부산경제활성화를 위한 무역 전시산업 육성정책 연구』. 부산대 행정대학원.

문영수 (1999). 『전시학 개론 I 』. 한국국제전시회.

박응규 (1995). 『박람회 Event의 연출적 특징에 관한 연구』. 중앙대 신문방송대학원.

오선경 (2001). 『전시공간의 관람 양상에 대한 환경심리 행태분석에 관한 연구』. 홍익대 산업미술 대학원.

이정훈 (1996). 『마케팅 수단으로서의 박람회 Display 전개방법 연구』. 한양대 교육대학원.

이창현 (2001). 『국내전시 참가기업의 전시회 참여행태 분석 및 성과평가에 관한 연구』. 한림대 국제학 대학원.

정홍기 (1994). 『판매촉진 수단으로서의 박람회 활용에 관한 연구』. 서강대 경영대학원.

한국관광공사 (1994). 『국제회의 운영요령』. 한국관광공사.

한국은행 (2001). 『1998년 산업연관표 개요』. 한국은행.

홍성건 (2001). 『국내개최 전시회를 통한 전시산업의 변화추이 분석』. 한림대 국제대학원.

AUMA (1998). *Successful Participation in Trade Fairs*. Berlin: Association of the German Trade Fair Industry.

Bonoma, T. (1983). Get More Out of Your Trade Shows. *Harvard Business Review*, 61(Jan.-Feb.), 75-83.

Trade Show Bureau (1992). *The Power of Trade Shows : Fact Sheet*. Denver: Trade Show Bureau.

CHAPTER 13

스포츠이벤트

제1절 스포츠이벤트의 개념

1 스포츠이벤트의 개념

스포츠에 대한 욕구증대는 현대인들의 단조로운 생활의 반복에서 비롯되었다고 볼 수 있다. 이러한 스포츠는 틀에 박힌 단조로운 생활을 탈피, 기쁨과 감정을 고조, 승부의 불확실성 등으로 긴장이 고조되어 현대인의 정신적 건강 회복과 긴장을 완화시키는 카타르시스적 효과(조배행, 1999: 11)를 가지고 있다.

스포츠이벤트가 참여자에게 카타르시스적인 효과를 주는 이유는 스포츠이벤트의 영역에서 알 수가 있는데, 이는 SIT에 포함되는 모험관광, 건강관광, 레크레이션 및 스포츠와 이벤트에서 제공되어지는 프로그램이 결합하여 생성된다.

모험관광은 참여자가 도전과 탐험 등 새로운 모험을 통한 자아개발을 이루기 위한 것으로 미개발된 자연환경 지역에서 야외활동을 하고자 하는 것이다. 모험관광은 1970년말에서 1980년대초부터 급성장한 것으로 서구사회에서 시작되어 아시아 지역으로 확산되어지고 있다. 모험관광에는 밀림 · 오지탐험, 트레킹(Trekking), 행글라이딩, 번지점프, 동굴탐험, 암벽등반, 스쿠버다이빙 등이 있다.

건강관광은 건강증진을 목적으로 집을 떠나 여가를 즐기는 것으로서 광천 · 온천 여행이 대표적인 건강관광으로 로마시대부터 시작되어 현대 리조트 탄생의 기반이 되었다.

건강관광에는 태양과 휴식을 즐기는 여행, 건강에 도움이 되는 활동을 즐기는 여행, 건강향상을 위한 환경변화 여행, 사우나 · 마사지 · 온천 등을 위한 여행, 지병치료 및 요양을 위한 여행 등이 있다.

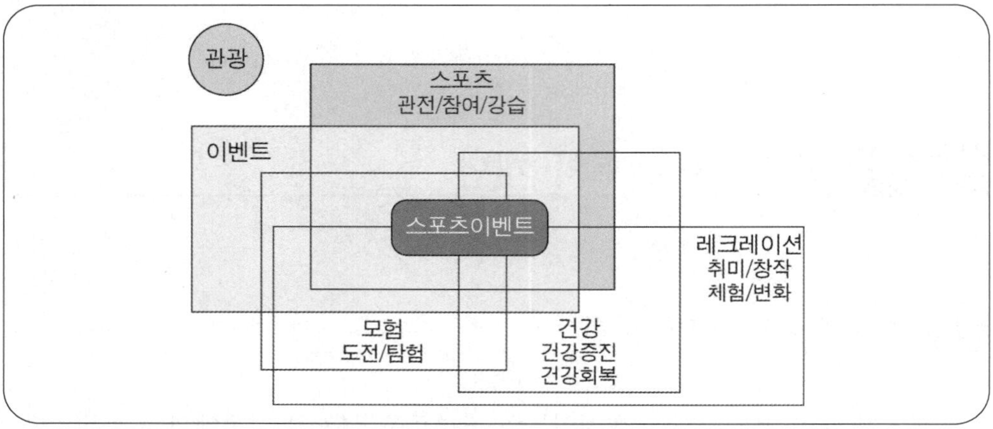

자료: 저자 작성

[그림 13-1] 스포츠이벤트 개념

레크레이션은 공동으로 행해지며, 자기 소비적이고 수단적인 성격을 띈 것으로 역동성을 지닌 여가활동 중의 하나로써 인간에게 신체적 · 정신적 및 창조적 활동으로 야외 레크레이션과 실내 레크레이션으로 건전한 인간회복의 목적성을 둔 것으로 재창조에 역점을 둔 활동이다.

스포츠는 신체활동을 바탕으로 인간의 내면적 정신활동까지 포함하여 현대인의 재미와 오락, 도피와 휴식, 건강과 체력단련, 가족모임, 스트레스 해소, 자연감상, 스릴 등을 즐기는 것이다.

모험 · 건강 · 레크레이션 · 스포츠의 공통점은 야외에서 행해지는 성격이 강하며, 참여자가 직 · 간접 참여하여 이들이 가지고 있는 건강미, 명랑함, 아름다움, 활동적 · 역동적인 감각이 단순명쾌한 이미지하에서 참여자에게 강력한 커뮤니케이션 도구로 작용하는 것이다.

스포츠이벤트는 모험 · 건강 · 레크레이션 · 스포츠를 통해 개인의 삶의 질을 향상을 도모하고자 하는 프로그램으로, 참여자가 스포츠의 관전, 스포츠 강습, 또는 스포츠 경기에 직접 참여하는 것을 목적으로 사람들이 모이도록 모임을 개최하여 정해진 목적을 실현시키기 위하여 행하여진 행사이다. 즉 참여자는 내적인 모험을 통하여 재창조와 자아개발에 중점을 두며, 외적으로 신체적 회복 및 건강증진 등을 도모하기 위하여 스포츠이벤트에 참여하고자 하는 것이다.

대표적인 스포츠이벤트로 각종 문화행사까지 포함하고 있는 올림픽이나 월드컵과 같은 메가 스포츠 경기와 스포츠 동호회를 중심으로 한 아마추어 스포츠 경기 등을 스포츠이벤트(이용철a, 2000: 9)라 할 수 있다.

이는 참여하는 참여자의 주된 동기가 스포츠이벤트에 직접참여(체험) 또는 간접참여(관전)하는 것으로서 특정장소와 특정기간에 인위적으로 모인 스포츠 행사이기에 현대인에게 카타르시스적인 효과가 가능하다. 그럼으로써 국민들은 관광과 스포츠를 통하여 그들의 삶의 질을 향상시키고, 건전한 여가문화로 여기고 있다.

2 스포츠이벤트의 역사

1) 스포츠이벤트의 발전배경

스포츠이벤트는 인류의 역사와 더불어 존재하여 왔다. 원시시대에는 자연과의 생존경쟁하에서 사냥을 해야만 했으며, 먹이를 찾아 산과 계곡을 헤매야 함은 물론 때로는 맹수와 맞붙어 싸워 이겨내야 했으므로 힘과 스피드가 필요하였다. 또 신의 노여움을 사지 않기 위해 원시적 의식을 거행하고 춤을 추는 제례의식을 갖추어야

만 했다.

국가가 형성되면서 국가의 존립을 위해 방어태세가 필요했으며, 이로인해 국민들의 체력강화와 공동체의식 고취로 단결심을 기르기 위한 수단으로 스포츠가 행해졌다.

고대 로마에서 중세기에 이르기까지에는 왕과 귀족의 오락수단으로 노예와 맹수와의 결투가 성행하였다. 그러나 신 중심에서 인간 중심으로의 새로운 지각에 대한 기운이 일기 시작한 르네상스 이후부터는 인본주의로 좀더 나은 인간생활을 영위키 위하여 국민적인, 개인적인 스포츠로 인식되고 새로운 룰(rule)이 정립되어 근대스포츠가 창안됨으로써 스포츠이벤트의 비약적인 발전을 이룩하였다고 볼 수 있다.

산업혁명 이후 폭발적인 산업경제의 발달로 공업화, 도시화가 진행되면서 새로운 문제가 대두되기 시작하였다. 즉, 산업의 발달로 인해 각종 공해의 심각성이 더해지고 도시의 과밀화로 주거환경이 안락하지 못하여 육체적인 것은 물론 정신적인 질환이 큰 문제로 야기된 것이다. 이러한 반작용으로 스포츠는 새로운 양상을 띠고 새로운 활로를 찾지 않을 수 없게 되었다(이용철a, 2000: 10-11).

2) 스포츠이벤트 역사

(1) 세계의 스포츠이벤트 역사

초기문명(기원전 776년) 시대로 거슬러 올라가보면 4년마다 제우스신을 위한 제례 행사로 관중 26만명을 수용할 수 있는 카리쿠스 경기장과 9만명을 수용할 수 있는 콜롬세움 경기장을 건설하였다. 또 관람객과 선수들이 안전하게 여행할 수 있도록 하기 위해 휴전하였던 예가 있다.

중세의 스포츠나 게임은 종교행사의 즐겁고 쾌활한 부수물로 취급하였으며, 11세기경에는 기사에 의해 시작된 마상시합이 있었고, 토우너먼트와 듀우스가 있었다.

르네상스 시대에는 건강과 레크레이션의 목적으로 카톨릭에 의하여 체육이 인정되어 펜싱교실, 잔디볼링장, 테니스 코트가 생겨났으며, 스포츠를 하나의 도박으로 투계장이나 동물을 괴롭히는 오락센터의 등장으로 인해 스포츠이벤트가 행하여지고 있었음을 알 수 있다.

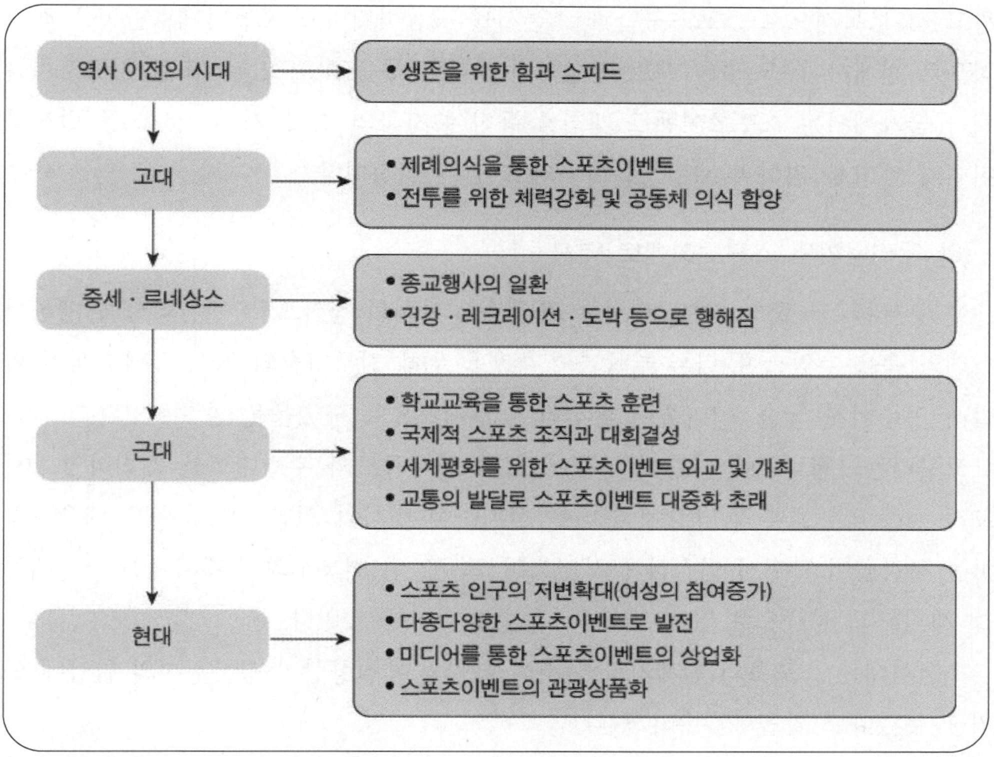

자료: 저자 작성

[그림 13-2] 스포츠이벤트 역사 및 비교

근대 이후 스포츠이벤트는 대중화시대에 접어들게 되었다. 즉, 국민들은 지역별로 동호, 스포츠클럽 등의 조성을 바탕으로 사회체육과 스포츠 조직을 완성하였다. 국제적으로는 국제조직과 대회의 내용을 정비 및 확충하였으며, 그 좋은 예로 1896년 제1회 그리스 올림픽 개최로 각 국가는 안으로는 국민의 평생 스포츠를 구현하고자 하였으며, 밖으로는 '총칼없는 전쟁'으로 불릴 만큼 세계평화를 목적으로 스포츠 외교에 참여하고 있다.

현대의 스포츠이벤트는 매스미디어의 발전으로 스포츠이벤트의 대중화가 정착된 시기로써 단순히 스포츠에 참여하는 자만이 아니라 전국민이 참여하고 있으며, 특히 여성의 스포츠 참여인구가 늘어난 점을 들 수 있다.

스포츠의 저변인구가 늘어남에 따라 스포츠이벤트가 다양해 졌으며, 기업에서는 광고 · 홍보목적으로 스포츠구단과 스폰서를 제공하거나 스포츠마케팅활동을 적극적으로 전개하여 스포츠이벤트 활성화에 커다란 몫을 하고 있다. 또한 지방자치단체나 국가에서는 스포츠이벤트 개최를 통하여 자국의 경제, 사회 · 문화 등 발전과 이미지 제고를 위하여 관광상품화시키고 있는 실정이다.

(2) 우리나라의 스포츠이벤트 역사

우리나라의 스포츠이벤트 역사는 고대 농경사회의 정착으로 '제천의식'을 행하며 노래와 춤을 추었으며, 다른 부족과의 투쟁을 위해 전투기술의 연마, 무예활동이 활발히 이루어져 궁술, 기마술이 발전하여 무예장으로 모였음을 알 수 있다.

고구려는 3월 3일에 낙랑의 언덕에 모여 전국규모의 수렵대회를 개최하였으며, 고려 선종 8년 호부의 남랑에 활터를 설치하여 병사와 일반인으로 활을 배우고자 하는 사람들이 모여서 연습하게 하였으며, 숙종 7년 회복루와 정경사에서 궁술대회를 개최하고 상품으로 말과 비단을 주었다는 기록이 있다.

조선시대는 스포츠의 침체기로 단순히 향민의 체질향상과 상무정신의 함양에 의의를 두었다고 말을 할 수가 있다.

근대 이후 1896.5.2 서울 동소문 밖 삼선평에서 화류회로부터 육상경기 형태를 갖춘 경기개최를 계기로 2002년 월드컵 축구를 개최하기에 이르렀다.

3) 현대 스포츠이벤트의 발전과정

현대에 들어 스포츠이벤트가 발전할 수 있었던 계기는 다음과 같이 설명할 수 있다.

미국에서 교통산업은 스포츠이벤트에 대한 첫 번째 사업이었다. 1852년 뉴잉글랜드 철도회사는 모험적 사업(business venture)으로써 스포츠 경기를 후원했다. 이 철도회사는 이벤트 참가자들을 후원한 것은 물론, 하버드 대 예일의 보트 경기장으로 여행했던 팬들에게 수천 매의 기차표를 팔았다. 이와 유사하게 1890년대 말 전차와 철도회사들은 다운타운에서 구장까지의 특별서비스 제공을 위해 야구팀과 긴밀히 협력하였다.

1924년 동계올림픽 게임은 프랑스 국철(French National Railroad)에서 알프스와 샤모니(Chamoix)간 횡단철도를 완성하지 않았더라면 불가능했을지도 모른다. 또 다른 예로 Northern Pacific Railroad사는 미국 최초의 거대한 스키 리조트인 선 밸리(Sun Valley)를 건설하여 비수기인 동계기간 중에 관광자의 수요를 창출하였다. 즉, 대중교통이 스포츠이벤트와 스포츠 활동의 소집이 스포츠이벤트의 경제적 성공에 결정적 역할을 수행하여 지속적으로 성장하였다.

스포츠이벤트의 성장은 더 나아가 정보기술, 교통 및 건강증진 연구의 진보에 의해 촉진되었다. 특히 정보기술은 스포츠 경기, 스포츠 활동 및 스포츠 레크레이션 기회에 대한 국제적 인식을 증가시켰다. 교통체계 개선으로 여행이 더 용이해졌을 뿐만 아니라 가격면에서도 이용이 편해졌다. 또 개인건강 및 가족모임에 대한 관심의 증가와 같은 사회가치의 변화가 새로운 소비자 기대에 부응하는 휴가상품 및 서비스 개발을 자극하여 건강과 스포츠에 초점을 둔 휴가 목적지가 모든 부류의 사람들에게 최고의 선택지(Delpy, 1998)가 되었다.

③ 스포츠이벤트의 특성

스포츠와 관광, 즉 스포츠이벤트를 이해하기 위해서는 왜 관광자들이 스포츠이벤트에 참여하는지에 대하여 알아볼 필요가 있다.

과거의 노동집약적 산업과 일 중심 사회에서 벗어난 현대는 생활수준의 향상과 함께 사회구성원들이 자아개발을 위해 체력 및 건강증진의 신체적 차원뿐만 아니라 기분전환과 삶의 즐거움을 추구할 수 있는 여가중심 사회로 변모하면서 관광자는 스포츠이벤트에 관심을 돌리게 되었다.

Pride와 Ferrell는 "인간은 단순한 필요감이나 활동욕구에서 스포츠에 참여하는 것은 아니고 즐기면서 건강을 증대시키고 싶다든지 사교 기회를 얻고 싶다든지 또는 자기 실현화를 꾀하고 싶다"라고 말한 것처럼 스포츠이벤트가 관광자에게 선사하는 특별한 무언가가 있기 때문이다(김병식, 1997: 29). 이용철은 스포츠이벤트 관광에 참여동기를 "여가성, 이문화체험성, 현장성, 화합성 및 사회적 접근성, 자아계발성, 구매성"으로 나누어 스포츠이벤트 참여동기를 설명(이용철, 2000: 55)하고 있다.

이처럼 스포츠이벤트는 다른 이벤트에서 찾아볼 수 없는 현장성, 진실성, 신기성, 지역애호 및 애국주의, 화제성, 건강성, 대중성 등의 매력이 스포츠이벤트에 참여하게 해 주는 특징(관광정보, 1996: 49; 후샤오밍, 1993: 213-227)이 있다.

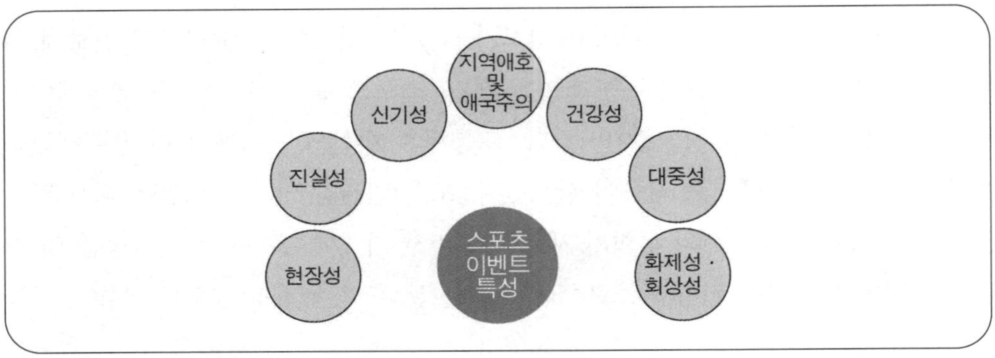

자료: 저자 작성

[그림 13-3] 스포츠이벤트의 특성

1) 현장성

스포츠이벤트는 특정장소와 특정시간에 의해 일어나는 특성이 있어 관광자가 경기가 개최되는 곳으로 이동하여 한다. 그럼으로써 관중이 선수가 될 수 있다. 이는 스포츠이벤트가 개최되는 곳, 즉 현장으로 이동하여야만 하며, 그곳에서 관중, 선수, 심판 등과 어울려 현장의 상황에 따라 자기 도취와 스릴을 최대한 만끽할 수 있다.

2) 진실성

관중들이 관람석에 앉아서 경기를 관람하는 것은 운동선수들 각자가 최고수준을 발휘하여 경쟁하였을 때 어떠한 결과를 가져오는가를 보려는 것이지, 결코 사전에 꾸며놓은 저열한 연극을 관람하고자 하는 것이 아니다. 다시 말해 '운동장에는 뒷거래가 없다'는 말이 있듯이 대부분의 관중들은 경기장에서 진지한 시합장면을 보고자 한다. 그러므로 관광자들은 많은 돈을 들이면서, 심지어는 머나먼 바다를 건너 스포츠이벤트를 참여하는 것은 꾸며지지 않은 수준 높은 경기를 보러가게 되는 것이다.

3) 신기성

환경이나 기후, 선수의 경기상황 등 여러 가지 요소의 종합적인 영향으로 말미암아 경기장의 상황은 끊임없이 변화하며, 승부는 늘 생각 밖으로 뒤바뀌는 놀라움과 신기성(新奇性)을 도출해내는 특징이 있다. 긴장된 경기시합은 관람객으로 하여금 상상 · 걱정 · 염려 · 기쁨 · 뜻밖의 일 등이 조성되어진다.

4) 지역애호 및 애국주의

관중이 스포츠이벤트에 참여할 때, 자신이 소속된 연고지와 국적을 응원하며, 그들이 승리할 수 있도록 모두가 하나되는 결속력이 생성된다. 이는 2002년 한일월드컵이 좋은 예라고 할 수 있으며, 대부분의 스포츠이벤트는 특정 집단의 응집력을 발생시키는 효과를 지닌다. 즉, 자신도 모르는 사이 자신이 속해 있는 조직 구성원의 일원으로써 사상, 감정, 정신, 의지의 표현을 일체화 및 결집력을 상승하게 만들어준다.

5) 건강성

스트레스를 쉽게 느끼는 현대인에게 스포츠이벤트가 가지는 통쾌함과 해방감이 정신적 안정을 찾아주는 역할을 한다. 또 이러한 정신적 안정을 찾은 후 건강에 대한 재인식으로 생활스포츠에 참여함으로써 건강하고 아름다운 신체를 가지고자 노력을 하게 하는 특징이 있다.

6) 대중성

현대인들은 대중매체를 통하여 스포츠에 관심을 가지기 시작하여, 보는 스포츠뿐만 아니라 참여하는 스포츠로 관심이 확산되고 있는 실정이다. 위의 경향을 잘 대변해 주고 있는 것이 여성 스포츠 참여자들이다.

현대여성은 과거에 비해 경제력과 시간적인 여유로 여가선용 방안으로 헬스클럽이나 에어로빅 등을 통해 건강한 몸매를 유지하면서 사교활동을 위해 참여율이 높아지고 있음을 알 수 있다.

우리나라에서도 볼 수 있듯이 한국의 스포츠가 프로화로 진행되어진 가운데 이를 관전하는 연령층의 다양화와 남녀의 구분이 없어지고 있다. 또 사회구성원이 점점 고령화되면서 노인용 게이트볼까지 생겨나고 있는데, 이는 연령적인 틀을 초월하여 스포츠 참여인구가 늘고 있으며, 이는 대중성을 가지고 있음을 말해준다.

7) 화제성 · 회상성

스포츠이벤트는 '만국의 언어'라는 말이 있듯이 현장에서 타인과 공통된 화제를 나눌 수 있으며, 스포츠이벤트가 끝난 후에도 공감된 화제를 가짐으로써 끝임없는 회상을 제공해 준다. 특히, 이러한 화제성과 회상성은 관광자의 지속적인 유입을 보장하고, 지속적인 언론보도로 인하여 지역 이미지를 홍보 · 진흥시킬 수 있으며, 지역경제를 튼튼하게 해줄 수 있는 가치를 지닌다.

4 스포츠이벤트의 분류

스포츠이벤트는 참가자가 스포츠를 직 · 간접적으로 참여하거나 즐길 수 있는 활동으로 건강증진, 기업홍보, 지역경제 활성화 및 지역 이미지 제고 등 다양한 목적으로 개최되며, 참가자의 입장에 따라 다음과 같이 분류할 수 있다.

참가자의 입장에서 분류해보면 크게 관전형 스포츠이벤트와 참여형 스포츠이벤트로 분류할 수 있다. 하지만 요즈음 스포츠이벤트에 참가하는 사람들의 특성에 맞는 다양화, 차별화, 세분화 양상을 보이고 있어 교육을 목적으로 하는 강습형 스포츠이벤트로 다시 세분화시킬 수 있다.

[그림 13-5]는 관전형 스포츠이벤트와 참여형 스포츠이벤트에서 발생한 강습형 스포츠이벤트의 관계를 나타내 주는 그림이다.

[그림 13-4] 다양한 스포츠이벤트가 서로 다른 목적과 형태로 개최되고 있다.

1) 관전형 스포츠이벤트

스포츠이벤트 관전을 통하여 즐거움, 오락, 교양 등을 얻고자 스포츠이벤트에 간접적으로 참여하는 것으로써 국 · 외의 각종 스포츠대회 관전을 통해 개인이나 단체로 올림픽, 월드컵 및 국가, 지방자치단체 또는 특정 단체에서 개최하는 스포츠경기에 참여하는 이벤트다.

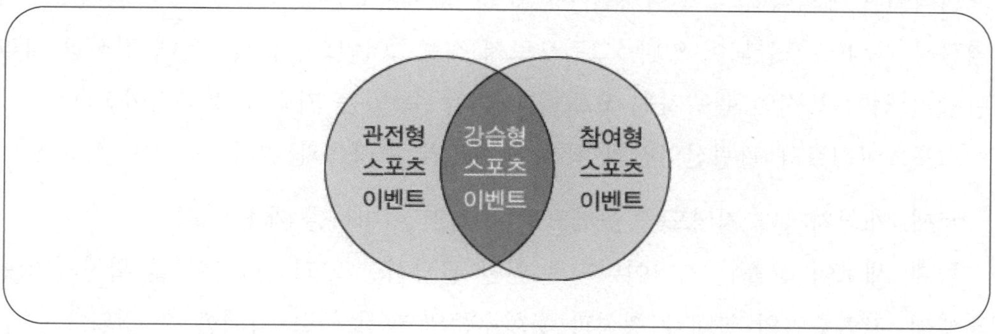

자료: 저자 작성

[그림 13-5] 스포츠이벤트의 분류

2) 참여형 스포츠이벤트

특정스포츠이벤트에 직접 참여하여 행동을 통해 자기 욕구를 충족시키는 형태로 국내외 경기에 개인 및 단체로 직접 스포츠 경기에 참여하는 것이다. 최근 들어 일반인이 참여하는 마라톤대회가 급속도로 증가하는 것은 바로 참여형 스포츠이벤트가 증가하고 있음을 나타내고 있다.

3) 강습형 스포츠이벤트

특정 스포츠이벤트에 대하여 관전형과 참여형 스포츠이벤트가 혼합된 형태로, 특정 스포츠에 대한 지식을 습득하는 것이다. 이는 우리나라의 태권도를 배우기 위하여 입국하는 외국인이나 골프 및 축구 등 특정스포츠를 배우기 위하여 강습회, 스포츠교실 등에 참여하는 형태이다.

5 스포츠이벤트와 관광산업과의 역할관계 및 효과

1) 스포츠이벤트와 관광산업과의 역할관계

최근 개최되고 있는 스포츠이벤트는 단순한 스포츠경기라기보다는 포괄적으로 개회식이나 폐회식 그리고 다양한 지역문화 행사와 같은 문화관광 상품 및 홍보, 지역관광 자원이 포함되어 있다. 그럼으로써 스포츠이벤트 개최를 통해 정적인 지역관광 산업에 동적인 관광자원 요소를 가미할 수 있는 기회가 제공되어진다.

스포츠이벤트와 관광산업간의 상호 역할관계는 다음과 같다.

첫째, 개최지역의 지명도를 높임으로서 지역 이미지를 개선하고,
둘째, 새로이 창출된 지역이미지로 인한 관광시장의 지리적 분포를 확산시키며,
셋째, 지역주민의 연대감 형성과 문화수준의 향상 등을 기대할 수 있다.

2) 스포츠이벤트의 효과

스포츠이벤트의 실시는 경제적인 파급효과뿐만 아니라 비경제적인 효과, 즉 사회·문화, 환경 등에 미치는 영향이 매우 큼으로 지역경제의 발전 및 관광산업 발전에 어떤 형태로 영향을 미치는가를 살펴볼 필요성이 있다.

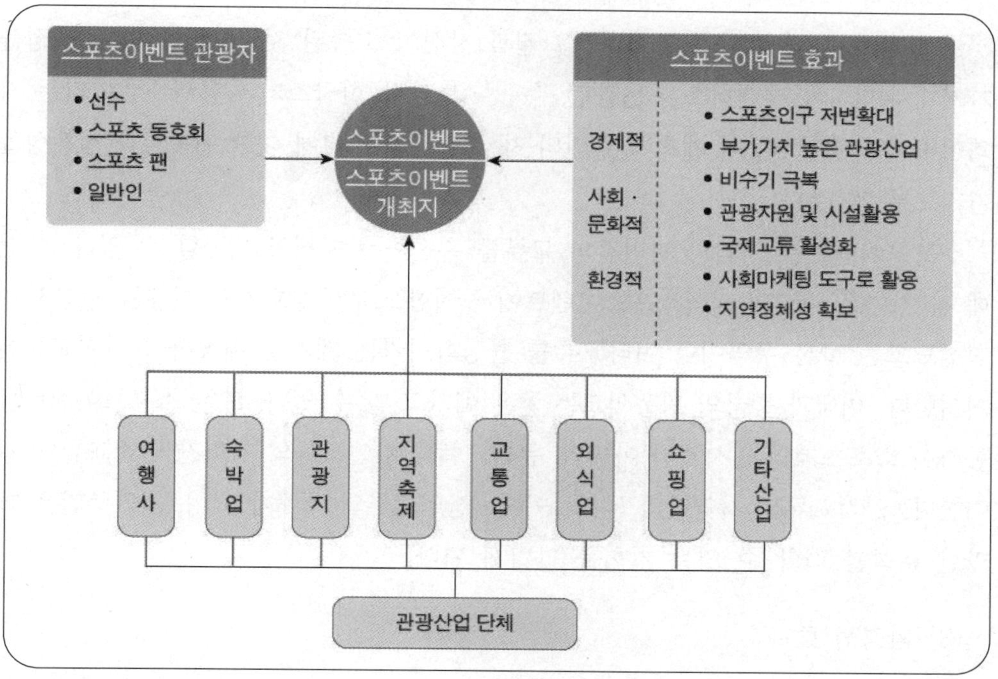

자료: 이용철b, 2001: 230.

[그림 13-6] 스포츠이벤트의 효과

(1) 경제적 효과

메가이벤트를 제외하면 스포츠이벤트의 개발에는 많은 투자가 소요되지 않으면서도 창의적으로 운영되었을 경우 그 부가가치는 매우 크다. 스포츠이벤트 사업은 도시의 독특한 문화·예술·관습에 기초하고 있으므로 상품개발에 많은 투자를 필요로 하지 않으며, 사회 간접자본 시설을 확충하는 효과를 지닌다.

스포츠이벤트의 지역경제 공헌은 단순하게 직접 소득증가 및 고용증가에 그치지 않고 있다. 스포츠이벤트는 경기장, 숙박시설, 교통망 등 이벤트 관련시설의 건설 및 정비와 선수, 임원 및 방문객을 대상으로 하는 인적, 물적, 정보, 자본의 유입에 동반해 사업과 투자기회를 촉진시킨다.

(2) 사회 · 문화적 효과

스포츠이벤트는 지역 주민들에게 특정스포츠이벤트가 자신의 지역에서 개최되는 것에 대해 자부심을 가지게 하며, 그 결과 자신이 소속된 지역사회에 많은 애정을 가지게 된다. 예로 '테니스 = 윔블던, 축구 = 브라질, 한국스키 = 용평 · 무주'라는 지역이미지가 연상되듯이 개최지 주민의 자부심은 그 지역에 대한 귀속감과 정체성을 가지도록 해 준다.

스포츠이벤트는 지역과 지역간의 교류를 촉진하는 매체역할을 할 수 있다. 예컨대 각 지역은 서로의 지역스포츠이벤트에 참여함으로써 상호간의 이해를 증진하고, 친선도모는 물론 무역이나 여타교류를 활성화시키는 계기를 제공하여 사회교류에 기여한다. 미국과 중국의 핑퐁외교는 좋은 예라고 할 수 있다. 또한 스포츠이벤트를 통하여 스포츠계의 인사뿐만 아니라, 문화 · 예술계 인사들의 지역간 인적교류에 기여한다. 인적교류는 지역간의 문화 · 기술 · 산업교류의 촉매가 되며, 지역주민은 다양한 문화를 접할 수 있는 기회를 가지게 된다.

(3) 환경적 효과

시간적 차원에서 볼 때에 환경에 대한 영향은 주로 대회 개최기간 중에 나타나게 되지만, 이벤트 개최이전과 이후에도 연속적으로 일어나게 된다. 대회 이전에는 사전준비라는 차원에서 환경변화가 일어나고, 대회 도중에는 실제 이용이라는 차원에서 발생하며, 대회 이후에는 사후관리라는 차원에서 환경문제가 남게 된다.

긍정적으로 작용하는 점은 미개발 지역에서 용수문제의 해결, 위생 및 쓰레기 처리시설, 불량주택 등의 개선과 자연재해를 사전에 방지할 수 있는 시설의 보완에 기여한다는 점과 관광개발에 의해 도로망, 상수도, 통신시설 등과 같은 편의시설이 개선되고, 거리 및 주거환경과 주변의 경관이 개선되는 것을 들 수 있으며, 부정적 반응으로는 교통문제와 우범지역으로 변모할 가능성이 존재(박석희, 1987: 283)하고 있다.

제2절 스포츠이벤트의 관리

① 스포츠이벤트의 조직관리

스포츠이벤트의 조직은 본서 제6장에서 살펴본 바와 같이 기능별로는 선수관리, 매체관리, 행정, 기술, 행사의식, 행사장소관리, 프로모션, 숙박, 의전 등의 업무를 필요로 하고 있으며, 다음 그림에 나타난 세계체조대회의 운영조직도 이와 같은 형태로 나타나 있음을 알 수 있다.

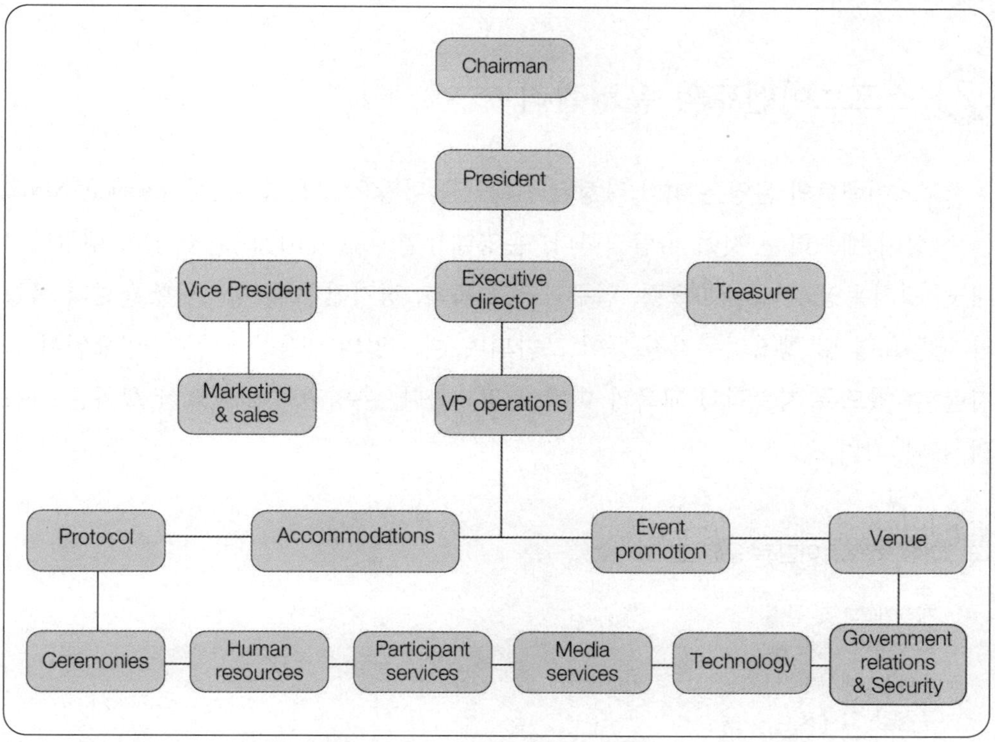

자료: World Gymnastic Championship.

[그림 13-7] 스포츠이벤트 조직 예

스포츠이벤트의 운영조직 구성의 특징중 하나는 다른 이벤트에 비하여 자원봉사자 의존비율이 비교적 높다는 것이다. 따라서 스포츠이벤트의 효율적인 운영을 위해서는 자원봉사자의 조기 선발과 교육 훈련이 필요하며, 운영매뉴얼을 통해 수행업무를 규격화시켜 업무과실을 피할 필요가 있다.

특히, 2000년 시드니 올림픽에서 보여 주었듯이 5만명의 자원봉사자의 역할은 스포츠이벤트의 성공적 개최에 대한 열쇠를 쥐고 있다고 해도 과언이 아니다. 스포츠이벤트에서 자원봉사자들은 경기장 안내와 시상식 준비, 통역이나 전문기술로서 봉사를 행함으로써 스포츠이벤트에서 없어서는 안될 구성원이다. 따라서 조직운영에 있어 이들을 위한 운영관리 프로그램 및 스포츠 전문교육 · 서비스교육 등을 실시하여야 한다.

② 스포츠이벤트의 운영관리

스포츠이벤트의 운영은 이미 작성된 기획안을 바탕으로 운영지침서(operation manual)를 작성해 배포하는 것이 바람직하다. 운영매뉴얼에는 개최개요, 조직도, 행사장안내도, 경기운영, 긴급대피요령, 업무담당자 목록, 경기진행표, 경기진행요원의 복장과 행동요령 및 행정업무지침 등이 포함되며, 매뉴얼의 내용을 모든 운영요원이 숙지할 수 있도록 지속적인 교육과 미팅이 필요하다. 운영관리에 필요한 항목은 다음의 표와 같다.

〈표 13-1〉 스포츠이벤트 운영관리표

① 개최개요 및 목적
② 시설운영 조직도
③ 이벤트 행사장 전체도 및 주변도
④ 주차장 안내도
⑤ 시설목록
⑥ 입장권, 출입자 및 차량에 대한 기본방침
⑦ 임시요원(안내자, 아르바이트 등)의 모집, 채용, 교육, 연수, 실지 훈련방안

⑧ 유니폼 대여규칙, 취업규칙, 보험가입 등의 방침
⑨ 행사장 운영: 운영요원(직원, 안내자, 아르바이트 등) 배치표, 운영본부 요원 직무내용(역할과 하루의 계획), 경비 · 질서맨 배치표, 경비 · 질서맨의 업무내용(역할과 하루의 계획), 청소업무 등에 관한 지침정리 및 지시
⑩ 행사장 정리: 입장객 정리, 순회정리, 미아취급, 유실물 · 습득물의 취급, 구급환자의 취급, 장애자에 대한 배려
⑪ 재해방지 대책: 자위소방조직과 자위소방대 편성표, 화재예방 조직표, 야간의 경비 · 자위소방, 긴급방송 요령, 검색연락도, 긴급연락망 등을 가능한 한 소상하게 확인
⑫ 외부와의 연계(경찰서, 소방서, 보건소 등) 및 타부서와의 연계(광고 인쇄물의 배부 등)는 사전 협조 확인
⑬ 예산관리
⑭ 전체 계발순서 및 과정

3 스포츠이벤트의 마케팅 관리

1) 스포츠이벤트시장의 특성

스포츠이벤트에 적합한 마케팅전략을 수립하기 위해서는 스포츠이벤트 시장의 특성(최규철, 1999: 42)을 살펴볼 필요가 있으며, 주요 특성은 다음과 같다.

① 소비자에게 최종소비재를 직접 · 간접적으로 제공한다.
② 시장의 범위가 광범위하다.
③ 상품의 구별이 어렵고 다양하다.
④ 서비스업으로 유통과정과 재고가 없다.
⑤ 전체 이미지가 구매력을 좌우한다.
⑥ 시간과 서비스를 소비하고 대가를 지불한다.
⑦ 사회적 성격이 강하다.
⑧ 공간과 입지를 중시한다.
⑨ 시대와 사회집단에 따라 가치가 변화한다.
⑩ 소비성향에 따라 시장구조가 급속히 변화한다.

2) 스포츠 마케팅

스포츠 마케팅은 스포츠(자체)의 마케팅(marketing sports)과 스포츠를 이용한 마케팅(marketing with sports)의 두 분야(김화섭, 1999: 22-23)를 포괄하는 개념으로 스포츠 마케팅을 집행하는 주체가 누군가에 따라 구별되는 것이다.

(1) 스포츠의 마케팅(marketing sports)

먼저 스포츠의 마케팅은 스포츠 경영학의 시각으로 관람스포츠(주로 프로스포츠)와 참여스포츠(레저스포츠, 스포츠 센터 등)에서 많은 관중이나 회원을 확보하기 위한 활동이다. 또한 스포츠 제조업 분야에서 스포츠 용품이나 시설 및 교육 프로그램(골프나 에어로빅의 비디오테이프 등)을 판매하기 위한 마케팅 활동이며, 각종 스포츠 단체가 재원을 확보하기 위해 집행하는 마케팅 활동을 의미한다.

(2) 스포츠를 이용한 마케팅(marketing with sports)

이것은 경영학의 마케팅 및 기업의 관점으로 기업의 입장에서 볼 때 스포츠 마케팅은 엄밀하게 스포츠 스폰서십이라고 할 수 있다.

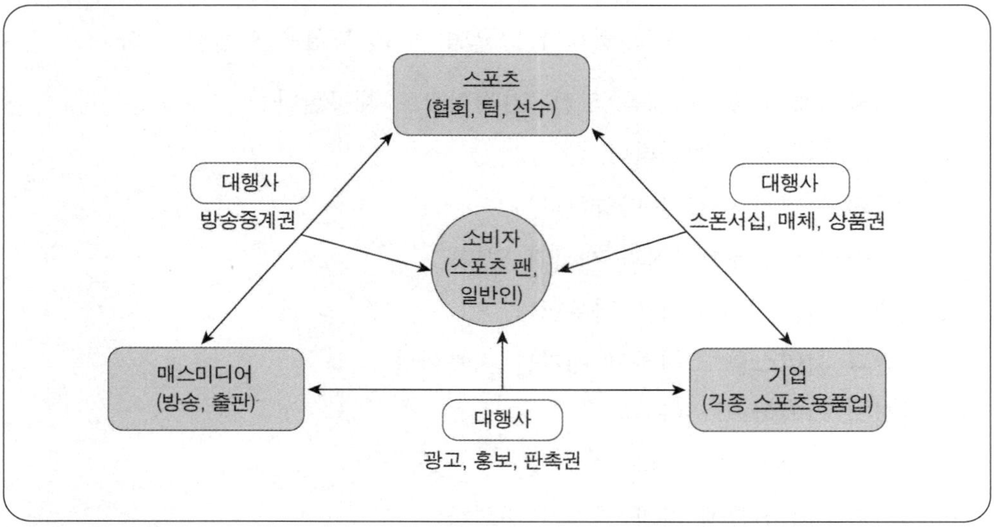

자료: 이범일, 1999: 8.

[그림 13-8] 스포츠 마케팅 구성도

여기서 스포츠 스폰서십은 기업이 현금이나 물품 또는 노하우, 조직적 서비스를 제공함으로써 스포츠 스타, 팀, 연맹 및 협회, 스포츠 행사를 지원하여 기업의 이미지제고 및 상품홍보 등의 다양한 마케팅 커뮤니케이션 목표를 달성할 목적으로 기획, 조직, 실행, 통제하는 모든 활동이라고 정의할 수 있다. 스포츠를 이용한 마케팅은 스포츠를 매개체로 이용하는 마케팅방법이다.

아직까지 우리나라에서 스포츠 마케팅 전문 인력은 비교적 부족한 상태이며, 관광측면에서의 스포츠이벤트 마케팅의 전문인력은 매우 부족한 상태라고 해도 과언이 아닐 것이다. 이에 새롭게 부각되고 있는 스포츠이벤트 마케팅에 관심을 가지고 연구 및 스포츠 활동에 참여하는 것 또한 바람직한 일이 될 것이다.

3) 스포츠이벤트 마케팅 믹스

(1) 스포츠이벤트 상품개념 및 특성

스포츠이벤트 상품이란 스포츠이벤트활동을 상품화 한 것으로 참여자의 참여 욕구와 동기를 유발 또는 만족시킬 수 있는 상품으로 종합적인 개념이다. 경기전 행사, 밴드, 치어리더, 프로그램, 매점(식음료), 전광판 등의 행사장 분위기와 경기 관전경험 및 선수의 경기내용 등이 주요상품으로 구성되어 있다.

스포츠이벤트 상품의 특성을 살펴보면 다음과 같다.

첫째, 스포츠이벤트 프로그램과 서비스는 무형성으로 참여자가 주관적으로 경험하게 된다. 둘째, 스포츠이벤트 프로그램과 서비스는 생산과 동시에 소멸성을 갖는다. 셋째, 스포츠이벤트 프로그램과 서비스는 대부분 집단적으로 소비되고 있다. 넷째, 스포츠이벤트 프로그램과 서비스 소비의 전 과정은 예측 불가능성이 존재한다.

(2) 스포츠이벤트 상품의 가격개념

관전 · 참여 스포츠이벤트 상품에 있어 입장료나 회원료의 형태를 띤 가격은 스포츠참여자들이 스포츠 상품이나 서비스에 대해 지각하는 가치의 표현이자 그들이 구매함으로써 충족시킬 수 있다고 생각하는 욕구의 표현이다(김치조. 1996: 154).

(3) 스포츠이벤트 상품의 유통

스포츠이벤트 유통은 참여자들의 구매의도에 많은 영향을 미친다. 표적시장 선호하는 시간에 고객이 선호하는 장소에서 이벤트입장권을 구매할 수 있다면, 참여자들의 구매욕구를 높일 수 있을 것이다. 따라서 입장권 구매에 중요한 요인으로는 접근용이성을 들 수 있는데, 이는 표적시장이 지리적으로 가까운 장소에서 입장권을 구매할 수 있는지의 여부와 구매절차가 용이한지에 관한 사항이 포함될 수 있다.

스포츠이벤트상품을 소비하고자 하는 참여자들이 입장권이나 회원권을 구매할 때, 복잡한 등록절차나 대기 시간 등으로 종종 불만을 갖게 될 수 있다. 이에 신속성, 편리성, 안정성을 갖춘 입장권 유통시스템이 운영될 수 있도록 연구할 필요가 있다.

(4) 스포츠이벤트 상품의 PR

스포츠이벤트 조직이 환경변화에 적응하고 능동적으로 대응하는 능력은 조직의 생존과 직결되는 것이다. 스포츠이벤트 조직에서 수행하는 PR의 구체적인 목적은 다음과 같다.

첫째, 해당 스포츠이벤트 조직에 관한 정보를 제공한다. 둘째, 스포츠이벤트에 대한 가치와 중요성을 알리는 것이다. 셋째, 잠재적 스폰서와의 우호적인 관계를 증진시키고, 이들로부터 지지를 얻어내는 것이다. 넷째, 스포츠이벤트에 대한 잘못된 인식이나 태도를 변화시키는 것이다.

스포츠이벤트 조직이 PR을 성공적으로 수행하기 위해서는 매체와의 지속적 관계유지, 스폰서와의 긴밀한 관계유지, 이벤트의 이미지제고 전략수립, 전단지 · 뉴스레터 · 홈페이지 · 시청각자료 등 홍보물의 효율적 활용 등이 중요하다.

4 스포츠이벤트의 평가

발전지향적인 스포츠이벤트 개최를 위해 모든 행사가 종료된 다음 입장객, 행사참여자 등의 자료를 분석하고, 사진, 비디오 등의 기록을 정리하여 행사내용을 분석할 필요가 있다. 또한 행사보고서와 함께 각종 기록을 정리하여 검토하고, 행사관계자와 관련스탭의 회의를 소집하고, 성과를 비교 검토하여 차기행사에 반영하도록 자료화할 필요가 있다. 아울러 가능하다면, 행사기간 중 참여자들을 대상으로 부분적으로라도 설문조사를 실시한다거나, 행사 후 집계된 참여자들을 대상으로 샘플링을 통한 사후 조사방법 등을 통하여 참여자의 의견을 수렴하고 피드백할 수 있는 방안들을 활용하며, 수용가능한 범위부터 점진적으로 제시된 의견들을 채택하는 것이 필요하다(장은주, 1996: 131).

효율적인 평가방법을 확립할 수 있도록 평가표를 작성한다거나, 세부적이고 구체적인 성과보고서를 작성하는 것도 중요하다. 이러한 문서들은 차기년도에도 실시될 스포츠이벤트사업의 기초자료로서 활용하도록 하여야 한다.

제3절 스포츠이벤트의 현재와 미래

1 현대의 주요 스포츠이벤트

1) 대형 스포츠이벤트

대형 스포츠이벤트는 메가(mega)이벤트라고 불리며, 규모면에서 초대형 행사를 가리키는 것으로, Marris에 의하면 "방문객 수는 백만명 이상이어야 하고, 자본비용은 최소한 캐나다 달러 5억 달러 이상, 그리고 반드시 관람하고 싶은 행사"라는 명성을 지녀야 한다고 정의(Marris, 1987)하고 있다. 따라서 대형 스포츠이벤트는 방문객 수와 행사규모, 그리고 행사투자비용이라는 측면이 강조되며, 대표적인 예로 올림픽에 대해 알아보고자 한다.

(1) 올림픽 경기

고대올림픽은 여러 신을 신봉하여 신전을 세우고 제사를 올린 후에 갖가지 운동경기를 거행하였다. 당시 세계 문화중심지인 그리스에서 발원된 올림피아 제전은 기원전 776년부터 기원후 393년까지 약 1200년에 걸쳐 4년마다 열렸다. 근대올림픽 경기는 고대올림피아 제전의 정신을 이어받아, 1894년 파리 스포츠 회의에서 쿠베르텡의 제안으로 국제올림픽위원회(IOC)를 설립하게 되었다. 이 때, 장소를 변경해 가면서 4년에 한번씩 올림픽을 개최한다는 내용을 결정하였으며, 고대올림피아 제전이 행해졌던 그리스 아테네에서 제1회 근대올림픽 개최되어 세계 최대 규모의 국제경기로 거행되었다.

(2) 국제올림픽위원회(IOC)

스위스 로잔에 본부를 둔 국제올림픽위원회(IOC; International Olympic Committee)는 매년 1회의 총회를 개최하며, 임원선출, 위원선정, 올림픽 개최지 선정, 수익금 배분, 헌장개정 등 올림픽에 관한 중요사항의 최종적인 결정권을 가진다. 집행위원회는 위원장과 부위원장 3명, 위원 5명으로 구성된다.

올림픽 경기대회는 NOC(National Olympic Committee : 국가올림픽위원회)가 조직되어 있는 나라만이 참가할 수 있으며, 경기종목은 공인된 국제경기연맹이 소관하는 종목 중에서 선정된다. 가입국은 200개국이며, 한국은 1947년에 가입했고, 1955년 이래 여섯명이 올림픽위원에 피선되었다. 1988년 서울에서 제24회 올림픽경기대회를 개최했으며, 1993년에 한국올림픽박물관을 개설했다.

(3) 역대 하계 올림픽 대회 개최현황

제1회 아테나 올림픽은 참가국들이 대회에 관한 정보나 지식이 거의 없는 상태에서 대회종목으로 육상, 수영, 테니스, 체조(역도종목은 체조의 1종목에 포함시킴), 레슬링, 사이클, 펜싱 8개 종목 41개 세부종목으로 실시됐다. 제2회 프랑스 올림픽은 프랑스가 만국박람회를 개최할 시기로 세계의 어느 박람회보다도 웅장하고 성대한 박람회를 계획했다. 때문에 박람회측은 올림픽경기 뿐만 아니라 각종 부대행사를 병행 개최하여 일반시민들도 참가했다는데 의의가 크다고 볼 수 있다.

제10회 로스앤젤레스 올림픽부터 본격적인 선수촌과 텔레타이프가 설치된 프레스센터가 생겨 올림픽이 전 세계 국민의 관심을 끌게 되었다. 제16회 멜버른 올림픽부터 참가선수 모두가 메인스타디움에서 다시 모여 승패를 초월한 석별의 정을 나누는 폐회식을 거행함으로써 새로운 문화 이벤트를 가미시키는 전통을 만들었다. 제17회 로마 올림픽은 대중적인 스포츠이벤트를 가능케 한 올림픽으로써 사상 처음으로 개회식을 비롯한 주요경기 모습이 인공위성을 통해 전 세계의 TV시청자들에게 중계되었다.

[그림 13-9] 역대 올림픽 포스터

〈표 13-2〉 올림픽 개최현황

회	개최년도	개최지	참가국	참가인원	한국참가	
					인원	순위
1	1896	그리스/아테네	13개국	280명		
2	1900	프랑스/파리	19개국	1066명		
3	1904	미국/세인트루이스	12개국	681명		
4	1908	영국/런던	22개국	1999명		
5	1912	스웨덴/스톡홀름	28개국	2490명		
6	1916	독일/베를린				
7	1920	벨기에/안트워프	29개국	2668명		
8	1924	프랑스/파리	44개국	3070명		
9	1928	네덜란드/암스테르담	46개국	2694명		
10	1932	미국/로스엔젤레스	37개국	1328명		
11	1936	독일/베를린	49개국	3956명		
12	1940	전쟁으로 인해 미개최				
13	1944					
14	1948	영국/런던	59개국	4064명	67	24위
15	1952	핀란드/헬싱키	67개국	4879명	41	37위
16	1956	호주/멜버른	67개국	3113명	57	29위
17	1960	이탈리아/로마	82개국	5348명	67	
18	1964	일본/동경	93개국	5081명	224	27위
19	1968	멕시코/멕시코시티	112개국	5423명	76	36위
20	1972	서독/뮌헨	122개국	7173명	68	33위
21	1976	캐나다/몬트리올	88개국	6026명	72	19위
22	1980	러시아/모스크바	81개국	5217명	미참가	
23	1984	미국/로스엔젤레스	140개국	6797명	288	10위
24	1988	한국/서울	160개국	13600명	602	4위
25	1992	스페인/바르셀로나	169개국	15229명	344	7위
26	1996	미국/아틀란타	192개국	17765명	428	8위
27	2000	호주/시드니	200개국	15300명	398	12위

제19회 멕시코 올림픽에서 KOC(한국올림픽위원회; Korea Olympic Committee)는 우리나라가 생소한 지역인 중남미대륙에 한국을 알릴 수 있는 절호의 기회라고 판단, 선수단 외에 82명의 예술문화 행사단을 파견했다. 행사단은 올림픽기간 중 벌어진 청소년 올림픽캠프, 민속예술제, 어린이벽화전, 예술작품전 등을 통해 활약을 보임으로써 문화외교의 중요성을 인식한 올림픽이었다.

제20회 뮌헨 올림픽에서는 대회가 종반을 향해 치닫던 1972년 9월 5일은 평화의 축제인 올림픽 사상 최대의 비극이 벌어졌다. 팔레스타인 게릴라 단체인 검은 9월단 8명이 선수촌에 침입, 이스라엘 선수단 숙소를 습격했던 사건이 일어났으며, 스포츠이벤트의 새로운 문제점으로 도출되었다.

제23회 로스엔젤레스 올림픽은 스폰서를 활용한 올림픽의 스포츠마케팅이 상업적 단계로 접어들게 되었다는 평을 받을 정도로 올림픽 행사에 대한 수익창출의 개념이 확고해졌던 행사였으며, 제25회 바르셀로나 올림픽은 프로선수의 올림픽무대 진출 확대와 더불어 상업주의가 더욱 발전하게 되었다. 이제 IOC는 올림픽에서 종래 고수하던 아마추어리즘 고수대신 투자한 만큼 성과를 거두려는 경제제일주의를 도입하여 경제활성화에 올림픽이 중요한 자리매김을 하게 되었다.

제27회 시드니 올림픽은 환경친화적 운영을 최우선 과제로 삼고 세밀한 준비를 해 왔기 때문에 2000년 시드니 올림픽 조직위원회에서는 사상 처음으로 '환경올림픽'의 이미지를 심게 되었으며, 시청자의 수가 사상 최고인 37억 명이었던 것으로 조사되었다. 또한 시드니올림픽에서도 자원봉사자들은 올림픽을 성공적으로 개최하는데 없어서는 안될 요소가 되었다.

2) 중 · 소형 스포츠이벤트

중 · 소형 스포츠이벤트는 프로선수가 아닌 아마추어선수로 구성 · 개최함으로써 주최자의 목적을 달성하고자 주요프로그램으로 스포츠와 테마프로그램이 함께 어울려져 개최되는 것이 일반적이다. 이는 우리 각 지역에서 개최되고 있는 도민(시민)체육대회, 구민체육대회 등이 이에 해당되며, 기업의 광고 · 홍보를 위한 길거리 농구대회, 길거리 축구대회 등을 들 수 있다. 또 학교에서 행해지는 운동회 및 체육대회도 중 · 소형 스포츠이벤트에 포함된다고 할 수 있다.

이러한 중 · 소형 스포츠이벤트중에 각 지역에서 행해지는 도(시·구)민 체육대회는 대표적인 예가 될 수 있는 것으로 "마음으로 화합체전/행동으로 질서체전/새천년 밝은 미래 도민체전"의 표어아래 개최된 경상남도 도민체전을 예로 그 개요를 살펴보고자 한다.

경상남도 체육회의 주최로 3일간 마산과 창원에서 고등부, 일반부를 대상으로 총 25개 종목의 체육대회를 개최하였다. 경상남도 10개 시와 10개 군에서 총 7,836명의 선수와 임원이 도민체육대회를 위해 참석하였다.

〈표 13-3〉 경상남도 도민체육대회 개요

구분	대회개요
기간	2000년 5월 13일 ~ 2000년 5월 15일(3일간)
장소	마산시 일원(창원 5종목)
주최	경상남도 체육회
주관	마산시, 마산시 체육회
후원	경상남도, 경상남도 교육청
경기종별	고등부, 일반부(대학생 포함)
경기종목	25개종목(시범: 유수) 마산시: 육상, 축구, 야구, 테니스, 정구, 농구, 배구, 탁구,복싱, 레슬링, 역도, 씨름, 유도, 검도, 궁도, 배드맨턴, 태권도, 보디빌딩, 볼링(총 20종목) 창원시: 수영, 사이클, 사격, 골프, 로울러(총 5개종목)
참가인원	7,836명(선수: 5,926명, 임원: 1,910명)

도민체육대회는 주요프로그램과 테마프로그램으로 구분되었는데, 주요 프로그램은 개회식 · 체육대회 · 폐회식으로 구성되었으며, 테마프로그램은 시립합창단특별연주회 · 경상남도 풍물제, 민속놀이 대회 · 가고파 음악회 · 전국남녀시조경창대회 등으로 구성되어 스포츠경기는 물론 부대적인 문화행사 프로그램을 병행하여 운영하였다.

〈표 13-4〉 경상남도 도민체육대회

주요프로그램	테마프로그램
• 개회식 행사 식전공개행사 - 건전가요(가요합창) - 축하무(태평성대와 마산의 꽃 연출) • 공식행사 식후 공개행사 - 에어로빅, 힙합 - 태권도시범 • 체육대회 • 폐회식	• 시립합창단특별연주회 • 경상남도 풍물제, 민속놀이 대회 • 가고파 음악회 • 전국남녀시조경창대회

② 향후 스포츠이벤트 개발종목

우리나라는 전통적으로 이어져오는 스포츠가 있으며, 더불어 지형의 특성상 삼면의 바다, 산과 강을 많이 가지고 있는 나라이다. 사계절이 확실히 구분되어 사계절 스포츠를 즐길 수 있는 나라임에 틀림이 없다.

이러한 무궁무진한 스포츠이벤트 자원을 가진 나라임에도 불구하고, 서구에 비해 일반인이 직접 참가하거나 관람할 수 있는 스포츠이벤트가 비교적 활성화되지 않고 있다. 향후 스포츠이벤트로 개발될 유망한 분야로 전통스포츠, 육지스포츠, 해상스포츠, 항공스포츠로 나누어 알아보고자 한다.

1) 전통스포츠

① **태권도**: 우리나라의 전통무술로써 시드니올림픽에서 정식종목으로 채택될 만큼 세계적인 스포츠로 자리잡고 있다. 이에 문화관광부나 한국관광공사는 '관광비전 21'과 '2001년 한국방문의 해'에서 전세계 태권도 수련 및 가족을 중점으로 태권도 연수프로그램, 태권도 종주국 순례프로그램 및 인센티브 관광 등 방한유치에 나서고 있다. 아울러 업계와 학계에서 관광상품화의 가능성을 가장

많이 언급하고 있는 분야이기도 하다. 외국 방문객의 관심을 끌 수 있는 프로그램이 구성되고, 충분한 홍보가 지원된다면, 세계적인 스포츠이벤트로 육성할 수 있는 분야임에 확실하다.

② **씨름**: 우리나라 고유의 민속경기로 삼국시대 초기부터 전해 내려오는 운동이다. 그 후 국기와 같은 성격을 띄며, 단오와 추석을 전후하여 전국 방방곡곡에서 성행하였다. 1927년 조선씨름협회가 창설되었으며, 1961년 전국체육대회 때부터 정식종목으로 채택되면서 대중적인 스포츠로 발전하였고, 현재는 프로경기로 인해 관람 시장층을 넓혀 가려는 노력을 기울이고 있다.

③ **택견**: 택견은 약 2,000년 전 만주와 한반도를 중심으로 형성되어 민족의 흥망성쇠와 맥을 같이 해 오면서 민족의 힘과 잠재력, 한과 풍류를 절절히 담아온 우리 고유의 전통무예이다. 이렇듯이 민족의 역사와 더불어 함께 성장해 온 택견은 1983년 맨손무예로서는 유일하게 국가의 인정을 받아 중요무형문화재 제73호로 지정되어 한국을 대표하는 무예로 인정받았다.

2) 육상스포츠

① **마라톤**: 최근 들어 가장 빠른 속도로 증가하고 있는 스포츠종목중 하나이다. 1990년대 후반 이후 급속한 대중화로 마라톤인구가 증가하고 있다. 이로 인해 국제규모의 동아서울 국제마라톤대회를 비롯해 많은 대중매체들이 일반 아마추어들이 참가하는 마라톤대회를 개최하고 있어 마라톤 대회의 지속적인 증가가 예상되며, 국내 마라톤 인구의 증가를 활용해 국내에서 개최되는 마라톤대회를 세계적인 스포츠이벤트로 활성화시킬 방안을 강구할 필요가 있다.

최근의 '마라톤 열풍'은 마라톤 형태도 장애인마라톤, 커플마라톤, 인라인마라톤 등으로 다양해지고 있으며, 인터넷에는 마라톤 뉴스와 강습사이트부터 마라톤 전문 쇼핑몰, 의학 정보, 마라톤 사진, 마라톤 전문 여행 사이트 등 분야별 각종 전문 사이트들이 등장하고 있다. 이에 따라 마라톤복과 타이즈, 기능성 티셔츠 등 마라톤 전문 스포츠용품 시장이 큰 폭으로 성장하고 있다.

아울러 보스톤 마라톤대회나 실리콘밸리마라톤, 북경마라톤 등 해외 마라톤대회에 출전하는 여행상품을 전문적으로 취급하는 여행업체도 있어 세계 각지에서 개최되는 마라톤 대회에 대한 정보를 제공하고, 이를 관광상품화 함으로서 스포츠이벤트와 관광상품을 접목시키는 업무활동을 수행하고 있다.

② MTB(산악자건거): 험난한 산악길을 자건거를 타며 고난과 어려움을 극복하면서 극한상황을 해쳐나가는 스포츠이다. MTB는 1974년 캘리포니아 주 샌프란시스코 북쪽 마리타운티의 자전거 레이서 게리 패셔(Gray Fisher)에 의해 새로운 타입의 자전거가 생겨났다.

이 자전거는 성인들의 마음 속에 잠자고 있던 소년의 동경을 불러일으켜 지금은 세계의 많은 MTB 매니아들을 매료시키게 되었다.

③ 길거리 농구: 최근에 급증하는 농구의 인기와 더불어 성인들은 물론 청소년들에게 확산되고 있는 스포츠로, 적은 인원수로도 가볍게 즐길 수 있는 농구 경기이다. 3 on 3 농구경기는 정규 농구 경기에 비하여 코트 규격이나 득점 등이 약간 다를 뿐, 농구가 가진 매력은 모두 포함하고 있다. 또한 단순히 즐기는 게임이 아니라 형식을 갖춘 전국 규모의 대회도 성행하고 있다.

한 예로 ㈜나이키스포츠가 마련해 온 이 대회는 매년 1,500여팀이 참가해 열전을 벌이는 청소년 잔치로 전국의 중·고교 재학생이면 누구나 자유롭게 출전할 수 있는 순수아마추어 대회이다.

④ 스노 보드: 스노 보드는 처음 미국 산악지방에서 스키의 불편함을 보완하기 위해 널빤지나 그밖에 것들을 이용하여 시작되었다. 초기에는 목재나 플라스틱 등 단순한 소재에 불과 했으나 1970년대 말 본격적인 스노 보드가 나오기 시작했는데, 이 때야 비로소 바인딩이 도입되었고, STEEL EDGE가 붙은 제품이 나왔으며, 스노 보드란 단어가 생겨나게 되었다. 현재는 세계 각국에서 빠르게 성장하는 스포츠로 발전되었고, 1998년 나가노 동계올림픽의 정식종목으로 각광받게 되었다.

⑤ 스쿼시: 19세기 영국 런던 근교의 감옥에서 죄수들이 수형생활의 무료함을 달래기 위해 야자열매로 교도소 벽을 치면서 시작됐다는 유래가 있다. 그 후 오늘날과 같은 스포츠의 형태를 갖추게 된 것은 1830년대 경에 영국의 해로우 고

등학교에서 지금과 비슷한 라켓을 고안해 내면서부터이다.

처음엔 남학생들이 큰 운동장에 있는 야외경기장에서 줄을 선 채 자기 공을 벽으로 내려치는 게임에 불과한 것이었지만 내리치는 공에 의한 사고의 빈발로 점차 부드러운 공이나 호박처럼 물렁물렁(squash)한 공을 쓰도록 장려하면서 차츰 대중화됐다고 한다. 우리나라에 도입된 것은 1980년대 경부터이며, 처음에는 주로 외국관광객의 요청에 의해 호텔 등에서 시작되었거나, 유럽지역에서 공부하고 온 유학파 동호인들의 소개로 보급되기 시작했다.

⑥ **인공암벽**: 인공암벽은 프랑스의 명산악가이드인 가스통데 뷰파가 1940년부터 각목과 널빤지를 이용하여 교육훈련용으로 사용한데서 유래한다. 그 뒤 1960년부터 전세계 주요암벽에서 서서히 불기 시작한 프로클라이밍과 세계 암벽등반 대회의 개최지가 자연암벽에서 인공암벽으로 전환되면서 자연스럽게 부상되었다. 얼마나 어려운 루트를 얼마나 멋지게 올라갈 수 있느냐를 중시하는 암벽등반은 전문산악인에게는 고난도 루트의 훈련용으로 일반인에게는 매력적인 스포츠로 세계 각국에 급속도로 보급되고 있다.

3) 해상스포츠

① **래프팅**: 래프팅에 이용되는 고무보트는 적게는 3~4명에서 많게는 20명이 한 조를 이루어 노를 저어가는 무동력선이다. 여러 사람이 함께 호흡을 맞추고 조화를 이루어야 하므로 협동심을 기르기 위해 최근에는 기업체 연수프로그램으로도 채택되고 있다. 또 모험심과 인내심을 기를 수 있는 스포츠이기도 하다.

② **윈드서핑**: 윈드서핑 종목은 1970년에 최초로 시작된 이래 범세계적으로 경기인은 물론 동호인 인구가 폭발적으로 증가하여 1984년 LA 올림픽부터 정식종목으로 체택된 운동이다.

우리나라에서도 1980년도 초에 윈드서핑이 처음 소개된 이후 현재는 전국적으로 200여개의 클럽과 30,000여 동호인이 활동하고 있으며, 서울협회만 하더라도 70여개의 클럽에 5,000여명 이상의 동호인이 활동하고 있다. 동호인수가 매년 배 이상 증가하는 추세에 있어 조만간 해양스포츠로 그 지위가 향상될 전망이다.

4) 항공스포츠

① **스카이다이빙**: 스카이다이빙(skydiving; 고공강하)은 낙하산을 착용하고, 항공기나 기구 등을 이용하여 높은 하늘에 올라간 뒤에 그곳에서 허공으로 자유하강을 하면서 계획한 동작을 수행한 뒤, 정해진 고도에서 낙하산을 펴고 땅에 안전하게 착지하는 항공스포츠를 말한다.

② **패러글라이딩**: 패러글라이딩은 낙하산과 행글라이더의 특성을 결합한 것으로 낙하산의 안정성, 분해, 조립, 운반의 용이성 그리고 행글라이더의 활공성과 속도를 고루 갖춘 이상적인 날개형태로 만들어졌다. 패러글라이더는 인력활공기라 할 수 있으며, 별도의 동력장치 없이 사람이 달려가면서 이륙을 하거나, 또는 제자리에서 이륙을 하여 비행을 한 후 두 발로 착륙을 한다.

③ **기구**: 기구는 크게 3가지로 구별된다. 열기구와 가스기구, 그리고 복합형 기구로 구별된다.

열기구(Hot Air Balloon)는 커다란 공기주머니의 아랫부분이 뚫려 있어서, 그곳으로 강한 불꽃을 쏘아올려 풍선 내부의 뜨거워진 공기의 부력을 이용하여 하늘로 떠오르며, 바구니와 탑승자를 매달고 하늘을 나는 풍선이다.

가스기구(Gas Balloon)는 매우 큰 애드벌룬에 바구니를 매달았다고 생각하면 된다. 공기보다 가벼운 헬륨가스의 부력을 이용하는 비행원리며, 고도조종은, 올라가고 싶을 때에는 모래를 뿌려서 장비무게를 가볍게 하고, 내려가고 싶을 때에는 풍선 내부의 헬륨가스를 방출시키는 기구다.

복합형(Rozier Balloon)은 열기구에 커다란 애드벌룬을 집어넣은 꼴로서, 열기구와 가스기구의 장점만을 조합해 만들어진 기구이며, 일정량의 부력은 내부의 가스기구에서 얻고, 나머지 부분의 부력을 열기구의 버너가 조절해 주는 형식의 기구로, 대륙간 장거리횡단 기록비행에 자주 쓰이며, 최근 지구일주를 무착륙으로 성공한 기구가 복합형 기구다.

가스기구와 복합형 기구는 현재 우리나라에는 존재하지 않으며, 항공스포츠로 가장 많이 활성화될 부분은 열기구로 보여진다.

③ 미래의 스포츠이벤트 방향

스포츠이벤트는 참여자의 욕구를 충족시킬 수 있도록 기획되어야하며, 개최 목적에 알맞게 계획되고, 사후에도 참여자로 하여금 재참여를 유도해야 한다. 특히 스포츠와 관광이라는 이미지가 중요시되는 만큼, 설계되는 순간부터 끝난 후에라도 참여자 중심의 입장에서 준비되어야 하며, 주변 여건도 고려하여야 한다. 스포츠이벤트가 성공되기 위한 몇 가지 제안(조배행, 1999: 67-74)은 다음과 같다.

1) 지역주민 참여 활성화

지역주민의 적극적인 참여와 성원이 가능하도록 하는 제도적인 장치가 필요하다. 주민참여가 결여된 이벤트는 개최 이후 지역의 경제, 사회문화, 자원환경 등의 측면에서 지속적으로 유지, 존속되기 곤란하고, 지역사회나 주민들에게 이벤트 개최로 인한 혜택이 공정하게 배분되지 못하는 결과를 초래한다.

한편 이벤트의 준비과정부터 적극적인 주민의 참여가 가능하다면 지역 공동체 의식 고양, 신뢰감 확보, 이해관계 조성, 정치적인 대응, 행사진행에 대한 협조 등이 보다 원활해 질 것이다. 따라서 향후 적극적인 지역주민 참여를 위하여 행사유치 단계부터 여론환기 및 의견수렴을 위한 공개 설명회나 공청회, 세미나 등을 개최하고 행사개최를 위한 대회조직위원회 등 추진주체에 시민대표 등을 포함시켜 자문이나 심의 등에 참여할 수 있도록 할 필요가 있다. 또 자발적인 자원봉사 체재를 유도하거나 행사에 적극 동참하도록 할 필요가 있다.

2) 사전 · 사후 영향평가 시스템의 도입

다른 이벤트와 유사하게 스포츠이벤트의 최종목표는 최종목표와 과정상의 목표로 나누어 검토해 볼 수 있는데, 과정목표는 스포츠이벤트의 조직기관이 형성되고 운영되는 그 자체의 방식을 포함한다고 볼 수 있으며, 최종 목표는 스포츠이벤트가 추구하는 궁극적인 결과와 관련이 있는데 경제 · 재정적 측면, 사회문화적 측면, 환경적 측면, 관광마케팅적 측면 등에서 각각 목표달성을 위한 전략을 수립하고 행사를 운영한다고 볼 수 있다.

이러한 최종목표의 원활한 달성을 위해서 스포츠이벤트가 어떻게 관공적 측면과 통합되는지를 이벤트 개최 이전단계와 이벤트 개최 당시, 그리고 이벤트 개최 이후 각각 그 영향에 대한 평가를 통해서 확인하고 재검토할 필요가 있다. 이러한 사전·사후 평가를 통해서 이벤트의 최종목표의 달성 정도를 각각 확인할 수 있으며, 실질적으로 그 최종목표는 각 분야에 대한 성공여부를 판단하는 지표 분석을 통해서 가능할 수 있을 것이다.

〈표 13-5〉 스포츠이벤트의 성공지표

분야	최종 목표	성공의 지표
조직적 측면	- 자원봉사자의 참가 최대화 - 행사의 효율성 증대 - 네트워크의 개발과 확대	- 참여율 및 이탈률 분석 - 행사재원 절감 확인 - 행사 지지도와 참가단체의 수
경제적 측면	- 행사 수익의 극대화 - 지역경제 수익의 극대화 - 지역주민들의 혜택 극대화 - 지역사회 비용부담 최소화	- 경제성 평가, 비용편익 분석 - 관광객 지출 분석 - 승수효과 분석(소속, 고용효과 등) - 외부비용 측정
사회문화적 측면	- 스포츠 활성화와 여가기회 창출 - 지역사회 유대 강화 - 문화유산 보존의 촉진 - 지역주민 지지와 자긍심 촉진	- 스포츠에 대한 인식조사, 참가자수, 관련 행사 개최수, 시설 사후 활용도, 참여단체의 수, 재정규모 등 분석 - 행사를 위한 기부금 등 모금액수
환경적 측면	- 공해와 생활환경 파괴 극소화 - 환경보전에 기여 - 지역시설의 개선	- 야생물 조사 - 대기·수질변화 추세 분석 - 사회 간접자본 투자분석
관광마케팅 측면	- 통합마케팅으로 총관광객 증가 - 고객시장 확장과 숙박관광객 유치 - 관광시즌 및 방문객 체재일수 연장 - 매력적인 관광지 이미지 확산	- 표적시장의 확장 및 시장 다변화 분석 - 숙박 관광객의 비율 및 객실점유율 - 소비자 인식 및 행태분석 - 행사관련 보도자료 분석 등

자료: 조배행, 1999: 69.

3) 지속적인 스포츠 관광상품 개발

올림픽과 같은 초대형 스포츠이벤트를 성공시키기 위해서는 광고, 인적판매, 판매촉진, 홍보와 같은 다양한 마케팅 수단이 활용될 수 있지만 무엇보다 중요한 것은 전국 · 세계매스컴의 이목을 집중시킬 수 있는 다양한 이벤트를 지속적으로 개최하는 것이다. 여기에는 스포츠 행사를 위한 전용경기장의 착공이나 공사진척, 그리고 개장을 축하하는 문화이벤트와 특별이벤트의 개최와 함께 전세계 기자들을 초청하는 팸투어 기획 등의 관심고조 및 분위기 조성활동, 그리고 한국의 멋과 풍류를 알리는 프로그램의 지속적인 개발 등이 포함될 수 있다.

4) 스포츠관광의 활성화

일반적으로 스포츠와 관광은 별도로 취급되어 왔으며, 최근 들어 스포츠와 관광이 서로 밀접하게 상관성이 있는 것으로 새롭게 조명되고 있어 이러한 상호관계를 발전시켜야 되는 당위성은 크다고 할 수 있다.

스포츠에 대한 관심은 일상생활뿐만 아니라 휴가 때에도 발생할 수 있고, 이는 스포츠 활동에 참가하거나 스포츠 경기관람을 목적으로 하는 관광활동이 늘어나는 추세인 것이다. 한편 스포츠를 목적지 관광마케팅의 핵심적인 부분으로 개발하는 지역도 늘어가고 있는데, 이 경우 예를 들면 골프나 스키 같은 특정 스포츠에 대한 참여 또는 월드컵 축구 같은 특정 경기관람 등을 유도하기 위한 것이다.

5) 사후시설 운영관리 강화

파리만국박람회의 개최를 계기로 에펠탑이 전세계적인 랜드마크가 되었던 예에서 볼 수 있듯이 메가 이벤트나 스포츠이벤트의 개최를 위한 각종 시설이나 기념물의 사후 활용과 관리는 중요하다고 할 수 있다. 이러한 스포츠이벤트 관련시설 등은 개최 이후 특정 도시의 이미지를 다른 도시와 구별되는 특징적인 것으로 관광객을 매료시킬 수 있는 매력적인 문화관광 자원으로 활용될 수 있다. 이와 같은 도시 이미지의 강화에 올림픽이나 월드컵과 같은 초대형 스포츠이벤트의 사후시설이 활용될 수 있도록 스포츠이벤트의 기획단계부터 이러한 관련시설의 활용에 대하여 사전에 치밀한 준비가 필요하다고 하겠다.

6) 체계적인 정책개발

스포츠이벤트 개최에 대한 개최지 주민의 인식 및 태도조사, 지역 개최의 경제성 평가, 행사개최의 재무분석, 관광자의 인식 및 관광행태 등에 대한 사전 · 사후 평가 등 이벤트 개최로 해당지역 사회에 미치는 유무형의 파급효과를 체계적으로 분석하여 향후 정책개발에 활용할 수 있는 자료를 축적할 필요가 있다.

REFERENCE 참고문헌

고기체 (1991). 『세계체육사』. 교학연구사.

김병식 (1997). 『스포츠산업의 이론적 접근』. 제1회 국민체육진흥공단 스포츠산업 세미나. 한국체육학회.

김화섭 (1999). 『산업관점에서 본 스포츠』. 산업연구원.

문화관광부 · 한국방문의 해 추진위원회 (1999). 『2001년 한국방문의 해』.

문화체육부 (1996). 『문화예술의 거리 -계획과 실제』. 문화체육부.

박석희 (1987). 『관광지 주민의 의식조사』. 한국관광공사.

변재진 (1996). 『2002년 월드컵 관광객 유치를 위한 관광전략 계획에 관한 연구』. 경기대학교 대학원 박사학위논문.

이범일 (1998). 『기업의 스포츠 마케팅 활용전략』. 삼성경제연구원.

이주형 외 7인 (1998). 『관광사업론』. 대왕사.

이용철 (2000). 스포츠이벤트 여행상품 개발에 관한 연구. 『관광경영연구』, 10.

이용철 (2001)a. 『스포츠이벤트 관광자의 동기요인에 관한 실증적 연구』. 경기대학교 대학원 석사학위 논문.

이용철 (2001)b. 2002년 월드컵 경기장 관광상품 개발에 관한 연구. 『관광경영연구』, 13.

이학래 (1994). 『한국체육사』. 지식산업사.

장은주 (1996). 『지방자치단체 이벤트사업의 활성화방안』. 한국지방행정연구원.

조배행 (1999). 『'88서울올림픽의 관광에 대한 영향연구』. 한국관광연구원.

최규철 외 3인 (1999). 『현대인과 레포츠 관광』. 지샘출판사.

한국관광공사 (1999). 『관광정보 11월호』. 한국관광공사.

한왕택 · 시양구 (1997). 『스포츠이벤트의 현재와 비전』. 태근출판사.

Delpy, L. (1998). An overview of sport tourism: building towards a dimensional framework. *Journal of Vacation marketing*, 4(1), 23-38.

Getz, D. (1991). *Festivals, Special Events and Tourism*. New York: Van Nostrand.

Marris, T. (1987). *The Role and Impact of Mega-events and Attractions on Regional and National tourism Development*. Resolution of the 37th Congress of the AIEST. Calgary: Revue le Tourisme.

Ritchie, J. (1984). Assessing the impact of hallmark events: conceptual and research issues. *Journal of Travel Research*, 23(1), 2-11.

CHAPTER 14

기타 이벤트

제1절 문화공연 이벤트

1 문화공연 이벤트의 개념

최근 문화에 대한 관심이 높아지면서 문화적 측면에서 접근되는 문화공연 이벤트는 중요성이 강조되고 있다. 문화적 접근의 이벤트는 미시적으로 음악 · 연극 · 무용 · 미술과 관련된 공연이나 전시가 주축이 되지만, 거시적으로는 지역간 또는 민족간의 다른 문화를 경험할 수 있는 지역축제 · 유적 · 민속물 · 풍습의 전시, 문화예술의 전시, 패션쇼 등도 포함된다. 또 공연 측면의 이벤트분야는 텔레비전과 매체의 공개프로그램, 대중예술 공연 및 각종 콘서트 등이 그 접근대상이 된다.

문화란 '동시대 내에서 또는 다음 세대로 전승, 전달되는 한민족 또는 집단의 이념, 관습, 기술, 예술(Webster's New World Dictionary. 1994)'이라고 사전적으로 정의되고 있다. Taylor는 지식, 신앙, 예술, 법률, 도덕, 관습 그리고 한 사회의 구성원으로서 인간의 능력이나 관습들을 포함하는 복합적인 총체라고 표현하고 있다. 즉 문화에는 사회적인 관습과 그 습관에 의해 규정된 개인의 행동 및 그 행동의 소산이 포함된다는 것이다.

공연예술이란 무대 또는 공개된 자리에서 연주 · 상연 · 가창(歌唱)되거나 그 밖의 방법으로 연출되는 음악 · 무용 · 연극 등 기타 예술적 또는 오락적 관람물이다. 공연예술은 인쇄화할 수 있는 문학과는 달리 무대 위의 공연자를 통해 공연되는 동안만 존재되다가 공연이 끝나면 없어져버리는 일회적인 예술이라고 할 수 있다. 특히 대표적인 공연예술인 연극은 무대장치(미술) · 조명 · 음향효과 · 안무 · 음악 등 인접하는 여러 예술의 참여를 필요로 하기 때문에 종합예술이라 할 수 있다.

따라서, 문화공연 이벤트란 동질성을 지닌 민족, 집단, 구성원들의 다양한 문화활동을 공개된 장소에서 공연자와 관객이 짜여진 프로그램을 통하여 그 경험을 공유하는 행사이다.

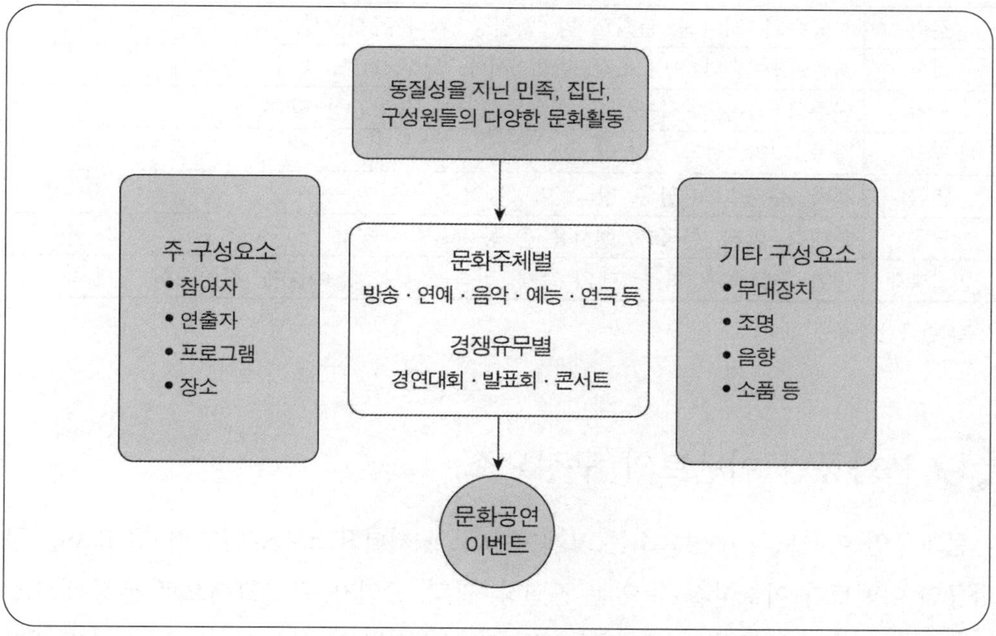

자료: 저자 작성

[그림 14-1] 문화공연 이벤트

② 문화공연 이벤트의 분류

한국문화예술진흥원에서 발행한 문예연감에 의하여 문화행사를 분류하면 문학, 예술, 국악, 양악, 연극, 무용, 민속축제의 7가지로 분류하고 있는데 이는 다음의 표와 같다. 본 서에서의 문화공연 이벤트란 표에서 제시된 행사중 문학과 미술 및 민속축제를 제외한 국악과 양악, 연극 및 무용의 범위를 의미한다.

이러한 문화공연 이벤트는 각각 문화의 주제가 정해져 있고, 경쟁이 있는 것 과 없는 것으로 구분해 볼 수 있다. 문화주제별로는 방송 · 연예, 음악, 예능, 연극, 영화 등으로 다시 세분할 수 있고, 경쟁 유무별로는 경연대회, 발표회, 콘서트 등으로 다시 분류할 수 있다.

〈표 14-1〉 한국문화예술진흥원의 문화행사

분류	내용
문학	시낭송회, 시화전, 문학의 밤, 백일장, 기타 관련행사
미술	회화, 공예 · 디자인, 조각, 판화, 서예, 사진, 건축, 종합 미술행사
국악	연주회, 극음악, 사물놀이, 민속종합공연, 국악감상 및 강좌 등
양악	작곡, 기악, 성악, 오페라 등
연극	정극, 뮤지컬, 마임극, 창극, 마당놀이 등
무용	현대춤, 발레, 한국춤, 행사용 춤 등
민속축제	종합 향토축제, 역사 · 제의 축제, 민속놀이 축제, 예술제, 경연대회 축제 등

자료: 한국관광공사, 1995: 17.

③ 문화공연 이벤트의 구성요소

문화공연 이벤트의 구성요소는 크게 주요소와 기타요소로 분류한다. 주요소는 문화공연 이벤트가 이루어질 수 있는 공연장, 관객, 공연자, 프로그램으로 본질적 요소라고 할 수 있으며, 기타요소는 한층 극적인 연출을 위한 부수적 첨가요소로 무대장치, 조명, 음향, 소품 등이라고 할 수 있다.

1) 주요소

(1) 공연자

공연을 구성해 가는 인적요소인 배우와 연출자, 즉 공연자는 문화공연 이벤트의 핵심이고, 문화공연 이벤트가 살아 있는 예술임을 밝히는 가장 중요한 요소가 된다. 때로 배우를 대신해 인형(꼭두각시)이 배역을 대신하는 경우도 있고, 가면(탈)을 씀으로써 인물을 가장하기도 한다.

(2) 공연장

공연장은 공연이벤트에서 없어서는 안될 중요 요소이며, 그중 무대는 배우의 공연이 이루어지는 장소로써 옥외의 놀이판, 굿판 및 현대식 극장무대에 이르기까지 매우 다양하다.

문화공연 이벤트 공연장의 형태는 크게 5가지로 분류한다. 첫째, 대극장은 일반적으로 좌석수가 1,000~2,000석 이상 되는 극장, 둘째, 중(전용)극장은 500석 전후의 극장을 말하며, 셋째, 소극장은 200~400석 미만의 객석을 가진 소규모 극장을 말한다. 넷째, 가설무대는 야외경연이나 간이공연에 주로 사용되는 무대로 본 공연 외에 다음 공연이 기다리고 있거나 할 때 주무대 크기로 가설무대를 설치해 먼저 무대작업을 할 수도 있다. 마지막으로 다목적 공간은 정식 극장의 형태를 갖추고 있지는 않으나 공연이 가능한 공간으로 교회, 강당, 백화점 문화공간 등이 여기에 해당된다.

(3) 관객

문화공연 이벤트의 참여자인 관객(audience)은 단순한 구경꾼을 포함해 무대에서 연기하는 공연자에 적극 협력하여 훌륭한 이벤트를 만들어낼 수 있도록 공연자와 함께 호흡하며 공연에 창조적으로 참여하는 경우에 이르기까지 서로 다른 역할을 한다. 공연자와 관객의 호흡은 공연의 성과를 좌우한다.

(4) 프로그램

관객입장에서 문화공연 이벤트의 실체적인 상품이라 할 수 있는 프로그램은 방송·연예, 음악, 예능, 연극, 영화 등 주제에 따라 매우 다양하며, 주제별로 상이한 프로그램과 경험이 제공된다.

연극의 경우 시나리오는 즉흥적 성격의 단순한 줄거리 정도의 것에서부터 고도의 문학적 표현을 담은 극문학(劇文學)에 이르기까지 성격이 다양하며, 등장인물을 중심으로 그들간의 관계가 꾸며내는 일정한 이야기가 필요하기 때문에 매우 중요한 역할을 한다.

2) 기타 구성요소

문화공연 이벤트를 행하기 위해 필요한 주요소외에 기타요소(신일수. 2000)로는 무대장치, 조명, 음향, 소품 등이 있으며, 이는 이벤트의 부수적 첨가요소로서 연출에 있어 중요한 항목이라고 할 수 있다.

(1) 무대장치

공연이벤트에서 무대장치가 차지하는 비중은 매우 높다. 무대장치는 대개 4가지 면에서 공연에 기여한다. 첫째, 극 행위의 시공간적 사실과 환경, 인물의 성격, 인물 간의 관계 등을 포함한 정보를 전달하는 것이고, 둘째, 드라마에서 성장 발전하는 감정에 대한 반응을 강화한다. 셋째, 표현의 특정 스타일을 극 행위의 관점으로 유도, 통일하게 한다. 마지막으로 높낮이, 색상, 적절한 틀, 시각적 명확성 등을 통해 연기자를 부각시키고 역동성을 유발하기도 한다.

(2) 무대조명

첫째, 조명의 기능은 가시화이다. 즉 무대 위에 빛을 제공해 줌으로써 관객으로 하여금 무대 위의 어느 곳을 보아야 할지 알려주는 기능을 말한다. 둘째, 조명은 공연의 물리적인 환경을 조성한다. 하루 중 어느 때인지, 계절은 언제인지, 날씨는 어떠한지 등이 조명에 의해 관객에게 전달된다. 셋째, 관객이 무대 위의 상황을 보다 잘 이해할 수 있도록 도와주고 관객의 감성적 반응을 자극하여 작품에 깊이 몰입할 수 있도록 공연의 분위기를 조성한다.

넷째, 배우가 연기하는 공간과 동선을 빛에 의해 한정시킴으로써 배우가 움직이는 공간을 설정해 준다. 다섯째, 빛의 방향별 특성을 활용하거나 여러 방향의 빛을 잘 조화시킴으로써 무대 위의 사물이나 배우를 입체적으로 보이게 한다. 여섯째, 극의 분위기 전환, 배우의 동선 변화, 무대장치의 전환, 음악의 변화 등에 맞추어 일어나게 되는 조명의 변화, 즉 조명 큐의 전환은 공연에 리듬을 제공한다. 마지막으로 조명은 공연 전체의 스타일을 강조함으로써 관객으로 하여금 작품의 주제를 이해할 수 있도록 도와준다.

(3) 음향

무대음향이란 공연에서 중요한 요소인 소리 울림에 관련된 사항을 다루는 기술분야를 말한다. 소리의 예술인 음악과 그 음악을 바탕으로 하는 몸짓의 예술인 무용, 언어와 행위의 예술인 연극은 물론 언어를 사용하지 않는 무언극의 경우에도 음악이나 효과음을 사용하는 등 무대에서의 소리는 절대적으로 중요한 위치를 차지한다. 무대에서의 소리가 일상생활에서의 소리와 구분되는 점은 예술적으로 조화롭게 들려야 한다는 것이다.

(4) 소품의 유형

소품에 관해 이야기할 때에는 편의상 소품의 크기, 용도, 그리고 기능에 따라 몇 가지로 구분을 한다.

첫째, 가구소품은 주로 무대 위의 가구, 카펫, 부엌, 벤치, 나무, 바위, 숲 등의 가장 큰 무대소품들이다. 이러한 것들은 주로 무대 위에 있으나 벽난로, 붙박이장과 같이 장치의 개념으로 들어가지는 않는다. 둘째, 손 소품으로 배우들이 연기에 필요로 하는 편지, 연필, 책, 우산, 접시 등 손으로 들고 다닐 수 있는 소품들을 말한다. 셋째, 장치소품은 무대를 보다 완벽하게 장식하기 위한 커튼, 그림액자, 거울 등을 말한다.

4 문화공연 이벤트사업의 특성

문화공연 이벤트 사업의 특성은 크게 8가지로 나누어 살펴볼 수 있다. 미학적 · 관념적 산업, 평가적 가치산업, 유행성, 지역 고유성 · 전통성, 복합성, 독점성, 윈도우 효과 등의 특성(권오혁 · 김흥석, 2000: 27-36)이 있다.

1) 미학적, 관념적 산업

질적인 사업이며, 아이디어의 혁신과 가공에 의존하는 사업이다. 문화공연 이벤트는 일반적인 물적 상품들을 생산하는 제조활동들과는 달리 문화적 가치를 가지는 지식, 아이디어, 디자인의 창출에 중점을 둔다. 그에 따라 미학적 가치, 관념적 가치, 전통적 의식 등에 토대로 두고 있다.

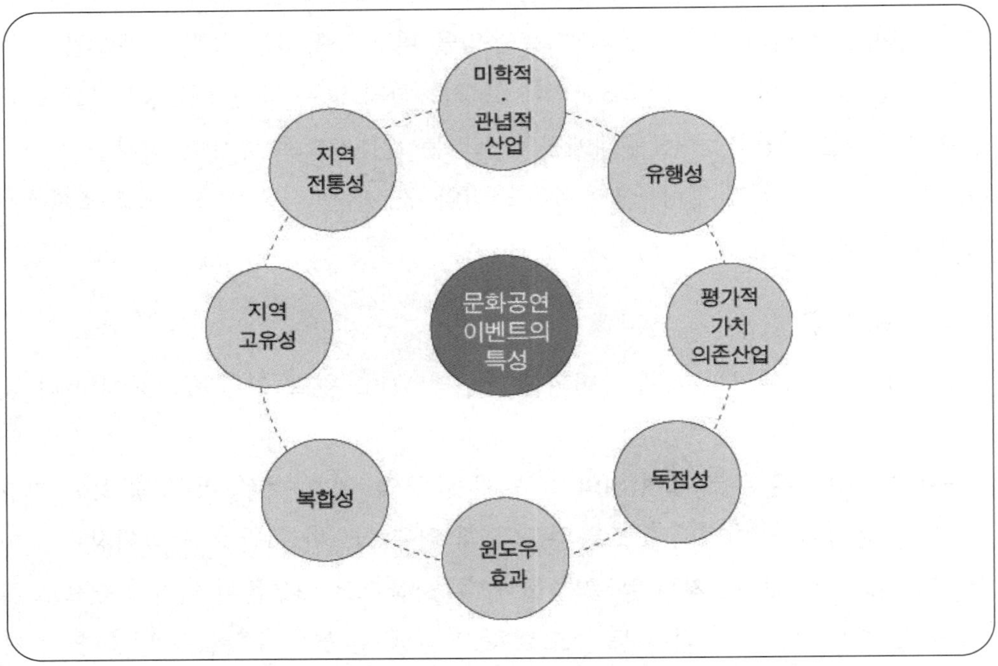

자료: 권오혁 · 김홍석, 2000: 27-37에서 저자 재작성.

[그림 14-2] 문화공연 이벤트의 특성

2) 평가적 가치에 의존하는 산업

문화 · 예술의 질과 기호는 참여자의 기준에 따라서 매우 다양할 수 있다. 따라서 문화공연 이벤트에 대한 평가는 매우 주관적이고 관념적으로 이루어지며, 이러한 상황에서 문화공연 이벤트 개최자는 참여자의 기대치를 파악하여 브랜드 이미지 관리에 노력할 필요가 있다.

3) 유행성

일반적으로 문화상품은 그 수명이 짧다. 문화상품의 수요자들은 새롭고 특이한 것에 이끌리고, 점차 익숙해지면 싫증을 느끼는 경향이 있기 때문이다.

오늘날 매스미디어의 발전에 따라 문화상품의 유행성은 범세계적인 영역에서 보다 짧은 주기로 전환되고 있다. 즉 문화산업의 경쟁력은 새로운 아이디어를 상품으로 개발하여 세계시장에 유행시키는 역량과 깊은 관련이 있다.

4) 지역적 고유성과 전통성

문화상품에 대한 사람들의 기호와 매력은 지역마다의 차이와 전통에 의해 보다 강화되는 경향이 있다. 소비자들은 어떤 문화상품에 대해 그 독특함의 배경을 이해할 때 보다 매력을 느끼게 되는 것이다. 다소간의 고유성과 전통성이 있으면서도 미적 특성을 갖춘 문화공연 이벤트 상품이 더욱 매력적인 이유가 여기에 있다.

5) 문화산업의 복합화

오늘날 문화산업에 있어서 멀티미디어의 도입은 문화관련 산업들의 생산 및 유통과정에 결정적인 영향을 끼치고 있다. 멀티미디어는 다양한 미디어를 사용하는 방식으로 문자, 그림, 소리, 비디오라는 미디어를 복합적으로 사용하여 정보를 표현하는 것이다.

6) 독점적 특성

오늘날 문화산업에서 나타나고 있는 중요한 특성은 특정 문화상품의 독점성이 현저히 강화되고 있다는 점이다.

7) 윈도우 효과

현대 문화산업의 다른 특징은 윈도우 효과에서 발견된다. 윈도우효과(window effect, windowing)란 원래 사용했던 매체에서 다른 매체로 복제하여 소비자에게 전달되는 과정, 또는 하나의 문화상품으로 여러 가지 용도로 사용하는 경우(one source multi-use)를 의미한다. 즉 현대 문화산업은 산업적 효과를 극대화하려는 경향을 보이고 있는데, 에니메이션, 게임, 디자인, 캐릭터, 음악, 놀이기구, 영화, TV 및 Video, 광고, 테마파크 산업간의 상호연계가 강화되는 경향이 두드러지고 있다.

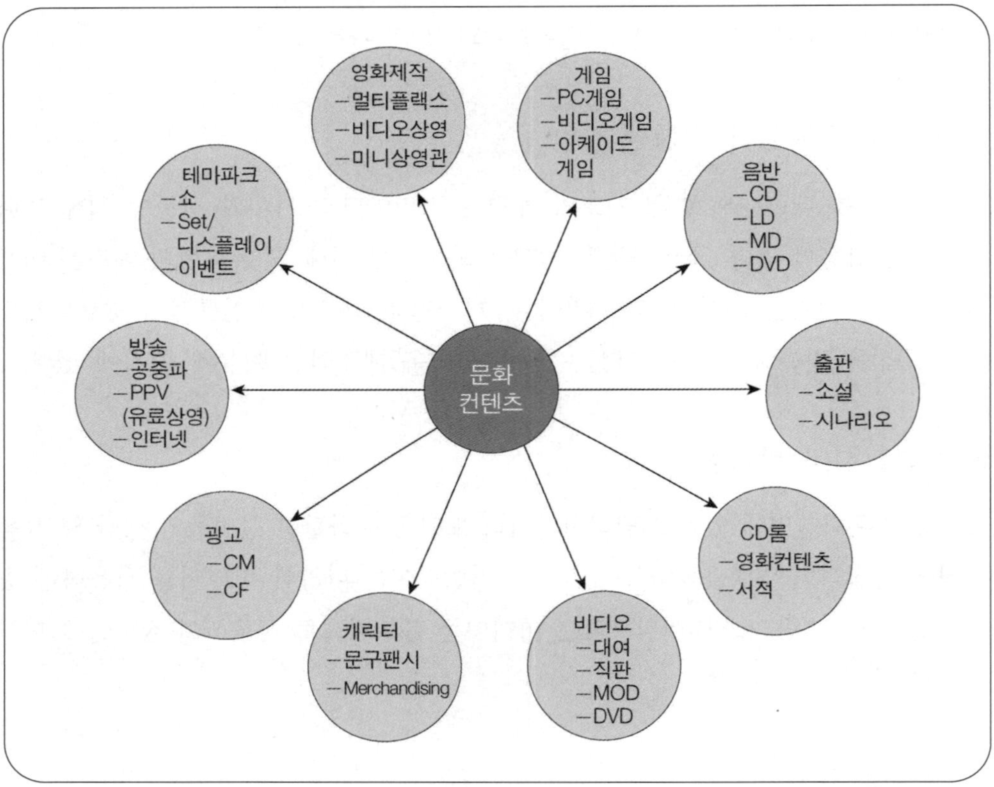

자료: 김형석, 1998; 권오혁 · 김홍석, 2000: 37에서 재인용

[그림 14-3] 문화산업의 윈도우 효과

제2절 레크레이션 이벤트

1 레크레이션의 어원 및 정의

기독교 문화권에서 발달하기 시작한 레크레이션(recreation)은 라틴어의 레크리에티오(recretio)란 말에서 그 어원이 유래되었으며, “re(다시)+create(창조하다)+tion(명사형)”의 복합어로서 “재창조”라는 뜻을 내포(김광근외, 2001: 42)하고 있다.

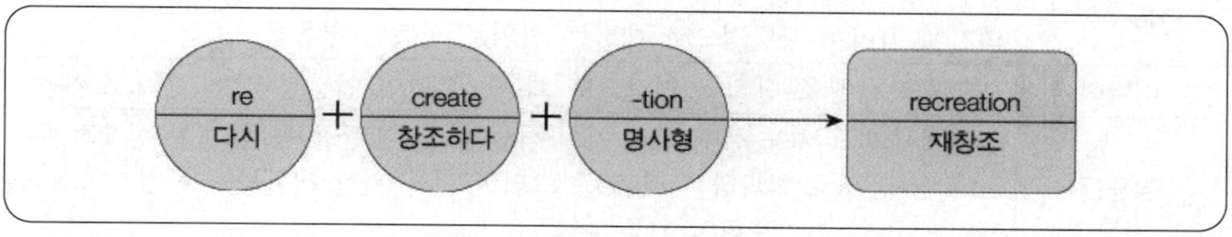

[그림 14-4] 레크레이션(recreation)의 어원

미국이나 영국 등의 서구에서 레크레이션에 대한 조직적인 운동의 발단은 일찍이 19세기말과 20세기초에 나타나기 시작하였다(Kraus, 1988). 산업혁명이후 이들 국가에서는 산업사회의 성장과 더불어 대량의 여가시간이 발생되게 되자 이 시기에 레크레이션 운동이 벌어졌다. 즉 갑자기 닥친 대량의 여가시간을 어떻게 소비하고 잘 보내느냐에 따라 사회의 혼돈을 막을 수 있고 더 나아가 보다 높은 생산성을 달성할 수 있다는 사회 운동적 차원에서 레크레이션협회가 결성되어 레크레이션이라는 용어가 발생되었다.

레크레이션의 용어는 1911년 미국의 레크레이션 운동을 장려한 바 있던 단체의 명칭으로서 변용되었고, 1932년 Los Angeles에서 제 1회 레크레이션 회의가 개최된 후 레크레이션이 국제적 용어로 널리 사용되게 되었다. 레크레이션이란 여가에 행하여지는 것이며, 전통적으로는 휴식 제공의 행동으로 적용되고, 개인의 내부로부터 스스로 나타나는 행동, 즉 기본적인 욕구에 다양한 형태로 구체적인 태도에 의하여 자유롭게 선택되어진다. 레크레이션에 대한 학자 및 관련기관의 개념설정은 다음의 표와 같다.

〈표 14-2〉 레크레이션 정의

학자 및 기관	정의
Webster's	일한 뒤에 정신적 · 육체적으로 원기를 회복하는 것으로 오락, 놀이, 휴양, 스포츠, 취미, 독서, 산책, 게임, 즐거운 일, 봉사, 원기회복, 기분전환, 음악 및 예술, 재창조 등
미국 레크레이션국	개인의 만족과 즐거움을 위한 여가의 이용이며, 기본적인 인간적 욕구로서 개인적으로나 타인과 함께 행할 수 있고, 계획적일 수도 있으며, 자연발생적일 수도 있다.
Neumeyer	개인에 있어서든, 집단에 의해서든 여가에 영위되는 활동이며, 그 활동에서 얻어지는 직접적, 간접적인 보수에 따라 강제되는 것이 아니라 그 활동 그 자체에 직접적이 동기가 있는 자유스런 즐거운 활동
Bucher	작업 이외의 여가시간에 사람들이 참가하는 제활동이며, 자기의 내적 활동의 의지에 따라서 자발적으로 행하는 임의로 선택된 활동
이봉석	'인간회복', '창조 당시의 인간으로 회귀', '본연의 인간성 창조' 등으로 해석
김광근	일상에서의 의무(노동)에 의해 지친 심신을 오락활동을 통해, 또는 신체적 운동과 활동 등으로 회복하는 것 또는 그러한 것을 위한 제활동을 총칭하며, 삶을 즐겁게 하는 자기표현의 활동

자료: Cshwarz, 1976; 한양순. 1982; 이봉석. 2001; 김광근 외: 2001에서 저자 재구성

② 레크레이션 발전환경 요소

레크레이션은 인간 역사와 함께 일찍부터 존재하였다. 그러나 문제가 생기고, 중요성이 강조되기 시작한 것은 최근의 일이다. 그 요인은 산업화, 도시화, 노동시간의 단축 등 일련의 사회변화를 들 수 있다. 구체적으로 자유시간의 사용을 둘러싼 문제이기 때문에 노동시간이나 자유시간의 변화와 관련이 깊다.

따라서 국가에 따라 사정이 다르나 국제적으로 1919년 국제노동기구[9]의 발족이

9) 국제노동기구(國際勞動機構 ; International Labor Organization)
1919년 베르사이유 조약 제13편(노동편)을 근거로 창설되었다. 주요활동은 각국의 노동입법 수준을 발전시켜 노동조건을 개선하고 사회정책과 행정 · 인력자원을 훈련시키며, 기술을 지원하고, 협동조합과 농촌에 공장을 세우는 것도 지원한다. 이러한 활동을 하기 위하여 국제 노동통계를 수집하고 불완전 고용, 노사관계, 경제발전 등에 관해 연구한다. 또 연구결과와 수집된 자료를 이용하여 〈국제노동평론〉과 〈노동통계연감〉을 발간한다.

중요한 의미를 가지며, 그 후 레크레이션에 있어서 새로운 환경이 조성되었다고 할 수 있다. 레크레이션 발전환경 요소는 크게 개인적 특징을 포함한 개인적 구성요소와 환경의 특징을 포함한 외적 구성요소로 구분(장희정·양위주, 1999: 33)할 수 있다.

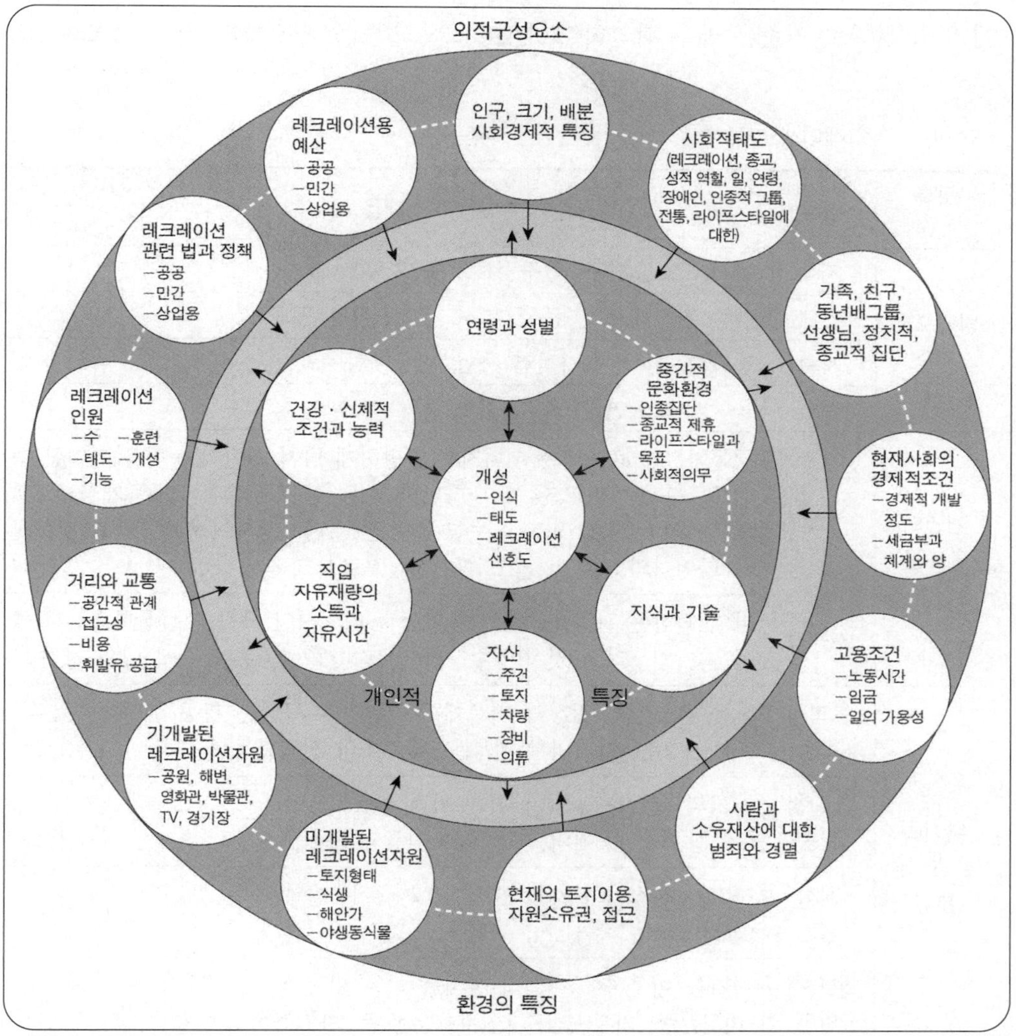

자료: Chubb, M. & Chubb, H.R, 1981; 장희정 · 양위주, 1999: 33

[그림 14-5] 레크레이션 발전환경 구성요소

③ 레크레이션 분류

레크레이션을 분류는 레크레이션 방법에 의한 분류, 개인 태도에 의한 분류, 동기나 목적에 의한 분류, 실내외 활동에 의한 분류, 개최장소에 의한 분류, 레크레이션 주체에 의한 분류로 기준은 매우 다양하다(이흥윤, 1998: 58-66; 김경진, 2000: 이봉석, 2001: 46-47).

〈표 14-3〉 레크레이션 분류

분류 기준	종류	내용
방법으로 기준	지적	독서, 조사, 연구, 탐구, 수집 등
	신체	각종 관광레포츠, 등산, 낚시, 캠프, 헌팅 등
	사회	간담회, 회화, 복지적인 사업, 각종게임 등
	예술	음악, 미술, 연극, 조각, 공작 등
개인의 태도를 기준	적극적	행동하는데 요구되는 에너지가 충만하게 넘쳐 개인의 능력을 어떠한 형식으로 표현하려고 할 때 나타난다. 이와 같은 레크레이션은 개성으로서의 사상이나 감정 또는 특수한 능력을 외부로 행하여 표현하려는 것이므로 타인과의 접촉이 많고 환경형성으로서도 작용
	소극적	타인이 하는 관광레크레이션 활동과 직업적인 오락을 감상함으로서 즐거움을 얻으려는 것이며(수동적), 오직 개인의 주관 속에 있는 경험
동기나 목표로 본 분류	도피적 활동	노동이나 일의 긴장과 피로에서 해방을 추구하는 활동 (영화, 오락, 잡지의 독서, 관광레포츠의 신체활동 등)
	감상적 활동	자기의 교양을 높이기 위한 지적 활동 (음악, 미술, 공예의 감상, 문학작품의 독서 등)
	창작 활동	자기가 창작이나 제작을 하여 그 즐거움을 맛보는 활동 (공작, 조각, 작곡, 시, 수필 등)
	봉사적 활동	여가를 이용하여 사회적 봉사를 하는 활동 (미화운동, 가두모금, 자연보호운동 등 자진하여 참가한다.)
실내외 활동으로 분류	실내	공작, 수예, 음악, 연극, 놀이, 대화, 사교적 직장 관광레크레이션 등.
	실외	자연탐구, 여행, 등산, 캠프, 실외게임, 관광레포츠 등.

〈표 14-3〉 연결

분류 기준	종류	내용
개최 장소에 의한 분류	가정	가정 또는 가족과 함께 즐기는 레크레이션
	학교	학교 교육의 한 부분으로 행해지는 레크레이션
	직장	기업체, 경영자, 사원들 스스로가 도는 관리인의 협조나 원조를 받아 행해지는 레크레이션
	지역	공공기관, 민간단체, 상업시설 등이 포함되어 행해지는 레크레이션
	교회	교회나 종교단체가 회원을 위해서 행하는 레크레이션
	병원	병원의 환자를 위해서 행하는 레크레이션
	기타	군인레크레이션, 노인레크레이션
주체에 의한 분류	지역	세금에 의해 운영되는 대중 레크레이션(Public Recreation)과 그룹이나 교회 등과 같이 특정인이 내는 기금에 의하여 운영되는 준 대중 레크레이션
	산업	건전한 노동력을 확보하려는 필요에 의해서 회사나 경영자가 직장인의 여가선용의 레크레이션
	상업	대중의 레크레이션에 대한 요구가 증대함에 따라 그것을 상업적으로 이용하여 이익을 얻으려는 기업이 있는데 이와 같은 기업이 제공하는 것
	가정	가정을 구성하는 가족들이 같이 즐기며 서로 협력하여 하나의 목적을 레크레이션 활동으로 달성하려는 것
	개인	경비의 부담 등 오직 개인의 책임하에 이루어지는 것

자료: 이흥윤, 1998: 58-66; 김경진, 2000; 이봉석, 2001: 46-47에서 저자 재구성

④ 레크레이션의 효과

레크레이션은 현대의 특수한 생활환경에 의해서 인간이 순응하고 적응하려는 자연적인 생활의 한 방법이다. 따라서 레크레이션은 자발적인 행위로서 그 행위의 결과는 개인뿐만 아니라 사회적으로 다음과 같은 효과를 가져온다(오충식, 1988: 5-6).

첫째, 개성의 신장과 실현으로서 개인은 레크레이션을 통해서 자유로운 창조적 경험을 가져 그 경험을 통해서 만족한 정서를 얻을 수 있다. 둘째, 적극적인 휴식으

로서 작업이나 노동을 끝내고 레크레이션에 심신을 집중시킬 수 있는 습관을 갖게 되면, 걱정, 근심이나 혼란에서 오는 불안 등의 기분을 전환시킬 수가 있다.

셋째, 선택적 태도의 발달로서 이는 개인이 자유롭게 즐길 수 있는 활동을 선택하여 실시하는 것으로 여기에는 제약이 있을 수 없다. 넷째, 사회적 자질의 형성으로서 레크레이션 활동으로 인간적인 접촉을 경험하는 기회를 가지게 되어 현대사회의 인간소외 현상에서 야기되는 문제들을 떨칠 수 있다. 다섯째, 건전한 인간관계 개선의 효과를 가져온다.

5 레크레이션 이벤트 구성요소

1) 대상자

(1) 아동

아동의 행동은 언어와 흥미를 표현하는 모습을 보고 따라하기 때문에 주로 율동과 노래가 아동에게는 비교적 구성이 간편한 게임이나 놀이, 그리고 탐구심 · 상상력, 모험심을 충만시킬 수 있는 활동과 더불어 정서가 풍부하고 지성을 발달시킬 수 있는 활동이 필요하다.

(2) 청소년

청소년은 유아와 다르게 사춘기에 대한 반항적인 행동을 하기 때문에 자극적인 언어표현보다는 가르친다는 내용에 지도력을 집중적으로 활용하여야 하며, 너무 성인층과 같은 프로그램보다는 우리 전통놀이에 대한 교육이 필요하다.

(3) 성인

성인은 언어표현에 매우 민감한 형태를 가지고 있기 때문에 프로그램 내용에 따라서 행동과 표현이 다르다. 그러므로 성인층에 필요한 내용을 사전에 파악하고 진행을 해야 하며, 또 프로그램 진행방법에 따라서 즐거움을 한층 더 가지기 때문에 프로그램에 대한 사전 인식이 매우 필요하다.

(4) 노인층

노인을 대상으로 프로그램을 가질 때에는 자극적인 언어는 삼가해야 한다. 노인층에 대한 내용은 단순하면서도 반복적인 내용이기 때문에 자신감이 있는 행동과 언어를 표현해서 노인에 대한 심신을 자극하지 않는 내용으로 구성되어야 한다.

2) 지도자

레크레이션이벤트의 '지도자'란 레크레이션에 관계된 이해수준을 높이고, 그 영역을 확대시켜 사람들의 레져시간에 대한 관심과 취미 및 습성을 더욱 풍부하게 하는 일에 헌신하는 사람을 의미한다. 바람직한 인간형성을 위하여 레크리에이션을 통한 자유스럽고 활동적인 생활을 지속할 수 있도록 하는 책임(김오중, 2000: 273-279)도 따르고 있다. 이런 레크리에이션 지도자의 역할을 살펴보면 다음 [표 14-5]와 같다(박문환, 1998: 78-80; 김경진, 2000: 48-57).

〈표 14-4〉 레크레이션 지도자 역할

구분	역할 내용
조직자로서의 역할	운동장이나 인근 공원에 관한 조사를 실시하고, 이들 시설이 필요로 하는 사항을 발견하고, 정신적, 신체적, 도덕적으로 최고의 성과를 올릴 수 있도록 활동을 조직화하여 전개
지도자로서의 역할	새로운 게임이나 오래된 게임을 가르치고 클럽의 조직화를 도모하여 상부의 방침에 따라 관리자에 의해서 지시된 실내 및 야외에서의 활동을 활성화
주인으로서의 역할	운동장이나 레크레이션 센터에 오는 사람들이 다른 여러 가지의 활동에 참가하도록 장려
코치로서의 역할	팀을 편성해 여러 가지 경기를 실시하고 필요할 때 코치 역할
교사로서의 역할	문학, 연극, 수예, 자연탐구 등을 장려
홍보요원의 역할	게시판을 만들고 모든 정보가 올바르고 흥미 있게 나타나 있는가를 확인
사무요원으로서의 역할	모든 보고가 시간 내에 상부에 보고될 수 있도록 확인
구급요원으로서의 역할	긴급할 때에만 구급법을 사용. 사고처리의 순서를 완전하게 숙지
친구로서의 역할	지도자의 가장 중요한 일은 운동장이나 체육관에 오는 사람과 친구가 되는 것이 중요

자료: 박문환 · 서상옥, 1998: 78-80; 김경진, 2000: 48-57.

3) 프로그램

(1) 레크리에이션 프로그램 작성시 유의시항

레크리에이션 이벤트 프로그램은 참가자의 요구와 흥미에 대한 지식을 가져야 하며, 민주적 리더십으로 협조적인 프로그램을 계획해야 한다. 레크리에이션 이벤트 프로그램 작성시 고려해야 할 내용은 다음 표(김경남, 1997: 42-48)와 같다.

〈표 14-5〉 레크레이션 이벤트 프로그램 작성 시 유의사항

- 대상의 연령, 성별, 인원수, 학력, 흥미를 고려해야 한다.
- 지도장소 및 대형을 파악해야 한다.
- 대상 모임의 성격 및 목적을 파악해야 한다.
- 지정된 시간에 알맞은 내용을 준비해야 한다.
- 대상들의 자기표현의 욕구, 창조의 욕구, 호기심의 욕구, 위험의 욕구, 완성에의 욕구 등을 파악하여야 한다.
- 기타: 소요시간, 참가자 수, 직업이나 지역의 실정 등의 조건도 고려

(2) 프로그램의 유형

프로그램의 유형은 캠프 프로그램, 파티 프로그램, 야유회 프로그램, 운동회 프로그램, 조직적인 관광레크리에이션 프로그램, 관광레크리에이션 지도자 강습프로그램 등으로 구분할 수 있다.

4) 시설 및 소품

(1) 공공시설

레크리에이션활동에 이용되는 시설은 실내와 실외로 구별할 수가 있다. 실내는 연수원, 강당, 음향, 조명, 자리배치도 등이 있으며, 실외는 운동장, 캠프장, 산행훈련장, 극기훈련장, 모험놀이, 담력훈련장 등이 있다.

(2) 소품

모든 프로그램은 소품을 통해서 만족도를 더할 수 있기 때문에 다양한 소품을 활

용하면 성공적인 프로그램을 진행할 수 있으나 대상별로 소품 선택에 신중을 기해야 한다.(김경진, 2000: 62-63).

제3절 인센티브여행

1 인센티브여행의 개념

1) 인센티브여행의 개념과 정의

인센티브여행은 기업의 종사원이 주어진 목표를 달성할 수 있도록 여행 또는 여가의 경험을 제공하는 동기부여 수단이라고 할 수 있다(Ricci, 1992). 즉 주어진 목표를 달성한 기업의 종사원에게 현금, 유형의 상품 또는 여행을 제공하는 것을 인센티브의 지급이라고 하며, 그중 여행의 형태로 제공되는 것이 인센티브여행이다.

따라서, 인센티브여행은 주로 기업의 판매활동에 관련된 직원을 대상으로 시행되었으나, 최근에는 판매직 이외에도 원가절감 제안, 업무습관의 개선, 근무시간의 준수 등에도 활용되고 있다. 인센티브여행에 대하여 Rubin(Rubin, 1986)과 SITE(Society of Incentive Travel Executives, 1990)는 다음과 같이 정의 내리고 있다.

〈표 14-6〉 인센티브여행의 정의

K Rubin	정해진 목표를 달성한 사람에게 상(prize) 또는 상품으로 사용되는 여행
SITE	뛰어난 목표를 달성한 사람에게 특별한 여행경험을 수여하는 현대의 경영도구

따라서 인센티브여행은 단순히 여행을 기획하는 업무에 국한되는 것이 아니고, 인센티브여행 시행기업의 주요사업을 이해하고, 여행을 이용하여 기업의 마케팅, 생

산성, 판매와 동기부여의 문제점을 해결하는 업무범위를 포함하고 있다.

그렇기 때문에 인센티브여행의 기획자는 거래기업의 사업내용을 이해하기 위한 분석, 보상의 유형, 촉진 프로그램, 종업원의 성과에 대한 모니터링, 참가자 선발 및 프로그램의 기획과 운영 및 관리의 과정을 모두 수행하여야 한다.

2) 인센티브여행 실시목적

기업이 인센티브여행을 시행하는 이유는 매우 다양하다. 그중 가장 대표적인 이유는 기업의 정해진 목표를 달성하기 위한 것이며, 이를 위해 일정 재무자원과 노력을 인센티브여행에 할당하는 것이다. 또한 기업 경영자의 입장에서 인센티브여행 실시의 주된 편익 중 하나는 차기 사업년도에 대한 종업원의 열정을 창출시킬 수 있다는 것(Witt & White, 1992)이다.

인센티브여행 실시의 주된 목적은 판매량 증가 또는 목표 판매량 달성, 결근율 감소, 종업원의 사기진작, 신상품소개, 영업훈련의 보조수단, 거래처 증설, 재고정리 등이다. 즉 참가자 스스로 자신을 분발시키는 과정을 통해 동기를 부여하고, 기업문화를 향상시키며, 수익창출을 증가시키는 효과를 얻게 된다. 이러한 유형의 목표 때문에 인센티브여행을 실시하는 대표적인 업종은 자동차 제조업체, 제약업체, 금융서비스업체, 자동차부품업체, 화장품제조업체, 전자제품제조업체 및 컴퓨터제조업체 등이 있다.

대부분의 인센티브여행은 기업이 정한 목표를 달성할 수 있도록 도움을 주지만, 반면에 이를 시행함으로서 발생되는 단점도 있다. 예를 들면, 판매경쟁 대상품목이 아닌 상품에 대한 판매부진, 참가자 선정후 찾아오는 매출 부진, 회사의 정책에 대한 위반 또는 무시, 참가자 선정 기간중 발생되는 조직원간의 비협조적 팀웍, 도덕성 감퇴 등이 있다(Wotruba & Schoel, 1983).

특히 인센티브가 여행의 형태로 시행되지 않고 현금의 형태로 주어졌을 때 이는 상여금 또는 정규급여와 혼합되어 지급되기 때문에 인센티브 지급이 중단될 경우 급여가 삭감되는 효과를 불러일으킬 수 있으며, 이는 종사원의 근무의욕 감퇴로 직결되는 요인이 된다.

3) 인센티브여행의 종류와 특성

(1) 인센티브여행의 종류

기업에서 목표달성에 대한 보상으로 종업원에게 제공되는 인센티브에는 현금, 상품 및 여행이 있을 수 있으며, 연구조사(Shinew & Backman, 1995)에 의하면 미국의 기업은 개인의 휴가여행, 판매회의여행, 현금, 상품의 순서로 선호되는 것으로 나타났다. 최근의 인센티브여행은 기업이 자사 판매관련 종사원만을 대상으로 하지 않고, 일반직 종사원을 대상으로 하여 실시하기도 하고, 판매와 관련된 거래상들을 대상으로도 하기도 한다.

즉, 거래상 대상의 인센티브여행(dealer trip), 판매직원 대상의 인센티브여행(sales force trip) 및 일반 종업원 대상의 인센티브여행(employee trip)으로 구분되어 인센티브여행자의 대상에 따라 목표의 설정, 인센티브 대상자 선정방법, 운영방법, 평가방법이 모두 달라지는 것이다.

(2) 인센티브여행의 특성

인센티브여행의 참가대상자를 누가 선정되던 인센티브여행만이 갖는 특성이 있다. 인센티브여행은 위에서 언급된 것처럼 주어진 목표를 달성한 종사원 또는 거래상에게 제공되는 여행이므로 참가자로 하여금 참가후 행사를 주최한 기업에 대한 충성도와 이미지를 고양시키기 위하여 양질의 프로그램을 기획하고 운영할 필요가 있다.

이를 위해 인센티브여행 기획자는 참가자 개개인이 여행에 대한 만족은 물론 프로그램 전체에서 평생 잊지 못할 감동을 얻을 수 있도록 계획해야 하며, 이러한 감동이 바탕이 되어 다음에 실시되는 인센티브여행의 캠페인에 더 많은 종사자들이 열정과 관심을 갖도록 유도할 필요가 있다.

현금이나 상품의 보상수단과 달리 참가자에게 감동을 전달해 주기 위해 인센티브여행에는 예산이 허락하는 범위내에서 신비롭고(magical), 독특하며(unique), 이국적(exotic)인 특성이 내재되어 있어야 한다. 이 때문에 인센티브여행에는 크루즈, 개인적으로 사용되는 리무진, 고급와인, 고급스런 연회, 유럽의 고성(古城) 및 화려한 테마파티 등이 자주 이용되며, 이를 통해 참가자는 평생 잊지 못할 추억을 지니게 되는 것이다.

인센티브여행의 운영상의 특징으로는 대부분 매우 고급스런 시설과 서비스수준을 추구한다는 것과 구매자(buyer)와 실제 서비스 수혜자(end-user)가 다르기 때문에 구매자인 기업의 시행목표를 달성시켜야 하고, 동시에 서비스의 실제 수혜자인 기업의 종사자에게 훌륭한 추억을 남겨야 한다. 또한 인센티브여행은 대부분 대규모의 인원으로 구성되는 경우가 많기 때문에 치밀한 사전계획과 창의성이 뛰어난 프로그램이 전제되지 않는다면, 오히려 참가자에게 좋지 않은 추억을 남겨 주최회사의 이미지를 실추시킬 가능성이 있다.

4) 인센티브 기획업체

최근 인센티브여행이 괄목할만한 성장을 지속하면서 인센티브여행을 전문적으로 설계하고, 판매하는 인센티브여행 전문회사(incentive travel firms)의 수가 급속히 증가하고, 이와 관련된 공식협회(SITE: Society of Incentive Travel Executives)가 운영되고 있다. 특히 뉴욕에 본부를 두고 있는 인센티브여행협회는 세계 60여개국의 2,000여 회원사가 가입되어 교육회의와 관련 출판물을 출간하는 활동을 수행하고 있다.

세계적으로 인센티브여행은 몇몇 여행업체에 의해 수행되기도 하지만, 그보다는 인센티브여행을 전문적으로 취급하는 인센티브여행 기획업체(incentive travel planner)에 의해 운영되고 있다. 이들은 인센티브여행을 통한 마케팅, 생산성향상, 판매증진 및 문제의 해결을 주요 활동으로 보상수단으로 여행뿐만 아니라 현금 또는 상품에 의한 촉진프로그램도 기획하고 운영한다.

서구의 인센티브 기획업체는 촉진프로그램, 인센티브관리, 여행 및 인센티브 상품관리를 총체적으로 수행하는 인센티브 마케팅 서비스 기획업체와 인센티브여행에만 주력하는 인센티브여행 기획업체로 대별된다. 우리나라에서는 아직 인센티브여행이 일반화되어 있지는 않으나 간혹 발생되는 경우 이벤트업체 또는 여행업체에서 이를 기획하고 운영하는 경우가 많다. 그러나 너무 짧은 기획기간 및 준비기간, 낮은 예산수준으로 인해 어려움을 겪고 있는 현실이다.

② 동기부여수단의 발달

인센티브여행은 목표를 달성한 판매경쟁 참가자에게 보상으로 제공되는 여행이며, 이를 제공받기 위해 참여자 스스로 자신을 분발시키도록 하는 동기부여 수단으로서의 경영도구이다. 동기부여수단의 발달과정(Ricci & Holland, 1992)을 보면 목표달성에 대한 보상(報償; compensation)의 아이디어는 로마시대부터 시작된 것으로 추정된다. 로마의 황제는 목표를 달성한 군대와 장군에게 승전기념 행진과 퍼레이드의 기회를 제공함으로서 자신의 명예를 드높일 수 있는 기회를 주었다.

산업혁명 기간 중 유럽과 미국에서는 당시로서는 선택된 계층에게 극히 제한적으로 주어진 휴가를 높은 생산성을 달성한 관리자에게 제공하였다. 현대적 개념의 인센티브여행이 처음으로 시행된 것은 미국이라고 할 수 있다. 1906년 미국 오하이오주 Dayton에 위치한 NCR회사(The National Cash Register Company)는 70명의 판매직원에게 다이아몬드 장식단추가 달린 핀과 본사로부터 무료여행을 제공함으로서 최초로 현대적 개념의 인센티브제도를 시행하였다. 그 후 NCR은 1911년 인센티브여행 수상자에게 뉴욕여행을 제공함으로서 본격적인 인센티브여행제도를 시작하였다.

〈표 14-7〉 동기부여수단과 인센티브여행의 발달과정

시대별	동기부여수단
로마제국	목표를 달성한 군대와 장군에게 승전기념 행진과 퍼레이드 기회 제공
산업혁명	유럽과 미국에서 높은 생산성을 달성한 관리자에게 휴가 제공
1906	The National Cash Register Company에서 최초로 현대적 개념의 인센티브제도 시행
1930년대 1940년대	세계공황과 세계대전으로 인해 인센티브여행 기회의 제한
1960년대	대중관광과 여가활동의 일반화로 인센티브여행 증가
1970년대	장거리 인센티브여행이 가능해지고, 저렴한 경비의 보편화
1980년대 이후	많은 기업들이 매년 인센티브여행 프로그램 실시

자료: Ricci & Holland, 1992: 288에서 저자 재구성.

1930년대와 1940년대는 전쟁 및 공황으로 인해 여행 수요가 급격히 감소하면서 인센티브여행도 그 수요가 감소되다가 1960년대 들어 대중관광과 여가활동이 보편화되면서 다시 증가하기 시작하였다. 1970년대에는 대형제트기의 등장으로 장거리여행이 용이해지면서 장거리 인센티브여행도 증가하기 시작했으며, 1980년대에는 수천개의 기업들이 연간 10억불 이상의 금액을 인센티브여행에 투자하였다(Rubin, 1986).

3 인센티브여행 업무수행과정

1) 인센티브여행 관리과정

인센티브여행은 행사의 기획업체가 프로그램만을 기획하고 운영하는 것이 아니라 행사를 시행해야 하는 주최기업의 근원적인 문제점으로부터 함께 출발하여 전체적인 과정이 관리되어야 한다. 따라서 인센티브여행을 주최하는 기업이 수행하고 있는 주요 사업의 성격파악은 물론 시장조사(market research)와 인센티브여행을 수상할 대상자의 선정방법, 선정과정 및 행사 시행후의 효과에 대해서도 충분히 조사하고 분석할 수 있는 능력을 지녀야 한다.

즉, 인센티브여행 프로그램을 통해 경쟁에 참여하는 모든 종사자들의 생산성을 고취시킴으로서 인센티브여행에 투여된 재무자원의 가치 이상의 효과가 발생되어야 하는 것이다. 이를 위해 가장 먼저 해야 할 일은 인센티브여행을 주최하는 기업의 사업내용을 충분히 이해하는 것이다. 사업내용의 파악을 통해 인센티브여행이 최선의 방법인지 또는 현금이나 상품이 인센티브의 효과가 더 높을지를 가늠할 수 있다.

그 다음의 과정은 인센티브여행의 계획을 구체적으로 수립하는 것이며, 이때 가장 중요한 것은 프로그램의 참여자 자신이 관심을 갖고, 스스로 분발할 수 있는 구체적인 계획을 수립하는 것이다. 수립된 계획에 따라 판매액, 무결점관리, 고객의 서비스만족도 등 다양한 형태의 인센티브여행 참여자 선정방법을 발표하여 참여대상자에게 시행방법을 충분히 인지시킨다.

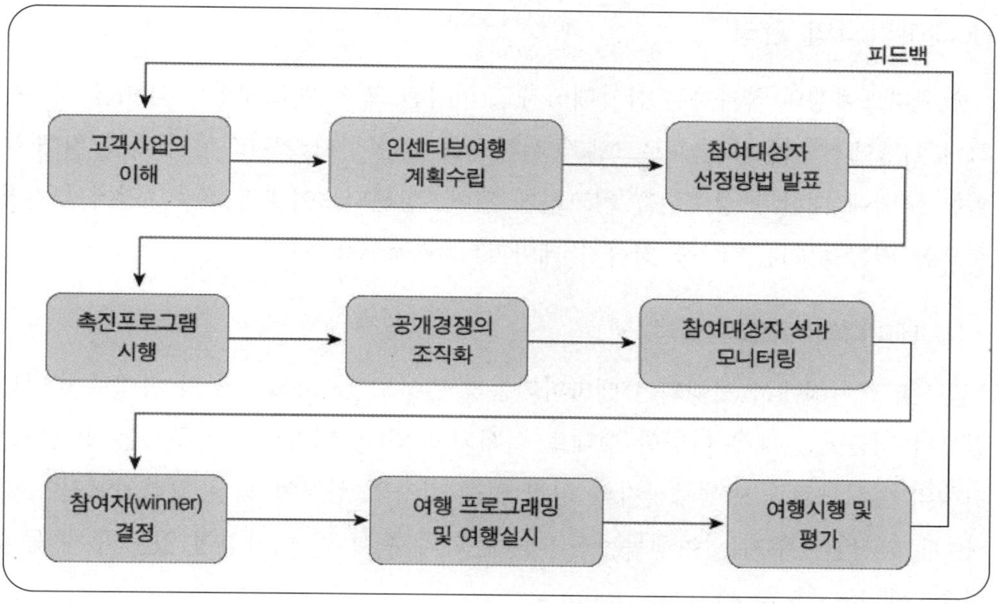

자료: 저자 작성

[그림 14-6] 인센티브여행 수행과정

다음으로 발표 후 참여자가 결정되는 시기까지의 경쟁참여 기간동안 경쟁을 자극하고 목표를 재확인시키기 위하여 지속적인 촉진 프로그램을 시행한다. 인센티브여행의 촉진 프로그램에는 여행목적지에 대한 시사회 또는 설명회 및 포스터와 구조물, 특산물, 과거 여행사진의 전시 등이 포함된다. 경쟁이 진행되면서 실적 또는 목표치에 대한 참여자 개개인의 접근정도를 그래프로 표시하거나 공식적으로 발표하여 공개경쟁을 조직화시킨다.

또한 촉진과정을 통해 달성되고 있는 인센티브여행 참여대상자들의 성과를 측정하고, 인센티브여행 시행비용과 비교하여 촉진의 강도를 조절한다. 경쟁이 완료되거나 정해진 캠페인 기간이 종료되면 참여자(winner)를 결정하게 되고, 이들에게 강한 인상을 남길 수 있는 인센티브여행 프로그램을 실시하여 차기년도 또는 다음 행사 참여대상자에게 긍정적으로 전달될 수 있도록 한다. 행사가 종료되면 회사에 대한 충성도의 변화 및 매출의 변화, 투여된 재원을 종합적으로 검토하고, 다음 행사의 계획수립에 반영한다.

2) 테마파티의 관리

인센티브여행의 참가자는 참가대상자로 선정된 그 자체로 보상의 의미를 갖기는 하나 여행에서 제공하는 프로그램과 서비스의 수준에 따라 자신이 참가를 위해 투여한 노력에 대한 보상수준을 비교하게 된다. 인센티브여행의 프로그램에서 가장 중요한 역할을 하는 것 중 하나가 테마파티(theme party)이다.

(1) 테마파티 주제의 설정

인센티브여행에서 시행되는 테마파티는 가면무도회(masquerade)의 형태로 출발되었으나 최근에는 매우 다양한 형태로 실시되고 있다. 테마파티의 주제는 인센티브여행의 실시목적과 여행목적지의 성격 및 참가자의 성격이 모두 고려되어져야 한다. 테마파티의 주제는 여행목적지, 대중문화의 주제 및 역사성이 있는 주제 등을 설정하게 된다(Goldblatt, 1996).

여행목적지를 주제로 설정하는 경우 여행지의 생활특성, 고유문화, 고유음식 등을 체험하고, 이와 관련된 의식을 재현하는 형태로 테마파티가 진행될 수 있으며, 대중문화를 주제로 설정하는 경우에는 록큰롤 파티, 재즈파티, 또는 영화를 이용한 고전적 주제 및 현대의 시사성이 높은 주제 등이 설정될 수 있다.

〈표 14-8〉 테마파티 주제의 예

구분	내용
여행목적지의 주제	여행지의 생활특성, 고유문화, 고유음식 등을 체험하도록 설계된 프로그램
대중문화의 주제	영화나 TV등에서의 고전적 주제와 시사성 주제
역사성이 있는 주제	역사적 사건, 역사적 인물, 과거의 관습 등

자료: 저자 작성

(2) 테마파티의 구성

테마파티에서 중요한 구성요소는 장식과 프로그램 및 식음료라고 할 수 있다. 따라서 인센티브여행의 테마파티를 구성할 때 고려해야 하는 것은 참가자들이 세 가지의 중요 구성요소 중 어느 요소에 가장 관심이 많은 지를 파악하는 것이다. 이를 위해 참가자가 독특한 음식을 좋아하는 유형의 구성원이 많은지 또는 프로그램에 참가하여 즐거운 시간을 보내는 것을 선호하는지에 대해 인구통계적 자료를 토대로 구성원의 기호조사를 수행할 필요가 있다.

또한 테마파티 참가자들은 행사장 입구에서 감명 깊은 첫인상을 갖게 되는 경우가 많으므로 행사장 입구에서의 장식과 프로그램에 많은 신경을 쓸 필요가 있다. 아울러 프로그램의 지루함을 방지하기 위하여 테마파티의 주제와 관련된 독특한 프로그램을 지속적으로 제공하여 인상적인 파티참여가 되도록 노력해야 한다. 다음의 표는 테마파티의 주제와 이와 관련된 구성요소의 적절한 배합을 보여주고 있다.

〈표 14-9〉 테마파티의 주제와 구성내용의 예

주제	구성내용	
파리의 밤 (Paris Nights)	참가대상	• 젊은 층 중심
	장식	• 차양을 이용한 파리 나이트클럽의 입구분위기 • 행사장 중심에 대형 에펠탑 모형과 풋라이트조명 • 루브르 또는 베르사이유의 파리 스타일 배경세팅
	프로그램	• 초상화 스케치 미술가 • 캉캉댄서 • 파리카페스타일 오케스트라 • 프랑스 캬바레 스타일 여가수
	식음료	• 크렙, 치즈, 페이스츄리, 와인, 샴페인
헐리웃 후레이 (Hooray for Hollywood)	참가대상	• 모든 연령층
	장식	• 입구앞에 길게 늘어뜨린 붉은 카펫 • 카펫 양쪽으로 금색 막이용 기둥과 로프 설치 • 카펫을 비추며 입장객을 따라가는 스폿라이트 • 행사장내 영화감독 의자, 카메라, 조명, 배경 등 • 영화제작관련 소도구 설치
	프로그램	• 참가자 입장시 입구에서 소리지르는 젊은 남녀 팬 • 즉석녹음이 가능한 미니 스튜디오 • 유명영화를 상영하는 비디오세트 • 유명영화의 의상을 착용하고 촬영할 수 있는 장소
	식음료	• 허리우드 스타일의 식음료

자료: Goldblatt, 1997: 98에서 저자 재구성

REFERENCE 참고문헌

강미현 (1985). 『한국 Recreation 단체의 활동상황 및 운영실태에 관한 조사연구』. 고려대학교 교육대학원.

권오혁 · 김홍석 (2000). 『지방문화산업 육성방안』. 한국지방행정연구원.

김경남 (1997). 『관광레크레이션 진흥방안에 관한 연구』. 경기대학교 대학원 석사학위논문.

김광근 외 7인 (2001). 『관광학원론』. 백산출판사.

김영신 (1982). 『레크레이션 리더십에 관한 고찰』. 이화여자대학교 교육대학원.

김오중 (2000). 『여가 · 레크레이션 총론』. 대경북스출판사.

두산세계대백과 홈페이지 (1999). http://www.encyber.com.

박문환 · 서상옥 (1998). 레크리에이션지도자 양성제도의 현황과 개선방안에 관한 연구. 『한국여가레크레이션학회지』, 15, 73-82.

박찬원 (1998). 『레크레이션 활동이 삶의 질에 미치는 영향에 관한 연구』. 단국대학교 노사관계대학원.

신일수 (2000). 『무대기술』. 교보문고.

오충식 (1998). 『한국 레크레이션 활동의 활성화방안에 관한 연구』. 경희대 경영대학원.

우진영 편역 (1998). 『스페셜이벤트』. 김영사.

이각규 편역 (1994.) 『이벤트 전략』. 김영사.

이광규 (1994). 『문화인류학개론』. 일조각.

이봉석 (2001). 『여가선용의 이론과 실제』. 백산출판사.

장희정 · 양위주 (1999). 『레저환경과 레저산업』. 백산출판사.

정석중 외 8인 (1998). 『관광학』. 대왕사.

최만규 (1996). 『우리나라 호텔의 효율적 판매촉진방안에 관한 연구』. 연세대학교 경영대학원.

한국관광공사 (1995). 『국내문화행사 관광상품화 방안』. 한국관광공사.

한양순 (1982). 『레크레이션의 이론과 실제』. 연세대학교 출판부.

AMA Committee on Definition (1960). *Marketing Definition : A Glossary of Marketing Terms.* Chicago: American Marketing Association.

Schwarz, C., Thor, E., & Elsner, G. (1976). *Wildland planning glossary.* Berkeley Calif.: U.S. Department of Agriculture Forest Service. 252.

Davidoff, P., & Davidoff, D. (1983). *Sales and marketing for travel and tourism.* S. Dakota : National Publishers.

Goldblatt, J. (1997). *Special Events; Best Practices in Modern Event Management.* John Wiley & Sons.

Kraus, R. (1971). *Recreation and Leisure in Modern Society.* New York: Appietion Century-Crofts.

Kraus, R., Carpenter, G., & Bates, B. (1981). *Recreation Leadership and Supervision: Guidelines for Professional Development.* Saunders College Pub.

Ricci, P., & Holland, S. (1992). Incentive travel; Recreation as a motivational medium. *Tourism Management*, 13(3), 288-296.

Rubin, K. (1986). *Flying High in Travel: A Complete Guide to Careers in the Travel Industry.* New York: John Wiley & Sons.

Shinew, K., & Backman, S. (1995). Incentive travel: an attractive option. *Tourism Management*, 16(4), 285-293.

Society of Incentive Travel Executives (1990). *Basic Seminar Manual.* New York: SITE.

Taylor, R. (1969). *Cultural ways; A compact introduction to cultural anthropology.* Boston: Allyn & Bacon.

Witt, S., Gammon, S., & White, J. (1992). Incentive travel: overview and case study of Canada as a destination for the UK market. *Tourism Management*, 13(3), 275-287.

Wotruba, T., & Schoel, D. (1983). Evaluation of salesforce contest performance. *Journal of Personal Selling and Sales Management*, 3(1), 1-10.

저자 소개

이경모

• 경기대학교 관광학부 이벤트전공 주임교수 역임
• 경기대학교 일반대학원 이벤트국제회의 전공 학과장 역임
• 경기대학교 관광전문대학원 원장 역임
• 호주 University of Technology Sydney 이벤트전공 방문교수 역임
• 호주 International College of Management Sydney 이벤트전공 방문교수 역임
• 한국이벤트컨벤션학회 회장 역임
• 한국크루즈연구원 이사장 역임
• 문화관광부 문화관광축제 평가위원 역임
• 현) 한국이벤트컨벤션학회 고문 사단법인 한국크루즈연구원 이사
• e-mail : tourismprof@hanmail.net

저자와의
합의하에
인지첩부
생략

이벤트학원론

2002년 3월 15일 초 판 1쇄 발행
2003년 3월 10일 개정판 1쇄 발행
2003년 9월 5일 제3판 1쇄 발행
2004년 3월 15일 제4판 1쇄 발행
2005년 9월 10일 제5판 1쇄 발행
2023년 9월 1일 제6판 1쇄 발행

지은이 이경모
펴낸이 진욱상
펴낸곳 백산출판사
교 정 박시내
본문디자인 오행복
표지디자인 오정은

등 록 1974년 1월 9일 제406-1974-000001호
주 소 경기도 파주시 회동길 370(백산빌딩 3층)
전 화 02-914-1621(代)
팩 스 031-955-9911
이메일 edit@ibaeksan.kr
홈페이지 www.ibaeksan.kr

ISBN 979-11-6639-335-8 93980
값 27,000원